高等统计学

郑忠国　童行伟　赵慧　编著

图书在版编目(CIP)数据

高等统计学/郑忠国，童行伟，赵慧编著. —北京：北京大学出版社，2012. 2

ISBN 978-7-301-16096-1

Ⅰ. ①高… Ⅱ. ①郑… ②童… ③赵… Ⅲ. ①统计学–研究生–教材 Ⅳ. ①C8

中国版本图书馆 CIP 数据核字(2012)第 016397 号

书　　名：高等统计学
著作责任者：郑忠国　童行伟　赵慧　编著
责 任 编 辑：潘丽娜
标 准 书 号：ISBN 978-7-301-16096-1/O·0805
出 版 发 行：北京大学出版社
地　　址：北京市海淀区成府路 205 号　100871
网　　址：http://www.pup.cn　电子邮箱：zpup@pup.pku.edu.cn
电　　话：邮购部 62752015　发行部 62750672　编辑部 62752021
出版部 62754962
印 刷 者：天津和萱印刷有限公司
经 销 者：新华书店
890 毫米×1240 毫米　A5　13.5 印张　530 千字
2012 年 2 月第 1 版　2022 年 6 月第 3 次印刷
定　　价：32.00 元

内 容 简 介

统计学是研究数据处理方法的学科，本书系统介绍了统计学中的基本概念和理论. 首先介绍如何将社会各行各业中出现的数据系统化成统计模型，成为统计学处理的对象；然后介绍统计学中常用的统计方法和相关理论，为学生将来进行统计研究或实际工作打下一个坚实的基础.

由于统计学发展迅速，内容广泛，难以全面介绍，本书突出重点，着重介绍经典数理统计学中的主要内容，全书分成五章：第一章介绍数据的统计模型以及相应统计量的性质和指数分布族；第二章介绍参数估计方法；第三章介绍大样本方法；第四章介绍统计检验方法，第五章介绍贝叶斯分析方法以及相关的统计决策模型.

本书可作为高等院校概率统计学专业的硕士学位基础课教材，也可作为医学、经济、金融、社会学等相关专业的博士生教材. 此外，其他从事科学研究和实际数据处理的人员，比如，各科研单位的科研工作者，工程、医药卫生、商业、银行、保险业等行业的从业人员也可将本书作为参考资料.

作 者 简 介

郑忠国　北京大学数学科学学院教授、博士生导师, 1962 年毕业于北京大学数学力学系, 1965年北京大学研究生毕业. 长期从事数理统计的教学和科研工作, 研究方向是非参数统计、可靠性统计以及统计计算. 发表论文近百篇. 主持完成国家自然科学基金项目“不完全数据统计理论及其应用(1999—2001)”，教育部博士点基金项目“应用统计方法研究”和“工业与医学中的应用统计研究”等. 研究项目“随机加权法”获国家教委科技进步二等奖. 出版的教材有《高等统计学》(北京大学出版社, 1998)和《概率与统计》(北京大学出版社, 2007)等.

童行伟　北京师范大学统计学院教授、博士生导师，2003 年北京大学博士毕业. 研究方向是生物统计、金融统计、稳健统计和因果推断. 发表论文五十余篇. 主持国家自然科学基金面上项目二项，国家自然科学基金重点项目的子课题一项，教育部科学研究重大项目一项.

赵慧　华中师范大学教授，博士生导师，2005 年北京大学数理统计专业博士毕业，曾在中科院数学与系统科学研究院和美国密苏里大学从事博士后研究. 发表SCI论文近二十篇. 主持国家自然科学基金青年基金和面上项目各一项.

前　言

自 20 世纪 80 年代以来, 我国统计学进入蓬勃发展时期. 在此形势之下, 北京大学为概率统计专业硕士研究生开设了硕士学位课程. 高等统计学就是学位课程中三门必修课之一. 在这门课程的讲稿的基础上, 于 1998 年出版了《高等统计学》. 经过 10 年的教学实践, 我们在此基础上, 扩充成本书.

高等统计学是概率统计方向硕士研究生的一门专业基础课, 因此本书在编写中特别强调了统计学中的基本概念和基本理论, 为学生将来从事科学研究和实际工作打下良好的基础. 同时, 由于近年我国经济迅速发展, 各行各业对统计学的需求越来越迫切, 高校的其他专业对这种需求也愈加重视, 比如, 经济学, 社会科学, 金融学, 医学等专业都开设相关统计学课程. 面对越来越广阔的读者面, 在编写本书的时候, 特别注意材料的选编. 力求内容精练、难度深度适中, 语言通俗易懂, 并且着重让学生把握统计思想的内涵 (这也是统计学与数学的一个主要区别). 在编写本书的时候, 还注意增加一些贴近现代生产生活实际的例子, 以便学生加深理解所学的统计学基础知识. 由于统计学的飞速发展, 我们还注意增加一些近年发展起来的新方法. 例如, 在估计部分增加了 EM 算法的介绍和稳健估计的一些基本知识, 如影响函数、样本崩溃点等, 同时介绍一类特殊的稳健估计: M- 估计; 在检验部分增添了广义似然比检验、χ^2 检验、非参数假设检验, 多重假设检验等内容, 在统计决策和贝叶斯分析部分介绍了先验知识在统计分析中的重要性, 以及先验信息提取中的技巧和各种不同看法.

本书的内容比一般硕士课程 (一学期) 教学内容多一些, 大约多出 20% 左右. 由于统计学以介绍方法为主, 教材内容可以分成若干块, 讲课教师可以有充分剪裁内容的自由,可根据进度或学生接受程度对内容作选择和增删.每章后面,配有一定数量的习题,协助学生加深理解课堂讲授的内容.书末还对这些习题给出了答案与提示,方便学生学习.本书的书写中若有通顺性不尽如人意之处或内容疏漏之处,诚望读者提出批评指正.

作 者

2012 年 1 月于北京

目　录

表格目录

插 图 目 录

第一章　统计的基本概念

§1.1　数据、统计模型和分布族

在学习数理统计以前, 我们必须弄明白什么是数理统计学, 数理统计学的研究对象是什么. 要回答这些问题, 我们要引用《中国大百科全书·数学》(中国大百科全书出版社, 1992) 中关于数理统计学的定义: "数理统计研究怎样去有效地收集、整理和分析带有随机性的数据, 以对所考察的问题作出推断或预测, 直至为采取一定的决策和行动提供依据和建议." 由这个定义可以看出统计学是在应用科学中十分重要的研究方法. 无论什么科学和事业, 社会科学也好, 自然科学也好, 工业也好, 农业也好, 人们都需要了解存在于事物中的规律. 为了了解这些规律, 我们需要收集一些数据, 而这些数据绝大多数是带有随机性的. 统计学的任务恰恰是研究和分析这些带有随机性的数据, 从中找到事物内在的规律, 而这些规律正好是实际工作者所需要的结论. 我们只举一个例子说明统计学与实际问题结合的密切程度.

例 1.1 (仪器设备的使用寿命问题)　任何设备, 大到火箭、嫦娥月球卫星上的仪器, 小到家用电器中的一台电视机, 一节电池, 都有使用寿命问题. 无论是仪器研制者、生产者或使用者都十分关心仪器的使用寿命问题. 头一个问题是: 什么叫做仪器设备的使用寿命? 即使是一个没有统计知识的人也会回答这个问题. 一个仪器从开始使用起直到仪器失效这一段时期称为仪器的使用寿命. 但是, 若进一步问, 一个仪器, 或一节电池的使用寿命有多长? 对这个问题就不好回答, 一般人只能说, 品牌好的电池寿命长一些. 从统计学的角度来看这个问题, 由于电池的寿命是带有随机性的, 应该由随机变量来刻画电池的寿命. 现在的问题是: 应该怎样研究仪器的寿命? 这就需要做试验, 收集数据. 若讨论的问题是电池的寿命, 这个问题相对简单. 只要找几节电池进行试验, 观察它们的使用寿命, 就可以大致知道电池的使用寿命的状况. 但是像嫦娥月球卫星上的仪器, 情况就不是那样简单. 若没有现成的数据, 还需要设计试验, 并收集数据. 由于仪器是贵重的设备, 同时又是高可靠性的仪器, 人们不可能对仪器的寿命值进行观测, 只可能进行删失寿命试验, 即有些仪器没有到寿终就停止试验. 这些数据也称不完全数据. 收集数据以后, 还需要对数据进行分析, 找到有关仪器寿命的信息. 找到信息以后, 还要对该仪器的使用提出一些建议, 例如, 预测这个仪器能不能顺利完成任务. 若不能完成任务, 可提出一些建议, 改进产品质量, 以提高仪器的使用寿命. 上述问题的陈述, 充分说明我们所做的工作就是数理统计学所规定的任务. 但是要准确地陈述使用寿命问题, 还需要介绍数理统计的一些基本概念.

首先我们的研究对象是数据. 什么是数据呢? 广义地讲, 数据就是我们在实际工作中的记录. 例如, 某工厂为考察某些电子产品的使用寿命, 随机地抽取了 18 台产品做试验, 测得寿命数据如下 (见表 1.1.1):

表 1.1.1　电子仪器使用寿命 (单位: 小时)

17	29	50	68	100	130	140	270	280
340	410	450	520	620	190	210	800	1100

这 18 个寿命数据就是我们的研究对象. 又例如, 某社会工作者调查某城市中成年吸烟者占成年人口的比例, 共调查了 339 人, 其中 205 人为吸烟者, 134 人为不吸烟者. 在数据处理时我们通常用 x 表示数据, 此处 x 既可以是一个数, 也可以是一个向量或其他的量. 当明确表示向量时, 或者在论证中, 既有向量, 又有这个向量的分量的时候, 我们用 $\boldsymbol{x}$ 表示向量, 用 x_i 表示相应的分量. 数据的主要形式是 $\boldsymbol{x}=(x_1,\cdots,x_n)$. 在实际问题中, 有时候光一个字母是不够用于表达数据的. 例如, 在连续 10 天的气象记录中, 得到 $m_1,\cdots,m_{10},M_1,\cdots,M_{10}$, 其中 $m_i(i=1,\cdots,10)$ 是每天的最低气温, $M_i(i=1,\cdots,10)$ 是每天的最高气温. 此时的数据为 $\boldsymbol{x}=\{(m_i,M_i),\ i=1,\cdots,10\}$. 但是在学习统计学的时候, 用 $\boldsymbol{x}=(x_1,\cdots,x_n)$ 表示数据是最方便并且能够抓住数据本质的一种方法. 利用这种表达方法, 表 1.1.1 中寿命数据可表达

成 $\boldsymbol{x}=(x_1,\cdots,x_{18})$ 或 $\boldsymbol{x}=(x_1,\cdots,x_n), n=18$.

引入数据的概念以后, 我们要记住统计学的任务之一是对数据进行分析, 并且对所考察的问题作出推断. 在寿命数据的问题中我们的任务是考察该厂生产的电子产品的使用寿命. 但是我们必须弄明白, 什么是工厂生产的电子产品的使用寿命, 而且还要弄清楚工厂的这 18 台产品的寿命与工厂生产的产品的使用寿命之间的联系. 由经验知, 一个工厂生产的产品的使用寿命是带随机性的. 因此, 我们把一个工厂所生产的电子产品的使用寿命 X 看成一个随机变量是最合适不过了. 做这样的抽象以后, 可以把人们思维中直观的概念精确化成为一个数学对象. 若没有这种抽象, 就不可能对工厂生产的产品的使用寿命进行精确的研究.

什么是我们所需要的信息? 随机变量的某些特征是我们最关心的. 例如, X 的期望 $\mathbf{E}X$, $\mathbf{E}X$ 大, 说明产品的使用寿命长. $\mathbf{E}X$ 的大小说明了该工厂生产的产品质量的好坏. 除了 $\mathbf{E}X$, X 的标准方差 $\sigma X=\sqrt{\operatorname{var}(X)}$ 也是一个很重要的指标. 当然 X 的分布体现了工厂产品的使用寿命的全部信息. 因此若要了解工厂生产的电子产品的使用寿命, 我们只需了解随机变量 X 的分布.

而数据又是什么? 它与随机变量 X 的关系是什么? 从数据形成的过程可知, 电子产品的寿命 x_1 是工厂生产的一台产品的寿命, 即 X_1 的一个观察值 $X_1=x_1$. 同样 x_n 是 X_n 的观察值. 这样, $\boldsymbol{x}=(x_1,\cdots,x_n)$ 是 $\boldsymbol{X}=(X_1,\cdots,X_n)$ 的观察值. 有经验的实际工作者一定会明白, 我们收集数据的目的是为了了解工厂生产的产品的质量. 因此在采样时一定不会为某种利益去故意选择好的产品或坏的产品进行检查, 所选的产品一定是代表工厂产品质量的随机变量 X 的观察值, 而且这些产品也是相互独立地采样而得到的. 用数学的语言来描述: $X_1,\cdots,X_n$ 为相互独立且同分布的随机变量序列, 其公共分布与 X 的分布相同. 由于数据 $\boldsymbol{x}$ 与 X 有这样一层关系, 我们就指望从 $\boldsymbol{x}$ 得到 X 的分布的信息.

下面以电子产品的使用寿命为例引入统计学的基本概念. 我们将

工厂所生产的某种电子产品的总和称为**总体**. 总体是统计学最基本的概念. 所谓总体, 并不是仅仅表示工厂已经生产的全体产品. 总体是工厂所能生产的产品的总和, 因而包括还没有生产出来的产品. 除了产品的总和的概念外, 我们还需要在更深层次上理解总体的概念, 因为工厂生产的全体产品, 就是由工厂一个一个地生产出来的. 这样, 总体可以理解为工厂生产产品的过程或能力. 现在假定我们关心的是工厂所生产的产品的使用寿命. 这样总体又可以简化为工厂所生产的电子产品的寿命的总和, 而这些寿命值是工厂一个一个生产出来的产品的使用寿命值, 可以把生产一个产品的使用寿命看成一次随机试验. 因此我们将总体归结为一个随机变量. 根据不同的情况, 有时候, 也可把总体归结为随机向量、随机函数等随机量. 不过随机变量是最简洁的概念, 而且本书中所讨论的总体以随机变量为主.

定义 1.1　我们所考察的对象的总和称为**总体**. 在统计学中它可以归结为随机变量或其他形式的随机量. 代表总体的随机变量的分布也称为**总体分布**.

我们还以电子产品的使用寿命为例, 解释有关统计学的概念. 总体是寿命问题的信息之载体, 是信息存在的一种形式. 作为试验者, 并不确知总体的分布. 因此只能认为总体分布属于某个分布族. 用记号 X 表示我们研究的总体, X 是一个随机变量. 记 F 为 X 的分布, 我们只能假定 F 属于某个分布族 $\mathcal{F}$. 确定了 $\mathcal{F}$ 之后, 对所研究的总体形成了一个统计模型.

定义 1.2　设所考察的总体为 X, X 的分布 $F \in \mathcal{F}$, 则称 $\{X \sim F, F \in \mathcal{F}\}$ 为**总体模型**.

为所考察的问题建立总体模型是十分重要的事情, 若建立了一个正确的总体模型, 也就是给了实际问题一个严格的陈述. 建立总体模型最重要的任务是给出 X 的分布族 $\mathcal{F}$, 通常需要一些经验知识, 或先验信息. 在建立模型或确定 $\mathcal{F}$ 的过程中, 所确定的分布族范围越小, 说明利用的先验信息或经验越多, 将来作统计分析所得到的结论越具体. 若对 X 的分布没有任何知识, 那么只有假定 $\mathcal{F} = \{F : F$ 为 X 的任意一个分布$\}$.

现在讨论表 1.1.1 中寿命数据所对应的总体. 根据经验, 电子产品的寿命的分布只是所有分布组成的大类中的一个子类. 例如可以假定寿命分布为**指数分布**, 即其分布密度具有下列形式:

$$p(x,\theta)=\frac{1}{\theta}\exp\{-x/\theta\},\quad x>0,\theta>0, \tag{1.1}$$

上式中 $\theta>0$ 是分布的参数. 由 (1.1) 所刻画的总体模型称为参数模型, 因为这个模型中的分布可由参数来刻画. 我们可将这个模型写成 $\{F_\theta:\theta\in(0,\infty)\}$ 或 $\{p(x,\theta):\theta\in(0,\infty)\}$, 此处 F_θ 是总体分布, $p(x,\theta)$ 是总体分布的密度函数, θ 是模型的参数, $\Theta=(0,\infty)$ 称为参数空间. 我们做这种假定也不是毫无根据的. 我们根据前人的经验, 或者分析以前的数据, 得到如下的认识: 用指数分布去刻画电子产品的寿命是足够精确的. 当然, 人们也可以不相信这种假定, 对数据进行分析以后, 可以进一步假定电子产品的寿命分布应该属于更大的一个分布类, 例如**威布尔 (Weibull) 分布族**.

观察数据 $\boldsymbol{x}=(x_1,\cdots,x_n)$ 可以看成来自总体 F_θ 的一组观察值, 或者是 $\boldsymbol{X}=(X_1,\cdots,X_n)$ 的观察值, 其中 $X_i\sim \text{iid } F_\theta$ (此处记号 $X_i\sim\text{iid } F_\theta$ 表示 $X_1,\cdots,X_n$ 为独立同分布随机变量序列, 其公共分布为 F_θ), 而 θ 为参数的真值. 在统计中我们称 $\boldsymbol{X}=(X_1,\cdots,X_n)$ 为**样本**, 称 n 为**样本量或样本的大小**, 称 $\boldsymbol{X}$ 的取值 $\boldsymbol{x}=(x_1,\cdots,x_n)$ 为**样本值**, 样本值就是我们观察到的数据. 由于数据 $\boldsymbol{x}=(x_1,\cdots,x_n)$ 被看成随机向量 $\boldsymbol{X}$ 的取值, $\boldsymbol{X}$ 的所有可能的取值的集合称为样本空间, 用 $\mathcal{X}$ 表示之, 即 $\boldsymbol{x}$ 的取值集合为 $\mathcal{X}$, $\boldsymbol{x}\in\mathcal{X}$. 由于 $X_i\sim\text{iid } F_\theta$, 可知 $\boldsymbol{X}$ 在 $\mathcal{X}$ 上产生一个分布, 记这个分布为 $\mathbf{P}_\theta$. 我们称 $(\boldsymbol{X},\mathbf{P}_\theta),\theta\in\Theta$ 为统计模型. 我们将上述的基本概念总结成下面的定义.

定义 1.3 当总体模型 $(X,F_\theta),\theta\in\Theta$ 确定以后, 将数据 $\boldsymbol{x}=(x_1,\cdots,x_n)$ 看成总体随机变量的一组独立观察值, 即 $\boldsymbol{x}=(x_1,\cdots,x_n)$ 是随机向量 $\boldsymbol{X}=(X_1,\cdots,X_n)$ 的观察值, 其中 $X_1,\cdots,X_n\sim\text{iid } F_\theta$. $(X_1,\cdots,X_n)$ 称为**简单随机样本**, 简称**样本**, 样本 $\boldsymbol{X}=(X_1,\cdots,X_n)$ 是一个随机向量. $\boldsymbol{x}$ 称为**样本值**, 即我们得到的数据. $\boldsymbol{X}$ 的取值空间 $\mathcal{X}$ 称为**样本空间**. $\boldsymbol{X}$ 和它相应的分布族 $\{\mathbf{P}_\theta,\ \theta\in\Theta\}$ 称为**统**

计模型.

总体模型和统计模型在理论上是没有什么差别的, 数学上都是一个随机量和它的分布族. 不过我们在学习的时候, 要明白: 总体模型的重点是随机变量的分布, 它代表我们所需要的信息. 而统计模型所强调的是观察数据, 我们要从观察数据提取总体的信息. 而总体模型不强调观察数据, 一旦有了数据, 就成为一个统计模型.

对统计模型进行定义的时候, 模型中的参数 θ 是一个抽象的量, 它可以是数值, 也可以是常数向量或是其他的量. 其主要特征是: 一旦参数的值确定以后, 统计模型中的分布就完全确定. 不过常见的模型中, 参数 θ 是以数值或向量的形式出现的. 在某些统计问题中, 我们需要了解与参数有关的量, 即 θ 的函数 $g(\theta)$. $g(\theta)$ 也是人们需要了解的信息, 为了简便, 将 θ 的函数 $g(\theta)$ 也称为参数.

对于实际问题的研究发现, 总体模型中最重要的概念是总体随机变量 X 的分布族 $\mathcal{F}$. 前面已经说过, 若没有任何先验知识, 只有把 $\mathcal{F}$ 定义成一切分布所组成的集合. 由于问题的物理背景特殊, 人们根据问题的特殊背景, 确定其分布族. 这是建立模型之前我们必须考虑的重要问题. 现在我们介绍一些常见的分布族. 我们用例子的方式进行介绍.

例 1.2 (两点分布)　两点分布又称为**伯努利分布**, 具有代表性的实际背景是不合格品率的检查问题. 设工厂生产一批产品, 每生产一件产品为不合格品的概率为 $\theta, \theta \in (0,1)$, 记

$$X = \begin{cases} 1, & \text{产品为不合格}, \\ 0, & \text{其他}. \end{cases}$$

此时, X 为离散随机变量, 它服从两点分布, 其分布列为 $p(x,\theta) = \theta^x(1-\theta)^{1-x}, x = 0,1$, 相应的总体模型为 $\{p(x,\theta) : \theta \in (0,1)\}$. 设 $\boldsymbol{X} = (X_1, \cdots, X_n)$ 为 X 的一个样本, 则 $\mathcal{X} = \prod\limits_{i=1}^{n}\{0,1\}$ 为样本空间, $\mathcal{X}$ 是长度为 n 的 0-1 序列之集合. $\mathbf{P}\{\boldsymbol{x}\} = \prod\limits_{i=1}^{n} \theta^{x_i}(1-\theta)^{1-x_i}, \theta \in (0,1)$ 为相应的统计模型. 以后当我们遇到实际问题, 需要建立模型的时候, 若

发现其背景的结构与不合格品率的检查相同时，就可以认为这个总体来自两点分布. 例如，研究士兵打靶的命中率的问题，就可以利用两点分布.

实际中常将 $s=\sum\limits_{i=1}^{n}x_i$ 作为观察值，显然

$$\mathbf{P}\{S=s\}=\binom{n}{s}\theta^s(1-\theta)^{n-s}, s=0,1,\cdots,n,\theta\in(0,1).$$

此时 S 的分布为**二项分布**，我们用记号 $B(n,\theta)$ 表示二项分布，其中 n 为试验的重复次数，θ 为每次试验的成功概率. 与两点分布相对应的统计模型称为**二项模型**. 在检查不合格品的例子中，出现一个不合格品解释为“试验成功”.

例 1.3 (泊松分布) 设总体 X 的分布为离散分布，取非负整数值，其分布列由下式给出：

$$\mathbf{P}_\lambda\{X=i\}=\frac{\lambda^i}{i!}\exp\{-\lambda\},\quad i=0,1,\cdots,\quad \lambda>0,$$

即 X 服从参数为 λ 的泊松分布，则称所讨论的总体模型为**泊松模型**. 这种模型也可由问题的实际背景所确定. 所讨论的问题是发生在某区域内的“事件”的计数，而这些“事件”是发生在区域的某些点上的. 这个区域的互不相交的小区域上的计数是相互独立的. 在一个点的一个小邻域内发生一个“事件”的概率与这个邻域的大小近似地成正比，而在这个小邻域内发生两个以上“事件”的概率可以忽略不计. 在这样的假定之下，可以证明，在这个区域内发生“事件”的计数的分布是泊松分布. 国外有人研究，一个马场在一年内被马踢死的人数的分布具有泊松分布，其他如，每匹布上疵点的个数，北京地铁每年发生事故的次数，等等，都具有这种特点，因此处理这类问题的时候，可以假定 X 的分布是泊松分布. 例如，我们要了解北京地铁每年发生事故的平均次数的时候，设历年的记录为 $x_1,\cdots,x_n$，将一年这个时间段作为区域，而事故是发生在一年这个区域中的时间点上的，根据交通事故的这种特性，可以假定这组数据来自泊松总体.

例 1.4 (正态分布) 正态分布是统计中最常见的分布, 设总体 X 的分布为取实数值的连续分布, 其分布密度由下式给出:

$$p(x,\mu,\sigma^2)=\frac{1}{\sqrt{2\pi}\sigma}\exp\left\{-\frac{(x-\mu)^2}{2\sigma^2}\right\},x\in(-\infty,+\infty),$$
$$\mu\in(-\infty,+\infty),\sigma^2>0,$$

即 X 服从正态分布 $N(\mu,\sigma^2)$. 正态分布有两个参数, 期望 μ 和方差 σ^2. 这种分布的背景是测量问题. 设 X 为测量值, 它通常具有下面的形式:

$$X=\mu+\varepsilon,$$

其中 μ 是被测对象的真值, ε 是测量误差. 测量误差的分布为 $\varepsilon\sim N(0,\sigma^2)$. 而 $\boldsymbol{x}$ 是一组独立重复测量值, $\boldsymbol{x}=(x_1,\cdots,x_n)$ 形成一个正态模型. 但是有些实际问题, 并不是重复测量问题. 例如, 测量的对象为大学中新入学的男生的身高. 测量并不是对某个男生的身高重复地测量, 而是从大一新入学的男生中抽取一组学生, 对这组中每个男生的身高进行一次测量而得到数据. 而大学中新入学的男生的身高形成一个正态总体.

例 1.5 (指数分布) 设总体 X 的分布为取正值的连续分布, 其分布密度由下式给出:

$$p(x,\lambda)=\lambda\exp\{-\lambda x\},\quad x>0,\ \lambda>0,$$

其中 λ 为分布族的参数, 即 X 服从参数为 λ 的指数分布. 这个分布族来源于可靠性统计中元器件的寿命分布, 由这个分布的实际背景, 将参数 λ 称为**失效率**[①]. 寿命分布在时刻 x 的失效率函数是由下式定义的:

$$\lambda(x)=\lim_{\Delta x\to 0}\frac{1}{\Delta x}\mathbf{P}\{X\leqslant x+\Delta x|X>x\}.$$

指数分布的失效率函数 $\lambda(x)\equiv\lambda$, 这一点可以称为指数分布的一个特征. 指数分布的另一个特征是分布的无记忆性, 即一个已经使用了若

① 此处的分布族和 (1.1) 式给出的分布都是指数分布族, 它们是同一个分布族的两种不同的参数化, θ 代表 X 的期望, λ 代表失效率.

干时间的元器件,其剩余寿命的分布与新的元器件的寿命完全一样. 一般元器件的使用寿命会有耗损, 只有在特殊的情况下, 其寿命分布才是指数分布. 例如, 为保护汽车不被碰撞, 在汽车前面装一个防撞杠, 防撞杠的寿命分布应该是指数分布. 因为当安装了防撞杠以后, 只要不被撞, 它就跟新的一样. 因此, 汽车的防撞杠的寿命分布是指数分布. 但是, 根据工程经验, 在工业中的电子元件的使用寿命的分布近似于指数分布. 因此对于表 1.1.1 的数据, 所对应的总体模型被假定为指数模型.

例 1.6 (威布尔分布) 威布尔分布族是指数分布族的推广, 它是一个两参数分布族, 其分布密度由下式给出:

$$p(x,\lambda)=mx^{m-1}\lambda^m\exp\{-(\lambda x)^m\},\quad x>0,\ \lambda>0,m\geqslant 1,$$

其中 m 为形状参数, 当 $m=1$ 的时候, 威布尔分布就是指数分布. 威布尔分布的失效率函数为 $\lambda(x)=m\lambda^m x^{m-1}$, 当 $m>1$ 的时候, 威布尔分布的失效率函数随着 x 的上升而上升. 像滚珠那样的产品, 其失效率是随着使用时间的增加而上升的, 因此滚珠的寿命分布应该是威布尔分布 $(m>1)$. 在数据分析中, 若考察的总体是产品的寿命, 且当我们肯定产品具有磨耗性质, 或对产品的寿命服从指数分布产生怀疑的时候, 可建立一个更广泛的威布尔分布模型.

上述几个例子展示了根据实际情况建立统计模型的方法. 建立统计模型是学习统计学的最基本和最重要的功夫. 一般的教材 (包括本书), 由于篇幅的限制, 大都是给出模型, 然后对模型的统计分析方法进行研究. 然而, 解决实际问题, 都是从实际背景出发, 在建立统计模型上下功夫. 建立了模型以后, 就把实际问题纳入统计学的范围, 给实际问题一个严格的统计学描述. 在习题中我们将给出更多的实际问题, 进行建立模型的训练.

定义 1.3 对数据 $X_1,\cdots,X_n$ 的统计模型给出了定义. 在定义中 $X_1,\cdots,X_n$ 是来自某总体模型的一个简单随机样本. 简单随机样本是实际中十分常见而重要的情况. 但实际上, 事情并不总是简单随机样本. 因此应该将定义 1.3 做如下适当的修改.

定义 1.4 设 X 为刻画数据的随机变量 (也可以是随机向量或其

他随机量), X 取值于可测空间 $(\mathcal{X},\mathcal{B}_{\mathcal{X}})$, X 的分布族为 $\mathcal{P}=\{\mathbf{P}_\theta,\theta\in\Theta\}$, 则 $(\mathcal{X},\mathcal{B}_{\mathcal{X}},\mathcal{P})$ 称为**统计模型**.

定义 1.4 是定义 1.3 的推广. 我们用下面的实际例子来说明这种推广.

例 1.7 为了了解某种仪器的使用寿命, 某实验室安排了试验. 不妨设仪器的寿命分布是指数分布, 其分布密度为

$$p(x,\lambda)=\lambda\exp\{-\lambda x\},\quad x\in(0,+\infty),\ \lambda\in(0,+\infty). \tag{1.2}$$

实验室一共安排了 n 台仪器同时进行试验, 观察其使用寿命. 由于成本和时间的原因, 实验室并不将实验进行到仪器全部寿终. 实验室规定, 当 n 台仪器中有 r 台仪器失效以后就终止试验, 而保留其记录. 现在记第 i 台仪器的寿命为 $X_i(i=1,\cdots,n)$, 由于我们的观察数据不是 $X_i(i=1,\cdots,n)$, 我们不能以 $X_i(i=1,\cdots,n)$ 为基础建立统计模型 (即将 $X_i(i=1,\cdots,n)$ 的取值空间为样本空间 $\mathcal{X}$, 以 $X_i(i=1,\cdots,n)$ 的联合分布族为 $\mathcal{P}$, 在此基础上所建立的模型 $(\mathcal{X},\mathcal{B}_{\mathcal{X}},\mathcal{P})$). 这样求出来的统计模型 $(\mathcal{X},\mathcal{B}_{\mathcal{X}},\mathcal{P})$ 是没有使用价值的, 因为我们并没有观察到 $X_1,\cdots,X_n$ 的值, 以 $(\mathcal{X},\mathcal{B}_{\mathcal{X}},\mathcal{P})$ 为基础, 进行统计分析所得到的统计结论无法利用. 我们的观察值为 $X_{(1)},\cdots,X_{(r)}$, 它们是 $X_1,\cdots,X_n$ 的次序统计量的前 r 个观察值. 经分析, $X_{(1)},\cdots,X_{(r)}$ 的取值空间为 $\mathcal{X}=\{(x_1,\cdots,x_r):x_i>0,i=1,\cdots,r,x_1<x_2<\cdots<x_r\}$. 经计算, $X_{(1)},\cdots,X_{(r)}$ 的联合密度函数为

$$p(x_1,\cdots,x_r,\lambda)=\frac{n!}{(n-r)!}\lambda^r\exp\left\{-\lambda\left(\sum_{i=1}^r x_i+(n-r)x_r\right)\right\},$$
$$(x_1,\cdots,x_r)\in\mathcal{X},\ \lambda\in(0,\infty). \tag{1.3}$$

这样, 我们得到以 $x_{(1)},\cdots,x_{(r)}$ 为观察值的统计模型.

§1.2 充分统计量

在引入正文以前我们要介绍一个非常通俗的术语. 我们常常说 “信息”,“获取信息”, 这是什么意思? 网上传给我们一个消息或新闻, 这些

消息或新闻就是“信息”. 我们打开电视机收看新闻就是“获取信息”. 信息有什么特点? 在我们获取信息以前, 信息对我们来说是未知的. 设想某个人想告诉你一个消息, 而你已经知道他想告诉你的是一个什么消息, 那么对你来说, 他要告诉你的消息就不是“信息”. 上一节中重点介绍了总体模型以及与总体相关的统计模型. 体现总体的随机变量 X 或 X 的分布就是信息. 若我们知道了 X 的分布, 我们就获得了信息, 统计学的任务也就完成了. 设 $X \sim F, F \in \mathcal{F}$, 那么 X 的分布 F 就是信息, F 是分布族 $\mathcal{F}$ 的一个成员. 可将 $\mathcal{F}$ 解释为信息源, 因为信息 F 是 $\mathcal{F}$ 的一个成员. 现在假定 X 的分布族 $\mathcal{F}$ 已经**参数化**, 即 $\mathcal{F} = \{F_\theta, \theta \in \Theta\}$, 其中 θ 为分布的参数, Θ 是欧氏空间的一个子集, 称为**参数空间**. 通常由 Θ 到 $\mathcal{F}$ 的变换 F_θ 是一一的, 否则这种参数化称为**不可识别的**. 现在设 X 的分布族为 $\{F_\theta, \theta \in \Theta\}$, X 的分布为 F_θ, θ 称为**参数真值**. 参数真值 θ 就是我们想获取的信息. 前面已经指出, 有些实际问题中, 我们只需要了解参数 θ 的某些函数 $g(\theta)$, 在这种情况下, $g(\theta)$ 就是我们想获取的信息. 例如, 在例 1.4 中, 被测量对象的真值 μ 就是我们希望获取的信息.

现在的问题是如何获取信息? 不像电视新闻或你的同事传播消息, 传媒会把信息告诉你. 而我们获取信息的方法是从总体取得数据, 即样本 $\boldsymbol{x}$. 光有样本还不够, 我们还需对数据进行加工. 我们以例 1.4 中测量问题来说, 我们需要的信息为被测量对象的参数真值 μ, 虽然我们不能得到真值 μ, 但是我们可以对 μ 进行估计. 例如, 用测量值的平均数 $\overline{x} = \dfrac{1}{n}\sum\limits_{i=1}^{n} x_i$ 作为 μ 的估计值. 像 $\overline{x} = \dfrac{1}{n}\sum\limits_{i=1}^{n} x_i$ 这样的量有两个特点: 一是, 它必须是一个数值, 因为作为信息 μ 是一个数值, 我们必须用一个数值去估计 μ; 二是, 这个数值必须是对数据经过加工而成的. 这两个特点说明, 这个量必须是样本的函数, 通常用记号 $T(\boldsymbol{X})$ 表示.

定义 2.1 设样本 $\boldsymbol{X}$ 的分布族为 $\{\mathbf{P}_\theta,\ \theta \in \Theta\}$. 用于数据处理的样本 $\boldsymbol{X}$ 的函数称为**统计量**.

关于统计量的定义, 我们做如下的说明:

(i) 由于统计量是对数据 $\boldsymbol{x}$ 进行信息加工的工具, 因此, 它必须是关于数据的已知的函数. 即通过这个函数, 将 $\boldsymbol{x}$ 进行运算加工, 可得到一个数, 而其他的带有未知参数的函数就不是统计量. 例 1.4 中未知参数 μ 的估计误差 $\overline{x}-\mu$ 就不是统计量, 因为给定数据以后, 算不出误差 $\overline{x}-\mu$ 的值.

(ii) 按定义 2.1, 任何样本的函数, 只要它不含其他未知变量, 都可称为统计量. 例如, $T(\boldsymbol{X})=b$, 其中 b 是任一已知的数, 就是一个统计量.

(iii) 可用两种方式表示统计量, $T(\boldsymbol{x})$ 或 $T(\boldsymbol{X})$. 当强调统计量的统计特性的时候, 我们用 $T(\boldsymbol{X})$ 表示, 说明它是一个随机变量; 当强调它的数据特征的时候, 用记号 $T(\boldsymbol{x})$ 表示.

既然统计量是数据处理的重要工具, 我们就有必要对统计量的性质进行研究. 从概率论的角度看, 统计量 $T(\boldsymbol{X})$ 是随机变量 $\boldsymbol{X}$ 的函数, 随机变量的函数本身也是随机变量. 从统计学角度看, 统计量是对数据的一种加工, 加工以后的 $T(\boldsymbol{X})$ 取值于新的样本空间 $\mathcal{T}$, 由于 $\boldsymbol{X}$ 具有分布族 $\{\mathbf{P}_\theta,\theta\in\Theta\}$, $T(\boldsymbol{X})$ 也有相应的分布族 $\{\mathbf{P}_\theta^T,\theta\in\Theta\}$. 从统计学角度, $\{\mathbf{P}_\theta^T,\theta\in\Theta\}$ 是以 $T(\boldsymbol{x})$ 为观察数据的统计模型.

定义 2.1 指出, 任意一个用于数据处理的样本的函数都是一个统计量, 并且每一个统计量 $T(\boldsymbol{X})$ 都对应一个统计模型 $\{\mathbf{P}_\theta^T,\theta\in\Theta\}$. 而建立统计模型的目的是为了获取未知参数的信息. 那么多的统计量, 都可以建立相应的统计模型, 其中一定有一些统计量, 其相应的统计模型对获取 θ 的信息没有什么帮助. 设 $X_1,\cdots,X_n\sim \text{iid } N(\mu,\sigma_0^2)$ 为一个统计模型, 模型中 σ_0^2 为已知, $\mu\in(-\infty,+\infty)$. 令 $T(\boldsymbol{X})=X_1-X_2$, 不难求出 $T\sim N(0,2\sigma_0^2)$, T 的分布中不含未知参数 μ. 因此, 从这个统计量 T 不可能得到未知参数 μ 的信息. 对于一般的统计模型 $\mathbf{P}_\theta$, $\theta\in\Theta$, 看一个统计量是不是含有参数 θ 的信息, 要看这个统计量所对应的分布族是不是含有参数 θ 的信息. 不妨假定 T 是一个一维的统计量. 记

$$F_\theta^T(t)=\mathbf{P}_\theta\{T\leqslant t\} \tag{2.1}$$

为统计量 T 的分布. 若分布 F_θ^T 与 θ 无关, 此时统计量 T 不可能包含 θ 的任何信息. 例如, 参数 $\theta_1\neq\theta_2$, 但由于 $F_{\theta_1}^T=F_{\theta_2}^T$, 我们就不可能根据 T 的分布去判别总体参数是 θ_1 还是 θ_2. 反过来, 若统计量 T 的分

布 $F_\theta^T(t)$ (见 (2.1) 式) 与 θ 有关, 即至少存在两个参数 θ_1 和 θ_2, 使得 $F_{\theta_1}^T$ 与 $F_{\theta_2}^T$ 不相同, 此时我们称统计量 T 含有 θ 的信息. 但是, 为了有效地进行统计分析, 我们还需要找到包含参数 θ 的全部信息的统计量. 什么叫包含 θ 的全部信息? 设 T 为统计量, 首先要求 T 包含 θ 的信息, 即 $F_\theta^T(t)=\mathbf{P}_\theta\{T\leqslant t\}$ 与 θ 有关. 其次, T 包含了 θ 的全部信息, 即在 T 的取值已知的条件下, 其他统计量已经不再含有 θ 的信息了. 设 $\widetilde{T}$ 是任意一个统计量, $\widetilde{T}$ 的条件分布 $F_\theta(t|s)=\mathbf{P}_\theta\{\widetilde{T}\leqslant t|T=s\}$ 与 θ 无关, 此时称 T 包含了全部关于 θ 的信息. 这样的统计量称为**充分统计量**. 下面给出充分统计量的正式定义.

定义 2.2 设 $X_1,\cdots,X_n\sim F_\theta(x_1,\cdots,x_n)$, $\theta\in\Theta$. 统计量 $T(X_1,\cdots,X_n)$ 称为**充分统计量**, 如果对于任何其他的统计量 $\widetilde{T}(X_1,\cdots,X_n)$, 在 T 的值已知的条件之下, $\widetilde{T}$ 的条件分布与参数 θ 无关.

例 2.1 设 $X_1,\cdots,X_n\sim \text{iid } B(1,p)$, $p\in(0,1)$, 即 X_i 的分布为两点分布. 取 $T=\sum\limits_{i=1}^n X_i$, 易知 T 的分布为**二项分布**, 即

$$\mathbf{P}_p\{T=k\}=\binom{n}{k}p^k(1-p)^{n-k},\quad k=0,1,\cdots,n,$$

其中 p 为未知的参数. 显然, T 的分布与 p 有关. 现在讨论 T 的充分性. 按充分性的定义, 为证明 T 的充分性, 只需证明 $(X_1,\cdots,X_n)$ 在 T 给定之下的条件分布与 p 无关即可. 首先指出事件

$$A=\{(X_1,\cdots,X_n):X_1+\cdots+X_n\neq t\}$$

在 $T=t$ 之下的条件概率为 0, 即

$$\mathbf{P}_p\{X_1+\cdots+X_n\neq t|T=t\}=\frac{\mathbf{P}_p\{T\neq t,T=t\}}{\mathbf{P}_p\{T=t\}}=0.$$

显然, 这个概率与参数 p 无关. 其次, 由于 X_i 只取 0 或 1, 对于任何满足条件 $\sum\limits_{i=1}^n i_k=t$ 的 0-1 序列 $i_1,\cdots,i_n$, 下式成立:

$$\mathbf{P}_p\{X_1=i_1,\cdots,X_n=i_n|T=t\}=\frac{p^t(1-p)^{n-t}}{\binom{n}{t}p^t(1-p)^{n-t}}=\frac{1}{\binom{n}{t}}.$$

显然这些事件的概率与参数 p 也无关. 这样, 对一切样本点 $\boldsymbol{x}=(i_1,\cdots,i_n)$, $\mathbf{P}_p\{X_1=i_1,\cdots,X_n=i_n|T=t\}$ 与 p 无关. 由于 $X_1,\cdots,X_n$ 在

$T=t$ 的条件之下的概率分布与 p 无关, 对任何 $\boldsymbol{X}$ 的函数 $\widetilde{T}(X_1,\cdots,X_n)$ 和任何实数 s, 事件 $\{\widetilde{T}(X_1,\cdots,X_n)\leqslant s\}$ 在 $T=t$ 的条件之下的概率分布与参数 p 也无关. 这说明统计量 $T=\sum\limits_{k=1}^{n}X_i$ 已经包含了参数 p 的全部信息. 即 T 为充分统计量.

这样, 当观察值为 $X_1,\cdots,X_n$ 时, 为了获得参数 p 的信息, 我们只需研究 $T=\sum\limits_{i=1}^{n}X_i$ 的分布即可, 因为 T 已经包含了 p 的全部信息.

由定义 2.2 知, 要证明一个统计量为充分统计量, 需要计算条件概率. 由上例看出, 计算条件概率十分烦琐, 有时候计算也是十分困难的. 特别是 X_i 的分布为连续情况下, 求条件概率的问题还会遇到一些技术问题. 当事件 $\{T=t\}$ 为零概率事件的时候, 其条件概率没有初等的定义.

为了解决以零概率事件为条件的事件概率的计算问题, 我们要介绍条件概率的现代概率论严格定义. 前面已经介绍了统计模型的概念, 可以用记号 $(\mathcal{X},\mathcal{P})$ 表示, 其中 $\mathcal{X}$ 是数据 X 取值的样本空间, $\mathcal{P}$ 是 X 的分布族. 为了数学上的严格, 我们还列出 $\mathcal{X}$ 中全体事件所组成的 σ 域, 记做 $\mathcal{B}_{\mathcal{X}}$, 表示由 X 所刻画的事件之集合. 这样统计模型的数学刻画就是 $(\mathcal{X},\mathcal{B}_{\mathcal{X}},\mathcal{P})$.

统计模型 $(\mathcal{X},\mathcal{B}_{\mathcal{X}},\mathcal{P})$ 中 $\mathcal{P}$ 是在可测空间 $(\mathcal{X},\mathcal{B}_{\mathcal{X}})$ 上的概率分布族, 分布族 $\mathcal{P}$ 是 σ 有限测度族的特殊情况. 现在我们要介绍一些 σ 有限测度族的性质.

定义 2.3　设 $(\mathcal{X},\mathcal{B}_{\mathcal{X}},\mathcal{P})$ 中 $\mathcal{P}$ 为一 σ 有限测度族, σ 域 $\mathcal{B}_{\mathcal{X}}$ 中可测集 A 称为 $\mathcal{P}$ **零测集**是指 $\mathbf{P}\{A\}=0,\forall\mathbf{P}\in\mathcal{P}$, 记做 $\mathcal{P}(A)=0$.

通常说 "a.s.$\mathcal{P}$" 是指 "除了一个 $\mathcal{P}$ 零测集之外". 例如, $f(x)=0$, a.s. $\mathcal{P}$ 是指: 集合 $\{x,f(x)\neq 0\}$ 是一个 $\mathcal{P}$ 零测集.

定义 2.4　设 $\mathcal{P},\mathcal{Q}$ 为 $(\mathcal{X},\mathcal{B}_{\mathcal{X}})$ 上的两个 σ 有限测度族.

(i) 若对任何随机事件 $A\in\mathcal{B}_{\mathcal{X}}$, $\mathcal{Q}(A)=0\Rightarrow\mathcal{P}(A)=0$, 则称 $\mathcal{P}$ **相对于** $\mathcal{Q}$ **绝对连续**, 记做 $\mathcal{P}\ll\mathcal{Q}$.

(ii) 若 $\mathcal{P}\ll\mathcal{Q}$, $\mathcal{Q}\ll\mathcal{P}$, 则称 $\mathcal{P}$ **与** $\mathcal{Q}$ **等价**, 记做 $\mathcal{P}\equiv\mathcal{Q}$.

(iii) 若存在 $\mathcal{Q}=\{\mu\}$ 为单点集, 即只含一个测度的测度族, 其中 μ 是 $\mathcal{X}$ 上的 σ 有限测度, 使得 $\mathcal{P}\ll\mathcal{Q}$, 则称 $\mathcal{P}$ 为**被控的**. 今后, 我们直接用记号 $\mathcal{P}\ll\mu$ 表示 $\mathcal{P}$ 被 μ 所控制.

在定义 2.3 和定义 2.4 中, $\mathcal{P}$ 是 σ 有限测度族, 但本书中讨论的都是概率测度族, 或称分布族. 在统计学中, 最常见的分布族是被控的分布族. 例如, 通常遇到的连续分布族和离散分布族都是被控分布族. 下面的引理给出一个分布族 $\mathcal{P}$ 为被控的充分必要条件.

引理 2.1 统计模型 $(\mathcal{X},\mathcal{B}_{\mathcal{X}},\mathcal{P})$ 中 $\mathcal{P}$ 为被控的充分必要条件是存在一个可数子族 $\mathcal{P}_0\subseteq\mathcal{P}$, 使得 $\mathcal{P}_0\equiv\mathcal{P}$.

证明 充分性 设 $\mathcal{P}_0=\{\mathbf{P}_i,i\geqslant 1\}$ 为满足充分条件的那个可数子族. 令

$$\mathbf{P}_0=\sum_{i=1}^{\infty}\frac{1}{2^i}\mathbf{P}_i. \tag{2.2}$$

由上述表达式可知, 对任何随机事件 $A\in\mathcal{B}_{\mathcal{X}}$, $\mathbf{P}_0\{A\}=0$ 成立的充分必要条件为 $\mathbf{P}_i\{A\}=0, i=1,2,\cdots$. 由测度族等价的定义知 $\mathbf{P}_0\equiv\mathcal{P}_0$, 而由充分性条件知 $\mathcal{P}_0\equiv\mathcal{P}$, 则由关系 "$\equiv$" 的传递性知 $\mathbf{P}_0\equiv\mathcal{P}$. 故分布族 $\mathcal{P}$ 是被控的.

必要性 设 $\mathcal{P}$ 为被控的, 即存在一个 σ 有限测度 μ, 使得 $\mathcal{P}\ll\mu$. 无妨假定 μ 是一个有限测度. 由 $\mathcal{P}\ll\mu$ 可知, 对任何 $\mathbf{P}\in\mathcal{P}$, $\mathbf{P}\ll\mu$. 再由关于测度绝对连续的定义可知, 存在可测函数 $f(x)$, 它是概率测度 $\mathbf{P}$ 相对于 μ 的拉东–尼古丁导数. 即对任何 $A\in\mathcal{B}_{\mathcal{X}}$, $f(x)$ 满足

$$\int_A f(x)\mathrm{d}\mu=\mathbf{P}\{A\}.$$

以后, 我们通常用 $\mathrm{d}\mathbf{P}/\mathrm{d}\mu$ 表示这个拉东–尼古丁导数. 记

$$K_{\mathbf{P}}=\left\{x:\frac{\mathrm{d}\mathbf{P}}{\mathrm{d}\mu}>0\right\},$$

其中 $\mathrm{d}\mathbf{P}/\mathrm{d}\mu$ 是概率测度 $\mathbf{P}$ 相对于测度 μ 的拉东–尼古丁导数. 由假定 μ 是一个有限测度, 故

$$\sup_{\mathbf{P}\in\mathcal{P}}\mu(K_{\mathbf{P}})<\infty.$$

为证明必要性, 我们须构造出一个与 $\mathcal{P}$ 等价的可数子族 $\mathcal{P}_0$. 在 $\mathcal{P}$ 中取

$$\mathbf{P}_1,\ 使\ \mu(K_{\mathbf{P}_1}) \geqslant \sup_{\mathbf{P}\in\mathcal{P}} \mu(K_{\mathbf{P}}) - \frac{1}{2};$$

$$\mathbf{P}_2,\ 使\ \mu(K_{\mathbf{P}_2}\backslash K_{\mathbf{P}_1}) \geqslant \sup_{\mathbf{P}\in\mathcal{P}} \mu(K_{\mathbf{P}}\backslash K_{\mathbf{P}_1}) - \frac{1}{2^2};$$

$$\mathbf{P}_3,\ 使\ \mu\left(K_{\mathbf{P}_3}\backslash \bigcup_{i=1}^{2} K_{\mathbf{P}_i}\right) \geqslant \sup_{\mathbf{P}\in\mathcal{P}} \mu\left(K_{\mathbf{P}}\backslash \bigcup_{i=1}^{2} K_{\mathbf{P}_i}\right) - \frac{1}{2^3};$$

$$\cdots\cdots\cdots\cdots\cdots\cdots\cdots\cdots\cdots\cdots$$

$$\mathbf{P}_n,\ 使\ \mu\left(K_{\mathbf{P}_n}\backslash \bigcup_{i=1}^{n-1} K_{\mathbf{P}_i}\right) \geqslant \sup_{\mathbf{P}\in\mathcal{P}} \mu\left(K_{\mathbf{P}}\backslash \bigcup_{i=1}^{n-1} K_{\mathbf{P}_i}\right) - \frac{1}{2^n};$$

$$\cdots\cdots\cdots\cdots\cdots\cdots\cdots\cdots\cdots\cdots$$

如此可得到可数分布子族 $\mathcal{P}_0 = \{\mathbf{P}_i : i = 1, 2, \cdots\}$. 由于 μ 为有限测度, 并且 $K_{\mathbf{P}_n}\backslash \bigcup_{i=1}^{n-1} K_{\mathbf{P}_i}$ $(n = 1, 2, \cdots)$ 是样本空间 $\mathcal{X}$ 中互不相交的集合, 可知

$$\mu\left(K_{\mathbf{P}_n}\backslash \bigcup_{i=1}^{n-1} K_{\mathbf{P}_i}\right) \to 0, \quad 当\ n\to\infty\ 时.$$

由 $\mathbf{P}_n$ 的构造可知, 对任何 $\mathbf{P}\in\mathcal{P}$, 下式成立:

$$\mu\left(K_{\mathbf{P}}\backslash \bigcup_{i=1}^{\infty} K_{\mathbf{P}_i}\right) \leqslant \mu\left(K_{\mathbf{P}}\backslash \bigcup_{i=1}^{n-1} K_{\mathbf{P}_i}\right) \leqslant \mu\left(K_{\mathbf{P}_n}\backslash \bigcup_{i=1}^{n-1} K_{\mathbf{P}_i}\right) + \frac{1}{2^n}.$$

由得到的上述两个公式可知

$$\mu\left(K_{\mathbf{P}}\backslash \bigcup_{i=1}^{\infty} K_{\mathbf{P}_i}\right) = 0, \quad \forall \mathbf{P}\in\mathcal{P}. \tag{2.3}$$

此外, 由集合 $K_{\mathbf{P}}$ 的定义知, 对任何 $B\in\mathcal{B}_{\mathcal{X}}$,

$$\begin{aligned}\mathbf{P}\{B\} = 0 &\Longleftrightarrow \int_B \frac{\mathrm{d}\mathbf{P}}{\mathrm{d}\mu}\mathrm{d}\mu = 0 \Longleftrightarrow \int_{B\cap K_{\mathbf{P}}} \frac{\mathrm{d}\mathbf{P}}{\mathrm{d}\mu}\mathrm{d}\mu = 0 \\ &\Longleftrightarrow \mu(K_{\mathbf{P}}\cap B) = 0.\end{aligned} \tag{2.4}$$

由于 $\mathcal{P}_0$ 为 $\mathcal{P}$ 的子族, 为证明 $\mathcal{P}\equiv\mathcal{P}_0$, 我们只需证明 $\mathcal{P}\ll\mathcal{P}_0$. 设 B 为满足条件

$$\mathcal{P}_0(B) = 0, \quad 即\ \mathbf{P}_i\{B\} = 0,\ i = 1, 2, \cdots$$

的可测集. 由 (2.4) 式知

$$\mu(B\cap K_{\mathbf{P}_i})=0,\ i=1,2,\cdots,\quad 或\quad \mu\left(B\cap\left(\bigcup_{i=1}^{\infty}K_{\mathbf{P}_i}\right)\right)=0.\quad (2.5)$$

利用 (2.3) 式和 (2.5) 式可知,

$$\begin{aligned}\mu(B\cap K_{\mathbf{P}})&\leqslant\mu\left(B\cap\left(K_{\mathbf{P}}\setminus\bigcup_{i=1}^{\infty}K_{\mathbf{P}_i}\right)\right)+\mu\left(B\cap\left(\bigcup_{i=1}^{\infty}K_{\mathbf{P}_i}\right)\right)\\&\leqslant\mu\left(K_{\mathbf{P}}\setminus\bigcup_{i=1}^{\infty}K_{\mathbf{P}_i}\right)+\mu\left(B\cap\left(\bigcup_{i=1}^{\infty}K_{\mathbf{P}_i}\right)\right)=0.\end{aligned}$$

再利用 (2.4) 式知 $\mathbf{P}\{B\}=0$. 在证明中, 概率测度 $\mathbf{P}$ 可以是 $\mathcal{P}$ 中任意概率测度, 这就证明了 $\mathcal{P}\ll\mathcal{P}_0$. □

现在讨论条件概率的严格定义. 先举一个例子, 设 $\mathcal{X}=(0,1]$, $\mathcal{B}_{\mathcal{X}}$ 为 $(0,1]$ 上的波雷尔域, 概率测度 $\mathbf{P}$ 由下式定义: $\mathbf{P}\{A\}=$ 集合 A 的 Lebesgue 测度. 设事件 $A=(0,1/2]$, B_1 是另一事件, 由古典条件概率的定义, 事件 A 在事件 B_1 之下的条件概率为

$$\mathbf{P}\{A|B_1\}=\frac{\mathbf{P}\{A\cap B_1\}}{\mathbf{P}\{B_1\}}.$$

这个古典条件概率的定义有缺陷. 若 $\mathbf{P}\{B_1\}$ 为 0, $\mathbf{P}\{A|B_1\}$ 就没有定义. 因此, 这个定义不能推广到刻画条件的事件为零概率事件的情况. 现在我们从另一角度来解释上述条件概率的定义. 将条件概率的公式写成如下的形式:

$$\mathbf{P}\{A|B\}=\begin{cases}\dfrac{\mathbf{P}\{A\cap B_1\}}{\mathbf{P}\{B_1\}}, & 当\ B=B_1\ 时,\\[2ex]\dfrac{\mathbf{P}\{A\cap B_1^c\}}{\mathbf{P}\{B_1^c\}}, & 当\ B=B_1^c\ 时,\end{cases}$$

其中 $B_1^c=\mathcal{X}\setminus B_1$, 表示事件 B_1 的余事件, 这个公式综合了条件 B_1 和 B_1^c. 上面的公式又可以改写成下面的随机变量的形式:

$$f_A(x)=\begin{cases}\dfrac{\mathbf{P}\{A\cap B_1\}}{\mathbf{P}\{B_1\}}, & 当\ x\in B_1\ 时,\\[2ex]\dfrac{\mathbf{P}\{A\cap B_1^c\}}{\mathbf{P}\{B_1^c\}}, & 当\ x\in B_1^c\ 时.\end{cases}\quad (2.6)$$

当 $x\in B_1$ 时, 事件 B_1 发生, $f_A(x)$ 表示事件 A 相对于条件 B_1 的条件概率; 当 $x\in B_1^c$ 时, $f_A(x)$ 表示事件 A 相对于条件 B_1^c 的条件概率. 公

式 (2.6) 中的函数 $f_A(x)$ 也给出了事件 B_1 和 B_1^c 的条件概率的定义. 与条件概率的古典定义的不同之处是公式 (2.6) 中的函数 $f_A(x)$ 可以推广到以零概率事件为条件的条件概率.

现在我们用抽象的数学形式把以 B_1 为条件的条件概率定义写出来. 令 $\mathcal{B}=\{\varnothing, B_1, B_1^c, \mathcal{X}\}$, $\mathcal{B}$ 是由事件 B_1 刻画的子 σ 域. 在 $\mathcal{B}$ 上 (不是原来的 $\mathcal{B}_{\mathcal{X}}$) 定义两个 σ 有限测度, $\phi_A(B)=\mathbf{P}\{A\cap B\}$ 和 $\mathbf{P}^{\mathcal{B}}\{B\}=\mathbf{P}\{B\}, B\in\mathcal{B}$ (概率测度 $\mathbf{P}$ 在 $\mathcal{B}$ 上的限制), 显然, $\phi_A \ll \mathbf{P}^{\mathcal{B}}$($\phi_A$ 相对于 $\mathbf{P}^{\mathcal{B}}$ 绝对连续). 利用拉东–尼古丁定理, 可求得拉东–尼古丁导数 $\mathrm{d}\phi_A/\mathrm{d}\mathbf{P}^{\mathcal{B}}$. 事实上, $\mathrm{d}\phi_A/\mathrm{d}\mathbf{P}^{\mathcal{B}}$ 刚好等于 (2.6) 中的 $f_A(x)$. 这样, $\mathrm{d}\phi_A/\mathrm{d}\mathbf{P}^{\mathcal{B}}$ 就可作为条件概率的另一定义. 由于这个定义综合了两个事件 B_1 和 B_1^c 的条件概率, 我们用 $\mathbf{P}(A|\mathcal{B})$ 代替原来的记号 $\mathbf{P}\{A|B\}$. $\mathbf{P}\{A|\mathcal{B}\}$ 具有下面的性质:

(i) $\mathbf{P}\{A|\mathcal{B}\}$ 是 $\mathcal{B}$ 可测函数;

(ii) $\displaystyle\int_B \mathbf{P}\{A|\mathcal{B}\}\mathrm{d}\mathbf{P}=\mathbf{P}\{A\cap B\}, \quad \forall B\in\mathcal{B}.$

当 $B=B_1$ 或 B_1^c 时, 性质 (ii) 变成

$$\mathbf{P}\{A\cap B\}=\mathbf{P}\{B\}\mathbf{P}\{A|B\}.$$

它就是古典条件概率公式. 现在把上述的推广写成条件概率的一般定义.

定义 2.5　设 $(\mathcal{X},\mathcal{B}_{\mathcal{X}},\mathbf{P})$ 是某概率空间, $\mathcal{B}$ 是 $\mathcal{B}_{\mathcal{X}}$ 的子 σ 域. 对于 $\mathcal{B}_{\mathcal{X}}$ 中任意事件 A, 定义集合函数 $\phi_A(B)=\mathbf{P}\{A\cap B\}, B\in\mathcal{B}$. $\phi_A(B)$ 是定义在 $\mathcal{B}$ 上的 σ 可加有限测度, 并且在 $\mathcal{B}$ 上相对于 $\mathbf{P}^{\mathcal{B}}$ (概率测度 $\mathbf{P}$ 在 $\mathcal{B}$ 上的限制) 是绝对连续的. 因此, 按照拉东–尼古丁定理, 存在一个 $\mathcal{B}$ 可测函数 $f_A(x)=\mathrm{d}\phi_A/\mathrm{d}\mathbf{P}^{\mathcal{B}}$, 使

$$\int_B f_A(x)\mathrm{d}\,\mathbf{P}=\phi_A(B)=\mathbf{P}\{A\cap B\}, \quad B\in\mathcal{B}. \tag{2.7}$$

可测函数 $f_A(x)$ 称为**事件 A 相对于子 σ 域 $\mathcal{B}$ 的条件概率**.

在定义 2.2 中提到的条件概率都是在 $T(X)=t$ 的条件之下的条件概率, 而关于条件概率的定义 2.5 中只提到以子 σ 域为条件的条件

概率. 这个定义是否适用于用统计量刻画的条件? 回答是肯定的. 统计量 T 是定义在 $(\mathcal{X},\mathcal{B}_{\mathcal{X}})$ 上的可测函数, 我们可以将它一般化为可测空间 $(\mathcal{X},\mathcal{B}_{\mathcal{X}})$ 到可测空间 $(\mathcal{T},\mathcal{B}_{\mathcal{T}})$ 上的一个可测变换, 其中 $\mathcal{T}$ 是 T 的取值空间, 记 $\mathcal{B}_T$ 为由 T 产生的 $\mathcal{B}_{\mathcal{X}}$ 的子 σ 域. 用测度论的记号, $\mathcal{B}_T=\{T^{-1}(B):B\in\mathcal{B}_{\mathcal{T}}\}$, 即 $\mathcal{B}_T$ 是形如 $\{x:T(x)\in B\}$ 的集合产生的 σ 域. 事件 A 相对于 $\mathcal{B}_T$ 的条件概率 $f_A(x)$ 就定义为事件 A 相对于统计量 T 的条件概率. 按定义, $f_A(x)$ 是一个 $\mathcal{B}_T$ 可测函数. 利用复合函数定理可知 $f_A(x)$ 可写成关于 $T(x)$ 的函数形式. 为符号简便, 我们将这个函数写成 $f_A(T(x))$. 这样在叙述关于条件 T 的条件概率时, 我们可以这样说: 对于 $A\in\mathcal{B}_{\mathcal{X}}$, 存在一个 $\mathcal{B}_T$ 可测函数 $f_A(T(x))$, 满足

$$\int_B f_A(T(x))\mathrm{d}\,\mathbf{P}=\mathbf{P}\{A\cap B\},\quad \forall B\in\mathcal{B}_T.$$

这个 $f_A(T(x))$ 就定义为事件 A 在条件 T 之下的条件概率, 记做 $\mathbf{P}\{A|T(x)\}$. 显然, 条件概率是 a.s. $\mathbf{P}$ 确定的. 我们可通过积分变换, 得到等价的公式

$$\int_B f_A(t)\mathrm{d}\,\mathbf{P}^T=\mathbf{P}\{A\cap\{T\in B\}\},\quad \forall B\in\mathcal{B}_{\mathcal{T}}.$$

此处, $\mathbf{P}^T$ 是概率测度 $\mathbf{P}$ 通过变换 T 在 T 的象空间中形成的测度, 通常 $\mathbf{P}^T$ 称为 T 的分布; $f_A(t)$ 为定义在 T 的象空间上的可测函数, $f_A(t)$ 也称为事件 A 的条件概率, 记做 $f_A(t)=\mathbf{P}\{A|T(X)=t\}$. 在这个定义中, 事件 $\{T(X)=t\}$ 可以是零概率事件, 因此这个以测度论为基础的条件概率的定义, 解决了以零概率事件为条件的条件概率的计算问题.

在引进了测度论意义下的条件概率的定义以后, 我们着手解决统计量为充分统计量的判别问题.

定理 2.1 (因子分解定理) 设代表数据的统计模型 $(\mathcal{X},\mathcal{B}_{\mathcal{X}},\mathcal{P})$ 中的分布族为 $\mathcal{P}=\{\mathbf{P}_\theta,\theta\in\Theta\}$, 分布族 $\mathcal{P}$ 被 σ 有限测度 μ 所控制, 即每一个概率测度 $\mathbf{P}_\theta\in\mathcal{P}$ 相对于 σ 有限测度 μ 有密度函数 $p(x,\theta)$. 又设 $T(X)$ 为任意统计量, 则统计量 T 为充分统计量的充分必要条件是存在 $\mathcal{B}_{\mathcal{X}}$ 可测函数 $h(x)$ 以及与 $\theta\in\Theta$ 有关的可测函数 $g_\theta(T(x))$, 使得对每一个 $\theta\in\Theta$, 下式成立:

$$p(x,\theta) = g_\theta(T(x))h(x) \quad \text{a.e. } \mu. \tag{2.8}$$

证明 由于分布族 $\mathcal{P}$ 被 σ 有限测度 μ 所控制, 由引理 2.1 知, 存在 $\mathcal{P}$ 的一个可数子族 $\{\mathbf{P}_{\theta_i}, i=1,2,\cdots\}$ 使得 $\{\mathbf{P}_{\theta_i}, i=1,2,\cdots\} \equiv \mathcal{P}$. 进一步可知 $\mathbf{P}_0 \equiv \mathcal{P}$, 其中

$$\mathbf{P}_0 = \sum_{i=1}^{\infty} \mathbf{P}_{\theta_i}/2^i. \tag{2.9}$$

必要性 利用拉东–尼古丁导数的性质, 我们得到公式

$$\frac{\mathrm{d}\mathbf{P}_\theta}{\mathrm{d}\mu} = \frac{\mathrm{d}\mathbf{P}_\theta}{\mathrm{d}\mathbf{P}_0}\frac{\mathrm{d}\mathbf{P}_0}{\mathrm{d}\mu} \quad \text{a.s. } \mu. \tag{2.10}$$

上式中 $\dfrac{\mathrm{d}\mathbf{P}_\theta}{\mathrm{d}\mu}$ 就是 $\mathbf{P}_\theta$ 的密度函数 $p(x,\theta)$, 而 $\dfrac{\mathrm{d}\mathbf{P}_0}{\mathrm{d}\mu}$ 可以看成一个 $\mathcal{B}_\mathcal{X}$ 可测函数, 记做 $h(x)$. 若可以证明

$$\frac{\mathrm{d}\mathbf{P}_\theta}{\mathrm{d}\mathbf{P}_0} = g_\theta(T(x)) \quad \text{a.s. } \mathbf{P}_0, \tag{2.11}$$

则公式 (2.10) 就变成公式 (2.8). 现在证明公式 (2.11).

由必要性的假设知 T 是一个充分统计量, 故对任意的随机事件 $A \in \mathcal{B}_\mathcal{X}$, $\mathbf{P}_\theta\{A|T\}$ 与 θ 无关, 即存在一个与 θ 无关的函数 $f_A(T(x))$, 使得对任何 θ, 下式成立:

$$\mathbf{P}_\theta\{A\cap B\} = \int_B f_A(T(x))\mathrm{d}\mathbf{P}_\theta, \quad \forall B \in \mathcal{B}_T,$$

这里 $\mathcal{B}_T$ 是指由统计量 $T(x)$ 所生成的 $B_\mathcal{X}$ 的子 σ 域. 由于 $\mathbf{P}_0$ 与 $\mathbf{P}_{\theta_i}$ $(i=1,2,\cdots)$ 的关系 (见公式 (2.9)), 下式成立:

$$\mathbf{P}_0\{A\cap B\} = \int_B f_A(T(x))\mathrm{d}\mathbf{P}_0, \quad \forall B \in \mathcal{B}_T.$$

由上式, 进一步可得

$$\int_A \varphi(x)\mathrm{d}\mathbf{P}_0 = \int f_A(T(x))\varphi(x)\mathrm{d}\mathbf{P}_0, \tag{2.12}$$

其中 $\varphi(x)$ 为任意 $\mathcal{B}_T$ 可测的可积函数. 下面的公式:

$$\mathbf{P}_\theta\{A\} = \int f_A(T(x))\mathrm{d}\mathbf{P}_\theta$$

$$=\int f_A(T(x))\mathrm{d}\mathbf{P}_\theta^{\mathcal{B}_T}=\int f_A(T(x))\frac{\mathrm{d}\mathbf{P}_\theta^{\mathcal{B}_T}}{d\mathbf{P}_0^{\mathcal{B}_T}}\mathrm{d}\mathbf{P}_0^{\mathcal{B}_T}$$

$$=\int f_A(T(x))\frac{\mathrm{d}\mathbf{P}_\theta^{\mathcal{B}_T}}{\mathrm{d}\mathbf{P}_0^{\mathcal{B}_T}}\mathrm{d}\mathbf{P}_0=\int_A\frac{\mathrm{d}\mathbf{P}_\theta^{\mathcal{B}_T}}{\mathrm{d}\mathbf{P}_0^{\mathcal{B}_T}}\mathrm{d}\mathbf{P}_0,\quad \forall A\in\mathcal{B}_{\mathcal{X}} \tag{2.13}$$

说明公式 (2.11) 是成立的. 在 (2.13) 中, 由于 $\mathcal{B}_T$ 是由统计量 $T(x)$ 所生成的 $\mathcal{B}_{\mathcal{X}}$ 的子 σ 域, 因此 $\dfrac{\mathrm{d}\mathbf{P}_\theta^{\mathcal{B}_T}}{\mathrm{d}\mathbf{P}_0^{\mathcal{B}_T}}$ 是 $\mathcal{B}_T$ 可测函数. 在证明 (2.13) 的一连串等号中的最后一个等号的时候, 用到公式 (2.12).

充分性 设 $p(x,\theta)$ 满足 (2.8) 式. 利用 (2.9) 式, 容易证明 $\mathbf{P}_0$ 满足

$$\frac{\mathrm{d}\mathbf{P}_0}{\mathrm{d}\mu}=g_0(T(x))h(x)\quad \text{a.s. } \mu, \tag{2.14}$$

其中 $g_0(T(x))=\sum\limits_{i=1}^{\infty}g_{\theta_i}(T(x))/2^i$. 由 (2.8) 式和 (2.14) 式可知,

$$\frac{\mathrm{d}\mathbf{P}_\theta}{\mathrm{d}\mathbf{P}_0}=\frac{g_\theta}{g_0}$$

是 $\mathcal{B}_T$ 可测函数. 令 $\mathbf{P}_0\{A|T(x)\}$ 是事件 A 相对于条件 $\mathcal{B}_T$ 的条件概率, 可知下列一串等式成立:

$$\begin{aligned}\mathbf{P}_\theta\{A\cap B\}&=\int I_A(x)I_B(x)\mathrm{d}\mathbf{P}_\theta=\int I_A(x)I_B(x)\frac{\mathrm{d}\mathbf{P}_\theta}{\mathrm{d}\mathbf{P}_0}\mathrm{d}\mathbf{P}_0\\&=\int \mathbf{P}_0\{A|T(x)\}I_B(x)\frac{\mathrm{d}\mathbf{P}_\theta}{\mathrm{d}\mathbf{P}_0}\mathrm{d}\mathbf{P}_0\\&=\int_B \mathbf{P}_0\{A|T(x)\}\mathrm{d}\mathbf{P}_\theta,\quad \forall\theta\in\Theta, B\in\mathcal{B}_T.\end{aligned}$$

上式中第三个等式需要作一些说明, 利用条件概率的定义, 等式两边的 $I_B(x)\dfrac{\mathrm{d}\mathbf{P}_\theta}{\mathrm{d}\mathbf{P}_0}$ 用 $\mathcal{B}_T$ 可测事件的示性函数代替以后, 等式是成立的. 进一步可以证明, 等式两边的 $\mathcal{B}_T$ 可测事件的示性函数用 $\mathcal{B}_T$ 可测函数代替以后, 等式也是成立的. 而 $I_B(x)\dfrac{\mathrm{d}\mathbf{P}_\theta}{\mathrm{d}\mathbf{P}_0}$ 刚好是 $\mathcal{B}_T$ 可测函数, 因此等式是成立的. 而这一连串等式的两端说明 $\mathbf{P}_0\{A|T(x)\}$ 就是 $\mathbf{P}_\theta\{A|T(x)\}$, 而与 $\theta\in\Theta$ 无关, 即 $T(x)$ 是一个充分统计量. □

有了因子分解定理, 我们可以轻易地求出一个统计模型的充分统计量, 只要写出样本的联合分布密度, 再经过简化整理, 将密度写成 $g_\theta(T(x))h(x)$ 的形式, 其中 $T(X)$ 就是这个模型的充分统计量, 而不必利用定义计算复杂的条件概率. 下面是几个求充分统计量的例子.

例 2.2 (二元正态分布)　设我们需要了解的总体是二元总体, 即必须用两个随机变量来刻画的总体. 例如, 我们记录某校男生的身高和体重, 记 X 为某男生的身高, Y 为该生的体重. 注意, 我们的观察对象为该校的男生, 而每一个男生都有身高和体重 (x, y). 这样我们所研究的总体可用随机向量 (X, Y) 表示, (X, Y) 具有二元分布, 凭经验知, 学生的身高和体重 (X, Y) 的联合分布为二元正态分布, (X, Y) 的联合分布密度为

$$p(x, y; \theta) = \frac{1}{2\pi\sigma_1\sigma_2\sqrt{1-\rho^2}} \exp\left\{-\frac{1}{2(1-\rho^2)}\left[\left(\frac{x-\mu_1}{\sigma_1}\right)^2 - \frac{2\rho(x-\mu_1)(y-\mu_2)}{\sigma_1\sigma_2} + \left(\frac{y-\mu_2}{\sigma_2}\right)^2\right]\right\},$$

其中 $\theta = (\mu_1, \mu_2, \sigma_1^2, \sigma_2^2, \rho)$ 为参数向量. 参数的取值范围为: μ_1 和 μ_2 可取任意实数, σ_1^2 和 σ_2^2 为正实数, 而 $\rho \in (-1, 1)$. 现在从总体中抽取 n 个个体, 构成这个二元总体的一个样本. 我们认为这 n 个个体的 (X, Y) 值是该总体的独立观察值. 记 $(X_1, Y_1), \cdots, (X_n, Y_n)$ 为这 n 个个体的观察值形成的 n 个随机向量, 它们的联合分布密度为

$$\prod_{i=1}^n p(x_i, y_i; \theta) = \left(\frac{1}{2\pi\sigma_1\sigma_2\sqrt{1-\rho^2}}\right)^n \exp\left\{-\frac{1}{2(1-\rho^2)}\sum_{i=1}^n\left[\left(\frac{x_i-\mu_1}{\sigma_1}\right)^2 - \frac{2\rho(x_i-\mu_1)(y_i-\mu_2)}{\sigma_1\sigma_2} + \left(\frac{y_i-\mu_2}{\sigma_2}\right)^2\right]\right\}. \tag{2.15}$$

将上式中指数部分的和号中的表达式稍加变形, 即把 $x_i - \mu_1$ 写成 $x_i - \overline{x} + \overline{x} - \mu_1$, $y_i - \mu_2$ 写成 $y_i - \overline{y} + \overline{y} - \mu_2$, 然后进行展开、化简, 最后指数部分的表达式可以写成 5 个统计量, 即

$$\overline{x},\ \overline{y},\ \sum_{i=1}^n (x_i - \overline{x})^2,\ \sum_{i=1}^n (y_i - \overline{y})^2,\ \sum_{i=1}^n (x_i - \overline{x})(y_i - \overline{y})$$

的函数. 因此, $(X_1,Y_1),\cdots,(X_n,Y_n)$ 的联合分布密度具有形式

$$\prod_{i=1}^n f(x_i,y_i;\theta)=g_\theta\left(\overline{x},\overline{y},\sum_{i=1}^n(x_i-\overline{x})^2,\sum_{i=1}^n(y_i-\overline{y})^2,\sum_{i=1}^n(x_i-\overline{x})(y_i-\overline{y})\right).$$

这样, 由因子分解定理知,

$$T=\left(\overline{x},\overline{y},\sum_{i=1}^n(x_i-\overline{x})^2,\sum_{i=1}^n(y_i-\overline{y})^2,\sum_{i=1}^n(x_i-\overline{x})(y_i-\overline{y})\right)$$

就是本例中的充分统计量.

例 2.3 设 $X_1,\cdots,X_n\sim \text{iid } U(0,\theta)$, $\theta>0$, 其中 $U(0,\theta)$ 表示区间 $(0,\theta)$ 上的均匀分布, 即其分布具有密度

$$f_\theta(x)=\begin{cases}1/\theta, & x\in(0,\theta),\\ 0, & 其他.\end{cases}$$

则 $X_1,\cdots,X_n$ 的联合分布密度为

$$f_\theta(x_1,\cdots,x_n)=\begin{cases}\theta^{-n}, & 0<\min\limits_{1\leqslant i\leqslant n}x_i\leqslant\max\limits_{1\leqslant i\leqslant n}x_i<\theta,\\ 0, & 其他.\end{cases}$$

令 $g_\theta(u)=1/\theta^n I_{\{u\leqslant\theta\}}$, $h(x_1,\cdots,x_n)=I_{\{\min\limits_{1<i\leqslant n}x_i\geqslant 0\}}$, 其中记号 $I_{\{u\in A\}}$ 表示集合 $\{u:u\in A\}$ 的示性函数, 当 $u\in A$ 时, $I_{\{u\in A\}}=1$, 其他情况下 $I_{\{u\in A\}}=0$. 不难看出函数 f_θ 可以写成 $g_\theta(\max\limits_{1\leqslant i\leqslant n}x_i)h(x_1,\cdots,x_n)$ 的形式. 由因子分解定理可知, $T=\max\limits_{1\leqslant i\leqslant n}X_i$ 是充分统计量.

§1.3 统计量的完全性

充分统计量具有压缩数据和保留信息的功能. 但必须指出, 在同一个统计模型中, 充分统计量不是唯一的, 不同的充分统计量具有不同的压缩数据的能力. 下面的例子说明存在不同的充分统计量, 它们分别具有不同程度的压缩数据的能力.

例 3.1　设 $X_1,\cdots,X_n \sim \text{iid } N(0,\sigma^2)$, 其中 σ 为参数. 考虑下列统计量:

$$T_1=(X_1,\cdots,X_n),\quad T_2=(X_1^2,\cdots,X_n^2),$$
$$T_3=(X_1^2+\cdots+X_m^2, X_{m+1}^2+\cdots+X_n^2),$$
$$T_4=(X_1^2+\cdots+X_n^2).$$

$(X_1,\cdots,X_n)$ 的联合分布密度为

$$f_\sigma(x_1,\cdots,x_n)=\left(\frac{1}{\sqrt{2\pi}\sigma}\right)^n \exp\left\{-\frac{1}{2\sigma^2}\sum_{i=1}^n x_i^2\right\}.$$

不难看出, 这个联合分布密度可以写成下面的任意一个形式:

$$f_\sigma(x_1,\cdots,x_n)=g_{\sigma,i}(T_i),\quad i=1,2,3,4.$$

利用因子分解定理可知, $T_i, i=1,2,3,4$ 都是充分统计量, 但具有不同的压缩数据的能力.

上述例子引导我们讨论什么是压缩数据? 怎样刻画压缩数据的程度? 首先我们指出统计量本身就具有压缩数据的功能. T 与 X 的关系是函数关系 $T=T(X)$, 我们就认为统计量 $T(X)$ 将数据 X 压缩成为 T, 不过为了实用我们给出压缩数据的定义.

定义 3.1　设在统计模型 $(\mathcal{X},\mathcal{B}_{\mathcal{X}},\mathcal{P})$ 中, T_1 和 T_2 为两个统计量, 若存在函数 H, 使得

$$T_1=H(T_2)\quad \text{a.s. } \mathcal{P},$$

则 T_1 称为**由 T_2 经过压缩而成的**.

定义 3.2　设 $(\mathcal{X},\mathcal{B}_{\mathcal{X}},\mathcal{P})$ 为统计模型, 统计量 T 称为该统计模型的**极小充分统计量**, 若

(i) T 为充分统计量;

(ii) 对任意其他充分统计量 S, 均存在一个相应的函数 H, 使

$$T=H(S)\quad \text{a.s. } \mathcal{P}.$$

由上述定义可以看出, 极小充分统计量的作用是在保存信息的基础上实现最大压缩的统计量. 在相当弱的条件下可以证明极小充分统计量的存在性 (见 Lehmann et al [1998]).

现在我们介绍一个十分重要的概念, 统计量的完全性.

定义 3.3 设 $(\mathcal{X},\mathcal{B}_{\mathcal{X}},\mathcal{P})$ 为统计模型.

(i) 若对于任意的 (有界) 函数 $f(T(X))$, 只要满足 $\mathbf{E}_{\mathbf{P}}f(T(X))=0,\forall\mathbf{P}\in\mathcal{P}$, 就可以推出 $f(T(X))=0$ a.s. $\mathcal{P}$, 则称统计量 T 为该统计模型的 **(有界) 完全统计量**;

(ii) 若统计量 T 既是完全统计量, 又是充分统计量, 则称 T 是**完全充分统计量**.

完全充分统计量是压缩得非常干净的统计量. 设在某个统计模型中 $T(x)$ 为统计量, 若存在 $f(T)$, 使得 $f(T)$ 的分布与分布的参数无关, 则 $f(T)$ 这个统计量就不含有分布的信息. 统计量的完全性说明：若 $f(T)$ 不含有关于分布的信息, 此时若 $\mathbf{E}f(T(X))$ 存在, 则 $f(T(X))$ 必定为常数. 这意味着, 任何统计量 $f(T(X))$ 都含有分布的信息, 除非它本身是一个常数. 可以证明完全充分统计量必定是极小充分统计量 (见 Lehmann et al [1998]).

设 $(\mathcal{X},\mathcal{B}_{\mathcal{X}},\mathcal{P})$ 为统计模型, $T(X)$ 为统计量, $T(X)$ 的取值空间为 $(\mathcal{T},\mathcal{B}_{\mathcal{T}})$, 由统计量 $T(X)$ 产生的取值空间 $(\mathcal{T},\mathcal{B}_{\mathcal{T}})$ 上的分布族为 $\mathcal{P}^T$, 可将 $(\mathcal{T},\mathcal{B}_{\mathcal{T}},\mathcal{P}^T)$ 看成以统计量 T 为观察值的统计模型. T 的完全性实际上是统计模型 $(\mathcal{T},\mathcal{B}_{\mathcal{T}},\mathcal{P}^T)$ 的性质. 可将 $\mathbf{E}_{\mathbf{P}}f(T(X))$ 看成 $(\mathcal{T},\mathcal{B}_{\mathcal{T}},\mathcal{P}^T)$ 上函数 $f(t)$ 到 $\int_{\mathcal{T}}f(t)\mathrm{d}\mathbf{P}^T(t)$ 的一个变换. 完全性说明这种变换具有一一对应的性质, 若 $f(t)$ 使得 $\int_{\mathcal{T}}f(t)\mathrm{d}\mathbf{P}^T(t)=0,\forall\mathbf{P}^T$, 则蕴涵 $f(t)=0$ a.s. $\mathcal{P}^T$. 本书估计部分主要用到完全充分统计量.

例 3.2 设 $X_1,\cdots,X_n\sim$iid $N(\theta,1)$, 其中 θ 为参数. 考虑统计量 $T(\boldsymbol{X})=\overline{X}$, 利用因子分解定理可知 T 是一个充分统计量, 现证其完全性. 设 f 为任一函数, 满足 $\mathbf{E}_\theta f(T)=0,\ \theta\in\mathbb{R}$, 即

$$\int f(t)\exp\left\{-\frac{n(t-\theta)^2}{2}\right\}\mathrm{d}\,t=0,\quad \theta\in\mathbb{R}.$$

将上式化简, 变成

$$\int\phi(t)\exp\{tn\theta\}\mathrm{d}\,t=0,\quad \theta\in\mathbb{R},$$

其中 $\phi(t)=f(t)\exp\left\{-\dfrac{1}{2}nt^2\right\}$. 由 Laplace 变换的唯一性可知, $\phi(t)=0$ a.s. 或 $f(t)=0$ a.s.. 上述论证说明统计量 $T(\boldsymbol{X})=\overline{X}$ 具有完全性. 因此 $\overline{X}$ 为完全充分统计量.

例 3.3 (二项分布)　设 $X\sim B(n,p)$, 即 X 的分布为二项分布,

$$\mathbf{P}\{X=i\}=\binom{n}{i}p^iq^{n-i},\quad i=0,1,\cdots,n,$$

其中 $q=1-p$, $p\in(0,1)$. 现在我们指出 X 是一个完全统计量. 设 $\phi(X)$ 是任一函数, 满足

$$\mathbf{E}_p\phi(X)=0,\quad p\in(0,1),$$

或

$$\sum_{i=0}^{n}\phi(i)\binom{n}{i}p^i(1-p)^{n-i}=0.$$

上式等价于

$$\sum_{i=0}^{n}\phi(i)\binom{n}{i}\left(\frac{p}{1-p}\right)^i=0.$$

记 $t=p/(1-p)$, 作变量替换, 上式变成

$$\sum_{i=0}^{n}\phi(i)\binom{n}{i}t^i=0,\quad 0<t<\infty.$$

利用区间上多项式表达的唯一性, 上式蕴涵 $\phi(i)=0$, $i=0,1,\cdots,n$. 由于 X 是充分统计量, 按完全性的定义, X 是完全充分统计量.

例 3.4 (指数分布)　设 $X_1,\cdots,X_n\sim\text{iid }E(a,1)$, 其中 $a\in\mathbb{R}$ 作为参数, X_i 的分布密度为 $\exp\{-(x-a)\}I_{\{x>a\}}$, 则 $X_1,\cdots,X_n$ 的联合分布密度为

$$\exp\left\{-\sum_{i=1}^{n}x_i+na\right\}I_{\{\min\limits_{1\leqslant i\leqslant n}x_i>a\}}.$$

由因子分解定理知, $\min\limits_{1\leqslant i\leqslant n}X_i$ 是充分统计量, 现在证明 $\min\limits_{1\leqslant i\leqslant n}X_i$ 的完全性. 设 $f(x)$ 是一个函数, 满足对任何参数 a, $\mathbf{E}_af(\min\limits_{1\leqslant i\leqslant n}X_i)=0$ 成

立. 不难验证, 统计量 $\min\limits_{1\leqslant i\leqslant n} X_i$ 的分布密度为 $n\exp\{-n(x-a)\}I_{\{x>a\}}$. 将条件 $\mathbf{E}_a f(\min\limits_{1\leqslant i\leqslant n} X_i)=0$ 写成积分形式, 即

$$\int_a^{\infty} f(x)n\exp\{-n(x-a)\}\mathrm{d}x\equiv 0, \tag{3.1}$$

或

$$\int_a^{\infty} f(x)\exp\{-nx\}\mathrm{d}x\equiv 0.$$

这说明 $f(x)\exp\{-nx\}=0$ a.e. x, 从而 $f(\min\limits_{1\leqslant i\leqslant n} X_i)=0$ a.s. $\mathcal{P}$. 这样, 得到统计量 $\min\limits_{1\leqslant i\leqslant n} X_i$ 的完全充分性.

前面提到有些统计量不含分布的信息, 把这些统计量称为辅助统计量, 下面给出定义.

定义 3.4 设 $(\mathcal{X},\mathcal{B}_{\mathcal{X}},\mathcal{P})$ 为统计模型, V 为统计量. 如果 V 的分布与分布族中的个别分布无关, 即统计量不含任何关于分布参数的信息, 则称统计量 V 为**辅助统计量**.

下面是关于辅助统计量与完全充分统计量的相互独立性的巴苏定理.

定理 3.1 (巴苏定理) 在统计模型 $(\mathcal{X},\mathcal{B}_{\mathcal{X}},\mathcal{P})$ 中, 设统计量 T 是 $\mathcal{P}$ 的完全充分统计量, 统计量 V 是辅助统计量, 则 V 与 T 相互独立.

证明 由于 V 为辅助统计量, 相对于一切 $\mathbf{P}\in\mathcal{P}$, V 的分布是相同的, 故对于 V 的取值空间中的任意可测集 A, 均有 $\mathbf{P}\{V\in A\}=p_A$, $\forall\mathbf{P}\in\mathcal{P}$. 考虑 $\eta(t)=\mathbf{P}\{V\in A|T=t\}$, 由于 T 是充分统计量, 此处 $\eta(t)$ 与 $\mathbf{P}$ 无关. 由于 $\mathbf{E}_{\mathbf{P}}\eta(T)=\mathbf{P}\{V\in A\}=p_A$, $\forall\mathbf{P}\in\mathcal{P}$, 根据 T 的完全性可知 $\eta(T)=p_A$ a.s. $\mathcal{P}$. 这样, 对任何事件 $\{T\in B\}$,

$$\begin{aligned}\mathbf{P}\{V\in A,T\in B\}&=\int_{\{T\in B\}}\mathbf{P}\{V\in A|T\}\mathrm{d}\mathbf{P}=p_A\mathbf{P}\{T\in B\}\\&=\mathbf{P}\{V\in A\}\mathbf{P}\{T\in B\}.\end{aligned}$$

上式说明 V 与 T 独立. □

例 3.5 设 $X_1,\cdots,X_n\sim\text{iid }N(\mu,\sigma^2)$, 其中 $\mu\in\mathbb{R},\sigma^2>0$ 为参数.

我们希望证明：对任何参数值 μ 和 σ^2, $\overline{X}$ 与 $\sum\limits_{i=1}^{n}(X_i-\overline{X})^2$ 相互独立. 若按传统的证明方法, 必须将 μ 与 σ^2 的值固定下来, 然后按随机变量相互独立的定义, 求出 $\overline{X}$ 与 $\sum\limits_{i=1}^{n}(X_i-\overline{X})^2$ 的联合分布密度, 最后看这个联合分布密度是否能写成两个边缘分布密度的乘积. 这种计算方法十分麻烦, 现在我们试着利用巴苏定理. 为利用巴苏定理, 我们必须确定一个分布族或统计模型. 首先固定一个参数 σ^2 的值, 考虑统计模型 $X_1,\cdots,X_n \sim \text{iid}\ N(\mu,\sigma^2)$, 其中 $\mu\in\mathbb{R}$ 是参数, σ^2 是固定的已知常数. 不难验证, 这个模型的完全充分统计量是 $\overline{X}$, 而统计量 $\sum\limits_{i=1}^{n}(X_i-\overline{X})^2$ 的分布为 $\sigma^2\chi^2(n-1)$. 按定义, 它是一个辅助统计量. 利用巴苏定理知, 对于固定的 σ^2 和任意的 $\mu\in(-\infty.\infty)$, $\overline{X}$ 与 $\sum\limits_{i=1}^{n}(X_i-\overline{X})^2$ 是相互独立的随机变量. 由于在利用巴苏定理的时候, σ^2 是事先任意固定的值, 因此我们已经证明了对一切 $\mu\in\mathbb{R}$ 和 $\sigma^2>0$, $\overline{X}$ 与 $\sum\limits_{i=1}^{n}(X_i-\overline{X})^2$ 的相互独立性.

§1.4　指数族分布

在 §1.1 节中已经介绍, 在开始进行数据处理的时候, 最重要的事情是为数据建立一个统计模型. 而统计模型最重要的概念是样本分布所在的分布族. 要确定样本分布族, 我们必须对数据的物理背景进行考察, 找到适合数据的分布族. 但是进一步研究发现, 在现实世界中具有不同背景的分布族具有共同的形式. 而且, 具有共同形式的分布族具有一些共同的性质. 指数族分布族就是指具有某种形式的分布族, 下面给出指数族分布族的定义.

定义 4.1　设 $(\mathcal{X},\mathcal{B}_{\mathcal{X}},\mathcal{P})$ 为统计模型, 其中 $\mathcal{P}\ll\mu$, μ 是 $\mathcal{B}_{\mathcal{X}}$ 上的一个 σ 有限测度, 并且 $\mathcal{P}$ 具有参数形式 $\mathcal{P}=\{\mathbf{P}_\theta,\theta\in\Theta\}$. 若 $\mathbf{P}_\theta$ 相对于 μ 的分布密度 $f(x,\theta)$ 具有形式

$$f(x,\theta)=\exp\left\{\sum_{i=1}^{s}\xi_i(\theta)T_i(x)-B(\theta)\right\}h(x),\quad x\in\mathcal{X},\ \theta\in\Theta,\tag{4.1}$$

其中 $\xi_i(\theta)$ $(i=1,\cdots,s)$ 和 $B(\theta)$ 为确定的函数, $h(x)$ 是与参数 θ 无关的一个函数. 则称 $\mathcal{P}=\{\mathbf{P}_\theta,\theta\in\Theta\}$ 是**指数族分布族**, 简称**指数族**.

指数族分布族并不是某个特定分布族的名称, 而是具有某种形式的分布族的总称. 例如, 北京市是一个特指的城市, 北京市是一个直辖市, 直辖市不等同于北京市. 同样, 某分布族是指数族, 但指数族并不等同于某分布族. 许多常见的分布族都是指数族分布族.

例 4.1 设 $X\sim N(\theta,1),\theta\in(-\infty,\infty)$. 它相对于 $\mathrm{d}x$ 的分布密度是

$$\frac{1}{\sqrt{2\pi}}\exp\left\{-\frac{1}{2}(x-\theta)^2\right\}.$$

将它进行必要的化简, 得到形式

$$c\exp\left\{-\frac{1}{2}x^2+\theta x-\frac{1}{2}\theta^2\right\},\quad x\in\mathbb{R},\theta\in\mathbb{R},$$

其中 $c=\dfrac{1}{\sqrt{2\pi}}$ 为常数. 记

$$\begin{aligned}\xi(\theta)&=\theta,\quad h(x)=c\exp\left\{-\frac{1}{2}x^2\right\},\\ B(\theta)&=\frac{1}{2}\theta^2,\quad T(x)=x,\end{aligned}$$

则该密度族可写成

$$\exp\{\xi(\theta)T(x)-B(\theta)\}h(x)$$

的形式. 因此这个以 θ 为参数的正态分布族是一个指数族分布族.

例 4.2 (两参数正态分布族) 设 $X\sim N(\nu,\sigma^2)$. 它的分布密度为

$$\begin{aligned}&\frac{1}{\sqrt{2\pi}\sigma}\exp\left\{-\frac{1}{2\sigma^2}(x-\nu)^2\right\}\\ &\quad=\exp\{\xi_1(\nu,\sigma^2)T_1(x)+\xi_2(\nu,\sigma^2)T_2(x)-B(\nu,\sigma^2)\},\end{aligned}$$

其中 $\xi_1(\nu,\sigma^2)=\nu/\sigma^2$, $\xi_2(\nu,\sigma^2)=1/\sigma^2$, $T_1(x)=x$, $T_2(x)=-\dfrac{1}{2}x^2$, $B(\nu,\sigma^2)=\nu^2/(2\sigma^2)+\ln(\sqrt{2\pi}\sigma)$. 它具有位置参数 ν 和刻度参数 σ^2. 由它的分布密度的表达式可以看出, 具有两个参数的正态分布族是两参数指数族分布族.

例 4.3 (泊松分布族) 泊松分布为离散分布, 其分布列为

$$\mathbf{P}\{X=i\}=\frac{\lambda^i}{i!}\exp\{-\lambda\}, \quad i=0,1,\cdots.$$

在这个模型中, X 的取值空间为 $\mathcal{X}=\{0,1,\cdots\}$. 在 $\mathcal{X}$ 上定义计数测度, 即定义测度 μ, 使 $\mu(i)=1, i=0,1,\cdots$. 则泊松分布相对于这个测度的分布密度为

$$\begin{aligned}p(x,\lambda)&=\frac{\lambda^x}{x!}\exp\{-\lambda\}\\&=\exp\{\xi(\lambda)T(x)-B(\lambda)\}h(x), \quad x=0,1,\cdots,\end{aligned}$$

其中 $\xi(\lambda)=\ln\lambda$, $T(x)=x$, $B(\lambda)=\lambda$, $h(x)=1/x!$. 这个分布族也具有指数族分布族的形式, 它只有一个参数 λ.

为了理论研究的需要, 有必要将指数族分布族的性质加以研究. 现在设 $\mathcal{P}$ 是一个指数族分布族, 它相对于某 σ 有限测度 μ 具有分布密度表达式 (4.1). 通常一个分布族可以有不同的参数化. 将数据所对应的统计模型进行参数化有一个基本要求, 那就是模型中的参数必须是可识别的.

定义 4.2 设分布族 $\mathcal{P}$ 经过参数化之后具有形式 $\{\mathbf{P}_\theta,\theta\in\Theta\}$. 若 $\{\mathbf{P}_\theta,\theta\in\Theta\}$ 存在两个不同的参数值 θ_1 与 θ_2, 使得 $\mathbf{P}_{\theta_1}=\mathbf{P}_{\theta_2}$, 则称此参数族的参数是**不可识别的**; 若任意两个不同的参数值 θ_1 和 θ_2, 均有 $\mathbf{P}_{\theta_1}\neq\mathbf{P}_{\theta_2}$, 则称这个参数化是**可识别的**.

参数不可识别的模型在实际生活中是存在的. 例如, 甲、乙两人往某工地运输沙子, 两人将沙子放在同一堆. 设甲的运量为 a, 乙的运量为 b. 当他们运完沙子以后, 工地负责人对这一堆沙子的总量 (体积) 进行估算, 得到估算值为 X. 我们可对观察值建立模型 $X\sim N(a+b,\sigma^2)$, 此处不妨设 σ^2 已知. 这样 X 的分布形成一个参数族, a,b 为参数. 但这个参数族中的参数 a 和 b 是不可识别的, 这是因为我们不可能从 X 的分布识别参数 a 和 b 的值. 参数 a 和 b 的不可识别性的根据是基于下列的事实：通过观察两人合作劳动的成果, 不可能得到每人贡献份额的信息. 对于其参数不可识别的分布族, 我们不能通过样本来识别其

参数. 特别当 X 的分布满足 $\mathbf{P}_{\theta_1}=\mathbf{P}_{\theta_2}$ 时, 我们不能通过样本识别其参数真值究竟是 θ_1 还是 θ_2.

就 (4.1) 式的指数族分布族看来, 使其参数为可识别的必要条件是参数变换 $(\xi_1(\theta),\cdots,\xi_s(\theta))$ 为参数空间 Θ 到它的值域的一一变换. 现在设参数变换 $\boldsymbol{\xi}(\theta)=(\xi_1(\theta),\cdots,\xi_s(\theta)),\ \theta\in\Theta$ 是由 Θ 到 $\mathbb{R}^s$ 中某子集 Ξ 的一一变换, 此时 $\mathcal{P}$ 作为分布族可以通过重新参数化表成

$$\mathcal{P}=\{\mathbf{P}_{\boldsymbol{\xi}},\boldsymbol{\xi}\in\Xi\},$$

其中 $\mathbf{P}_{\boldsymbol{\xi}}$ 相对于 μ 的分布密度由

$$f(x,\boldsymbol{\xi})=\exp\left\{\sum_{i=1}^{s}\xi_iT_i(x)-A(\boldsymbol{\xi})\right\}h(x) \tag{4.2}$$

给出, 式中 $A(\boldsymbol{\xi})=B(\theta)$, θ 是与 $\boldsymbol{\xi}$ 对应的那个参数值, $A(\boldsymbol{\xi})$ 是分布密度的一个平衡常数.

注意, 分布族的重新参数化并不改变分布族本身, 只是参数作了相应的变换. 由 (4.2) 给出的参数形式称为指数族分布族的**自然参数形式**. 由于我们假定 $\boldsymbol{\xi}(\theta)$ 是一一变换, 参数形式 (4.2) 式的可识别性与 (4.1) 式的可识别性是相同的.

定理 4.1 设 $\{\mathbf{P}_{\boldsymbol{\xi}},\boldsymbol{\xi}\in\Xi\}$ 是一个指数族分布族, 其分布密度由 (4.2) 式给出, 则 $\{\mathbf{P}_{\boldsymbol{\xi}},\boldsymbol{\xi}\in\Xi\}$ 为可识别的指数族分布族的充分必要条件是 $\boldsymbol{T}(X)=\{T_1^{(X)},\cdots,T_s^{(X)}\}$ 的各分量之间不存在下列关系式:

$$\alpha_1T_1(X)+\cdots+\alpha_sT_s(X)=\alpha_0 \quad \text{a.s. } \mathcal{P}, \tag{4.3}$$

其中 $\alpha_1,\cdots,\alpha_s$ 为不全为 0 的常数, α_0 也是一个常数.

证明 充分性 若 Ξ 只有一个点, $\{\mathbf{P}_{\boldsymbol{\xi}},\boldsymbol{\xi}\in\Xi\}$ 自然是一个可识别的. 现设 $\{\mathbf{P}_{\boldsymbol{\xi}},\boldsymbol{\xi}\in\Xi\}$ 不是一个单点集. 用反证法, 设在定理的条件下, $\{\mathbf{P}_{\boldsymbol{\xi}},\boldsymbol{\xi}\in\Xi\}$ 是不可识别的, 即存在不相同的两个点, $\boldsymbol{\xi}^{(1)}$ 和 $\boldsymbol{\xi}^{(2)}$, 使 $\mathbf{P}_{\boldsymbol{\xi}^{(1)}}=\mathbf{P}_{\boldsymbol{\xi}^{(2)}}$. 由此可知, 它们的分布密度相同, 即在集合 $\{x:h(x)>0\}$ 上, 下式成立:

$$\exp\left\{\sum_{i=1}^{s}\xi_i^{(1)}T_i(x)-A(\boldsymbol{\xi}^{(1)})\right\}=\exp\left\{\sum_{i=1}^{s}\xi_i^{(2)}T_i(x)-A(\boldsymbol{\xi}^{(2)})\right\} \text{ a.s. } \mu,$$

或在集合 $\{x : h(x) > 0\}$ 上

$$\sum_{i=1}^{s}\big(\xi_i^{(2)} - \xi_i^{(1)}\big)T_i(x) = A\big(\boldsymbol{\xi}^{(2)}\big) - A\big(\boldsymbol{\xi}^{(1)}\big) \quad \text{a.s. } \mu.$$

这说明 $\boldsymbol{T}$ 的各分量之间具有关系式 (4.3), 得到了矛盾. 因此 $\{\mathbf{P}_{\boldsymbol{\xi}}, \boldsymbol{\xi} \in \Xi\}$ 必定是一个可识别的指数族分布族.

必要性 设 $\mathcal{P}$ 为可识别的, 我们将指出 $\boldsymbol{T}$ 的各分量之间不存在关系式 (4.3). 用反证法, 若必要性不成立, 即存在一个非零向量 $\boldsymbol{\alpha} = (\alpha_1, \cdots, \alpha_s)$, 使 (4.3) 式成立. 此时, 对于任意一点 $\boldsymbol{\xi} \in \Xi$,

$$\begin{aligned} f(x, \boldsymbol{\xi}) &= \exp\{(\boldsymbol{\xi}, \boldsymbol{T}) - A(\boldsymbol{\xi})\}h(x) \\ &= \exp\{(\boldsymbol{\xi} + \boldsymbol{\alpha}, \boldsymbol{T}) - A(\boldsymbol{\xi}) - \alpha_0\}h(x), \end{aligned} \tag{4.4}$$

上式中记号 $(\boldsymbol{\xi}, \boldsymbol{T})$ 表示两个向量 $\boldsymbol{\xi}$ 和 $\boldsymbol{T}$ 的内积. (4.4) 式说明 $\boldsymbol{\xi}$ 与 $\boldsymbol{\xi} + \boldsymbol{\alpha}$ 对应于同一个分布密度, 即 $\mathcal{P}$ 为不可识别的, 得到矛盾. 必要性得证. □

定理 4.2 设指数族分布族 $\mathcal{P} = \{\mathbf{P}_{\boldsymbol{\xi}}, \boldsymbol{\xi} \in \Xi\}$ 相对于 σ 有限测度 μ 的分布密度由 (4.2) 式给出, $\boldsymbol{\xi}_0$ 为参数空间的一个内点. 又设函数 $g(x)$ 相对于 $\mathbf{P}_{\boldsymbol{\xi}}$ 可积, 其中 $\boldsymbol{\xi}$ 在 $\boldsymbol{\xi}_0$ 某邻域内变化. 则作为 $\boldsymbol{\xi}$ 的函数,

$$\mathbf{E}_{\boldsymbol{\xi}} g(X) = \int_{\mathcal{X}} g(x) \exp\{(\boldsymbol{\xi}, \boldsymbol{T}) - A(\boldsymbol{\xi})\}h(x)\mathrm{d}\mu$$

在 $\boldsymbol{\xi}_0$ 的邻域内解析, 并且其微商可通过积分号下求微商得到.

证明略, 可见陈希孺 [1999].

利用这条定理可以对下列积分恒等式

$$\int_{\mathcal{X}} \exp\{(\boldsymbol{\xi}, T) - A(\boldsymbol{\xi})\}h(x)\mathrm{d}\mu = 1 \tag{4.5}$$

中的参变量 ξ_i 求偏微商, 其中 ξ_i 为向量 $\boldsymbol{\xi}$ 的第 i 个分量, 可得

$$\int_{\mathcal{X}} \left(T_i - \frac{\partial A(\boldsymbol{\xi})}{\partial \xi_i}\right) \exp\{(\boldsymbol{\xi}, T) - A(\boldsymbol{\xi})\}h(x)\mathrm{d}\mu = 0.$$

此即

$$\mathbf{E}_{\boldsymbol{\xi}} T_i = \frac{\partial A(\boldsymbol{\xi})}{\partial \xi_i}. \tag{4.6}$$

对 (4.5) 式两端求 ξ_i 和 ξ_j 的混合偏导数, 可得

$$\int_{\mathcal{X}}\left(T_i-\frac{\partial A(\boldsymbol{\xi})}{\partial \xi_i}\right)\left(T_j-\frac{\partial A(\boldsymbol{\xi})}{\partial \xi_j}\right)\exp\{(\boldsymbol{\xi},\boldsymbol{T})-A(\boldsymbol{\xi})\}h(x)\mathrm{d}\,\mu-\frac{\partial^2 A(\boldsymbol{\xi})}{\partial \xi_i\partial \xi_j}=0,$$

上式即

$$\operatorname{cov}_{\boldsymbol{\xi}}(T_i,T_j)=\frac{\partial^2 A(\boldsymbol{\xi})}{\partial \xi_i\partial \xi_j}. \tag{4.7}$$

例 4.4 设 $X\sim\dfrac{1}{\theta}\exp\{-x/\theta\}$, $x>0$, $\theta>0$ 是一个指数族分布族. 作参数变换 $\xi=1/\theta$, 则分布密度具有形式

$$f(x,\xi)=\exp\{\xi(-x)-\ln(\xi^{-1})\}I_{\{x>0\}}.$$

利用 (4.6) 式和 (4.7) 式可得

$$\mathbf{E}_\xi T=\frac{\partial\ln(\xi^{-1})}{\partial\xi}=-\frac{1}{\xi},\quad \operatorname{var}_\xi(T)=\frac{\partial^2\ln(\xi^{-1})}{\partial\xi\partial\xi}=\frac{1}{\xi^2},$$

此处 $T=-X$. 若将 T 还原成 X, 参数 ξ 转化为 θ, 可得

$$\mathbf{E}_\theta X=\theta,\quad \operatorname{var}_\theta(X)=\theta^2.$$

指数族分布族具有很重要的特性.

引理 4.1 设 $X\sim\mathbf{P}_\theta$, $\theta\in\Theta$, 其分布族为指数族分布族, 相对于 σ 有限测度 μ 的分布密度由 (4.1) 式给出. 又设 $X_1,\cdots,X_n$ 为 X 的一个简单随机样本. 将 $(X_1,\cdots,X_n)$ 看成随机向量, 则 $(X_1,\cdots,X_n)$ 的分布族也是指数族分布族.

证明 只需将 $\mathbf{P}_\theta$ 相对于 σ 有限测度 μ 的分布密度写成指数族分布密度的形式

$$p(x,\theta)=\exp\left\{\sum_{k=1}^{s}\xi_k(\theta)T_k(x)-B(\theta)\right\}h(x).$$

此时 $(X_1,\cdots,X_n)$ 的联合分布密度具有形式

$$\prod_{i=1}^{n}p(x_i,\theta)=\prod_{i=1}^{n}h(x_i)\cdot\exp\left\{\sum_{k=1}^{s}\xi_k(\theta)\left(\sum_{i=1}^{n}T_k(x_i)\right)-nB(\theta)\right\}.$$

由它的形式看出, $(X_1,\cdots,X_n)$ 的联合分布仍然是指数族分布. □

定理 4.3　设 X 的分布具有密度 (4.2) 式, 并且其参数空间 Ξ 含有一内点, 则 $\boldsymbol{T}=\sum_{i=1}^{s}T(x_i)$ 为完全充分统计量.

证明　利用 X 的密度表达式 (4.2), 由因子分解定理立即可知 $\boldsymbol{T}$ 的充分性. 现证 $\boldsymbol{T}$ 的完全性. 设 B 为 $\boldsymbol{T}$ 的取值空间中的 Borel 集. 由于 (4.2) 式中的 $h(x)$ 可吸收到 σ 有限测度 μ 中去, 为了记号简便, 假定在 (4.2) 式中的 $h(x)\equiv 1$. 记 $\nu(B)=\mu(\boldsymbol{T}(X)\in B)$. 我们指出测度 $\nu(B)$ 为 σ 有限测度. 要证明这一点, 只需证明对于有界集 B, 必有 $\nu(B)<\infty$. 事实上, 若 $\nu(B)=\infty$ 就会导致

$$\mathbf{P}_{\xi}\{\boldsymbol{T}\in B\}=\int_{\{\boldsymbol{t}\in B\}}\exp\{(\boldsymbol{\xi},\boldsymbol{t})-A(\boldsymbol{\xi})\}\mathrm{d}\,\nu(\boldsymbol{t})=+\infty$$

的错误结论. 故由反证法知, 对任何有界集 B, $\nu(B)$ 必定小于无穷, 即测度 ν 的 σ 有限性. 现设 $\phi(\boldsymbol{T})$ 是使

$$\mathbf{E}_{\boldsymbol{\xi}}\phi(\boldsymbol{T})=0,\quad \forall\boldsymbol{\xi}\in\Xi$$

成立的任何随机变量, 由上式可知

$$\int\exp\{(\boldsymbol{\xi},\boldsymbol{t})-A(\boldsymbol{\xi})\}\phi(\boldsymbol{t})\mathrm{d}\nu(\boldsymbol{t})=0,\quad \forall\boldsymbol{\xi}\in\Xi,$$

或等价地

$$\int\exp\{(\boldsymbol{\xi},\boldsymbol{t})\}\phi(\boldsymbol{t})\mathrm{d}\nu(\boldsymbol{t})=0,\quad \forall\boldsymbol{\xi}\in\Xi.$$

由于 Ξ 含有内点, 利用 Laplace 变换的唯一性, 可知 $\phi(\boldsymbol{t})=0$ a.s. ν, 或 $\phi(\boldsymbol{T})=0$ a.s. $\mathcal{P}$. 这说明 $\boldsymbol{T}$ 是一个完全统计量.　□

在指数族分布族的定义中, 分布密度的表达式 (4.1) 或 (4.2) 中的参数空间 Θ 或 Ξ 是可以任意给定的. 设在 (4.2) 式中 Ξ 是一个集合, 若将 Ξ 换成 Ξ 的任意子集 $\widetilde{\Xi}$ 以后, 可以得到这个分布族的子族. 按定义这些子族也可称为指数族分布族, 但是当子集 $\widetilde{\Xi}$ 取得很怪的时候, 相应的模型既没有意义, 性能也不好. 相反, 我们可以考虑将 (4.2) 式中的集合进行扩大. 参数空间

$$\Xi^*=\left\{\boldsymbol{\xi}:\int\exp\{(\boldsymbol{\xi},\boldsymbol{T})\}h(x)\mathrm{d}\mu<\infty\right\}\tag{4.8}$$

称为**自然参数空间**, 显然 $\Xi \subseteq \Xi^*$. 实际中绝大部分的指数族分布族的参数空间都是自然参数空间, 当然也有根据实际问题建立缩小了的指数族分布族. 例如, $\mathcal{P} = \{N(\nu, \sigma^2), \nu > 0, \sigma^2 > 0\}$, 这个模型中的位置参数 ν 的取值范围可以扩张成 $(-\infty, \infty)$.

引理 4.2 设 $\mathcal{P} = \{\mathbf{P}_{\boldsymbol{\xi}}, \boldsymbol{\xi} \in \Xi\}$, 其中 $\mathbf{P}_{\boldsymbol{\xi}}$ 具有分布密度 (4.2), 且 $\Xi = \Xi^*$, Ξ^* 由 (4.8) 式给出, 则参数空间 Ξ 是 $\mathbb{R}^s$ 中的一个凸集.

证明 利用函数 $\exp\{(\boldsymbol{\xi}, \boldsymbol{T})\}$ 为 $\boldsymbol{\xi}$ 的凸函数的性质, 对于 $\alpha \in (0,1)$, 函数 $\exp\{(\xi, \boldsymbol{T})\}$ 满足不等式

$$\begin{aligned}
&\int \exp\{(\alpha\boldsymbol{\xi}^{(1)} + (1-\alpha)\boldsymbol{\xi}^{(2)}, \boldsymbol{T})\} h(x)\mathrm{d}\mu \\
\leqslant &\,\alpha \int \exp\{(\boldsymbol{\xi}^{(1)}, \boldsymbol{T})\} h(x)\mathrm{d}\mu + (1-\alpha) \int \exp\{(\boldsymbol{\xi}^{(2)}, \boldsymbol{T})\} h(x)\mathrm{d}\mu < \infty.
\end{aligned}$$

上式说明若参数点 $\boldsymbol{\xi}^{(1)}$ 和 $\boldsymbol{\xi}^{(2)}$ 均为 Ξ 中的元素, 则联结参数点 $\boldsymbol{\xi}^{(1)}$ 和 $\boldsymbol{\xi}^{(2)}$ 的线段上的任何点 $\alpha\boldsymbol{\xi}^{(1)} + (1-\alpha)\boldsymbol{\xi}^{(2)} (\alpha \in (0,1))$ 也属于 Ξ(见 (4.8) 式关于 Ξ^* 的定义), 即集合 Ξ 是一个凸集. □

现在假定 $\mathcal{P} = \{\mathbf{P}_{\boldsymbol{\xi}}, \boldsymbol{\xi} \in \Xi\}$ 是一个自然参数指数族分布族, 并且 Ξ 是一个自然参数空间, 即 Ξ 满足 $\Xi = \Xi^*$. 对于这样的分布族, 仍然可能是不可识别的, 即变量 $\boldsymbol{T}$ 的各分量之间具有关系式 (4.3). 同时自然参数空间仍然可能没有内点, 即 $\boldsymbol{\xi}$ 各分量之间也可能有如下的关系:

$$\alpha_1\xi_1 + \cdots + \alpha_s\xi_s = \alpha_0, \quad \forall \boldsymbol{\xi} \in \Xi, \tag{4.9}$$

其中 $\alpha_1, \cdots, \alpha_s$ 为不全为 0 的常数, α_0 为任意的常数. 具有这种关系式的模型, 其参数化也不是很紧凑. 为了解决这个问题, 如遇到 (4.9) 式或 (4.3) 式这种情况, 我们可将这种线性关系解出并代入密度表达式 (4.2). 经过代数运算, 并重新参数化, 将密度的表达式化简, 化简以后的密度仍然具有 (4.2) 式的形式. 不过新的表达式中参数的个数变成 $s-1$. 重复这一重新参数化的过程, 可以达到压缩参数个数的目的. 最后我们得到最简单的参数形式 (4.2), 使得得到的表达式没有 (4.9) 和 (4.3) 这种关系式. 一个指数族分布族, 若没有 (4.9) 和 (4.3) 这种关系式, 则称这个分布族的参数化形式为**满秩的**. 这时参数的维数称为这个指数族分布族的**秩**.

定理 4.4　设 $\{\mathbf{P}_{\boldsymbol{\xi}}, \boldsymbol{\xi} \in \Xi\}$ 是一个满秩的自然参数指数族分布族，即分布族的密度由 (4.2) 式给出，参数空间 Ξ 由 (4.8) 式给出，并且统计量 $\boldsymbol{T}$ 的诸分量之间和参数 $\boldsymbol{\xi}$ 的各个分量之间均没有 (4.3) 式和 (4.9) 式所确定的线性关系. 则这个指数族分布族满足定理 4.1、定理 4.5 和定理 4.3 的条件，这样，这个参数族一定是可识别的，相应的统计量 $\boldsymbol{T}$ 是这个模型的完全充分统计量.

证明　只需验证各个定理的充分条件，验证过程是平凡的. 在此只需作一点说明：s 维空间中的凸集 Ξ 没有内点的充分必要条件是 Ξ 中的点 $\boldsymbol{\xi}$ 满足条件 (4.9). □

例 4.5　设 $X \sim N\left(\dfrac{1}{2}, \sigma^2\right)$，$\sigma > 0$. 将 $N\left(\dfrac{1}{2}, \sigma^2\right)$ 的分布密度中表达式的指数部分的二项式展开

$$\frac{1}{\sqrt{2\pi}\sigma} \exp\left\{-\frac{1}{2\sigma^2}(x-1/2)^2\right\} = \exp\left\{\sum_{i=1}^{2} \xi_i T_i(x) - A(\boldsymbol{\xi})\right\},$$

其中

$$\xi_1 = -\frac{1}{2\sigma^2}, \quad \xi_2 = \frac{1}{2\sigma^2}, \quad T_1 = x^2,$$

$$T_2 = x, \quad A(\boldsymbol{\xi}) = \ln(\sqrt{2\pi}\sigma) + \frac{1}{8\sigma^2}.$$

这个密度的表达式具有 (4.2) 式的形式. 不难验证，参数 $\boldsymbol{\xi}$ 的各个分量之间具有关系式

$$\xi_1 + \xi_2 = 0, \tag{4.10}$$

即关系式 (4.9). 由于关系式 (4.9)，不能指望 $\boldsymbol{T} = (T_1, T_2)$ 的完全性，也不可能对 $A(\boldsymbol{\xi})$ 求偏微商得到 T_i 的期望和方差. 但由于 $T_1 = x^2$ 和 $T_2 = x$ 这个分布族显然是可识别的. 为了得到这个模型的满秩的指数族形式，我们必须从 (4.10) 式解出 ξ_2 代入原来的自然参数指数族的形式，重新参数化得到密度的新的表达式

$$\exp\{\xi_1 T(x) - A(\xi_1)\},$$

其中 $T(x) = x^2 - x$，$A(\xi_1) = -\dfrac{\xi_1}{4} + \dfrac{1}{2}\ln(-2\xi_1) + \ln(\sqrt{2\pi})$，$\xi_1 \in (-\infty, 0)$.

由于很大一类的总体模型的分布族都是指数族分布族，由这些总体模型抽取的简单随机样本所生成的统计模型的分布类型也是指数族

分布族. 利用本节得到的结论可以判定所建立模型的可识别性, 并很容易地求出这些统计模型的完全充分统计量.

例 4.6 设 X 为随机变量, 如果 $\ln X$ 具有正态分布 $N(\nu,\sigma^2)$, 则称 X 具有对数正态分布, 此时, X 的分布密度由下式给出:

$$\begin{aligned} p(x,\nu,\sigma^2) &= \frac{1}{\sqrt{2\pi}\sigma x}\exp\left\{-\frac{1}{2\sigma^2}(\ln x-\nu)^2\right\} \\ &= \exp\{\xi_1(\nu,\sigma^2)\ln x+\xi_2(\nu,\sigma^2)(\ln x)^2-B(\nu,\sigma^2)\}h(x), \quad (4.11) \end{aligned}$$

其中

$$\begin{aligned} &\xi_1(\nu,\sigma^2)=\nu/\sigma^2,\ \ \xi_2(\nu,\sigma^2)=-1/(2\sigma^2), \\ &B(\nu,\sigma^2)=\nu^2/(2\sigma^2)+\frac{1}{2}\ln(\sigma^2),\ \ h(x)=1/(\sqrt{2\pi}x). \end{aligned}$$

经过参数变换 $\xi_1=\nu/\sigma^2,\xi_2=-1/(2\sigma^2)$, 可将 (4.11) 式化成指数族分布族密度的自然参数的形式 (4.2), 由 $\boldsymbol{T}=(T_1,T_2)$ 和 $\boldsymbol{\xi}=(\xi_1,\xi_2)$ 的表达式可知, 这个模型是满秩的自然参数指数族, 其中 $T_1(x)=\ln x, T_2(x)=(\ln x)^2, A(\boldsymbol{\xi})=A(\xi_1,\xi_2)=-\xi_1^2/(4\xi_2)+\frac{1}{2}\ln\left(-\frac{1}{\xi_2}\right)$. 利用 (4.6) 式和 (4.7) 式, 可得

$$\begin{aligned} &\mathbf{E}\ln X=\frac{\partial A(\boldsymbol{\xi})}{\partial\xi_1}=-\frac{\xi_1}{2\xi_2}=\nu, \\ &\mathbf{E}(\ln X)^2=\frac{\partial A(\boldsymbol{\xi})}{\partial\xi_2}=\frac{\xi_1^2}{4\xi_2^2}-\frac{1}{2\xi_2}=\nu^2+\sigma^2, \\ &\mathrm{var}(\ln X)=-\frac{1}{2\xi_2}=\sigma^2, \\ &\mathrm{var}((\ln X)^2)=-\frac{\xi_1^2}{2\xi_2^3}+\frac{1}{2(\xi_2)^2}=4\nu^2\sigma^2+2\sigma^4, \\ &\mathrm{cov}(\ln X,(\ln X)^2)=\frac{\xi_1}{2\xi_2^2}=2\nu\sigma^2. \end{aligned}$$

其实, 上面的结果很容易从 $\ln(X)\sim N(\nu,\sigma^2)$ 得到, 我们提供这个例子的目的只是验证 (4.6) 式和 (4.7) 式所提供的计算公式的正确性. 由于这个模型是满秩的自然参数指数族, 所以 $\boldsymbol{T}=(\ln X,(\ln X)^2)$ 是总体模型的完全充分统计量.

现设 $X_1, \cdots, X_n$ 是来自总体的一个样本, 由引理 4.1 式知, $X_1, \cdots, X_n$ 的联合分布仍然是指数族分布, 在 (4.2) 中, ξ_i 的系数换成了 $\sum_{j=1}^{n} T_i(X_j)$. 由于总体模型是满秩的自然参数指数族模型, 由简单随机样本所生成的统计模型也是满秩的. 可知, $\left(\sum_{j=1}^{n} \ln X_j, \sum_{j=1}^{n} (\ln X_j)^2\right)$ 是统计模型的完全充分统计量.

§1.5　习　　题

1. 设一批产品, 其批量为 N, 为了了解这一批产品中不合格产品的件数 (记为 M), 从中随机地选取 n 件进行检查, 发现其中 m 件为不合格品. 为这个问题建立一个统计模型, 在这个模型中参数是什么? 样本空间是什么?

2. 三位实验者对于同一批电子设备进行观察 (共 n 台, $n = 10$), 考察它们的使用寿命. 假定每台设备的使用寿命遵从指数分布, 即

$$X \sim \lambda \exp\{-\lambda x\}, \quad x > 0,\ \lambda > 0.$$

观察者甲得到 n 台设备的使用寿命; 观察者乙没有将观察进行到底, 他观察了前 3 台设备的使用寿命数据以后就离开了实验室; 观察者丙只观察了 10 小时, 在 10 小时内有 n_1 台失效, 并记录了失效的时间. 试为每位观察者建立相应的统计模型.

3. 设 $\mathbf{P}_\theta\{X > x\} = \exp\{-x/\theta\}$, $\theta > 0, x > 0$. 指出 $\mathcal{P} = \{\mathbf{P}_\theta : \theta > 0\}$ 是被控的.

4. 设 $\mathbf{P}_\theta$ 是集中在 θ 上的概率测度, 即

$$\mathbf{P}_\theta\{X = \theta\} = 1, \quad \theta \in \mathbb{R}.$$

指出 $\mathcal{P} = \{\mathbf{P}_\theta, \theta \in \mathbb{R}\}$ 不是一个被控族.

5. 设 $\mathbf{P}$ 是单位正方形 $[0,1] \times [0,1]$ 上的均匀分布. 记 $T(x,y) = x + y$ 是定义在 $[0,1] \times [0,1]$ 上的统计量. 计算条件概率 $\mathbf{P}\{x < c|T = t\}$.

6. 设有 N 个对象, N 未知, 每个对象有一个标号 $1, 2, \cdots, N$. 然后从中随机地抽取 n 个标号, $i_1, i_2, \cdots, i_n$. 我们的目的是估计 N 的大小, 为这个问题建立统计模型.

7. 某针织厂为了对针织品的漂白工艺进行考察, 测量针织品的断裂强度. 每个试品测得数据如下 (单位: 公斤):

$$20.5,\ 18.8,\ 19.8,\ 20.9,\ 21.5,\ 19.5,\ 21.0,\ 21.2.$$

已知针织品的断裂强度遵从正态分布. 求出相应的统计模型, 并指出相应的参数空间.

8. 设战士打靶时一发中的概率为 p. 按规定, 每个战士至少必须打两发以上子弹, 若两发均不中, 则必须继续打, 直到打中目标为止. 记 X 为战士在打靶时所用的子弹数, 试写出 X 的分布.

9. 设 $X_1, \cdots, X_n \sim \text{iid}\ P(\lambda), \lambda > 0$, 分布密度为

$$P(X_i = k) = \frac{\lambda^k}{k!}\exp\{-\lambda\}, \quad k = 0, 1 \cdots, \lambda > 0.$$

利用充分统计量的定义证明 $T = \sum\limits_{i=1}^{n} X_i$ 为充分统计量.

10. 设 $Y_1, Y_2, Y_3 \sim \text{iid}\ \dfrac{1}{\theta}\exp\{-x/\theta\}$, $\theta > 0$, $x > 0$. 设 $\boldsymbol{X} = (Y_{(1)}, Y_{(2)})$ 是观察值, 此处 $Y_{(1)}, Y_{(2)}$ 是 Y_1, Y_2, Y_3 中按数值由小到大排序之后的次序统计量. $Y_{(1)} = \min\limits_{i=1,2,3}\{Y_i\}$, $Y_{(2)}$ 为 Y_1, Y_2, Y_3 三个值中排在中间的那个量. 写出依赖于 $\boldsymbol{X}$ 的统计模型.

11. 设 $X_1, \cdots, X_n$ 为来自某总体的样本. 利用因子分解定理为下列总体求出样本的充分统计量:

(i) 正态总体 $N(\mu, \sigma^2), \mu \in (-\infty, \infty), \sigma^2 > 0$;

(ii) 两点分布 $B(1, p), p \in (0, 1)$;

(iii) 泊松分布 $P(\lambda), \lambda > 0$;

(iv) 指数分布, 其分布密度为

$$p(x, \lambda) = \lambda\exp\{-\lambda x\}, \quad x > 0, \lambda > 0.$$

12. 设 $X_1, \cdots, X_n \sim \text{iid}\ U(0, \theta), \theta > 0$, 其中 $U(0, \theta)$ 表示区间 $(0, \theta)$ 上的均匀分布. 利用完全充分统计量的定义证明 $T = \max\limits_{1 \leqslant i \leqslant n} X_i$ 为完全充分统计量.

13. 设 $X_1, \cdots, X_n \sim \text{iid}\ E(a, b)$, $-\infty < a < +\infty$, $b > 0$, X_1 的分布密度为 $\dfrac{1}{b}\exp\{-(x-a)/b\}I_{\{x>a\}}$. 证明:

(i) $X_{(1)}$ 与 $\sum\limits_{i=1}^{n}(X_i - X_{(1)})$ 相互独立;

(ii) $(X_{(n)} - X_{(i)})/(X_{(n)} - X_{(n-1)})$, $i \leqslant n-2$, 与 $\sum\limits_{i=1}^{n}(X_i - X_{(1)})$ 相互独立.

14. 分布函数 F_2 称为**随机地不小于** F_1, 如果

$$1 - F_2(t) \geqslant 1 - F_1(t), \quad \forall t \in \mathbb{R}$$

成立. 随机变量 ξ_2 称为**随机地不小于** ξ_1, 如果对应的分布函数具有相应的关系.

现设 $X \sim \exp\{\theta x - B(\theta)\}\mathrm{d}\mu$, 其中 θ 为一维参数. 指出这个分布族相对于参数 θ 是随机地非减的.

15. 设 $X \sim F_\theta(x)$ 为随机地非减, 其中 θ 为一维参数. 则 $\mathbf{E}_\theta X$ 为 θ 的非减函数.

16. 设 $X = (X_1, X_2, X_3)$ 遵从多项分布, 其分布列为

$$\mathbf{P}\{X = (x_1, x_2, x_3)\} = \binom{n}{x_1, x_2, x_3} p_1^{x_1} p_2^{x_2} p_3^{x_3},$$

其中 $p_1 + p_1 + p_3 = 1, x_i \geqslant 0, i = 1, \cdots, n$, 且

$$\sum_{i=1}^n x_i = n, \quad \binom{n}{x_1, x_2, x_3} = \frac{n!}{x_1! x_2! x_3!}.$$

求出 $\operatorname{cov}(X, X)$.

17. 设 $X_1, \cdots, X_n \sim \text{iid } f(x; \alpha, \beta)$. X_i 的分布密度为

$$f(x; \alpha, \beta) = \begin{cases} 0, & x < \alpha, \\ \dfrac{1}{\beta} \exp\left\{-\dfrac{x - \alpha}{\beta}\right\}, & x \geqslant \alpha, \beta > 0. \end{cases}$$

(i) 计算 $X_{(1)}, \cdots, X_{(r)}$ 的联合密度, 其中 $X_{(1)}, \cdots, X_{(r)}$ 为 $X_1, \cdots, X_n$ 的次序统计量的前 r 个统计量.

(ii) 证明: $\left(X_{(1)}, \sum\limits_{i=2}^n X_{(i)}\right)$ 为充分统计量.

18. 设 $X_1, \cdots, X_n \sim \text{iid } U(\theta_1, \theta_2), \theta_1 < \theta_2$, 其中 $U(\theta_1, \theta_2)$ 表示区间 (θ_1, θ_2) 上的均匀分布.

(i) 证明: $(\min\limits_{1 \leqslant i \leqslant n} X_i, \max\limits_{1 \leqslant i \leqslant n} X_i)$ 是完全充分统计量.

(ii) 证明: $Z_i = \dfrac{X_{(i)} - X_{(1)}}{X_{(n)} - X_{(1)}}, i = 2, \cdots, n-1$ 与 $(\min\limits_{1 \leqslant i \leqslant n} X_i, \max\limits_{1 \leqslant i \leqslant n} X_i)$ 相互独立.

19. 设 $X \sim N(\mu, \sigma^2), \mu \in (-\infty, \infty), \sigma^2 > 0$.

(i) 写出 X 的满秩的自然参数指数族密度的表达式.

(ii) 求出相应的完全充分统计量.

(iii) 证明：X 也是完全充分统计量.

20. 设 $X_1,\cdots,X_n \sim \mathbf{P}_\theta, \theta \in \Theta$. 在下列情况之下求出相应的完全充分统计量：

(i) 密度函数为 $p(x,\theta)=2x\theta^{-2}I_{\{x\in[0,\theta]\}}, \theta>0$.

(ii) 密度函数为 $p(x,\theta)=\theta x^{-2}I_{\{x\geqslant\theta\}}, \theta>0$.

(iii) 密度函数为 $p(x,\theta)=\dfrac{1}{2\theta}\exp\{|x|/\theta\}$.

21. 设 X 和 Y 是相互独立的随机变量, $X\sim E(0,\lambda)$, $Y\sim E(0,\mu)$, 其中 $E(0,\lambda), E(0,\mu)$ 分别表示期望为 λ,μ 的指数分布. X 和 Y 不能同时观察到, 我们可观察到

$$Z=\min\{X,Y\} \quad \text{和} \quad W=\begin{cases} 1, & Z=X, \\ 0, & Z\neq X. \end{cases}$$

求出 (Z,W) 的联合分布, 并指出它们是独立的. (X 和 Y 是**被删失的** (Censored), 这在医学试验中经常遇到. 设 X 代表接受某种处理的生存时间, 而病人由于某种不相关的理由而离开了医院, 我们得不到 X 的值, 但可知 X 的一个下界.)

22. 设在欧氏空间中定义了一个概率测度 $\mathbf{P}$, x 为此空间中一个点, 如果 x 的任意邻域的概率大于 0, 则称 x 为 $\mathbf{P}$ 的**支撑点**. 由 $\mathbf{P}$ 的全体支撑点组成的集合称为 $\mathbf{P}$ 的**支撑集**(或**支撑**). 指出：

(i) 若 S 为概率测度 $\mathbf{P}$ 的支撑集, 则 S 为闭集.

(ii) 若 $\mathbf{P}$ 和 $\mathbf{Q}$ 为欧氏空间中的两个概率测度, $\mathbf{P}$ 和 $\mathbf{Q}$ 相互绝对连续, 则它们具有相同的支撑.

(iii) 若 $\{\mathbf{P}_\theta, \theta\in\Theta\}$ 具有指数族分布族, 则这个分布族具有共同的支撑集.

23. 设 $X_1,\cdots,X_n \sim \text{iid } F((x-a)/b)$, 其中 $a\in(-\infty,+\infty), b>0$.

(i) 若 b 为已知, 指出差 $(X_1-X_i)/b$, $i=2,\cdots,n$ 为辅助统计量.

(ii) 若 a 为已知, 指出比值 $(X_1-a)/(X_i-a)$, $i=2,\cdots,n$ 为辅助统计量.

(iii) 若 a 和 b 均为未知, 指出 $(X_1-X_i)/(X_2-X_i), i=3,\cdots,n$ 为辅助统计量.

24. 设 $X_1,\cdots,X_n \sim \text{iid } f(x;\alpha,\beta)$. X_i 的分布密度为

$$f(x;\alpha,\beta)=\begin{cases} 0, & x<\alpha, \\ \dfrac{1}{\beta}\exp\left\{-\dfrac{x-\alpha}{\beta}\right\}, & x\geqslant\alpha, \beta>0. \end{cases}$$

利用巴苏定理证明:

(i) $X_{(1)}$ 和 $\sum_{i=1}^{n}[X_i - X_{(1)}]$ 相互独立;

(ii) $Z_i = [X_{(n)} - X_{(i)}]/[X_{(n)} - X_{(n-1)}]$ $(i = 1, \cdots, n-2)$ 与 $\left\{X_{(1)}, \sum_{i=1}^{n}[X_i - X_{(1)}]\right\}$ 相互独立.

第二章 估 计

为了引进估计的概念, 假定我们所处理的统计模型为 $(\mathcal{X}, \mathcal{B}_{\mathcal{X}}, \mathcal{P})$, 其中 $\mathcal{X}$ 代表随机变量 X 的取值空间, $\mathcal{P} = \{\mathbf{P}_\theta, \theta \in \Theta\}$ 是 X 的分布族, Θ 是参数空间. 所谓估计问题就是根据数据或随机变量 X 的观察值 x, 寻找 X 的分布参数 θ 的真值. 我们用 $\hat{\theta}$ 表示参数 θ 的真值的估计量. 首先我们要介绍估计的定义, 或回答一个问题: 什么是估计量? 由于我们不知道 θ 的真值, 而关于 θ 的真值的信息都包含在数据中, 因此 θ 的估计必须依赖于数据, 这样所谓估计量就是一个数据的函数 $\hat{\theta} = T(x)$, 其中 T 是取值于 Θ 的函数. 从对估计量的描述可以看出, 估计量就是第一章中所讨论的统计量. 当然估计量应该取值于 Θ 中. 在某些问题中, 估计量 $\hat{\theta}$ 也可能在 Θ 外取值, 对于这种情况, 我们将在介绍具体问题的时候给予解释. 其次, 我们要回答这样的问题: 有没有找估计量的方法? 估计的本质是根据观察数据对未知参数的猜测. 但统计学家在处理估计问题的时候有一些想法, 根据这些想法, 找到一些求估计量的方法. 本章中介绍的主要方法是矩估计法和最大似然方法, 下面我们将要详细介绍这些方法. 最后一个问题是如何评价一个估计. 估计的好坏实质上是估计误差的大小问题. 本章中我们将介绍一个评价估计好坏的问题, 从而找到优良的估计.

此处我们要作一说明的是, 参数估计的本意是要确定分布族中的总体分布. 因此刻画分布族的参数可以是向量或其他的量. 例如, 正态分布族的参数为 $\theta = (\mu, \sigma^2)$, 参数 θ 是一个向量. 但是实际中我们另有关心, 例如, 可以认为棉花纤维长度是来自正态总体 $N(\mu, \sigma^2)$, 而棉花纤维的一个重要的指标是它的变异系数 σ/μ, 它刻画了棉花纤维的整齐划一程度. 当工厂进一批原料的时候, 就需要知道该批棉花的纤维长度的变异系数. 这样变异系数 σ/μ 就成为待估量, 也是我们所关心的, 希望估计的参数, 统计学家通常也称 σ/μ 为参数. 因此参数估计的对象也包括对参数的函数 $g(\theta)$ 的估计. 实际中, 也称参数的函数 $g(\theta)$ 为参数.

§2.1 矩估计与最大似然估计, EM 算法

一、矩估计

矩估计方法由 K. Pearson 在 1894 年正式提出, 矩估计的理论根据是大数定律, 现概述如下: 设 $X_1, \cdots, X_n$ 为来自总体分布 F_θ 的一个简单随机样本. 由大数定律知

$$a_1 = \overline{X} = \frac{1}{n}\sum_{i=1}^{n} X_i \xrightarrow{\mathbf{P}} \mathbf{E}_\theta X,$$

即样本均值依概率收敛于总体均值. 由于上式中 X 的分布与参数 θ 有关, 常把 X 的期望 $\mathbf{E}X$ 记为 $\mathbf{E}_\theta X$. 由上式知当 n 充分大时, $\overline{X}$ 与 $\alpha_1 = \mathbf{E}_\theta X$ 靠近. 于是就利用 $\overline{X}$ 作为 $\alpha_1(\theta) = \mathbf{E}_\theta X$ 的估计, 这个估计称为 $\mathbf{E}_\theta X$ 的**矩估计**. 矩估计的名称来自于 X 的各阶矩, $\alpha_l(\theta) = \mathbf{E}_\theta X^l$ 称为 l **阶总体矩**, $a_l = \sum\limits_{j=1}^{n} x_j^l / n$ 称为 l **阶样本矩**. 由大数定律知, 可用各阶样本矩去估计相应的总体矩, 由此而得矩估计这个名称. 从这个想法, 可利用

$$a_2 = \frac{1}{n}\sum_{i=1}^{n} X_i^2$$

作为 $\alpha_2(\theta)$ 的估计. 当然, 这些估计都是以 α_1, α_2 的存在为前提的. 若 $\alpha_l = \infty$, 则对 α_l 进行估计的意义就不大. 下面给出矩估计的正式定义.

定义 1.1 设 $X_1, \cdots, X_n \sim \text{iid } F_\theta,\ \theta \in \Theta$. 若所涉及的矩存在, 则

(i) l 阶样本矩 $a_l = \frac{1}{n}\sum\limits_{i=1}^{n} x_i^l$ 为相应的总体矩 $\alpha_l \triangleq \alpha_l(\theta) = \mathbf{E}_\theta X^l$ 的**矩估计**, $l = 1, 2 \cdots$.

(ii) 若存在连续函数 ϕ 使 $g(\theta) = \phi(\alpha_1(\theta), \cdots, \alpha_k(\theta))$ 成立, 则 $g(\theta)$ 的**矩估计**定义为

$$\hat{g}(\theta) = \phi(a_1, \cdots, a_k),$$

其中 $a_l,\ l = 1, \cdots, k$ 为相应的样本矩.

例 1.1 设购面包者中男性的概率为 p, 女性的概率为 $1-p$, 已知 $\frac{1}{2} \leqslant p \leqslant \frac{2}{3}$. 现发现在 70 个购面包者中, 30 个为男性, 40 个为女性, 求参数 p 的矩估计. 用

$$X_i = \begin{cases} 1, & \text{第 } i \text{ 个购面包者为男性}, \\ 0, & \text{第 } i \text{ 个购面包者为女性} \end{cases}$$

表示购面包者的性别, 即 $X_i = 1$ 表示第 i 个购面包者为男性, 否则为女性. 设 $x_1, \cdots, x_{70}$ 为 70 个观察值. 由 $\alpha_1 = \mathbf{E}_p X = p$ 可知, $\hat{p} = a_1 = \overline{x}$ 为 p 的矩估计. 用数值代入得到 $\hat{p} = 3/7$.

在求矩估计的时候, 有两点值得注意: 一是, 在原来的问题中, 数据是 $s_n = \sum\limits_{i=1}^{n} x_i = 30$, 即只知道 70 人中男性的人数, 并没有告诉我们 $x_1, \cdots, x_n$ 的具体值. 但经过计算, 得到矩估计为 $\hat{p} = s_n/n = 30/70 = 3/7$, 它只依赖于 s_n, 因此可得到 $\hat{p}$ 的值. 二是, 矩估计只涉及总体矩和样本矩, 而与参数空间无关. 本例中的参数空间为 $[1/2, 2/3]$, 而我们的估计值为 $\hat{p} = 3/7$, 它不在参数空间的范围内, 且当参数空间变化时, 矩估计不会受其影响, 这是矩估计的不合理之处. 但是我们应该注意到, 矩估计的着眼点是大样本性质. 对具体的 $n = 70$, $\hat{p}$ 可能不在参数范围之内, 但是当样本量 n 充分大的时候, $\hat{p}$ 会接近参数的真值.

例 1.2 设 $X_1, \cdots, X_n \sim \text{iid } U(0, \theta], 0 < \theta < \infty$, 其中 $U(0, \theta]$ 表示在区间 $(0, \theta]$ 上的**均匀分布**, 其密度函数为

$$p(x, \theta) = \begin{cases} \frac{1}{\theta}, & x \in (0, \theta], \\ 0, & \text{其他} \end{cases} = \frac{1}{\theta} I_{(0,\theta]}(x),$$

其中 $I_{(0,\theta]}(x)$ 为区间 $(0, \theta]$ 的示性函数. 现求参数 θ 的矩估计. 设 $X \sim U(0, \theta]$, 经计算, 一阶矩 $\alpha_1 = \mathbf{E}_\theta X = \frac{1}{\theta} \int_0^\theta x\mathrm{d}x = \frac{1}{2}\theta$. 故 $\frac{1}{2}\theta$ 的矩估计为 $a_1 = \overline{X}$. 由 $\theta = 2\alpha_1$ 知, θ 的矩估计为 $2a_1 = 2\overline{X}$.

矩估计 $2\overline{X}$ 有一个很不好的性质, 当出现情况 $2\overline{X} < \max\{X_i\}$, $i = 1, \cdots, n$ 时, 变得很不合理. 在本例的模型中, 数据不会超过 $(0, \theta]$ 这个范围, 因此 θ 的估计值 $\hat{\theta}$ 也应该满足要求 $x_i \leqslant \hat{\theta}$, $i = 1, \cdots, n$. 但条

件 $2\overline{X} < \max\{X_i\}$, $i=1,\cdots,n$ 说明数据已经超出了 $(0,\hat{\theta})=(0,2\overline{X})$ 这个范围, 出现了矛盾. 这是矩估计的不足之处.

由矩估计的定义可知, 矩估计不一定是唯一确定的. 就例 1.2 的情况, 我们还可以找到另外的矩估计. 我们求

$$\alpha_2=\mathbf{E}_\theta X^2=\frac{1}{\theta}\int_0^\theta x^2\mathrm{d}x=\frac{1}{\theta}\frac{x^3}{3}\bigg|_0^\theta=\frac{\theta^2}{3}.$$

故 $a_2=\frac{1}{n}\sum\limits_{i=1}^n X_i^2$ 是 $\theta^2/3$ 的矩估计. 由 $\alpha_2=\theta^2/3$ 解出 $\theta=\sqrt{3\alpha_2}$, 依矩估计的定义, θ 的矩估计为 $\sqrt{3a_2}=\sqrt{\frac{3}{n}\sum\limits_{i=1}^n X_i^2}$. 由此我们得到了 θ 的另一个矩估计. 对于多个不同的矩估计, 我们究竟选哪个好呢? 以后我们还要给出评判估计的优良性能的标准, 依据这些标准, 找到性能优良的估计.

在求矩估计的时候, 我们要掌握一个要点. 那就是全力找出待估参数与总体的若干阶矩的关系. 将待估的参数表示成总体各阶矩的函数表达式. 有了表达式, 就可将表达式中各阶总体矩 α_i 用相应的各阶样本矩 a_i 替代, 最后得到参数的矩估计.

例 1.3 设 $X_1,\cdots,X_n$ 是服从**贝塔分布**的随机样本, 即密度函数是

$$\frac{\Gamma(\alpha+\beta)}{\Gamma(\alpha)\Gamma(\beta)}x^{\alpha-1}(1-x)^{\beta-1},\ \ 0<x<1.$$

其中 $\alpha>0$ 和 $\beta>0$ 是分布族的两个参数. 经计算, 总体的一、二阶矩分别为

$$\alpha_1=\mathbf{E}_{\alpha,\beta}X=\frac{\alpha}{\alpha+\beta},$$

$$\alpha_2=\mathbf{E}_{\alpha,\beta}X^2=\frac{(\alpha+1)\alpha}{(\alpha+\beta)(\alpha+\beta+1)}.$$

注意此处记号 $\alpha_i, i=1,2$ 分别表示总体的一、二阶矩, 不可与分布参数 α 相混. 现在假定我们感兴趣于参数 α 与 β 的估计, 我们必须将 α 与 β 写成一、二阶矩的函数. 经计算得

$$\alpha=\frac{\alpha_1(\alpha_1-\alpha_2)}{\alpha_2-\alpha_1^2},\quad \beta=\frac{(1-\alpha_1)(\alpha_1-\alpha_2)}{\alpha_2-\alpha_1^2}.$$

根据矩估计的定义, 可得 α 和 β 的矩估计为

$$\hat{\alpha}=\frac{a_1(a_1-a_2)}{a_2-a_1^2},\quad \hat{\beta}=\frac{(1-a_1)(a_1-a_2)}{a_2-a_1^2},$$

其中 a_1 和 a_2 分别为样本的一、二阶矩, 即

$$a_1=\sum_{i=1}^{n}X_i/n,\quad a_2=\sum_{i=1}^{n}X_i^2/n.$$

例 1.4 设 $X_1,\cdots,X_n$ 是服从**帕雷托分布**的随机样本, 即密度函数是

$$f(x)=\begin{cases} rA^r x^{-r-1}, & x>A,\\ 0, & \text{其他},\end{cases}$$

这里 $r>0$ 是形状参数, $A>0$ 是刻度参数 (或门限参数), 帕雷托分布在保险里非常常见, 且当 $r>1$ 时, 期望存在; 当 $r>2$ 时, 方差存在. 本例中, 我们假设 $r>2$. 为找到参数 r 和 A 的矩估计, 我们首先利用帕雷托分布的概率密度函数计算 X 的一、二阶矩, 得到

$$\alpha_1=\frac{rA}{r-1},\quad \alpha_2=\frac{rA^2}{r-2}. \tag{1.1}$$

为了求得 r 和 A 的矩估计, 我们只需将 r 和 A 表示成 α_1 和 α_2 的函数. 而 (1.1) 说明 (α_1,α_2) 与 (r,A) 之间存在一一对应关系 (这里 $r>2, A>0$). 这样, 我们只需解方程 (1.1). 经计算解得

$$r=1+\sqrt{\frac{\alpha_2}{\alpha_2-\alpha_1^2}},\quad A=\alpha_1\cdot\frac{\sqrt{\alpha_2/(\alpha_2-\alpha_1^2)}}{1+\sqrt{\alpha_2/(\alpha_2-\alpha_1^2)}}. \tag{1.2}$$

再由矩估计的定义, 可得 r 和 A 的矩估计为

$$\hat{r}=1+\sqrt{\frac{a_2}{a_2-a_1^2}},\quad \hat{A}=a_1\cdot\frac{\sqrt{a_2/(a_2-a_1^2)}}{1+\sqrt{a_2/(a_2-a_1^2)}}, \tag{1.3}$$

其中 a_1 和 a_2 分别为 X 的一、二阶样本矩.

二、 最大似然估计

设 $X_1,\cdots,X_n$ 服从如下统计模型:

$$X_1,\cdots,X_n\sim \text{iid } \mathbf{P}_\theta,\ \theta\in\Theta.$$

实际上统计模型给出了若干备择的样本分布 $\mathbf{P}_\theta$, 却没有指明 Θ 中的哪一个 θ 是真的总体参数. 在 Θ 中如何选择一个参数作为参数真值的估计成为估计理论的中心问题. 我们用记号 $\hat{\theta}$ 表示参数真值的估计. 上一小节中已经提到, 估计值应该与观察值 $(x_1,\cdots,x_n)$ 有关, 用记号 $\hat{\theta}(x_1,\cdots,x_n)$ 表示. 本小节中我们介绍一种求估计值 $\hat{\theta}(x_1,\cdots,x_n)$ 的方法 ——**最大似然法**, 用最大似然法求得的估计称为**最大似然估计**. 为介绍最大似然估计, 我们引入最常见的两种类型的统计模型, 第一类模型是离散统计模型, 设 $(X_1,\cdots,X_n)$ 为独立同分布样本, $X_i, i=1,\cdots,n$ 取离散值, 其联合概率函数 (或联合分布) 列具有下列一般形式:

$$\begin{aligned}\mathbf{P}_\theta\{(X_1,\cdots,X_n)=(x_1,\cdots,x_n)\}&=\prod_{i=1}^n\mathbf{P}_\theta\{X_i=x_i\}\\&=\prod_{i=1}^n p(x_i,\theta),\end{aligned}$$

此处 $\theta\in\Theta$ 为参数, 记号 $p(x_i,\theta)$ 就是概率函数 $\mathbf{P}_\theta\{X_i=x_i\}$(或称分布列). 对于固定的样本值 $(x_1,\cdots,x_n)$, 作为参数 θ 的函数

$$L(\theta)=\prod_{i=1}^n\mathbf{P}_\theta\{X_i=x_i\},\tag{1.4}$$

称为**似然函数**. 第二种类型为连续型, 当 X 的分布有密度函数时, 称为连续统计模型. 此时样本 $(X_1,\cdots,X_n)$ 具有联合密度函数

$$\prod_{i=1}^n p(x_i,\theta),\ \theta\in\Theta.$$

对于固定的 $\boldsymbol{X}=\boldsymbol{x}$, 参数 θ 的函数

$$L(\theta)=L(\theta|\boldsymbol{x})=\prod_{i=1}^n p(x_i,\theta)\tag{1.5}$$

也称为**似然函数**.

似然函数的直观意义是, 当观察值 $(X_1,\cdots,X_n)=(x_1,\cdots,x_n)$ 得到以后, 在许多待选的总体参数 θ 中, 哪个与数据最匹配呢? 可用似然函数来刻画参数 θ 与数据的匹配程度. 在离散的情况下, 似然函数 $L(\theta)$

就是当总体参数为 θ 的情况下, 事件 $\{(X_1,\cdots,X_n)=(x_1,\cdots,x_n)\}$ 的概率. 最大似然估计就是挑选使 $\mathbf{P}_\theta\{(X_1,\cdots,X_n)=(x_1,\cdots,x_n)\}$ 达到极大的 θ 值作为真值的估计, 定义的如下.

定义 1.2 设 $\theta\in\Theta$ 为统计模型 $\{X,\mathbf{P}_\theta,\theta\in\Theta\}$ 的参数, 模型可为连续型, 也可为离散型. 设 $x_1,\cdots,x_n$ 为总体的一个样本值, 若存在统计量 $\hat{\theta}(x_1,\cdots,x_n)$, 使得

$$L(\hat{\theta}(x_1,\cdots,x_n))=\max_{\theta\in\Theta}L(\theta), \tag{1.6}$$

其中 $L(\cdot)$ 为 (1.4) 或 (1.5) 所给出的似然函数, 则称 $\hat{\theta}(x_1,\cdots,x_n)$ 为 θ 的**最大似然估计** (简记为 ML 估计). 若 $\hat{\theta}$ 为参数 θ 的 ML 估计, 则 θ 的函数 $g(\theta)$ 的 ML 估计定义为 $g(\hat{\theta})$.

注 今后为了记号的统一, 离散和连续模型下的似然函数都用公式 (1.5) 的表达式表示.

ML 估计的思想要追溯到 18 世纪中到 19 世纪初那些概率统计的开拓者, 包括贝努利、高斯和拉普拉斯等, 现代统计研究首推 20 世纪初英国统计学家 Fisher. 虽然最大似然法不能成为绝对的准则, 但它是一个对统计模型普遍适用的求估计的方法. ML 估计的思想十分简单, 但十分深刻, 后续的研究说明 ML 估计具有很多优良性质. 在许多实用的统计模型中, 参数的 ML 估计都是在各种意义下的最优估计.

现在我们用例子来说明 ML 估计的基本思想. 设有一个坛子内盛 3 个黑白球, 假定我们事先已经知道坛子中必有白球, 也必有黑球. 此时只有两种情况发生, 坛子中有一个黑球两个白球或两个黑球一个白球, 但我们不知道哪一种情况发生. 我们用 θ 表示坛子中黑球的个数, θ 只可能有两种情况, $\theta=1$ 或 $\theta=2$. 现在从中随机地抽取一个球, 用 X 表示摸到球的状况, $X=1$ 表示摸到的是黑球, $X=0$ 表示摸到的是白球. X 是一个随机变量, X 的分布就刻画了坛子之中黑、白球的分布状况. 设 $\theta=1$, 即坛子中只有一个黑球, 此时, X 的分布为

$$\mathbf{P}\{X=1\}=\frac{1}{3},\quad \mathbf{P}\{X=0\}=\frac{2}{3}.$$

当 $\theta=2$ 时, 即坛子中有两个黑球一个白球, 此时, X 的分布为

$$\mathbf{P}\{X=1\}=\frac{2}{3},\quad \mathbf{P}\{X=0\}=\frac{1}{3}.$$

由此看出, 坛子中有黑球的状况不同, X 的分布也不同. 由 X 的分布可以确定坛子的状态. 这样, 我们建立了一个统计模型

$$\mathbf{P}_\theta\{X=1\}=\frac{\theta}{3},\quad \mathbf{P}_\theta\{X=0\}=1-\frac{\theta}{3},\quad \theta=1,2.$$

这个问题原本是一个猜测问题, 坛子中有几个黑球是不知道的, 即 $\theta=1$ 或 $\theta=2$ 是不知道的. 现在假定我们摸到的是一个黑球, 即事件 $\{X=1\}$ 发生. 参数 θ 的取值有两种可能, 当参数 $\theta=2$ 时, $\mathbf{P}_2\{X=1\}=2/3$; 当参数 $\theta=1$ 时, $\mathbf{P}_1\{X=1\}=1/3$. 究竟猜 $\theta=2$ 还是猜 $\theta=1$? 根据 ML 估计的思想, 毫无疑问, 选择 $\hat{\theta}=2$ 即认定坛子中有 2 个黑球. 事实上, 从直观的角度看来, 取 $\hat{\theta}=2$ 的理由也是十分充分的. 设想当 $\theta=2$, 即坛子中有两个黑球时, 摸到黑球的可能性比当 $\theta=1$, 即坛子中只有一个黑球时, 摸到黑球的可能性大. 要我们猜 $\theta=1$ 还是 $\theta=2$ 时, 当然应该猜成 $\hat{\theta}=2$. 类似地, 当我们摸到的是一个白球时, $\mathbf{P}_2\{X=0\}=1/3$, $\mathbf{P}_1\{X=0\}=2/3$, 此时由 ML 估计的原则, 选择 $\hat{\theta}=1$, 即认定坛子中有两个白球和一个黑球. 注意, 我们永远不能确知坛子内黑球个数的真实情况, 除非我们一次摸出两个球来观察它们的颜色, $\hat{\theta}$ 不过是一个估计. 这就是 ML 估计思想的来历, 十分简单但意义深远.

例 1.5 (关于正态分布中参数的估计)　假设 $X_1,\cdots,X_n\sim \text{iid } N(\mu,\sigma^2)$, 其中 $\theta=(\mu,\sigma^2)$ 为未知参数, $\mu\in(-\infty,\infty),\sigma^2>0$. 我们的目的是找到 $\theta=(\mu,\sigma^2)$ 的矩估计和 ML 估计. 由

$$\alpha_1=\mathbf{E}X_i=\mu,$$
$$\alpha_2=\mathbf{E}X_i^2=\sigma^2+\mu^2,$$

可解出

$$\mu=\alpha_1,$$
$$\sigma^2=\alpha_2-\alpha_1^2.$$

再由矩估计的定义, 可知 $\theta=(\mu,\sigma^2)$ 的矩估计为

$$\hat{\mu}=a_1=\overline{X},$$

$$\hat{\sigma}^2=a_2-a_1^2=\sum_{i=1}^{n}(X_i-\overline{X})^2/n.$$

至于 $\theta=(\mu,\sigma^2)$ 的 ML 估计, 我们只需写出这个模型的对数似然函数

$$l(\theta)=l(\mu,\sigma^2)=-\frac{1}{2n}\ln(\sigma^2)-\frac{1}{2\sigma^2}\sum_{i=1}^{n}(x_i-\mu)^2.$$

再利用不等式

$$l(\mu,\sigma^2)\leqslant l(\overline{x},\sigma^2)=-\frac{1}{2n}\ln(\sigma^2)-\frac{1}{2\sigma^2}\sum_{i=1}^{n}(x_i-\overline{x})^2+\text{常数项},$$

其中常数项与参数无关, 而 $l(\overline{x},\sigma^2)$ 是一个参数 σ^2 的函数, 利用微积分方法可以求出这个函数的极大值点为 $\hat{\sigma}^2=\sum\limits_{i=1}^{n}(x_i-\overline{x})^2/n$. 这样, 按 ML 估计的定义, $\theta=(\mu,\sigma^2)$ 的 ML 估计为 $(\hat{\mu},\hat{\sigma}^2)=\left(\overline{x},\sum\limits_{i=1}^{n}(x_i-\overline{x})^2/n\right)$.

由此可知, 对于正态模型而言, 参数 $\theta=(\mu,\sigma^2)$ 的矩估计和 ML 估计都是相同的.

例 1.6 (关于泊松分布中参数的 ML 估计) 假设 $X_1,\cdots,X_n$ 为来自参数为 λ 的**泊松分布**的一个样本, 则 λ 的似然函数为

$$L(\lambda)=\prod_{i=1}^{n}\frac{\exp\{-\lambda\}\lambda^{x_i}}{x_i!}=\exp\{-n\lambda\}\lambda^{n\overline{x}}h(x_1,\cdots,x_n),$$

其中 $h(x_1,\cdots,x_n)=\prod\limits_{i=1}^{n}1/x_i!$ 与参数 λ 无关. 按 ML 估计的定义, 为求参数 λ 的 ML 估计, 只需求 λ 的函数 $\exp\{-n\lambda\}\lambda^{n\overline{x}}$ 在 $(0,\infty)$ 上的极大值点. 由于函数 $\exp\{-n\lambda\}\lambda^{n\overline{x}}$ 在 0 和 ∞ 处趋于 0, 我们只需求解下列方程

$$\frac{\partial\ln L(\lambda)}{\partial\lambda}=-n+n\overline{x}/\lambda=0,$$

得 $\hat{\lambda}=\overline{x}$. 由于这个方程只有唯一解, 说明 $\hat{\lambda}=\overline{x}$ 是泊松分布中参数 λ 的唯一的 ML 估计.

现在考虑 $p=\mathbf{P}\{X\leqslant a\}$ 的 ML 估计, 其中 a 是正实数. 由于概率 $p=\mathbf{P}\{X\leqslant a\}$ 具有表达式

$$\sum_{i\leqslant[a]}\exp\{-\lambda\}\frac{\lambda^i}{i!},$$

其中记号 $[a]$ 为实数 a 的整数部分. 根据 ML 估计的定义, $p=\mathbf{P}\{X\leqslant a\}$ 的 ML 估计由下式给出:

$$\hat{p}=\sum_{i\leqslant[a]}\exp\{-\hat{\lambda}\}\frac{\hat{\lambda}^i}{i!}=\sum_{i\leqslant[a]}\exp\{-\bar{x}\}\frac{\bar{x}^i}{i!}.$$

由 ML 估计的定义知, 我们不能保证 ML 估计的唯一性, 下面的例子说明 ML 估计不是唯一的.

例 1.7 (均匀分布的 ML 估计不唯一性) 假设 $X_1,\cdots,X_n$ 为来自均匀分布 $U[\theta-1/2,\theta+1/2]$ 的一个独立同分布样本, $X_1,\cdots,X_n$ 的观察值为 $x_1,\cdots,x_n$, 则参数 θ 的似然函数为

$$\begin{aligned}L(\theta)=&\prod_{i=1}^{n}I\{x_i\in[\theta-1/2,\theta+1/2]\}\\=&I\{\theta-1/2\leqslant x_{(1)}\leqslant x_{(n)}\leqslant\theta+1/2\}\\=&I\{x_{(n)}-1/2\leqslant\theta\leqslant x_{(1)}+1/2\},\end{aligned}$$

其中 $x_{(1)}\leqslant x_{(2)}\leqslant\cdots\leqslant x_{(n)}$ 是 $(X_1,\cdots,X_n)$ 的次序统计量的观察值, $I\{\theta-1/2\leqslant x_{(1)}\leqslant x_{(n)}\leqslant\theta+1/2\}$ 是一个示性函数, 当关系式 $\{\theta-1/2\leqslant x_{(1)}\leqslant x_{(n)}\leqslant\theta+1/2\}$ 成立的时候, 取值为 1; 不成立的时候, 取值为 0. 按 ML 估计的定义, 对于任意的 $0\leqslant t\leqslant 1$,

$$\hat{\theta}_t=X_{(n)}-1/2+t(X_{(1)}-X_{(n)}+1)$$

都是 θ 的 ML 估计.

例 1.8 (单参数指数族的 ML 估计) 设 X 的分布族是一个单参数的指数族, 其相对于某 σ 有限测度 μ 的密度函数为

$$f(x,\theta)=\exp\{\theta T(x)-A(\theta)\}\,h(x),$$

其中 θ 是实参数, x 可以是向量值. 实际上, 例 1.6 中的泊松分布族就是单参数指数族的特例. 现在设 $X_1,\cdots,X_n$ 是 X 的一个样本, 相应

的似然函数为

$$L(\theta)=\prod_{i=1}^{n}\exp\{\theta T(x_i)-A(\theta)\}=\exp\left\{\sum_{i=1}^{n}\theta T(x_i)-nA(\theta)\right\},$$

此处略去了与参数 θ 无关的常数. 由于函数 $\exp\{u\}$ 是严格上升的, 在求 ML 估计的时候, 我们只需考虑对数似然函数

$$l(\theta)=\ln L(\theta)=\sum_{i=1}^{n}\theta T(x_i)-nA(\theta).$$

由第一章定理 4.2 的结论知, $A''(\theta)=\mathrm{var}(T(X))>0$, 故 $l(\theta)$ 为严格凹函数. 这样, θ 的 ML 估计的求解问题变成求解方程的问题:

$$\overline{T}=A'(\hat{\theta}),$$

此处 $\overline{T}$ 为 T 的均值, 即 $\overline{T}=\sum\limits_{i=1}^{n}T(x_i)/n$.

例 1.9 (多参数指数族的 ML 估计) 假设 X 的密度函数为

$$f(x,\theta)=\exp\left\{\sum_{j=1}^{s}\xi_j(\theta)T_j(x)-B(\theta)\right\}h(x), \tag{1.7}$$

这里 $B(\theta),\xi_j(\theta),j=1,\cdots,s$ 是 Θ 上的实值函数, $h(x),T_j(x),j=1,\cdots,s$ 是定义在 X 的取值空间 $\mathcal{X}$ 上变量 x 的函数. 又设 $X_1,\cdots,X_n$ 是 X 的一个简单随机样本, 现在希望求参数 θ 的 ML 估计, 此处 θ 是向量参数. 为此, 我们做参数变换 $\xi_1=\xi_1(\theta),\cdots,\xi_s=\xi_s(\theta)$, 当 θ 在 Θ 中变化的时候, 对应地, $\boldsymbol{\xi}=(\xi_1,\cdots,\xi_s)$ 在 Ξ 中变化. 通常我们假定 $\theta\mapsto\boldsymbol{\xi}$ 的变换 $\boldsymbol{\xi}=\boldsymbol{\xi}(\theta)$ 是 Θ 到 Ξ 上的一一变换, 否则按第一章第 4 节的论述, 由 (1.7) 所确定的参数族是不可识别的. 通过变换 $\boldsymbol{\xi}=\boldsymbol{\xi}(\theta)$, 由 (1.7) 所刻画的分布族得到新的参数表示

$$p(x,\boldsymbol{\xi})=\exp\left\{\sum_{j=1}^{s}\xi_jT_j(x)-A(\boldsymbol{\xi})\right\}h(x),\quad \boldsymbol{\xi}\in\Xi, \tag{1.8}$$

其中 $p(x,\boldsymbol{\xi}(\theta))=f(x,\theta)$, $A(\boldsymbol{\xi}(\theta))=B(\theta)$. (1.8) 就是指数族分布族的自然参数形式 (见第一章第 4 节). 由 ML 估计的定义可知, 由 (1.7) 和

(1.8) 所确定的 ML 估计 $\hat{\theta}$ 与 $\hat{\boldsymbol{\xi}}$ 具有相容性, 即 $\hat{\boldsymbol{\xi}} = \boldsymbol{\xi}(\hat{\theta})$. 由于 θ 与 $\boldsymbol{\xi}$ 之间有一一对应关系, 记 $\boldsymbol{\xi}$ 到 θ 的变换为 $\theta(\boldsymbol{\xi})$. 由 ML 估计 $\hat{\theta}$ 与 $\hat{\boldsymbol{\xi}}$ 之间的相容性可知, $\hat{\theta} = \theta(\hat{\boldsymbol{\xi}})$. 这样就可以把求解 $\hat{\theta}$ 的问题化为求解 $\hat{\boldsymbol{\xi}}$ 的问题.

对于参数族 (1.8), 我们还要做一些假定:

(i) 参数集合 Ξ 是 s 维空间中具有内点的凸集;

(ii) T_j 是仿射无关的, 即不存在不全为 0 的常数 $a_1, \cdots, a_s$ 和 a_0, 使得

$$\sum_{j=1}^{s} a_j T_j(x) = a_0 \quad \text{a.s. } \mathbf{P}_{\boldsymbol{\xi}}, \quad \forall \boldsymbol{\xi} \in \Xi.$$

这两个条件是非常必须的. 条件 (i) 保证了集合 Ξ 具有较好的形状, 若 Ξ 是一个形状非常复杂的集合, 那么在这个集合上求函数的极大值点就变得十分困难; 条件 (ii) 保证了分布族的可识别性 (见第一章定理 4.1), 当我们讨论的模型是满秩的自然参数族, 并且参数空间是自然参数空间时, 上述假定都是成立的.

现在设 $x_1, \cdots, x_n$ 是一组观察值, 似然函数为

$$L(\boldsymbol{\xi}) = \exp\left\{\sum_{j=1}^{s} \xi_j \sum_{i=1}^{n} T_j(x_i) - nA(\boldsymbol{\xi})\right\} \prod_{i=1}^{n} h(x_i), \quad \boldsymbol{\xi} \in \Xi. \tag{1.9}$$

为求似然函数的最大值点, 从似然函数的表达式 (1.9) 看出, 我们只需求解下列函数的最大值点:

$$\sum_{j=1}^{s} \xi_j \overline{T}_j - A(\boldsymbol{\xi}), \quad \boldsymbol{\xi} \in \Xi, \tag{1.10}$$

其中 $\overline{T}_j = \sum\limits_{i=1}^{n} T_j(x_i)/n$. 由第一章定理 4.2 知, 对于 Ξ 的内点 $\boldsymbol{\xi}$, 下式成立:

$$\frac{\partial^2 A(\boldsymbol{\xi})}{\partial \xi_j \partial \xi_k} = \operatorname{cov}_{\boldsymbol{\xi}}(T_j(X), T_k(X)), \quad j,\ k = 1, \cdots, s. \tag{1.11}$$

由假设条件 (ii), 保证了协方差矩阵 $(\operatorname{cov}_{\boldsymbol{\xi}}(T_j(X), T_k(X)))$ 是一个 s 阶正定矩阵. 这样, $A(\boldsymbol{\xi})$ 在 Ξ 上是一个严格凸函数, 从而由 (1.10) 式给出的函数是严格凹的. 由凹函数的性质可知, 凹函数在凸集的内点上最多只能有一个最大值点, 不然, 其最大值点只能在边界上. 为了找到

(1.10) 给出的函数的最大值点, 我们只需求解方程组

$$\overline{T}_j = \frac{\partial A(\boldsymbol{\xi})}{\partial \xi_j}, \quad j = 1, \cdots, s. \tag{1.12}$$

由第一章定理 4.2 知, 对于 Ξ 的内点 $\boldsymbol{\xi}$, 下式成立:

$$\frac{\partial A(\boldsymbol{\xi})}{\partial \xi_j} = \mathbf{E}_{\boldsymbol{\xi}} T_j(X), \quad j = 1, \cdots, s. \tag{1.13}$$

这样, 若方程组

$$\overline{T}_j = \mathbf{E}_{\boldsymbol{\xi}} T_j(X), \quad j = 1, \cdots, s \tag{1.14}$$

在 Ξ 的内点上有解 $\hat{\boldsymbol{\xi}}$, 则 $\hat{\boldsymbol{\xi}}$ 就是参数 $\boldsymbol{\xi}$ 的唯一的 ML 估计. 若 (1.14) 无解, 情况就比较复杂, 要求得 ML 估计 $\hat{\boldsymbol{\xi}}$, 还必须在 Ξ 的边界点上求似然函数的最大值点. 若不是具体的求 ML 估计问题, 我们就不再讨论在 Ξ 的边界上求最大值点的一般问题.

在求 ML 估计的时候, 会出现各种复杂的情况. 下面的例子说明 ML 估计可能不唯一.

例 1.10 (柯西分布的 ML 估计) 假设 $X_1, \cdots, X_n$ 是来自柯西分布

$$f(x) = \frac{1}{\pi[1 + (x - \theta)^2]}, \quad -\infty < \theta < \infty$$

的一个样本. 当 $n = 1$ 时, 似然函数为 $L(\theta) = \dfrac{1}{\pi[1 + (x_1 - \theta)^2]}$, 对数似然函数为 $\ln L(\theta) = -\ln \pi - \ln[1 + (x_1 - \theta)^2]$, 故 $\hat{\theta} = X_1$ 是 θ 的 ML 估计. 当 $n = 2$ 时, 似然函数为

$$L(\theta) = \frac{1}{\pi^2[1 + (x_1 - \theta)^2][1 + (x_2 - \theta)^2]}.$$

要使 $L(\theta)$ 达到最大, 则只需使得上式的分母达到最小. 令其分母与参数 θ 有关的部分为

$$g(\theta) = [1 + (x_1 - \theta)^2][1 + (x_2 - \theta)^2],$$

当 $|x_1 - x_2| \leqslant 2$ 的时候, 方程 $g'(\theta) = 0$ 只有一个根 $\theta = (x_1 + x_2)/2$. 由于 $g(\theta)$ 在 $\theta \to \pm\infty$ 时趋于 ∞, 故 $\theta = (x_1 + x_2)/2$ 一定为 $g(\theta)$ 的最小值

点, 从而 θ 的唯一的 ML 估计为 $\hat{\theta}=(X_1+X_2)/2$. 当 $|x_1-x_2|>2$ 的时候, 令 $g'(\theta)=0$, 可以得到 θ 的 3 个实数解, 即 $\hat{\theta}_1=(X_1+X_2)/2, \hat{\theta}_{2,3}=\left[(X_1+X_2)\pm\sqrt{(X_1-X_2)^2-4}\right]/2$. 由于 $g(\theta)$ 在 $\theta\to\pm\infty$ 时趋于 ∞, 则方程的两个根 $\hat{\theta}_2, \hat{\theta}_3$ 一定是 $g(\theta)$ 的局部极小值点, 而在它们中间的根 $\hat{\theta}_1$ 必定是局部极大值点. 经计算, $g(\hat{\theta}_2)=g(\hat{\theta}_3)$, 这样 $g(\theta)$ 存在两个最小值点. 我们将 θ 的 ML 估计写成下列形式:

$$\hat{\theta}=\begin{cases}(X_1+X_2)/2, & \text{当 } |(x_1-x_2)/2|\leqslant 2 \text{ 时},\\ \left[(X_1+X_2)\pm\sqrt{(X_1-X_2)^2-4}\right]/2, & \text{当 } |(x_1-x_2)/2|>2 \text{ 时},\end{cases}$$

上式中记号 $\pm$ 表示既可以是 $+$, 也可以是 $-$, 即这种情况下 ML 估计是不唯一的.

当 $n\geqslant 3$ 的时候, 情况将会更加复杂, 我们不再详细讨论.

下面的例子说明 ML 估计可能不存在.

例 1.11 (正态混合模型的 ML 估计)　假设 X 的密度函数为

$$f(x,\theta)=p\frac{1}{\sqrt{2\pi\sigma^2}}\exp\left\{-\frac{(x-\mu)^2}{2\sigma^2}\right\}+(1-p)\frac{1}{\sqrt{2\pi\tau^2}}\exp\left\{-\frac{(x-\nu)^2}{2\tau^2}\right\},$$

其中 $\theta=(p,\mu,\sigma,\nu,\tau)$ 是参数向量, $p\in(0,1)$, σ 和 τ 为正数, μ 和 ν 为任意实参数. 这个分布是两个正态分布的组合, 称为**混合正态分布**. 这个分布族的一个子分布族是: $\theta=(1/2,\mu,\sigma,0,1)$, 即参数 p,ν,τ 是固定的. 重新定义参数为 $\theta=(\mu,\sigma)\in\mathbb{R}\times\mathbb{R}^+=\Theta$, 其密度函数可以写为

$$f_\theta(x)=\frac{1}{2}\phi(x)+\frac{1}{2\sigma}\phi\left(\frac{x-\mu}{\sigma}\right).$$

如果 $x_1,\cdots,x_n$ 是这个子分布族的一个样本观察值, 取参数值 $(\mu,\sigma)=(x_1,\sigma)$, 当 $\sigma\to 0$ 时, 其似然函数的值趋于无穷, 即

$$L(x_1,\sigma)=2^{-n}[\phi(x_1)+\phi(0)/\sigma]\times\prod_{i=2}^{n}\left[\phi(x_i)+\frac{1}{\sigma}\phi\left(\frac{x_i-x_1}{\sigma}\right)\right]\to\infty.$$

这样, 对所有的样本点 $x_1,\cdots,x_n$,

$$\sup_{\theta\in\Theta}L(\theta)=\infty.$$

所以就这个子模型来说, 参数 $\theta=(\mu,\sigma)$ 的 ML 估计不存在. 由于这个子模型的参数 (μ,σ) 的 ML 估计不存在, 在原模型中, 参数 (p,μ,σ,ν,τ) 的 ML 估计也不会存在, 原因是, 对所有的样本点, 相应的似然函数极大值都是无穷.

三、EM 算法

在统计的实际应用中, 常常会遇到"缺失数据"或"不完整数据"的情况, 这造成了似然函数很复杂, 对此没有准确的公式计算 ML 估计. 这一小节我们将介绍一种使似然函数达到极大化的方法 ——EM **算法**. 该算法能有效解决缺失数据和不完整数据的计算问题. 我们采用例子来介绍 EM 算法的基本思想.

例 1.12 (多项分布) 假设 $\boldsymbol{Y}=(Y_1,Y_2,Y_3,Y_4)\sim\text{Mult}_4(n,\boldsymbol{p})$, 其中

$$\boldsymbol{p}=\left(\frac{1}{2}+\frac{\theta}{4},\frac{1-\theta}{4},\frac{1-\theta}{4},\frac{\theta}{4}\right),\quad 0<\theta<1.$$

$\boldsymbol{Y}$ 的分布为**多项分布**, 其联合分布列为

$$p_\theta(\boldsymbol{y})=\frac{n!}{y_1!y_2!y_3!y_4!}\left(\frac{1}{2}+\frac{\theta}{4}\right)^{y_1}\left(\frac{1-\theta}{4}\right)^{y_2}\left(\frac{1-\theta}{4}\right)^{y_3}\left(\frac{\theta}{4}\right)^{y_4},\quad(1.15)$$

其中 $y_i\geqslant 0, i=1,2,3,4$ 为整数, 满足约束条件 $\sum\limits_{i=1}^{4}y_i=n$. 所以相应的对数似然函数为

$$l(\theta|\boldsymbol{y})=y_1\ln(1/2+\theta/4)+(y_2+y_3)\ln(1-\theta)+y_4\ln\theta+\text{常数项},\quad(1.16)$$

此处常数项是指与参数 θ 无关但可能与 y_i, $i=1,\cdots,4$ 有关的项. 为求这个模型中参数 θ 的 ML 估计, 我们必须求对数似然函数的最大值点. 求解对数似然函数的最大值点的问题是一个困难的问题, 按 Lehmann et al [1998] 的说法, 称 $l(\theta|\boldsymbol{y})$ 为**不完整的对数似然函数.**

现在考虑"完整数据" $\boldsymbol{X}$, 即

$$\boldsymbol{X}\sim\text{Mult}_5(n,\boldsymbol{p}),\quad \text{其中 } \boldsymbol{p}=\left(\frac{1}{2},\frac{\theta}{4},\frac{1-\theta}{4},\frac{1-\theta}{4},\frac{\theta}{4}\right).$$

$\boldsymbol{X}$ 的联合分布列为

$$p_\theta(\boldsymbol{x}) = \frac{n!}{x_1!x_2!x_3!x_4!x_5!}\left(\frac{1}{2}\right)^{x_1}\left(\frac{\theta}{4}\right)^{x_2}\left(\frac{1-\theta}{4}\right)^{x_3}\left(\frac{1-\theta}{4}\right)^{x_4}\left(\frac{\theta}{4}\right)^{x_5}, \tag{1.17}$$

其中 $\boldsymbol{x} = (x_1, \cdots, x_5), x_i \geqslant 0, i = 1,2,3,4,5$ 为整数, 满足约束条件 $\sum_{i=1}^{5} x_i = n$. $\boldsymbol{X}$ 是潜在的不可完全观察的数据, 它与可观察的数据 $\boldsymbol{Y}$ 之间有如下的关系:

$$\boldsymbol{Y} = (X_1 + X_2, X_3, X_4, X_5),$$

其中 $X_1, \cdots, X_5$ 是向量 $\boldsymbol{X}$ 的 5 个分量. 利用 $\boldsymbol{Y}$ 和 $\boldsymbol{X}$ 之间的关系, 立即可以验证 $\boldsymbol{Y}$ 的分布列由 (1.15) 式给出. 引入 $\boldsymbol{X}$ 以后, 产生了两个对数似然函数: 一个是以观察数据 $\boldsymbol{Y} = \boldsymbol{y}$ 为基础的对数似然函数 $l(\theta|\boldsymbol{y})$, 它由 (1.16) 给出; 另一个是以完整数据 $\boldsymbol{X} = \boldsymbol{x}$ 为基础的对数似然函数 $l(\theta|\boldsymbol{x})$, 它可由 (1.17) 计算得到:

$$l(\theta|\boldsymbol{x}) = x_1 \ln(1/2) + (x_3 + x_4)\ln(1-\theta) + (x_2 + x_5)\ln(\theta) + \text{常数项}, \tag{1.18}$$

此处常数项是指与参数 θ 无关但可能与 $x_i,\ i = 1, \cdots, 5$ 有关的项. $l(\theta|\boldsymbol{x})$ 是以 $\boldsymbol{x}$ 为基础的对数似然函数, 其中 $\boldsymbol{x}$ 是虚拟的数据, 通常是比较完整的数据, 因此 Lehmann et al. [1998] 给它取名为**完整的对数似然函数**. 由于 $\boldsymbol{x}$ 是虚拟数据, 不可能从极大化 $l(\theta|\boldsymbol{x})$ 得到参数 θ 的 ML 估计. 正因为 $l(\theta|\boldsymbol{y})$ 和 $l(\theta|\boldsymbol{x})$ 都不能作为计算 θ 的 ML 估计的依据 (用 $l(\theta|\boldsymbol{y})$ 进行计算的时候会遇到计算上的困难, 而 $l(\theta|\boldsymbol{x})$ 是虚拟的对数似然函数), EM 算法中提出了第三种对数似然函数, 这种对数似然函数是由迭代计算产生的. 先设定 θ 的一个初值, 记为 $\hat{\theta}^{(0)}$. 当 $\hat{\theta}^{(0)}$ 确定以后, 计算 $l(\theta|\boldsymbol{x})$ 的条件期望:

$$Q(\theta|\boldsymbol{y}, \hat{\theta}^{(0)}) = \mathbf{E}_{\hat{\theta}^{(0)}}(l(\theta|\boldsymbol{x})|\boldsymbol{Y} = \boldsymbol{y}), \tag{1.19}$$

上式中求条件期望时的分布参数是 $\hat{\theta}^{(0)}$, 而 $l(\theta|\boldsymbol{x})$ 中的 θ 是一个普通的参数. 这样, 对 $l(\theta|\boldsymbol{x})$ 求条件期望得到的 $Q(\theta|\boldsymbol{y}, \hat{\theta}^{(0)})$ 中仍然含有参数 θ. Lehmann et al [1998] 称 $Q(\theta|\boldsymbol{y}, \hat{\theta}^{(0)})$ 为**期望对数似然函数**. 将

$Q(\theta|\boldsymbol{y},\hat{\theta}^{(0)})$ 极大化得到 $\hat{\theta}^{(1)}$:

$$Q(\hat{\theta}^{(1)}|\boldsymbol{y},\hat{\theta}^{(0)})=\max_{\theta\in\Theta}Q(\theta|\boldsymbol{y},\hat{\theta}^{(0)}).$$

现在我们从 $\hat{\theta}^{(0)}$ 得到 $\hat{\theta}^{(1)}(\boldsymbol{y})$, 依据迭代方法, 再由 $\hat{\theta}^{(1)}(\boldsymbol{y})$ 得到 $\hat{\theta}^{(2)}(\boldsymbol{y})$, 如此继续下去, 得到一个估计序列 $\{\hat{\theta}^{(n)}(\boldsymbol{y})\}$, 这个估计序列就称为 EM **估计序列**. 实际计算中, 当估计序列收敛的时候, 迭代就可以终止.

现在就本例的情况, 计算期望对数似然函数 $Q(\theta|\boldsymbol{y},\hat{\theta}^{(0)})$, 先求 $\boldsymbol{X}$ 在 $\boldsymbol{Y}=\boldsymbol{y}$ 的条件下的分布. 在 $\boldsymbol{Y}=\boldsymbol{y}$ 的条件下, $X_3\equiv y_2,X_4\equiv y_3,X_5\equiv y_4$, $X_2\sim B(y_1,\hat{\theta}^{(0)}/(2+\hat{\theta}^{(0)}))$, $X_1=y_1-X_2$, 此处记号 $B(n,p)$ 表示二项分布, 而 $l(\theta|\boldsymbol{x})$ 由 (1.18) 给出. 这样, 依公式 (1.19),

$$\begin{aligned}Q(\theta|\boldsymbol{y},\hat{\theta}^{(0)})=&\mathbf{E}_{\hat{\theta}^{(0)}}(X_1|\boldsymbol{Y}=\boldsymbol{y})\ln(1/2)\\&+\mathbf{E}_{\hat{\theta}^{(0)}}(X_3+X_4|\boldsymbol{Y}=\boldsymbol{y})\ln(1-\theta)\\&+\mathbf{E}_{\hat{\theta}^{(0)}}(X_2+X_5|\boldsymbol{Y}=\boldsymbol{y})\ln(\theta)+\text{常数项}\\=&(y_2+y_3)\ln(1-\theta)+[y_1\hat{\theta}^{(0)}/(2+\hat{\theta}^{(0)})+y_4]\ln(\theta)\\&+\text{常数项},\end{aligned}$$

此处等式中的常数项与 θ 无关 (上式第一个等式右边的项 $\mathbf{E}_{\hat{\theta}^{(0)}}(X_1|\boldsymbol{Y}=\boldsymbol{y})\ln(1/2)$ 已经并入常数项). 由 $Q(\theta|\boldsymbol{y},\hat{\theta}^{(0)})$ 的表达式可以计算其极大值点为

$$\hat{\theta}^{(1)}=\frac{\dfrac{y_1\hat{\theta}^{(0)}}{2+\hat{\theta}^{(0)}}+y_4}{\dfrac{y_1\hat{\theta}^{(0)}}{2+\hat{\theta}^{(0)}}+y_2+y_3+y_4},\tag{1.20}$$

这是一个递推公式. 现在设 $n=197$, $\boldsymbol{Y}=(125,18,20,34)$, 利用 (1.20) 可由 $\hat{\theta}^{(i-1)}$ 得到 $\hat{\theta}^{(i)}$, $i=1,2,\cdots$. 取 $\hat{\theta}^{(0)}=1/2$, 得到的 $\hat{\theta}^{(i)}$ 列于表 2.1.1, 表中 $\hat{\theta}_n=0.62821498$ 表示 ML 估计的精确值. 计算显示只需几步, 估计的精度就已经很高了.

表 2.1.1 多项分布中参数 θ 的 EM 算法计算的结果

i	$\hat{\theta}^{(i)}$	$\hat{\theta}^{(i)}-\hat{\theta}_n$	$\dfrac{\hat{\theta}^{(i+1)}-\hat{\theta}_n}{\hat{\theta}^{(i)}-\hat{\theta}_n}$
0	0.500 000 000	−0.126 821 498	0.1465
1	0.608 247 423	−0.018 574 075	0.1346
2	0.624 321 051	−0.002 500 447	0.1330
3	0.626 488 879	−0.000 332 619	0.1328
4	0.626 777 323	−0.000 044 176	0.1328
5	0.626 825 632	−0.000 005 866	0.1328
6	0.626 820 719	−0.000 000 779	0.1335
7	0.626 821 395	−0.000 000 104	0.1346
8	0.626 821 484	−0.000 000 014	

从例 1.12, 我们可以看出 EM 算法的概要. 现在将算法步骤总结如下:

(i) 设 $\boldsymbol{Y}$ 为代表数据的随机变量, $\boldsymbol{Y}$ 可以是向量值或其他类型的随机变量, 其相应的密度函数为 $p_\theta(\boldsymbol{y})$, 其中 $\theta\in\Theta$ 为待估的参数. 为了求得其 ML 估计 $\hat{\theta}(\boldsymbol{y})$, 我们首先写出对数似然函数

$$l(\theta|\boldsymbol{y})=\ln(p_\theta(\boldsymbol{y})),\quad \theta\in\Theta. \tag{1.21}$$

由于 $p_\theta(\boldsymbol{y})$ 比较复杂, 直接求 $p_\theta(\boldsymbol{y})$ 的最大值点比较困难, 我们不采用直接方法求 θ 的 ML 估计. 在 EM 算法中, 我们称 $l(\theta|\boldsymbol{y})$ 为**不完整的对数似然函数**.

(ii) 构造完整的数据 $\boldsymbol{X}$, $\boldsymbol{X}$ 的密度函数为 $p_\theta(\boldsymbol{x}),\theta\in\Theta$. 在以 $\boldsymbol{X}$ 为数据的模型中, $\boldsymbol{Y}$ 与 $\boldsymbol{X}$ 具有函数关系: $\boldsymbol{Y}=T(\boldsymbol{X})$, 在这个模型中, 统计量 $\boldsymbol{Y}$ 的对数似然函数就是由 (1.21) 给出的函数. 我们称与 $\boldsymbol{X}$ 相对应的对数似然函数

$$l(\theta|\boldsymbol{x})=\ln(p_\theta(\boldsymbol{x})),\quad \theta\in\Theta \tag{1.22}$$

为**完整的对数似然函数**.

(iii) 求期望对数似然函数, 即

$$Q(\theta|\boldsymbol{y},\hat{\theta}^{(i)})=\mathbf{E}_{\hat{\theta}^{(i)}}(\ln(p_\theta(\boldsymbol{X}))|\boldsymbol{Y}=\boldsymbol{y}),\quad \theta\in\Theta. \tag{1.23}$$

在上式求条件期望的过程中, $\boldsymbol{X}$ 和 $\boldsymbol{Y}$ 的分布参数为 $\hat{\theta}^{(i)}$, 而 θ 只是一个普通的参数. 这一步通常称为 **E 步**.

(iv) 求期望对数似然函数 $Q(\theta|\boldsymbol{y},\hat{\theta}^{(i)})$ 的最大值点 $\hat{\theta}^{(i+1)}$, 即

$$Q(\hat{\theta}^{(i+1)}|\boldsymbol{y},\hat{\theta}^{(i)})=\max_{\theta\in\Theta}Q(\theta|\boldsymbol{y},\hat{\theta}^{(i)}),\quad i=0,1,2,\cdots.$$

这一步通常称为 **M 步**.

(v) 取定 $\hat{\theta}^{(0)}$ 以后, 通过反复利用 E 步和 M 步, 就可以得到一个序列 $\{\hat{\theta}^{(i)},i=0,1,2,\cdots\}$, 这个序列就是 EM 估计序列.

例 1.13 (混合指数模型)　假设在 $\mathbb{R}^+$ 上 $Y\sim\mathbf{P}_\theta$, 其中 $\mathbf{P}_\theta$ 在 $(0,\infty)$ 上有密度函数

$$p_\theta(y)=p\lambda\mathrm{e}^{-\lambda y}+(1-p)\mu\mathrm{e}^{-\mu y}.\tag{1.24}$$

这个模型就是混合指数模型, 在这个模型中参数 $\theta=(p,\lambda,\mu)\in(0,1)\times\mathbb{R}^+\times\mathbb{R}^+$. 现在假设数据 $\boldsymbol{y}=\{y_1,\cdots,y_n\}$ 是来自 Y 的独立同分布样本观察值, 考虑参数 θ 的估计. 基于 $\boldsymbol{y}$, 其似然函数为

$$p_\theta(\boldsymbol{y})=\prod_{i=1}^n[p\lambda\mathrm{e}^{-\lambda y_i}+(1-p)\mu\mathrm{e}^{-\mu y_i}].\tag{1.25}$$

对数似然函数为

$$l(\theta|\boldsymbol{y})=\sum_{i=1}^n\ln(p\lambda\mathrm{e}^{-\lambda y_i}+(1-p)\mu\mathrm{e}^{-\mu y_i}).$$

这个对数似然函数是比较复杂的, 直接求 $p_\theta(\boldsymbol{y})$ 的极大值点比较困难. 现在求助于 EM 算法, 为此构造完整的数据 $\boldsymbol{X}$, 记 $\boldsymbol{X}=(Y,\varDelta)$, 其中 Y 取值于 $(0,\infty)$, $\varDelta$ 为离散随机变量, 取值于两点集合 $\{0,1\}$. $\varDelta=1$ 表示 Y 服从参数为 λ 的指数分布; $\varDelta=0$ 表示 Y 服从参数为 μ 的指数分布, 且 $\mathbf{P}\{\varDelta=1\}=p$. 为了刻画 $(Y,\varDelta)$ 的联合概率密度函数, 我们在 $(0,\infty)$ 上设定的 σ 有限测度为 Lebesgue 测度 τ, 在 $\{0,1\}$ 上设定计数测度 ν. $\boldsymbol{X}$ 相对于 $\tau\times\nu$ 的密度函数为

$$p_\theta(x)=p_\theta(y,\delta)=(p\lambda\mathrm{e}^{-\lambda y})^\delta[(1-p)\mu\mathrm{e}^{-\mu y}]^{1-\delta},\tag{1.26}$$

其中 $y\in(0,\infty)$, $\delta\in\{0,1\}$. 由于 Y 是 $\boldsymbol{X}$ 的一个函数, 经计算,

$$\begin{aligned}\mathbf{P}\{Y\leqslant y\}&=\mathbf{P}\{Y\leqslant y,\delta=1\}+\mathbf{P}\{Y\leqslant y,\delta=0\}\\&=p\int_0^y\lambda\mathrm{e}^{-\lambda t}\mathrm{d}t+(1-p)\int_0^y\mu\mathrm{e}^{-\mu t}\mathrm{d}t.\end{aligned}$$

由此可知, Y 的密度函数的表达式由 (1.24) 给出. 现设 $\boldsymbol{X}=(X_1,\cdots,X_n)$ 是一个简单随机样本, $\boldsymbol{X}$ 的密度函数为

$$p_\theta(\boldsymbol{x})=\prod_{i=1}^n(p\lambda\mathrm{e}^{-\lambda y_i})^{\delta_i}[(1-p)\mu\mathrm{e}^{-\mu y_i}]^{1-\delta_i}.$$

这样, 完整的对数似然函数为

$$\begin{aligned}l(\theta|\boldsymbol{x})=&\sum_{i=1}^n[\delta_i\ln p+(1-\delta_i)\ln(1-p)+\delta_i(\ln\lambda-\lambda y_i)\\&+(1-\delta_i)(\ln\mu-\mu y_i)].\end{aligned}\tag{1.27}$$

现在设 θ 的初始值为 $\hat\theta^{(0)}=(\hat p^{(0)},\hat\lambda^{(0)},\hat\mu^{(0)})$, 计算相应的期望对数似然函数

$$Q(\theta|\boldsymbol{y},\hat\theta^{(0)})=\mathbf{E}_{\hat\theta^{(0)}}(l(\theta|\boldsymbol{X})|\boldsymbol{Y}=\boldsymbol{y}).$$

利用 (1.27), 得到

$$\begin{aligned}Q(\theta|\boldsymbol{y},\hat\theta^{(0)})=&\sum_{i=1}^n\Big[\mathbf{E}_{\hat\theta^{(0)}}(\Delta_i|\boldsymbol{Y}=\boldsymbol{y})\ln p\\&+(1-\mathbf{E}_{\hat\theta^{(0)}}(\Delta_i|\boldsymbol{Y}=\boldsymbol{y}))\ln(1-p)\\&+\mathbf{E}_{\hat\theta^{(0)}}(\Delta_i|\boldsymbol{Y}=\boldsymbol{y})(\ln\lambda-\lambda y_i)\\&+(1-\mathbf{E}_{\hat\theta^{(0)}}(\Delta_i|\boldsymbol{Y}=\boldsymbol{y}))(\ln\mu-\mu y_i)\Big].\end{aligned}\tag{1.28}$$

利用 (1.26) 可知, 在 $\boldsymbol{Y}=\boldsymbol{y}$ 之下 Δ_i 的分布为伯努利分布, 其相应的密度函数为

$$\begin{aligned}p(y_i,\hat\theta^{(0)})&=\mathbf{P}_{\hat\theta^{(0)}}\{\Delta_i=1|\boldsymbol{Y}=\boldsymbol{y}\}\\&=\frac{\hat p^{(0)}\hat\lambda^{(0)}\mathrm{e}^{-\hat\lambda^{(0)}y_i}}{\hat p^{(0)}\hat\lambda^{(0)}\mathrm{e}^{-\hat\lambda^{(0)}y_i}+(1-\hat p^{(0)})\hat\mu^{(0)}\mathrm{e}^{-\hat\mu^{(0)}y_i}}.\end{aligned}\tag{1.29}$$

这样,

$$\begin{aligned}Q(\theta|\boldsymbol{y},\hat\theta^{(0)})=&\sum_{i=1}^n\Big[p(y_i,\hat\theta^{(0)})\ln p+(1-p(y_i,\hat\theta^{(0)}))\ln(1-p)\\&+p(y_i,\hat\theta^{(0)})(\ln\lambda-\lambda y_i)+(1-p(y_i,\hat\theta^{(0)}))(\ln\mu-\mu y_i)\Big]\\=&\sum_{i=1}^n p(y_i,\hat\theta^{(0)})\ln p+\left[n-\sum_{i=1}^n p(y_i,\hat\theta^{(0)})\right]\ln(1-p)\end{aligned}$$

$$+\sum_{i=1}^{n} p(y_i,\hat{\theta}^{(0)})(\ln\lambda-\lambda y_i)$$
$$+\sum_{i=1}^{n}[1-p(y_i,\hat{\theta}^{(0)})](\ln\mu-\mu y_i), \tag{1.30}$$

由此得到了期望对数似然函数, 完成了 E 步. 现在利用 (1.30) 给出的期望对数似然函数, 求其最大值点为

$$\hat{p}^{(1)}=\frac{1}{n}\sum_{i=1}^{n} p(y_i,\hat{\theta}^{(0)}),$$
$$\frac{1}{\hat{\lambda}^{(1)}}=\frac{\sum\limits_{i=1}^{n} p(y_i,\hat{\theta}^{(0)})y_i}{\sum\limits_{i=1}^{n} p(y_i,\hat{\theta}^{(0)})}, \tag{1.31}$$
$$\frac{1}{\hat{\mu}^{(1)}}=\frac{\sum\limits_{i=1}^{n}[1-p(y_i,\hat{\theta}^{(0)})]y_i}{\sum\limits_{i=1}^{n}[1-p(y_i,\hat{\theta}^{(0)})]},$$

其中 $p(y_i,\hat{\theta}^{(0)})$ 由 (1.29) 给出. 这样, 完成了 **M** 步. 反复利用 (1.31) 和 (1.29) 可以得到 θ 的 EM 估计序列 $\{\hat{\theta}^{(i)}, i=0,1,2,\cdots\}$.

前面已经介绍了 EM 估计序列 $\{\hat{\theta}^{(n)}\}$ 的求法. 现在要问 $\{\hat{\theta}^{(n)}\}$ 与通常的 ML 估计 $\hat{\theta}(\boldsymbol{Y})$ 有什么关系? 按定义 1.2, 参数 θ 的 ML 估计满足下列条件:

$$L(\hat{\theta})=\max_{\theta\in\Theta} L(\theta),$$

或等价地

$$l(\hat{\theta}|\boldsymbol{y})=\max_{\theta\in\Theta} l(\theta|\boldsymbol{y}). \tag{1.32}$$

对于 EM 估计序列 $\{\hat{\theta}^{(n)}\}$, 下列定理成立:

定理 1.1 设 $\boldsymbol{Y}\sim \mathbf{P}_\theta, \theta\in\Theta$, $\mathbf{P}_\theta$ 相对于某 σ 有限测度 μ 具有密度函数 $p_\theta(\boldsymbol{y})$, 其对数似然函数为 $l(\theta|\boldsymbol{y})$. 又设 $\boldsymbol{X}$ 为我们构造的潜在的完整数据, 其对数似然函数为 $l(\theta|\boldsymbol{x})$ (注意: $l(\theta|\boldsymbol{y})$ 与 $l(\theta|\boldsymbol{x})$ 是完全不同的函数), $\boldsymbol{Y}$ 与 $\boldsymbol{X}$ 有如下的函数关系: $\boldsymbol{Y}=T(\boldsymbol{X})$. 又设 $\hat{\theta}^{(0)}$ 为任意

给定的初始估计, 由此产生一个 EM 估计序列 $\{\hat{\theta}^{(n)}(\boldsymbol{y})\}$, 满足

$$l(\hat{\theta}^{(i+1)}|\boldsymbol{y}) \geqslant l(\hat{\theta}^{(i)}|\boldsymbol{y}), \quad i = 1, 2, \cdots, \tag{1.33}$$

等号成立的充要条件是 $Q(\hat{\theta}^{(i+1)}|\boldsymbol{y}, \hat{\theta}^{(i)}) = Q(\hat{\theta}^{(i)}|\boldsymbol{y}, \hat{\theta}^{(i)}), i = 1, 2, \cdots$, 其中 Q 是由 (1.23) 给出的期望对数似然函数.

证明　方便起见, 记 $\boldsymbol{X} = (\boldsymbol{Y}, \mathbf{Z})$, $f(\boldsymbol{y}, \boldsymbol{z}|\theta)$ 为 $(\boldsymbol{Y}, \mathbf{Z})$ 的联合密度函数, 则

$$k(\boldsymbol{z}|\theta, \boldsymbol{y}) = \frac{f(\boldsymbol{y}, \boldsymbol{z}|\theta)}{p_\theta(\boldsymbol{y})}$$

为 $\mathbf{Z}$ 的条件密度函数, 且它们的对数似然函数之间有如下的关系:

$$l(\theta|\boldsymbol{y}) = l(\theta|\boldsymbol{y}, \boldsymbol{z}) - \ln k(\boldsymbol{z}|\theta, \boldsymbol{y}). \tag{1.34}$$

为了迭代计算, 给定初值 θ_0, 定义

$$\begin{aligned} Q(\theta|\boldsymbol{y}, \theta_0) &= \int \ln(f(\boldsymbol{y}, \boldsymbol{z}|\theta))k(\boldsymbol{z}|\theta_0, \boldsymbol{y})\mathrm{d}\boldsymbol{z}, \\ H(\theta|\boldsymbol{y}, \theta_0) &= \int \ln(k(\boldsymbol{z}|\theta, \boldsymbol{y}))k(\boldsymbol{z}|\theta_0, \boldsymbol{y})\mathrm{d}\boldsymbol{z}, \end{aligned}$$

其中 $Q(\theta|\boldsymbol{y}, \theta_0)$ 就是由 (1.23) 所定义的期望对数似然函数. 由于 (1.34) 左边并不依赖于 $\boldsymbol{z}$, 所以 $l(\theta|\boldsymbol{y})$ 关于密度函数 $k(\boldsymbol{z}|\theta_0, \boldsymbol{y})$ 的期望仍然是 $l(\theta|\boldsymbol{y})$. 这样, (1.34) 两边对密度函数 $k(\boldsymbol{z}|\theta_0, \boldsymbol{y})$ 求期望后得到

$$l(\theta|\boldsymbol{y}) = Q(\theta|\boldsymbol{y}, \theta_0) - H(\theta|\boldsymbol{y}, \theta_0). \tag{1.35}$$

上式中, θ_0 与 θ 可以取任何值, $\theta_0 = \theta^{(i)}$, $\theta = \theta^{(i+1)}$ 两个值, 可得到 $l(\theta^{(i+1)})$ 与 $l(\theta^{(i)})$. 由 (1.35) 可得, (1.33) 左右两边的对数差是

$$\begin{aligned} l(\hat{\theta}^{(i+1)}|\boldsymbol{y}) - l(\hat{\theta}^{(i)}|\boldsymbol{y}) = &[Q(\hat{\theta}^{(i+1)}|\boldsymbol{y}, \hat{\theta}^{(i)}) - Q(\hat{\theta}^{(i)}|\boldsymbol{y}, \hat{\theta}^{(i)})] \\ &-[H(\hat{\theta}^{(i+1)}|\boldsymbol{y}, \hat{\theta}^{(i)}) - H(\hat{\theta}^{(i)}|\boldsymbol{y}, \hat{\theta}^{(i)})]. \end{aligned}$$

由 $\hat{\theta}^{(i+1)}$ 的定义, 上式右边第一个方括弧内的值是非负的, 从而只需证明第二个方括弧内的值是非正的, 即

$$\int \left[\ln k(\boldsymbol{z}|\hat{\theta}^{(i+1)}, \boldsymbol{y}) - \ln k(\boldsymbol{z}|\hat{\theta}^{(i)}, \boldsymbol{y})\right] k(\boldsymbol{z}|\hat{\theta}^{(i)}, \boldsymbol{y})\mathrm{d}\boldsymbol{z} \leqslant 0.$$

由 Jensen 不等式可得

$$\int\left[\ln\frac{k(\boldsymbol{z}|\hat{\theta}^{(i+1)},\boldsymbol{y})}{k(\boldsymbol{z}|\hat{\theta}^{(i)},\boldsymbol{y})}\right]k(\boldsymbol{z}|\hat{\theta}^{(i)},\boldsymbol{y})\mathrm{d}\boldsymbol{z}\leqslant\ln\int k(\boldsymbol{z}|\hat{\theta}^{(i+1)},\boldsymbol{y})\mathrm{d}\boldsymbol{z}=0.\quad\square$$

此处要说明一点, 我们在定理 1.1 的证明中, 假定 $\boldsymbol{X}=(\boldsymbol{Y},\mathbf{Z})$, 这是 $\boldsymbol{Y}=T(\boldsymbol{X})$ 的特殊情况. 我们做这个假定的原因是为了证明表达的简便. 事实上, 对于一般情况 $\boldsymbol{X}=T(\boldsymbol{X})$, 其结论也是成立的, 读者可参阅 Bickel et al [2000].

从定理 1.1 的结论可以看出, EM 估计序列只是告诉我们, EM 估计序列能使得对数似然函数的值 $l(\hat{\theta}^{(i)}|\boldsymbol{y})$ 为递增序列. 若 $l(\theta|\boldsymbol{y})$ 作为参数 θ 的函数, 是一个多峰函数的话, 那么从某个初始值出发, 就可能达不到对数似然函数的最大值. 因此 EM 算法最多只能使对数似然函数的值趋向于局部极大值. 关于 EM 估计序列的收敛性问题是大家关心的问题, 其讨论的理论问题已经超过本教程的范围, 感兴趣的读者可参阅 Boyles [1983] 和 Wu [1983]. 但是从使用角度看, 下面的定理是简单而实用的.

定理 1.2 设 $\boldsymbol{Y}\sim\mathbf{P}_\theta,\theta\in\Theta,\mathbf{P}_\theta$ 相对于某 σ 有限测度函数 μ 具有密度 $p_\theta(y)$, 其对数似然函数为 $l(\theta|\boldsymbol{y})$, 若期望对数似然函数 $Q(\theta|\boldsymbol{y},\widetilde{\theta})$ 为 $(\theta,\widetilde{\theta})$ 的连续函数, 则 EM 估计序列 $\{\hat{\theta}^{(i)}\}$ 的任何极限点都是 $l(\theta|\boldsymbol{y})$ 的稳定点 (局部极大值点或鞍点).

自从 EM 算法出现以来, 受到统计学家的特别重视. 总结起来有以下特点:

(i) 过去统计学家也有近似计算的直观想法, EM 算法将这种想法提高到理论的高度, 并开创了统计应用的普遍的、广阔的局面.

(ii) EM 算法中迭代的前几步很快地到达稳定点的附近, 这说明迭代区域会很快地转移到对数似然函数的鞍点或局部极大值的区域.

(iii) 为了求得 ML 估计, 采用不同的初值, 比较相应的对数似然函数的方法是一个简单易行的办法.

作为 EM 算法的应用, 我们引进一个实例.

例 1.14 (EM 算法的医学应用) Mackendrik [1926] 研究了一个

传染病的传染过程, 他分析了一个印度农村流行性霍乱数据 (见表 2.1.2): 表中第一行 y 表示一户农户中患霍乱病的人数; 第二行 n_y 表示农户中患者人数为 y 的户数.

表 2.1.2 印度农村传染病数据

y	0	1	2	3	4	$\geqslant 5$	总和
n_y	168	32	16	6	1	0	223
泊松拟合	151.24	58.48	11.28	1.45	0.04	0.01	223
EM 拟合	168	32.5302	15.8126	5.1242	1.2454	0.2422	223

在数据分析的时候, 认为 Y 的分布应该是泊松分布. 利用

$$\hat{\lambda}=\frac{\sum\limits_y y n_y}{\sum\limits_y n_y}=0.3856$$

以及

$$\hat{n}_y=n\times\frac{\hat{\lambda}^y}{y!}\exp\{-\hat{\lambda}\},$$

得到 n_y 的泊松拟合值 $\hat{n}_y$, 其中 $n=\sum\limits_y n_y$, 其值列于表 2.1.2 的第三行, 由表中结果看出这种直接拟合的结果并不好. 经过仔细研究, Mckendrik [1926] 的解释为: 由于霍乱病是通过水源传染的, 有些家庭的水源没有被污染, 有些家庭的水源被污染. 而被调查的总体是两个总体的混合. 现在记 Y 为一户农户中患霍乱病的人数, Y 的分布列为

$$p_\theta(y)=pI_{\{y=0\}}+(1-p)\frac{\lambda^y}{y!}\exp\{-\lambda\},\quad y=0,1,\cdots,\tag{1.36}$$

其中 $I_{\{y=0\}}$ 是集合 $\{y=0\}$ 的示性函数; $\theta=(p,\lambda), p\in(0,1), \lambda>0$ 是分布参数, p 代表使用清洁水源的农户比例, λ 是使用污染水源的农户中得病人数的 (泊松) 分布参数. 这个模型类似于例 1.13 中的混合模型, 我们借用例 1.13 的方法, 求出相应的 EM 估计序列. 现设 $\boldsymbol{y}=(y_1,\cdots,y_n)$ 是一个独立同分布的样本观察值 (注意此处的 $n=223$, 表 2.1.2 中的数据是样本的另一种表达方式), 其相应的对数似然函数为

$$l(\theta|\boldsymbol{y})=\sum_{i=1}^n\ln\left\{pI_{\{y_i=0\}}+(1-p)\frac{\lambda^{y_i}}{y_i!}\exp\{-\lambda\}\right\}.\tag{1.37}$$

这个对数似然函数是比较复杂的, 直接求 $l(\theta|\boldsymbol{y})$ 的极大值点比较困难.

现在求助于 EM 算法, 为此构造完整的数据, 记 $X=(Y,\varDelta)$, 其中 Y 取值于 $\{0,1,\cdots\}$, $\varDelta$ 取值于两点集合 $\{0,1\}$. $\varDelta$ 表示农户使用的水源是否被污染, $\varDelta=1$ 表示该农户使用的水源已经被污染, $\varDelta=0$ 表示该农户使用的水源是清洁的. 为了刻画 $(Y,\varDelta)$ 的联合分布列, 我们在 $\{0,1,\cdots\}\times\{0,1\}$ 上设定的 σ 有限测度为计数测度 μ, X 相对于 μ 的密度函数为

$$p_\theta(x)=p_\theta(y,\delta)=\left(pI_{\{y=0\}}\right)^{1-\delta}\left[(1-p)\frac{\lambda^y}{y!}\mathrm{e}^{-\lambda}\right]^\delta. \tag{1.38}$$

上式中, 当 $\delta=0,y\neq0$ 的时候, $p_\theta(y,\delta)$ 理解为 0; 当 $\delta=1,y\neq0$ 的时候, $(pI_{\{y=0\}})^{1-\delta}$ 理解为 1. 由于 Y 是 X 的一个函数, 经计算, Y 的分布列的表达式由 (1.36) 给出.

为了计算期望对数似然函数, 我们先计算 X 在 $Y=y$ 之下的条件分布. 由于 $X=(Y,\varDelta)$, 我们只需计算 $\varDelta$ 在 $Y=y$ 之下的条件分布. 经计算, 当 $Y=0$ 的时候,

$$\mathbf{P}\{\varDelta=1|Y=0\}=1-\widetilde{p},\quad \mathbf{P}\{\varDelta=0|Y=0\}=\widetilde{p}, \tag{1.39}$$

其中

$$\widetilde{p}=\frac{p}{p+(1-p)\mathrm{e}^{-\lambda}}; \tag{1.40}$$

当 $Y=i,i=1,2,\cdots$ 的时候,

$$\mathbf{P}\{\varDelta=1|Y=i\}=1,\quad \mathbf{P}\{\varDelta=0|Y=i\}=0. \tag{1.41}$$

利用 (1.39) 和 (1.40) 可得期望对数似然函数为

$$\begin{aligned}\mathbf{E}_{\theta^{(0)}}(l(\theta|X)|Y=0)=&\ln(p)\times\widetilde{p}^{(0)}+\ln(1-p)\\&\times(1-\widetilde{p}^{(0)})-\lambda(1-\widetilde{p}^{(0)}),\end{aligned} \tag{1.42}$$

式中

$$\widetilde{p}^{(0)}=\frac{p^{(0)}}{p^{(0)}+(1-p^{(0)})\mathrm{e}^{-\lambda^{(0)}}}. \tag{1.43}$$

注意式 (1.42) 中, 在求条件期望时, X 的分布参数为 $\theta^{(0)}=(p^{(0)},\lambda^{(0)})$. 利用 (1.41) 可得期望对数似然函数为

$$\mathbf{E}_{\theta^{(0)}}(l(\theta|X)|Y=y)=\ln(1-p)+\ln\left(\frac{\lambda^y}{y!}\mathrm{e}^{-\lambda}\right),\quad y=1,2,\cdots. \tag{1.44}$$

现设 $\boldsymbol{X}=(X_1,\cdots,X_n)$ 是 X 的一个简单随机样本, 由于 $\boldsymbol{X}$ 是独立同分布的, $\boldsymbol{Y}$ 的期望对数似然函数具有下列表达式:

$$Q(\theta|\boldsymbol{y},\theta^{(0)})=\sum_{i=1}^{n}\mathbf{E}_{\theta^{(0)}}(l(\theta|X_i)|Y_i=y_i).$$

将 (1.42) 和 (1.44) 的结果代入上式, 经过整理得到

$$\begin{aligned}Q(\theta|\boldsymbol{y},\theta^{(0)})=&\ln(p)n_0\widetilde{p}^{(0)}+\ln(1-p)(n-n_0\widetilde{p}^{(0)})\\&-\lambda[n-n_0\widetilde{p}^{(0)}]+\ln(\lambda)\sum_{i=1}^{n}y_i,\end{aligned}\tag{1.45}$$

上式中 n_0 是样本中 $y_i=0$ 的个数, $\widetilde{p}^{(0)}$ 由 (1.43) 给出. 由于期望对数似然函数 Q 已经求出, 由 $\theta^{(0)}$ 递推 $\theta^{(1)}$ 的过程就化为求 $Q(\theta|\boldsymbol{y},\theta^{(0)})$ 的最大值点的问题. 由 Q 的表达式看出, 参数 p 和 λ 已经分离, 我们只需单独求出极大值点 $p^{(1)}$ 和 $\lambda^{(1)}$. 经计算,

$$p^{(1)}=\frac{n_0\widetilde{p}^{(0)}}{n},\tag{1.46}$$

$$\lambda^{(1)}=\frac{\sum\limits_{i=1}^{n}y_i}{n-n_0\widetilde{p}^{(0)}},\tag{1.47}$$

其中 $\widetilde{p}^{(0)}$ 由 (1.43) 给出. 利用递推公式 (1.43), (1.46) 和 (1.47) 可以构造 p,λ 的 EM 估计序列.

我们将 $p^{(0)}=n_0/n=0.7534$, $\lambda^{(0)}=\dfrac{\sum\limits_{y}yn_y}{\sum\limits_{y}n_y}=0.3856$ 作为初值, 迭代误差定义为各自的绝对误差之和. 运行结果显示, 迭代 24 次, 迭代误差就达到 10^{-5}; 迭代 61 次, 迭代误差就达到 10^{-8}. 最后的估计结果是 $\hat{p}=0.6033$, $\hat{\lambda}=0.9722$. 我们运用新的参数, 重新拟合数据. 估计公式

$$\hat{n}_y=np_{\hat{\theta}}(y),$$

其中 $p_{\hat{\theta}}(y)$ 由 (1.36) 给出, 结果见表 2.1.2 的第四行, 可以看出 EM 算法拟合的效果非常好, 与真实值非常接近.

§2.2 无偏估计

设 $X_1, \cdots, X_n \sim \text{iid } F(x,\theta)$, $\theta \in \Theta$ 为一个统计模型. 统计模型有两种最典型的情况: 一种是连续情况, 即 $F(x,\theta)$ 具有密度函数 $p(x,\theta)$; 另一种是离散情况, 即存在 X 的一个取值序列 $\{x_i, i = 1, 2, \cdots\}$, 使 $\mathbf{P}_\theta\{X = x_i\} = p(x_i, \theta)$, 并且 $\sum\limits_i p(x_i, \theta) = 1$. 在 §2.1 中针对这两种模型都给出了具体例子, 并讨论了待估参数 $g(\theta)$ 的估计问题. 按估计的定义, 任何统计量 $T(x_1, \cdots, x_n)$ 都可以作为 $g(\theta)$ 的估计. 同时我们也指出了寻找参数估计的两种主要的方法: 矩估计和 ML 估计. 总之, 对于一个待估参数 $g(\theta)$, 存在很多估计, 即使使用同样的估计方法, 也可以得到不同的估计. 在矩估计的情况下, 采用不同阶数的矩, 可求得不同的矩估计; 在 ML 估计的情况下, 由于求极大值问题的解可以不唯一, 所求得的 ML 估计也不唯一. 如何从众多的估计中选择合理的估计, 这是估计理论所面临的重要问题. 为解决这个问题, 人们提出许多评价估计好坏的标准. 首先介绍估计的无偏性准则.

定义 2.1 设 $X_1, \cdots, X_n \sim \text{iid } F(x,\theta)$, $\theta \in \Theta$, $g(\theta)$ 为待估量. 统计量 $T(X_1, \cdots, X_n)$ 称为 $g(\theta)$ 的**无偏估计**, 如果 T 满足

$$\mathbf{E}_\theta T(X_1, \cdots, X_n) = g(\theta), \quad \theta \in \Theta. \tag{2.1}$$

无偏估计有什么优良的性质呢? 由于 (2.1) 式涉及期望运算, 我们只能在平均意义下来解释. 我们的结论是: 无偏估计在平均意义下是正确的. 我们以调查某工厂产品的不合格品率为例, 说明无偏估计的意义. 设某工厂生产的某产品的不合格品率为固定的常数 p, $p \in (0,1)$. 在正常的情况下, 工厂的不合格品率保持不变. 产品检验员每天抽取 5 件产品进行检验, 并采用 $x/5$ 作为不合格品率的估计, 此处 x 为 5 件产品中的不合格品件数. 这样不合格品率的估计值只可能是下列 6 个数之一: $0, 0.2, 0.4, 0.6, 0.8, 1$. 显然估计的精度不会高, 这是由样本量所决定的. 经计算, $\hat{p} = X/5$ 是 p 的真值的一个无偏估计. 利用大数定律可知, 将这每天得到的估计值长时期的积累再进行平均, 这个平均值会

接近于真值, 无偏估计的优点也就在于此. 这里还要强调一点, 对于产品检验员来说, 由一次检验的结果得到的估计不会很精确, 但重复使用无偏估计, 长期积累的平均数会趋于不合格品率的真值. 无偏估计的定义要求对所有 p 的值, $X/5$ 都是 p 的无偏估计. 现在假定某一估计不是无偏估计, 例如, 工厂的产品检验员采用一个估计 $T(X)$, 它不是不合格品率 p 的无偏估计, 这样随着时间的积累, 这些估计值的平均值不趋向于真值 p, 显然这样的估计不是我们需要的. 这就是无偏估计的优良性能所在.

关于无偏估计, 我们有下面的定理:

定理 2.1 设总体 X 的期望为 μ, 方差 σ^2 存在且为有限, $X_1, \cdots, X_n$ 为 X 的一个样本, 则

(i) $\overline{X}$ 为 μ 的无偏估计, 其中 $\overline{X} = \sum\limits_{i=1}^{n} X_i/n$.

(ii) S_n^2 为 $\sigma^2 = \text{var}(X)$ 的无偏估计, 其中

$$S_n^2 = \sum_{i=1}^{n}(X_i - \overline{X})^2/(n-1). \tag{2.2}$$

证明 结论 (i) 是显然的, 我们只证明结论 (ii).

首先将 $\sum\limits_{i=1}^{n}(X_i - \overline{X})^2$ 进行化简, 得

$$\begin{aligned}\sum_{i=1}^{n}(X_i - \overline{X})^2 &= \sum_{i=1}^{n}[X_i - \mu - (\overline{X} - \mu)]^2 \\ &= \sum_{i=1}^{n}(X_i - \mu)^2 + n(\overline{X} - \mu)^2 - 2(\overline{X} - \mu)\sum_{i=1}^{n}(X_i - \mu) \\ &= \sum_{i=1}^{n}(X_i - \mu)^2 - n(\overline{X} - \mu)^2,\end{aligned}$$

其中 $\mu = \mathbf{E}X$. 然后对两边求期望, 得

$$\begin{aligned}\mathbf{E}\sum_{i=1}^{n}(X_i - \overline{X})^2 &= \mathbf{E}\sum_{i=1}^{n}(X_i - \mu)^2 - n\mathbf{E}(\overline{X} - \mu)^2 \\ &= n\text{var}(X) - n\text{var}(\overline{X}) \\ &= n\text{var}(X) - \text{var}(X) = (n-1)\sigma^2.\end{aligned}$$

由此可知, 由 (2.2) 给出的 S_n^2 为方差 σ^2 的无偏估计. □

例 2.1 (续例 1.5) 假设 $X_1, \cdots, X_n \sim \text{iid } N(\mu, \sigma^2)$, 其中 $\theta = (\mu, \sigma^2)$ 为未知参数. 在例 1.5 中, 我们已经指出, μ 的矩估计和 ML 估计都为 $\overline{X}$, 方差 σ^2 的矩估计和 ML 估计都为 $\hat{\sigma}^2 = \sum\limits_{i=1}^n (X_i - \overline{X})^2/n$. 由定理 2.1 知, $\overline{X}$ 为 μ 的无偏估计, $S_n^2 = \sum\limits_{i=1}^n (X_i - \overline{X})^2/(n-1)$ 为方差 σ^2 的无偏估计. 从而 σ^2 的 ML 估计不是 σ^2 的无偏估计. 实际上, 人们倾向于用 $S_n^2 = \sum\limits_{i=1}^n (X_i - \overline{X})^2/(n-1)$ 作为 σ^2 的估计, 而其 ML 估计用于理论研究.

例 2.2 假设 $X_1, \cdots, X_n$ 为来自**伯努利分布**的一个样本, $p = \mathbf{P}\{X_i = 1\}$ 为未知参数, $p \in (0,1)$. 对于这个模型, $\mathbf{E}X_i = p$, $\text{var}(X_i) = p(1-p), i = 1, \cdots, n$. 依照矩估计和 ML 估计的定义, 我们求得 p 的矩估计和 ML 估计都为 T/n, 其中 $T = \sum\limits_{i=1}^n X_i$. 同时, $\text{var}(X_i)$ 的矩估计和 ML 估计都为 $T(n-T)/n^2$. 而由定理 2.1, $\text{var}(X_i)$ 的无偏估计为 $\sum\limits_{i=1}^n \left(X_i - \sum\limits_{i=1}^n X_i/n\right)^2 /(n-1) = T(n-T)/(n(n-1))$. 由此可知, $\text{var}(X_1)$ 的 ML 估计不是无偏估计.

例 2.3 (指数分布) 设 X 的密度函数为

$$p(x, \lambda) = \begin{cases} \lambda \exp\{-\lambda x\}, & x > 0, \\ 0, & \text{其他}, \end{cases} \tag{2.3}$$

则 X 的分布称为**指数分布**, 其中参数 λ 称为**失效率 (危险率)**. 在第一章例 1.8 中已经对指数分布做了详细介绍.

现设 $\boldsymbol{x} = (x_1, \cdots, x_n)$ 为一个样本值, 不难得到参数 λ 的 ML 估计为 $\hat{\lambda} = 1/\overline{x}$ (见习题 3). 现在计算 $\mathbf{E}_\lambda(1/\overline{X})$, 看它是否为 λ 的无偏估计. 为求出 $\mathbf{E}_\lambda(1/\overline{X})$, 我们把 $1/\overline{X}$ 写成 $n/\sum\limits_{i=1}^n X_i$ 的形式. 而 $\sum\limits_{i=1}^n X_i$ 的分布为 Γ 分布, 其密度函数为

$$\begin{cases} \dfrac{\lambda^n}{\Gamma(n)} y^{n-1} \exp\{-\lambda y\}, & y > 0, \\ 0, & y \leqslant 0. \end{cases}$$

$\left(\text{关于 } \sum\limits_{i=1}^{n} X_i \text{ 的分布公式可见习题 27}\right)$. 这样, 利用求期望的公式可得

$$\begin{aligned}\mathbf{E}\left(\frac{1}{\overline{X}}\right) &= n\mathbf{E}\left(1\Big/\sum_{i=1}^{n} X_i\right) = n\int_0^\infty \frac{1}{y}\frac{\lambda^n}{\Gamma(n)}y^{n-1}\exp\{-\lambda y\}\mathrm{d}y \\ &= \frac{n\Gamma(n-1)\lambda}{\Gamma(n)}\int_0^\infty \frac{\lambda^{n-1}y^{n-2}}{\Gamma(n-1)}\exp\{-\lambda y\}\mathrm{d}y \\ &= \frac{n\Gamma(n-1)\lambda}{\Gamma(n)} = \frac{n\lambda}{n-1}.\end{aligned}$$

由此可见, λ 的 ML 估计不是无偏估计. 将 $1/\overline{X}$ 做适当的修正, 可得到 λ 的无偏估计. 由

$$\mathbf{E}\left(\frac{1}{\overline{X}}\right)\cdot\frac{n-1}{n} = \lambda\cdot\frac{n}{n-1}\cdot\frac{n-1}{n} = \lambda, \quad n>1$$

可知, λ 的无偏估计是 $(n-1)/(n\overline{X})$, 而不是 ML 估计 $1/\overline{X}$ (注意: 当 $n=1$ 时, λ 的无偏估计不存在).

无偏估计只有在大量重复使用中, 才能显示它的使用价值. 当样本量很小的时候, 参数一般没有很好的估计. 下面的例子说明, 一味追求无偏性, 效果会适得其反.

例 2.4 设 $X \sim P(\lambda)$, 即 X 的分布为**泊松分布**, 其密度函数为

$$\lambda^k\exp\{-\lambda\}/k!, \quad k=0,1,\cdots,\ \lambda>0.$$

由于 $\mathbf{E}_\lambda X=\lambda$, 可知 X 是 λ 的一个很好的无偏估计. 现在要求 $\exp\{-2\lambda\}$ 的估计, 显然 $g_1(X)=\exp\{-2X\}$ 是一个可能的估计. 但是, 它不是一个无偏估计, 这是因为 $\mathbf{E}g_1(X)=\exp\{-\lambda(1-\mathrm{e}^{-2})\}$. 人们希望找出一个无偏估计, 为此考虑 $g_2(X)\equiv 1$, 此时 $\mathbf{E}_\lambda g_2(X)\equiv 1>\exp\{-2\lambda\}$. 这个估计是荒谬的, 首先它不依赖于数据, 其次它的期望值恒为 1, 大于 $\exp\{-2\lambda\}$, 为此我们考虑改变 $g_2(X)$ 的取值. 令

$$g_3(x)=\begin{cases}1, & x \text{ 为偶数}, \\ -1, & x \text{ 为奇数}.\end{cases}$$

此时 $\mathbf{E}g_3(X)=\exp\{-2\lambda\}$, 它的确是一个无偏估计. 但它除了无偏性外, 陷入了更荒谬的地步. 当 X 为奇数时, $g_3(X)$ 取负值. 因此, 在样本量很小的时候, 不能片面追求无偏性, 必须充分研究样本中的信息.

当我们求得参数的估计以后, 我们要问: 这个估计准确不准确? 设待估量为 $g(\theta)$, 而估计量为 $T(\boldsymbol{x})=T(x_1,\cdots,x_n)$. 由于 $g(\theta)$ 是未知的参数, $T(\boldsymbol{x})$ 又是具体的数值, 所以我们不可能知道误差 $T(\boldsymbol{x})-g(\theta)$ 的性质和大小. 但是如果把数据看成来自总体的抽样, 将估计量 $T(\boldsymbol{x})$ 看成随机变量, 对于随机变量 $T(\boldsymbol{x})-g(\theta)$, 我们还是有办法讨论其性质, 甚至讨论其大小. 前面提到的估计的无偏性就是具有这样的性质, 但光是无偏性还不能看出一个估计的好坏, 无偏性是对估计的最基本的要求. 在同一个估计问题中, 一个参数可以有不同的无偏估计, 有的无偏估计波动大, 有的无偏估计波动小, 人们通常用均方误差作为刻画一个估计偏离目标值的波动的度量. 现在我们介绍估计的**均方误差**的定义. 设 $X_1,\cdots,X_n\sim \text{iid}\ F_\theta(x)$, $\theta\in\Theta$ 为统计模型, $g(\theta)$ 为待估量. $g(\theta)$ 的估计量 $T(X_1,\cdots,X_n)$ 的均方误差定义为

$$R(\theta,T)=\mathbf{E}_\theta[(T(X_1,\cdots,X_n)-g(\theta))^2]. \tag{2.4}$$

由上式看出, 均方误差 $R(\theta,T)$ 依赖于未知参数 θ, 是刻画估计性能的一个数量指标. 我们希望找到一个估计, 其相应的均方误差越小越好, 并且希望找到具有一致最小均方误差的估计. 也就是说, 对于任何参数的真值 θ, 该估计的均方误差达到极小. 但是, 在大多数的情况下, 具有一致最小均方误差的估计是不存在的. 正如在学生的班上, 要找到一位平均成绩最好的学生是容易的, 因为所考查的指标只有一个, 即平均成绩. 但要找到门门成绩考第一的学生是很困难的. 找一致最小均方误差的估计问题就像在班上找门门成绩达到最优的学生一样, 是十分困难的事. 估计的均方误差也称为**风险函数**.

前面已经提到无偏估计具有大样本的优良性能, 现在我们只考虑无偏估计类, 希望在无偏估计类中找到最优估计. 现在设 $T(X_1,\cdots,X_n)$ 是 $g(\theta)$ 的无偏估计, 其均方误差变成方差, 即

$$R(\theta,T)=\mathbf{E}_\theta[(T-g(\theta))^2]=\mathbf{E}_\theta[(T-\mathbf{E}_\theta(T))^2]=\text{var}_\theta(T). \tag{2.5}$$

当我们限制在无偏估计类中, 就有可能找到最优估计, 此时的最优估计称为**最小方差无偏估计**.

定义 2.2　设 $\boldsymbol{X}=(X_1,\cdots,X_n), X_1,\cdots,X_n \sim \text{iid } F(x,\theta), \theta\in\Theta$. 又设 $g(\theta)$ 为待估量, 统计量 $T(\boldsymbol{X})=T(X_1,\cdots,X_n)$ 为 $g(\theta)$ 的一个估计量. T 称为 $g(\theta)$ 的**最小方差无偏 (UMVU) 估计**, 如果它满足:

(i) T 是 $g(\theta)$ 的无偏估计;

(ii) 对于任何 $g(\theta)$ 的其他无偏估计 $\widetilde{T}$, 其方差不比 T 的方差小, 即

$$\text{var}_\theta(T)\leqslant \text{var}_\theta(\widetilde{T}),\quad \theta\in\Theta. \tag{2.6}$$

要找到 $g(\theta)$ 的无偏估计是不容易的事, 现在假设已经找到了 $g(\theta)$ 的无偏估计 $T(\boldsymbol{X})$, 然而要证明无偏估计 $T(\boldsymbol{X})$ 是 UMVU 估计, 更是一件不容易的事. 为证明无偏估计 $T(\boldsymbol{X})$ 是 UMVU 估计, 首先要把所有的 $g(\theta)$ 的无偏估计找出来; 其次还要比较这些无偏估计的方差, 并指出 $T(\boldsymbol{X})$ 的方差是最小的. 尽管在寻找 UMVU 估计方面存在许多困难, 但是还有一套方法理论. 为了介绍 UMVU 估计, 我们必须利用充分统计量的理论.

下面叙述一个统计量为 UMVU 估计的充要条件. 设 $\boldsymbol{X}=(X_1,\cdots, X_n), X_1,\cdots,X_n\sim \text{iid } F(x,\theta), \theta\in\Theta$. 记 $\mathcal{P}=\{\mathbf{P}_\theta:\theta\in\Theta\}$ 为 $\boldsymbol{X}$ 的分布集合, $\mathcal{T}=\{T(\boldsymbol{X})=T(X_1,\cdots,X_n):\mathbf{E}_\theta T^2<\infty,\forall\theta\in\Theta\}$, $\mathcal{U}=\{U:\mathbf{E}_\theta U=0,\theta\in\Theta\}$, $\mathcal{U}_\theta=\{U:U\in\mathcal{U},\mathbf{E}_\theta U^2<\infty\}$.

定理 2.2　设 $\boldsymbol{X}\sim\mathbf{P}_\theta,\theta\in\Theta$, T 是 $\mathcal{T}$ 中的一个统计量, 则 T 是它的期望的 UMVU 估计的充分必要条件是

$$\mathbf{E}_\theta(TU)=0,\quad \forall U\in\mathcal{U}_\theta,\ \theta\in\Theta. \tag{2.7}$$

证明　必要性　记 $g(\theta)=\mathbf{E}_\theta T$, 显然 T 是 $g(\theta)$ 的无偏估计. 现在设 T 是 $g(\theta)$ 的 UMVU 估计, 则对任何 $U\in\mathcal{U}_\theta$, $T+\lambda U$ 也是 $g(\theta)$ 的无偏估计, 其中 λ 为任意实数. 由假设知 T 是 $g(\theta)$ 的 UMVU 估计, 故下式成立:

$$\text{var}_\theta(T+\lambda U)\geqslant \text{var}_\theta(T),\quad \forall\lambda\in\mathbb{R},$$

即

$$\lambda^2 \mathrm{var}_\theta(U) + 2\lambda \mathrm{cov}_\theta(T, U) \geqslant 0, \quad \forall \lambda \in \mathbb{R}.$$

上式左端为关于 λ 的二次多项式, 常数项为 0. 当 $\mathrm{cov}_\theta(T,U) \neq 0$ 时, 这个多项式有两个单根, 而此时, 多项式不可能恒正. 因此上式只有在条件 $\mathrm{cov}_\theta(T,U) = 0$ 成立时, 才有可能成立. 由于 $\mathbf{E}_\theta U = 0$, 可知 $\mathbf{E}_\theta(TU) = \mathrm{cov}_\theta(T,U) = 0$. 因此对任何 $U \in \mathcal{U}_\theta$ 和 $\theta \in \Theta$, $\mathbf{E}_\theta(TU) = 0$ 成立, 即必要性成立.

充分性 设 T 是 $\mathcal{T}$ 中满足条件 (2.7) 的任一统计量, 并记 $g(\theta) = \mathbf{E}_\theta T$, 又令 T' 是 $g(\theta)$ 的任一无偏估计. 我们只需指出下式成立:

$$\mathrm{var}_\theta(T') \geqslant \mathrm{var}_\theta(T), \quad \forall \theta \in \Theta.$$

不妨设 $\mathrm{var}_\theta(T') < \infty$, 由 $\mathrm{var}_\theta(T') < \infty$ 和条件 $T \in \mathcal{T}$ 可知, $T' - T \in \mathcal{U}_\theta$. 利用 (2.7) 可知,

$$\begin{aligned}
\mathrm{var}_\theta(T') =& \mathbf{E}_\theta(T' - T + T - g(\theta))^2 \\
=& \mathrm{var}_\theta(T) + \mathbf{E}_\theta(T' - T)^2 + 2\mathbf{E}_\theta[(T - T')(T - g(\theta))] \\
=& \mathrm{var}_\theta(T) + \mathbf{E}_\theta(T' - T)^2 + 2\mathbf{E}_\theta[(T - T')T] \\
& - 2\mathbf{E}_\theta[(T - T')g(\theta)] \\
=& \mathrm{var}_\theta(T) + \mathbf{E}_\theta(T' - T)^2 \geqslant \mathrm{var}_\theta(T).
\end{aligned}$$

□

在定理 2.2 中, 对问题的提法很特殊. 首先, 给出一个统计量, 然后讨论这个统计量为它的期望的 UMVU 估计的条件. 而在实际问题中, 往往是先给出一个待估的参数 $g(\theta)$, 然后去找 $g(\theta)$ 的无偏估计, 再找相应的 UMVU 估计. 因此在实际问题中会遇到这样的问题: 对于待估的参数 $g(\theta)$, 是否存在无偏估计. 这就是参数是否为无偏可估的问题.

定义 2.3 设 $\boldsymbol{X} = (X_1, \cdots, X_n)$, $X_1, \cdots, X_n \sim \mathrm{iid}\ F(x, \theta)$, $\theta \in \Theta$. 又设 $g(\theta)$ 为定义在 Θ 上的实值函数 (实际中通常称 $g(\theta)$ 为参数或待估参数). 参数 $g(\theta)$ 称为**无偏可估的**, 或称 U **可估的**, 如果存在参数 $g(\theta)$ 的无偏估计 $T(\boldsymbol{X})$, 满足

$$\mathbf{E}_\theta T(\boldsymbol{X}) = g(\theta), \quad \theta \in \Theta.$$

例 2.5　设 $\mathcal{X} = \{0,1\}$ 为一个两点集, X 为取值于 $\mathcal{X}$ 的随机变量, $\mathbf{P}_\theta\{X=1\} = \theta$, $\mathbf{P}_\theta\{X=0\} = 1-\theta$, $\theta \in (0,1)$. 我们用 $\delta(0) = \delta_0$, $\delta(1) = \delta_1$ 作为估计量, 易证 δ 是 $\delta_1\theta + \delta_0(1-\theta) = (\delta_1 - \delta_0)\theta + \delta_0$ 的无偏估计. 由此看出, 在这个模型中只有 θ 的线性函数才是 U 可估的, 像 $g(\theta) = \theta^2$ 这样的参数是 U 不可估的. 显然, 对于 U 不可估的参数, 不可能存在无偏估计, 也无从谈起求 UMVU 估计的问题. 在这个模型中, 0 的无偏估计只可能是 $\delta \equiv 0$, 这样 $\mathcal{U}$ 是一个单点集. 利用定理 2.2 可知, 每一个估计量都是它的期望的 UMVU 估计.

对于可估的函数, 我们希望找到相应的 UMVU 估计. 在例 2.5 中每一个可估函数其相应的无偏估计是唯一的, 因此是 UMVU 估计, 例 2.5 是一个十分特殊的例子. 一般情况下, 一个 U 可估函数可以存在多个无偏估计. 此时可提出这样的问题: 对于可估函数 $g(\theta)$ 存不存在 UMVU 估计? 一般地, 在一个统计模型中, 常数 c 总是 U 可估的, 并且 c 本身就是 UMVU 估计. 若排除这种平凡的情况, 仍然有下面三种可能性:

(i) 每一个非常数的 U 可估函数均不存在 UMVU 估计;

(ii) 某些 U 可估函数具有 UMVU 估计, 某些却没有;

(iii) 每一个 U 可估函数均有 UMVU 估计.

第三种情况是实际问题中常见的情况, 现在让我们仔细讨论第三种情况.

定理 2.3 (Rao-Blackwell)　设 $\boldsymbol{X} = (X_1, \cdots, X_n)$, $X_1, \cdots, X_n \sim$ iid $F(x,\theta)$, $\theta \in \Theta$. 记 $\mathcal{P} = \{\mathbf{P}_\theta : \theta \in \Theta\}$ 为 $\boldsymbol{X}$ 的分布集合. 在这个统计模型中, 设 T 是一个充分统计量, $\delta = \delta(\boldsymbol{X})$ 是 $g(\theta)$ 的一个估计量, 又设条件期望

$$\eta(T) = \mathbf{E}(\delta|T) = \int \delta(\boldsymbol{x})\mathbf{P}\{\mathrm{d}\boldsymbol{x}|T\}$$

为 a.s. $\mathcal{P}$ 有限, 则下式成立:

$$R(\theta,\eta) \leqslant R(\theta,\delta), \tag{2.8}$$

其中 $R(\theta,\eta)$ 是估计 $\eta(T(\boldsymbol{X}))$ 的均方误差 $\mathbf{E}_\theta(\eta(\boldsymbol{X})-g(\theta))^2$. 当 $R(\theta,\eta)<\infty$ 时, 上式中等号成立的充要条件是 $\delta=\eta$ a.s. $\mathbf{P}_\theta$.

证明 利用 Jensen 不等式, 可得

$$\begin{aligned}R(\theta,\delta)&=\mathbf{E}_\theta(\delta(\boldsymbol{X})-g(\theta))^2=\mathbf{E}_\theta\{\mathbf{E}[(\delta(\boldsymbol{X})-g(\theta))^2|T]\}\\&=\mathbf{E}_\theta\left[\int(\delta(\boldsymbol{x})-g(\theta))^2\mathbf{P}\{\mathrm{d}\,\boldsymbol{x}|T\}\right]\\&\geqslant\mathbf{E}_\theta\left[\left(\int\delta(\boldsymbol{x})\mathbf{P}\{\mathrm{d}\,\boldsymbol{x}|T\}-g(\theta)\right)^2\right]\\&=\mathbf{E}_\theta(\eta(T(\boldsymbol{X}))-g(\theta))^2=R(\theta,\eta),\end{aligned}$$

上式即 (2.8). 只需利用 Jensen 不等式中等号成立的条件就可以证明 (2.8) 中等号成立的条件. □

这个定理并不要求 δ 是 $g(\theta)$ 的无偏估计. 但是, 若 $\mathbf{E}_\theta\delta(\boldsymbol{X})$ 存在且有限, 则利用定理 2.3, 可以证明依赖于充分统计量 T 的估计量 $\eta(T)=\mathbf{E}(\delta|T)$ 满足 $\mathrm{var}_\theta(\eta)\leqslant\mathrm{var}_\theta(\delta)$.

下面我们用记号 $(\mathcal{X},\mathcal{B}_\mathcal{X},\mathcal{P})$ 表示统计模型, 其中 $\mathcal{X}$ 是样本空间, $\mathcal{P}$ 是 $\boldsymbol{X}$ 的分布族, $\mathcal{P}=\{\mathbf{P}_\theta,\theta\in\Theta\}$. 假定统计模型 $(\mathcal{X},\mathcal{B}_\mathcal{X},\mathcal{P})$ 中存在完全充分统计量, 在这种情况下, 求 UMVU 估计的问题得到了完美的解答.

引理 2.1 设在 $X\sim\mathbf{P}_\theta\in\mathcal{P}$ 中, T 是完全充分统计量, 则对任何 U 可估的 $g(\theta)$, 存在且只有一个依赖于 T 的无偏估计.

证明 设 $g(\theta)$ 为 U 可估, 即存在 $\delta(X)$, 使 $\mathbf{E}_\theta\delta(X)=g(\theta)$, $\theta\in\Theta$. 令 $\eta(T)=\mathbf{E}[\delta(X)|T=t]$, 易知 $\mathbf{E}_\theta\eta(T)=\mathbf{E}_\theta\delta(X)=g(\theta)$, $\theta\in\Theta$. 现设 $\widetilde{\eta}(T)$ 是 $g(\theta)$ 的另一个依赖于 T 的无偏估计, 由 $\mathbf{E}_\theta[\eta(T)-\widetilde{\eta}(T)]=g(\theta)-g(\theta)=0$ 以及 T 的完全性可知, $\eta(T)-\widetilde{\eta}(T)=0$, a.s. $\mathcal{P}$. 这说明依赖于 T 的无偏估计只有一个. □

定理 2.4 设 $X\sim\mathbf{P}_\theta\in\mathcal{P}$, T 是 $\mathcal{P}$ 中的完全充分统计量, 则

(i) 对于每一个 U 可估函数 $g(\theta)$, 存在一个依赖于 T 的 UMVU 估计;

(ii) 若存在一个对所有的 $\mathbf{P}_\theta\in\mathcal{P}$, 其均方误差均为有限的无偏估

计, 则 (i) 中的 UMVU 估计是唯一的.

证明　(i) 设 δ 为 $g(\theta)$ 的某一无偏估计, 令 $\eta(T)=\mathbf{E}(\delta|T)$. 现设 $\widetilde{\delta}$ 为 $g(\theta)$ 的任一无偏估计, 由定理 2.3 知, $\widetilde{\delta}$ 没有 $\mathbf{E}(\widetilde{\delta}|T)$ 好. 但 $\mathbf{E}(\widetilde{\delta}|T)$ 只依赖于 T, 由引理 2.1 知, $\mathbf{E}_\theta(\widetilde{\delta}|T)=\mathbf{E}_\theta(\delta|T)$ a.s. $\mathcal{P}$. 这说明 $\eta(T)$ 为 UMVU 估计.

(ii) 若存在 $g(\theta)$ 的无偏估计 $\delta(X)$, 使 $\mathrm{var}_\theta(\delta(X))<\infty$, $\mathbf{P}_\theta\in\mathcal{P}$, 则在证明 (i) 中构造的 UMVU 估计 $\eta(T)$ 满足 $\mathrm{var}_\theta(\eta(T))<\infty, \theta\in\Theta$. 现在指出不可能存在另外的 $\delta_0(X)$, 它与 $\eta(T)$ 不同, 但也是 $g(\theta)$ 的 UMVU 估计. 用反证法, 若 $\delta_0(X)$ 是 $g(\theta)$ 的另一个 UMVU 估计, 显然由引理 2.1 知, δ_0 不可能是 T 的函数. 而由定理 2.3 知 $\mathbf{E}(\delta_0|T)$ 比 δ_0 好, 这与 δ_0 为 $g(\theta)$ 的 UMVU 估计的假设矛盾. 故 $g(\theta)$ 的 UMVU 估计是唯一的. □

定理 2.4 提供了计算 UMVU 估计的方法, 现在简述其方法:

(i) 求解方程. 设 T 为完全充分统计量, $g(\theta)$ 为 U 可估, 并且存在均方误差为有限的无偏估计. 由定理 2.4 知, 依赖于 T 的无偏估计是唯一的 UMVU 估计. 我们只需求解关于 $\eta(T)$ 的方程

$$\mathbf{E}_\theta\eta(T)=g(\theta),\quad \theta\in\Theta. \tag{2.9}$$

此时 (2.9) 的解 $\eta(T)$ 就是 $g(\theta)$ 的唯一的 UMVU 估计.

例 2.6　设 $T\sim B(n,p)$, 其中 $B(n,p)$ 为二项分布, 待估量 $g(p)=pq$, $q=1-p, p\in(0,1)$. 这个模型中 T 是完全充分统计量. 方程 (2.9) 变成

$$\sum_{t=0}^{n}\binom{n}{t}\eta(t)p^tq^{(n-t)}=pq,\quad 0<p<1.$$

令 $\rho=p/q$, 则 $p=\rho/(1+\rho)$, $q=1/(1+\rho)$, 上面的方程变成

$$\sum_{t=0}^{n}\binom{n}{t}\eta(t)\rho^t=\sum_{t=1}^{n-1}\binom{n-2}{t-1}\rho^t,\quad 0<\rho<\infty.$$

比较两边关于 ρ 的多项式的系数, 可得

$$\eta(t)=t(n-t)/[n(n-1)],$$

即 $\eta(T)=T(n-T)/[n(n-1)]$ 是参数 $g(p)=pq$ 的 UMVU 估计.

(ii) 求条件期望. 根据定理 2.4, 为求 $g(\theta)$ 的 UMVU 估计,只需首先求出一个无偏估计 δ, 然后求出这个估计的相对于某完全充分统计量的条件期望. 这个条件期望仍然是 $g(\theta)$ 的无偏估计, 但它依赖于完全充分统计量, 故它就是 $g(\theta)$ 的 UMVU 估计.

例 2.7 设 $X_1,\cdots,X_n\sim\text{iid }U(0,\theta],\theta>0$, 即 $X_1,\cdots,X_n$ 是区间 $(0,\theta]$ 上均匀分布的一个样本, 现求 $\theta/2$ 的 UMVU 估计. 已知 X_1 是 $\theta/2$ 的一个无偏估计, 由于 $T=X_{(n)}$, 其中 $X_{(n)}=\max\{X_1,\cdots,X_n\}$ 是完全充分统计量, 由定理 2.4 知, $\mathbf{E}(X_1|X_{(n)})$ 是 $\theta/2$ 的唯一的 UMVU 估计. 当 $X_{(n)}=t$ 时, X_1 的分布以概率 $1/n$ 集中在 t 这个点上, 其余的质量均匀地分布在 $(0,t)$ 上, 故

$$\mathbf{E}(X_1|X_{(n)}=t)=t/n+\frac{1}{2}t\times(n-1)/n=(n+1)t/(2n).$$

这样, $\frac{1}{2}\theta$ 的 UMVU 估计是 $\frac{n+1}{2n}X_{(n)}$, θ 的 UMVU 估计是 $\frac{n+1}{n}X_{(n)}$.

例 2.8 设 $X_1,\cdots,X_n$ 为独立同分布样本, $\ln X_1\sim N(a,\sigma^2)$, X 的密度函数为

$$(2\pi\sigma^2)^{-\frac{1}{2}}\exp\left\{-\frac{1}{2\sigma^2}(\ln x-a)^2\right\}\frac{1}{x},\quad x>0.$$

X_1 的分布称为**对数正态分布**. $X_1,\cdots,X_n$ 的联合密度函数为

$$(2\pi\sigma^2)^{-\frac{n}{2}}\exp\left\{-\frac{1}{2\sigma^2}\sum_{i=1}^n(\ln x_i-a)^2\right\}\prod_{i=1}^n\frac{1}{x_i},\quad x_i>0,\ i=1,\cdots,n.$$

记

$$T_1=\frac{1}{n}\sum_{i=1}^n\ln X_i,\quad T_2=\sum_{i=1}^n(\ln X_i-T_1)^2.$$

将联合密度函数改写成下面的形式 (不计与参数无关的那些因子):

$$(2\pi\sigma^2)^{-\frac{n}{2}}\exp\left\{-\frac{1}{2\sigma^2}(T_2+nT_1^2)+\frac{na}{\sigma^2}T_1-\frac{na^2}{2\sigma^2}\right\}.$$

由上式可知, 它是一个二参数的满秩的指数族分布, 故 $(T_1,T_2+nT_1^2)$ 是完全充分统计量, 而与完全充分统计量等价的任何统计量也是完全

充分统计量, 故 (T_1, T_2) 也是完全充分统计量. 现求 $\mathbf{E}_\theta X_1 = \exp\{a + \sigma^2/2\}$ 的无偏估计. 已知

$$\begin{aligned}\mathbf{E}_\theta \exp\{T_1\} &= \left[\mathbf{E}\exp\left\{\frac{1}{n}\ln X_1\right\}\right]^n \quad (\text{令 } u = \ln X_1)\\ &= \left[\int \exp\left\{\frac{1}{n}u\right\}\frac{1}{\sqrt{2\pi}\sigma}\exp\left\{-\frac{1}{2\sigma^2}(u-a)^2\right\}\mathrm{d}u\right]^n\\ &= \exp\left\{a + \frac{\sigma^2}{2n}\right\}.\end{aligned}$$

$\mathbf{E}_\theta \exp\{T_1\}$ 与 $\mathbf{E}_\theta X_1$ 还有差别. 现令

$$\psi(T_2) = \Gamma\left(\frac{n-1}{2}\right)\sum_{k=0}^{\infty}\frac{1}{k!\Gamma(k+(n-1)/2)}\left(\frac{T_2}{4}\right)^k\left(1-\frac{1}{n}\right)^k.$$

由于 $\ln(X_i) \sim \text{iid } N(a, \sigma^2)$, 利用 T_2 的表达式和正态分布理论, 很容易得知 $T_2 \sim \sigma^2\chi^2_{n-1}$, 故 $\mathbf{E}T_2^k = \Gamma\left(\frac{n-1}{2}\right)^{-1}\Gamma\left(k + \frac{n-1}{2}\right)(2\sigma^2)^k$. 利用 $\mathbf{E}T_2^k$ 的表达式, 可得

$$\mathbf{E}_\theta\psi(T_2) = \sum_{k=0}^{\infty}\frac{1}{k!}\left(\frac{\sigma^2}{2}\left(1-\frac{1}{n}\right)\right)^k = \exp\left\{\frac{\sigma^2}{2}\left(1-\frac{1}{n}\right)\right\}.$$

令

$$\hat{\theta}_n(X) = \exp\{T_1\}\psi(T_2),$$

由 T_1 和 T_2 的独立性可得

$$\mathbf{E}_\theta\hat{\theta}_n(X) = \exp\left\{a + \frac{\sigma^2}{2}\right\} = \mathbf{E}_\theta X_1,$$

故 $\exp\{T_1(X)\}\psi(T_2(X))$ 是 $\mathbf{E}_\theta X_1$ 的 UMVU 估计. 按通常的方法, 可知样本均值 $\overline{X}$ 是 $\mathbf{E}_\theta X_1$ 的无偏估计, 但它不是 UMVU 估计.

例 2.9 设 $X_1, \cdots, X_n \sim \text{iid } 1/\theta\exp\{-x/\theta\}, x > 0, \theta > 0$. $x_1, \cdots, x_n$ 为某器件的寿命观察值. 记 t_0 为固定时刻, $\mathbf{P}\{X_1 < t_0\} = 1 - \exp\{-t_0/\theta\}$ 表示器件寿命短于 t_0 的概率. t_0 是器件使用初期的某一个时刻值, 这个概率在可靠性中称为该器件的**早期失效概率**. 现需求出 $1 - \exp\{-t_0/\theta\}$ 的估计. 由于 $T = \sum\limits_{i=1}^{n} X_i$ 是这个统计模型的完全充分

统计量, 而 $\delta_0 = I_{\{X_1<t_0\}}$ 是 $1-\exp\{-t_0/\theta\}$ 的无偏估计. 故早期失效概率 $1-\exp\{-t_0/\theta\}$ 的 UMVU 估计为

$$\mathbf{E}(\delta_0|T) = \mathbf{P}\{X_1 < t_0|T\}.$$

经过变换, 上式右边成为

$$\mathbf{P}\left\{\frac{X_1}{T} < \frac{t_0}{T}\middle|T\right\}.$$

在这个模型中, X_1/T 的分布与参数 θ 无关, 即 X_1/T 为辅助统计量, 而 T 为完全充分统计量, 故 X_1/T 与 T 相互独立. 因此,

$$\mathbf{P}\{X_1/T < t_0/T|T=t\} = \mathbf{P}\{X_1/T < t_0/t|T=t\} = \mathbf{P}\{X_1/T < t_0/t\}.$$

不难验证 X_1/T 是服从贝塔分布的随机变量, $X_1/T \sim (n-1)(1-x)^{n-2}$, $x\in[0,1]$. 这样,

$$\mathbf{P}\{X_1/T < t_0/t\} = \begin{cases} 1-\left(1-\dfrac{t_0}{t}\right)^{n-1}, & t > t_0, \\ 1, & t \leqslant t_0. \end{cases}$$

由此可知

$$\mathbf{E}(\delta_0|T) = \begin{cases} 1-\left(1-\dfrac{t_0}{T}\right)^{n-1}, & T > t_0, \\ 1, & T < t_0, \end{cases}$$

即上式右端为早期失效概率 $1-\exp\{-t_0/\theta\}$ 的 UMVU 估计.

§2.3 信息不等式

为讨论方便, 我们将统计模型写成 $\mathcal{P} = \{\mathbf{P}_\theta : \theta\in\Theta\}$ 的形式. 设 $g(\theta)$ 是 U 可估的, 若能找到它的 UMVU 估计, 那么这个无偏估计的方差就是一切无偏估计的方差的下界. 但是如果 UMVU 估计找不到, 或根本不存在, 或存在但很难计算, 这时候, 无偏估计的方差的下界就显得很重要. 若一个无偏估计, 其方差已靠近其下界, 我们就认为这个估

计是比较好的了. 现在我们试着求出无偏估计的方差的下界. 设 δ 为 $g(\theta)$ 的一个无偏估计, $\Psi(X,\theta)$ 为任意函数, 利用协方差不等式可得

$$\mathrm{var}_\theta(\delta) \geqslant \frac{[\mathrm{cov}_\theta(\delta,\Psi)]^2}{\mathrm{var}_\theta(\Psi)}. \tag{3.1}$$

上述不等式中, $\mathrm{cov}_\theta(\delta,\Psi)$ 与 δ 有关, 因此, 上式右边还不能算作方差 $\mathrm{var}_\theta(\delta)$ 的下界. 说到 $\mathrm{var}_\theta(\delta)$ 的下界, 是指对一切 $g(\theta)$ 的无偏估计的方差在 θ 处的下界, 因此这个下界是相对于一切 $g(\theta)$ 的无偏估计而言的. 这样, 无偏估计的方差的下界只可能与 (θ,g) 有关, 与 δ 无直接关系. 因此, 若 $\mathrm{cov}_\theta(\delta,\Psi)$ 只是 (θ,g) 的泛函, 其中 $g=g(\theta)=\mathbf{E}_\theta\delta$, 则 (3.1) 式的右端就可以说是 $\mathrm{var}_\theta(\delta)$ 的下界.

为了导出 $\mathrm{var}_\theta(\delta)$ 的下界, 我们要研究 $\mathrm{cov}_\theta(\delta,\Psi)$ 为 (θ,g) 的泛函的条件. 现在设 $\phi(\delta,\theta)$ 是一个一般的泛函, 其中 δ 与 θ 满足条件

$$\mathrm{var}_\theta(\delta)<\infty.$$

记

$$\Delta_{\theta,g}=\{\delta:\mathbf{E}_{\widetilde{\theta}}\delta=g(\widetilde{\theta}),\widetilde{\theta}\in\Theta,\mathrm{var}_\theta(\delta)<\infty\}, \tag{3.2}$$

则泛函 $\phi(\delta,\theta)$ 可写成 (θ,g) 的泛函的充分必要条件是: 当 δ 在 $\Delta_{\theta,g}$ 上变化时, 泛函 $\phi(\delta,\theta)$ 的值是不变的.

引理 3.1 设 $\Psi(X,\theta)$ 是一个随机变量, 则对任何给定的 $\theta\in\Theta$, 作为 δ 的泛函 $\mathrm{cov}_\theta(\delta,\Psi)$ 在集合 $\Delta_{\theta,g}$ 上为常数的充分必要条件是

$$\mathrm{cov}_\theta(U,\Psi)=0,\quad U\in\mathcal{U}_\theta, \tag{3.3}$$

其中 $\mathcal{U}_\theta=\Delta_{\theta,0}$ 由 (3.2) 给出.

证明 充分性 设 $\delta_1,\delta_2\in\Delta_{\theta,g}$, 不难验证 $\delta_1-\delta_2\in\mathcal{U}_\theta$. 由充分性条件 (3.3) 知,

$$\mathrm{cov}_\theta(\delta_1-\delta_2,\Psi)=0,\quad \text{即 } \mathrm{cov}_\theta(\delta_1,\Psi)=\mathrm{cov}_\theta(\delta_2,\Psi).$$

必要性 设 $U\in\mathcal{U}_\theta$, $\delta\in\Delta_{\theta,g}$, 则 $U+\delta\in\Delta_{\theta,g}$, 由必要性条件知,

$$\mathrm{cov}_\theta(\delta,\Psi)=\mathrm{cov}_\theta(\delta+U,\Psi),$$

从而 $\mathrm{cov}_\theta(U,\Psi)=0$. □

例 3.1 设 X 的分布相对于某 σ 有限测度 μ 具有密度函数 $p(x,\theta),\theta\in\Theta$, 其中 Θ 是一个区间. 假定对一切 θ,x, 满足 $p(x,\theta)>0$. 又设函数 $p(\cdot,\theta)$ 与 $p(\cdot,\theta+d)$ 不相同, 这里 d 是常数. 令

$$\Psi(x,\theta)=p(x,\theta+d)/p(x,\theta)-1, \tag{3.4}$$

易知 $\mathbf{E}_\theta\Psi(X,\theta)=0$. 又设 $U\in\mathcal{U}_\theta$, 其中 $\mathcal{U}_\theta=\Delta_{\theta,0}$ 由 (3.2) 给出. 经计算可知,

$$\operatorname{cov}_\theta(U,\Psi)=\mathbf{E}_\theta(U\Psi)=\mathbf{E}_{\theta+d}U-\mathbf{E}_\theta U=0.$$

由引理 3.1 知, $\operatorname{cov}_\theta(\delta,\Psi)$ 在 $\Delta_{\theta,g}$ 上等于常数. 因此, 当 Ψ 由 (3.4) 给出时, (3.1) 式的右边可以作为无偏估计的下界. 另一方面, 经过直接计算可得

$$\operatorname{cov}_\theta(\delta,\Psi)=g(\theta+d)-g(\theta),$$

故

$$\operatorname{var}_\theta(\delta)\geqslant\frac{[g(\theta+d)-g(\theta)]^2}{\mathbf{E}_\theta\Psi^2(X,\theta)^2}. \tag{3.5}$$

在推导过程中, 我们假定 $\operatorname{var}_\theta(\delta)<\infty$. 事实上, 上述不等式对更大的集合 $\Delta_g=\{\delta:\mathbf{E}_\theta\delta=g(\theta)\}$ 中的 δ 也是成立的.

$\Psi(x,\theta)$ 的另一个选择是

$$\Psi(x,\theta)=\frac{\partial}{\partial\theta}p(x,\theta)\Big/p(x,\theta). \tag{3.6}$$

上式中, $\frac{\partial}{\partial\theta}p(x,\theta)$ 是在几乎处处 (μ) 意义下的偏微商, 即对任何 $d_n\to0$,

$$\frac{\partial}{\partial\theta}p(x,\theta)=\lim_{n\to\infty}\frac{p(x,\theta+d_n)-p(x,\theta)}{d_n}\quad \text{a.s. }\mu. \tag{3.7}$$

当然只有上述极限不依赖于 d_n 的选择时, 才能认为 $p(x,\theta)$ 对 θ 可微.

定义 3.1 假设由 (3.6) 给出的 $\Psi(x,\theta)$ 存在, 定义

$$I(\theta)=\mathbf{E}_\theta\Psi^2(X,\theta) \tag{3.8}$$

为分布族在 θ 处的**Fisher 信息量**, 或**信息量**. 在 (3.6) 中, 只要 $\frac{\partial}{\partial\theta}p(x,\theta)$ 存在, 函数 $\Psi(x,\theta)$ 就有定义 (在 a.s. $\mathbf{P}_\theta$ 意义下). 此时 $I(\theta)$ 总是有定义的.

信息量的概念刻画了参数 θ 处的分布与其附近的分布之间的差别程度, 从而告诉我们这个统计模型在 θ 处能提供的信息量的多少. $I(\theta)$ 在数值上等于 $p(x,\theta)$ 在 θ 处的相对改变量的均方值.

定理 3.1　设 δ 为 $g(\theta)$ 的无偏估计量, $\Psi(x,\theta)$ 由 (3.6) 给出, 若它在 θ 处满足

$$\mathbf{E}_\theta\Psi(X,\theta)=0,\ \ \mathbf{E}_\theta\Psi^2(X,\theta)>0,\ \ \mathbf{E}_\theta[\delta\Psi(X,\theta)]=g'(\theta). \tag{3.9}$$

则

$$\mathrm{var}_\theta(\delta)\geqslant\frac{g'(\theta)^2}{I(\theta)}. \tag{3.10}$$

证明　当 $\mathbf{E}_\theta\Psi^2(X,\theta)=\infty$ 时, (3.10) 式自然成立. 不妨设 $\mathbf{E}_\theta\Psi^2(X,\theta)<\infty$, 注意到 (3.9), 有

$$I(\theta)=\mathbf{E}_\theta\Psi^2(X,\theta)=\mathrm{var}_\theta(\Psi(X,\theta)),$$
$$g'(\theta)=\mathbf{E}_\theta(\delta\Psi(X,\theta))=\mathrm{cov}_\theta(\delta,\Psi).$$

由上述两式可知, (3.10) 式就是协方差不等式. □

公式 (3.10) 就是**信息不等式**. 关于 $I(\theta)$ 的计算, 还有

引理 3.2　(i) 若积分 $\int p(x,\theta)\mathrm{d}\mu$ 在 θ 处可在积分号下求微商, 则

$$I(\theta)=\mathrm{var}_\theta\left[\frac{\partial}{\partial\theta}\ln p(X,\theta)\right]. \tag{3.11}$$

(ii) 若积分 $\int p(x,\theta)\mathrm{d}\mu$ 在 θ 处可在积分号下求二次微商, 则

$$I(\theta)=-\mathbf{E}_\theta\left[\frac{\partial^2}{\partial\theta^2}\ln p(X,\theta)\right]. \tag{3.12}$$

证明　(i) 由 $I(\theta)$ 的定义知,

$$I(\theta)=\mathbf{E}_\theta\left(\frac{\partial p(X,\theta)}{\partial\theta}\Big/p(X,\theta)\right)^2=\mathbf{E}_\theta\left(\frac{\partial}{\partial\theta}\ln p(X,\theta)\right)^2.$$

另一方面,

$$\mathbf{E}_\theta\left(\frac{\partial p(X,\theta)}{\partial\theta}\Big/p(X,\theta)\right)=\int\frac{\partial p(X,\theta)}{\partial\theta}\mathrm{d}\mu=0.$$

故 (3.11) 成立.

(ii) 利用等式

$$\frac{\partial^2}{\partial\theta^2}\ln p(X,\theta)=\frac{\partial^2}{\partial\theta^2}p(X,\theta)\Big/p(X,\theta)-\left(\frac{\partial}{\partial\theta}p(X,\theta)\Big/p(X,\theta)\right)^2.$$

将上式两边求期望, 即得 (3.12) 式. □

例 3.2 设 $X_1,\cdots,X_n\sim \text{iid}\ \ N(\theta,1)$, 这是一个单参数指数族. $X_1,\cdots,X_n$ 的联合密度函数为

$$p(x_1,\cdots,x_n,\theta)=\left(\frac{1}{\sqrt{2\pi}}\right)^n\exp\left\{-\frac{1}{2}\sum_{i=1}^n(x_i-\theta)^2\right\}.$$

经计算知

$$\frac{\partial p}{\partial\theta}\Big/p=\sum_{i=1}^n(x_i-\theta)(=\Psi(\boldsymbol{x},\theta)).$$

由信息量的定义知,

$$I(\theta)=\mathbf{E}_\theta\Psi^2(\boldsymbol{X},\theta)=\mathbf{E}_\theta\left(\sum_{i=1}^n(X_i-\theta)\right)^2=n.$$

对于这个 $\Psi(\boldsymbol{x},\theta)$, 现验证定理 3.1 的条件 (3.9):

$$\mathbf{E}_\theta\Psi(\boldsymbol{X},\theta)=\mathbf{E}_\theta\sum_{i=1}^n(X_i-\theta)=0,$$

$$\mathbf{E}_\theta\Psi^2(\boldsymbol{X},\theta)=I(\theta)>0.$$

设 δ 为 $g(\theta)$ 的无偏估计, 利用指数族分布的特性可知,

$$\begin{aligned}\mathbf{E}_\theta[\delta(\boldsymbol{X})\Psi(\boldsymbol{X},\theta)]&=\int\delta(\boldsymbol{x})\frac{\partial}{\partial\theta}p(\boldsymbol{x},\theta)\mathrm{d}\,\boldsymbol{x}\\&=\frac{\partial}{\partial\theta}\int\delta(\boldsymbol{x})p(\boldsymbol{x},\theta)\mathrm{d}\,\boldsymbol{x}=g'(\theta),\end{aligned}$$

上式中 $\mathrm{d}\boldsymbol{x}$ 代表 $\mathbb{R}^n$ 中的 Lebesgue 测度. 由此可知 (3.9) 成立. 利用定理 3.1 的结论可知, 在这个模型中, 对于任意 $g(\theta)$ 的无偏估计 δ, 成立其对应的信息不等式

$$\text{var}_\theta(\delta)\geqslant\frac{g'(\theta)^2}{I(\theta)}=\frac{g'(\theta)^2}{n}.\tag{3.13}$$

现在先令 $\delta(\boldsymbol{X})=\overline{X}=\dfrac{1}{n}\sum\limits_{i=1}^{n}X_i$, 它是 θ 的无偏估计. 易知 $\mathrm{var}_\theta(\overline{X})=\dfrac{1}{n}$, $g'(\theta)=1$, 此时 $\delta=\overline{X}$ 使 (3.13) 两边相等, 故 $\overline{X}$ 的方差达到下界. 再考虑估计量 $\delta(\boldsymbol{X})=\overline{X}^2-\dfrac{1}{n}$, 它是 θ^2 的无偏估计. 由于它只依赖于完全充分统计量 $\overline{X}$, 故是 θ^2 的 UMVU 估计. 记 $U=\sqrt{n}(\overline{X}-\theta)$, 则 $U\sim N(0,1)$. 经计算,

$$
\begin{aligned}
\mathrm{var}_\theta\left(\overline{X}^2-\frac{1}{n}\right)&=\mathrm{var}_\theta(\overline{X}^2)=\mathrm{var}\left[\left(\frac{U+\sqrt{n}\theta}{\sqrt{n}}\right)^2\right]\\
&=\frac{1}{n^2}\mathrm{var}[(U+\sqrt{n}\theta)^2]\\
&=\frac{1}{n^2}\Big[\mathbf{E}U^4+4\sqrt{n}\theta\mathbf{E}U^3+6n\theta^2\mathbf{E}U^2+4n\sqrt{n}\theta^3\mathbf{E}U\\
&\quad+n^2\theta^4-(\mathbf{E}U^2+2\sqrt{n}\theta\mathbf{E}U+n\theta^2)^2\Big]\\
&=\frac{1}{n^2}(3+6n\theta^2+n^2\theta^4-1-2n\theta^2-n^2\theta^4)\\
&=\frac{1}{n^2}(2+4n\theta^2).
\end{aligned}
$$

而 (3.13) 右端的值为 $4\theta^2/n$, 这说明 $\mathrm{var}_\theta\delta(\mathbf{X})>g'(\theta)^2/I(\theta)$, 即 θ^2 的 UMVU 估计未达到信息不等式中的下界.

由例 3.2 知, 当 $X_1,\cdots,X_n\sim\mathrm{iid}\ \ N(\theta,1)$ 时, $X_1,\cdots,X_n$ 所含的关于 θ 的信息 $I_n(\theta)$, 即包含在 $X_1,\cdots,X_n$ 中关于 θ 的信息, 等于单个观察值 $X_i, i=1,\cdots,n$ 所包含的信息量的 n 倍. 其实, 这个事实是下列关于信息可加性定理的一个推论.

定理 3.2　设 $X\sim p(x,\theta)\mathrm{d}\mu$, $Y\sim q(y,\theta)\mathrm{d}\nu$, X,Y 相互独立. 又设 X,Y 所对应的 Fisher 信息量分别为 $I_X(\theta)$ 和 $I_Y(\theta)$. 若积分 $\displaystyle\int p(x,\theta)\mathrm{d}\mu$ 和 $\displaystyle\int q(y,\theta)\mathrm{d}\nu$ 可在积分号下对 θ 求微商, 则 X,Y 所对应的信息量为

$$
I_{(X,Y)}(\theta)=I_X(\theta)+I_Y(\theta). \tag{3.14}
$$

证明　由于 $p(x,\theta)$, $q(y,\theta)$ 相对于 θ 可微 (在 (3.7) 意义下), 易证

$$\frac{\partial(p(x,\theta)q(y,\theta))}{\partial\theta}=\frac{\partial p(x,\theta)}{\partial\theta}q(y,\theta)+\frac{\partial q(y,\theta)}{\partial\theta}p(x,\theta).$$

由上式可得

$$\begin{aligned}I_{(X,Y)}(\theta)&=\mathbf{E}\Big[\frac{\partial p(X,\theta)q(Y,\theta)}{\partial\theta}\Big/(p(X,\theta)q(Y,\theta))\Big]^2\\&=\mathbf{E}\Big[\frac{\partial p(X,\theta)}{\partial\theta}\Big/p(X,\theta)+\frac{\partial q(Y,\theta)}{\partial\theta}\Big/q(Y,\theta)\Big]^2\\&=\mathbf{E}\Big[\frac{\partial p(X,\theta)}{\partial\theta}\Big/p(X,\theta)\Big]^2+\mathbf{E}\Big[\frac{\partial q(Y,\theta)}{\partial\theta}\Big/q(Y,\theta)\Big]^2\\&=I_X(\theta)+I_Y(\theta).\end{aligned}$$

上式中第三个等式之所以成立, 是由于 X,Y 的相互独立性, 并且积分 $\int p(x,\theta)\mathrm{d}\mu$ 和 $\int q(y,\theta)\mathrm{d}\nu$ 可在积分号下对 θ 求微商. 由此导出在上式中的二项式的展开式中的混合项为 0. □

在定理 3.2 的证明中可以看出, 积分 $\int p(x,\theta)\mathrm{d}\mu$ 和 $\int q(x,\theta)\mathrm{d}\nu$ 中只要有一个可在积分号下对 θ 求微商, 定理的结论就成立.

例 3.3 设 $X_1,\cdots,X_n\sim \text{iid}\ \exp\{-(x-a)\}I_{\{x>a\}}$, 其中 a 为参数. 记 $f(x)=\exp\{-x\}I_{\{x>0\}}$. 首先考虑样本容量 $n=1$ 的情况. 此时密度函数 $f(x-a)$ 相对于 a 求微商, 可得

$$\frac{\partial f(x-a)}{\partial a}=f(x-a),\quad x\neq a.$$

由此得

$$I_1(a)=\mathbf{E}\left(\frac{\partial f(X-a)}{\partial a}\Big/f(X-a)\right)^2=1.$$

现在考虑样本容量 $n>1$ 的一般情况, 此时

$$\frac{\partial\prod\limits_{i=1}^n f(x_i-a)}{\partial a}\Big/\prod_{i=1}^n f(x_i-a)=n,\quad x_i\neq a,\ i=1,\cdots,n.$$

由此得

$$I_n(a)=\mathbf{E}\left[\frac{\partial\prod\limits_{i=1}^n f(X_i-a)}{\partial a}\Big/\prod_{i=1}^n f(X_i-a)\right]^2=n^2.$$

在此种情况下, 独立随机变量的信息可加性不成立. 究其原因, 下列式子

$$\int \frac{\partial f(x-a)}{\partial a}\mathrm{d}x = \int f(x-a)\mathrm{d}x = 1 \neq 0$$

说明 $\int f(x-a)\mathrm{d}x$ 在积分号下对 a 求微商的公式不成立. 定理 3.2 不适用于这个模型, 可加性不成立.

在这个模型中, $T = X_{(1)}$ 是完全充分统计量, 参数 a 的 UMVU 估计是 $T - 1/n$, $\mathrm{var}_a(T-1/n) = 1/n^2$. 关于 $g(a) = a$ 的无偏估计的信息不等式还是成立的, 即

$$\mathrm{var}_a(\delta) \geqslant \frac{1}{I_n(a)},$$

其中 $I_n(a) = n^2$, 并且这个不等式在 $\delta = T - 1/n$ 时达到了信息不等式的下界 $1/n^2$. 但在验证关于信息不等式的定理 3.1 的条件 (3.9) 时, 条件 $\mathbf{E}_a\Psi(X,a) = 0$ 和 $\mathbf{E}_a[\delta\Psi(X,a)]g'(a)$ 均不成立. 由此看出, 定理 3.1 的条件只是信息不等式成立的一个充分条件.

§2.4　同变估计

在这一节中, 我们将对称性作为另一个评判估计的基础. 而估计的这种对称性与无偏性具有不同的应用范围. 在本节中, 假设参数 θ 的估计 δ 的取值为 d, 称平方误差 $(d-\theta)^2$ 为估计 δ 的**损失函数**, 记为 $L(\theta,d) = (d-\theta)^2$; 称均方误差 $\mathbf{E}_\theta(\delta-\theta)^2$ 为估计 δ 的**风险函数**, 记为 $R(\theta,\delta) = \mathbf{E}_\theta(\delta-\theta)^2$.

例 4.1 (估计二项分布的概率 p)　考虑 n 次独立重复的贝努利试验 $X_1,\cdots,X_n$, 其未知的成功概率为 p $(0<p<1)$, 我们希望估计 p 的值 d. 设统计量 δ 是 p 的估计, 则 δ 的损失函数为 $L(p,d) = (d-p)^2$. 记 $X_i = 1$ 表示第 i 次试验成功, $X_i = 0$ 表示第 i 次试验失败, $i = 1,\cdots,n$, 则 $X_1,\cdots,X_n$ 的联合分布列为

$$\mathbf{P}\{x_1,\cdots,x_n\} = p^{\sum\limits_{i=1}^n x_i}(1-p)^{\sum\limits_{i=1}^n (1-x_i)}.$$

假设将试验的结果 —— 成功和失败颠倒过来, 此时“成功”的概率变成

$$p' = 1 - p, \tag{4.1}$$

第 i 次试验成功或失败的标志变量变成

$$X_i' = 1 - X_i, \quad i = 1, \cdots, n. \tag{4.2}$$

这样, $X_i', i = 1, \cdots, n$ 的联合分布为

$$\mathbf{P}\{x_1', \cdots, x_n'\} = p'^{\sum\limits_{i=1}^{n} x_i'}(1-p')^{\sum\limits_{i=1}^{n}(1-x_i')} = p^{\sum\limits_{i=1}^{n} x_i}(1-p)^{\sum\limits_{i=1}^{n}(1-x_i)}.$$

所以,

$$\mathbf{P}\{x_1', \cdots, x_n'\} = \mathbf{P}\{x_1, \cdots, x_n\}. \tag{4.3}$$

p' 的估计值 d' 就是

$$d' = 1 - d, \tag{4.4}$$

相应地, p' 的损失函数是 $L(p', d') = (d' - p')^2$, 则

$$L(p, d) = L(p', d'). \tag{4.5}$$

在上述情况中, 我们把满足变换 (4.1), (4.2) 和 (4.4) 在损失函数 L 下的估计问题称为**具有不变性**, 这种不变性体现了估计问题中成功和失败的完全对称性. 假设我们使用 $\delta(\boldsymbol{X})$ ($\boldsymbol{X} = (X_1, \cdots, X_n)$) 作为参数 p 的一个估计. 由于 X 与 X' 所形成的统计问题的形式完全相同, 自然使用

$$\delta(\boldsymbol{X}') = \delta(1 - X_1, \cdots, 1 - X_n) \tag{4.6}$$

去估计 $p' = 1 - p$. 另一方面, 估计 $p' = 1 - p$ 时, 使用

$$1 - \delta(\boldsymbol{X}) \tag{4.7}$$

去估计 $p' = 1 - p$, 这个估计也是很自然的. 人们很有理由想到, (4.6) 和 (4.7) 应该相等, 即

$$\delta(\boldsymbol{X}') = 1 - \delta(\boldsymbol{X}). \tag{4.8}$$

满足 (4.8) 式的估计称为在变换 (4.1), (4.2) 和 (4.4) 之下的**同变估计**. 显然 p 的标准估计 $\sum\limits_{i=1}^{n} X_i/n$ 满足 (4.8) 式, 因此 $\sum\limits_{i=1}^{n} X_i/n$ 是一个同变估计.

下面我们就位置参数这种特殊情况, 给出同变估计的定义并讨论它的性质.

假设 $\boldsymbol{X}=(X_1,\cdots,X_n)$ 的联合密度函数是

$$f(\boldsymbol{x}-\xi)=f(x_1-\xi,\cdots,x_n-\xi), \quad -\infty<\xi<\infty, \tag{4.9}$$

其中 f 是已知的函数, ξ 是未知的**位置参数**, $\boldsymbol{x}-\xi$ 表示向量 $\boldsymbol{x}$ 的每一分量都减去一个常数后形成的向量, 下同.

类似例 4.1 中关于参数 p, 随机变量 X_i 和估计 d 的变换 (4.1), (4.2) 和 (4.4), 考虑

$$X_i'=X_i+a, \quad \xi'=\xi+a, \quad d'=d+a, \quad \forall a\in\mathbb{R}, \tag{4.10}$$

则 $\boldsymbol{X}'=(X_1',\cdots,X_n')$ 的联合分布密度函数是

$$f(\boldsymbol{x}'-\xi')=f(x_1'-\xi',\cdots,x_n'-\xi').$$

从 (4.10) 可知, 对所有的 $\boldsymbol{x}$ 和 ξ, 均有 $f(\boldsymbol{x}'-\xi')=f(\boldsymbol{x}-\xi)$.

假设在原来的估计问题中, 我们使用 $\delta(\boldsymbol{X})$ 作为位置参数 ξ 的估计, 则由变换前后估计问题的不变性, 我们应该使用

$$\delta(\boldsymbol{X}')=\delta(X_1+a,\cdots,X_n+a) \tag{4.11}$$

去估计 $\xi'=\xi+a$. 另一方面, 我们也很自然地用

$$a+\delta(\boldsymbol{X}) \tag{4.12}$$

去估计 $\xi'=\xi+a$. 因此, 上面的两个估计量应该一致, 即

$$\delta(X_1+a,\cdots,X_n+a)=\delta(X_1,\cdots,X_n)+a, \quad \forall a\in\mathbb{R}. \tag{4.13}$$

如例 4.1 所示, 不变性是对称性的一种表述. 更一般地, 对称性可以看成在特定变换下的不变性, 也就是说, 经过变换后, 估计问题仍然与原来的估计问题一样.

定义 4.1 如果估计量 $\delta(\boldsymbol{X})$ 满足 (4.13), 则称 $\delta(\boldsymbol{X})$ 为变换 (4.10) 下的**同变估计**, 或称为**位置同变估计**.

通常位置参数的估计都是同变估计, 比如均值、中位数、次序统计量的加权平均 (加权和为 1). 此外 ML 估计 $\hat{\xi}$ 也是同变的, 这是因为, 如果 $\hat{\xi}$ 极大化 $f(\boldsymbol{x}-\xi)$, 那么 $\hat{\xi}+a$ 极大化 $f(\boldsymbol{x}-\xi-a)$.

在讨论同变估计的性质之前, 我们再重复一下刻画估计性能的一些量. 设 $\delta(\boldsymbol{X})$ 是单参数 ξ 的一个估计量, 把 $b(\xi)=\mathbf{E}_\xi\delta(\boldsymbol{X})-\xi$ 称为估计 $\delta(\boldsymbol{X})$ 的**偏倚**; 估计 $\delta(\boldsymbol{X})$ 的均方误差 $R(\xi,\delta)=\mathbf{E}_\xi(\delta(\boldsymbol{X})-\xi)^2$ 称为平方损失下的**风险函数**. 对于同变估计, 这些术语是完全适用的.

下面的定理表明了位置同变估计的一个重要性质.

定理 4.1 设 $\boldsymbol{X}$ 具有密度函数 (4.9), δ 是位置参数 ξ 的一个同变估计,则 δ 的偏倚、风险和方差都是不依赖于 ξ 的常数.

证明 如果 $\boldsymbol{X}$ 具有密度函数 $f(\boldsymbol{x})$ (即 $\xi=0$), 那么 $\boldsymbol{X}+\xi$ 具有密度 (4.9). 所以 δ 的偏倚 $b(\xi)$ 为

$$b(\xi)=\mathbf{E}_\xi\delta(\boldsymbol{X})-\xi=\mathbf{E}_0\delta(\boldsymbol{X}+\xi)-\xi=\mathbf{E}_0\delta(\boldsymbol{X}),$$

即 $b(\xi)$ 与 ξ 无关, 从而是一个常数. 类似地, 也可证明 δ 的风险和方差也是不依赖于 ξ 的常数. □

定理 4.1 可以导出一个重要的结论, 既然同变估计的风险是不依赖于 ξ 的常数, 那么在同变估计族中寻找一致最小风险的估计问题就可以简化为寻找最小常数风险的同变估计的问题.

定义 4.2 在位置参数的估计问题中, 如果位置同变估计 δ 具有最小常数风险, 那么称该估计为**最小风险同变估计**, 简称 MRE **估计**.

一般情况下, MRE 估计是存在的, 而且唯一. 在特殊情况下, 可能存在一个同变估计序列, 它们的风险递减到一个下确界. 为了求得 MRE 估计的表达式, 我们首先求出同变估计的一个通式.

引理 4.1 设 δ_0 是任一已知的同变估计, 那么 δ 是同变估计的充分必要条件是 δ 具有下列的一般表达式:

$$\delta(\boldsymbol{x})=\delta_0(\boldsymbol{x})+u(\boldsymbol{x}),\tag{4.14}$$

其中函数 $u(\boldsymbol{x})$ 是满足下面条件的任意函数:

$$u(\boldsymbol{x}+a)=u(\boldsymbol{x}),\quad \forall a\in\mathbb{R}. \tag{4.15}$$

证明 充分性 假设 (4.14) 和 (4.15) 成立, 则

$$\delta(\boldsymbol{x}+a)=\delta_0(\boldsymbol{x}+a)+u(\boldsymbol{x}+a)=\delta_0(\boldsymbol{x})+a+u(\boldsymbol{x})=\delta(\boldsymbol{x})+a.$$

所以 δ 是同变估计.

必要性 如果 δ 是同变的, 定义 $u(\boldsymbol{x})=\delta(\boldsymbol{x})-\delta_0(\boldsymbol{x})$, 则

$$u(\boldsymbol{x}+a)=\delta(\boldsymbol{x}+a)-\delta_0(\boldsymbol{x}+a)=\delta(\boldsymbol{x})+a-\delta_0(\boldsymbol{x})-a=u(\boldsymbol{x}),$$

即 (4.14), (4.15) 成立. □

通常称满足性质 (4.15) 的函数 u 为**位置变换下保持不变的函数**, 也称**不变函数**. 下面的引理说明了不变函数的特征.

引理 4.2 函数 u 满足 (4.15) 的充要条件是: 当 $n\geqslant 2$ 时, u 是 $n-1$ 个变量 $y_i=x_i-x_n(i=1,\cdots,n-1)$ 的函数; 当 $n=1$ 时, u 是常数.

(证明是显然的.)

注意到 $y_1,\cdots,y_{n-1}$ 的分布与参数 ξ 无关, 而不变函数 u 仅仅是辅助统计量 $(y_1,\cdots,y_{n-1})$ 的函数, 所以, u 不能提供参数 ξ 的信息. 综合引理 4.1 和 4.2, 可以得到同变估计的一个特征.

定理 4.2 如果 δ_0 是任一给定的同变估计, 那么 δ 是同变估计的充要条件是: 存在关于 $n-1$ 个变量的函数 v, 使得对所有的 $\boldsymbol{x}$, 均有

$$\delta(\boldsymbol{x})=\delta_0(\boldsymbol{x})-v(\boldsymbol{y}), \tag{4.16}$$

这里 $\boldsymbol{y}$ 的 $n-1$ 个分量为 $y_i=x_i-x_n,\ i=1,\cdots,n-1$. 当 $n=1$ 的时候, $v(\boldsymbol{y})\equiv c$, c 为常数.

例 4.2 (依赖于一个观察值的位置同变估计) 当 $n=1$ 时, 在定理 4.2 中取 $\delta_0=X$, 可知, 同变估计 δ 只可能具有形式 $X+c$, 其中 c 是任一常数.

现在我们讨论位置参数的 MRE 估计问题.

定理 4.3 设 $\boldsymbol{X}=(X_1,\cdots,X_n)$ 的联合分布密度函数为 (4.9), 损失函数为平方误差损失. 记 $\boldsymbol{Y}=(Y_1,\cdots,Y_{n-1})$, 其中 $Y_i=X_i-X_n(i=1,\cdots,n-1)$. 假设存在一个位置参数 ξ 的具有有限风险的同变估计 δ_0, 则 ξ 的 MRE 估计存在且唯一, 为

$$\delta^*(\boldsymbol{X})=\delta_0(\boldsymbol{X})-\mathbf{E}_0[\delta_0(\boldsymbol{X})|\boldsymbol{Y}]. \tag{4.17}$$

证明 由定理 4.2 知, 位置同变估计的通式为 $\delta(\boldsymbol{X})=\delta_0(\boldsymbol{X})-v(\boldsymbol{Y})$. 因此, 为求 MRE 估计, 只要选择最小化 $R(\xi,\delta)=\mathbf{E}_\xi(\delta_0(\boldsymbol{X})-v(\boldsymbol{Y})-\xi)^2$ 的 v, 就可以得到 MRE 估计. 又因为风险不依赖于参数 ξ, 只需要最小化下式即可:

$$\begin{aligned}R(0,\delta)=&\mathbf{E}_0[\delta_0(\boldsymbol{X})-v(\boldsymbol{Y})]^2\\=&\int\mathbf{E}_0[(\delta_0(\boldsymbol{X})-v(\boldsymbol{y}))^2|\boldsymbol{y}]\mathrm{d}\mathbf{P}_0(\boldsymbol{y}).\end{aligned}$$

对每个 $\boldsymbol{y}$, 最小化被积函数 $\mathbf{E}_0[(\delta_0(\boldsymbol{X})-v(\boldsymbol{y}))^2|\boldsymbol{y}]$, 就可以使得上式中的积分值达到最小. 由 δ_0 的风险有限可知, $\mathbf{E}_0[(\delta_0(\boldsymbol{X}))^2|\boldsymbol{y}]<\infty(\text{a.s. }\mathbf{P}_0)$, 所以, 使 $R(0,\delta)$ 达到最小的 MRE 估计应为

$$\delta^*(\boldsymbol{X})=\delta_0(\boldsymbol{X})-\mathbf{E}_0(\delta_0(\boldsymbol{X})|\boldsymbol{Y}).$$ □

例 4.3 (续例 4.2) 当 $n=1$ 时, 如果同变估计 $\delta_0(X)$ 的风险有限, 由定理 4.3 表明: MRE 估计是 $X-\mathbf{E}_0X$. 如果 X 的分布是关于 ξ 对称的, 则 $\mathbf{E}_0X=0$. 所以, X 就是 MRE 估计, 在相同的假设下, 当 $n=2$ 时, MRE 估计就是 $(X_1+X_2)/2$. (见习题 34, 在习题 34 中, 指定 $\delta_0(\boldsymbol{X})=X_1$, 读者可寻找另外的 $\delta_0(\boldsymbol{X})$, 使得计算变得更容易.)

例 4.4 (正态分布) 设 $X_1,\cdots,X_n\sim\text{iid }N(\xi,\sigma^2)$, 其中 σ^2 已知. 在定理 4.3 中, 令 $\delta_0=\overline{X}$, 显然 $\overline{X}$ 是 ξ 的具有有限风险的同变估计. 由巴苏定理可知, δ_0 与 $\boldsymbol{Y}$ 是独立的, 则

$$v^*(\boldsymbol{y})=\mathbf{E}_0(\delta_0(\boldsymbol{X})|\boldsymbol{y})=\mathbf{E}_0\delta_0(\boldsymbol{X})=0.$$

因此 ξ 的 MRE 估计就是 $\overline{X}$.

例 4.5 (指数分布)　设 $X_1,\cdots,X_n\sim\text{iid}\ \ \exp\{-(x-\xi)/b\}/b,\xi<x<\infty$, 其中 $b>0$ 为已知常数, $\xi\in(-\infty,\infty)$ 为位置参数.

在定理 4.3 中, 令 $\delta_0=X_{(1)}$, 这里 $X_{(1)}=\min\{X_1,\cdots,X_n\}$. 显然, δ_0 是同变估计, 并且 $\mathbf{E}_\xi(\delta_0-\xi)^2=\mathbf{E}_0(\delta_0)^2\leqslant\mathbf{E}_0(X_1)^2<\infty$. 这样由定理 4.3 的结论可知, ξ 的 MRE 估计为 $\delta^*=X_{(1)}-\mathbf{E}_0(X_{(1)}|\boldsymbol{y})$. 但是, 在这个模型中 $\delta^*=X_{(1)}$ 是完全充分统计量, $\boldsymbol{Y}=(Y_1,\cdots,Y_{n-1})$ 又是辅助统计量, 由巴苏定理可知, δ_0 与 $\boldsymbol{Y}=(Y_1,\cdots,Y_{n-1})$ 是独立的, 这样

$$\mathbf{E}_0(\delta_0|\boldsymbol{y})=\mathbf{E}_0X_{(1)}=b/n.$$

因此, ξ 的 MRE 估计是 $X_{(1)}-b/n$.

例 4.6 (均匀分布)　设 $X_1,\cdots,X_n\sim\text{iid}\ \ U(\xi-b/2,\xi+b/2)$, 其中 b 已知, 记 $X_{(1)}\leqslant\cdots\leqslant X_{(n)}$ 为 $X_1,\cdots,X_n$ 的次序统计量. 令 $\delta_0=(X_{(1)}+X_{(n)})/2$, 显然 δ_0 是一个具有有限风险函数的同变估计. 由定理 4.3 的结论可知, 为计算 ξ 的 MRE 估计, 我们首先计算 $\mathbf{E}_0(\delta_0|\boldsymbol{y})$, 其中 $\boldsymbol{y}$ 为 $\boldsymbol{Y}=(Y_1,\cdots,Y_{n-1})$ 的取值, $Y_i=X_i-X_n,i=1,\cdots,n$. 为了计算 $\mathbf{E}_0(\delta_0|\boldsymbol{y})$, 考虑 δ_0 在给定 $Y=y$ 下的条件分布, 该分布只依赖于 $X_{(i)}-X_{(1)},i=2,\cdots,n$ (见习题 37). 由巴苏定理可知, $(X_{(1)},X_{(n)})$ 与 $Z_i=[X_{(i)}-X_{(1)}]/[X_{(n)}-X_{(1)}],i=2,\cdots,n-1$ 独立. 由于 δ_0 在给定 $X_{(i)}-X_{(1)},i=2,\cdots,n$ 下的条件分布与 δ_0 在给定 $X_{(n)}-X_{(1)}$ 和 $Z_i,i=2,\cdots,n$ 下的条件分布是相等的, 所以, 该条件分布只依赖于 $X_{(n)}-X_{(1)}$. 另一方面, 由于 δ_0 在给定 $V=X_{(n)}-X_{(1)}$ 下的条件分布关于 0 点对称 (注意: $\xi=0$, 见习题 38). 因此, 如例 4.3, ξ 的 MRE 估计就是 $\delta_0=(X_{(n)}+X_{(1)})/2$.

上面几个例子可以看出, 要利用定理 4.3 求出位置参数的 MRE 估计有一定的难度, 除了要知道一个同变估计 δ_0 以外, 还要计算条件期望 $\mathbf{E}_0(\delta_0|Y_1,\cdots,Y_{n-1})$. 下面的定理是将定理 4.3 中的 MRE 估计的表达式 (4.17) 直接计算出来.

定理 4.4　在定理 4.3 的假设下, 设损失函数为 $L(\xi,d)=(d-\xi)^2$, 则位置参数 ξ 的 MRE 估计量由下式给出:

$$\delta^*(\boldsymbol{x})=\frac{\displaystyle\int_{-\infty}^{\infty}uf(x_1-u,\cdots,x_n-u)\mathrm{d}u}{\displaystyle\int_{-\infty}^{\infty}f(x_1-u,\cdots,x_n-u)\mathrm{d}u},\tag{4.18}$$

其中 f 由 (4.9) 式给出. $\delta^*(\boldsymbol{X})$ 的这种形式称为 ξ 的 **Pitman 估计**.

证明 令 $\delta_0=X_n$, $\boldsymbol{Y}=(Y_1,\cdots,Y_{n-1})=(X_1-X_n,\cdots,X_{n-1}-X_n)$. 为计算 $\mathbf{E}_0(X_n|\boldsymbol{y})$, 作如下变换:

$$y_i=x_i-x_n\quad(i=1,\cdots,n-1);\quad y_n=x_n.$$

该变换的 Jacobian 行列式为 1, 所以 $(\boldsymbol{Y},Y_n)$ 的联合密度函数是

$$p(y_1,\cdots,y_n)=f(y_1+y_n,\cdots,y_{n-1}+y_n,y_n),$$

且 Y_n 在给定 $\boldsymbol{y}=(y_1,\cdots,y_{n-1})$ 下的条件密度函数为

$$\frac{f(y_1+y_n,\cdots,y_{n-1}+y_n,y_n)}{\displaystyle\int f(y_1+t,\cdots,y_{n-1}+t,t)\mathrm{d}t}.$$

所以

$$\mathbf{E}_0(X_n|\boldsymbol{y})=\mathbf{E}_0(Y_n|\boldsymbol{y})=\frac{\displaystyle\int tf(y_1+t,\cdots,y_{n-1}+t,t)\mathrm{d}t}{\displaystyle\int f(y_1+t,\cdots,y_{n-1}+t,t)\mathrm{d}t},$$

将上式写成变量 x 的形式就是

$$\mathbf{E}_0(X_n|\boldsymbol{y})=\frac{\displaystyle\int tf(x_1-x_n+t,\cdots,x_{n-1}-x_n+t,t)\mathrm{d}t}{\displaystyle\int f(x_1-x_n+t,\cdots,x_{n-1}-x_n+t,t)\mathrm{d}t}.$$

令 $u=x_n-t$, 上式即为

$$\mathbf{E}_0(X_n|\boldsymbol{y})=x_n-\frac{\displaystyle\int uf(x_1-u,\cdots,x_n-u)\mathrm{d}u}{\displaystyle\int f(x_1-u,\cdots,x_n-u)\mathrm{d}u}.$$

利用上式可知, $\delta^*(\boldsymbol{X})=X_n-\mathbf{E}_0(X_n|y_1,\cdots,y_{n-1})$ 可由 (4.18) 给出, 从而定理的结论成立. □

例 4.7 (续例 4.6) 运用 (4.18) 解决例 4.6 的问题.

$$f(x_1-\xi,\cdots,x_n-\xi)=\begin{cases}b^{-n}, & \xi-\dfrac{b}{2}\leqslant x_{(1)}\leqslant x_{(n)}\leqslant\xi+\dfrac{b}{2},\\ 0, & \text{其他}.\end{cases}$$

由 (4.18) 可知, ξ 的 Pitman 估计为

$$\delta^*(\boldsymbol{x})=\int_{x_{(n)}-b/2}^{x_{(1)}+b/2}u\mathrm{d}u\bigg/\int_{x_{(n)}-b/2}^{x_{(1)}+b/2}\mathrm{d}u=\frac{1}{2}(x_{(n)}+x_{(1)}).$$

由上式可知, ξ 的 Pitman 估计与例 4.6 得出的 MRE 估计一致.

但是, 对于很多密度函数而言, (4.18) 中的积分是非常难求的. 下面给出 MRE 估计的又一个例子.

例 4.8 (双指数分布) 设 $X_1,\cdots,X_n\sim\text{iid}$ 双指数分布 $DE(\xi,1)$, 即 $X_1,\cdots,X_n$ 的联合密度函数为 $2^{-n}\exp\left\{-\sum\limits_{i=1}^{n}|x_i-\xi|\right\}$. 为了计算 ξ 的 MRE 估计, 只需针对 $x_1<\cdots<x_n$ 的情况来计算 (4.18) 的积分值. 设 $x_k<\xi<x_{k+1}$, 则

$$\sum_{i=1}^{n}|x_i-\xi|=\sum_{i=k+1}^{n}(x_i-\xi)-\sum_{i=1}^{k}(x_i-\xi)=\sum_{i=k+1}^{n}x_i-\sum_{i=1}^{k}x_i+(2k-n)\xi.$$

由上式可知, 在 Pitman 估计的表达式中, 分子、分母的积分中的被积函数都是分段表达的函数, 求积分的时候必须分段积分, 这样分子和分母都是若干项的和. 因此, 就本例, 若将 Pitman 估计的表达式写出来还是很烦琐的.

前面我们讨论了位置参数模型的同变性问题. 但是即使在 (4.9) 中假定函数 f 为已知的情况下, 人们通常还是希望这个模型包含一个未知的刻度参数. 最典型的例子是 $X_1,\cdots,X_n\sim$ iid $N(\xi,\sigma^2)$ (σ^2 未知), 此处参数 σ 就是刻度参数. 下面我们简单地讨论纯刻度参数的同变估计. 先从一个最简单的例子出发, 引入刻度参数和同变估计等概念.

例 4.9 设某个灯泡厂生产的灯泡的寿命 X (单位: 年) 服从参数为 θ 的指数分布, 其密度函数是 $f(x,\theta)=\theta^{-1}\exp\{-x/\theta\}I_{\{x\geqslant 0\}}$, 则该灯泡厂生产的灯泡的平均寿命是 θ. 设有一个统计学家测量 n 个灯泡

的寿命时间为 $X_1, \cdots, X_n$, 而且各个灯泡的寿命是独立的, 设 θ 的估计为 $\delta(X_1, \cdots, X_n)$. 现在, 另一个统计学家将观测值的单位换成"月", 得到的数据是

$$X_1' = bX_1, \cdots, X_n' = bX_n,$$

其中 $b = 12$. 利用 X_i' 与 X_i 之间的关系, 可知 $(X_1', \cdots, X_n')$ 的联合密度函数为

$$\left(\frac{1}{b\theta}\right)^n \exp\left\{-\frac{\sum\limits_{i=1}^n x_i'}{b\theta}\right\} \prod_{i=1}^n I_{\{x_i' \geqslant 0\}}.$$

由这个密度函数可以看出, $(X_1', \cdots, X_n')$ 的联合密度函数仍然是独立同分步的指数密度函数, 不过参数变成 $\theta' = b\theta$. 现在假定参数 θ 的一个好的估计为 $\delta(X_1, \cdots, X_n)$, 由于观察数据 $X_1', \cdots, X_n'$ 与 $X_1, \cdots, X_n$ 具有相同的分布族, 所以 $\delta(X_1', \cdots, X_n')$ 也是参数 $\theta' = b\theta$ 的一个好的估计. 另一方面, 由于关系 $\theta' = b\theta$, θ' 的另一个合理的估计为 $b\delta(X_1, \cdots, X_n)$. 估计的同变性要求这两个估计相适应, 即

$$\delta(bX_1, \cdots, bX_n) = b\delta(X_1, \cdots, X_n). \tag{4.19}$$

由上述例子出发, 引导我们对纯刻度参数模型的研究. 设 $X_1, \cdots, X_n$ 具有联合密度函数

$$\frac{1}{\tau^n} f\left(\frac{\boldsymbol{x}}{\tau}\right) = \frac{1}{\tau^n} f\left(\frac{x_1}{\tau}, \cdots, \frac{x_n}{\tau}\right), \quad \tau > 0, \tag{4.20}$$

其中 f 是一个已知函数, τ 是一个未知的正参数. 这个数据模型称为**纯刻度模型**, 其中唯一的未知参数称为**刻度参数**. 这个模型在下面的变换之下是保持不变的:

$$X_i' = bX_i, \quad \forall\, b > 0. \tag{4.21}$$

即 $X_1', \cdots, X_n'$ 的模型仍然具有 (4.20) 的形式, 不过 $X_1', \cdots, X_n'$ 的联合分布中的未知参数 τ' 与原来模型中的未知参数 τ 之间具有关系:

$$\tau' = b\tau. \tag{4.22}$$

现在我们讨论模型 (4.20) 中的参数估计问题. 以例 4.9 中的实际问题来说, 灯泡寿命 X 的期望为 θ (对应于 (4.20) 中的参数 τ), 因此 θ

是我们感兴趣的未知参数. 但是寿命 X 的方差为 θ^2, 这个参数同样具有实际意义. 这样我们把纯刻度模型 (4.20) 中的参数 $h(\tau)=\tau^r(r>0)$ 定为我们感兴趣的待估量. 在例 4.9 中, 已知 X 的期望 θ 的估计 $\delta(X_1,\cdots,X_n)$ 满足的同变性条件为 (4.19); 那么, X 的方差 θ^2 的估计应该满足什么样的同变性条件? 现在讨论纯刻度模型 (4.20) 中一般的待估量 $h(\tau)=\tau^r\ (r>0)$, 类似于例 4.9 的思想, τ^r 的估计 δ 在变换 (4.21) 下为 (刻度) 同变的条件是

$$\delta(b\boldsymbol{X})=b^r\delta(\boldsymbol{X}),\quad \forall b>0. \tag{4.23}$$

给出同变估计的定义以后, 我们还要寻找评价估计的准则. 在位置参数的情况下, 我们用平方误差作为标准去评价一个估计. 但是, 这个评价标准不能套用在刻度参数的情况之下. 这是因为, 假设待估量为 τ, 我们用 d 去估计它, 平方误差为 $(d-\tau)^2$, 对于 τ 的不同的值, 平方误差之间是不可比的. 例如, 当 $\tau=1$, 估计值为 $d=2$ 的时候, 此时平方误差为 1; 当 $\tau=0.1$, 估计值为 $d=1.1$, 其平方误差也是 1, 显然后者所造成的后果比较严重. 因此简单地套用平方误差的准则是不合适的.

那么用什么样的标准去评价一个估计呢? 统计学中常用非负的损失函数 $L(\tau,d)$ 去刻画由 d 估计参数 τ 而造成的后果, 我们将在第五章中详细讲解损失函数这个概念. 拿例 4.9 中的实际问题来看, 在以 X 为数据的估计问题中, 利用 d 去估计 θ 所造成的后果, 与用 $d'=bd$ 去估计 $\theta'=b\theta$ 所造成的后果是一样的, 其中 d 和 θ 的单位为“年”, 而 d' 和 θ' 的单位为“月”. 这样对损失函数 $L(\theta,d)$ 而言, 它应该满足的条件为

$$L(\theta,d)=L(b\theta,bd),\quad \forall b>0. \tag{4.24}$$

平方误差并不满足这个条件, 而 $L(\theta,d)=(\theta-d)^2/\theta^2$ 满足这个条件, 我们称 (4.24) 为在以期望 θ 为待估量时, 损失函数的**同变性条件**, 现在要问的问题是: 如果我们的问题是估计 X 的方差 θ^2, 那么损失函数应该满足什么样的条件? 设在以数据 X 为基础的模型中, θ 为分布的参数, 用 d 去估计参数 θ^2 (X 的方差), 那么在以 $X'=bX$ 为基础的模

型中, 应该用 b^2d 去估计参数 $\theta'^2 = b^2\theta^2$. 这样, 在参数为 θ 的模型中用 d 去估计 θ^2 的后果 $L(\theta,d)$ 应该与以 X' 为基础的模型中的后果相适应. 而以 X' 为基础的模型中, 相应的后果为 $L(b\theta,b^2d)$. 这样, 刻画后果的损失函数应该满足条件

$$L(b\theta,b^2d)=L(\theta,d). \tag{4.25}$$

条件 (4.25) 称为在以 θ^2 为待估量时, 损失函数的**同变性条件**.

现在回到模型 (4.20) 中的参数 $h(\tau)=\tau^r\ (r>0)$ 的估计问题, 类似于例 4.9 中的讨论, 估计参数 $h(\tau)=\tau^r$ 时, 相应的损失函数应该满足

$$L(b\tau,b^rd)=L(\tau,d),\quad \forall b>0. \tag{4.26}$$

(4.26) 称为在以参数 τ^r 为待估量时, 损失函数 L 的 **(刻度) 同变性条件**. 损失函数满足条件 (4.26) 的充要条件是 (见习题 40), 存在函数 γ, 使得

$$L(\tau,d)=\gamma\left(\frac{d}{\tau^r}\right). \tag{4.27}$$

类似于平方误差, 通常采用 $\gamma(v)=(v-1)^2$. 也就是说, 损失函数通常取

$$L(\tau,d)=\left(\frac{d}{\tau^r}-1\right)^2=\frac{(d-\tau^r)^2}{\tau^{2r}}. \tag{4.28}$$

作为评价标准的损失函数 $L(\tau,d)$ 确定以后, 现在设观察数据为 $\boldsymbol{x}=(x_1,\cdots,x_n)$, 对于同变估计 $\delta(\boldsymbol{x})$ 相应的损失函数为 $L(\tau,\delta(\boldsymbol{x}))$. 由于 δ 是一个随机变量, 损失函数也成了随机变量, 通常不能用一个随机变量对一个估计进行评价. 现在我们必须用平均损失来评价一个估计, 即用

$$R(\tau,\delta)=\mathbf{E}_\tau L(\tau,\delta(\boldsymbol{X})) \tag{4.29}$$

来评价一个估计, 此处期望符号 $\mathbf{E}$ 的右下角 τ 表示求期望的时候, $\boldsymbol{X}$ 的分布参数为 τ. (4.29) 中的函数 $R(\tau,\delta)$ 称为估计 δ 的**风险函数**. 有了风险函数的概念以后, 就可以找出 MRE 估计.

定理 4.5 设随机变量 $\boldsymbol{X}$ 具有密度函数 (4.20), 又设 $\delta(\boldsymbol{X})$ 是 τ^r 的任一刻度同变估计, 若损失函数 $L(\tau,d)$ 满足刻度同变性条件 (4.26),

则 $\delta(\boldsymbol{X})$ 的风险函数 $R(\tau,\delta)$ 是一个与 τ 无关的常数.

证明 对数据 $\boldsymbol{X}$ 作刻度变换 $\boldsymbol{Y}=\boldsymbol{X}/\tau$, 即 $\boldsymbol{Y}$ 的分量 Y_i 与 $\boldsymbol{X}$ 的分量 X_i 之间具有关系: $Y_i=X_i/\tau,\ i=1,\cdots,n$. 由于 $\boldsymbol{X}$ 的分布密度函数中的参数为 τ, $\boldsymbol{Y}$ 的分布密度函数中的参数为 1, 这样, 刻度同变估计 δ 的风险函数为

$$\begin{aligned}R(\tau,\delta)&=\mathbf{E}_\tau L(\tau,\delta(\boldsymbol{X}))\\&=\mathbf{E}_1 L(\tau,\delta(\tau\boldsymbol{Y}))\\&=\mathbf{E}_1 L(\tau,\tau^r\delta(\boldsymbol{Y}))\\&=\mathbf{E}_1 L(1,\delta(\boldsymbol{Y}))=R(1,\delta),\end{aligned}$$

其中, 第二个等式中的记号 $\mathbf{E}_1$ 表示在求期望的过程中, 随机向量 $\boldsymbol{Y}$ 的分布参数为 $\tau=1$; 第三个等式利用了同变估计 δ 的性质; 第四个等式则利用了损失函数的同变性. 由上式即可得到定理的结论. □

由定理 4.5 的结论可知, 在纯刻度族中, 参数 $h(\tau)=\tau^r$ 的任何同变估计的风险是一个常数. 因此可望在同变估计类之内找到具有最小风险的同变估计, 即 MRE 估计. 我们首先找出同变估计的特征.

定理 4.6 设随机向量 $\boldsymbol{X}$ 具有密度函数 (4.20), 又设 $\delta_0(\boldsymbol{X})$ 是 τ^r 的任一刻度同变估计. 记

$$\boldsymbol{z}=(z_1,\cdots,z_n),\quad 其中\ z_i=\frac{x_i}{x_n}(i=1,\cdots,n-1);\quad z_n=\frac{x_n}{|x_n|},\tag{4.30}$$

则 δ 满足刻度同变性条件 (4.23) 的充要条件是存在一个函数 $w(\boldsymbol{z})$, 使得

$$\delta(\boldsymbol{x})=\frac{\delta_0(\boldsymbol{x})}{w(\boldsymbol{z})}.$$

证明 相似于引理 4.1 的证明, 可以证明: δ 满足 (4.23) 的充要条件是 $\delta(\boldsymbol{x})$ 具有形式 $\delta(\boldsymbol{x})=\delta_0(\boldsymbol{x})/u(\boldsymbol{x})$ (习题 41), 其中 $u(\boldsymbol{x})$ 满足

$$u(b\boldsymbol{x})=u(\boldsymbol{x}),\quad 对所有的\ \boldsymbol{x}\ 和\ b>0.\tag{4.31}$$

现在我们只需证明 (4.31) 式成立的充要条件是 u 作为 $\boldsymbol{x}$ 的函数, 是通过 $\boldsymbol{z}$ 表达出来的. 注意到, 当 $x_n\neq 0$ 时, $\boldsymbol{z}$ 是有定义的, 所以 $\boldsymbol{z}$ 是

以概率 1 确定的, 我们在讨论中将零概率事件 $\{x_n=0\}$ 排除掉. 显然任何 $\boldsymbol{z}$ 的函数必定满足 (4.31). 反之, 若 (4.31) 成立, 则

$$u(x_1,\cdots,x_n)=u\left(\frac{x_1}{x_n}\cdot\frac{x_n}{|x_n|},\cdots,\frac{x_{n-1}}{x_n}\cdot\frac{x_n}{|x_n|},\frac{x_n}{|x_n|}\right),$$

上式中 $\dfrac{x_i}{x_n}\,(i=1,\cdots,n-1),\dfrac{x_n}{|x_n|}$ 都是 $\boldsymbol{z}$ 的函数, 故 u 的确是只依赖于 $\boldsymbol{z}$ 的函数. □

例 4.10 (基于一个观测值的刻度同变估计) 设随机变量 X 具有密度函数 (4.20)$(n=1)$. 取 $\delta_0(X)=X^r$, 利用定理 4.6 的结论可知: 满足 (4.23) 式的估计 δ 的一般形式为 $X^r/w(Z)$, 其中 $Z=X/|X|$, 当 $X>0$ 时, $Z=1$; 当 $X<0$ 时, $Z=-1$. 因此 τ^r 的刻度同变估计的一般形式为

$$\delta(X)=\begin{cases}AX^r, & \text{如果 } X>0,\\ BX^r, & \text{如果 } X<0,\end{cases}$$

其中 A,B 是任意常数.

现在来确定一般刻度参数族中 τ^r 的 MRE 估计.

定理 4.7 设随机向量 $\boldsymbol{X}$ 的密度函数由 (4.20) 式给出, $\boldsymbol{Z}$ 由 (4.30) 给出, 损失函数由 (4.27) 式给出, 并且存在 τ^r 的一个具有有限风险的同变估计 $\delta_0(\boldsymbol{X})$. 若对每一个 $\boldsymbol{z}$, 存在一个数 $w(\boldsymbol{z})=w^*(\boldsymbol{z})$, 使下式达到极小:

$$\mathbf{E}_1[\gamma(\delta_0(\boldsymbol{X})/w(\boldsymbol{Z}))|\boldsymbol{Z}], \tag{4.32}$$

此处 $\mathbf{E}_1$ 表示在求期望的过程中, 随机变量 $\boldsymbol{X}$ 的分布参数为 $\tau=1$, 那么 τ^r 的 MRE 估计 δ^* 存在, 并且由下式给出:

$$\delta^*(\boldsymbol{X})=\frac{\delta_0(\boldsymbol{X})}{w^*(\boldsymbol{Z})}. \tag{4.33}$$

其证明相似于定理 4.3 的证明.

推论 4.1 在定理 4.7 的假设之下, 又设损失函数由 (4.28) 给出, 则 τ^r 的 MRE 估计存在且唯一, 为

$$\delta^*(\boldsymbol{X})=\frac{\delta_0(\boldsymbol{X})\mathbf{E}_1(\delta_0(\boldsymbol{X})|\boldsymbol{Z})}{\mathbf{E}_1(\delta_0^2(\boldsymbol{X})|\boldsymbol{Z})}. \tag{4.34}$$

证明　由于 $\gamma(u) = (u-1)^2$, 利用定理 4.7 的结论, 我们只需求 $w(\boldsymbol{z})$, 使

$$\mathbf{E}_1[(\delta_0(\boldsymbol{X})/w(\boldsymbol{z})-1)^2|\boldsymbol{z}]$$

达到最小即可. 将这个条件期望符号下的平方项展开, 得到

$$\mathbf{E}_1(\delta_0^2|\boldsymbol{z})(1/w(\boldsymbol{z}))^2-2\mathbf{E}_1(\delta_0|\boldsymbol{z})(1/w(\boldsymbol{z}))+1.$$

不难知道, 这个关于 $\dfrac{1}{w(\boldsymbol{Z})}$ 的二次三项式在

$$\frac{1}{w(\boldsymbol{z})}=\frac{\mathbf{E}_1(\delta_0(\boldsymbol{X})|\boldsymbol{z})}{\mathbf{E}_1(\delta_0^2(\boldsymbol{X})|\boldsymbol{z})}$$

处达到最小值. □

例 4.11 (续例 4.10)　设 $n=1$, X 以概率 1 大于 0, 取损失函数为 $L(\tau,d)=(d/\tau^r-1)^2$. 在定理 4.7 的推论 4.1 中取 $\delta_0(X)=X^r$, 只要 X^r 具有有限风险, τ^r 的 MRE 估计就是 $X^r\mathbf{E}_1(X^r)/\mathbf{E}_1(X^{2r})$.

例 4.12 (正态分布的均值已知的情况下, 方差的 MRE 估计)　设 $X_1,\cdots,X_n \sim \text{iid}\ \ N(0,\sigma^2)$, 取损失函数为 $L(\sigma,d)=(d/\sigma^2-1)^2$. 考虑 σ^2 的 MRE 估计问题. 取 $\delta_0(\boldsymbol{X})=\sum\limits_{i=1}^{n}X_i^2$, 由巴苏定理知, δ_0 与 $\boldsymbol{Z}$ 相互独立, 其中 $\boldsymbol{Z}$ 由 (4.30) 给出. 利用推论 4.1, 可知 σ^2 的 MRE 估计为

$$\begin{aligned}&\sum_{i=1}^{n}X_i^2\left[\mathbf{E}_1\left(\sum_{i=1}^{n}X_i^2\right)\right]\left[\mathbf{E}_1\left(\sum_{i=1}^{n}X_i^2\right)^2\right]^{-1}\\&=\sum_{i=1}^{n}X_i^2 n/[n(n+2)]=\sum_{i=1}^{n}X_i^2/(n+2).\end{aligned}$$

类似于定理 4.4, 刻度参数的函数 τ^r 的 MRE 估计也有 Pitman 公式.

定理 4.8　设随机向量 $\boldsymbol{X}$ 的密度函数由 (4.20) 式给出, 若损失函数为 $L(\tau,d)=(d/\tau^r-1)^2$, 则参数 τ^r 的 MRE 估计由下式给出:

$$\delta^*(\boldsymbol{X})=\frac{\displaystyle\int_0^{\infty}v^{n+r-1}f(vx_1,\cdots,vx_n)\mathrm{d}v}{\displaystyle\int_0^{\infty}v^{n+2r-1}f(vx_1,\cdots,vx_n)\mathrm{d}v}. \tag{4.35}$$

证明这个定理的基本方法是利用公式 (4.34) 进行积分计算, 化成 Pitman 估计的形式. 为了节省篇幅, 我们不给出具体的证明细节. 有关计算我们将放在例子中或者习题中作为练习.

例 4.13 (正态分布在均值已知的情况下, 方差的 MRE 估计) 设 $X_1, \cdots, X_n \sim \text{iid}\ N(0, \sigma^2)$, 考虑 σ^2 的估计问题. 由公式 (4.35) 可以得到 σ^2 的 MRE 估计为

$$\delta^*(\boldsymbol{X}) = \frac{\displaystyle\int_0^\infty v^{n+2-1} f(vx_1, \cdots, vx_n) \mathrm{d}v}{\displaystyle\int_0^\infty v^{n+4-1} f(vx_1, \cdots, vx_n) \mathrm{d}v}, \tag{4.36}$$

其中 f 为 n 维独立同分布标准正态随机变量的联合分布密度函数, 即

$$f(u_1, \cdots, u_n) = \left(\frac{1}{\sqrt{2\pi}}\right)^n \exp\left\{-\frac{1}{2}\sum_{i=1}^n u_i^2\right\}.$$

这样, 在 (4.36) 中分子和分母的积分具有共同的形式

$$\left(\frac{1}{\sqrt{2\pi}}\right)^n \int_0^\infty v^{n+k-1} \exp\left\{-\frac{1}{2}v^2 \sum_{i=1}^n x_i^2\right\} \mathrm{d}v.$$

将上式做积分变量替换 $w = \frac{1}{2}v^2 \sum\limits_{i=1}^n x_i^2$, 经计算, 其积分值等于

$$\left(\frac{1}{\sqrt{2\pi}}\right)^n \frac{2^{\frac{n+k-2}{2}} \Gamma\left(\dfrac{n+k}{2}\right)}{\left(\sum\limits_{i=1}^n x_i^2\right)^{\frac{n+k}{2}}}.$$

在 $\delta^*(\boldsymbol{X})$ 的表达式 (4.36) 中, 分子和分母的积分值分别相当于上式中 $k=2$ 和 $k=4$. 将上式代入 $\delta^*(\boldsymbol{X})$ 的表达式 (4.36), 得到

$$\delta^*(\boldsymbol{X}) = \sum_{i=1}^n X_i^2/(n+2).$$

这个结果与例 4.12 的结果是一致的, 只不过采用了不同的方法而已.

下面研究位置刻度分布族, 设 $\boldsymbol{X} = (X_1, \cdots, X_n)$ 的密度函数为

$$\frac{1}{\tau^n} f\left(\frac{x_1-\xi}{\tau},\cdots,\frac{x_n-\xi}{\tau}\right), \quad \xi\in\mathbb{R},\ \tau>0, \tag{4.37}$$

其中 f 是一个已知函数, ξ,τ 均为未知参数. 实际上, 分布族 (4.37) 是一个**群分布族**, 它是由一个分布 $f_{0,1}$ 为出发点, 通过样本空间中的变换 $\boldsymbol{Y}=\xi+\tau\boldsymbol{X}$, 得到 $\boldsymbol{Y}$ 的分布 $f_{\xi,\tau}$, 记号 $f_{\xi,\tau}$ 就是分布族 (4.37) 中与参数 ξ,τ 所对应的那个分布 (注意, 变换 $\boldsymbol{Y}=\xi+\tau\boldsymbol{X}$ 中的记号约定: $\xi+\tau\boldsymbol{X}$ 是一个向量, 此处 ξ 代表了其分量都是 ξ 的 n 维向量). 我们在这个群分布族中首先考虑参数 τ^r 的估计问题. 为了导出 τ^r 的同变估计的条件, 考虑样本空间中的变换群

$$\boldsymbol{Y}=a+b\boldsymbol{X}, \quad a\in\mathbb{R}, b>0. \tag{4.38}$$

在固定的变换 (4.38) 之下 (a,b 确定), $\boldsymbol{Y}$ 与 $\boldsymbol{X}$ 的分布族 (4.37) 是一样的, 因此我们称该变换 (4.38) 使得 $\boldsymbol{X}$ 的分布族保持不变. 不过, 变换后 $\boldsymbol{Y}$ 的分布参数 (ξ',τ') 与原来的参数 (ξ,τ) 具有下列关系:

$$\xi'=a+b\xi, \quad \tau'=b\tau. \tag{4.39}$$

现在设 $\delta(\boldsymbol{X})$ 是 τ^r 的一个较好的估计. 由于 $\boldsymbol{Y}$ 与 $\boldsymbol{X}$ 的分布族是完全相同的, 则 $\delta(\boldsymbol{Y})=\delta(a+b\boldsymbol{X})$ 是参数 τ'^r 的一个理想的估计; 但是, τ'^r 与 τ^r 之间有关系: $\tau'^r=b^r\tau^r$, 故 $b^r\delta(\boldsymbol{X})$ 也是参数 τ'^r 的一个理想的估计. 若这两个估计不相同, 就不会是理想的估计, 甚至还会产生逻辑上的矛盾. 同变性就是要求这两个估计相同, 因此我们有关于同变估计的定义.

定义 4.3 设 $\boldsymbol{X}$ 的分布族由 (4.37) 给出, 参数 τ^r 的估计 $\delta(\boldsymbol{X})$ 称为**同变估计**, 如果它满足条件

$$\delta(a+b\boldsymbol{x})=b^r\delta(\boldsymbol{x}), \quad \forall\, a\in\mathbb{R}, b>0. \tag{4.40}$$

可以证明, 关于 τ^r 的估计的同变性条件是与下面的条件组等价的 (见习题 45):

$$\delta(b\boldsymbol{x})=b^r\delta(\boldsymbol{x}), \quad b>0; \tag{4.41}$$

$$\delta(a+\boldsymbol{x})=\delta(\boldsymbol{x}), \quad a\in\mathbb{R}. \tag{4.42}$$

由引理 4.2 可知, $\delta(\boldsymbol{x})$ 满足条件 (4.42) 的充要条件是: $\delta(\boldsymbol{x})$ 是只依赖于

$$y_i = x_i - x_n, \quad i = 1, \cdots, n-1 \tag{4.43}$$

的函数. 这样, 一个估计 $\delta(\boldsymbol{X})$ 为同变估计的条件可以转化为

$$\delta(b\boldsymbol{y}) = b^r \delta(\boldsymbol{y}), \quad \forall b > 0, \tag{4.44}$$

其中 $\boldsymbol{y} = (x_1 - x_n, \cdots, x_{n-1} - x_n)$. 条件 (4.44) 可以这样地解释: 看一个估计是不是 τ^r 的同变估计, 首先看它能不能写成 $\delta(\boldsymbol{y})$ 的形式, 即便它能写成 $\delta(\boldsymbol{y})$ 的形式, 它还必须满足条件 (4.44). 由 $\boldsymbol{X}$ 的密度函数 (4.37), 通过关系式 (4.43) 可以导出 $\boldsymbol{Y} = (Y_1, \cdots, Y_{n-1})$ 的联合密度函数为

$$\begin{aligned} &\frac{1}{\tau^n}\int_{-\infty}^{\infty} f\left(\frac{y_1+t}{\tau}, \cdots, \frac{y_{n-1}+t}{\tau}, \frac{t}{\tau}\right) \mathrm{d}t \\ &= \frac{1}{\tau^{n-1}}\int_{-\infty}^{\infty} f\left(\frac{y_1}{\tau}+u, \cdots, \frac{y_{n-1}}{\tau}+u, u\right) \mathrm{d}u. \end{aligned} \tag{4.45}$$

由于这个密度函数具有纯刻度族的结构 (4.20), 这样我们把位置刻度分布族 (4.37) 中的参数 τ^r 的同变估计问题转化成依赖于 $\boldsymbol{Y}$ 的纯刻度族 (4.20) 中的刻度参数 τ^r 的同变估计问题. 由于 $\boldsymbol{Y}$ 的分布中不再含有参数 ξ, 在求 τ^r 的 MRE 估计的时候可将损失函数写成 $L(\tau, d)$ 的形状, 其不变性条件就是纯刻度族中估计 τ^r 时的不变性条件, 即 $L(\tau, d) = L(b\tau, b^r d)$. 若将 $L(\tau, d)$ 取成 (4.27) 或更具体的 (4.28) 中的函数, $L(\tau, d)$ 就满足不变性条件.

现在设随机变量 $\boldsymbol{X}$ 的密度函数由 (4.37) 给出, 将定理 4.7 施用于 $\boldsymbol{Y}$. 设损失函数由 (4.27) 给出, 由定理 4.7 知, τ^r 的 MRE 估计 $\delta(\boldsymbol{X})$ 可由下式给出:

$$\delta(\boldsymbol{X}) = \frac{\delta_0(\boldsymbol{Y})}{w^*(\boldsymbol{Z})}, \tag{4.46}$$

其中 $\delta_0(\boldsymbol{Y})$ 是 τ^r 的只依赖于 $\boldsymbol{Y} = (Y_1, \cdots, Y_{n-1})$ 的具有有限风险的刻度同变估计. $\boldsymbol{Z} = (Z_1, \cdots, Z_{n-1})$, 且

$$Z_i = \frac{Y_i}{Y_{n-1}}\ (i = 1, \cdots, n-2); \quad Z_{n-1} = \frac{Y_{n-1}}{|Y_{n-1}|}. \tag{4.47}$$

$w^*(\boldsymbol{Z})$ 是一个使下式达到极小的任意数:

$$\mathbf{E}_{0,1}[\gamma(\delta_0(\boldsymbol{Y})/w(\boldsymbol{Z})|\boldsymbol{Z})], \tag{4.48}$$

式中记号 $\mathbf{E}_{0,1}$ 表示在求期望的过程中, 随机变量 $\boldsymbol{Y}$ 和 $\boldsymbol{Z}$ 的分布参数为 $\xi=0,\tau=1$ (实际上, $\boldsymbol{Y}$ 和 $\boldsymbol{Z}$ 的分布中不含参数 ξ, 但是, 若把 $\boldsymbol{Y},\boldsymbol{Z}$ 用 $\boldsymbol{X}$ 表示, 此时, $\boldsymbol{X}$ 的分布中参数 ξ 可以任意取值, 我们取 $\xi=0$). 类似于推论 4.1, 我们可以得到下列定理,

定理 4.9 设随机向量 $\boldsymbol{X}$ 的密度函数由 (4.37) 式给出, $\boldsymbol{Y}$ 由 (4.43) 给出, $\boldsymbol{Z}$ 由 (4.47) 给出. 又设损失函数由 (4.28) 给出, 则 τ^r 的 MRE 估计存在且唯一, 为

$$\delta^*(\boldsymbol{X})=\frac{\delta_0(\boldsymbol{Y})\mathbf{E}_{0,1}(\delta_0(\boldsymbol{Y})|\boldsymbol{Z})}{\mathbf{E}_{0,1}(\delta_0^2(\boldsymbol{Y})|\boldsymbol{Z})}. \tag{4.49}$$

例 4.14 (正态分布在均值未知的情况下, 方差的 MRE 估计) 设 $X_1,\cdots,X_n\sim \text{iid}\ \ N(\xi,\sigma^2)$, 考虑 σ^2 的估计问题, 其对应的损失函数由 (4.28) 给出, 且 $r=2$. 由巴苏定理知, $\left(\overline{X},\sum\limits_{i=1}^n(X_i-\overline{X})^2\right)$ 与 $\boldsymbol{Z}$ 相互独立. 令 $\delta_0=\sum\limits_{i=1}^n(X_i-\overline{X})^2$, 易知 δ_0 是同变的, 并且与 $\boldsymbol{Z}$ 独立. 利用公式 (4.49) 进行计算, 可得 σ^2 的 MRE 估计为 (见习题 47 的计算)

$$\sum_{i=1}^n(X_i-\overline{X})^2/(n+1).$$

例 4.15 (均匀分布) 设 $X_1,\cdots,X_n\sim \text{iid}\ \ U\left(\xi-\dfrac{1}{2}\tau,\xi+\dfrac{1}{2}\tau\right)$, $\xi\in\mathbb{R},\tau>0$ 为未知参数. 考虑刻度参数 τ 的估计问题, 其对应的损失函数由 (4.28) 给出, 且 $r=1$. 由巴苏定理知, $(X_{(1)},X_{(n)})$ 与 $\boldsymbol{Z}$ 相互独立. 设 $\delta_0=X_{(n)}-X_{(1)}$ 是极差, 易知 δ_0 是同变的并且与 $\boldsymbol{Z}$ 相互独立. 利用 (4.49) 进行计算, 得到 τ 的 MRE 估计为

$$\delta^*(\boldsymbol{X})=\frac{(X_{(n)}-X_{(1)})\mathbf{E}_{0,1}(X_{(n)}-X_{(1)})}{\mathbf{E}_{0,1}(X_{(n)}-X_{(1)})^2}.$$

注意到, $(X_{(1)},X_{(n)})$ 在 $\xi=0,\tau=1$ 时的联合密度函数为

$$f(x,y)=\frac{n!}{(n-2)!}(y-x)^{n-2},\quad -\frac{1}{2}<x<y<\frac{1}{2}.$$

经计算, 可得

$$\mathbf{E}_{0,1}(X_{(n)}-X_{(1)})=\frac{n(n-1)}{n(n+1)},\ \ \mathbf{E}_{0,1}(X_{(n)}-X_{(1)})^2=\frac{n(n-1)}{(n+1)(n+2)}.$$

将上述结果代入 $\delta^*(\boldsymbol{X})$ 的公式, 得到刻度参数 τ 的 MRE 估计为

$$\delta^*(\boldsymbol{X})=(n+2)(X_{(n)}-X_{(1)})/n.$$

对于位置刻度分布族 (4.37), 我们只讨论了刻度参数 τ^r 的估计问题. 现在, 我们考虑 (4.37) 中位置参数 ξ 的估计问题. 为此, 我们首先需要解决估计的同变性条件问题. 考虑样本空间中的变换

$$\boldsymbol{Y}=a+b\boldsymbol{X},\quad a\in\mathbb{R},\ b>0. \tag{4.50}$$

显然这个变换使位置刻度分布族 (4.37) 保持不变. 但是, 变换前后的参数之间具有下列关系:

$$\xi'=a+b\xi,\quad \tau'=b\tau.$$

利用这个关系, 可以推导出位置参数 ξ 的同变估计条件. 设 $\delta(\boldsymbol{X})$ 是参数 ξ 的一个理想的估计, 由于 $\boldsymbol{Y}$ 与 $\boldsymbol{X}$ 的分布族完全相同, 则 $\delta(\boldsymbol{Y})$ 是参数 $\xi'=a+b\xi$ 的理想的估计. 另一方面, $a+b\delta(\boldsymbol{X})$ 也是 ξ' 的一个理想的估计, 这两个估计应该相同. 这样, 同变估计的条件就是

$$\delta(a+b\boldsymbol{x})=a+b\delta(\boldsymbol{x}),\quad a\in\mathbb{R},\ b>0. \tag{4.51}$$

确定了同变估计以后, 为了找到位置参数 ξ 的 MRE 估计, 还需要确定相应的损失函数, 同时, 损失函数还必须满足相应的同变性条件. 假设在 $\boldsymbol{X}$ 的样本空间中, 用 d 估计参数 ξ, 其损失为 $L(\xi,\tau;d)$; 经过变换以后, 应该用 $a+bd$ 估计 $\xi'=a+b\xi$, 其损失应该是 $L(a+b\xi,b\tau;a+bd)$. 同变性要求变换前后的损失相同, 即

$$L(\xi,\tau;d)=L(a+b\xi,b\tau;a+bd). \tag{4.52}$$

不难验证, 下面类型的平方损失函数

$$L(\xi,\tau;\delta)=\left(\frac{\delta-\xi}{\tau}\right)^2 \tag{4.53}$$

满足同变性的要求.

现在, 希望在满足同变性的估计类内找到具有最小风险的同变估计, 我们的办法是将问题转化为在位置参数族中找参数 ξ 的 MRE 估计

的问题. 对固定的 τ, 记

$$g_\tau(x_1,\cdots,x_n)=\frac{1}{\tau^n}f\left(\frac{x_1}{\tau},\cdots,\frac{x_n}{\tau}\right), \tag{4.54}$$

这样, $\boldsymbol{X}$ 的密度函数 (4.37) 可写成

$$g_\tau(x_1-\xi,\cdots,x_n-\xi). \tag{4.55}$$

如果把 $\boldsymbol{X}$ 的密度函数 (4.55) 中的参数 τ 固定下来, 那么 $\boldsymbol{X}$ 的分布族就是一个位置分布族.

引理 4.3　在损失函数 (4.53) 下, 假设位置分布族 (4.55) 中的位置参数 ξ 存在相对于变换 (4.10) 的 MRE 估计 δ^*, 并使得

(i) δ^* 与 τ 无关;

(ii) δ^* 满足同变性条件 (4.51).

则 δ^* 是位置刻度分布族 (4.37) 中位置参数 ξ 的 MRE 估计.

证明　设 δ 是位置刻度分布族 (4.37) 中位置参数 ξ 的任意一个同变估计, 即估计 δ 满足同变性条件 (4.51). 由 δ^* 的假设 (ii) 知, δ^* 也是位置刻度分布族 (4.37) 中位置参数 ξ 的一个同变估计. 为证明引理, 我们只需证 δ^* 的风险不超过 δ 的风险. 为此, 我们只需验证, 对每一个固定的 τ, δ^* 的风险不超过 δ 的风险即可. 不难验证, 对固定的参数 τ, δ 也是位置分布族 (4.55) 在损失函数 (4.53) 下的同变估计. 由 δ^* 的假设可知, 对固定的参数 τ, δ^* 的风险不超过 δ 的风险. □

例 4.16 (正态分布的均值的 MRE 估计)　设 $X_1,\cdots,X_n\sim$ iid $N(\xi,\sigma^2)$, 其中 ξ,σ^2 均未知, 考虑 ξ 的估计问题. 从例 4.4 可知, 在 σ 已知的情况下, $\delta^*=\overline{X}$ 是 ξ 的 MRE 估计. 这是因为 δ^* 满足引理 4.3 的两个假设 (i) 和 (ii), 所以 δ^* 是 ξ 的 MRE 估计.

例 4.17 (均匀分布的位置参数的 MRE 估计)　设 $X_1,\cdots,X_n\sim$ iid $U\left(\xi-\dfrac{1}{2}\tau,\xi+\dfrac{1}{2}\tau\right)$, 考虑位置参数 ξ 的估计问题. 利用例 4.6 的结果, 可导出: 对于固定的 τ, ξ 的 MRE 估计是 $(X_{(n)}+X_{(1)})/2$. 显然, $(X_{(n)}+X_{(1)})/2$ 满足引理 4.3 中的两个假设 (i) 和 (ii). 所以, 在位置刻度分布族中, $(X_{(n)}+X_{(1)})/2$ 也是 ξ 的 MRE 估计.

不幸的是, 位置参数的 MRE 估计一般都不满足引理 4.3 中的两个假设. 例 4.5 中的分布族原本是一个双参数的位置刻度分布族, 不过我们在该例中假定其刻度参数 $\tau = b$ 固定, 在均方误差损失之下求出的 MRE 估计为 $\delta^*(\boldsymbol{X}) = X_{(1)} - b/n$. 它并不满足引理 4.3 中的假设 (i), 因此不能利用引理 4.3. 例 4.8 中的双指数分布族的情况也是如此, 如果在这个分布族中增加一个刻度参数 τ (例中 $\tau = 1$), 那么当这个参数被固定以后, 求得的 MRE 估计也与这个参数 τ 有关 (见习题 48). 为了在这些假设不成立的前提下导出相应的 MRE 估计, 我们首先指出同变估计的特征.

定理 4.10 设 $X = (X_1, \cdots, X_n)$ 的密度函数由 (4.37) 给出. 设 δ_0 是 ξ 的一个满足同变条件 (4.51) 的估计, 又设 $\delta_1 > 0$ 是 τ 的一个估计, 并且满足

$$\delta_1(a + b\boldsymbol{x}) = b\delta_1(\boldsymbol{x}), \quad a \in \mathbb{R},\ b > 0, \tag{4.56}$$

则 δ 满足 (4.51) 的充要条件是它具有形式

$$\delta(\boldsymbol{x}) = \delta_0(\boldsymbol{x}) - w(\boldsymbol{z})\delta_1(\boldsymbol{x}), \tag{4.57}$$

其中 $\boldsymbol{z}$ 由 (4.47) 式给出.

说明 公式 (4.51) 说明 δ_0 是 ξ 的一个同变估计; 公式 (4.56) 说明 δ_1 是 τ 的一个同变估计 (见定义 4.3). 该定理给出了 ξ 的同变估计 δ 的一个通式.

证明 类似引理 4.1, 容易看出 δ 满足 (4.51) 的充要条件是它具有形式

$$\delta(\boldsymbol{x}) = \delta_0(\boldsymbol{x}) - u(\boldsymbol{x})\delta_1(\boldsymbol{x}),$$

其中 u 是满足下式的函数:

$$u(a + b\boldsymbol{x}) = u(\boldsymbol{x}), \quad a \in \mathbb{R},\ b > 0. \tag{4.58}$$

由定理 4.6 和引理 4.2 可知, u 具有形式 (4.58) 的充要条件是 u 只依赖于 $\boldsymbol{z}$. 由此定理得证. □

通过与定理 4.3 相似的论证, 可以证明: ξ 的 MRE 估计是

$$\delta(\boldsymbol{x}) = \delta_0(\boldsymbol{x}) - w^*(\boldsymbol{z})\delta_1(\boldsymbol{x}), \tag{4.59}$$

其中,

$$w^*(\boldsymbol{z}) = \mathbf{E}_{0,1}[\delta_0(\boldsymbol{X})\delta_1(\boldsymbol{X})|\boldsymbol{z}]/\mathbf{E}_{0,1}[\delta_1^2(\boldsymbol{X})|\boldsymbol{z}]. \tag{4.60}$$

例 4.18 (指数分布的位置参数的 MRE 估计) 设 $X_1, \cdots, X_n \sim$ iid $\exp\{-(x-\xi)/\tau\}/\tau,\ x > \xi,\ \delta_0(\boldsymbol{X}) = X_{(1)}, \delta_1(\boldsymbol{X}) = \sum_{i=1}^n (X_i - X_{(1)})$. (δ_0, δ_1) 与 $\boldsymbol{Z}$ 独立, 并且 δ_0, δ_1 也相互独立. 因而, 利用公式 (4.59) 和 (4.60), 经过计算得到,

$$w^*(\boldsymbol{z}) = w^* = \frac{\mathbf{E}[\delta_0(\boldsymbol{X})\delta_1(\boldsymbol{X})]}{\mathbf{E}[\delta_1(\boldsymbol{X})^2]} = \frac{\mathbf{E}[\delta_0(\boldsymbol{X})]\mathbf{E}[\delta_1(\boldsymbol{X})]}{\mathbf{E}[\delta_1(\boldsymbol{X})^2]} = \frac{1}{n^2}.$$

故 ξ 的 MRE 估计由下式给出:

$$\delta^*(\boldsymbol{X}) = X_{(1)} - \frac{1}{n^2}\sum_{i=1}^n (X_i - X_{(1)}).$$

§2.5 稳 健 估 计

本节讨论估计应该满足的另一个准则: 稳健性.

在统计学中, 为了理论讨论和计算的方便, 在建立统计模型的时候都需要做一些假设. 在这样的假设之下, 观察数据来自一个带有参数的分布族, 从而形成一个统计模型. 在这个统计模型中, 可以进行参数估计和假设检验等统计推断.

但是在实际中, 由于各种原因, 使得样本数据不遵从严格的统计模型. 分析起来有下列原因:

(i) 过失引起数据误差. 比如录入错误、计算错误, 表现在数据过大或者过小, 即**异常值**. 通常这种误差是比较大的, 有两点值得注意: 一是一个过大或过小的异常值会彻底破坏统计推断的正确性 (如最小二乘估计); 二是一定比例的过失误差是正常的.

(ii) 四舍五入法、分类法或者分组法引起数据变动. 这类数据都有相对的正确性, 而且一般是离散数据; 它们与理想的模型相距不远, 一般都是无害的, 但是不应该忽略该类数据对统计推断的影响. 在一些情况下, 如分类太粗, 再用连续分布去刻画就不太合适. 研究局部性质的

时候, 如密度估计, 分位点估计会不准确, 不应该忽略这类误差产生的影响.

(iii) 在一般情况下, 样本数据只是近似服从统计模型. 例如, 凭经验可假定某数据来自正态分布, 但是实际数据可能与正态总体有差异. 这种理论与实际的差异在科学研究中属于正常现象.

(iv) 在统计中常用的独立性假设 (或者某个特定的相关结构) 也只能是大致成立, 不是精确成立.

当数据中出现异常值的时候, 如果还是使用平常的办法来进行统计推断, 所得到的结论会导致偏差, 有时候后果非常严重. 数据中存在异常值是非常普遍的, 人们处理异常值的方法很多, 比如, 先主观上扔掉异常值, 或者采取某种准则主观上扔掉异常值, 再对非异常值进行统计推断. 这种方法, 从广义上说, 就是稳健的统计推断. 当精确的模型成立时, 频率学派或者贝叶斯学派得出的参数估计都是不错的, 但是当模型只是近似成立时, 参数估计的性质又是如何呢？非参数统计推断对此也没有讨论这种情况. 在有些情况下, 数据只是稍微偏离模型的假设条件, 经典的参数估计的性质会变得不好. 下面我们就单参数估计问题中的稳健性问题进行讨论并介绍一些概念和方法.

位置参数的估计问题是单参数估计问题中最常见的. 我们从一个例子出发, 来说明稳健统计的思想和估计方法.

Cushny 和 Peebles [1905] 提供了服用两种安眠药后睡眠时间的数据. 原始数据是二维向量, 共有 10 人服用了这两种安眠药, 每个分量分别记下了一个人服用不同种安眠药的睡眠时间. Student [1908] 使用这组数据用于成对 t- 检验, 去判断这两种药的药效是否有显著的区别. Fisher [1925]、Anderson [1958] 等大量的学者都引用该数据作为正态分布的实例. 10 对睡眠时间差 (即每人服用两种安眠药的睡眠时间之差) 的数据如下：

$$0,\ 0.8,\ 1.0,\ 1.2,\ 1.3,\ 1.3,\ 1.4,\ 1.8,\ 2.4,\ 4.6.$$

大多数学者在正态分布成立的假设下, 在运用 t- 检验时使用算术平均值. 但是大致看看数据, 可以看出数据 4.6 也许是异常值, 因此对模型的正态性假设提出了怀疑. Pfanzagl [1968] 和 Tukey [1977] 对这组数据使用了稳健的方法进行分析.

针对这组数据, 位置参数有很多种估计方法, 最普遍的估计方法是使用平均值 $\overline{X} = 1.58$. 但是还有一些其他方法可以考虑, 它们都是一些稳健的估计方法. 例如, 10% 截断均值法: 除掉前 10% 最大的和后 10% 最小的观测值, 然后对剩余的 80% 的观测值求平均. 在本例中, 除掉最大值 4.6 和最小值 0 后, 剩余 8 个观测值的均值是 1.4. 类似, 20% 截断均值为 1.33; 50% 的截断均值, 即中位数, 为 1.30. Hodges 和 Lehmann [1963] 提出了 H/L 估计, 该估计定义为**成对平均数的中位数**, 即

$$\text{median}\{(x_i + x_j)/2, i, j = 1, \cdots, 10.\}.$$

H/L 估计值为 1.32. 为比较起见, 我们还给出另一个估计: 除掉最大值 4.6 以后, 将剩下的 9 个数据求均值, 为 1.24.

总之, 稳健估计值大约在 1.24 与 1.4 之间, 与均值 1.58 之间存在很大的差距. 在本例中, 不同的稳健估计得出的结果比较近似. 但是, 一般而言, 不同的方法得出的结果是存在很大差异的, 因为有些估计方法比其他的估计方法更稳健 (比如说, 中位数比 10% 截断均值更稳健). 在多元统计分析中, 不同的稳健方法的稳健性差异显得更重要. 稳健性主要体现在两个方面: (1) 异常值对估计所产生的影响有多大, 衡量影响的大小常用 **影响函数** (Influence Function) 来刻画 (读者可参见文献 Hampel et al. [1986]); (2) 数据中有多大比例被污染后, 估计就会无效. 在本例中, 所有的稳健估计对只有一个异常值都不会失效. 但是, 如果数据含有两个异常值, 则 10% 截断均值估计法就可能产生偏差了. 这是因为如果第二个异常值也是特别大, 也就是说与异常值 4.6 在同一边, 这时该估计法就不能同时除掉这两个异常值. 如果异常值有 3 个, 则 20% 截断均值估计法也存在相同的问题. 这方面的问题, 在稳健统计中, 称为估计的**崩溃点** (Breakdown Point). 设样本中有 n 个数据, 则平均值估计的崩溃点是 0, 因为只要有 1 个异常值, 平均值就会发生很大的变化. 而中位数的崩溃点为 1/2, 也就是说如果一半数据受

到污染, 中位数的估计才会发生很大的变化. 另一个刻画估计的稳健性的是 **"方差变动函数"** (Change of Variance Function, CVF). 该函数是刻画异常值对估计的方差的影响函数, 因此也影响了参数的置信区间的长度. 有关方差变动函数的定义和性质请参见文献 Hampel et al. [1986]. 总之, 稳健估计的研究目标是: (1) 刻画样本中大部分数据所遵循的规律; (2) 识别异常值或者异常值结构; (3) 在回归分析中, 识别高影响的数据点 ("杠杆点"); (4) 处理序列相关结构, 更一般地分析实际数据与假设的相关结构发生偏离后的统计推断. 下面我们将稳健估计中的几个问题做理论上的说明.

一、 影响函数

这一节里, 我们详细介绍影响函数, 影响函数的概念是由 Hampel [1968] 和 Hampel [1974] 首先提出的.

假设 $X_1, \cdots, X_n$ 是 n 个独立同分布的一维观测样本. 一维随机变量 X 的取值空间为实数空间 $\mathbb{R}$ 的子空间 $\mathcal{X}$, F_θ 是该取值空间上的一族概率测度族, 其中参数 θ 属于某个参数空间 Θ. 在经典统计中, 我们常常先假设 X 恰好服从某一个分布 F_θ, 然后基于样本数据去估计参数 θ. 常见的随机变量的取值空间, 参数空间, 分布族如下:

(i) $\mathcal{X} = \mathbb{R}, \Theta = \mathbb{R}$, F_θ 是均值为 θ, 方差为 1 的正态分布;

(ii) $\mathcal{X} = [0, \infty), \Theta = [0, \infty)$, F_θ 是均值为 θ 的指数分布;

(iii) $\mathcal{X} = \{0, 1, 2, \cdots\}$(非负整数集合), $\Theta = (0, \infty)$, F_θ 是均值为 θ 的泊松分布;

(iv) $\mathcal{X} = \{0, 1, 2, \cdots, N\}, \Theta = (0, 1)$, F_θ 是成功概率为 θ 的二项分布.

我们假设参数空间 Θ 是 $\mathbb{R}$ 上的开的凸子集, 记号 F_θ 是概率分布, f_θ 是 F_θ 在 $\mathcal{X}$ 上关于某个 σ 有限测度 μ 的密度函数, 通常 μ 是 Lebesgue 测度, 或者计数测度. 在经典的统计推断理论中, 随机变量 X 严格遵从这个参数模型, 即 $X \sim \text{iid } F_\theta(x)$. 但是在稳健统计推断里, 模型 $\{F_\theta, \theta \in \Theta\}$ 只是实际模型的一个理想的近似. 稳健统计的任务就是构建一个统计方法使得这个假设模型与实际模型发生偏差时, 稳健统计推断仍然合理. 所以, 我们不仅仅要考虑在这个概率分布族上的统计推断问题, 还要考虑在其他概率分布族上的统计推断问题.

设样本 $(X_1, \cdots, X_n)$ 的经验分布为 G_n, 即 $G_n = \frac{1}{n}\sum_{i=1}^{n}\Delta_{x_i}$, 其中 Δ_x 是全部质量集中在点 x 处的概率测度. 有了经验分布的概念以后, 通常的统计量 $T_n = T_n(X_1, \cdots, X_n)$ 也可以看做经验分布 G_n 的一个泛函. 这样, 参数 θ 的估计量可以写成 $T(G_n)$ 的形式.

下面考虑一般的泛函 T, 它的定义域既包含 $\mathcal{X}$ 上的所有经验分布函数, 又包含 X 的总体分布函数, 我们称这样的泛函为**统计泛函**. 通常用 $T(G_n)$ 去估计 $T(G)$, 此处 G_n 是经验分布函数, G 是总体分布函数, 因此, $T(G_n)$ 是估计量, 而 $T(G)$ 成为待估量.

例 5.1 设 G 为某个总体分布. 中位数泛函定义为 $T(G)=G^{-1}\left(\frac{1}{2}\right)$, 相应的估计量 $T(G_n)$ = 样本中位数; α- 分位数泛函定义为 $T(G) = G^{-1}(\alpha)$, 相应的估计量 $T(G_n)$ = 样本 α- 分位数; α- 截断均值 $\left(0<\alpha<\frac{1}{2}\right)$ 所对应的泛函为 $T(G) = \frac{1}{1-2\alpha}\int_{\alpha}^{1-\alpha} G^{-1}(t)\mathrm{d}t$, 相应的估计量 $T(G_n)$ 是样本的 α- 截断均值. 中位数泛函, α- 分位数泛函和 α- 截断均值泛函都是统计泛函的例子.

我们称统计泛函 T 在总体分布 G 处依概率连续的, 如果对于总体分布 G, 其相应的经验统计量 $T(G_n) = T_n(X_1, \cdots, X_n)$ (注意: $X_1, \cdots X_n \sim \text{iid}\, G$) 均有

$$T(G_n) = T_n(X_1, \cdots, X_n) \xrightarrow{\mathbf{P}} T(G). \tag{5.1}$$

这时, 称 $T(G)$ 为函数列 $\{T_n, n \geqslant 1\}$ 在 G 处的渐近值. 公式 (5.1) 意味 $\{T(G_n), n \geqslant 1\}$ 是 $T(G)$ 的相合估计序列. 此外, 我们也称统计泛函 T 在 G 处具有渐近正态性, 即当 $n \to \infty$ 时,

$$\sqrt{n}(T_n - T(G)) \xrightarrow{\mathcal{L}} N(0, V(T, G)), \tag{5.2}$$

其中 $V(T, G)$ 称为统计量序列 $\{T_n, n \geqslant 1\}$ 在 G 处的**渐近方差**. 统计泛函的渐近正态性就是通常估计序列的渐近正态性. 实际上, 一般情

况下, 常见的统计泛函总是具有上述性质.

例 5.2 设 X 的总体分布 G 满足 $\int |x|\mathrm{d}G(x) < \infty$, 即分布 G 具有有限期望值, 若统计泛函定义为 $T(G) = \int x\mathrm{d}G(x)$, 则相应的估计量计 $T(G_n) = T_n = \overline{X}$, 显然, $T_n = \overline{X} \xrightarrow{\mathbf{P}} T(G) = \mathbf{E}X$, 即统计泛函 T 在 G 处依概率连续. 进一步假定 G 具有有限的二阶矩, 则依中心极限定理有

$$\sqrt{n}(T_n - T(G)) = \sqrt{n}(\overline{X} - \mathbf{E}X) \xrightarrow{\mathcal{L}} N(0, \sigma^2), \text{ 其中 } \sigma^2 = \mathrm{var}(X),$$

即统计泛函 T 在 G 处具有渐近正态性.

下面我们介绍统计泛函的影响函数的定义.

定义 5.1 统计泛函 $T(F)$ 在分布 F 处的**影响函数**定义为

$$IF(x; T, F) = \lim_{t\downarrow 0} \frac{T((1-t)F + t\Delta_x) - T(F)}{t}, \quad \text{其中 } x \in \mathcal{X}. \tag{5.3}$$

Huber [1977] 指出影响函数的存在性条件比较弱, 因此影响函数使用起来非常方便, 应用范围广泛. 由定义 5.1 可看出, $IF(x; T, F)$ 在 x 处的值就是待估量 T 在总体分布 F 处的 (在 x 处的) 变化率. 设待估量 T 在 F 处的值为 $T(F)$, 若总体分布 F 变成 $(1-t)F + t\Delta_x$, 这意味总体分布有一些变动. 这样待估量的变动量为 $T((1-t)F + t\Delta_x) - T(F)$, 而变动率刚好是影响函数在 x 处的值. 由此看出, 影响函数在 x 处的绝对值越大, 相应待估量的变动就越大, 进行估计的时候, 相应估计量的波动也就越大. 通常, 若影响函数无界, 则认为相应的估计不稳健.

现在, 在 (5.3) 右边极限式的函数中, 用 F_n 代替 F, 用 $1/(n+1)$ 代替 t, 这个函数就等于 $(n+1)[T(F_{n+1}) - T(F_n)]$, 其中 F_{n+1} 就是在原来的数据中加上一个数据 x 以后的经验分布函数. 这样, $(n+1)[T(F_{n+1}) - T(F_n)]$ 就是在原数据中加上一个数据 x 以后, 相应估计的变动值 (当然还要乘一个倍数). 这个值的绝对值越大, 说明这个估计量 T 在 x 处不稳健. 从上面的分析可以看出, 影响函数从一个侧面刻画了统计泛函的稳健性, 它描述了在原数据中加入一个新数据 x 后对估计量 T 的渐近影响.

如果分布 G 在 F 附近, 那么统计泛函 T 在 F 处的 Von Mises **展开**(类似于 Taylor 展开) 就可以写成

$$T(G) = T(F) + \int IF(x; T, F)\mathrm{d}(G - F)(x) + \text{残差}. \tag{5.4}$$

我们不在此处给出这个结论的理论证明, 但是从公式 (5.4) 可以看出影响函数对于统计泛函的变动的影响. Mallows [1975] 也研究了更高阶的展开式.

下面再举一个泊松分布的例子. 设随机变量 X 的取值空间 $\mathcal{X}$ 是非负整数集, 即 $\mathcal{X} = \{0, 1, 2, \cdots\}$, λ 是计数测度.

例 5.3 (泊松模型)　设 $X_1, \cdots, X_n \sim \text{iid } F_\theta,\ \theta \in (0, \infty)$. 分布 F_θ 关于计数测度 λ 的密度函数为

$$f_\theta(k) = \frac{\theta^k \exp(-\theta)}{k!}, \quad k \in \{0, 1, 2, \cdots\}.$$

泊松分布显然不是对称的, 通过极大化似然函数 $\prod\limits_{i=1}^{n} f_\theta(X_i)$, 得到 θ 的 ML 估计为 $\overline{X} = \dfrac{1}{n}\sum\limits_{i=1}^{n} X_i$. 令估计序列 $T_n = \overline{X}$, 则其对应的统计泛函是

$$T(F) = \int_{\mathcal{X}} u\mathrm{d}F(u) = \int_{\mathcal{X}} uf(u)\mathrm{d}\lambda(u) = \sum_{k=0}^{\infty} kf(k), \tag{5.5}$$

上式中的 F 是定义在 $\mathcal{X}$ 上的密度函数为 f 的任一分布. 这里, 在泊松分布中, 对任意的 $\theta \in (0, \infty)$, 对应的统计泛函是

$$T(F_\theta) = \sum_{k=1}^{\infty} k \frac{\theta^k \exp\{-\theta\}}{k!} = \theta.$$

利用大数定律, 不难证得 $T_n = \overline{X} \xrightarrow{\mathbf{P}} \mathbf{E}_\theta X = T(F_\theta) = \theta$. 固定 θ^* 和分布 $F_* = F_{\theta^*}$, 设 $x \in \mathcal{X}$, 由影响函数的定义可得

$$\begin{aligned} IF(x; T, F_*) &= \lim_{t \downarrow 0} \frac{\sum\limits_{k=0}^{\infty} k[(1-t)f_*(k) + t\Delta_x(k)] - \sum\limits_{k=0}^{\infty} kf_*(k)}{t} \\ &= \lim_{t \downarrow 0} \frac{(1-t)\theta^* + tx - \theta^*}{t} = x - \theta^*. \end{aligned}$$

所以影响函数是无界的, θ 的 ML 估计 $\overline{X}$ 不是稳健估计.

下面就样本均值和样本中位数来说明上述定义的作用. 假设随机变量 X 的取值空间为 $\mathcal{X}=\mathbb{R}$, 参数空间为 $\Theta=\mathbb{R}$.

例 5.4 (正态位置模型) 设分布函数族是正态位置分布族, 即分布函数为 $F_\theta(x)=\Phi(x-\theta)$, 其密度函数为 $f_\theta(x)=\phi(x-\theta)$, 其中 $\Phi(x)$ 为标准正态分布的分布函数, $\phi(x)$ 为其密度函数, 即

$$\phi(x)=\frac{1}{\sqrt{2\pi}}\exp\{-x^2/2\}.$$

假设 $X_1,\cdots,X_n\sim \text{iid } F_\theta(x)$, 则位置参数 θ 的平均值估计是 $T_n=\overline{X}=\dfrac{1}{n}\sum\limits_{i=1}^{n}X_i$, 其对应的泛函是 $T(G)=\displaystyle\int u\mathrm{d}G(u)$, 其中分布 G 是所有满足二阶矩存在的分布. 由 (5.3), 可得 T 在分布 F_θ 处的影响函数为

$$\begin{aligned}IF(x;T,F_\theta)&=\lim_{t\downarrow 0}\frac{\displaystyle\int u\mathrm{d}[(1-t)\Phi(u-\theta)+t\Delta_x](u)-\int u\mathrm{d}\Phi(u-\theta)}{t}\\&=\lim_{t\downarrow 0}\frac{(1-t)\displaystyle\int u\mathrm{d}\Phi(u-\theta)+t\int u\mathrm{d}\Delta_x(u)-\int u\mathrm{d}\Phi(u-\theta)}{t}\\&=\lim_{t\downarrow 0}\frac{t(x-\theta)}{t}=x-\theta.\end{aligned}$$

所以 $IF(x;T,\Phi_\theta)=x-\theta$, 其中 $\Phi_\theta(x)=\Phi(x-\theta)$. 对于正态均值的估计 $\overline{X}$, 其相应的影响函数 $x-\theta$ 是一个无界函数. 这说明在正态均值的估计问题中, $\overline{X}$ 不是稳健估计.

现在研究中位数的统计性质. 设 $X_{(1)},\cdots,X_{(n)}$ 是 $X_1,\cdots,X_n$ 的次序统计量. 考虑统计泛函 $T=G^{-1}\left(\dfrac{1}{2}\right)$, $T(G)$ 是分布函数 G 的中位数. 当 $G=G_n$, 即 G 为经验分布函数的时候, $T(G_n)$ 为样本中位数. 当 n 是奇数时, $T(G_n)=T_n=X_{(n+1)/2}$; 当 n 是偶数时, 由于 $T=G_n^{-1}\left(\dfrac{1}{2}\right)$ 没有确定的解, 我们就取区间 $\{t:G(t)=1/2\}$ 的中点, 即 $T_n=(X_{(n/2)}+X_{(n/2+1)})/2$. 由于 $F_\theta=\Phi(x-\theta)$ 相对于 θ 对称, 故 $F_\theta^{-1}(1/2)=\displaystyle\int u\mathrm{d}F_\theta(u)=\theta$. 这样, $F_n^{-1}(1/2)$ 与 $\overline{X}=\displaystyle\int u\mathrm{d}F^{-1}(u)$ 是

参数 θ 的两个估计. 在后面, 我们将给出一般的 α- 分位数的影响函数, 利用 α- 分位数的影响函数, 可给出泛函 $T(F_\theta) = F_\theta^{-1}(1/2)$ 的影响函数为

$$IF(x; T, \Phi(x-\theta)) = \frac{\text{sign}(x-\theta)}{2\phi(0)}. \tag{5.6}$$

比较样本均值和样本分位数这两个统计泛函的影响函数可知, 样本均值的影响函数是无界的, 而样本中位数的影响函数是有界的. 这说明样本中位数是稳健的, 而样本均值不是稳健的 (参见图 2.5.1). 虽然中位数比平均值稳健的多, 但是从稳健角度出发, 可以提出更好的稳健估计. 比如 "三分降尾 M-估计" 和 "双曲正切估计", 感兴趣的读者请阅读 Hampel et al. [1986].

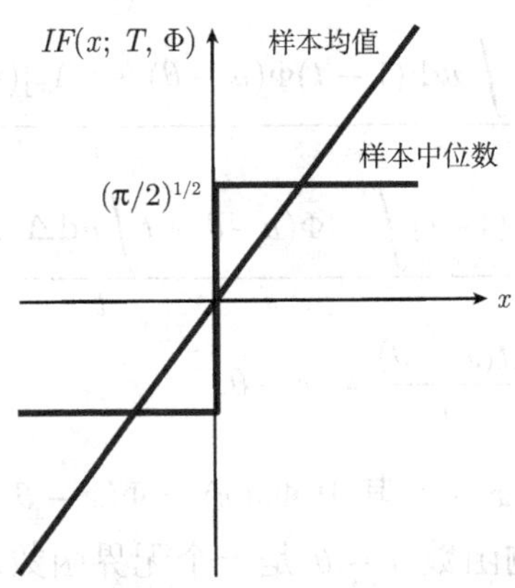

图 2.5.1 平均值与中位数的影响函数比较图 (总体参数 $\theta = 0$)

在例 5.3 和例 5.4 中, 我们直接利用影响函数的定义进行计算. 但是在 $T(F)$ 特别复杂, 或者没有明显的表达式的情况下, 这种计算方法不是很方便. 从影响函数的定义可知, $IF(x; T, F)$ 在 x 处的值就是待估量 $T(F)$ 在总体分布 F 处的 (在 x 处的) 变化率. 若总体分布 F 变成 $F_{t,x} = (1-t)F + t\Delta_x$, 这意味总体分布有一些变动, 这样待估量的变动量为 $T(F_{t,x}) - T(F)$, 而变动率刚好是影响函数在 x 处的值. 所以, 我们也可以把影响函数在 x 处的值看成是导函数 $\dfrac{\mathrm{d}T(F_{t,x})}{\mathrm{d}t}$ 在 $t=0$ 处的值. 利用这个思想, 我们也容易计算影响函数.

下面我们推导 α- 分位数估计的影响函数. 设分布函数为 F, 其密度函数为 f, α- 分位数泛函为 $T_\alpha = F^{-1}(\alpha)$. 假设 $f(F^{-1}(\alpha)) > 0$, 且 f 在 $F^{-1}(\alpha)$ 处连续.

对任意的 $t > 0$ 和 $x \in \mathcal{X}$, 定义 $F_{t,x} = (1-t)F + t\Delta_x$, 简记为 F_t. 将 F_t 的表达式代入恒等式 $F_t(F_t^{-1}(\alpha)) = \alpha$, 得到

$$(1-t)F(F_t^{-1}(\alpha)) + t\Delta_x(F_t^{-1}(\alpha)) = \alpha.$$

对上式中的变量 t 求微商, 利用复合函数微商法则, 得到

$$\begin{aligned} &-F(F_t^{-1}(\alpha)) + (1-t)f(F_t^{-1}(\alpha))\frac{\mathrm{d}F_t^{-1}(\alpha)}{\mathrm{d}t} \\ &+\Delta_x(F_t^{-1}(\alpha)) + t\frac{\mathrm{d}\Delta_x(F_t^{-1}(\alpha))}{\mathrm{d}t} = 0. \end{aligned}$$

再令 $t \to 0$, 可以得到

$$-F(F^{-1}(\alpha)) + f(F^{-1}(\alpha))\lim_{t\to 0}\frac{\mathrm{d}F_t^{-1}(\alpha)}{\mathrm{d}t} + \Delta_x(F^{-1}(\alpha)) = 0,$$

即得到了泛函 T_α 的影响函数

$$IF(x; T_\alpha, F) = \frac{\alpha - \Delta_x(F^{-1}(\alpha))}{f(F^{-1}(\alpha))}.$$

所以

$$IF(x; T_\alpha, F) = \begin{cases} \dfrac{\alpha - 1}{f(F^{-1}(\alpha))}, & \text{当 } x \leqslant F^{-1}(\alpha), \\ \dfrac{\alpha}{f(F^{-1}(\alpha))}, & \text{当 } x > F^{-1}(\alpha). \end{cases}$$

特别地, 当 $\alpha = 1/2$ 时, 中位数泛函的影响函数为

$$IF(x; T_{1/2}, F) = \begin{cases} \dfrac{-1}{2f\left(F^{-1}\left(\dfrac{1}{2}\right)\right)}, & \text{当 } x \leqslant F^{-1}\left(\dfrac{1}{2}\right), \\ \dfrac{1}{2f\left(F^{-1}\left(\dfrac{1}{2}\right)\right)}, & \text{当 } x > F^{-1}\left(\dfrac{1}{2}\right). \end{cases}$$

且当 F 是正态分布的分布函数时, 利用上式可以得到 (5.6).

为更好地理解影响函数, 我们简单介绍一下有限样本情况下的影响函数, 即经验影响函数, 其基本想法就是增加一个新观测值. 假设我们的估计序列为 $\{T_n, n \geqslant 1\}$ 以及 n 个观测值 $(x_1, \cdots, x_n)$, 则该样本估计的经验影响函数就定义为

$$T_{n+1}(x_1, \cdots, x_n, x).$$

由经验影响函数可以考查一个估计量的稳健性. 若 $T_{n+1}(x_1, \cdots, x_n, x)$ 为 x 的有界函数, 则可以认为 $T_{n+1}(x_1, \cdots, x_n, x)$ 是稳健的, 否则, 为不稳健的. 事实上, 在影响函数的定义式 (5.3) 中, 令 $F = F_n, t = 1/(n+1)$, 代入 (5.3) 右边极限式的函数中, 得到

$$(n+1)[T_{n+1}(x_1, \cdots, x_n, x) - T_n(x_1, \cdots, x_n)].$$

实际上, 上式与刚才定义的经验影响函数也是等价的, 两者之间相差一个线性变换. 从观察一个估计序列的稳健性的角度来看两者是等价的. 例 5.3 和例 5.4 中对 θ 的估计都是 $T_n = \overline{X}$, 它们的经验影响函数是相同的. 从而两个估计序列的稳健性也相同, 即它们都不是稳健的.

下面将用 Cushny 和 Peebles [1905] 给出的安眠药数据来说明经验影响函数. 数据中, $n = 10$, 图 2.5.2 中列出了样本均值, 样本中位数和 10% 截断均值的经验影响函数. 从图 2.5.2 中看出, 平均值与中位数的经验影响函数的曲线与图 2.5.1 中平均值与中位数的影响函数的曲线非常相似. 当 x 趋于无穷时, 可以看出平均值的经验影响函数和影响函

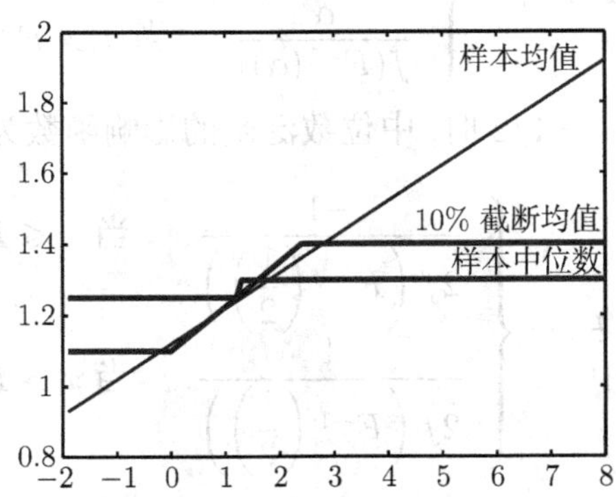

图 2.5.2 均值, 10% 截断均值, 中位数的经验影响函数的比较图

数都趋于无穷大,而中位数的经验影响函数和影响函数都趋于常数,且 10% 截断均值的经验影响函数也趋于常数.

二、 崩溃点

上面,我们介绍了影响函数在稳健估计中的作用,它是统计泛函 T 沿着单点概率测度 Δ_x 的方向导数. 它表明新增一个观测值 x 后,对估计量产生的影响大小. 但是影响函数存在一个局限:它只刻画了估计的局部性质,是一个局部概念. 在本节里,我们介绍一个描述估计的全局稳健性的概念 —— 崩溃点并说明其性质.

关于总体崩溃点的严格定义很复杂,超出本书的范围,感兴趣的读者可以参看 Hample et al. [1986] 或者 Huber [1981]. 在此,我们只介绍有限样本崩溃点的概念.

对于具体的观测样本,人们更多的是关心有限样本下的崩溃点,有限样本下的定义因不涉及总体分布,所以更简单. Hampel et al. [1986] 提出了 "ε- 替换" 概念,即先把原来样本中 ε 部分数据替换成可能的其他数据,然后再考虑新样本下估计发生的变化. 从而得到如下定义:

定义 5.2 设容量为 n 的样本观测值为 $(x_1,\cdots,x_n)$,估计量 T_n 关于该样本的**有限样本崩溃点**定义为

$$\varepsilon_n^*(T_n;x_1,\cdots,x_n)=\frac{1}{n}\max\{m;\max_{i_1,\cdots,i_m}\sup_{y_1,\cdots,y_m}|T_n(z_1,\cdots,z_n)|<\infty\},$$

其中样本 $(z_1,\cdots,z_n)$ 是由样本 $(x_1,\cdots,x_n)$ 中将 $(x_{i_1},\cdots,x_{i_m})$ 替换为 $(y_1,\cdots,y_m)$ 得到的,这里 $1\leqslant i_1<\cdots<i_m\leqslant n$.

值得注意的是,崩溃点 ε_n^* 往往不依赖于样本 $(x_1,\cdots,x_n)$,只依赖于样本容量 n.

Donoho 和 Huber [1983] 也给出了**有限样本崩溃点**的定义,为

$$\varepsilon_n^{*H}=\frac{1}{n}\min\{m;\max_{i_1,\cdots,i_m}\sup_{y_1,\cdots,y_m}|T_n(z_1,\cdots,z_n)|=\infty\}.$$

这两个崩溃点的关系为

$$\varepsilon_n^{*H}=\varepsilon_n^*+\frac{1}{n}.$$

现在我们看看这两个崩溃点定义的意思:Hampel 定义的崩溃点

ε_n^* 是指, 最大比例的样本数据都被替换为任意可能值时, 使得估计量 T_n 仍然有限; Dohono 和 Huber 定义的崩溃点 ε_n^{*H} 是指, 最小比例的样本数据被替换为任意可能值时, 使得估计量 T_n 为无穷大.

关于崩溃点的计算, 我们举出如下例子:

例 5.5 当数据 x_n 换为 ∞ 时, 算术平均值就变成无穷大, 所以算术平均值的有限样本崩溃点为 $\varepsilon_n^*=0, \varepsilon_n^{*H}=\dfrac{1}{n}$.

现在分析中位数的有限样本崩溃点. 当 n 是偶数时, 则当 $n/2$ 个数据替换成 ∞ 时, 中位数就变成无穷大, 但是当少于 $n/2-1$ 个数据替换成 ∞ 时, 中位数仍然有限, 所以中位数的有限样本崩溃点为 $\varepsilon_n^*=\dfrac{1}{2}-\dfrac{1}{n}, \varepsilon_n^{*H}=\dfrac{1}{2}$. 当 $n=2k+1$ 时, 则当 $k+1$ 个数据替换成 ∞ 时, 中位数就变成无穷大. 但是当少于 k 个数据替换成 ∞ 时, 中位数仍然有限; 所以中位数的有限样本崩溃点为 $\varepsilon_{2k+1}^*=\dfrac{k}{2k+1}, \varepsilon_n^{*H}=\dfrac{k+1}{2k+1}$.

类似地分析 α- 截断均值的有限样本崩溃点. α- 截断均值估计法就是去掉 $[\alpha n]$ 个最小的和 $[\alpha n]$ 个最大的样本数据, 然后计算剩余样本数据的平均值. 该方法广泛使用于体育等生活领域中的评分方法. 不妨设 αn 是整数, 显然将最大的 $\alpha n+1$ 个样本数据换成无穷大时, α- 截断均值就变成无穷大了, 但是只将少于 αn 个样本数据换成无穷大时, α- 截断均值仍然是有限的. 所以 α- 截断均值的有限样本崩溃点为 $\varepsilon_n^*=\dfrac{[\alpha n]}{n}, \varepsilon_n^{*H}=\dfrac{[\alpha n]+1}{n}$.

从上面的例子可以看出, 有限样本的崩溃点并不依赖于样本 $(x_1, \cdots, x_n)$, 而只依赖于样本容量 n. 虽然两个定义不同, 但是当样本容量 n 趋于无穷大时, 它们的极限相同. 在很多情况下, 有限样本崩溃点的极限与总体崩溃点相等.

三、 M- 估计

稳健估计的种类非常多, 比如 M- 估计 (Huber [1964]), L- 估计 (Helmers [1978]), R- 估计 (Huber [1981], 3.4 节), A- 估计 (Lax [1975]), D- 估计 (Wolfowitz [1957]), P- 估计 (Johns [1979]), S- 估计 (Rousseeuw

和 Yohai [1984]) 和 W - 估计 (Tukey [1977]), 其中最常见的稳健估计是 M- 估计, L- 估计和 R- 估计. 因篇幅限制, 我们只介绍 M- 估计.

我们知道, ML 估计 $T_n = T_n(X_1, \cdots, X_n)$ 使似然函数 $\prod\limits_{i=1}^{n} f_\theta(X_i)$ 在 $\theta = T_n$ 处达到最大, 或者等价地, 下列负对数似然函数

$$\sum_{i=1}^{n} -\ln f_\theta(X_i) \tag{5.7}$$

在 $\theta = T_n$ 达到最小值.

Huber [1964] 将之推广到一般情况, 求估计 T_n, 使得

$$\sum_{i=1}^{n} \rho(X_i, T_n) = \min_{\theta \in \Theta} \left\{ \sum_{i=1}^{n} \rho(X_i, \theta) \right\}, \tag{5.8}$$

其中 ρ 是定义在 $\mathcal{X} \times \Theta$ 空间上的函数. 假设函数 ρ 关于参数 θ 有一阶偏导

$$\psi(x, \theta) = (\partial / \partial\theta) \rho(x, \theta),$$

则 T_n 满足如下方程:

$$\sum_{i=1}^{n} \psi(X_i, T_n) = 0. \tag{5.9}$$

定义 5.3 满足 (5.8) 或者 (5.9) 的估计称为 **M- 估计**.

需要说明的是, 方程 (5.9) 中的函数 ψ 乘以任意的一个正常数 $r > 0$, 估计值不发生变化. 当然, 如果乘以一个负常数 $r < 0$, 估计值也不会发生变化, 只是对应的 (5.8) 应为求最大值.

"M- 估计" (Huber [1964]) 的意思是 "广义最大似然估计" (Generalized Maximum Likelihood). 当然 (5.8) 和 (5.9) 不总是等价的, 但是 (5.9) 的解可以在求 (5.8) 的极小值点中发挥作用. 由于函数 ψ 决定 T_n, 为简便起见, 使用 ψ 的稳健性来代替 T_n 的稳健性.

特别地, 当 $\rho(x, \theta) = -\ln f_\theta(x)$ 时, M- 估计就是 ML 估计, 所以说 ML 估计也是 M- 估计. 现在考虑 M- 估计的影响函数与 ψ 的关系. 设 G_n 是样本的经验分布, T_n 满足 (5.9), 可将 (5.9) 写成

$$\int \psi(x, T_n) \mathrm{d}G_n(x) = 0 \tag{5.10}$$

的形式. 这说明 T_n 是统计泛函 $T(G)$ 在 G_n 处的值, 其中 $T(G)$ 是下列方程的解:

$$\int \psi(x, T(G)) \mathrm{d}G(x) = 0. \tag{5.11}$$

由于 (5.11) 所确定的解与 M- 估计相联系, 我们称 (5.11) 所确定的统计泛函为 M-**泛函**.

定理 5.1　设 $X_1, \cdots, X_n \sim \text{iid } F(y)$, T_n 满足 (5.9) 或 (5.10), M-泛函 T 由 (5.11) 所定义 (在定义 M- 泛函 $T(F)$ 的时候, 必须将 (5.11) 中的 G 换成 F), 且函数 $\psi(x,\theta)$ 关于参数 θ 有连续的一阶偏导, 则 T 的影响函数为

$$IF(x;\psi,F) = -\frac{\psi(x, T(F))}{\displaystyle\int (\partial/\partial\theta)[\psi(y,\theta)]|_{\theta=T(F)} \mathrm{d}F(y)}. \tag{5.12}$$

证明　将 (5.11) 中的 G 用 $F_{t,x} = (1-t)F + t\Delta_x$ 代入, 得到

$$\int \psi(y, T(F_{t,x})) \mathrm{d}F_{t,x}(y) = 0.$$

在上式中, 将 $F_{t,x}$ 的表达式代入 $\mathrm{d}F_{t,x}$ 中, 经过整理, 得到

$$\int \psi(y, T(F_{t,x})) \mathrm{d}F(y) - t\int \psi(y, T(F_{t,x})) \mathrm{d}(F - \Delta_x)(y) = 0.$$

然后将上式两边对 t 微分, 可得

$$\begin{aligned} 0 = &\int \frac{\partial}{\partial\theta}[\psi(y,\theta)]\Big|_{\theta=T(F_{t,x})} \cdot \frac{\partial}{\partial t}[T(F_{t,x})] \mathrm{d}F(y) \\ &- \int \psi(y, T(F_{t,x})) \mathrm{d}(F-\Delta_x)(y) \\ &- t\int \frac{\partial}{\partial\theta}[\psi(y,\theta)]\Big|_{\theta=T(F_{t,x})} \cdot \frac{\partial}{\partial t}[T(F_{t,x})] \mathrm{d}(F-\Delta_x)(y). \end{aligned}$$

注意：求在上式微商的过程中, 我们假定求积分和求微分可以交换次序. 由于函数 $\psi(x,\theta)$ 关于参数 θ 有连续的一阶偏导, 且 $\lim\limits_{t\to 0} T(F_{t,x}) = T(F)$, $\lim\limits_{t\to 0} \dfrac{\partial}{\partial t}[T(F_{t,x})] = IF(x;\psi,F)$, 对上式右边, 令 $t \to 0$, 则得到

$$\begin{aligned} &IF(x;\psi,F)\int \frac{\partial}{\partial\theta}[\psi(y,\theta)]|_{\theta=T(F)} \cdot \mathrm{d}F(y) \\ &\quad - \int \psi(y, T(F)) \mathrm{d}(F-\Delta_x)(y) = 0. \end{aligned}$$

又注意到 $\int \psi(y,T(F))\mathrm{d}F(y)=0$, 可以得到公式 (5.12). □

前面已经提到, ML 估计也是 M- 估计, 这时 $\rho(x,\theta)=-\ln f_\theta(x)$, 相应的 $\psi(x,\theta)=-(\partial/\partial\theta)[\ln f_\theta(x)]$. 利用公式 (5.12) 可知: θ 的 ML 估计的影响函数为

$$
\begin{aligned}
IF(x;T,F_\theta) &= \frac{-\psi(x,T(F_\theta))}{\displaystyle\int -(\partial^2/\partial\theta^2)[\ln f_\theta(y)]\mathrm{d}F_\theta(y)} \\
&= \frac{(\partial/\partial\theta)[\ln f_\theta(x)]}{\displaystyle\int -(\partial^2/\partial\theta^2)[\ln f_\theta(y)]\mathrm{d}F_\theta(y)} \\
&= I^{-1}(F_\theta)(\partial/\partial\theta)[\ln f_\theta(x)].
\end{aligned}
$$

需要说明的是, 这里的 M- 泛函 T 需要满足 $T(F_\theta)=\theta$. 在第三章中, 可以证明在一定的正则条件下, 这个条件是满足的.

考虑如下的位置参数的 M- 估计. 位置族模型如下:

$$
\mathcal{X}=\mathbb{R},\quad \Theta=\mathbb{R},\quad F_\theta(x)=F(x-\theta). \tag{5.13}
$$

参数 θ 是一个位置参数. 用于参数 θ 的 M- 估计的函数 ψ 通常具有如下形式:

$$
\psi(x,\theta)=\psi(x-\theta). \tag{5.14}
$$

例 5.6 考虑位置族模型 (5.13), 并且假定 F 具有密度函数 $f(x)$. 取 $\rho(x,\theta)=-\ln(f(x-\theta))$, 得到相应的 ψ 函数为 $\psi(x-\theta)=f'(x-\theta)/f(x-\theta)$. 当与样本相应的方程有唯一解的时候, 相应的解就是 ML 估计. 为使函数 $\psi(\cdot)$ 为单调不减函数, 人们也通常在位置族模型中取 $\psi(x)=-f'(x)/f(x)$. 这时 $\rho(x,\theta)=\ln f(x-\theta)$, 那么 (5.8) 应为求最大值. 若取 $F=\Phi$ 时, 即当 F 为标准正态分布时, $\psi(x)=x$, M- 估计就是样本均值; 当 F 取为 logistic 分布 $F(x)=(1+\exp\{-x\})^{-1}$ 时, 这时 $\psi(x)=2F(x)-1$; 当 F 是双指数分布或者 Laplace 分布 $\left(f(x)=\dfrac{1}{2}\exp\{-|x|\}\right)$ 时, $\psi(x)=\psi_{\mathrm{med}}(x)=\mathrm{sign}(x)$, 这时 M- 估计就是样本中位数; 当 F 为柯西分布 $(f(x)=[\pi(1+x^2)]^{-1})$ 时, 这时 $\psi(x)=2x/(1+x^2)$ 是非单调函数.

将 (5.14) 中的 ψ 代入 (5.12) 中, 经过简单计算, 得到分布在 F_θ 处, T 的影响函数为

$$IF(x;\psi,F_\theta)=\frac{\psi(x-\theta)}{\int\psi'(y)\mathrm{d}F(y)},\tag{5.15}$$

此处分母中的 F 指 $F(x)$, 所以影响函数 IF 正比于 $\psi(x-\theta)$.

这里需要说明的是, 欲求参数 θ 的 M- 估计, 其相应的 M- 泛函必须满足 $T(F_\theta)=\theta$. 这个条件成立的一个充分条件就是方程

$$\int\psi(x-a)\mathrm{d}F(x)=0\tag{5.16}$$

的解唯一, 且为 0, 即 $T(F)=0$. 这样我们由

$$\int\psi(x-T(F_\theta))\mathrm{d}F(x-\theta)=0,$$

可得

$$\int\psi(x-T(F_\theta)+\theta)\mathrm{d}F(x)=0.$$

故由解的唯一性可得 $T(F_\theta)=\theta$.

例 5.7　现在假定位置族模型中的 F 在区间 $[-b,b]$ 上具有对称分布, 在区间外面可以不对称, 但是在 $(-\infty,-b)$ 和 (b,∞) 的两个区间上质量相等. 此时, Huber [1964] 提出函数

$$\psi(x)=\begin{cases}-b, & x<-b,\\ x, & -b\leqslant x\leqslant b,\\ b, & x>b,\end{cases}$$

满足条件

$$\int\psi(x-\theta)\mathrm{d}F(x-\theta)=0,$$

即函数 ψ 所对应的泛函 $T(F(x-\theta))=\theta$. 设 $X_1,\cdots,X_n\sim\text{iid}\ F(x-\theta)$, 位置参数 θ 的 M- 估计 $T_n(X_1,\cdots,X_n)$ 满足方程

$$\sum_{i=1}^n\psi(X_i-T_n)=0.$$

注意到, 函数 ψ 在 $(-\infty,b)$ 和 (b,∞) 上的导数为 0, 在 $(-b,b)$ 上的导数为 1. 设点 b 和 $-b$ 是分布函数 F 的连续点, 利用公式 (5.15), 我们可以得到 ψ 在 F (对应 $\theta=0$) 处的影响函数是

$$IF(x;\psi,F)=\frac{\psi(x)}{\displaystyle\int\psi'(y)\mathrm{d}F(y)}=\frac{\psi(x)}{\displaystyle\int_{-b}^{b}\psi'(y)\mathrm{d}F(y)}=\frac{\psi(x)}{F(b)-F(-b)}.$$

这个估计的影响函数是有界的, 因此具有很好的稳健性.

例 5.8 (均值的影响函数) 下面我们利用公式 (5.15) 来推导均值的影响函数. 设 $X_1,\cdots,X_n\sim\text{iid }F_\theta=F(x-\theta)$, 且 F 满足 $\displaystyle\int|x|\mathrm{d}F(x)<\infty$, 即分布 F 存在有限期望. 当 $\psi(x)=x$ 时, 满足方程 $\displaystyle\sum_{i=1}^{n}\psi(x-T_n)=0$ 的解就是 $T_n=\overline{x}$, 即样本均值. 则利用公式 (5.15), 可得均值泛函 T 的影响函数是

$$IF(x;T,F_\theta)=\frac{\psi(x-\theta)}{\displaystyle\int\psi'(y)\mathrm{d}F(y)}=x-\theta.$$

§2.6 习　题

1. 设 $(X_1,Y_1),\cdots,(X_n,Y_n)$ 独立同分布. 求其总体相关系数 ρ 的矩估计.

2. 设 $X_1,\cdots,X_n\sim\text{iid }U(\theta_1,\theta_2)$. 求 θ_1,θ_2 的矩估计以及 ML 估计.

3. 设 X 具有分布密度函数

$$p(x,\lambda)=\begin{cases}\lambda\exp\{-\lambda x\}, & x\geqslant 0,\lambda>0,\\ 0, & x<0.\end{cases}$$

又设 $X_1,\cdots,X_n\sim\text{iid }p(x,\lambda)$. 求 λ 的 ML 估计.

4. 设 X 的分布为几何分布, 其密度函数为

$$\mathbf{P}\{X=k\}=p(1-p)^{k-1},\ k=1,2,\cdots,$$

其中 $p\in(0,1)$. 这个分布的实际背景为独立同分布试验序列. 设在独立重复试验中, 一次试验成功的概率为 p, X 为试验序列中取得第一次成功所需的试验次数. 设 $X_1,\cdots,X_n$ 为 X 的简单随机样本.

(i) 写出这个模型的似然函数.

(ii) 求出参数 p 的 ML 估计.

(iii) 求出参数 p 的矩估计.

5. 设 $X_1, \cdots, X_n \sim \text{iid}\ N(\mu, \sigma^2)$. 在下列两种情况下求出模型参数的 ML 估计:

(i) $\mu = \mu_0$ 为已知, $\sigma^2 > 0$ 为未知参数.

(ii) $\sigma^2 = \sigma_0^2$ 为已知, $\mu \in \mathbb{R}$ 为未知参数.

6. 设 X 具有分布密度函数

$$p(x, \theta) = \begin{cases} \exp\{-(x-\theta)\}, & x \geqslant \theta, \\ 0, & x < \theta, \end{cases}$$

其中 $\theta \in (-\infty, \infty)$. 设 $X_1, \cdots, X_n \sim \text{iid}\ p(x, \theta)$. 求 θ 的 ML 估计.

7. 设 $X_1, \cdots, X_n \sim \text{iid}\ N_p(\mu, \Sigma)$, 即 p- 元正态分布, 其均值为 μ, 方差为 $\Sigma > 0$.

(i) 写出参数 (μ, Σ) 的似然函数.

(ii) 求出参数 (μ, Σ) 的 ML 估计.

(ii) 求出参数 (μ, Σ) 的矩估计.

8. 设 $X_1, \cdots, X_n \sim \text{iid}\ B(1, p)$, 即 X_i 为独立同分布试验序列中一次试验成功的示性函数, $\mathbf{P}\{X_i = 1\} = p$, $\mathbf{P}\{X_i = 0\} = 1 - p$, $i = 1, \cdots, n$.

(i) 计算 $\text{var}(X_1)$.

(ii) 求 $\text{var}(X_1)$ 的 ML 估计 $T(X_1, \cdots, X_n)$.

(iii) 求 $\mathbf{E}T(X_1, \cdots, X_n)$.

9. 设 (X, Y) 的联合分布是 $\mathbf{P}\{X = i, Y = j\} = p_{ij}$, 其中 $i, j = 0, 1$, 且满足 $\sum_{i=0}^{1}\sum_{j=0}^{1} p_{ij} = 1$. 现有 n 个观测数据, 由于种种原因, 有些数据缺失. 得到的数据如下: 观测到 $X = i, Y = j$ 的样本个数是 $n_{ij} > 0, i, j = 0, 1$, 同时观测到 n_1 个样本是 $X = 1$, 而相应的 Y 未知, 且 $n_1 + \sum_{i=0}^{1}\sum_{j=0}^{1} n_{ij} = n$.

(i) 计算参数 $p_{ij}, i, j = 0, 1$ 的似然函数.

(ii) 运用 EM 算法给出参数的估计方法以及算法.

(iii) 设 $n_{11} = 5, n_{12} = 10, n_{21} = 20, n_{22} = 25, n_1 = 40$, 计算参数的估计值.

10. 有限混合模型的 EM 算法. 假设独立样本数据 $\boldsymbol{X} = (X_1, \cdots, X_n)$ 来自 g ($g \geqslant 2$) 个不同的总体, 不同总体的分布也不相同, 但是分布形式已知, 而参

数 $\boldsymbol{\theta}=(\theta_1,\theta_2,\cdots,\theta_g)$ 未知, 比例参数为 $w=(w_1,\cdots,w_g)$, 满足 $w_j\geqslant 0$, $j=1,\cdots,g$, 且 $\sum\limits_{j=1}^{g}w_j=1$. 为方便使用 EM 算法, 引入随机变量 $\boldsymbol{Z}=(Z_1,\cdots,Z_n)$, 令 $\mathbf{P}\{Z_i=j\}=w_j$, $i=1,\cdots,n$, $j=1,\cdots,g$, 即 X_i 来自第 j 个总体的概率是 w_j. 假设 X_i 与 $Z_i, i=1,\cdots,n$ 独立.

(i) 证明完全数据 $(X_i,Z_i), i=1,\cdots,n$ 的对数似然函数是

$$l(\boldsymbol{\theta},w)=\sum_{i=1}^{n}\sum_{j=1}^{g}Z_{ij}\ln(w_jf(X_i|\theta_j)),$$

其中 $Z_{ij}=I_{\{Z_i=j\}}$, $f(\cdot|\theta_j)$ 为第 $j, j=1,\cdots,g$ 个总体的密度函数.

(ii) 在给定参数 $(\boldsymbol{\theta}^{(k)},w^{(k)})$ 的情况下, 求 $\mathbf{E}(Z_{ij}|\boldsymbol{\theta}^{(k)},w^{(k)})$, $i=1,\cdots,n, j=1,\cdots,g$.

(iii) 求 $\mathbf{E}[l(\boldsymbol{\theta},w|\boldsymbol{X},\boldsymbol{\theta}^{(k)},w^{(k)})]$ (E- 步).

(iv) 证明：在一定的正则条件下, 当 $\mathbf{E}[l(\boldsymbol{\theta},w|\boldsymbol{X},\boldsymbol{\theta}^{(k)},w^{(k)})]$ 达到最大时, 满足

$$w_j^{(k+1)}=\frac{1}{n}\sum_{i=1}^{n}\mathbf{E}(Z_{ij}|\boldsymbol{\theta}^{(k)},w^{(k)}).$$

且 $\theta_j^{(k+1)}$ 满足

$$\theta_j^{(k+1)}=\arg\max_{\theta_j}\sum_{i=1}^{n}\mathbf{E}(Z_{ij}|\boldsymbol{\theta}^{(k)},w^{(k)})\ln f(X_i|\theta_j),\quad j=1,\cdots,g.$$

11. 有限混合 Gauss 模型的 EM 算法. 假设独立样本数据 $\boldsymbol{X}=(X_1,\cdots,X_n)$ 来自 g $(g\geqslant 2)$ 个不同的 Gauss 总体, 这里 $X_i=(X_{i_1},\cdots,X_{i_p})'$ 是 p 维向量. 对总体 Y_j, $j=1,\cdots,g$, 分布是正态分布 $N(\mu_j,\Sigma_j)$. 在这个模型中, 参数 $\boldsymbol{\theta}=(\theta_1,\theta_2,\cdots,\theta_g)$ 未知, $\theta_j=(\mu_j,\Sigma_j)$, $j=1,\cdots,g$. 比例参数为 $w=(w_1,\cdots,w_g)$, 满足 $w_j\geqslant 0$, $j=1,\cdots,g$, 且 $\sum\limits_{j=1}^{g}w_j=1$. 请运用习题 10 的结论推导 EM 算法的 E- 步和 M- 步, 并给出参数估计的递推形式.

12. 设 $X_1,\cdots,X_n$ 为来自下列密度函数的一个样本:

$$p(x,\theta)=\begin{cases}\theta x^{\theta-1}, & 0\leqslant x\leqslant 1,\theta>0,\\ 0, & \text{其他}.\end{cases}$$

(i) 求 θ 的矩估计.

(ii) 求 θ 的 ML 估计.

13. 设 $X_1,\cdots,X_n\sim\text{iid }N(\mu,\sigma^2)$, $\mu\geqslant 0$, $\sigma^2>0$. 求参数 (μ,σ^2) 的 ML 估计.

14. $\xi \sim N(0,1)$, $\eta \sim \chi_n^2$, 且 ξ 和 η 相互独立. 证明: $\xi/\sqrt{\eta/n}$ 具有 t 分布.

15. 设 $X_1, \cdots, X_n \sim \text{iid } N(\mu, \sigma^2)$, $\mu \geqslant 0$, $\sigma^2 \leqslant 2$. 求变异系数 σ/μ 的 ML 估计.

16. 设 $X_1, \cdots, X_n \sim \text{iid}$ Rayleigh 分布, 即密度函数是

$$f(x, \theta) = 2\theta^{-1} x \exp\{-x^2/\theta\} I_{\{x>0\}}.$$

(i) 求 θ 的 ML 估计.

(ii) 求 θ 的无偏估计 $\hat{\theta}$ 的均方误差.

(iii) θ 的 UMVU 估计以及它的方差.

17. 在习题 2 中, 求 $(\theta_1 + \theta_2)/2$ 的 UMVU 估计.

18. 设 $X_1, \cdots, X_n \sim \text{iid}$ 两点分布, $\mathbf{P}\{X_i = 1\} = \theta, 0 < \theta < 1$.

(i) 求 $a = \theta^m$ 的 UMVU 估计, 其中 $m \leqslant n$, m 是整数.

(ii) 求 $\mathbf{P}\{X_1 + \cdots + X_m = k\}$ 的 UMVU 估计, 其中 $m \leqslant n$, m 是整数, $0 \leqslant k \leqslant m$.

(iii) 求 $\mathbf{P}\{X_1 + \cdots + X_{n-1} > X_n\}$ 的 UMVU 估计以及它的方差.

19. 设 $X \sim B(n, \theta)$, 即 X 的分布族由下式给出:

$$\mathbf{P}_\theta\{X = k\} = \binom{n}{k} \theta^k (1-\theta)^{n-k}, \quad k = 0, \cdots, n.$$

(i) 求 θ 和 $\theta(1-\theta)$ 的无偏估计.

(ii) 求 θ 的无偏估计 $\hat{\theta}$ 的均方误差.

20. 设 $X_1, \cdots, X_n \sim \text{iid } N(\mu, 1)$, $\mu \in (-\infty, \infty)$. 求 μ, μ^2, μ^3 的 UMVU 估计.

21. 设 $X_1, \cdots, X_n \sim \text{iid } N(\mu, \sigma^2)$, $\mu \in (-\infty, \infty)$, $\sigma^2 > 0$, 指出

$$T(X_1, \cdots, X_n) = \overline{X}^2 - \frac{\sum\limits_{i=1}^n (X_i - \overline{X})^2}{n(n-1)}$$

是 μ^2 的 UMVU 估计.

22. 设 $X_1, \cdots, X_n \sim \text{iid } P(\lambda)$, $\lambda > 0$. 证明: $\overline{X}$ 和 $\frac{1}{n-1} \sum\limits_{i=1}^n (X_i - \overline{X})^2$ 都是 λ 的无偏估计.

23. 设 $X_1, \cdots, X_n \sim \text{iid } B(1, p)$, $p \in (0, 1)$. 令 $T = \sum\limits_{i=1}^n X_i$, $\widetilde{T} = X_1 + X_2$. 指出 $\widetilde{T}$ 在 $T = t$ 的条件下的分布与 p 无关.

24. 设 $X_1, \cdots, X_n \sim \text{iid } B(1,p)$, $0 < p < 1$, 即 $\mathbf{P}\{X_i = 1\} = p = 1 - \mathbf{P}\{X_i = 0\}, i = 1, \cdots, n$. 指出 $(X_1, \cdots, X_n)$ 的分布为指数族分布, 并找出其完全充分统计量.

25. 设 $X_1, \cdots, X_n \sim \text{iid } p(x,\theta)$, $0 < \theta < 1$, 其中 $p(x,\theta)$ 为离散随机变量的分布列,

$$p(x,\theta) = \theta(1-\theta)^{x-1},\ x = 1, 2, \cdots.$$

指出 $(X_1, \cdots, X_n)$ 的分布为指数族分布, 并找出其完全充分统计量.

26. 设 S 和 T 为某统计模型中的两个统计量. 证明: 若它们能互相表示, 即 S 能写成 $\phi(T)$ 的形式, T 也能写成 $\psi(S)$ 的形式, 则 S 和 T 同时为完全充分统计量或同时不为完全充分统计量.

提示: 利用完全充分统计量的定义, 由 S 的完全充分性推出 T 的完全充分性, 反之亦然.

27. 设 $X_1, \cdots, X_n \sim \text{iid } p(x,\lambda) = I_{[0,\infty)}(x)\lambda\exp\{-\lambda x\}$, $\lambda > 0$.

(i) 证明: $\sum\limits_{i=1}^{n} X_i$ 的密度函数为

$$q(x,\lambda) = I_{[0,\infty)}(x)\frac{1}{\Gamma(n)}\lambda^n x^{n-1}\exp\{-\lambda x\},\ \lambda > 0.$$

(ii) 求出 λ 的矩估计.

(iii) 求出该统计模型的完全充分统计量.

(iv) 求出 λ 的 UMVU 估计.

28. 设 $X_1, \cdots, X_n$ 相互独立, $X_j \sim N(0,\sigma^2), j \neq 1, n$. $X_1 \sim N(\mu,\sigma^2)$, $X_n \sim N(0, w\sigma^2), w > 0$. 求 μ, w, σ^2 的 UMVU 估计.

29. 设 $X \sim f_\theta(x)$, 令 $I(\theta) = \mathbf{E}_\theta(-\partial^2/\partial\theta^2 \ln f_\theta(x))$ 表示 X 关于 θ 的信息量, 又令 $J(\theta) = \mathbf{E}_\theta(-\partial^2/\partial\theta^2 \ln g_\theta(T))$ 表示统计量 T 含有的关于 θ 的信息量, 其中 $g_\theta(\cdot)$ 表示 T 的密度函数. 定义 $\xi(\theta) = I(\theta) - J(\theta)$, 则 $\xi(\theta)$ 表示用 T 代替 X 后所损失的信息. 证明: 在适当的正则条件下,

(i) 对一切 θ, $\xi(\theta) \geqslant 0$.

(ii) $\xi(\theta) = 0$ 的充分必要条件是 T 为 θ 的充分统计量.

30. (i) 设 $X \sim (1/\theta)f(x/\theta)$, 即刻度族. 证明: X 关于 θ 的信息量是

$$\frac{1}{\theta^2}\int\left(\frac{yf'(y)}{f(y)} + 1\right)^2 f(y)\mathrm{d}y.$$

(ii) 证明: X 关于 $\xi = \ln\theta$ 的信息量与 θ 无关.

31. 假设 $X \sim p(x,\theta)$, 且具有信息量 $I(\theta)$. 又假设 $\xi = \xi(\theta)$ 关于 θ 有连续的二阶导数, 且 $\xi'(\theta) \neq 0$. 证明: X 关于 ξ 的信息量是 $I(\theta)/[\xi'(\theta)]^2$.

32. 设 $X \sim f(x-\theta)$, 即位置族. 求 X 关于 θ 的信息量, 并证明其与参数 θ 无关.

33. 设 $X \sim \Gamma(\alpha,\beta)$, 其中 α 已知, 其密度函数是

$$f_\beta(x) = \frac{1}{\Gamma(\alpha)\beta^\alpha} x^{\alpha-1}\exp\{-x/\beta\}.$$

运用习题 31 的结论来求 X 关于 $\mathbf{E}X$ 和 $\mathrm{var}(X)$ 的信息量.

34. 在例 4.3 中, 令 $\delta_0(\boldsymbol{X}) = X_1$. 在 $n=2$ 的情况下, 利用定理 4.3 中的公式 (4.17), 求出 ξ 的 MRE 估计.

35. 在例 4.5 中, 给出关于 $n=1$ 的情况的证明.

36. 利用定理 4.4 中的 Pitman 公式, 计算

(i) 例 4.8 中, 期望 ξ 的 MRE 估计;

(ii) 例 4.7 中, 位置参数 ξ 的 MRE 估计.

37. 证明: 在例 4.6 中的结论: $\mathbf{E}_0[(X_{(1)}+X_{(n)})/2|\boldsymbol{y}]$ 是只依赖于 $X_{(i)} - X_{(1)}, i=2,\cdots,n$ 的函数.

38. 证明: 在例 4.6 中的 δ_0 在 $V = X_{(n)} - X_{(1)}$ 之下的条件分布相对于 0 对称 (分布中参数 ξ 为 0).

39. 证明: 形如 $L(\tau,\delta) = \gamma\left(\dfrac{\delta}{\tau^r}\right)$ 的损失函数满足同变性条件 (4.26).

40. 试证明: 一个估计量满足刻度同变性条件 (4.26) 的充分必要条件为, 它具有 (4.27) 的形式.

41. 试证明定理 4.6 的证明中所引用的一个结论: 一个估计 δ 为刻度同变估计 (即满足 (4.23) 式) 的充分必要条件是 $\delta(\boldsymbol{x})$ 具有形式 $\delta(\boldsymbol{x}) = \delta_0(\boldsymbol{x})/u(\boldsymbol{x})$, 其中 $u(\boldsymbol{x})$ 满足公式 (4.31).

42. 给出定理 4.7 的证明.

43. 在例 4.12 中用到了下列事实: 设 $X_1,\cdots,X_n \sim \text{iid } N(0,1)$, 则 $\mathbf{E}(X_1^2+\cdots+X_n^2)^2 = n(n+2)$. 给出这个结论的证明.

44. 设 $X \sim \exp\{-x/\theta\}/\theta$, 即 X 的分布为指数分布 $(n=1)$. 假定损失函数为 $L(\theta,d) = (d/\theta-1)^2$.

(i) 利用例 4.11 中的公式, 计算 θ 的 MRE 估计.

(ii) 利用 Pitman 公式, 计算 θ 的 MRE 估计.

45. 在位置刻度分布族中关于同变估计的条件的推导中, 指出条件 (4.40) 与条件组 (4.41) 和 (4.42) 的等价性.

46. 设 $\boldsymbol{X}$ 的分布族为位置刻度族, 其密度函数由 (4.37) 给出, 试通过关系式 (4.43) 导出 $\boldsymbol{Y}=(Y_1,\cdots,Y_{n-1})$ 的联合分布密度的公式

$$\frac{1}{\tau^{n-1}}\int_{-\infty}^{\infty} f\left(\frac{y_1}{\tau}+u,\cdots,\frac{y_{n-1}}{\tau}+u,u\right)\mathrm{d}u.$$

47. 完成例 4.14 中的计算.

48. 将例 4.8 中 $\boldsymbol{X}$ 的分布族改成具有刻度参数的双指数分布族, 即 $\boldsymbol{X}$ 的密度函数为 $(2\tau)^{-n}\exp\left\{-\sum\limits_{i=1}^{n}|x_i-\xi|/\tau\right\},\tau>0$. 现在将 τ 固定, 求出相应的参数 ξ 的 MRE 估计, 指出这个估计与 τ 的值有关.

49. 在例 4.18 中,

(i) 证明: (δ_0,δ_1) 与 $\boldsymbol{Z}$ 是三个相互独立的随机变量, 其中 $\boldsymbol{Z}$ 由 (4.47) 式给出.

(ii) 计算 $\mathbf{E}\delta_0(\boldsymbol{X}),\mathbf{E}\delta_1(\boldsymbol{X})$ 和 $\mathbf{E}\delta_1^2(\boldsymbol{X})$ 的值.

50. 在例 4.16 中, 令 $\delta_0=\overline{X},\delta_1=\left[\sum\limits_{i=1}^{n}(X_i-\overline{X})^2\right]^{1/2}$. 利用公式 (4.59) 和 (4.60), 计算正态总体的期望 ξ 的 MRE 估计.

51. 设 $x_1,\cdots,x_n\sim\text{iid }F(x)$, 则样本的 α- 截断均值是指将样本中最小的 αn 个和最大的 αn 个数据去掉, 然后将剩下的数据求平均. 试给出 α- 截断均值的统计泛函 T, 并推出影响函数.

52. 设 $x_1,\cdots,x_n\sim\text{iid }F(x)$, 则样本的 α-W- 均值如下定义: 首先将样本从小到大进行排序, 得到 $x_{(1)}\leqslant\cdots\leqslant x_{(n)}$, 令 $h=[\alpha n]$; 然后将样本中最小的 h 个数据 $x_{(1)},\cdots x_{(h)}$ 替换成 $x_{(h+1)}$, 同样将最大的 h 个数据 $x_{(n-h+1)},\cdots,x_{(n)}$ 替换成 $x_{(n-h)}$; 最后计算 "修改后" 的样本平均值. 试给出 α W- 均值的统计泛函 T, 并推出影响函数. 并与习题 51 的结果进行比较.

53. 运用 Cushny 和 Peebles 给出的数据, 计算: 均值, 中位数, 10%- 截断均值, 10% W- 均值, 20%- 截断均值, 20% W- 均值, H/L 估计的经验影响函数.

54. 运用 Cushny 和 Peebles 给出的数据, 先去掉最大值 4.6, 计算均值, 中位数, 10%- 截断均值, 10% W- 均值, 20%- 截断均值, 20% W- 均值, H/L 估计值, 然后增加一个异常值 10, 重新计算这些估计值; 再增加一个异常值 10, 如此重复增加到第 9 次, 出现 9 个异常值 10 为止. 最后画图, 横坐标是异常值的个

数 (0–9), 纵坐标是估计值; 该图反映了不同的估计方法得到的估计值随着污染的增加而发生的变化过程. 比较一下, 哪种方法比较稳健.

55. 计算二项分布 $B(n,p), p \in (0,1)$ 中参数 p 的 ML 估计的影响函数 (离散的).

56. 设样本 $x_1, \cdots, x_n$ 的次序统计量为 $x_{(1)}, \cdots, x_{(n)}$. B/H 估计定义为 $\{(x_{(i)} + x_{(n-i+1)})/2, i = 1, \cdots, n\}$ 的中位数. 试计算 H/L 估计与 B/H 估计的有限样本崩溃点.

57. ML 估计是一种特殊的 M- 估计. 设 $X_1, \cdots, X_n \sim \text{iid } f_\theta(x)$, 其中 $f_\theta(x)$ 是一个概率密度函数, $\theta \in \Theta$ 是一个一维的开区间. 取

$$\psi(x,\theta) = -(\partial/\partial\theta)\ln(f_\theta(x)).$$

(i) 若 $f_\theta(x)$ 满足 $\int (\partial/\partial\theta) f_\theta(x) = 0$, 并且函数 $\psi(x,\theta)$ 对每一个 x 都是 θ 的单调上升函数 (或都是单调下降函数), 则与这个 ψ 函数对应的 M- 泛函是 $T(F_\theta) = \theta$, 即满足 (5.11) 的唯一解为 θ.

(ii) 在 (i) 中的假定之下, 指出相应的方程

$$\frac{\partial}{\partial\theta}\ln\left(\prod_{i=1}^n f_\theta(x_i)\right) = 0$$

具有唯一解, 并且这个解就是 θ 的 ML 估计.

(iii) 设 $X \sim N(\theta, 1)$, 指出这个分布的密度函数满足 (i) 中条件; 若设 $X \sim N(0,\theta)$, 情况怎样?

(iv) 设 X 的密度函数为 $f_\theta(x) = \theta\exp\{-\theta x\}, x > 0, \theta > 0$ 或 $f_\theta(x) = \exp\{-x/\theta\}/\theta, x > 0, \theta > 0$, 检查相应的 f_θ 是否满足 (i) 中条件?

58. 运用 Cushny 和 Peebles 给出的数据, 并假设样本来自位置参数模型, 计算当 $b = 1.5, 2.5, 4.5$ 时的 Huber 估计.

第三章　估计的大样本性质

上一章中，我们讨论的估计都是在样本容量固定的情况下，寻求某种意义下的最优估计. 这种最优估计依赖于所建立的模型和准则等等，这是一个很大的弱点. 本章我们要讨论的是基于某样本序列的估计序列，并且研究其大样本性质. 我们利用估计序列的极限性质来逼近样本容量为有限的估计的性质. 但这样做也带来新的问题：估计序列的极限性质与样本容量为有限时的估计的性质之间逼近情况如何？这个问题是很难回答的，这也是大样本方法的弱点之一. 统计学的性质决定了它的方法的特点：每一种方法都有它的适用范围. 在数据分析中，必须从各种角度，用各种方法对数据进行分析. 只有从各种角度上得出一致的结论，这个结论才是比较可靠的. 下面，我们将对估计的大样本性质的几个方面进行讨论.

§3.1　相　合　性

相合性是对估计序列的最基本的要求，它的基本思想是当样本容量很大时，估计量与待估量应该十分靠近. 相合性可以分成强相合性和弱相合性两种. 现在分别叙述其定义.

定义 1.1　设 $\{\mathcal{X}_n, \mathcal{B}_n, \mathcal{P}_n\}$ 是一统计模型序列，其中 $\mathcal{P}_n = \{\mathbf{P}_{n,\theta} : \theta \in \Theta\}$ 是 $\mathcal{X}_n$ 上的分布族. $\delta_n(\boldsymbol{x}_n)$, $\boldsymbol{x}_n \in \mathcal{X}_n$ 是 $g(\theta)$ 的估计序列. 若对每一个参数 $\theta \in \Theta$ 及一切 $\varepsilon > 0$，成立下面的结论：

$$\mathbf{P}_{n,\theta}\{|\delta_n(\boldsymbol{X}_n) - g(\theta)| \geqslant \varepsilon\} \to 0, \quad n \to \infty. \tag{1.1}$$

则称 δ_n 为 $g(\theta)$ 的**弱相合序列**.

在概率统计中常用记号 $\xi_n \xrightarrow{\mathbf{P}} 0$ 表示 ξ_n 依概率收敛到 0. 采用这样的记号以后，δ_n 的弱收敛性可以表示为

$$\delta_n(X_1, \cdots, X_n) - g(\theta) \xrightarrow{\mathbf{P}} 0, \quad 或\delta_n(X_1, \cdots, X_n) \xrightarrow{\mathbf{P}} g(\theta).$$

在讨论估计序列的强相合性时，通常先假定把从某总体中抽取样本容量为无穷的样本 $X_1, X_2, \cdots$ 称为**样本序列**.

定义 1.2　设 $X_1, X_2, \cdots$ 是来自统计模型 $\{\mathcal{X}, \mathcal{B}, \mathcal{P}\}$ 的样本序列，其中 $\mathcal{P} = \{\mathbf{P}_\theta : \theta \in \Theta\}$. 设 $\delta_n = \delta_n(X_1, \cdots, X_n)$ 是 $g(\theta)$ 的只依赖于 $(X_1, \cdots, X_n)$ 的估计序列. 若对每一个参数 $\theta \in \Theta$, 成立

$$\lim_{n\to\infty} \delta_n(X_1, \cdots, X_n) = g(\theta) \quad \text{a.s. } \mathbf{P}_\theta, \tag{1.2}$$

则称 δ_n 为 $g(\theta)$ 的**强相合序列**.

相合性是一个很弱的性质，因此要在很弱的条件下推出相合估计的存在性. 现在先介绍一下推断的依据. 统计学大样本推断的一个很重要的依据是下面的一条原则：当样本量很大时，可获得有关总体的信息就越来越多，通常以经验概率测度 μ_n 为基础，求出总体分布某些参数的估计. 所谓经验概率测度就是由下式

$$\mu_n(A) = \frac{1}{n}\sum_{i=1}^{n} I_{\{X_i \in A\}} \tag{1.3}$$

给出的样本空间上的测度. 由大样本理论可知，当样本量很大时，经验概率测度 μ_n 与总体真分布十分靠近. 据此，我们可用与 μ_n 靠近的某总体分布作为总体真分布的估计，并由此进一步推断总体参数的相合性估计. 但是，直接利用上述的想法，很难找到有效的构造估计的方法. 统计学家根据某些直观的想法，提出了一些估计方法，其中最著名的方法有两个：矩估计法和最大似然法. 现介绍这两种方法的大样本性质.

一、矩估计法

矩估计法是最具统计直观的一种估计方法. 在第二章中已经给出矩估计的定义并讨论了它的某些性质. 为讨论矩估计的大样本性质，此处只是做一些回顾性的叙述. 设 $g(\theta) = \int x \mathrm{d}\mathbf{P}_\theta\{x\} = \alpha_1$ 为单个观察值的均值，则样本均值 $a_1 = \frac{1}{n}\sum\limits_{i=1}^{n} X_i$ 就作为 α_1 的估计. 同样，我们可用样本二阶矩作为总体二阶矩的估计. 设 $\alpha_\nu(\theta) = \int x^\nu \mathrm{d}\mathbf{P}_\theta\{x\}(\nu =$

$1, \cdots, k)$ 存在, 令 $a_\nu = \frac{1}{n}\sum_{i=1}^{n} X_i^\nu$ 为相应的样本矩. 显然, 由大数定律知, $a_\nu \xrightarrow{\mathbf{P}} \alpha_\nu$, 故 a_ν 为 α_ν 的相合估计. 现在设 $g(\theta)$ 是待估参数, $g(\theta)$ 可以写成 $(\alpha_1, \cdots, \alpha_k)$ 的函数 $\phi(\alpha_1, \cdots, \alpha_k)$, 且 ϕ 是连续函数. 这时 $\phi(a_1, \cdots, a_k)$ 就定义为 $g(\theta)$ 的矩估计. 不难看出, 有时候 $g(\theta)$ 可用不同形式的 $\phi(\alpha_1, \cdots, \alpha_k)$ 表示. 关于矩估计的相合性, 我们有

定理 1.1 设 $\{\mathcal{X}_n, \mathcal{B}_n, \mathcal{P}_n\}$ 是由简单随机抽样所产生的一个统计模型序列, 其中 $\mathcal{P}_n = \{\mathbf{P}_{n,\theta} \colon \theta \in \Theta\}$ 是 $\mathcal{X}_n$ 上的分布族, Θ 是参数空间, 则待估参数 $g(\theta)$ 的任意一个矩估计序列是一个弱相合估计.

说明 按第二章定义 1.1, $g(\theta)$ 只有在写成 $g(\theta) = \phi(\alpha_1, \cdots, \alpha_k)$ 的条件下, 才能存在矩估计, 此时矩估计定义为 $\phi(a_1, \cdots, a_k)$, 此处 α_i 和 a_i 分别为 X 的第 i 阶总体矩和样本矩, $i = 1, \cdots, k$. 所谓矩估计序列是指 $\phi(a_1, \cdots, a_k)$, 随着样本容量 n 的变化, $\phi(a_1, \cdots, a_k)$ 就形成一个估计序列. 注意, 样本容量 n 变化的时候, $\phi(a_1, \cdots, a_k)$ 只能通过样本矩 $a_1, \cdots, a_k$ 的变化而变化, 而 ϕ 作为函数是不能随 n 变化的.

证明 由大数定律知, 各阶样本矩 a_i 是总体矩 α_i 的弱相合估计. 现在考虑 $g(\theta)$ 的一般的一个矩估计序列 $\phi(a_1, \cdots, a_k)$, 其中 ϕ 是一个连续函数. 由 ϕ 在 $(\alpha_1, \cdots, \alpha_k)$ 的连续性知, 对任何的 $\varepsilon > 0$, 存在 $\delta > 0$, 当 $|u_i - \alpha_i| \leqslant \delta$ 时,

$$|\phi(\alpha_1, \cdots, \alpha_k) - \phi(u_1, \cdots, u_k)| \leqslant \varepsilon.$$

由上述关系可知,

$$\{|\phi(\alpha_1 \cdots, \alpha_k) - \phi(a_1, \cdots, a_k)| \geqslant \varepsilon\} \subset \bigcup_{i=1}^{k}\{|\alpha_i - a_i| \geqslant \delta\}.$$

由上式以及对于各 α_i 的弱相合性可知, 对任何 $\varepsilon > 0$ 以及 $\theta \in \Theta$, 当 $n \to \infty$ 的时候,

$$\mathbf{P}_{n,\theta}\{|\phi(\alpha_1, \cdots, \alpha_k) - \phi(a_1, \cdots, a_k)| \geqslant \varepsilon\} \leqslant \sum_{i=1}^{k} \mathbf{P}_{n,\theta}\{|\alpha_i - a_i| \geqslant \delta\} \to 0.$$

□

注　在该定理的条件下, 利用样本矩的强相合性很容易证明 $\phi(a_1, \cdots, a_k)$ 是 $g(\theta)$ 的强相合估计.

例 1.1　设某物种具有可能特征 "1","2","3". 已知

$$\mathbf{P}_\theta\{\text{“1”}\}=\theta^2,\quad \mathbf{P}_\theta\{\text{“2”}\}=2\theta(1-\theta),\quad \mathbf{P}_\theta\{\text{“3”}\}=(1-\theta)^2,$$

其中 $\theta \in (0,1)$ 为未知参数. 现设从总体中抽取一个样本容量为 n 的样本 $X_1, \cdots, X_n$, 其中 n_1 个 "1", n_2 个 "2", n_3 个 "3", 且 $n_1+n_2+n_3=n$, 求 θ 的估计. 又记 $\xi = I_{\{X=1\}}$, 则 ξ 的一阶矩为

$$\alpha_1 = \mathbf{E}_\theta \xi = \theta^2.$$

由此可知 $\theta = \sqrt{\alpha_1}$, 则 $\hat{\theta}_n = \sqrt{a_1} = \sqrt{\dfrac{1}{n}\sum\limits_{i=1}^{n} I_{\{X_i=1\}}} = \sqrt{n_1/n}$ 就是 θ 的估计. 这个估计不是标准的矩估计, 它是依赖于 $I_{\{X_i=1\}} (i=1,\cdots,n)$ 的矩估计. 由矩估计的相合性可知, $\hat{\theta}_n$ 是 θ 的相合估计.

二、 ML(最大似然) 估计

现在回到随机变量 $X_1, \cdots, X_n$ 为独立同分布的情况, 设其密度函数为 $f_\theta(x)$. 这时, 按似然估计的定义, θ 的 ML 估计 $\hat{\theta}_n$ 满足如下关系:

$$\prod_{i=1}^{n} f_{\hat{\theta}_n}(X_i) = \sup_{\theta\in\Theta} \prod_{i=1}^{n} f_\theta(X_i). \tag{1.4}$$

例 1.2　在例 1.1 中, 样本的似然函数为

$$L(\theta, x_1, \cdots, x_n) = 2^{n_2}\theta^{2n_1+n_2}(1-\theta)^{2n_3+n_2}, \quad \theta \in (0,1).$$

现求 θ 的 ML 估计. 忽略上式中与参数无关的系数, 我们只需求出函数 $\theta^{2n_1+n_2}(1-\theta)^{2n_3+n_2}$ 的最大值点. 或等价地求对数函数 $\ln(\theta^{2n_1+n_2}(1-\theta)^{2n_3+n_2})$ 的最大值点, 它是 θ 的一个凹函数, 当 $\theta\to 0$ 或 $\theta \to 1$ 时, 它的值趋于 $-\infty$. 这样, 我们只需求解方程

$$\frac{\partial}{\partial\theta}\ln(\theta^{2n_1+n_2}(1-\theta)^{2n_3+n_2}) = 0,$$

得最大值点为

$$\hat{\theta}_n = \frac{2n_1 + n_2}{2n_3 + n_2 + 2n_1 + n_2} = \frac{2n_1 + n_2}{2n},$$

其中 $n = n_1 + n_2 + n_3$. 不难验证 $\hat{\theta}_n$ 是似然函数的最大值点, 按 ML 估计的定义, $\hat{\theta}_n$ 是 θ 的一个 ML 估计. 利用大数定律可得

$$\hat{\theta}_n = \frac{n_1}{n} + \frac{1}{2}\frac{n_2}{n} \to \theta^2 + \theta(1-\theta) = \theta,$$

即 $\hat{\theta}_n$ 为 θ 的相合估计.

例 1.3 (正态总体中参数的 ML 估计) 设 $X_1, \cdots, X_n \sim \text{iid}\ N(\mu, \sigma^2)$, 其中 $\mu \in (-\infty, \infty), \sigma^2 > 0$, 由第二章例 1.5 知, 参数 μ 和 σ^2 的矩估计和 ML 估计是相同的, 分别为 $\hat{\mu}_n = \overline{X}, \hat{\sigma}_n^2 = \sum\limits_{i=1}^{n}(X_i - \overline{X})^2/n$. 但定理 1.1 已经指出矩估计必定为相合估计, 故在正态总体之下, μ 和 σ^2 的 ML 估计也是相合的.

但是, ML 估计的情况比较复杂, 不像矩估计, 矩估计总是相合估计, ML 估计却不然. 下面我们举一个例子来说明, ML 估计不是相合估计.

例 1.4 考虑取值于 $\{0,1\}$ 中的随机变量 X, 其分布可用 $\mathbf{P}\{X=1\}$ 刻画, 即

$$\mathbf{P}_\theta\{X=1\} = \eta(\theta) = \begin{cases} \theta, & \theta \in (0,1)\text{为有理数}, \\ 1-\theta, & \theta \in (0,1)\text{为无理数}. \end{cases}$$

现设 $X_1, \cdots, X_n$ 为这个总体的样本. 此时, 样本的似然函数为

$$L(\theta) = \eta(\theta)^{\sum\limits_{i=1}^{n} X_i}\left[1 - \eta(\theta)\right]^{n - \sum\limits_{i=1}^{n} X_i}.$$

由于 $\eta(\theta)$ 的变化范围与 θ 的变化范围是相同的, 都是 $(0,1)$, 故 $L(\theta)$ 的最大值在 $\eta = \overline{X}$ 处达到. 又由于 $\overline{X}$ 是一个有理数, 当 $\theta = \overline{X}$ 时, $\eta(\theta) = \overline{X}$, 故 $\hat{\theta} = \overline{X}$ 为 θ 的 ML 估计. 但是, 当 θ 为无理数的时候, 按大数定律知 $\overline{X} \xrightarrow{\mathbf{P}} (1-\theta) \neq \theta$, 这说明 θ 的 ML 估计不是 θ 的相合估计.

例 1.4 采自陈希孺 [1999], 此例中的总体分布 $\mathbf{P}_\theta$ 对 θ 没有连续性, 即 θ 附近的分布与 θ 处的分布有很大的差别, 在这种模型中, ML 估计很难具有相合性. 实际上, 例 1.4 中求出的估计为一阶样本矩, 依

矩估计的相合性, ML 估计弱相合于 $\eta(\theta)$ 而不是 θ. 陈希孺等进一步证明, 在例 1.4 的模型中, θ 的任何估计序列都不会是相合的.

例 1.5 (Neyman-Scott) 假设 $(X_i, Y_i) \sim$ iid $N_2((\mu_i, \mu_i), \sigma^2 I)$, 其中 $i = 1, \cdots, n$, 考虑 σ^2 的估计. 现有 $Z_i \equiv X_i - Y_i \sim N(0, 2\sigma^2)$, 从而

$$\frac{1}{2n}\sum_{i=1}^{n} Z_i^2 \sim \sigma^2 \frac{\chi_n^2}{n}$$

是 σ^2 的无偏相合估计. 但是

$$L(\theta|\boldsymbol{X}, \mathbf{Y}) = (2\pi\sigma^2)^{-n} \exp\left\{-\frac{1}{2\sigma^2}\sum_{i=1}^{n}[(X_i - \mu_i)^2 + (Y_i - \mu_i)^2]\right\}.$$

所以 μ_i 的 ML 估计为 $\hat{\mu}_i = (X_i + Y_i)/2$, σ^2 的 ML 估计为

$$\begin{aligned}\hat{\sigma}^2 &= \frac{1}{4n}\sum_{i=1}^{n} Z_i^2 = \frac{1}{2n}\left[\sum_{i=1}^{n}(X_i - \hat{\mu}_i)^2 + \sum_{i=1}^{n}(Y_i - \hat{\mu}_i)^2\right] \\ &= \frac{1}{4n}\sum_{i=1}^{n}(X_i - Y_i)^2.\end{aligned}$$

故 $\hat{\sigma}_n^2 \xrightarrow{\mathbf{P}} \sigma^2/2$. 怎么会错误呢?

这个例子中, 参数的个数随着样本容量的增加而增加, 不是我们所讨论的独立同分布样本的情况, 所以会出现 ML 估计不相合的情况. 那么在什么情况下, ML 估计是相合的? 我们将在第 4 节详细讨论.

§3.2 渐近正态性

相合性是对估计最基本的要求. 现在我们进一步讨论估计序列逼近参数程度的精确刻画. 设 $(\mathcal{X}_n, \mathcal{B}_n, \mathcal{P}_n)$ 是一个统计模型序列, 其中 $\mathcal{P}_n = \{\mathbf{P}_{n,\theta} : \theta \in \Theta\}$. 设 $g(\theta)$ 是 θ 的一个实值函数, $\delta_n = \delta(X_n)$ 是 $g(\theta)$ 的一个估计序列.

定义 2.1 设 δ_n 是 $g(\theta)$ 的一个估计序列, 如果存在一个实数序列 $\{k_n\}$ $(k_n \to \infty)$, 使

$$\mathbf{P}_{n,\theta}\{k_n[\delta_n - g(\theta)] \leqslant a\} \to H_\theta(a), \quad a \in \mathbb{R}, \tag{2.1}$$

其中 $H_\theta(a)$ 是一个非退化的分布函数, a 为分布函数 H_θ 的连续点, 则称 δ_n 具有**渐近分布**. 特别地, 当 $H_\theta(a)$ 是正态分布时, 称 δ_n 是**渐近正态的**. 极限式 (2.1) 中的极限分布的方差称为**渐近方差**.

在概率统计中, 我们通常用记号 $\xi_n \xrightarrow{\mathcal{L}} F$ 表示 ξ_n 的分布律收敛到分布 $F(x)$, 或采用记号 $\xi_n \xrightarrow{\mathcal{L}} \xi$ 表示 $\xi_n \xrightarrow{\mathcal{L}} F$, 其中 F 为 ξ 的分布函数. 采用这样的记号以后, (2.1) 可表示为 $k_n[\delta_n - g(\theta)] \xrightarrow{\mathcal{L}} H_\theta$.

定义 2.1 中的数列 $\{k_n\}$ 是收敛率, 实际上是对估计误差的放大倍数. 若当放大倍数为 k_n 时, 放大后的误差分布刚好散布在整个实数轴上; 若当 k_n 取得过大时, 放大后的误差分布趋于无穷; 若当 k_n 太小时, 放大后的误差分布都集中于 0 附近. 而定义 2.1 中的 k_n, 刚好大小适中. 这好像是显微镜中的放大倍数, 这个放大倍数必须调到适中, 才能看清微小的目标. 定义 2.1 中的数列 $\{k_n\}$ 反映了估计序列的收敛速度, 如果 k_n 趋于无穷的速度快, 则说明估计 δ_n 趋向 $g(\theta)$ 的速度快; 如果 k_n 趋于无穷的速度慢, 则说明估计 δ_n 趋向 $g(\theta)$ 的速度慢. 这是一种大样本性质.

现在设 $X_1, \cdots, X_n \sim \text{iid } F_\theta, \theta \in \Theta$, 我们考虑 $\delta_n(X_1, \cdots, X_n)$ 作为 $g(\theta)$ 的估计序列. 通常我们可以得到 $g(\theta)$ 的渐近正态估计, 并且在 (2.1) 中, $\dfrac{k_n}{\sqrt{n}} \to c > 0$ (用记号 $k_n \sim \sqrt{n}$ 表示). 今后, 当我们称 δ_n 为 $g(\theta)$ 的渐近正态估计时, 其收敛率总是指 $k_n \sim \sqrt{n}$.

为求得分布参数的估计列的渐近分布, 最基本的工具是中心极限定理.

定理 2.1 (中心极限定理) 设 $X_1, \cdots, X_n \sim \text{iid } F$, 分布 F 具有有限方差 σ^2, 则

$$\sqrt{n}(\overline{X} - \mathbf{E}X) \xrightarrow{\mathcal{L}} N(0, \sigma^2).$$

(这是概率论中最基本的定理, 任何一本概率统计的基本教材都会提到这个定理, 这里证明从略.)

定理 2.2 (δ-**方法**) 设 θ 为实参数, 并且 δ_n 为 θ 的渐近正态估计, 即

$$\sqrt{n}(\delta_n - \theta) \xrightarrow{\mathcal{L}} N(0, \tau^2). \tag{2.2}$$

又设 $f(\theta)$ 是唯一满足 $f'(\theta)\neq 0$, 且 $f'(\theta)$ 为有限的函数, 则

$$\sqrt{n}[f(\delta_n)-f(\theta)]\xrightarrow{\mathcal{L}}N(0,\tau^2f'(\theta)^2). \tag{2.3}$$

证明　利用 Taylor 展开可得

$$f(\delta_n)=f(\theta)+(\delta_n-\theta)(f'(\theta)+R_n). \tag{2.4}$$

这里, 对于固定的参数 θ 和函数 f, 余项 R_n 是只依赖于 δ_n 的随机变量, 并且当 $\delta_n\to\theta$ 时, $R_n=o(1)$ $(n\to\infty)$. 由于当 $n\to\infty$ 时, $\delta_n-\theta\xrightarrow{\mathbf{P}}0$, 可知 $R_n\xrightarrow{\mathbf{P}}0$. 由 $f'(\theta)+R_n\xrightarrow{\mathbf{P}}f'(\theta)$ 和 (2.2) 可知,

$$\sqrt{n}(\delta_n-\theta)[f'(\theta)+R_n]\xrightarrow{\mathcal{L}}N(0,\tau^2f'(\theta)^2). \tag{2.5}$$

而由上面的 Taylor 展开式 (2.4) 可知,

$$\sqrt{n}[f(\delta_n)-f(\theta)]=\sqrt{n}(\delta_n-\theta)[f'(\theta)+R_n]. \tag{2.6}$$

比较 (2.5) 与 (2.6) 可知 (2.3) 成立. □

在此我们要介绍概率统计中两个十分重要的记号: $o_p(1)$ 和 $O_p(1)$. 这两个记号与数学分析中的 $o(1)$ 和 $O(1)$ 十分相似, 运算规律也十分相似. $o_p(1)$ 和 $O_p(1)$ 是具有某种大样本性质的随机变量序列. 令 ξ_n 为一个随机变量序列, 我们说 $\xi_n=o_p(1)$ 是指: 在 n 趋于无穷时, $\xi_n\xrightarrow{\mathbf{P}}0$, 或对任意 $\varepsilon>0$, $\mathbf{P}\{|\xi_n|\geqslant\varepsilon\}\to 0$. 同时我们用 $\xi_n=O_p(1)$ 表示 ξ_n 是概率有界的量, 即当 $M\to\infty$ 时,

$$\mathbf{P}\{|\xi_n|\geqslant M\}\to 0,\quad \text{对}n\text{一致成立}.$$

关于 $o_p(1)$ 和 $O_p(1)$, 具有下列性质:

$$\begin{aligned}
&o_p(1)+o_p(1)=o_p(1),\quad o_p(1)+O_p(1)=O_p(1);\\
&o_p(1)\cdot o_p(1)=o_p(1),\quad o_p(1)\cdot O_p(1)=o_p(1);\\
&o_p(1)+c=O_p(1)(c\neq 0).
\end{aligned}$$

上述诸式中的第一式的意义是: 等式左边的两个序列经过加法运算后得到一个新的随机变量序列, 它具有 $o_p(1)$ 的性质. 其余各式的意义可类推. 在上述诸运算公式中, $o_p(1)$ 和 $O_p(1)$ 可与通常的 $o(1)$ 和 $O(1)$ 混用. 例如,

$$o_p(1)+o(1)=o_p(1),\ o_p(1)+O(1)=O_p(1),\ O_p(1)+o(1)=O_p(1),$$

等等. 但注意

$$o_p(1)+o(1)\neq o(1),$$

上面的等式之所以不成立, 其原因是左边为随机变量序列, 而右边为数列, 两者性质不同. $o_p(1)$ 和 $O_p(1)$ 还有下面的性质.

若 $\xi_n\xrightarrow{\mathcal{L}}F$, 则 $\xi_n=O_p(1)$, 且 $\xi_n+o_p(1)\xrightarrow{\mathcal{L}}F$, $\xi_n\cdot o_p(1)=o_p(1)$. 除了 $o_p(1)$ 和 $O_p(1)$ 外, 我们有时还用记号 $o_p(\xi_n)$ 和 $O_p(\xi_n)$. $o_p(\xi_n)$ 表示随机变量序列 $\xi_n o_p(1)$, $O_p(\xi_n)$ 表示随机变量序列 $\xi_n O_p(1)$, 它们都是在 $n\to\infty$ 过程中, 具有特定性质的随机变量序列. 下面的定理引自 Ferguson[1996], 是统计中大样本推断常用的定理.

定理 2.3 (Slutsky 定理) (i) 如果 $\boldsymbol{X}_n\in\mathbb{R}^d$, $\boldsymbol{X}_n\xrightarrow{\mathcal{L}}\boldsymbol{X}$, 函数 $f:\mathbb{R}^d\to\mathbb{R}^k$ 满足 $\mathbf{P}\{\boldsymbol{X}\in C(f)\}=1$, 其中 $C(f)$ 是函数 f 的全部连续点的集合, 则 $f(\boldsymbol{X}_n)\xrightarrow{\mathcal{L}}f(\boldsymbol{X})$.

(ii) 如果 $\boldsymbol{X}_n\xrightarrow{\mathcal{L}}\boldsymbol{X}$, $\boldsymbol{X}_n-\mathbf{Y}_n\xrightarrow{\mathbf{P}}0$, 则 $\mathbf{Y}_n\xrightarrow{\mathcal{L}}\boldsymbol{X}$.

(iii) 如果 $\boldsymbol{X}_n\xrightarrow{\mathcal{L}}\boldsymbol{X}$, $\mathbf{Y}_n\xrightarrow{\mathcal{L}}c$, c 是常数, 则

$$\begin{pmatrix}\boldsymbol{X}_n\\ \mathbf{Y}_n\end{pmatrix}\xrightarrow{\mathcal{L}}\begin{pmatrix}\boldsymbol{X}\\ c\end{pmatrix}.$$

(iv) 如果 $\boldsymbol{X}_n\xrightarrow{\mathcal{L}}\boldsymbol{X}$, $\mathbf{Y}_n\xrightarrow{\mathbf{P}}c$, c 是常数, 则

$$X_nY_n\xrightarrow{\mathcal{L}}c\boldsymbol{X}.$$

现在我们简单地看看定理 2.2. 由于

$$\sqrt{n}(f(\delta_n)-f(\theta))=\frac{f(\delta_n)-f(\theta)}{\delta_n-\theta}\sqrt{n}(\delta_n-\theta),$$

则由 $\dfrac{f(\delta_n)-f(\theta)}{\delta_n-\theta}\xrightarrow{\mathbf{P}}f'(\theta)$ 和 $\sqrt{n}(\delta_n-\theta)\xrightarrow{\mathcal{L}}N(0,\tau^2)$, 运用 Slutsky 定理的结论 (iv) 可得到, $\sqrt{n}(f(\delta_n)-f(\theta))\xrightarrow{\mathcal{L}}f'(\theta)\boldsymbol{X}\sim N(0,f'(\theta)^2\tau^2)$.

例 2.1 如果 $X_n\xrightarrow{\mathcal{L}}X, X\sim N(0,1)$, 这时函数 $f(x)=1/x$ 在点 $x=0$ 处不连续, 但是 $\mathbf{P}\{X=0\}=0$, 由 Slutsky 定理的结论 (i), 可得到 $1/X_n\xrightarrow{\mathcal{L}}Z$, 其中 Z 与 $1/X$ 的分布相同, 即 Z 的密度函数是

$$g(z)=\frac{1}{\sqrt{2\pi}z^2}\exp\left\{-\frac{1}{2z^2}\right\}.$$

例 2.2 如果 $X_n = 1/n$, 且

$$f(x) = \begin{cases} 1, & \text{如果 } x > 0, \\ 0, & \text{如果 } x \leqslant 0, \end{cases}$$

则 $X_n \xrightarrow{\mathcal{L}} 0$, $C(f) = \{x : x \neq 0\}$. 而 $\mathbf{P}\{X \in C(f)\} = 0 \neq 1$, 不能利用 Slutsky 定理. 故 $f(X_n) = 1 \not\xrightarrow{\mathcal{L}} 0$.

例 2.3 设 $X \sim U(0,1)$, 定义随机变量序列 X_n 和 Y_n 如下: 随机变量序列 $X_n \equiv X$, 对于随机变量 Y_n, 当 n 是奇数时, $Y_n = X$; 当 n 为偶数时, $Y_n = 1 - X$. 对于如此定义的 X_n 和 Y_n, 我们有 $X_n \xrightarrow{\mathcal{L}} X$, $Y_n \xrightarrow{\mathcal{L}} U(0,1)$. 现在我们来看看 $(X_n, Y_n)^{\mathrm{T}}$ 的联合分布. 对任意的 $0 \leqslant x < y \leqslant 1/2$, 当 n 是奇数时, 可得

$$\begin{aligned} F_n(x,y) &= \mathbf{P}\{X_n \leqslant x, Y_n \leqslant y\} = \mathbf{P}\{X \leqslant x, X \leqslant y\} \\ &= \mathbf{P}\{X \leqslant \min(x,y)\} = \min(x,y) = x; \end{aligned}$$

当 n 是偶数时, 可得

$$\begin{aligned} F_n(x,y) &= \mathbf{P}\{X_n \leqslant x, Y_n \leqslant y\} = \mathbf{P}\{X \leqslant x, 1 - X \leqslant y\} \\ &= \mathbf{P}\{X \leqslant x, X \geqslant 1 - y\} = 0. \end{aligned}$$

显然, $F_n(x,y)$ 没有极限, $(X_n, Y_n)^{\mathrm{T}}$ 不依分布收敛.

从上例 2.3 可以看出, Slutsky 定理的结论 (iii) 中的条件 $Y_n \xrightarrow{\mathcal{L}} c$, 不能换成 $Y_n \xrightarrow{\mathcal{L}} Y$.

例 2.4 设 $X_1, \cdots, X_n \sim \text{iid } N(\theta, \sigma^2)$, 我们需要求出 θ^2 的估计. 在此, 我们提供三种不同的估计序列:

(i) $\delta_{1,n} = \overline{X}^2 - \sigma^2/n$. $\delta_{1,n}$ 是 σ^2 已知情况下, θ^2 的 UMVU 估计.

(ii) $\delta_{2,n} = \overline{X}^2 - S^2/(n(n-1))$, 其中 $S^2 = \sum\limits_{i=1}^{n} (X_i - \overline{X})^2$. $\delta_{2,n}$ 是 σ^2 为未知的条件下, θ^2 的 UMVU 估计.

(iii) $\delta_{3,n} = \overline{X}^2$. 无论 σ^2 已知或未知, $\overline{X}^2$ 都是 θ^2 的 ML 估计.

现在我们要研究 $\delta_{i,n}, i = 1, 2, 3$ 的渐近性质. 对于 $\overline{X}^2 - \sigma^2/n$, 利用中心极限定理的结论以及定理 2.2 可知,

$$\sqrt{n}(\overline{X}^2 - \theta^2) \xrightarrow{\mathcal{L}} N(0, 4\theta^2\sigma^2), \quad \theta \neq 0,$$

对于 $\sqrt{n}(\overline{X}^2-\sigma^2/n-\theta^2)$ 与 $\sqrt{n}[\overline{X}^2-S^2/(n(n-1))-\theta^2]$, 我们有

$$\begin{aligned}\sqrt{n}(\overline{X}^2-\sigma^2/n-\theta^2)&=\sqrt{n}(\overline{X}^2-\theta^2)+o(1)\\&\xrightarrow{\mathcal{L}} N(0,4\theta^2\sigma^2),\quad \theta\neq 0,\\ \sqrt{n}[\overline{X}^2-S^2/(n(n-1))-\theta^2]&=\sqrt{n}(\overline{X}^2-\theta^2)+o_p(1)\\&\xrightarrow{\mathcal{L}} N(0,4\theta^2\sigma^2),\quad \theta\neq 0.\end{aligned}$$

由此可知, 以上三个估计列在 $\theta\neq 0$ 时具有相同的极限分布. 当 $\theta=0$ 时, 由于函数 $f(\theta)=\theta^2$ 的导数为 0, 不难验证,

$$\sqrt{n}[f(\delta_{i,n})-f(\theta)]\xrightarrow{\mathbf{P}} 0,\quad \theta=0,\quad i=1,2,3.$$

为了得到更精确的极限式, 我们需要更进一步地利用 Taylor 展开,

$$f(\delta_n)-f(\theta)=\frac{1}{2}(\delta_n-\theta)^2[f''(\theta)+R_n],$$

此处 δ_n 可理解为普通的变量, 而 R_n 是当 $\delta_n\to\theta$ 时的无穷小量. 但是当用 $\delta_{i,n}(i=1,2,3)$ 代替 δ_n 的时候, R_n 就变成 $o_p(1)$, 上式变成

$$n[f(\delta_{i,n})-f(\theta)]=\frac{1}{2}[\sqrt{n}(\delta_{i,n}-\theta)]^2[f''(\theta)+o_p(1)].\tag{2.7}$$

由于 $\sqrt{n}(\overline{X}-\theta)\xrightarrow{\mathcal{L}} N(0,\sigma^2)$, 可知 $[\sqrt{n}(\overline{X}-\theta)]^2\xrightarrow{\mathcal{L}}\sigma^2\chi^2(1)$, 此处的极限式表示 $[\sqrt{n}(\overline{X}-\theta)]^2$ 的分布趋于 $\sigma^2\chi^2(1)$ 的分布, 其中 $\chi^2(1)$ 为随机变量, 它遵从自由度为 1 的 χ^2 分布. 在 (2.7) 式中令 $\delta_{i,n}=\overline{X}$, 可得

$$n(\overline{X}_n^2-\theta^2)=\frac{1}{2}[\sqrt{n}(\overline{X}_n-\theta)]^2[2+o_p(1)]\xrightarrow{\mathcal{L}}\frac{1}{2}\sigma^2\chi^2(1)2=\sigma^2\chi^2(1).$$

另一方面,

$$\begin{aligned}n(\overline{X}^2-\sigma^2/n-\theta^2)&\xrightarrow{\mathcal{L}}\sigma^2[\chi^2(1)-1],\\ n[\overline{X}^2-S^2/(n(n-1))-\theta^2]&\xrightarrow{\mathcal{L}}\sigma^2[\chi^2(1)-1].\end{aligned}$$

$\overline{X}^2$ 这个估计序列的极限随机变量 $\sigma^2\chi^2(1)$ 的期望不为 0 (即 $\mathbf{E}\sigma^2(\chi^2(1))=\sigma^2\neq 0$), 故估计序列 $\overline{X}^2$ 为渐近有偏的. 而估计序列 $\overline{X}^2-\sigma^2/n$ 和 $\overline{X}^2-S^2/(n(n-1))$ 为渐近无偏的.

例 2.5 (续例 1.1)　在例 1.1 中, $\hat{\theta}_n = \sqrt{\overline{a_1}} = \sqrt{\frac{1}{n}\sum_{i=1}^{n} I_{\{X_i=1\}}} = \sqrt{n_1/n}$ 就是 θ 的相合估计. 由中心极限定理, 可以得到

$$\sqrt{n}\left(\sum_{i=1}^{n}\frac{1}{n}I_{\{X_i=1\}} - \theta^2\right) \xrightarrow{\mathcal{L}} N(0, \theta^2(1-\theta^2)).$$

令 $f(x) = \sqrt{x}$, 则由定理 2.2 得到

$$\sqrt{n}(\hat{\theta}_n - \theta) \xrightarrow{\mathcal{L}} N\left(0, \frac{1}{4}(1-\theta^2)\right).$$

讨论矩估计的渐近正态性的时候, 涉及多维随机变量的极限定理. 我们将引入一些一维随机变量的极限定理的多维推广, 对这些推广的定理只加以引用而不予证明.

定理 2.4　设 $X_1, \cdots, X_n \sim \text{iid } F$, 其中 F 为 p 维空间中的分布函数, F 具有非退化的协方差阵 Σ, 则

$$\sqrt{n}(\overline{X} - \mathbf{E}X) \xrightarrow{\mathcal{L}} N(0, \Sigma),$$

其中 $\mathbf{E}X$ 是 X 的期望向量, $\overline{X} = \sum_{i=1}^{n} X_i/n$.

定理 2.2 中的待估计量是一维的, 当然, 当 θ 是多维时, 可将定理 2.2 进行推广.

定理 2.5　设 $\theta \in \mathbb{R}^p$, 并且 δ_n 为 θ 的渐近正态估计, 即

$$\sqrt{n}(\delta_n - \theta) \xrightarrow{\mathcal{L}} N(0, \Sigma). \tag{2.8}$$

又设 $f: \mathbb{R}^p \to \mathbb{R}^d$ $(d \leqslant p)$ 是 d 维向量值函数, 且在 θ 的某个领域内有连续偏导数, 则

$$\sqrt{n}[f(\delta_n) - f(\theta)] \xrightarrow{\mathcal{L}} N(0, A\Sigma A^{\mathrm{T}}), \tag{2.9}$$

其中

$$A = \frac{\partial f}{\partial \boldsymbol{\theta}} = \begin{pmatrix} \dfrac{\partial f_1}{\partial \theta_1} & \cdots & \dfrac{\partial f_1}{\partial \theta_p} \\ \cdots & \cdots & \cdots \\ \dfrac{\partial f_d}{\partial \theta_1} & \cdots & \dfrac{\partial f_d}{\partial \theta_p} \end{pmatrix}.$$

下面, 我们讨论矩估计的渐近正态性. 设 $X \sim F_\theta, \theta \in \Theta$, 其中 θ 可为向量值参数, $X_1, \cdots, X_n$ 为 X 的简单随机样本. 记 $\boldsymbol{\alpha} = (\mathbf{E}X^1, \cdots, \mathbf{E}X^p)^{\mathrm{T}}$ 为 X 的矩向量, $\boldsymbol{a}$ 为相应的样本矩向量, 即 $\boldsymbol{a}$ 的第 j 个分量为 $\sum\limits_{i=1}^{n} X_i^j/n, j = 1, \cdots, p$. 并进一步假定协方差矩阵 $\Sigma = (\mathrm{cov}(X^i, X^j))$ 为非退化的 p 阶正定矩阵. 利用多维中心极限定理 2.4 的结论可知,

$$\sqrt{n}(\boldsymbol{a} - \boldsymbol{\alpha}) \xrightarrow{\mathcal{L}} N(0, \Sigma).$$

现在考虑参数 $g(\theta)$ 的矩估计. 按矩估计的定义, $g(\theta)$ 必须写成矩的函数 $g(\theta) = \boldsymbol{\phi}(\boldsymbol{\alpha})$ 形式以后, 才有可能定义 $g(\theta)$ 的矩估计, 而相应的矩估计就定义为 $\hat{g} = \boldsymbol{\phi}(\boldsymbol{a})$. 此处要说明的一点是, 函数 $g(\theta)$ 可以是向量值函数, 比如说, $g(\theta)$ 是 d 维向量, 这样函数 $\boldsymbol{\phi}$ 就是 $\mathbb{R}^p \to \mathbb{R}^d$ 的一个变换 $(d \leqslant p)$. 现在可以利用定理 2.5 来建立矩估计序列的渐近正态性.

定理 2.6 设 $X_1, \cdots, X_n \sim \mathrm{iid}\ F_\theta, \theta \in \Theta$, 其中 θ 可为向量值参数. 记

$$\boldsymbol{\alpha} = (\mathbf{E}_\theta X^1, \cdots, \mathbf{E}_\theta X^p)^{\mathrm{T}} = (\alpha_1, \cdots, \alpha_p)^{\mathrm{T}}$$

为总体矩向量, 其相应的协方差矩阵 $\Sigma = (\mathrm{cov}(X^i, X^j))$ 为非退化的 p 阶正定矩阵, 记 $\boldsymbol{a}$ 为相应的样本矩向量. 假设 $g(\theta)$ 可以写成 $\boldsymbol{\phi}(\boldsymbol{\alpha})$ 的形式, 其中 $g(\theta)$ 可以是向量值函数, 不妨设 $g(\theta)$ 的维数为 $d(\leqslant p)$, 这样 $\boldsymbol{\phi}(\boldsymbol{\alpha})$ 为 $\mathbb{R}^p \to \mathbb{R}^d$ 的变换. 现设 $\boldsymbol{\phi}(\boldsymbol{\alpha})$ 在 $\boldsymbol{\alpha}$ 处具有各阶偏微商, 其偏导数矩阵

$$A = \left(\frac{\partial \boldsymbol{\phi}}{\partial \boldsymbol{\alpha}}\right) = \left(\frac{\partial \phi_i}{\partial \alpha_j}\right)$$

为非退化的 $d \times p$ 矩阵, 即 A 的各行是线性无关的向量, 则矩估计 $\hat{g} = \boldsymbol{\phi}(\boldsymbol{a})$ 满足

$$\sqrt{n}(\hat{g} - g(\theta)) = \sqrt{n}[\boldsymbol{\phi}(\boldsymbol{a}) - \boldsymbol{\phi}(\boldsymbol{\alpha})] \xrightarrow{\mathcal{L}} N(0, A\Sigma A^{\mathrm{T}}).$$

证明 直接套用定理 2.5 和定理 2.4, 可以证明该定理. □

例 2.6 设 $X_1, \cdots, X_n \sim \mathrm{iid}\ N(\mu, \sigma^2)$. 在第一章例 1.5 中, 已经讨论了正态参数的矩估计问题. 在本例中, 我们首先求出 $\theta = (\mu, \sigma)^{\mathrm{T}}$

的矩估计, 然后求出它的渐近分布.

令

$$\boldsymbol{a} = \left(\frac{1}{n}\sum_{i=1}^{n} X_i, \frac{1}{n}\sum_{i=1}^{n} X_i^2\right)^{\mathrm{T}},$$

$$\boldsymbol{\alpha} = (\alpha_1, \alpha_2)^{\mathrm{T}} = (\mu, \mu^2 + \sigma^2)^{\mathrm{T}}.$$

由上式可知,

$$\mu = \alpha_1, \quad \sigma = \sqrt{\alpha_2 - \alpha_1^2}.$$

依矩估计的定义

$$\hat{\mu} = a_1 = \frac{1}{n}\sum_{i=1}^{n} X_i,$$

$$\hat{\sigma} = \sqrt{a_2 - a_1^2} = \sqrt{\frac{1}{n}\sum_{i=1}^{n} X_i^2 - \left(\frac{1}{n}\sum_{i=1}^{n} X_i\right)^2}.$$

依定理 2.4, 我们有

$$\sqrt{n}(\boldsymbol{a} - \boldsymbol{\alpha}) \xrightarrow{\mathcal{L}} N(0, \Sigma),$$

其中

$$\Sigma = \begin{pmatrix} \mathrm{cov}(X_1, X_1) & \mathrm{cov}(X_1, X_1^2) \\ \mathrm{cov}(X_1^2, X_1) & \mathrm{cov}(X_1^2, X_1^2) \end{pmatrix} = \begin{pmatrix} \sigma^2 & 2\mu\sigma^2 \\ 2\mu\sigma^2 & 2\sigma^4 + 4\mu^2\sigma^2 \end{pmatrix}.$$

现在, 注意到 $(\mu, \sigma)^{\mathrm{T}}$ 与 $\boldsymbol{\alpha}$ 的关系:

$$(\mu, \sigma)^{\mathrm{T}} = \boldsymbol{\phi}(\boldsymbol{\alpha}) = (\phi_1(\boldsymbol{\alpha}), \phi_2(\boldsymbol{\alpha}))^{\mathrm{T}},$$

其中 $\phi_1(\boldsymbol{\alpha}) = \alpha_1, \phi_2(\boldsymbol{\alpha}) = \sqrt{\alpha_2 - \alpha_1^2}$. 变换 $\boldsymbol{\phi}(\boldsymbol{\alpha})$ 的偏导数矩阵为

$$A = \frac{\partial \boldsymbol{\phi}}{\partial \boldsymbol{\alpha}} = \begin{pmatrix} 1 & 0 \\ -\mu/\sigma & 1/2\sigma \end{pmatrix}.$$

现在直接利用定理 2.6 的结论, 得到

$$\sqrt{n}[(\hat{\mu}, \hat{\sigma})^{\mathrm{T}} - (\mu, \sigma)^{\mathrm{T}}] \xrightarrow{\mathcal{L}} N(0, A\Sigma A^{\mathrm{T}}),$$

其中

$$A\Sigma A^{\mathrm{T}} = \begin{pmatrix} \sigma^2 & 0 \\ 0 & \sigma^2/2 \end{pmatrix}.$$

由上述结论, 我们很容易得到

$$\sqrt{n}(\hat{\mu}-\mu) \xrightarrow{\mathcal{L}} N(0,\sigma^2), \quad \sqrt{n}(\hat{\sigma}-\sigma) \xrightarrow{\mathcal{L}} N(0,\sigma^2/2),$$

而且 $\hat{\mu}$ 与 $\hat{\sigma}$ 是渐近独立的. 同样地, 也可以得到 $(\hat{\mu},\hat{\sigma}^2)$ 的渐近分布, 请读者自己完成.

§3.3 估计序列的大样本比较

现在我们考虑 $g(\theta)$ 的两个估计序列 δ_n 与 δ'_n, 其中 δ_n 与 δ'_n 均依赖于样本 $(X_1,\cdots,X_n)$. 现在的目的是要比较它们的效率. 在决定效率的问题中, 存在两个重要的因素: 一个是估计的精度, 一个是取得该估计所需的成本. 精度和成本是紧密结合在一起的一对矛盾, 我们不能只考虑精度而不计成本, 也不能只讲成本而不顾精度. 因此在讨论估计的效率时, 我们采用 "为取得相同精度的估计所需成本之比" 作为相对效率定义的基础.

现在分别叙述 "精度" 与 "成本" 这两个概念. 首先介绍精度问题. 设 $\delta_{n(k)}$ 与 $\delta'_{n'(k)}$ 分别为 δ_n 与 δ'_n 的两个子序列, 若 $\delta_{n(k)}$ 与 $\delta'_{n'(k)}$ 的分布相同, 那么这两个子序列的估计精度显然是相同的. 但这样定义的应用范围太窄了, 同时, 也不符合大样本性质的要求. 通常我们采用: 若 $\delta_{n(k)}$ 与 $\delta'_{n'(k)}$ 具有相同的渐近分布, 则称这两个子序列具有**相同的估计精度**. 用精确的语言来说, 若存在数列 l_k 和非退化的分布函数 F_θ, 使对 F_θ 的一切连续点 a, 当 $k\to\infty$ 时, 均有

$$\mathbf{P}_\theta\{l_k(\delta_{n(k)}-g(\theta))\leqslant a\}\to F_\theta(a), \tag{3.1}$$

$$\mathbf{P}_\theta\{l_k(\delta'_{n'(k)}-g(\theta))\leqslant a\}\to F_\theta(a), \tag{3.2}$$

则称 $\delta_{n(k)}$ 与 $\delta'_{n'(k)}$ 具有**相同的精度**(**或渐近性质**). 此处定义的精度是一个大样本性质, 是估计序列的性质, 而不是这个序列中某一估计的性质. 现在介绍成本问题. 在实际应用中, 成本往往与样本容量成正比.

因此, 我们用样本容量来刻画成本. 现设 $\delta_{n(k)}$ 与 $\delta'_{n'(k)}$ 分别满足 (3.1) 和 (3.2), $n(k)$ 与 $n'(k)$ 分别为相应的样本容量, 则定义

$$\lim_{k\to\infty}\frac{n(k)}{n'(k)}=e_{\delta',\delta}$$

为 $\delta'_{n'(k)}$ 相对于 $\delta_{n(k)}$ 的渐近相对效率. 现在我们来给出 δ'_n 相对于 δ_n 的渐近相对效率的定义.

定义 3.1 设 δ'_n 和 δ_n 为 $g(\theta)$ 的两个估计序列, 满足

(i) $\{\delta_n\}$ 与 $\{\delta'_n\}$ 均具有渐近分布.

(ii) 对于 $\{\delta_n\}$ 的任何子序列 $\delta_{n(k)}$, 必存在 $\{\delta'_n\}$ 的一个子序列 $\delta'_{n'(k)}$, 使得它们具有相同的精度, 即存在 l_k 和 F_θ 使 (3.1) 和 (3.2) 成立. 反之, 对于 $\{\delta'_n\}$ 的任何子序列 $\delta'_{n'(k)}$, 亦存在相同精度的 $\{\delta_{n(k)}\}$.

(iii) 对于 (ii) 中的 $n(k)$, $n'(k)$, 总有

$$\lim_{k\to\infty}\frac{n(k)}{n'(k)}=e_{\delta',\delta}. \tag{3.3}$$

则 (3.3) 中的 $e_{\delta',\delta}$ 定义为 δ'_n 相对于 δ_n **的渐近相对效率**.

由 (i), (ii) 可以看出, δ_n 与 δ'_n 均存在渐近分布, 并且这两个渐近分布之间只差一个刻度常数, 即存在常数 $c>0$, 使 $F_{\delta,\theta}(x)=F_{\delta',\theta}(cx)$. 这个定义也体现了成本与效率的相互关系.

定理 3.1 设 $\delta_{i,n}$, $i=1,2$ 为 $g(\theta)$ 的两个估计序列, 又设

$$\sqrt{n}(\delta_{i,n}-g(\theta))\xrightarrow{\mathcal{L}}N(0,\tau_i^2),\quad i=1,2,$$

则

$$e_{2,1}=\frac{\tau_1^2}{\tau_2^2}. \tag{3.4}$$

证明 设 $\delta_{1,n(k)}$ 为 $\delta_{1,n}$ 的一个子序列, 成立

$$\sqrt{n(k)}(\delta_{1,n(k)}-g(\theta))\xrightarrow{\mathcal{L}}N(0,\tau_1^2).$$

取 $n'(k)$, 满足

$$\frac{n(k)}{n'(k)}\to\frac{\tau_1^2}{\tau_2^2}. \tag{3.5}$$

则

$$\sqrt{n(k)}[\delta_{2,n'(k)}-g(\theta)]=\sqrt{\frac{n(k)}{n'(k)}}\sqrt{n'(k)}[\delta_{2,n'(k)}-g(\theta)]\xrightarrow{\mathcal{L}}N(0,\tau_1^2).$$

另一方面, 设 $n'(k)$ 是任一子序列, 满足

$$\sqrt{n(k)}(\delta_{2,n'(k)}-g(\theta))\xrightarrow{\mathcal{L}}N(0,\tau_1^2).$$

这个子序列可写成$\sqrt{n(k)}(\delta_{2,n'(k)}-g(\theta))=\sqrt{\frac{n(k)}{n'(k)}}\sqrt{n'(k)}(\delta_{2,n'(k)}-g(\theta))$.
由此可知, 比值 $n(k)/n'(k)$ 的极限必存在, 并且其极限为 τ_1^2/τ_2^2, 即 (3.5) 式成立. 由渐近相对效率的定义可知 (3.4) 式成立. □

例 3.1 设 $X_1,\cdots,X_n\sim$ iid $N(\theta,1)$, 待估量为 $p=\mathbf{P}\{X_1\leqslant a\}=\Phi(a-\theta)$, 现求 p 的 UMVU 估计. 我们利用求条件期望的方法求 p 的 UMVU 估计. 令 $\delta_0=I_{\{X_1\leqslant a\}}$, 它是 p 的无偏估计. 由于 $\overline{X}$ 是一个完全充分统计量, 由第三章定理 2.4 知, p 的 UMVU 估计为 $\mathbf{E}(\delta_0|\overline{X})=\mathbf{P}\{X_1\leqslant a|\overline{X}\}$. 注意, $X_1-\overline{X}$ 是辅助统计量, 它与完全充分统计量 $\overline{X}$ 相互独立. 利用这个特点, p 的一个估计列为

$$\begin{aligned}\delta_{1,n}&=\mathbf{E}(\delta_0|\overline{X})=\mathbf{P}\{X_1-\overline{X}\leqslant a-\overline{X}|\overline{X}\}\\&=\mathbf{P}\{X_1-\overline{X}\leqslant c\}|_{c=a-\overline{X}}=\Phi\left(\sqrt{\frac{n}{n-1}}(a-\overline{X})\right),\end{aligned}$$

其中 Φ 为标准正态分布函数. p 的另一估计列为

$$\delta_{2,n}=\frac{1}{n}\sum_{i=1}^{n}I_{\{X_i\leqslant a\}}.$$

现在来比较 $\delta_{1,n}$ 相对于 $\delta_{2,n}$ 的渐近效率.

首先求 $\sqrt{n}\left[\Phi\left(\sqrt{\frac{n}{n-1}}(a-\overline{X})\right)-p\right]$ 的极限分布. 利用

$$\sqrt{n}[a-\overline{X}-(a-\theta)]\xrightarrow{\mathcal{L}}N(0,1)$$

和定理 2.2 的结论可知,

$$\sqrt{n}[\Phi(a-\overline{X})-\Phi(a-\theta)]\xrightarrow{\mathcal{L}}N\left(0,[\Phi'(a-\theta)]^2\right). \tag{3.6}$$

一方面,

$$\sqrt{n}\left[\Phi\left(\sqrt{\frac{n}{n-1}}(a-\overline{X})\right)-\Phi(a-\overline{X})\right]=\sqrt{n}\left(\sqrt{\frac{n}{n-1}}-1\right)(a-\overline{X})\Phi'(\eta),$$

其中 η 为 $(a-\overline{X})$ 与 $\sqrt{\dfrac{n}{n-1}}(a-\overline{X})$ 之间的一个值. 注意到,

$$\Phi'(\eta)=O_p(1),$$

$$a-\overline{X}=O_p(1),$$

$$\sqrt{n}\left(\frac{\sqrt{n}}{\sqrt{n-1}}-1\right)=o(1),$$

由此我们有 $\sqrt{n}\left[\Phi\left(\sqrt{\dfrac{n}{n-1}}(a-\overline{X})\right)-\Phi(a-\overline{X})\right]=o_p(1)$. 再利用 (3.6), 可得

$$\begin{aligned}&\sqrt{n}\left[\Phi\left(\sqrt{\frac{n}{n-1}}(a-\overline{X})\right)-\Phi(a-\theta)\right]\\&=\sqrt{n}\left[\Phi\left(\sqrt{\frac{n}{n-1}}(a-\overline{X})\right)-\Phi(a-\overline{X})\right]\\&\quad+\sqrt{n}[\Phi(a-\overline{X})-\Phi(a-\theta)]\\&\xrightarrow{\mathcal{L}}N(0,\Phi'(a-\theta)^2).\end{aligned}$$

另一方面, 由中心极限定理知,

$$\sqrt{n}(\delta_{2,n}-p)\xrightarrow{\mathcal{L}}N(0,pq),$$

其中 $q=1-p=1-\Phi(a-\theta)$. 故由定理 3.1 可知,

$$e_{2,1}=\frac{[\Phi'(a-\theta)]^2}{\Phi(a-\theta)[1-\Phi(a-\theta)]}.$$

当 $\theta=a$ 时, $e_{2,1}=2/\pi$; 当 θ 远离 a 时, $e_{2,1}$ 是递减函数 (见 Sampford 1953, AMS, 130–132), 并且 $e_{2,1}\to 0$ (当 $|a-\theta|\to\infty$). 这说明 $\delta_{1,n}$ 的效率比 $\delta_{2,n}$ 的效率高.

对定理 3.1 还可从下列两个方面作一些推广:

(i) 在定理 3.1 中, 常数因子 $\sqrt{n}$ 可被 n^α 代替, 其中 $\alpha>0$;

(ii) 极限分布 $N(0,\tau^2)$ 可被另一分布 H 所代替, 其中 H 的分布函数在它的支撑 (A,B) 上连续且严格增.

定理 3.2 设 $\delta_{i,n}, i=1,2$ 为 $g(\theta)$ 的两个估计序列, 满足

$$n^\alpha[\delta_{i,n}-g(\theta)] \xrightarrow{\mathcal{L}} \tau_i H, \quad \alpha>0,\ \tau_i>0,\ i=1,2,$$

即 $n^\alpha(\delta_{i,n}-g(\theta))$ 的分布列趋于 $\tau_i T$ 的分布, 其中 T 为某随机变量, T 的分布为上述分布 H, 则 $\delta_{2,n}$ 相对于 $\delta_{1,n}$ 的渐近效率为

$$e_{2,1}=(\tau_1/\tau_2)^{1/\alpha}.$$

(证明留作习题 20.)

此外, 我们还可从风险函数的角度来定义相对效率, 这种效率称为**极限风险效率**. 设 $\delta_{i,n},\ i=1,2$ 为估计序列, $R(\theta,\delta_{i,n})=\mathbf{E}_\theta L(\theta,\delta_{i,n})$ 为相应的风险函数. 所谓**风险效率**是指在两个估计具有相同的风险情况时, 它们的样本容量的比值. 下面是极限风险效率的定义:

定义 3.2 设 $\delta_{1,n}$ 和 $\delta_{2,n}$ 为两个估计序列, 若对任意其极限为 $\lim\limits_{k\to\infty} n'(k)/n(k)=e_{1,2}$ 的子序列 $n(k)$ 和 $n'(k)$, 其对应的子序列满足

$$R(\theta,\delta_{1,n(k)})/R(\theta,\delta_{2,n'(k)})\to 1,$$

则称 $e_{1,2}$ 为 $\delta_{1,n}$ 相对于 $\delta_{2,n}$ 的**极限风险效率**.

关于极限风险效率, 下面的定理成立.

定理 3.3 设 $\delta_{i,n},\ i=1,2$ 为两个估计序列, 满足

$$\lim_{n\to\infty} n^r R(\theta,\delta_{i,n})=\tau_i^2>0, r>0, \quad i=1,2.$$

则 $\delta_{1,n}$ 相对于 $\delta_{2,n}$ 的极限风险效率为

$$e_{1,2}=\left(\frac{\tau_2^2}{\tau_1^2}\right)^{1/r}.$$

(证明留作习题 20.)

例 3.2 现在讨论例 1.1 中的模型. 在例 1.1 中曾给出参数 θ 的两个估计序列,

$$\hat\theta_{1,n}=\sqrt{\frac{n_1}{n}},\quad \hat\theta_{2,n}=\frac{2n_1+n_2}{2n},$$

其中 $\hat{\theta}_{2,n}$ 是 θ 的 ML 估计. 对于 $\hat{\theta}_{1,n}$, 利用中心极限定理可知,

$$\sqrt{n}(n_1/n-\theta^2) \to N(0, \theta^2(1-\theta^2)).$$

再利用定理 2.2 可知,

$$\sqrt{n}(\hat{\theta}_{1,n}-\theta) \to N\left(0, \theta^2(1-\theta^2)(1/(2\sqrt{\theta^2}))^2\right) = N\left(0, \frac{1-\theta^2}{4}\right).$$

对于 $\hat{\theta}_{2,n}$, 可以认为它是随机变量 $I_{\{X=1\}}+\frac{1}{2}I_{\{X=2\}}$ 的 n 个观察值的平均值, 即 $\hat{\theta}_{2,n}=\frac{1}{n}\sum_{i=1}^{n}\left(I_{\{X_i=1\}}+\frac{1}{2}I_{\{X_i=2\}}\right)$. 经计算, 随机变量 $I_{\{X=1\}}+\frac{1}{2}I_{\{X=2\}}$ 的方差为 $\frac{1}{2}\theta(1-\theta)$. 由中心极限定理可知,

$$\sqrt{n}(\hat{\theta}_{2,n}-\theta) \to N\left(0, \frac{1}{2}\theta(1-\theta)\right).$$

比较这两个渐近分布的方差, 可得 $\frac{1}{4}(1-\theta^2) > \frac{1}{2}\theta(1-\theta)$. 由此可知, θ 的 ML 估计 $\hat{\theta}_{2,n}$ 具有较高的效率, 且 $\hat{\theta}_{2,n}$ 相对于 $\hat{\theta}_{1,n}$ 的渐近效率是

$$e_{2,1}=(1+\theta)/(2\theta).$$

§3.4 渐近有效性

在一般情况下, 估计序列 δ_n 具有渐近正态性, 即

$$\sqrt{n}[\delta_n-g(\theta)] \xrightarrow{\mathcal{L}} N(0, V(\theta)). \tag{4.1}$$

在一定程度上, 渐近方差 $V(\theta)$ 刻画了估计序列的精确度. 从大样本理论的角度, 我们希望找到估计序列, 使得 $V(\theta)$ 尽可能地小. 在第二章第 3 节中, 我们已经看到, 在适当的正则性条件下, 待估量 $g(\theta)$ 的无偏估计的方差满足

$$\mathrm{var}_\theta(\delta_n) \geqslant \frac{g'(\theta)^2}{nI(\theta)}, \tag{4.2}$$

其中 $I(\theta)$ 表示单个观察值的信息量. 现在设 $\delta_n=\delta_n(X_1,\cdots,X_n)$ 是 $g(\theta)$ 的渐近正态估计, 满足 (4.1) 式. 由 (4.2) 式, 渐近方差应当满足

$$V(\theta) \geqslant \frac{{g'(\theta)}^2}{I(\theta)}. \tag{4.3}$$

由此, 我们得到关于渐近有效估计的定义.

定义 4.1 设 $X_1,\cdots,X_n \sim \text{iid } f(x,\theta), \theta\in\Theta$, 其中 f 表示 X_i 相对于某 σ 有限测度 μ 的密度函数, 又设单个观察值 X_i 的信息量 $I(\theta)<\infty$. 若参数 $g(\theta)$ 的渐近正态估计序列 δ_n 的渐近方差 $V(\theta)$ 满足

$$V(\theta)=\frac{g'(\theta)^2}{I(\theta)},$$

则称 δ_n 是**渐近有效的**.

例 4.1 (续例 3.2) 在例 3.2 中已经指出, 参数 θ 的 ML 估计为

$$\hat\theta_{2,n}=\frac{2n_1+n_2}{2n_3+n_2+2n_1+n_2}=\frac{2n_1+n_2}{2n},$$

并且指出 $\hat\theta_{2,n}$ 是渐近正态的, 即

$$\sqrt{n}(\hat\theta_{2,n}-\theta)=\frac{1}{\sqrt{n}}\sum_{i=1}^{n}(Y_i-\theta)\xrightarrow{\mathcal{L}}N(0,V(\theta))=N\left(0,\frac{1}{2}\theta(1-\theta)\right).$$

现在计算单个观察值的信息量 $I(\theta)$ 的值. 从 X_i 的分布列

$$p(x,\theta)=\begin{cases}\theta^2, & x=\text{“1”},\\ 2\theta(1-\theta), & x=\text{“2”},\\ (1-\theta)^2, & x=\text{“3”}\end{cases}$$

出发, 首先计算

$$\Psi(x,\theta)=\frac{\partial p(x,\theta)}{\partial\theta}\Big/p(x,\theta)=\begin{cases}\dfrac{2}{\theta}, & x=\text{“1”},\\ \dfrac{1-2\theta}{\theta(1-\theta)}, & x=\text{“2”},\\ \dfrac{-2}{1-\theta}, & x=\text{“3”}.\end{cases}$$

按信息量的定义,

$$\begin{aligned}I(\theta)=\mathbf{E}\Psi^2(X,\theta)=&4\left(\frac{1}{\theta}\right)^2\cdot\theta^2+\frac{(1-2\theta)^2}{\theta^2(1-\theta)^2}\cdot 2\theta(1-\theta)\\&+4\left(\frac{-1}{1-\theta}\right)^2\cdot(1-\theta)^2\\=&8+\frac{2(1-2\theta)^2}{\theta(1-\theta)}=\frac{2}{\theta(1-\theta)}.\end{aligned}$$

这样, $V(\theta) = I(\theta)^{-1}$. 按渐近有效估计的定义, 在这个模型中, ML 估计是渐近有效估计.

在例 3.2 中, 给出了 θ 的另一个估计序列 $\hat{\theta}_{1,n} = \sqrt{n_1/n}$, 并且已经证明 $\hat{\theta}_{1,n}$ 也是渐近正态的, 其渐近方差为 $(1-\theta^2)/4$, 则估计序列 $\hat{\theta}_{1,n}$ 不及 $\hat{\theta}_{2,n}$. 另外, 我们还可以构造一个估计序列 $\hat{\theta}_{3,n} = 1 - \sqrt{n_3/n}$, 可以证明 $\hat{\theta}_{2,n}$ 也是渐近正态的, 其渐近方差为 $[1-(1-\theta)^2]/2$. 这个估计序列仍然不及 $\hat{\theta}_{2,n}$.

从这个例子看出两个结论: 渐近有效估计序列是十分优良的; ML 估计序列往往是渐近有效的. 统计学家也这么认为, 但是公式 (4.3) 不是永远有效. 即使模型非常"光滑", 但总可以找到 θ 的渐近正态估计, 使 (4.3) 式遭到破坏. 当 δ_n 使 (4.3) 遭到破坏时, 这种估计就称为**超有效估计**. 下面的例子说明在非常光滑的模型中, 存在参数的超有效估计.

例 4.2　设 $X_1, \cdots, X_n \sim \text{iid}\ N(\theta, 1)$, 考虑参数 θ 的估计问题. 经计算可知, 单个观察值的信息量 $I(\theta) = 1$, 故 (4.3) 式变成

$$V(\theta) \geqslant 1.$$

考虑估计序列

$$\delta_n = \begin{cases} \overline{X}, & |\overline{X}| \geqslant 1/n^{\frac{1}{4}}, \\ a\overline{X}, & |\overline{X}| < 1/n^{\frac{1}{4}}, a \text{ 是常数}. \end{cases}$$

当 $\theta = 0$ 时, δ_n 可以写成

$$\delta_n(X) = a\overline{X} + (1-a)\overline{X} I_{\{|\overline{X}| > 1/n^{\frac{1}{4}}\}}.$$

由此可得

$$\sqrt{n}\delta_n(X) = a\sqrt{n}\,\overline{X} + (1-a)\sqrt{n}\,\overline{X} I_{\{\sqrt{n}|\overline{X}| > n^{1/4}\}}.$$

由 $a\sqrt{n}\,\overline{X} \xrightarrow{\mathcal{L}} N(0, a^2)$ 和 $\sqrt{n}\,\overline{X} I_{\{\sqrt{n}|\overline{X}| > n^{1/4}\}} = o_p(1)$, 可知

$$\sqrt{n}\delta_n \xrightarrow{\mathcal{L}} N(0, a^2).$$

当 $\theta \neq 0$ 时, δ_n 可以写成

$$\delta_n - \theta = \overline{X} - \theta + (a-1)\overline{X} I_{\{|\overline{X}| < 1/n^{1/4}\}}$$

或

$$\sqrt{n}(\delta_n - \theta) = \sqrt{n}(\overline{X} - \theta) + (a-1)\sqrt{n}\,\overline{X} I_{\{\sqrt{n}|\overline{X}|<n^{1/4}\}}.$$

由 $\overline{X} \xrightarrow{\mathbf{P}} \theta$, 可知 $\mathbf{P}\{\sqrt{n}|\overline{X}| < n^{1/4}\} = \mathbf{P}\{|\overline{X}| < n^{-1/4}\} \to 0$, 由此可得

$$\sqrt{n}\,\overline{X} I_{\{\sqrt{n}|\overline{X}|<n^{1/4}\}} = o_p(1).$$

因此,

$$\sqrt{n}(\delta_n - \theta) \to N(0,1).$$

综合上述结果可得 (4.1), 其中

$$V(\theta) = \begin{cases} 1, & \theta \neq 0, \\ a^2, & \theta = 0. \end{cases}$$

上式说明, 当 $|a| < 1$ 时, δ_n 是一个超有效估计.

即使超有效估计序列存在, 研究有效估计仍然具有意义. 这是因为,

(i) 在一定的正则性条件下, 由超有效点组成的集合, 其 Lebesgue 测度为 0;

(ii) 即使在某一点具有超有效性, 也会招致估计很不好的性质.

现在我们要在某些正则性条件下, 证明 ML 估计的渐近有效性.

设 $X_1, \cdots, X_n \sim \text{iid } \mathbf{P}_\theta$, $\theta \in \Theta$, 其中 Θ 是一个开集合, $\mathbf{P}_\theta$ 相对于某 σ 有限测度 μ 具有密度函数 $f_\theta(x)$. 考虑关于参数 θ 的方程组

$$\frac{\partial}{\partial \theta}[f_\theta(x_1) \cdot f_\theta(x_2) \cdots f_\theta(x_n)] = 0, \tag{4.4}$$

这个方程组称为似然方程组. 不难验证, 方程组 (4.4) 与下列方程组 (称为对数似然方程组)

$$\frac{\partial}{\partial \theta}\left[\sum_{i=1}^{n} \ln f_\theta(x_i)\right] = 0 \tag{4.5}$$

是等价的.

定义 4.2 设 $\boldsymbol{X} = (X_1, \cdots, X_n)$ 的分布参数的真值为 θ_0, 序列 $\hat{\theta}_n(X_1, \cdots, X_n; \theta_0)$ 称为在 θ_0 处的**相合解序列**, 如果满足

$$\text{(i)} \quad \hat{\theta}_n \xrightarrow{\mathbf{P}_{\theta_0}} \theta_0; \tag{4.6}$$

(ii) $\mathbf{P}_{\theta_0}\{\hat{\theta}_n$为方程组 (4.4) 的解$\} \to 1$.

注 1 $\hat{\theta}_n$ 不一定是估计序列, 因为 $\hat{\theta}_n$ 可以和参数真值 θ_0 有关.

注 2 若方程组 (4.4) 具有唯一解, 这时, 如果相合解序列 $\hat{\theta}_n$ 存在, 则可取 $\hat{\theta}_n$ 为 (4.4) 的唯一解. 但是这个唯一解与参数无关, 它是一个估计序列.

注 3 若参数 θ 具有相合的 ML 估计序列, 则这个序列就是相合解序列.

在本章第 1 节和第 2 节中并没有正面回答 ML 估计的相合性和渐近正态性的条件. 由于 ML 估计与渐近有效性的关系密切, 我们在这里一并讨论 ML 估计的这些大样本性质.

那么, 在什么情况下, ML 估计是相合的, 渐近正态的, 而且是有效的? 假设 X 的总体模型 $\mathcal{P}$ 具有下列形式①:

$$\mathcal{P} = \{\mathbf{P}_\theta : \theta \in \Theta,\ \ \Theta \in \mathbb{R}^d \text{ 是开集}\}. \tag{4.7}$$

我们给出关于 $\mathcal{P}$ 的下列假设:

A1 对参数空间中的任何两个参数点 $\theta \neq \theta^*$, 可推出 $\mathbf{P}_\theta \neq \mathbf{P}_{\theta^*}$.

A2 $\mathbf{P}_\theta$ 关于某 σ 有限测度 μ 有密度函数 f_θ, 且支撑 $A = \{x : f_\theta(x) > 0\}$ 不依赖于 θ, 即 X_i 的分布 $\mathbf{P}_\theta$ 对不同的 θ 具有公共支撑.

A3 (i) 对 a.e. x, 对数似然函数 $l(\theta|x) \equiv \ln f_\theta(x)$ 关于 θ 二阶连续可微;

(ii) 对 a.e. x, 对数似然函数 $l(\theta|x)$ 的三阶导数存在, 并且对每一个 $\theta \in \Theta$, 存在一个 $M(x) \geqslant 0$ (满足 $\mathbf{E}_\theta M(X) < \infty$, 且这个 M 可能与 θ 有关), 使得

$$\left| \frac{\partial^3 l(\theta|x)}{\partial\theta_j \partial\theta_k \partial\theta_l} \right| \leqslant M(x)$$

在 θ 的某个邻域内对所有 $1 \leqslant j, k, l \leqslant d$ 成立.

A4 (i) $\mathbf{E}\dfrac{\partial l(\theta|X)}{\partial\theta_j} = 0,\ j = 1, \cdots, d.$

① 此处, 在不引起误解的情况下, 我们用同一个记号 $\mathbf{P}$ 或 $\mathbf{P}_\theta$ 既表示总体分布的概率测度, 又表示样本空间的概率测度.

(ii) $\mathbf{E}\left[\frac{\partial l(\theta|X)}{\partial\theta_j}\right]^2 < \infty,\ j=1,\cdots,d.$

(iii) 信息矩阵 $I(\theta) = -\mathbf{E}\frac{\partial^2 l(\theta|X)}{\partial\theta\partial\theta^{\mathrm{T}}}$ 是 d 阶正定矩阵.

定义 4.3 设 X 的总体模型由 (4.7) 给出, 并且满足条件 **A1–A4**, 则称 $\mathcal{P}$ 为**正则参数族**.

正则参数族是常用的模型, **A1**只是说明模型的参数化是可识别的. 这个假设可以说是所有估计问题的公共假设. **A2**说明分布族具有密度函数并且还具有公共支撑. 公共支撑是一个限制性条件, 一个分布族, 若没有公共支撑, 其 ML 估计的收敛率将有很大改变. 这属于估计理论的另一类研究课题, 因此, 我们为模型设立了这样的限制性条件, 以便得到具体的结果. 即使有了这个限制性条件, 正则参数族的范围还是很广的, 我们通常处理的总体模型都是具有公共支撑的模型, 例如, 正态、二项、泊松和指数等总体都是具有公共支撑的总体. **A3**和**A4**都是关于密度函数的一些技术性条件, 诸如对参数的连续性, 可微性等条件. 一般地, 具有固定支撑的分布族都会要求满足这些条件. 现在举一些正则参数族的例子.

例 4.3 (多项分布) 设 $X \sim M(n, d+1, \boldsymbol{p})$, 即 X 的分布为多项分布, 其参数为 $\boldsymbol{p} = (p_1, \cdots, p_{d+1})$. 这里的参数空间不是 $d+1$ 维空间中的开集, 由约束条件 $p_1 + \cdots + p_{d+1} = 1$ 可解出 p_{d+1}, 自由参数 $\theta = (p_1, \cdots, p_d)$ 的集合是 d 维空间中的开集$\{\theta = (p_1, \cdots, p_d) : p_i > 0, \sum_{i=1}^{d} p_i < 1\}$. 现在很容易验证这个分布族的正则性条件. **A1** 和 **A2** 是显然的. 对于 **A3**, (i) 是明显的, 我们只需验证 (ii). 注意

$$l(\theta|x) = \sum_{i=1}^{d} k_i \ln\left(\frac{p_i}{p_{d+1}}\right) + n\ln(p_{d+1}),$$

其中$p_{d+1} = 1 - \sum_{i=1}^{d} p_i$, $k_1, \cdots, k_d$ 表示向量 x 的各个分量. $l(\theta|X)$ 是 k_i, $i = 1, \cdots, d$ 的线性组合, 我们只需对线性组合中的每一项找到相应的控制项即可. 我们以第 i 项为例, $k_i \ln\left(\frac{p_i}{p_{d+1}}\right)$ 的参数部分 $\ln\left(\frac{p_i}{p_{d+1}}\right)$

与数据部分 k_i 是分离的, 这一项的各种三阶偏导数具有同一形式, 因此很容易找到控制函数 $M(x)=ck_i$(满足 $\mathbf{E}_\theta M(X)<\infty$), 使得

$$\left|\frac{k_i\partial^3\left(\ln\left(\frac{p_i}{p_{d+1}}\right)\right)}{\partial p_j\partial p_k\partial p_l}\right|\leqslant M(x),\quad j,k,l=1,\cdots,d$$

在 θ 的某一个邻域内成立. **A4** 只是积分的计算, 其验证从略 (见习题 23).

关于分布族的正则性, 有一些重要性质, 我们将它们写成定理的形式, 其证明是十分简单的.

定理 4.1 设 $X\sim\mathcal{P}$ 为一个正则参数族, 又设 $X_1,\cdots,X_n$ 是 X 的简单随机样本, 则这个样本所对应的分布族也是正则的.

现在设 $X\sim\mathcal{P}$, 其中 $\mathcal{P}=\{\mathbf{P}_\theta,\theta\in\Theta\}$, 而 Θ 是 d 维空间中的开集. 现在考虑 $\mathcal{P}$ 的一个子族 $\mathcal{P}_0$, $\mathcal{P}_0$ 是这样定义的: 取 Θ 中的一个参数点 $\theta_0=(\theta_{10},\cdots,\theta_{d0})$, 定义 $\mathcal{P}_0=\{\mathbf{P}_\theta:\theta=(\theta_1,\cdots,\theta_k,\theta_{(k+1)0},\cdots,\theta_{d0})\in\Theta, k\text{为小于 } d \text{ 的固定正整数}\}$.

定理 4.2 设 $\mathcal{P}$ 和它的子族 $\mathcal{P}_0$ 如上定义, 若 $\mathcal{P}$ 是一个正则参数族, 则它的子族 $\mathcal{P}_0$ 也是正则参数族.

(其证明作为习题 25.)

例 4.4 设 (X,Y) 为二维随机变量, 其模型为

$$\mathbf{P}_\theta\{X=i,Y=j\}=\theta_{i,j},\quad i=1,2,j=1,2,$$

其中 $\theta_{i,j}>0,\sum\limits_{i=1}^{2}\sum\limits_{j=1}^{2}\theta_{i,j}=1$. 这个模型 $\mathcal{P}=\{\mathbf{P}_\theta:\theta\in\Theta\}$ 可以归结为多项分布模型, 现在考虑它的子模型 $\mathcal{P}_0=\{\mathbf{P}_\theta:\theta\in\Theta, X\text{和}Y\text{相互独立}\}$. 为解决 $\mathcal{P}_0$ 的正则性问题, 本来可以利用定义直接证明其正则性, 但是, 与假设检验那样的问题一样, 往往强调 $\mathcal{P}_0$ 与 $\mathcal{P}$ 的联系. 我们利用定理 4.2 的结论来证明其正则性. 为此, 我们将 $\mathcal{P}$ 重新参数化, 记

$$\theta_1=\mathbf{P}\{X=1\},\ \theta_{1|1}=\mathbf{P}\{Y=1|X=1\},\ r=\frac{\mathbf{P}\{Y=1|X=2\}}{\mathbf{P}\{Y=1|X=1\}}.$$

新参数空间为 $\theta_1\in(0,1),\theta_{1|1}\in(0,1),0<r<\dfrac{1}{\theta_{1|1}}$. 而反映 X 和 Y 相

互独立的子模型为 $\mathcal{P}_0=\{\mathbf{P}_{(\theta_1,\theta_{1|1}),r}:r=1\}$. 利用定理 4.2 的结论可知, $\mathcal{P}_0$ 就是一个正则的参数族.

现在设 $X_1,\cdots,X_n$ 为 X 的一个简单随机样本, 定义

$$Z_n\equiv\frac{1}{\sqrt{n}}\sum_{i=1}^{n}\frac{\partial l(\theta|X_i)}{\partial\theta}\Big|_{\theta=\theta_0},\quad \widetilde{\mathbf{l}}(\theta_0|X)=I^{-1}(\theta_0)\frac{\partial l(\theta|X)}{\partial\theta}\Big|_{\theta=\theta_0},$$

注意, 此处 Z_n 和 $\widetilde{\mathbf{l}}(\theta_0|X)$ 都是向量. 于是

$$I^{-1}(\theta_0)Z_n=\frac{1}{\sqrt{n}}\sum_{i=1}^{n}\widetilde{\mathbf{l}}(\theta_0|X_i).$$

定理 4.3 ② 假设 X 的总体分布族 $\mathcal{P}$ 为正则族, X 的分布参数的真值为 $\theta_0\in\Theta$, $X_1,\cdots,X_n$ 为 X 的一个简单随机样本. 那么

(i) 对数似然方程组 (4.5) 在 θ_0 处存在相合解序列 $\hat{\theta}_n$.

(ii) $\hat{\theta}_n$ 关于 $\widetilde{\mathbf{l}}(\theta_0|x)$ 是渐近线性的, 即

$$\sqrt{n}(\hat{\theta}_n-\theta_0)=I^{-1}(\theta_0)Z_n+o_p(1)=\frac{1}{\sqrt{n}}\sum_{i=1}^{n}\widetilde{\mathbf{l}}(\theta_0|X_i)+o_p(1)$$

$$\xrightarrow{\mathcal{L}} I^{-1}(\theta_0)Z\sim N_d(0,I^{-1}(\theta_0)).$$

(iii) $R_n\equiv Z_n^{\mathrm{T}}I^{-1}(\theta_0)Z_n\xrightarrow{\mathcal{L}}Z^{\mathrm{T}}I^{-1}(\theta_0)Z\sim\chi^2(d)$, 或等价地

$$n|\hat{\theta}_n-\theta_0|^2\xrightarrow{\mathcal{L}}Z^{\mathrm{T}}I^{-1}(\theta_0)Z\sim\chi^2(d).$$

证明 (i) $\hat{\theta}_n$ 的存在性和相合性. 对 $a>0$, 令

$$Q_a\equiv\{\theta\in\Theta:|\theta-\theta_0|=a\}.$$

首先假定下面的结论 $(*)$ 成立: 对于充分小的 $a>0$, 有

$$(*)\qquad \mathbf{P}_0\{l_n(\theta)<l_n(\theta_0),\ \text{对任意的 }\theta\in Q_a\}\to 1,\quad n\to\infty,$$

式中 $l_n(\theta)=\sum\limits_{i=1}^{n}\ln(f_\theta(x_i))$. 据此推出 $l_n(\theta)$ 在以 θ_0 为中心, 以 a 为半

② 事实上, 这个定理的条件是一个局部性的条件, 为了应用方便, 我们提出了较严格的正则性条件.

径的球面 Q_a 所包围的区域内部取得局部极大值. 因为局部极大值必定满足似然方程组, 所以对于充分小的 $a>0$, 以概率收敛于 1 的有: 似然函数方程组在 Q_a 内存在解 $\hat{\theta}_n$, 即 $|\hat{\theta}_n-\theta_0|<a$. 令 $a\to 0$, (i) 得证.

现在证明结论 $(*)$, 由**A3**, 可将 $l_n(\theta)$ 在 θ_0 处的 Taylor 展开写成如下形式:

$$\begin{aligned}\frac{1}{n}[l_n(\theta)-l_n(\theta_0)]=&\frac{1}{n}(\theta-\theta_0)^{\mathrm{T}}\sum_{i=1}^{n}\frac{\partial l(\theta|X_i)}{\partial\theta}\Big|_{\theta=\theta_0}\\&-\frac{1}{2}(\theta-\theta_0)^{\mathrm{T}}\left(-\frac{1}{n}\sum_{i=1}^{n}\frac{\partial^2 l(\theta|X_i)}{\partial\theta\partial\theta^{\tau}}\Big|_{\theta=\theta_0}\right)(\theta-\theta_0)\\&+\frac{1}{6n}\sum_{j=1}^{d}\sum_{k=1}^{d}\sum_{l=1}^{d}(\theta_j-\theta_{j0})(\theta_k-\theta_{k0})(\theta_l-\theta_{l0})\cdot\\&\sum_{i=1}^{n}\gamma_{jkl}(X_i)M(X_i)\\=&S_1+S_2+S_3,\end{aligned}$$

此处 $0\leqslant|\gamma_{jkl}(x)|\leqslant 1$. (备注: 根据 Taylor 展开式, 这里 $\gamma_{jkl}(X_i)=\dfrac{\partial^3 l(\theta^*|X_i)}{\partial\theta_j\partial\theta_k\partial\theta_l}/M(X_i)$, θ^* 位于 θ_0 与 θ 连接的直线之间. 由**A3**(ii) 可知, $|\gamma_{jkl}(X_i)|\leqslant 1$.) 根据**A3**(ii) 和**A4**, 利用大数定律得到,

$$S_1\xrightarrow{\mathbf{P}}0;$$

$$S_2\xrightarrow{\mathbf{P}}-\frac{1}{2}(\theta-\theta_0)^{\mathrm{T}}I(\theta_0)(\theta-\theta_0);$$

$$S_3\xrightarrow{\mathbf{P}}\frac{1}{6}\sum_{j}\sum_{k}\sum_{l}(\theta_j-\theta_{j0})(\theta_k-\theta_{k0})(\theta_l-\theta_{l0})\mathbf{E}_{\theta_0}(\gamma_{jkl}(X_1)M(X_1)).$$

由 $l_n(\theta)$ 的 Taylor 展式可以看出, S_i, $i=1,2,3$ 的表达式中, θ(不是随机变量的分布参数 θ_0) 与随机变量是分离的, 因此上述的三个极限式对于 $\theta\in Q_a$ 具有一致性. 现在考虑不等式

$$\sup_{Q_a}(S_1+S_2+S_3)\leqslant\sup_{Q_a}(S_1+S_2)+\sup_{Q_a}S_3.$$

由于 S_2的极限表达式中含有一个正定矩阵 $I(\theta_0)$, θ 又是在 Q_a 上变化,

因此可以找到一个正常数 c_1, 使得 $-\dfrac{1}{2}(\theta-\theta_0)^{\mathrm{T}}I(\theta_0)(\theta-\theta_0)<-c_1a^2$. 这样, 对于 $\varepsilon>0$, 当 n 充分大的时候, 可以以 $1-\varepsilon/2$ 的概率保证

$$\sup_{Q_a}(S_1+S_2)<-c_1a^2/2.$$

类似的方法可以证明, 存在一个常数 $c_2>0$, 使得当 n 充分大的时候, 可以以 $1-\varepsilon/2$ 的概率保证

$$\sup_{Q_a}(S_3)<c_2a^3/2.$$

综合得到的两个不等式, 可知对于 $\varepsilon>0$, 使得当 n 充分大的时候, 可以以 $1-\varepsilon$ 的概率保证: 当 $a<c_2/c_1$ 时,

$$\sup_{Q_a}(S_1+S_2+S_3)<c_2a^3/2-c_1a^2/2<0.$$

由于 ε 可以任意给定, 上述就是结论 $(*)$.

(ii) 现在设 $\hat{\theta}_n$ 为 (i) 中的相合解序列, 记集合

$$G_n\equiv\left\{(x_1,\cdots,x_n):\frac{\partial l_n(\theta)}{\partial\theta}\bigg|_{\theta=\hat{\theta}_n}=0 \text{ 并且 } |\hat{\theta}_n-\theta_0|<\varepsilon\right\}.$$

显然, 当 $n\to\infty$ 时, $\mathbf{P}_0\{(X_1,\cdots,X_n)\in G_n\}\to 1$. 现在考虑函数 $\dfrac{1}{\sqrt{n}}\dfrac{\partial l_n(\theta)}{\partial\theta}$, 它是向量值函数, 对这个函数进行 Taylor 展开 (实际上, 对这个函数的每个分量进行 Taylor 展开, 为了记号简便, 我们用向量的形式进行表达), 得到

$$0=\frac{1}{\sqrt{n}}\frac{\partial l_n(\theta)}{\partial\theta}\bigg|_{\theta=\hat{\theta}_n}=\frac{1}{\sqrt{n}}\frac{\partial l_n(\theta)}{\partial\theta}\bigg|_{\theta=\theta_0}-\left(-n^{-1}\frac{\partial^2 l_n(\theta)}{\partial\theta\partial\theta^{\mathrm{T}}}\bigg|_{\theta=\theta_n^*}\right)\sqrt{n}(\hat{\theta}_n-\theta_0),$$

其中 $|\theta_n^*-\theta_0|\leqslant|\hat{\theta}_n-\theta_0|$. 现由**A4** (i), (ii) 及中心极限定理, 可得

$$Z_n\equiv\frac{1}{\sqrt{n}}\frac{\partial l_n(\theta)}{\partial\theta}\bigg|_{\theta=\theta_0}=\frac{1}{\sqrt{n}}\sum_{i=1}^n\frac{\partial l(\theta|X_i)}{\partial\theta}\bigg|_{\theta=\theta_0}\xrightarrow{\mathcal{L}}N_d(\mathbf{0},I(\theta_0)).$$

进一步利用 $\hat{\theta}_n\xrightarrow{\mathbf{P}}\theta_0$ 以及**A3**(ii), 并结合 Taylor 公式, 可以得到

$$-n^{-1}\frac{\partial^2 l_n(\theta)}{\partial\theta\partial\theta^{\mathrm{T}}}\Big|_{\theta=\theta_n^*}=-n^{-1}\frac{\partial^2 l_n(\theta)}{\partial\theta\partial\theta^{\mathrm{T}}}\Big|_{\theta=\theta_0}+o_p(1)\xrightarrow{\mathbf{P}}I(\theta_0).$$

故当 $n\to\infty$ 时, $\left(-n^{-1}\frac{\partial^2 l_n(\theta)}{\partial\theta\partial\theta^{\mathrm{T}}}\Big|_{\theta=\theta_n^*}\right)^{-1}$ 以高概率存在, 并且满足

$$\left(-n^{-1}\frac{\partial^2 l_n(\theta)}{\partial\theta\partial\theta^{\mathrm{T}}}\Big|_{\theta=\theta_n^*}\right)^{-1}\xrightarrow{\mathbf{P}}I(\theta_0)^{-1}.$$

所以

$$\begin{aligned}\sqrt{n}(\hat{\theta}_n-\theta_0)&=I^{-1}(\theta_0)Z_n+o_p(1)\\&\xrightarrow{\mathcal{L}}I^{-1}(\theta_0)Z\sim N_d(\mathbf{0},I^{-1}(\theta_0)).\end{aligned}$$

从而证明了 (ii).

(iii) 的证明很直接. □

这个定理的证明有点长, 但是这是关于 ML 估计序列有效性的一个重要的结果. 只要所讨论的总体模型是正则参数族, 就可以应用此定理. 我们要说明的是: 它是关于似然方程的相合解的结论. 通常的 ML 估计序列, 只要证明其相合性, 它就是一个相合解序列. 这是因为理论研究说明, 存在不相合的 ML 估计序列. 因此, 为了应用此定理, 必须证明该序列的相合性. 另外, 本定理还证明, 在求 ML 估计的过程中, 若求解的 ML 估计是唯一的 ML 估计序列, 那么这个估计序列就是相合解序列. 最后我们指出, 定理的结论是很强的, 可以这么说, 这个定理解决了 ML 估计序列的相合性、渐近正态性和渐近有效性. 这就是为什么我们要将 ML 估计的相合性、渐近正态性和渐近有效性放在一起处理的原因.

下面我们用事例来阐明本节所讲述的理论的应用.

例 4.5　设 $X_1,\cdots,X_n\sim$iid logistic 分布, 联合密度函数为

$$\prod_{i=1}^n f(x_i,\theta)=\exp\left\{-\sum_{i=1}^n(x_i-\theta)\right\}\Big/\prod_{i=1}^n(1+\exp\{-(x_i-\theta)\})^2.$$

为了将定理 4.3 应用于 ML 估计序列, 先证明 ML 估计的唯一性. 考虑对数似然方程

$$\sum_{i=1}^{n}[\ln f(x_i,\theta)]'_\theta = 0.$$

对于 logistic 分布, $\ln f(x_i,\theta) = -(x_i-\theta) - 2\ln(1+\exp\{-(x_i-\theta)\})$, 故 $[\ln f(x_i,\theta)]'_\theta = 1 - 2/(1+\exp\{x_i-\theta\})$. 利用这个表达式, 可知其对数似然方程为

$$\frac{n}{2} = \sum_{i=1}^{n}\frac{1}{1+\exp\{x_i-\theta\}}. \tag{4.8}$$

上式右边和号内的每一项为 θ 的单调上升函数, 其值域为 (0,1). 因此 (4.8) 式右边作为 θ 的函数为连续上升函数, 其值域为 $(0,n)$. 这样, 似然方程存在唯一解 $\hat{\theta}_n(X)$. 由 $f(x_i,\theta)$ 的表达式可知, 当 $\theta\to\pm\infty$ 时, $\prod\limits_{i=1}^{n} f(x_i,\theta)\to 0$. 又由似然方程 (4.8) 具有唯一解说明, 相应的似然函数是单峰的. 由此可知, $\hat{\theta}_n$ 就是 θ 的唯一的 ML 估计.

为了利用定理 4.3 的结论, 我们只需验证总体模型的正则性.

A1和**A2**是显然的.

A3(i) 和 (ii). 由表达式 $\ln f(x,\theta) = -(x-\theta) - 2\ln(1+\exp\{-(x-\theta)\})$ 知, 这个函数显然关于 θ 无穷次可微, 即**A3**(i) 成立. 又

$$\frac{\partial^3 \ln f(x,\theta)}{\partial\theta^3} = \frac{2\exp\{-(x-\theta)\}(\exp\{-(x-\theta)\}-1)}{[1+\exp\{-(x-\theta)\}]^3}.$$

考虑函数

$$g(t) = \frac{2t(t-1)}{(1+t)^3},\quad t\geqslant 0.$$

显然函数 $g(t)$ 是 t 的连续函数, 且 $g(0)=0$, $\lim\limits_{t\to\infty} g(t) = 0$. 所以 $|g(t)|$ 在 $(0,\infty)$ 上有最大值 $M = \dfrac{\sqrt{3}}{9}$, 最大值点为 $t = 2\pm\sqrt{3}$. 所以, 我们可得

$$\sup_\theta\left|\frac{\mathrm{d}^3\ln f(x,\theta)}{\mathrm{d}\theta^3}\right| \leqslant M.$$

故**A3**(ii) 满足.

A4. $l(\theta|x) = -(x-\theta) - 2\ln(1+\exp\{-(x-\theta)\})$, 故

$$\frac{\partial}{\partial\theta}l(\theta|x) = -1 + \frac{2}{1+\exp\{-(x-\theta)\}},$$

$$-\frac{\partial^2}{\partial\theta^2}l(\theta|x) = \frac{2\exp\{-(x-\theta)\}}{(1+\exp\{-(x-\theta)\})^2}.$$

从而下面的三个式子

$$\mathbf{E}\left(\frac{\partial}{\partial\theta}l(\theta|X)\right) = -1 + 2\int\frac{\exp\{-(x-\theta)\}}{(1+\exp\{-(x-\theta)\})^3}\mathrm{d}x = 0,$$

$$\mathbf{E}\left(\frac{\partial}{\partial\theta}l(\theta|X)\right)^2 = \int\left(-1+\frac{2}{1+\exp\{-(x-\theta)\}}\right)^2\frac{\exp\{-(x-\theta)\}}{(1+\exp\{-(x-\theta)\})^2}\mathrm{d}x = \frac{1}{3},$$

$$I(\theta) = \mathbf{E}\left[\frac{2\exp\{-(X-\theta)\}}{(1+\exp\{-(X-\theta)\})^2}\right] = 2\int\frac{\exp\{-2(x-\theta)\}}{(1+\exp\{-(x-\theta)\})^4}\mathrm{d}x = \frac{1}{3}$$

说明**A4**是成立的.

应用定理 4.3 的结论可知, ML 估计 $\hat{\theta}_n$ 是 θ 的相合估计, 并且 $\hat{\theta}_n$ 是一个有效估计, 所以

$$\sqrt{n}(\hat{\theta}_n - \theta) \xrightarrow{\mathcal{L}} N(0,3).$$

例 4.6 设 $X_1,\cdots,X_n \sim$iid $N(\mu,\sigma^2)$, 联合密度函数为

$$\prod_{i=1}^n f(x_i,\theta) = \left(\frac{1}{\sqrt{2\pi}\sigma}\right)^n \exp\left\{-\frac{\sum\limits_{i=1}^n (x_i-\mu)^2}{2\sigma^2}\right\}.$$

现证明参数 (μ,σ^2) 的 ML 估计是渐近有效估计. 由于正态总体的 ML 估计是唯一确定的, 我们只需验证正态分布族为正则参数族, 就可以得到 $\theta=(\mu,\sigma^2)$ 的 ML 估计的渐近有效性.

现在验证正态分布族的正则性. 首先去掉常数项, 我们可得

$$l(\mu,\sigma^2|x) = -\frac{1}{2}\ln(\sigma^2) - \frac{(x-\mu)^2}{2\sigma^2}.$$

A1和**A2**显然成立.

A3(i) 显然成立, 只需验证**A3**(ii). 设真值为 $\theta_0=(\mu_0,\sigma_0^2)$, 开邻域为 $\Theta_0 = B_\varepsilon(\theta_0)$, 其中 $B_\varepsilon(\theta_0)$ 表示以真值 θ_0 为圆心, ε 为半径的开球, 且 $\varepsilon < \sigma_0^2$. 通过简单运算可得

$$\frac{\partial^3 l(\theta|x)}{\partial^3\mu}=0,\quad \frac{\partial^3 l(\theta|x)}{\partial\mu^2\partial[\sigma^2]}=\frac{1}{\sigma^4},\quad \frac{\partial^3 l(\theta|x)}{\partial\mu\partial[\sigma^2]^2}=\frac{2(x-\mu)^2}{\sigma^6},$$

$$\frac{\partial^3 l(\theta|x)}{\partial[\sigma^2]^3}=-\frac{1}{\sigma^6}+\frac{3(x-\mu)^2}{\sigma^8}.$$

所以对任意的 $\theta\in\Theta_0$ 以及整数 $0\leqslant k,m\leqslant 3, k+m=3$, 可得

$$\left|\frac{\partial^3 l(\theta|x)}{\partial\mu^k\partial[\sigma^2]^m}\right|\leqslant M(x)=\max\left\{\frac{1}{(\sigma_0^2-\varepsilon)^2},\frac{2\max\{|x-\mu_0-\varepsilon|^2,|x-\mu_0+\varepsilon|^2\}}{(\sigma_0^2-\varepsilon)^3},\right.$$
$$\left.-\frac{1}{(\sigma_0^2-\varepsilon)^3}+\frac{3\max\{|x-\mu_0-\varepsilon|^2,|x-\mu_0+\varepsilon|^2\}}{(\sigma_0^2-\varepsilon)^4}\right\}.$$

显然 $\mathbf{E}_{\theta_0}M(X)<\infty$, 即**A3**(ii) 成立.

A4(i) 和 (ii), 也很容易验证成立. 注意到,

$$\frac{\partial^2 l(\theta|x)}{\partial\theta\partial\theta^{\mathrm{T}}}=-\frac{1}{\sigma^2}\begin{pmatrix}1 & \dfrac{x-\mu}{\sigma^2}\\ \dfrac{x-\mu}{\sigma^2} & -\dfrac{1}{2\sigma^2}+\dfrac{(x-\mu)^2}{\sigma^4}\end{pmatrix}.$$

故

$$I(\theta_0)=-\mathbf{E}\left(\frac{\partial^2 l(\theta|x)}{\partial\theta\partial\theta^{\mathrm{T}}}\right)\bigg|_{\theta=\theta_0}=\frac{1}{\sigma_0^2}\begin{pmatrix}1 & 0\\ 0 & \dfrac{1}{2\sigma_0^2}\end{pmatrix}$$

是正定的.

总之, 正态分布族的正则性得到验证, 所以 $\hat\theta_n$ 是一个有效估计, 且

$$\sqrt{n}(\hat\theta_n-\theta_0)\xrightarrow{\mathcal{L}}N(0,I^{-1}(\theta_0)).$$

事实上, 本例的结果可以通过直接计算得到, 我们引入这个例子的目的是验证定理的正确性.

例 4.7 (单参数指数族) 设 X 关于某 σ 有限测度 μ 有密度函数 $f_\theta(x)=\exp\{\theta T(x)-A(\theta)\},\theta\in\Theta$, 其中 Θ 是一个开区间. 那么

$$\frac{\partial l(\theta|x)}{\partial\theta}=T(x)-A'(\theta),\qquad I(\theta)=\mathrm{var}_\theta(T(X)).$$

对数似然方程可以写做: $\dfrac{1}{n}\sum\limits_{i=1}^n T(X_i)=A'(\theta)$. 由指数族分布的性质可知, $A'(\theta)=\mathbf{E}_\theta T(X)$ 和 $A''(\theta)=\mathrm{var}_\theta(T(X))>0$, 所以 $A'(\theta)$ 是关于 θ

严格递增的, 这样对数似然方程最多有一个解 $\hat{\theta}_n$. 利用大数定律还可以知道, 以概率趋于 1 可以确定对数似然方程是有解的.

现在验证定理 4.3 的条件. 实际上, 我们只需验证单参数指数族是一个正则参数族. 因此我们只需验证正则性条件.

(i) 可识别性条件**A1**验证如下: 如果 $f_{\theta_1}(X) = f_{\theta_2}(X)$, 则必有 $(\theta_1-\theta_2)T(X) = A(\theta_1) - A(\theta_2)$. 若 $\theta_1 \neq \theta_2$, 则从得到的等式可知随机变量 $T(X)$ 是一个常数, 发生矛盾. 故必有 $\theta_1 = \theta_2$, 即分布族是一个可识别的分布族.

(ii) 显然, 支撑集 $\{x : f_\theta(x) > 0\}$ 是一个不依赖于参数 θ 的集合, 故**A2**满足.

(iii) 由于 $l(\theta|x) = \theta T(x) - A(\theta)$, 正则性条件**A3**(i) 和**A4**很容易验证. 至于**A3**(ii), $\ln f_\theta(x)$ 关于 θ 的三阶导数等于 $A'''(\theta)$ 并不依赖于 x, 所以**A3**(ii) 成立.

利用定理 4.3 的结论可知, 参数 θ 的唯一的 ML 估计具有渐近有效性, 即

$$\sqrt{n}(\hat{\theta}_n - \theta) \xrightarrow{\mathcal{L}} N(0, 1/I(\theta)) = N(0, 1/\mathrm{var}_\theta(T(X))). \tag{4.9}$$

由本例的结果可知, 二项分布、泊松分布等单参数指数族的 ML 估计都是渐近有效估计.

例 4.8 (不相合的ML估计) 假设某随机变量 x 的密度函数为

$$f_\theta(x) = \frac{\theta}{2} I_{[-1,1]}(x) + \frac{1-\theta}{\delta(\theta)}\left(1 - \frac{|x-\theta|}{\delta(\theta)}\right) I_{A(\theta)}(x), \tag{4.10}$$

其中 $x \in \mathcal{X} = [-1,1]$, $\theta \in \Theta = [0,1]$, $\delta = \delta(\theta)$ 是连续的递减函数, 满足 $\delta(0) = 1$, 当 $0 < \theta < 1$ 时, $0 < \delta(\theta) \leqslant 1-\theta$, 以及 $A(\theta) = [\theta - \delta(\theta), \theta + \delta(\theta)]$. 注意, 当 $\theta = 0$ 时, $f_0(x) = (1-|x|)I_{[-1,1]}(x)$ 为三角分布密度; 而当 $\theta = 1$ 时, $f_1(x) = 2^{-1}I_{[-1,1]}(x)$ 为均匀分布密度.

Ferguson[1996] 的《大样本理论课程》的第 116–117 页里证明了如下结论: 当样本量为 n 时, 令 $\hat{\theta}_n$ 为 θ 的 ML 估计, 若函数 $\delta(\theta) = (1-\theta)\exp\{-(1-\theta)^{-4}+1\}$, 那么当 $n \to \infty$ 时, 对任何 $\theta \in [0,1]$, 成立 $\hat{\theta}_n \to 1$ a.s. $\mathbf{P}_\theta$.

在 Ferguson[1996] 的反例中, 参数区间是闭区间 $[0,1]$, 但可以改为开区间 $(0,1)$. 这只需证明似然函数不会在端点 0,1 处取得最大值. 设 $X_1,\cdots,X_n\sim$ iid $f_\theta(x)$, Ferguson[1996] 已经证明了如下结论:

$$\max_{0\leqslant\theta\leqslant 1}\frac{1}{n}l_n(\theta)\to\infty\quad\text{a.s.}.$$

由于

$$\frac{1}{n}l_n(0)=\frac{1}{n}\sum_{i=1}^{n}\ln((1-|X_i|)I_{[-1,1]}(X_i))\leqslant\ln(1-X_{(1)})\leqslant\ln 2\quad\text{a.s.},$$

$$\frac{1}{n}l_n(1)=\frac{1}{n}\sum_{i=1}^{n}\ln(2^{-n}I_{[-1,1]}(X_i))=-\ln 2\quad\text{a.s.}.$$

所以, 似然函数不会在端点 0,1 处取得最大值 (至少当 n 充分大的时候).

现在来探讨为什么这个例子中 ML 估计不相合? 原因是这个分布族不是一个正则分布族. 在验证分布族的正则性条件的时候, 发现**A1**和**A2**成立. 但是对数似然函数族不满足**A3** (ii).

不相合的 ML 估计的例子也可在文献 Le Cam and Yang[1990] 和 Boyles et al.[1985] 中找到. 由于绝大部分的模型都是正则模型, 因此绝大部分的实例中, ML 估计都是相合估计. 不相合的估计必须花很大努力在非正则模型中寻找, 而且是非常罕见的例子.

§3.5 M- 估计和 R- 估计

在讨论估计稳健性的时候, 已经提到过 M- 估计. 现在讨论 M- 估计的大样本性质. 由于 M- 估计具有抗干扰作用, 我们将 X 的分布集合扩充成一个一般的分布集合, 形成一个非参数问题. 通常设 $\mathcal{F}$ 为一分布族, $X_1,\cdots,X_n\sim$ iid $F\in\mathcal{F}$. 在估计问题中, 通常的待估函数用一个泛函 $T(F)$ 表示. $T(F)$ 可以用各种不同的方式给出, 下面将介绍一类特殊的待估函数, 称为 M- 泛函. 设 ψ 为定义在实数轴上的一个固定的实值函数, 把下列关于实数 t 的方程的解 (它依赖于 F)

$$\int_{-\infty}^{\infty}\psi(x-t)\mathrm{d}F(x)=0\tag{5.1}$$

称为 M-**泛函**. 当然方程 (5.1) 的解可能不存在, 或存在不唯一. 通常我们对 ψ 或 F 做一些限制, 或对解作一些解释, 使得方程的解有意义, 并唯一确定. 这样 M- 泛函就有确定的意义.

下面讨论位置泛函的定义. 设 $X \sim F$, 显然 $X+\theta \sim F(x-\theta) \triangleq F_\theta$.

定义 5.1　设 $\mathcal{F}$ 是一个分布族. 若 $F \in \mathcal{F}$ 可得到 $F_\theta \in \mathcal{F}$, 则称 $\mathcal{F}$ 为**封闭于位置变换的分布族**, 或称**平移不变的分布族**. 设 $\mathcal{F}$ 为平移不变的分布族, 若 $\mathcal{F}$ 上的泛函 $T(F)$ 满足

$$T(F_\theta) = T(F) + \theta, \quad \forall \theta \in \mathbb{R}. \tag{5.2}$$

则称 $T(F)$ 为**位置参数**.

现在设 $\mathcal{F}$ 是一个平移不变的分布族, $T(F)$ 是由 (5.1) 确定的泛函, 即 $T(F)$ 满足

$$\int_{-\infty}^{\infty} \psi(x - T(F))\mathrm{d}\,F(x) = 0.$$

由上式可知,

$$\int_{-\infty}^{\infty} \psi(x - T(F) - \theta)\mathrm{d}F(x-\theta) = 0,$$

即

$$T(F_\theta) = T(F) + \theta.$$

上式说明, 由 (5.1) 所确定的泛函是一个位置参数.

例 5.1　取 $\psi(x) = x$, 根据 M- 泛函的定义, 求解关于 t 的方程 (5.1), 可得 $T(F) = \int x\,\mathrm{d}F$. 若取

$$\psi(x) = \begin{cases} 1, & x \geqslant 0, \\ -1, & x < 0, \end{cases}$$

方程 (5.1) 变成

$$\int_{x-t\geqslant 0} \mathrm{d}\,F(x) = \int_{x-t<0} \mathrm{d}\,F(x).$$

这个方程等价于

$$F(t-) = \frac{1}{2}.$$

显然, 当取

$$F(x)=\begin{cases}1, & x\geqslant 1,\\ \dfrac{2}{3}, & 0\leqslant x<1,\\ \dfrac{1}{3}, & -1\leqslant x<0,\\ 0, & x<-1\end{cases}$$

时, 上述关于 t 的方程无解. 当取

$$F(x)=\begin{cases}1, & x\geqslant 1,\\ \dfrac{1}{2}, & -1\leqslant x<1,\\ 0, & x<-1\end{cases}$$

时, 相应的 M- 泛函方程又具有无限多个解.

由上例可以看出, 定义 M- 泛函的方程在某些情况下可以不存在解; 在某些情况下也可以有无穷多个解. 现在假定, 对于 (5.1), 可以确定一个 M- 泛函, 对于这个 M- 泛函, 一个自然的估计是由下列方程所确定的解

$$\int_{-\infty}^{\infty}\psi(x-t)\mathrm{d}\,F_n(x)=0, \tag{5.3}$$

其中 F_n 是 F 的经验分布. 这样, $\displaystyle\int_{-\infty}^{\infty}\psi(x-t)\mathrm{d}\,F_n(x)=\frac{1}{n}\sum_{i=1}^{n}\psi(x_i-t)$. 方程 (5.3) 又称**经验方程**, 由 (5.3) 解得的估计称为 M-**估计**.

下面讨论 M- 估计序列的相合性. 记 $\lambda_F(t)=\displaystyle\int\psi(x-t)\mathrm{d}\,F$.

引理 5.1 设

(i) 对于 F, 关于 t 的方程 $\lambda_F(t)=0$ 具有一个孤立的解 t_0;

(ii) ψ 为非减函数.

则 t_0 是方程 $\lambda_F(t)=0$ 的唯一解, 并且经验方程 $\lambda_{F_n}(t)=0$ 的解序列 T_n (如果存在的话) 强收敛于 t_0. 若进一步假定 ψ 是一个连续函数, 则这样的解序列存在.

证明 由 ψ 的非减性可知, 作为 t 的函数 $\psi(x-t)$ 是非增的, 由此可知, $\lambda_F(t)$ 也是 t 的非增函数. 由于 t_0 是 $\lambda_F(t)=0$ 的孤立解, 故它必为方程 $\lambda_F(t)=0$ 的唯一解.

现在设 T_n 为经验方程的解序列, 即满足

$$\lambda_{F_n}(T_n)=0.$$

由于 t_0 为方程 $\lambda_F(t)=0$ 的唯一解, 对于任意 $\varepsilon>0$, $\lambda_F(t_0-\varepsilon)>0$, $\lambda_F(t_0+\varepsilon)<0$, 利用强大数定律可知,

$$\begin{aligned}\lambda_{F_n}(t_0-\varepsilon) &\to \lambda_F(t_0-\varepsilon)>0 \quad \text{a.s.},\\ \lambda_{F_n}(t_0+\varepsilon) &\to \lambda_F(t_0+\varepsilon)<0 \quad \text{a.s.}.\end{aligned}$$

上述两式说明, 对几乎所有的样本序列, 当 n 充分大时, 有 $|T_n-t_0|\leqslant\varepsilon$. 由于 ε 是任意的, 可知 $T_n\to t_0$ a.s. 成立.

当 ψ 为连续函数时, 由 $\lambda_{F_n}(t)$ 的连续性立即可知 T_n 的存在性.

□

定理 5.1 设 t_0 是关于 t 的方程 $\lambda_F(t)=0$ 的一个孤立解, $\psi(x)$ 为非减左连续函数. 又设 $\lambda_F'(t_0)\neq 0$ 并且作为 t 的函数 $\int\psi^2(x-t)\mathrm{d}\,F$ 在 $t=t_0$ 的某邻域内连续. 记

$$T_n=\sup\{t:\lambda_{F_n}(t)\geqslant 0\}. \tag{5.4}$$

则

$$\sqrt{n}(T_n-t_0)\xrightarrow{\mathcal{L}}N(0,\sigma^2(\psi,F)), \tag{5.5}$$

其中

$$\sigma^2(\psi,F)=\frac{\displaystyle\int_{-\infty}^{\infty}\psi^2(x-t_0)\mathrm{d}\,F}{\lambda_F'(t_0)^2}. \tag{5.6}$$

证明 由于 $\psi(x)$ 为非减左连续函数, 可知函数

$$\lambda_{F_n}(t)=\frac{1}{n}\sum_{i=1}^{n}\psi(x_i-t)$$

为 t 的非增右连续函数. 再利用 T_n 的定义可知,

$$\lambda_{F_n}(t)<0\Rightarrow T_n\leqslant t\Rightarrow\lambda_{F_n}(t)\leqslant 0,$$

即

$$\mathbf{P}\{\lambda_{F_n}(t)<0\}\leqslant\mathbf{P}\{T_n\leqslant t\}\leqslant\mathbf{P}\{\lambda_{F_n}(t)\leqslant 0\}.$$

利用上式, 我们可得

$$\mathbf{P}\{\lambda_{F_n}(t_{z,n})<0\}\leqslant\mathbf{P}\{T_n\leqslant t_{z,n}\}\leqslant\mathbf{P}\{\lambda_{F_n}(t_{z,n})\leqslant 0\},\tag{5.7}$$

其中

$$t_{z,n}=t_0+\frac{z\sigma}{\sqrt{n}}.\tag{5.8}$$

由 (5.7) 知, 为证明 $\lim\limits_{n\to\infty}\mathbf{P}\{\sqrt{n}(T_n-t_0)/\sigma\leqslant z\}=\Phi(z)$, 我们只需证明

$$\lim_{n\to\infty}\mathbf{P}\{\lambda_{F_n}(t_{z,n})<0\}=\lim_{n\to\infty}\mathbf{P}\{\lambda_{F_n}(t_{z,n})\leqslant 0\}=\Phi(z),\tag{5.9}$$

其中 Φ 表示标准正态分布函数. 注意, 等式

$$\begin{aligned}\mathbf{P}\{\lambda_{F_n}(t_{z,n})<0\}=\mathbf{P}\Bigg\{&\frac{1}{\sqrt{n}}\sum_{i=1}^{n}\frac{\psi(X_i-t_{z,n})-\mathbf{E}_F\psi(X_i-t_{z,n})}{\sqrt{\mathrm{var}_F(\psi(X_i-t_{z,n}))}}\\&<-\frac{\sqrt{n}\mathbf{E}_F\psi(X_1-t_{z,n})}{\sqrt{\mathrm{var}_F(\psi(X_1-t_{z,n}))}}\Bigg\}.\end{aligned}\tag{5.10}$$

由

$$\begin{aligned}\sqrt{n}\mathbf{E}_F\psi(X_1-t_{z,n})&=\sqrt{n}\lambda_F(t_{z,n})\\&=\sqrt{n}\left(\lambda_F(t_0+\frac{1}{\sqrt{n}}z\sigma)-\lambda_F(t_0)\right)\to\lambda_F'(t_0)z\sigma\end{aligned}$$

和

$$\begin{aligned}\sqrt{\mathrm{var}_F(\psi(X_1-t_{z,n}))}&=\sqrt{\int_{-\infty}^{\infty}\psi^2(x-t_{z,n})\mathrm{d}F-\left(\int_{-\infty}^{\infty}\psi(x-t_{z,n})\mathrm{d}F\right)^2}\\&\to\sqrt{\int_{-\infty}^{\infty}\psi^2(x-t_0)\mathrm{d}F}=\sqrt{\sigma^2(\lambda_F'(t_0))^2}\end{aligned}$$

可知,

$$-\frac{\sqrt{n}\mathbf{E}_F\psi(X_i-t_{z,n})}{\sqrt{\mathrm{var}_F(\psi(X_i-t_{z,n}))}}\to\frac{-\lambda_F'(t_0)z\sigma}{\sigma|\lambda_F'(t_0)|}=z.\tag{5.11}$$

由 (5.10) 和 (5.11) 知, 为证明该定理, 我们只需证明

$$\lim_{n\to\infty}\mathbf{P}\left\{\frac{\sum\limits_{i=1}^{n}[\psi(X_i-t_{z,n})-\mathbf{E}_F\psi(X_i-t_{z,n})]}{\sqrt{n}\sqrt{\mathrm{var}_F(\psi(X_i-t_{z,n}))}}\leqslant z\right\}=\Phi(z).\tag{5.12}$$

对于固定的 z, 上式是标准化独立和三角序列的中心极限定理的结论. 中心极限定理成立的充分条件是著名的 Lindeberg 条件. 就我们的具体情况, Lindeberg 条件是, 对任意的 $\varepsilon > 0$, 成立

$$\lim_{n\to\infty}\int_{A_n}\frac{1}{(S_{z,n})^2}[\psi(x-t_{z,n})-\mathbf{E}_F\psi^2(x-t_{z,n})]\mathrm{d}F=0, \tag{5.13}$$

其中

$$S_{z,n}=\sqrt{\mathrm{var}_F\psi(X_i-t_{z,n})},$$
$$A_n=\{x:|\psi(x-t_{z,n})-\mathbf{E}_F\psi(x-t_{z,n})|>n^{\frac{1}{2}}S_{z,n}\varepsilon\}.$$

由 $S_{z,n}$ 和 $\mathbf{E}_F\psi(x-t_{z,n})$ 的渐近性质, 可知 (5.13) 等价于证明

$$\lim_{n\to\infty}\int_{B_n}\psi^2(x-t_{z,n})\mathrm{d}F=0,$$

其中

$$B_n=\{x:|\psi(x-t_{z,n})|\geqslant\sqrt{\sigma^2(\lambda_F'(t_0))^2}\sqrt{n}\varepsilon\}.$$

为证明上式成立, 只需证明随机变量族 $\{\psi(x-t_{z,n}),n\geqslant 1\}$ 是一致可积的. 但是, ψ 是单调非减函数, 所以, 对任意的 $s_0\leqslant s\leqslant s_1$, 有

$$\psi^2(X-s)\leqslant\psi^2(X-s_0)+\psi^2(X-s_1).$$

利用函数 $\int_{-\infty}^{\infty}\psi^2(x-t)\mathrm{d}F$ 在 $t=t_0$ 的某邻域内连续以及函数 ψ 的非减左连续性, 可知存在充分小的 $\eta>0$, 使得 $\int_{-\infty}^{\infty}\psi^2(x-t_0-\eta)\mathrm{d}F$ 和 $\int_{-\infty}^{\infty}\psi^2(x-t_0+\eta)\mathrm{d}F$ 都有限, 且与 $\int_{-\infty}^{\infty}\psi^2(x-t_0)\mathrm{d}F$ 相差非常小. 由 $t_{z,n}$ 的定义可知, 存在充分大的 N_0, 当 $n>N_0$ 时, $|t_{z,n}-t_0|<\eta$. 故当 $n>N_0$ 时, $\psi^2(X-t_{z,n})\leqslant\psi^2(X-t_0-\eta)+\psi^2(X-t_0+\eta)$, 且

$$\begin{aligned}B_n\subseteq C_n=&\{x:\psi^2(X-t_0-\eta)\geqslant\sigma^2(\lambda_F'(t_0))^2n\varepsilon^2/2\}\\&\cup\{x:\psi^2(X-t_0+\eta)\geqslant\sigma^2(\lambda_F'(t_0))^2n\varepsilon^2/2\}.\end{aligned}$$

显然 $\lim\limits_{n\to\infty}\mathbf{P}\{C_n\}=0$, 且

$$\lim_{n\to\infty}\int_{B_n}\psi^2(x-t_{z,n})\mathrm{d}F\leqslant\lim_{n\to\infty}\int_{C_n}[\psi^2(X-t_0-\eta)+\psi^2(X-t_0+\eta)]\mathrm{d}F.$$

注意到, 不等号右边的被积函数与 n 无关, 故随机变量族 $\{\psi(x-t_{z,n})\}$ 是一致可积的.

利用函数 $\int_{-\infty}^{\infty}\psi^2(x-t)\mathrm{d}\,F$ 在 $t=t_0$ 的某邻域内连续以及函数 ψ 的非减性, (5.13) 是不难验证的 (证明留给读者). 由此可知, (5.12) 成立.

□

例 5.2 设 $X_1,\cdots,X_n\sim \mathrm{iid}\ F_\theta(x)$, 其对应的密度函数为 $f(x-\theta)$, 其中 $f(x)$ 在 $x=0$ 处连续, $f(0)>0$, 并且 $\int_0^\infty f(x)\mathrm{d}x=\frac{1}{2}$. 令

$$\psi(x)=\begin{cases}1, & x>0,\\ -1, & x\leqslant 0,\end{cases}\tag{5.14}$$

则相应的 M- 泛函的方程为

$$\lambda_{F_\theta}(t)=\int_t^\infty f(x-\theta)\mathrm{d}x-\int_{-\infty}^t f(x-\theta)\mathrm{d}x=0.$$

显然, 这个方程的解为 $t=\theta$. 故 M- 泛函 $T(F_\theta)=\theta$ 为分布 F_θ 的中位数, 其对应的 M- 估计为

$$\begin{aligned}T_n&=\sup\left\{t:\int_{(t,\infty)}\mathrm{d}F_n(x)-\int_{(-\infty,t]}\mathrm{d}F_n(x)\geqslant 0\right\}\\&=\sup\left\{t:F_n(t)\leqslant\frac{1}{2}\right\}=F_n^{-1}\left(\frac{1}{2}\right).\end{aligned}$$

由上述分析可知, 此处的 M- 泛函和相应的 M- 估计恰好分别是中位数和样本中位数. 现在, 我们利用 M- 估计的结果来验证样本中位数的渐近正态性.

在本例中, 我们假定 f 在 $x=0$ 处连续, $f(0)>0$ 且 $\int_0^\infty f(x)\mathrm{d}x=\frac{1}{2}$. 这些假定条件保证了方程 $\lambda_{F_\theta}(t)=0$ 具有唯一解 $t=\theta$. 此外, 利用表达式 $\lambda_{F_\theta}(t)=\int_t^\infty f(x-\theta)\mathrm{d}x-\int_{-\infty}^t f(x-\theta)\mathrm{d}x$ 对 t 求导数, 得

$$\lambda'_{F_\theta}(\theta)=\lambda'_{F_\theta}(t)|_{t=\theta}=-2f(0).\tag{5.15}$$

再利用 $\psi(x)^2 \equiv 1$ 可知,

$$\int_{-\infty}^{\infty} \psi^2(x-t)\mathrm{d}F(x) = \int_{-\infty}^{\infty} 1\mathrm{d}F(x) \equiv 1, \tag{5.16}$$

即 $\int_{-\infty}^{\infty} \psi^2(x-t)\mathrm{d}F(x)$ 在 $t=\theta$ 附近连续. 刚才的讨论说明, 定理 5.1 的条件成立. 利用定理 5.1 可知,

$$\sqrt{n}(T(F_n)-\theta) \xrightarrow{\mathcal{L}} N(0,\sigma^2),$$

其中 $\sigma^2 = \int \psi^2(x-\theta)\mathrm{d}\,F/\lambda'_{F_\theta}(\theta)^2 = (4f^2(0))^{-1}$.

M- 估计是 ML 估计的推广, 它是由 Huber 最早提出并作系统研究的, 现介绍其概况. 设 $X_1,\cdots,X_n \sim \text{iid}\ \ F_\theta = F(x-\theta)$, 其中 F_θ 为相对于 θ 的对称分布, θ 为位置参数. 设 ψ 为某非减的奇函数, 由它可以产生 M- 泛函. 设由 ψ 所产生的 M- 估计序列为 $\hat{\theta}_n(\psi)$, 不妨假定 $\hat{\theta}_n(\psi)$ 为 θ 的渐近正态估计, 其渐近方差为 $V(\psi,F)$. 用

$$\sup_F V(\psi,F)$$

刻画由 ψ 产生的 M- 估计序列的效率, 其中 sup 是指, 当 F 在某对称分布集合内变化时, V 取极大值. 很自然地, 人们希望求出 ψ_0, 使

$$\sup_F V(\psi_0,F) = \inf_\psi \sup_F V(\psi,F).$$

由这个准则所求得的 M- 估计称为 Huber 意义下的稳健估计. 在此, 我们将不讨论稳健估计的细节, 读者可参阅著作 Huber[1981].

在结束本节以前, 我们简单地介绍一下 R- 估计. 设 $X_1,\cdots,X_n \sim \text{iid}\, F_\theta = F(x-\theta)$, 其中 F 为对称分布. 参数 θ 的另一个估计是 $\{(X_{(i)}+X_{(k)})/2,\ i\leqslant k, i,k=1,\cdots,n\}$ 的中位数, 即 $n(n+1)/2$ 个值的中位数. 这个估计称为 Lehmann-Hodges**估计**, 记为 W_n. 在适当的条件下, 可以证明 W_n 是渐近正态的, 并且具有很好的稳健性. 在这里我们就不详细介绍了.

§3.6 样本中位数

设 $X_1,\cdots,X_n \sim \text{iid}\ \ F(x-\theta)$, 其中 $F(x)$ 是一个对称的分布函

数. 这是一个位置参数的估计问题. 当 $F(x)$ 为正态分布时, $\overline{X}$ 是 θ 的 ML 估计, 并且还是 UMVU 估计. 在各种意义下, $\overline{X}$ 都是 θ 的很好的估计, 但是当 F 的形状变化时, $\overline{X}$ 的性质就变得很坏. 例如, 当 $F(x)$ 是 Cauchy 分布, 即密度函数为

$$f(x)=\frac{1}{\pi}\frac{1}{1+x^2},\quad x\in\mathbb{R}$$

时, $\overline{X}$ 的分布与 X_1 的分布相同. 这说明 $\overline{X}$ 的表现很差. 追究其原因, $\overline{X}$ 受大观察值的影响很大. 相对地说, 样本中位数受观察值的影响很小. 记

$$\widetilde{X}_n=F_n^{-1}\left(\frac{1}{2}\right)=\inf\left\{x:F_n(x)\geqslant\frac{1}{2}\right\},$$

其中 F_n 是经验分布函数, $\widetilde{X}_n$ 就是样本中位数. 现在研究 $\widetilde{X}_n$ 的大样本性质.

定理 6.1 设 $X_1,\cdots,X_n\sim \text{iid } F(x-\theta)$, 其中 $F(x)$ 为任一满足 $F(0)=1/2$ 的分布函数, 并且在 $x=0$ 处有连续密度函数 $f(x)$ $(f(0)>0)$, 则

$$\sqrt{n}(\widetilde{X}_n-\theta)\to N\left(0,\frac{1}{4f^2(0)}\right). \tag{6.1}$$

证明 由公式

$$\mathbf{P}_\theta\{\sqrt{n}(\widetilde{X}_n-\theta)\leqslant a\}=\mathbf{P}_0\{\sqrt{n}\widetilde{X}_n\leqslant a\}$$

可知, 我们只需在 $\theta=0$ 的情况下证明 (6.1). 为简便起见, 可以假定 n 是奇数. 令

$$S_n=\sum_{i=1}^{n}I_{\{X_i>a/\sqrt{n}\}},$$

注意到, $\widetilde{X}_n$ 等于 $\{X_1,\cdots,X_n\}$这个序列中由小到大的第 $(n+1)/2$ 个次序统计量 (n 为奇数), 我们有集合等式 $\left\{\widetilde{X}_n\leqslant\dfrac{a}{\sqrt{n}}\right\}=\left\{S_n\leqslant\dfrac{1}{2}n\right\}$. (这个等式对于 n 为偶数时也成立) 由此可得

$$\mathbf{P}_0\left\{\widetilde{X}_n\leqslant\frac{a}{\sqrt{n}}\right\}=\mathbf{P}_0\left\{S_n\leqslant\frac{1}{2}n\right\},$$

利用上式, 可得

$$\mathbf{P}_0\left\{\widetilde{X}_n \leqslant \frac{a}{\sqrt{n}}\right\} = \mathbf{P}_0\left\{\frac{S_n - np_n}{\sqrt{np_nq_n}} \leqslant \frac{\frac{1}{2}n - np_n}{\sqrt{np_nq_n}}\right\},$$

其中 $p_n = \mathbf{P}_0\left\{X_i > \frac{a}{\sqrt{n}}\right\}$, $q_n = 1 - p_n$. 利用 Berry-Essén 定理可知,

$$\left|\mathbf{P}_0\left\{\frac{S_n - np_n}{\sqrt{np_nq_n}} \leqslant \frac{\frac{1}{2}n - np_n}{\sqrt{np_nq_n}}\right\} - \Phi\left(\frac{\frac{1}{2}n - np_n}{\sqrt{np_nq_n}}\right)\right| \leqslant \frac{c}{\sqrt{n}}\frac{\mathbf{E}_0(|I_{\{X_1 > \frac{a}{\sqrt{n}}\}} - p_n|^3)}{(p_nq_n)^{\frac{3}{2}}}, \tag{6.2}$$

其中 c 是一个大于 0 的常数. 经计算, 上式右端当 $n \to \infty$ 时趋于 0.

由此可知, $\mathbf{P}_0\left\{\widetilde{X}_n \leqslant \frac{a}{\sqrt{n}}\right\}$ 与 $\Phi\left(\left(\frac{1}{2}n - np_n\right)/\sqrt{np_nq_n}\right)$ 具有相同的极限. 为求出 $\Phi\left(\left(\frac{1}{2}n - np_n\right)/\sqrt{np_nq_n}\right)$ 的极限, 只需求出 $\left(\frac{1}{2}n - np_n\right)/\sqrt{np_nq_n}$ 的极限即可. 由 p_n 的定义知,

$$\sqrt{n}\left(\frac{1}{2} - p_n\right) = \sqrt{n}\left(\frac{1}{2} - 1 + F\left(\frac{a}{\sqrt{n}}\right)\right) = \sqrt{n}\left(F\left(\frac{a}{\sqrt{n}}\right) - F(0)\right) \to af(0).$$

同时, 由 p_n 和 q_n 的定义可以看出当 $n \to \infty$ 时, $p_nq_n \to 1/4$. 由此导出

$$\frac{\frac{1}{2}n - np_n}{\sqrt{np_nq_n}} \to 2af(0).$$

这样我们得到

$$\mathbf{P}_0\{\sqrt{n}\widetilde{X}_n \leqslant a\} \to \Phi(2af(0))$$

或

$$\mathbf{P}_\theta\{\sqrt{n}(\widetilde{X}_n - \theta) \leqslant a\} \to \Phi(2af(0)),$$

此即定理的结论. □

现在来比较估计序列 $\overline{X}_n$ 与 $\widetilde{X}_n$. 按大样本比较的原则,

$$e_{\widetilde{X}_n,\overline{X}_n}(F)=\frac{\tau^2_{\overline{X}}}{\tau^2_{\widetilde{X}}},$$

其中 $\tau^2_{\overline{X}}$ 为估计序列 $\overline{X}_n$ 的渐近方差, $\tau^2_{\widetilde{X}}$ 为估计序列 $\widetilde{X}_n$ 的渐近方差.

当 F 为正态分布 $N(0,\sigma^2)$ 时,

$$\tau^2_{\overline{X}}=\sigma^2,\quad \tau^2_{\widetilde{X}}=\frac{2\pi}{4}\sigma^2.$$

这时, $e_{\widetilde{X},\overline{X}}=4/(2\pi)\sim 0.637$. 若 F 具有密度函数 $\exp\{-x\}/(1+\exp\{-x\})^2$, 这时, $e_{\widetilde{X},\overline{X}}=\pi^2/12\sim 0.82$. 综合起来, 当 F 具有对称分布密度函数 $f(x)$ 时, $e_{\widetilde{X},\overline{X}}(F)=4f^2(0)\sigma^2$, 其中 $\sigma^2=\displaystyle\int x^2f(x)dx$. 当 $f(0)$ 的值固定不变, $\sigma^2=\int x^2f(x)\mathrm{d}x$ 增大时, 其相对效率可以增加.

§3.7 习 题

1. 设 δ_n 是参数 p 的估计, 满足 $\mathrm{var}(\delta_n)\to 0$, $\mathbf{E}\delta_n=p$, 或者 $\mathbf{E}\delta_n\to p$. 证明: δ_n 是 p 的相合估计.

2. 设 δ_n 是参数 p 的估计, 且满足 $\sum\limits_{n=1}^{\infty}\mathrm{var}(\delta_n)<\infty$, $\mathbf{E}\delta_n=p$, 或者 $\mathbf{E}\delta_n\to p$. 证明: δ_n 是 p 的强相合估计.

3. 设 δ_n 是参数 θ 的相合 (或强相合) 估计, 且函数 $g(s)$ 在 $s=\theta$ 处连续. 证明: $g(\delta_n)$ 是 $g(\theta)$ 的相合 (或强相合) 估计.

4. 设 $X_1,\cdots,X_n$ 为独立同分布的随机样本, $\mathbf{E}X_1=\mu,\mathrm{var}(X_1)=\sigma^2<\infty$. 证明: $\hat{\mu}=\dfrac{2}{n(n+1)}\sum\limits_{i=1}^{n}iX_i$ 是 μ 的相合估计.

5. 设 $Y_{ij}=\mu+u_i+e_{ij}$, $i=1,\cdots,n$, $j=1,\cdots,m$, 且 $\mathbf{E}u_i=0,\mathrm{var}(u_i)=\sigma_u^2<\infty$; $\mathbf{E}e_{ij}=0,\mathrm{var}(e_{ij})=\sigma_e^2>0$, 并且对所有的 i,j, u_i,e_{ij} 都相互独立. 设 $\overline{Y}=\dfrac{1}{mn}\sum\limits_{i=1}^{n}\sum\limits_{j=1}^{m}Y_{ij}$. 证明: 当 $n\to\infty$, 而 m 固定的时候, $\overline{Y}$ 是 μ 的相合估计; 但是, 当 $m\to\infty$, 而 n 固定的时候, $\overline{Y}$ 不是 μ 的相合估计.

6. 设 $X_1,\cdots,X_n\sim\mathrm{iid}\ U\left(\theta-\dfrac{1}{2},\theta+\dfrac{1}{2}\right)$, 其中 $\theta\in\mathbb{R}$ 未知. 证明: $\dfrac{1}{2}(X_{(1)}+X_{(n)})$ 为 θ 的强相合估计.

7. 设 $S_n \sim \chi^2(n)$. 证明: $S_n^{1/2} - n^{1/2}$ 的渐近分布是 $N\left(0, \dfrac{1}{2}\right)$.

8. 设 $X_1, \cdots, X_n \sim \text{iid } N(\theta, 1)$, 令

$$g(\theta) = \begin{cases} 1, & \theta \neq 0, \\ 0, & \theta = 0. \end{cases}$$

(i) 指出不存在 $g(\theta)$ 的无偏估计.

(ii) 求出 $g(\theta)$ 的矩估计和 ML 估计, 并指出它们不是相合估计.

(iii) 求出 $g(\theta)$ 的相合估计.

9. 设 $X_1, \cdots, X_n \sim \text{iid } N(0, \sigma^2)$.

(i) 求常数 k, 使 $\delta_{1,n} = k \sum\limits_{i=1}^{n} |X_i|/n$ 是 σ 的相合估计.

(ii) 求出 σ 的矩估计 $\delta_{2,n}$ 和 ML 估计 $\delta_{3,n}$.

(iii) 求出这三个估计的渐近方差.

10. 设 $X_1, \cdots, X_n \sim \text{iid } P(\lambda)$, 令 $T_n = \sum\limits_{i=1}^{n} X_i$,

(i) 证明: $\delta_{1n} = \exp\left\{-\dfrac{1}{n}T_n\right\}$ 是 $g(\lambda) = \exp\{-\lambda\}$ 的相合估计, 并求出 δ_{1n} 的渐近分布.

(ii) 证明: $\delta_{2n} = \left(1 - \dfrac{1}{n}\right)^{T_n}$ 是 $g(\lambda) = \exp\{-\lambda\}$ 的相合估计, 并求出 δ_{2n} 的渐近分布.

11. 设 $X_1, \cdots, X_n \sim \text{iid } f(x-\theta)$, $\int x^2 f(x) \mathrm{d}\, x < \infty$. 证明: θ 的 Pitman 估计是 θ 的相合估计.

12. 设 $X \sim b(p, n)$. 求出 pq 的 ML 估计, 其中 $q = 1 - p$, 并指出 ML 估计的相合性.

13. 在习题 9 中已给出 σ 的三个估计列 $\delta_{i,n}, i = 1, 2, 3$.

(i) 求出 σ 的 UMVU 估计 $\delta_{4,n}$.

(ii) 求出 $\delta_{i,n}, i = 1, 2, 4$ 相对于 $\delta_{3,n}$ 的渐近效率.

14. 设 $X_1, \cdots, X_n \sim \text{iid } N(\theta, 1), \theta \geqslant 0$.

(i) 求出 θ 的 ML 估计列 $\hat{\theta}_{1,n}$.

(ii) 求出 θ 的 UMVU 估计列 $\hat{\theta}_{2,n}$.

(iii) 计算 $e_{2,1}(\theta)$ (估计序列 $\theta_{2,n}$ 相对于 $\theta_{1,n}$ 的渐近相对效率).

15. 在例 3.1 中, 设 $X_1, \cdots, X_n \sim \text{iid } N(\theta, \sigma^2)$, 其中 θ, σ^2 未知. 求 $p = \mathbf{P}\{X_1 < a\} = \Phi(a - \theta)$ 的 UMVU 估计.

16. 设 $X_1,\cdots,X_n \sim \text{iid } N(\theta,1)$, 令 $p=\mathbf{P}\{X_1\leqslant a\}$.

(i) 求 p 的 UMVU 估计 δ_{1n}, 并计算 δ_{1n} 的渐近方差.

(ii) 若 p 的非参数估计为 $\delta_{2n}=\dfrac{1}{n}\sum\limits_{i=1}^{n} I_{\{X_i\leqslant a\}}$, 计算 δ_{2n} 的渐近方差.

(iii) 求估计序列 $\delta_{2,n}$ 相对于 $\delta_{1,n}$ 的渐近相对效率.

17. 设 $X_1,\cdots,X_n \sim \text{iid } U(0,\theta)$.

(i) 求出 θ 的无偏估计 $2\overline{X}$ 的渐近分布.

(ii) 求出 θ 的 UMVU 估计 $X_{(n)}(n+1)/n$ 与 MRE 估计 $X_{(n)}(n+2)/(n+1)$ 的渐近分布.

(iii) 比较 $2\overline{X}$ 与 $X_{(n)}(n+1)/n$, 可不可以求出它们之间的相对效率?

(iv) 计算 $X_{(n)}(n+1)/n$ 相对于 $X_{(n)}(n+2)/(n+1)$ 的极限风险效率.

18. 设某试验分成两个阶段, 每个阶段都是成败型二项试验. 设它们的试验数据为

$$(n1,s1)=(2,1),$$
$$(n2,s2)=(3,2).$$

已知第一阶段试验成功的概率为 p_1, 第二阶段试验成功的概率为 p_2. 它们具有下列关系:

$$p_1\leqslant p_2.$$

这是一个可靠性增长型试验. 试求 (p_1,p_2) 的 ML 估计.

19. 设 $X_1,\cdots,X_n \sim \text{iid } N(\theta,1)$. 指出这个模型满足定理 4.3 的条件.

20. 给出定理 3.2 和定理 3.3 的证明.

21. 设 $X_n \sim B(n,p)$, $p\in(0,1)$.

(i) 求出 p 的 ML 估计 $\hat{p}_n$.

(ii) 求出 $\hat{p}_n$ 的渐近分布 ($n\to\infty$).

(iii) 若将 X_n 写成 $X_n=\sum\limits_{i=1}^{n} I_{\{A_i\}}$, 其中 A_i 为独立事件序列, $\mathbf{P}\{A_i\}=p$, $i=1,\cdots,n$. 指出 $\hat{p}_n$ 的渐近有效性.

22. 设 $X_1,\cdots,X_n \sim \text{iid } B(1,p)$, 证明: $\sqrt{n}(\arcsin\sqrt{\overline{X}}-\arcsin\sqrt{p})$ 具有正态分布, 且其方差与参数 p 无关.

23. 设 $X\sim M(n,k,\boldsymbol{p})$, 即 X 的分布为多项分布, 其参数为 $\boldsymbol{p}=(p_1,\cdots,p_k)$, 自由参数空间为$\Theta=\{\theta=(p_1,\cdots,p_{k-1}),p_i>0,i=1,\cdots,k-1,\sum\limits_{i=1}^{k-1}p_i<1\}$. 给出例 4.3 中关于 X 的分布族正则性条件 **A4** 的证明.

24. 设 $X\sim N(\mu,\sigma^2),\mu\in(-\infty,\infty),\sigma^2>0$.

(i) 指出这个两参数模型是正则的 (要求验证第 3.4 节的**A1–A4**正则性条件).

(ii) 指出当模型中参数 σ^2 给定以后的子模型是正则的 (要求直接验证第 3.4 节的**A1–A4**正则性条件).

(iii) 指出当模型中参数 μ 给定以后的子模型是正则的.

25. 给出定理 4.2 的证明.

26. 证明: 若 $T_n \xrightarrow{\mathcal{L}} T$, 则 $\phi(T_n) \xrightarrow{\mathcal{L}} \phi(T)$, 其中 ϕ 为连续函数.

27. 设 $X_1, \cdots, X_n \sim \text{iid}$ 柯西分布 F, 即 F 的分布密度函数为

$$f(x) = \frac{1}{\pi(1+x^2)}.$$

指出 $\overline{X}$ 的分布与 X_1 的分布相同.

28. 设 $X_1, \cdots, X_n \sim \text{iid}\ \dfrac{1}{2}\exp\{-|x-\theta|\}$. 对 θ 的两个估计序列 $\overline{X}_n$ 与 $\widetilde{X}_n$(分别为均值与中位数), 计算 $\widetilde{X}_n$ 相对于 $\overline{X}_n$ 的渐近相对效率.

29. 设 $X_1, \cdots, X_n \sim \text{iid}\ f(x-\theta)$, 其中 f 为密度函数. 称 $F^{-1}(\gamma) = \inf\{x : F(x) \geqslant \gamma\}$ 为分布函数 F 的 γ 分位点. 证明: 若 $f(x)$ 在 $F^{-1}(\gamma)$ 处连续且大于 0, 则

$$\sqrt{n}(F_n^{-1}(\gamma) - \theta - F^{-1}(\gamma)) \xrightarrow{\mathcal{L}} N\left(0, \frac{\gamma(1-\gamma)}{f^2(F^{-1}(\gamma))}\right).$$

30. 设 $F(x) = G(x-\theta)$, 其中 $G(x)$ 相对于原点对称. 证明:

$$T(F) = \frac{1}{1-2\alpha}\int_{\alpha}^{1-\alpha} F^{-1}(t)\mathrm{d}t = \theta.$$

31. 设 $X_1, \cdots, X_n \sim \text{iid}\ f(x-\theta)$, 其中 $f(x)$ 满足条件: 函数

$$\frac{f'(x)}{f(x)}$$

为变量 x 的非增连续函数. 证明: θ 的 M- 估计, 即下列关于 t 的方程

$$\frac{1}{n}\sum_{i=1}^{n} \frac{f'(X_i - t)}{f(X_i - t)} = 0$$

的解, 就是 θ 的 ML 估计.

第四章　假设检验

在统计问题中一类很重要的问题是假设检验问题, 本章将系统地介绍假设检验问题. 设代表数据的随机变量 X 取值于样本空间 $\mathcal{X}$, 并在样本空间中建立一个统计模型 $(\mathcal{X}, \mathcal{B}_{\mathcal{X}}, \mathcal{P})$, 其中 $\mathcal{B}_{\mathcal{X}}$ 是样本空间中的一个 σ 域, $\mathcal{P}$ 为 X 的分布族. 现在先引入一些简单的例子.

例 0.1 (抽样检查)　设一共有 N 个产品, 其中有 D 个是不合格品. 现从中随机地抽取 n 个样品进行检验, 得到其中不合格品个数为 X. 由抽样的随机性可知 X 是一个随机变量, X 的分布为

$$\mathbf{P}\{X=k\}=\frac{\binom{D}{k}\binom{N-D}{n-k}}{\binom{N}{n}}, \quad \max\{0, n-(N-D)\} \leqslant k \leqslant \min\{n, D\}.$$

显然 X 的分布与参数 D 有关. 在实际的检验问题中, 我们可事先确定一个容许的最大不合格品个数 D_0. 当不合格品个数 $D \leqslant D_0$ 时, 我们称该批产品为合格, 否则称为不合格. 由于 D 是未知的参数, 我们不知道这批产品是否合格. 但 X 的分布与 D 有关, 我们可根据抽样的结果作出这一批产品合格与否的判断. 这样的问题就是检验问题.

例 0.2　某单位有一台包装机, 在正常情况下, 它包装的散装物品的重量为 $X \sim N(\mu, \sigma^2)$, 其中 μ 为指定的包装重量. 当机器使用久了, σ^2 会发生变化. 在正常情况下, σ^2 在 $\sigma^2 \leqslant \sigma_0^2$ 的范围内. 机器工作久了, σ^2 可能会超出正常范围. 包装车间的领导关心的是: 包装机是否异常? 即 “$\sigma^2 \geqslant \sigma_0^2$” 是否成立? 这个问题与 “$\sigma^2=?$” 是不同的. 问题 “$\sigma^2=?$” 是一个估计问题, 它需要回答参数 σ^2 是什么? 而现在的问题是 “$\sigma^2 \geqslant \sigma_0^2$” 是否成立? 即只需回答是或否.

§4.1 基本概念

一、决策函数、检验函数、功效函数

上面的例子中有一个共同的特点：首先给模型中的分布指定一个范围，或者参数的一个范围，并对这个范围赋予特别的意义. 在例 0.1 中，这个范围是 $D \leqslant D_0$，即不合格品的个数不超过 D_0，并表示参数在这个范围内，这批产品合格. 在例 0.2 中，参数的范围是 $\mu \in (-\infty, \infty)$，$\sigma^2 \geqslant \sigma_0^2$. 注意，参数 (μ, σ^2) 中的 μ 并不代表机器的性能. μ 是在包装物品时设定的重量，而 X 是物品包装后的重量，X 的分布与 μ, σ^2 有关. "$\sigma^2 \geqslant \sigma_0^2$" 是机器处于不正常状态的标志. 参数 μ 是在 X 的分布中出现的参数，但 σ^2 才是我们关心的参数. 当参数处于 $\mu \in (-\infty, \infty)$，$\sigma^2 \geqslant \sigma_0^2$ 这个范围内，机器就不正常. 因此，要求回答的问题是：总体的分布是否在指定的范围内？而估计问题就不是这种类型. 首先估计问题并没有事先指定一个范围，它问的问题是：参数是什么？其要求的答案具有多种选择. 在例 0.2 中，参数估计的问题是这样的：参数 σ^2 是什么？两类问题之所以有这样的差异，是由实际问题造成的.

在参数"范围"这个概念的基础上，又产生了"假设"这个概念. "假设"是对真实参数所属范围的一种虚拟的认定. 因此，"假设"是对总体参数归属的一个判断. 不过在没有进行统计推断以前，这种判断的正确性是无法证实的. 由于参数和总体分布的对应关系，假设也是对总体分布所属范围的一种虚拟的认定. 因此这类问题的一个特征是有一个假设 $\theta \in \Theta_0$，此处 θ 代表分布参数的真值，Θ_0 表示参数空间的一个真子集. $\theta \in \Theta_0$ 就是对总体参数真值的一个判断，称为**零假设**(或**原假设**). 当然还有与零假设对立的判断 $\theta \notin \Theta_0$ 称为**对立假设** (或**备择假设**). 这样我们就可以给假设检验问题下定义.

定义 1.1 设 $X \sim \mathbf{P}_\theta, \mathbf{P}_\theta \in \mathcal{P} = \{\mathbf{P}_\theta : \theta \in \Theta\}$ 为统计模型，所谓**假设检验问题**是两个关于总体真值互相对立的判断 $(\mathcal{P}_0, \mathcal{P}_1)$ 的鉴定问题，其中 $\mathcal{P}_0 = \{\mathbf{P}_\theta : \theta \in \Theta_0\}$，$\mathcal{P}_1 = \{\mathbf{P}_\theta : \theta \in \Theta_1\}$，$\Theta_0$ 是 Θ 的一个真子集，$\Theta_1 \subseteq \Theta \setminus \Theta_0$ (很多情况下 Θ_1 取成 Θ_0 的余集). 判断 $\mathbf{P}_\theta \in \mathcal{P}_0$，

称为**零假设**(或**原假设**); 判断 $\mathbf{P}_\theta \in \mathcal{P}_1$, 称为**对立假设**(或**备择假设**). 换句话说, 假设检验所问的问题是"零假设是否成立?" 即 X 的真分布 $\mathbf{P}_\theta$ 是否属于 $\mathcal{P}_0$ 的问题.

当我们提出假设检验问题的时候, 总是在一个统计模型 $X \sim F_\theta$, $\theta \in \Theta$ 的框架之下讨论问题的. 其实统计模型 $X \sim F_\theta, \theta \in \Theta$ 本身也是一个判断, 不过这个判断是由先验知识或以往经验所确定的. 例如, 在例 0.2 中假定经过包装机包装的散装物品的重量分布是正态分布, 这个假定是由经验确定的. 而假设检验中的两个相互对立的假设是事先无法判断的, 它必须依赖于观察数据, 经过统计推断做出结论. 在统计学中我们把零假设这个对总体的判断记为 H_0, 将对立假设记为 H_1. 这样, 假设检验问题可写成下列形式:

$$H_0 : \mathbf{P} \in \mathcal{P}_0 \ \longleftrightarrow \ H_1 : \mathbf{P} \in \mathcal{P}_1, \tag{1.1}$$

或者

$$H_0 : \theta \in \Theta_0 \ \longleftrightarrow \ H_1 : \theta \in \Theta_1. \tag{1.2}$$

有时候, 也可用记号 $(\mathcal{P}_0, \mathcal{P}_1)$ 表示, 或者 (Θ_0, Θ_1) 表示.

在此, 我们要提醒的是: Θ_0 和 Θ_1 两个集合的地位并不对称, 即 (Θ_0, Θ_1) 和 (Θ_1, Θ_0) 是两个不同的假设检验问题. 虽然在介绍假设检验问题的时候, 我们说假设检验问题是: X 的真分布 $\mathbf{P}$ 是否在分布集合 $\mathcal{P}_0$ 中. 这个说法与 X 的真分布 $\mathbf{P}$ 是否在分布集合 $\mathcal{P}_1$ 中的问题似乎一样, 因为 X 的真分布不是 $\mathbf{P} \in \mathcal{P}_0$, 就是 $\mathbf{P} \in \mathcal{P}_1$. 但以后会明白, 由于人们关心的重点不同, 这两个问题是有区别的.

通常, 当得到观察值 $X = x$ 之后, 我们必须作出决定, 即选择 d_0 还是 d_1, 其中 d_0 表示承认零假设 $\mathbf{P} \in \mathcal{P}_0$, d_1 表示拒绝零假设. 这样, 我们得到一个依赖于观察值的二值函数 $d(x)$, 这个函数称为**决策函数**. 决策函数就是假设检验问题的一个解, 即根据 $d(x)$ 可以作出是否接受零假设的决定. 由于 $d(x)$ 是一个二值函数, 我们可用临界域 C 来表示这个函数, 其中 C 是样本空间 $\mathcal{X}$ 的一个子集. 当 $x \in C$ 时, $d(x) = d_1$, 表示拒绝零假设; 当 $x \notin C$ 时,$d(x) = d_0$, 表示不能拒绝零假设. 今后,

不妨用 $d=1$ 和 $d=0$ 表示这两种决定, 因此临界域 C 也称为**拒绝域**. 有了拒绝域 C 以后, 决策函数 $d(x)$ 就是集合 C 的示性函数, 即 $d(x)=I_C(x)$ 是一个取值为 0 或 1 的函数.

为理论上方便, 我们引入随机化决策函数. 设 $\phi(x)$ 是一个取值于闭区间 $[0,1]$ 上的函数, 用 $\phi(x)$ 表示当观察值为 x 时拒绝零假设的概率, 此时 $\phi(x)$ 就是一个随机化的决策函数. 事实上, 对固定的观察值 $X=x$, $\phi(x)$ 确定了决策空间 $\mathcal{D}=\{0,1\}$ 上的一个概率测度 δ_x: $\delta_x(1)=\phi(x)$, $\delta_x(0)=1-\phi(x)$. δ_x 就是决策理论中的随机化决策函数. 今后称 $\phi(x)$ 为一个**检验函数**, 简称**检验**; 称 $\beta_\phi(\mathbf{P})=\mathbf{E_P}\phi(X)$ 为检验 ϕ 的**功效函数**, 它表示: 在 $\mathbf{P}$ 为真分布的条件下, 利用检验函数 ϕ 进行判决时, 拒绝零假设的概率. 当分布族已经参数化的时候, 即真分布为 $\mathbf{P}_\theta$, 也可用 $\beta_\phi(\theta)$ 表示功效函数.

二、 检验的水平和两类错误

现在看来, 作为检验问题的解的范围是很广泛的, 拿非随机决策函数 $\phi(x)=I_C(x)$ 来说, 只要给出样本空间中的一个集合 C, 就得到假设检验问题的一个解. 当观察值满足条件 $x\in C$ 时, 就可做出判断: 零假设不真, 否定零假设. 我们的目的是要找到好的否定域, 这个问题实际上是对否定域的优良性的评价问题. 为了评价一个否定域, 我们看一看取定否定域 C 后, 实施起来将会有什么后果.

在 H_0 为真的条件下, 若观察值满足 $x\in C$, 此时按检验规则拒绝 H_0. 但是原本应该接受 H_0, 因此这种决策犯了错误, 这种错误称为**第一类错误**(也称 “**弃真错误**”). 若观察值 $x\notin C$, 按检验规则不应拒绝 H_0, 此时按检验规则做出的判断是正确的.

在 H_0 不真的条件下, 若观察值 $x\in C$, 此时按检验规则拒绝 H_0, 这种决策是正确的. 当观察值 $x\notin C$, 此时按检验规则不应拒绝 H_0, 显然按检验规则做出的这个判断是错误的, 这种错误称为**第二类错误**(也称 “**取伪错误**”).

我们把刚才讨论的情况列成下面的表格:

总体情况	样本情况	规则判断	判断的正确性
H_0 为真	$x \in C$	否定 H_0	犯第一类错误
H_0 为真	$x \notin C$	不否定 H_0	正确
H_0 不真	$x \in C$	否定 H_0	正确
H_0 不真	$x \notin C$	不否定 H_0	犯第二类错误

当 $\mathbf{P} \in \mathcal{P}_0$ 时, $\beta_\phi(\mathbf{P}) = \mathbf{P}\{X \in C\}$ 就是犯第一类错误的概率 ($\phi(x) = I_C(x)$ 为非随机化检验); 当 $\mathbf{P} \notin \mathcal{P}_0$ 时, $1-\beta_\phi(\mathbf{P}) = \mathbf{P}\{X \notin C\}$ 就是犯第二类错误的概率. 当 ϕ 为一般随机化检验函数的时候, 结论也是一样的. 由上述分析可知, 关于检验 ϕ 的性能好坏的信息都包含在 ϕ 的功效函数中.

定义 1.2 设 $(\mathcal{X}, \mathcal{B}_\mathcal{X}, \mathcal{P})$ 为统计模型, $(\mathcal{P}_0, \mathcal{P}_1)$ 为检验问题 ($\mathcal{P} = \mathcal{P}_0 \cup \mathcal{P}_1$), $\phi(x)$ 为检验函数. 若

$$\sup\{\beta_\phi(\mathbf{P}) : \mathbf{P} \in \mathcal{P}_0\} \leqslant \alpha,$$

则称 ϕ 的**水平**①为 α. 又称

$$\alpha_\phi = \sup\{\beta_\phi(\mathbf{P}) : \mathbf{P} \in \mathcal{P}_0\}$$

为 ϕ 的**真实水平**.

由上述分析看出, 检验函数 $\phi(x)$ 的一个重要指标是它的水平. 一个检验函数 $\phi(x)$ 的水平为 α, 意味着在执行中犯第一类错误的概率被控制在 α 以内. 显然, 在众多检验函数中, 我们希望找到 ϕ 使得犯两类错误的概率都越小越好, 也就是使 α_ϕ 尽可能地小, 同时使 $1-\beta_\phi(\mathbf{P})$, $\mathbf{P} \in \mathcal{P}_1$ 也尽可能地小. 单纯地追求使 α_ϕ 的值达到极小或使 $1-\beta_\phi(\mathbf{P})$, $\mathbf{P} \in \mathcal{P}_1$ 的值达到极小都是没有意义的. 故通常在确定一个 α 的值, 即控制了犯第一类错误以后, 在水平为 α 的检验类之内寻找适当的检验, 使对应的功效函数尽可能地大. 根据这个思想, 我们给出

定义 1.3 设 ϕ 为检验问题 $(\mathcal{P}_0, \mathcal{P}_1)$ 的一个水平为 α 的检验函数, 若对任何其他水平为 α 的检验函数 $\tilde{\phi}$ 必有

$$\beta_{\tilde{\phi}}(\mathbf{P}) \leqslant \beta_\phi(\mathbf{P}), \quad \forall \mathbf{P} \in \mathcal{P}_1,$$

① 有时也称显著性水平.

则称 ϕ 为水平 α 的具有**一致最优功效**(UMP)**的检验函数**②.

§4.2 Neyman-Pearson 引理

定义 1.3 给出了一种判断最优检验的标准. 它体现了这样的一个统计思想: 在控制犯第一类错误概率的前提下寻找使犯第二类错误的概率达到最小的否定域 (或检验函数). 要找到水平 α 的 UMP 否定域常常很不容易, 甚至有时候这种水平 α 的 UMP 否定域不存在. 现在考虑最简单的情况作为解决检验问题的开始.

设总体 $X \sim F_\theta$, $\theta \in \Theta$, 其中 $\Theta = \{\theta_0, \theta_1\}$, 即 Θ 是由两个点组成的集合. 假设检验问题为

$$H_0 : \theta = \theta_0 \longleftrightarrow H_1 : \theta = \theta_1. \tag{2.1}$$

这样的假设检验问题称为**简单假设检验问题**. 当 $\Theta = \Theta_0 \bigcup \Theta_1$ 中有一个集合 Θ_0 或 Θ_1 不是单点集的时候, 相应的假设检验问题称为**复杂假设检验问题**.

记 $\mathcal{P}_0 = \{\mathbf{P}_0\}$ 和 $\mathcal{P}_1 = \{\mathbf{P}_1\}$ 均为单点集. 对于简单假设检验问题, 下面的 Neyman-Pearson 引理 (简称 N-P 引理) 彻底地解决了这个问题, 它在假设检验理论中处于非常重要的地位. 设 $\mathbf{P}_0$ 和 $\mathbf{P}_1$ 相对于某 σ 有限测度 μ 分别具有密度 $p_0(x)$ 和 $p_1(x)$, 此处 $x (\in \mathcal{X})$ 表示样本点, x 可以是数、向量或其他形式的数据. 今后, 我们用 $(\mathbf{P}_0, \mathbf{P}_1)$, (p_0, p_1) 或 (θ_0, θ_1) 等记号表示相应的简单假设检验问题.

定理 2.1 (N-P 引理) 设 (p_0, p_1) 为简单假设检验问题, 则

(i) 对任何 $\alpha \in [0, 1]$, 存在检验 ϕ, 使

(a) $\phi(x) = \begin{cases} 1, & p_1(x)/p_0(x) > k, \\ 0, & p_1(x)/p_0(x) < k, \end{cases}$ 其中 $k \geqslant 0$ 为某常数;

(b) $\mathbf{E}_0 \phi(X) = \displaystyle\int_{\mathcal{X}} p_0(x)\phi(x) \mathrm{d}\,\mu = \alpha$ (ϕ 的真实水平为 α).

② 今后, 为简单起见, 我们称 ϕ 为检验.

特别要指明的是, (a) 中等式的意义是等式两边的函数在公共定义区域上相同, 公共定义域是指集合 $\{x : p_1(x)/p_0(x) \neq k\}$, 而等式右边的函数在集合 $\{x : p_1(x)/p_0(x) = k\}$ 上是无定义的. 今后我们用 "ϕ 具有形式 (a)" 表示这种意思.

(ii) 设 $\phi(x)$ 是由 (i) 所确定的检验函数, 只要 (i) 中的常数 $k < \infty$, ϕ 就是假设检验问题 (p_0, p_1) 的水平 α 的 UMP 检验. 特别地, 当 $\alpha \neq 0$ 时, 必有 $k < \infty$. 故当 $\alpha \neq 0$ 时, 由 (i) 中 (a) 和 (b) 所确定的检验函数 ϕ 必为水平 α 的 UMP 检验.

(iii) 若 $\tilde{\phi}$ 为任一水平 α 的 UMP 检验且 $\alpha \neq 0$, 则必存在某常数 k, 使 $\tilde{\phi}$ 满足 (i) 中 (a) a.e.$\mathcal{P}$; 又若 $\tilde{\phi}$ 还满足

$$\mathbf{E}_1\tilde{\phi}(X) = \int_{\mathcal{X}} p_1(x)\tilde{\phi}(x)\mathrm{d}\mu < 1, \tag{2.2}$$

则 $\tilde{\phi}$ 必满足 (i) 中 (b).

证明 (i) 定义

$$G(t) = \mathbf{P}_0\{p_1(X)/p_0(X) \leqslant t\},$$

显然 $G(t)$ 是一个分布函数, 即分布 G 不可能在 $t = \infty$ 处有质量. 定义

$$G^{-1}(r) = \inf\{t : G(t) \geqslant r\},$$

$G^{-1}(r)$ 就是分布 G 的 r 分位点或分位数. 令 $k = G^{-1}(1-\alpha)$, 又令

$$\phi(x) = \begin{cases} 1, & p_1(x)/p_0(x) > k, \\ \dfrac{G(k) - (1-\alpha)}{G(k) - G(k-)}, & p_1(x)/p_0(x) = k, \\ 0, & p_1(x)/p_0(x) < k. \end{cases} \tag{2.3}$$

当 $G(k) - G(k-) = 0$ 时, 上式中 ϕ 在集合 $\{x : p_1(x)/p_0(x) = k\}$ 上无定义. 但这时集合 $\{x : p_1(x)/p_0(x) = k\}$ 的 $\mathbf{P}_0$ 测度为 0, 故这些不确定性是无关紧要的. 显然 (2.3) 式定义的 ϕ 具有 (i) 中 (a) 的形式. 现证 (i) 中的 (b). 由 (2.3) 式可得

$$\mathbf{E}_0\phi(X) = \int_{p_1(x)/p_0(x)>k} \phi(x)p_0(x)\mathrm{d}\mu + \int_{p_1(x)/p_0(x)=k} \phi(x)p_0(x)\mathrm{d}\mu$$

$$
\begin{aligned}
&+\int_{p_1(x)/p_0(x)<k}\phi(x)p_0(x)\mathrm{d}\mu\\
&=\mathbf{P}_0\{p_1(X)/p_0(X)>k\}+\int_{p_1(x)/p_0(x)=k}\phi(x)p_0(x)\mathrm{d}\mu\\
&=1-G(k)+\int_{p_1(x)/p_0(x)=k}\phi(x)p_0(x)\mathrm{d}\mu\\
&=1-G(G^{-1}(1-\alpha))+\int_{p_1(x)/p_0(x)=k}\phi(x)p_0(x)\mathrm{d}\mu.
\end{aligned}
$$

现在分两种情况来讨论 (见图 4.2.1):

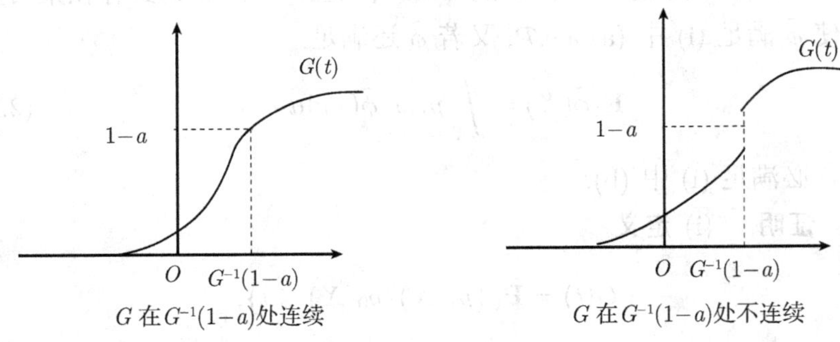

图 4.2.1　$\mathbf{E}_0\phi(X)$ 的计算中的两种情况

(1) 若 G 在 $G^{-1}(1-\alpha)=k$ 处连续, 则 $G(G^{-1}(1-\alpha))=1-\alpha$, 并且 $\mathbf{P}_0\{p_1(x)/p_0(x)=k\}=0$. 因此 $\mathbf{E}_0\phi(X)=1-(1-\alpha)+0=\alpha$, 即 (i) 中 (b) 成立.

(2) 若 G 在 $G^{-1}(1-\alpha)=k$ 处间断, 这时

$$\mathbf{P}_0\{p_1(x)/p_0(x)=k\}=G(k)-G(k-)>0.$$

从而

$$
\begin{aligned}
\mathbf{E}_0\phi(X)&=1-G(G^{-1}(1-\alpha))+\frac{G(k)-(1-\alpha)}{G(k)-G(k-)}\mathbf{P}_0\{p_1(x)/p_0(x)=k\}\\
&=1-G(k)+G(k)-(1-\alpha)=\alpha,
\end{aligned}
$$

即 (i) 中 (b) 也成立. 故由 (2.3) 给出的 ϕ 满足 (a) 和 (b).

(ii) 设 $\tilde{\phi}$ 为任一水平为 α 的检验,ϕ 为 (i) 中确定的真实水平为 α 的检验, 显然

$$\mathbf{E}_0(\phi-\tilde{\phi})=\alpha-\mathbf{E}_0\tilde{\phi}\geqslant 0. \tag{2.4}$$

同时利用 $\phi(x)$ 在 (i) 中的 (a) 形式, 可知

$$(\phi(x)-\tilde{\phi}(x))(p_1(x)-kp_0(x))\geqslant 0,\quad \forall x\in\mathcal{X}. \tag{2.5}$$

设常数 $k\neq\infty$, 结合 (2.4) 和 (2.5), 可得

$$\begin{aligned}\mathbf{E}_1(\phi-\tilde{\phi}(X))&=\int(\phi(x)-\tilde{\phi}(x))p_1(x)\mathrm{d}\mu\\&=\int(\phi(x)-\tilde{\phi}(x))(p_1(x)-kp_0(x))\mathrm{d}\mu\\&\quad+k\int(\phi(x)-\tilde{\phi}(x))p_0(x)\mathrm{d}\mu\\&\geqslant\int(\phi(x)-\tilde{\phi}(x))(p_1(x)-kp_0(x))\mathrm{d}\mu\geqslant 0,\end{aligned}$$

上式说明 ϕ 为水平 α 的 UMP 检验.

再设 (i) 中的 $\alpha\neq 0$, 我们将指出在此种情况下, (i)(a) 中的 $k<\infty$. 若不然, 设 $k=\infty$, 这时 $\phi(x)$ 具有如下的表达式:

$$\phi(x)=\begin{cases}1, & p_1(x)/p_0(x)>\infty,\\ r, & p_1(x)/p_0(x)=\infty,\\ 0, & p_1(x)/p_0(x)<\infty.\end{cases}$$

由于 $\{x:p_1(x)/p_0(x)>\infty\}=\varnothing$ 和 $\mathbf{P}_0\{p_1(x)/p_0(x)=\infty\}=0$, 这样

$$\begin{aligned}\mathbf{E}_0\phi(X)=&\int_{\{p_1(x)/p_0(x)>\infty\}}1\mathrm{d}\mu+\int_{\{p_1(x)/p_0(x)=\infty\}}r\mathrm{d}\mu\\&+\int_{\{p_1(x)/p_0(x)<\infty\}}0\mathrm{d}\mu\\=&\,0+0+0=0,\end{aligned}$$

即 $\alpha=0$, 得到矛盾. 故 $\alpha\neq 0$ 的情况下, k 的值必为有限.

(iii) 设 $\tilde{\phi}$ 为任一水平 α 的 UMP 检验, ϕ 为由 (i) 中 (a) 和 (b) 所确定的水平为 α 的检验. 由假定 $\alpha\neq 0$ 可知, ϕ 的表达式中的 $k\neq\infty$. 记

$$S_1 = \{x : \phi(x) \neq \tilde{\phi}(x)\}, \quad S = \{x : p_1(x)/p_0(x) \neq k\} \cap S_1.$$

为证明定理的结论, 我们只需证明 $\mathcal{P}(S) = 0$. 用反证法, 假设 $\mathcal{P}(S) = 0$ 不成立, 即 $\mathbf{P}_0\{S\} > 0$ 或 $\mathbf{P}_1\{S\} > 0$, 由 $\mathcal{P} \ll \mu$ 可知, $\mu(S) > 0$. 再由 S 的定义以及 ϕ 的性质可知

$$(\phi(x) - \tilde{\phi}(x))(p_1(x) - kp_0(x)) \begin{cases} > 0, & x \in S, \\ = 0, & x \notin S. \end{cases}$$

故

$$\int(\phi(x)-\tilde{\phi}(x))(p_1(x)-kp_0(x))\mathrm{d}\mu = \int_S(\phi(x)-\tilde{\phi}(x))(p_1(x)-kp_0(x))\mathrm{d}\mu > 0,$$

即

$$\mathbf{E}_1\phi(X) - \mathbf{E}_1\tilde{\phi}(X) > k(\mathbf{E}_0\phi(X) - \mathbf{E}_0\tilde{\phi}(X)) \geqslant 0.$$

这与 $\tilde{\phi}$ 是一个水平为 α 的 UMP 检验的假设矛盾. 故 $\tilde{\phi}$ 必具有 (i) 中 (a) 的形式.

现在设 $\tilde{\phi}$ 还满足 (2.2) 式, 我们将指出 $\tilde{\phi}$ 必满足 (i) 中的 (b), 即 $\mathbf{E}_0\tilde{\phi}(X) = \alpha$. 用反证法, 若 $\tilde{\phi}$ 不满足 (i) 中的 (b), 即 $\mathbf{E}_0\tilde{\phi}(X) < \alpha$. 令

$$\phi^*(x) = \min\left\{1, \tilde{\phi}(x) + \alpha - \mathbf{E}_0\tilde{\phi}(X)\right\},$$

由上式不难得到

$$\mathbf{E}_0\phi^*(X) \leqslant \mathbf{E}_0\tilde{\phi}(X) + \alpha - \mathbf{E}_0\tilde{\phi}(X) = \alpha,$$

即 $\phi^*(X)$ 的水平为 α, 并且 $\phi^*(x) \geqslant \tilde{\phi}(x), \forall x \in \mathcal{X}$. 但由 (2.2) 知

$$\mathbf{P}_1\{\tilde{\phi}(X) < 1\} > 0.$$

在集合 $\{x : \tilde{\phi}(x) < 1\}$ 上, $\phi^*(x) = \min\left\{1, \tilde{\phi}(x) + \alpha - \mathbf{E}_0\tilde{\phi}(X)\right\} > \tilde{\phi}(x)$. 这样

$$\mathbf{P}_1\{\phi^*(X) > \tilde{\phi}(X)\} > 0,$$

由此可得

$$\mathbf{E}_1\phi^*(X) > \mathbf{E}_1\tilde{\phi}(X).$$

这与 $\tilde{\phi}$ 为水平 α 的 UMP 检验的假设相矛盾. 故 $\mathbf{E}_0\tilde{\phi}(X)=\alpha$ 成立.

□

推论 2.1 设ϕ 为水平 α 的 UMP 检验 $(0<\alpha<1)$, 若 $\mathbf{P}_0\neq\mathbf{P}_1$, 则 $\alpha<\beta(\beta=\beta_\phi(\mathbf{P}_1))$.

证明 令 $\phi_1\equiv\alpha$. 显然, ϕ_1 是一个水平为 α 的检验. 由于 ϕ 是水平 α 的 UMP 检验, 故

$$\beta=\mathbf{E}_1\phi(X)\geqslant\mathbf{E}_1\phi_1(X)=\alpha.$$

现在来证明 $\beta=\alpha$ 必不成立. 用反证法, 若 $\beta=\alpha$ 成立, 这时, $\phi_1(x)\equiv\alpha$ 也是一个水平 α 的 UMP 检验. 令 $\mu=\mathbf{P}_0+\mathbf{P}_1$, 记 $\mathbf{P}_i$ 相对于 μ 的密度为 $p_i, i=0,1$. 由 N-P 引理的结论 (iii) 知, $\phi_1(x)$ 与 $\phi(x)$ 在集合 $\{x:p_1(x)\neq kp_0(x)\}$ 上是 a.s. $\mathcal{P}$ 相同的. 但在集合 $\{x:p_1(x)\neq kp_0(x)\}$ 上, $\phi(x)=0$ 或 1, 而 $\phi_1(x)\equiv\alpha$. 因此, $\mathcal{P}\{p_1(x)\neq kp_0(x)\}=0$ 或 $\mathbf{P}_i\{p_1(x)=kp_0(x)\}=1$, $i=0,1$. 由 p_i 的定义可知

$$\begin{aligned}1&=\int p_1(x)\mathrm{d}\mu=\int_{p_1/p_0=k}p_1(x)\mathrm{d}\mu+\int_{p_1/p_0\neq k}p_1(x)\mathrm{d}\mu\\&=k\mathbf{P}_0\{p_1/p_0=k\}+\mathbf{P}_1\{p_1/p_0\neq k\}=k,\end{aligned}$$

即 $k=1$. 从而

$$\mathbf{P}_i\{p_1(x)=p_0(x)\}=1,\quad i=0,1,$$

即 $\mathbf{P}_0=\mathbf{P}_1$. 这与推论中的条件 $\mathbf{P}_0\neq\mathbf{P}_1$ 相矛盾. 故 $\alpha<\beta$ 必成立.

□

今后, 我们称形如 N-P 引理 (定理 2.1) 的结论 (i) 中 (a)a.s. $\mathcal{P}$ 的检验为 N-P **检验**. N-P 引理的意义:(i) 指出了 N-P 检验的存在性; (ii) 是说 N-P 检验必定是 UMP 检验; (iii) 告诉我们, 凡水平 α 的 UMP 检验必为 N-P 检验. 总之, N-P 引理建立了 UMP 检验和 N-P 检验之间的联系.

例 2.1 设$X_1,\cdots,X_n\sim$ iid $U(0,\theta)$, 求检验问题 (θ_0,θ_1) 的水平 α 的 UMP 检验.

解 先写出 $X_1,\cdots,X_n$ 的联合密度

$$\begin{aligned}f_\theta(x_1,\cdots,x_n)&=\left(\frac{1}{\theta}\right)^n\prod_{i=1}^n I_{(0,\theta]}(x_i)\\&=\left(\frac{1}{\theta}\right)^n I_{(0,\infty)}(\min_{1\leqslant i\leqslant n}\{x_i\})I_{(0,\theta]}(\max_{1\leqslant i\leqslant n}\{x_i\}).\end{aligned}$$

对于 $\theta_0<\theta_1$, 相应的似然比为

$$\frac{f_{\theta_1}}{f_{\theta_0}}=\left(\frac{\theta_0}{\theta_1}\right)^n\frac{I_{(0,\infty)}(\min\limits_{1\leqslant i\leqslant n}x_i)I_{(0,\theta_1]}(\max\limits_{1\leqslant i\leqslant n}x_i)}{I_{(0,\infty)}(\min\limits_{1\leqslant i\leqslant n}x_i)I_{(0,\theta_0]}(\max\limits_{1\leqslant i\leqslant n}x_i)}$$

$$=\begin{cases}\dfrac{0}{0}, & \min\limits_{1\leqslant i\leqslant n}x_i\leqslant 0 \text{ 或 } \max\limits_{1\leqslant i\leqslant n}x_i>\theta_1,\\ \left(\dfrac{\theta_0}{\theta_1}\right)^n, & 0<\min\limits_{1\leqslant i\leqslant n}x_i\leqslant\max\limits_{1\leqslant i\leqslant n}x_i\leqslant\theta_0,\\ \left(\dfrac{\theta_0}{\theta_1}\right)^n\times\dfrac{1}{0}, & \theta_0<\max\limits_{1\leqslant i\leqslant n}x_i\leqslant\theta_1.\end{cases}\tag{2.6}$$

现在找一个 ϕ 满足

$$\mathbf{E}_{\theta_0}\phi(x_1,\cdots,x_n)=\alpha,\tag{2.7}$$

并且 ϕ 具有形式

$$\phi(x_1,\cdots,x_n)=I_{\{\max\limits_{1\leqslant i\leqslant n}x_i\geqslant c\}}.\tag{2.8}$$

不难求得 $\max\limits_{1\leqslant i\leqslant n}X_i$ 的分布函数为 $F_{\theta_0}(x)=(x/\theta_0)^n$, $1\leqslant x\leqslant\theta_0$. 由此可知, 当 (2.8) 中的 $c=\theta_0(1-\alpha)^{1/n}$ 时, ϕ 满足 (2.7) 式. 结合 (2.6), (2.8) 式可知, $\phi(x)$ 具有下面的形式:

$$\phi(x_1,\cdots,x_n)=\begin{cases}1, & f_{\theta_1}/f_{\theta_0}>k,\\ 0, & f_{\theta_1}/f_{\theta_0}<k\end{cases}\qquad \text{a.s. } \mathbf{P}_{\theta_0},\mathbf{P}_{\theta_1},$$

其中 $k=(\theta_0/\theta_1)^n$. 根据 N-P 引理, 由 (2.8) 式给出的检验 (其中 $c=\theta_0(1-\alpha)^{1/n}$) 是检验问题 (θ_0,θ_1) 的水平 α 的 UMP 检验.

§4.3 单调似然比族的检验问题

前面所述的 N-P 引理只解决了简单假设检验问题中的水平 α 的 UMP 检验问题. 当 $\mathcal{P}_0$(或 $\mathcal{P}_1$) 不是单点分布集合的时候, 即所讨论的问题为复杂假设检验问题的时候, 寻找 UMP 检验变得十分困难. 现设 $(\mathcal{P}_0,\mathcal{P}_1)$ 是一个一般的假设检验问题, ϕ 是一个检验函数. 记

$$\alpha_\phi=\sup_{\mathbf{P}\in\mathcal{P}_0}\mathbf{E}_{\mathbf{P}}\phi$$

为 ϕ 的真实水平, 并记

$$\beta_{I,\alpha}(\mathbf{P})=\sup_{\{\phi:\alpha_\phi\leqslant\alpha\}}\beta_\phi(\mathbf{P}),\quad \mathbf{P}\in\mathcal{P}_1. \tag{3.1}$$

我们称 $\beta_{I,\alpha}(\mathbf{P})$ 为**水平 α 的理想功效函数**, 它表示在水平 α 的检验类中能够达到的最大功效. 显然, 若检验函数 ϕ 满足 $\alpha_\phi\leqslant\alpha$, 并且

$$\beta_\phi(\mathbf{P})=\beta_{I,\alpha}(\mathbf{P}),\quad \forall\,\mathbf{P}\in\mathcal{P}_1, \tag{3.2}$$

则 ϕ 就是检验问题 $(\mathcal{P}_0,\mathcal{P}_1)$ 的水平 α 的 UMP 检验. 而且, 只有当 ϕ 的功效函数 $\beta_\phi(\mathbf{P})$ 满足 (3.2) 时, ϕ 才是水平 α 的 UMP 检验. 当 $\mathcal{P}_1$ 只含一个分布时, 理论上是可以找到水平 α 的 UMP 检验的. 但是当 $\mathcal{P}_1$ 不是单点集时, 一般很难找到水平 α 的 UMP 检验. 通常对于 $\mathcal{P}_1$ 中的某一个 $\mathbf{P}$, 可以找到 ϕ 使 $\beta_\phi(\mathbf{P})=\beta_{I,\alpha}(\mathbf{P})$. 对于另一 $\mathbf{P}'$, 我们也可以找到 ϕ', 使 $\beta_{\phi'}(\mathbf{P}')=\beta_{I,\alpha}(\mathbf{P}')$. 但是一般情况下, 我们所找到的 ϕ 和 ϕ' 是不相同的. 因此, 在 $\mathcal{P}_1$ 不是单点集时, 一般不存在水平 α 的 UMP 检验. 下面看一个简单的例子.

例 3.1 设$\mathcal{X}=\{-1,0,1\}$, $\mathcal{P}=\{\mathbf{P}_0,\mathbf{P}_1,\mathbf{P}_2\}$. 由于 $\mathcal{X}$ 是有限集, 为确定概率测度 $\mathbf{P}_i$, $i=0,1,2$, 我们只需分别给出 $X=-1,0,1$ 的概率, 如表 4.3.1 所示.

若取 μ 为 $\{-1,0,1\}$ 上的计数测度 ($\mu\{i\}=1$, $i=-1,0,1$), 则表 4.3.1 中的概率值也是相对于 μ 的密度值. 现在考虑检验问题 $(\mathcal{P}_0,\mathcal{P}_1)$, 其中 $\mathcal{P}_0=\{\mathbf{P}_0\}$, $\mathcal{P}_1=\{\mathbf{P}_1,\mathbf{P}_2\}$, 显然它是一个复杂假设检验问题. 对于给定的 α, 其理想功效函数在 $\mathbf{P}_1$ 处的值满足

$$\beta_{I,\alpha}(\mathbf{P}_1)=\sup_{\{\phi:\alpha_\phi\leqslant\alpha\}}\beta_\phi(\mathbf{P}_1).$$

表 4.3.1 $\mathbf{P}_i\,(i=0,1,2)$ 的分布列

X	-1	0	1
$\mathbf{P}_0$	1/3	1/3	1/3
$\mathbf{P}_1$	1/2	1/3	1/6
$\mathbf{P}_2$	1/6	1/3	1/2

由上式可知, $\beta_{I,\alpha}(\mathbf{P}_1)$ 是简单假设检验问题 $(\mathbf{P}_0,\mathbf{P}_1)$ 的水平 α 的 UMP 检验的功效值. 为计算 $\beta_{I,\alpha}(\mathbf{P}_1)$ 的值, 不妨假定 $\alpha=1/3$. 这时, 水平为 $\alpha=1/3$ 的 UMP 检验为

$$\phi(x)=\begin{cases}1, & x=-1,\\ 0, & x=0,1.\end{cases}\tag{3.3}$$

其功效值 $\beta_\phi(\mathbf{P}_1)=\mathbf{E}_{\mathbf{P}_1}\phi=1/2$, 说明 $\beta_{I,1/3}(\mathbf{P}_1)=1/2$. 同样, 由对称性可知, $\beta_{I,1/3}(\mathbf{P}_2)=1/2$. 现在我们将指出不存在检验 ϕ, 使 $\alpha_\phi=1/3$, 但 $\beta_\phi(\mathbf{P}_i)=1/2$, $i=1,2$. 事实上, 若 ϕ 使 $\alpha_\phi=1/3$, 但 $\beta_\phi(\mathbf{P}_1)=1/2$, 这说明 ϕ 是 $(\mathbf{P}_0,\mathbf{P}_1)$ 的水平 $\alpha=1/3$ 的 UMP 检验. 由 N-P 引理知, 它必定具有 (3.3) 的形式, 但

$$\beta_\phi(\mathbf{P}_2)=1/6<\beta_{I,1/3}(\mathbf{P}_2)=1/2.$$

这说明在这个极简单的问题中, 水平 $\alpha=1/3$ 的 UMP 检验不存在.

现在讨论一类特殊的单参数分布族的检验问题. 设 $\mathcal{P}=\{\mathbf{P}_\theta:\theta\in\Theta\}$ 为某分布族, 其中 Θ 为直线上的开区间, $\mathcal{P}_0=\{\mathbf{P}_\theta:\theta\leqslant\theta_0,\theta\in\Theta\}$, $\mathcal{P}_1=\{\mathbf{P}_\theta:\theta>\theta_0,\theta\in\Theta\}$. 对于这样一个一般的复杂假设检验问题 $(\mathcal{P}_0,\mathcal{P}_1)$, 只有在极特殊的情况下才有 UMP 检验. 下面给出一类特殊的分布族 —— 单调似然比族. 对于单调似然比族, 可望求得检验问题 $(\mathcal{P}_0,\mathcal{P}_1)$ 的水平 α 的 UMP 检验.

定义 3.1 设 $\mathcal{P}=\{\mathbf{P}_\theta:\theta\in\Theta\}$ 是如上所述的单参数分布族, 又设 $\mathbf{P}_\theta$ 相对于某 σ 有限测度 μ 具有密度函数 $p(x,\theta)$, $\theta\in\Theta$. 若 $\mathcal{P}$ 满足

(i) 对于不同的 θ, $\mathbf{P}_\theta$ 互不相同;

(ii) 存在统计量 T, 对任意两个参数值 θ 和 θ' $(\theta<\theta')$, 存在集合 $N_{\theta,\theta'}$, 使 $\mathbf{P}_\theta\{N_{\theta,\theta'}\}=\mathbf{P}_{\theta'}\{N_{\theta,\theta'}\}=0$, 并且比值 $p(x,\theta')/p(x,\theta)$ 在 $\mathcal{X}\backslash N_{\theta,\theta'}$ 上为 T 的非减函数.

则称$\mathcal{P}$**相对于统计量**T**具有单调似然比**, 也称$\mathcal{P}$是**单调似然比族**. □

现在举一些单调似然比族的例子.

例 3.2 设X的分布具有密度函数 $\frac{1}{2}\exp\{-|x-\theta|\}, \theta \in \mathbb{R}$. 令 θ 和 θ' ($\theta < \theta'$) 为两个固定的数, 对应的密度比值为

$$\frac{p(x,\theta')}{p(x,\theta)} = \exp\{-|x-\theta'|+|x-\theta|\} = \begin{cases} \exp\{\theta'-\theta\}, & x > \theta', \\ \exp\{-\theta'-\theta+2x\}, & \theta \leqslant x \leqslant \theta', \\ \exp\{-(\theta'-\theta)\}, & x < \theta. \end{cases}$$

由上式看出, 这两个密度函数的比值是 $T(x) = x$ 的单调增函数, 故 $\mathcal{P}$ 是单调似然比族.

例 3.3 设 X 的分布是一个指数族, 其相对于某 σ 有限测度 μ 的密度函数为 $\exp\{\theta T(x) - A(\theta)\}$. 事实上, 对于 $\theta < \theta'$, 其相应的密度比为

$$\frac{p(x,\theta')}{p(x,\theta)} = \exp\{(\theta'-\theta)T(x) - A(\theta') + A(\theta)\},$$

它是 $T(x)$ 的单调增函数. 按定义, 相应的分布族是一个单调似然比族.

在简单假设检验问题中, 统计量 $p_1(x)/p_0(x) = T_0$ 起着很重要的作用. 下面我们将具有这样重要作用的统计量命名为 N-P 统计量. 设 $(\mathbf{P}_0, \mathbf{P}_1)$ 为简单假设检验问题, p_0 和 p_1 为相应的密度函数.

定义 3.2 在简单假设检验问题 (p_0, p_1) 中, 若统计量 T 具有下面两条性质:

(i) 对任何 $\alpha \in [0,1]$, 存在常数 k 和检验函数 $\phi(x)$, 使

(a) ϕ 具有形式

$$\phi(x) = \begin{cases} 1, & T > k, \\ 0, & T < k; \end{cases} \tag{3.4}$$

(b) ϕ 满足

$$\mathbf{E}_0\phi(X) = \alpha. \tag{3.5}$$

(ii) 对任何 $\alpha \in (0,1]$, (i) 中确定的 ϕ 是水平 α 的 UMP 检验.

则 T 称为 N-P**统计量**.

显然, 在简单假设检验问题中, 统计量 $p_1(x)/p_0(x) = T_0$ 是 N-P 统计量.

引理 3.1　设简单假设检验问题 $(\mathbf{P}_0, \mathbf{P}_1)$ 中, $\mathbf{P}_i$ 相对于某 σ 有限测度 μ 具有密度函数 $p_i(x), i = 0, 1$. 如果 N-P 统计量 $T_0 = p_1(x)/p_0(x)$ 可以表示成另一统计量 T 的非减函数, 即 $T_0 = f(T)$, 其中 f 为非减函数, 则 T 也是 N-P 统计量.

注　若将引理 3.1 的条件 $T_0 = f(T)$ 改成 $T_0 = f(T)$ a.s. $\{\mathbf{P}_0, \mathbf{P}_1\}$, 则该引理的结论仍然成立.

证明　我们只需验证统计量 T 满足定义 3.2 中的条件 (i) 和 (ii).

(i) 由 N-P 引理知, T_0 是 N-P 统计量, 故对任意 $\alpha \in [0, 1]$, 存在检验函数 $\tilde{\phi}$ 以及常数 c, 使

$$\begin{aligned}\tilde{\phi}(x) &= \begin{cases} 1, & T_0 > c, \\ 0, & T_0 < c, \end{cases} \\ &= \begin{cases} 1, & f(T) > c, \\ 0, & f(T) < c, \end{cases} \\ &= \begin{cases} 1, & T \in f^{-1}(c, \infty), \\ 0, & T \in f^{-1}(-\infty, c). \end{cases}\end{aligned} \tag{3.6}$$

并且满足

$$\mathbf{E}_0 \tilde{\phi}(X) = \alpha.$$

由于 f 为非减函数, 不妨假定 $f(+\infty) = +\infty$, $f(-\infty) = -\infty$, 此时集合 $f^{-1}(-\infty, c)$ 具有形式 $(-\infty, c_1)$ 或 $(-\infty, c_1]$, 集合 $f^{-1}(c, \infty)$ 具有形式 (c_2, ∞) 或 $[c_2, \infty)$. 不难验证, 集合 $f^{-1}(-\infty, c)$ 与 $f^{-1}(c, \infty)$ 不会相交. 为确定起见, 不妨设 $f^{-1}(-\infty, c) = (-\infty, c_1)$, $f^{-1}(c, \infty) = (c_2, \infty)$, $c_2 > c_1$. 从而 $\tilde{\phi}$ 可写成

$$\tilde{\phi} = \begin{cases} 1, & T > c_2, \\ 0, & T < c_1. \end{cases}$$

对于 $\tilde{\phi}$, 我们可将它在集合 $T \in [c_1, c_2]$ 上的值进行修正, 修正以后变

成函数 ϕ, ϕ 具有形式

$$\phi = \begin{cases} 1, & T > k, \\ 0, & T < k. \end{cases} \tag{3.7}$$

并且还满足关系式

$$\mathbf{E}_0\phi = \alpha. \tag{3.8}$$

顺便指出, 我们构造的 ϕ 与 $\tilde{\phi}$ 在集合 $\{T_0 > c\} \cup \{T_0 < c\}$ 上的定义完全相同, 由 N-P 引理可知, 只要 $\alpha > 0$, ϕ 也是 $(\mathbf{P}_0, \mathbf{P}_1)$ 的水平 α 的 UMP 检验.

(ii) 现在设 ϕ 是任一满足 (3.7) 和 (3.8) 的检验, 可写成下列形式:

$$\begin{aligned} \phi &= \begin{cases} 1, & f(T) > f(k) \text{ 或 } f(T) = f(k) \text{ 但 } T > k, \\ 0, & f(T) < f(k) \text{ 或 } f(T) = f(k) \text{ 但 } T < k, \end{cases} \\ &= \begin{cases} 1, & f(T) > f(k), \\ 0, & f(T) < f(k), \end{cases} \\ &= \begin{cases} 1, & T_0 > f(k), \\ 0, & T_0 < f(k), \end{cases} \end{aligned}$$

上式中第二个等式只是说明等式左边的函数可以表示成右边的形式. 上式再结合 (3.8), 由 N-P 引理 (ii) 说明, 当 $\alpha \neq 0$ 时, ϕ 是一个水平为 α 的 UMP 检验. 由此可知统计量 T 也具备 N-P 统计量 (定义 3.2) 的特性 (i) 和 (ii), 即 T 也是 N-P 统计量. □

由引理 3.1 知, 在单调似然比族的定义中, 若似然比 $p_{\theta_1}/p_{\theta_0}$ 可表示成统计量 T 的非减函数, 则 T 是检验问题 $(p_{\theta_0}, p_{\theta_1})$ 的 N-P 统计量.

定理 3.1 设$\mathcal{P} = \{\mathbf{P}_\theta : \theta \in \Theta\}$ 是一个可识别的分布族, 其中 Θ 是一个有序集 (指对 Θ 中任意不同的 θ_1 和 θ_2, 关系式 $\theta_1 < \theta_2$ 或 $\theta_1 > \theta_2$ 之中必有一成立, 并且这种关系具有传递性). 若对任意 $\theta_0 < \theta_1$, 检验问题 $(\mathbf{P}_{\theta_0}, \mathbf{P}_{\theta_1})$ 具有公共的 N-P 统计量 T, 则

(i) 对任意 $\alpha \in [0,1]$ 和 $\theta_0 \in \Theta$, 只要集合 $\{\theta > \theta_0, \theta \in \Theta\}$ 非空, 就存在形如

$$\phi(x) = \begin{cases} 1, & T > c, \\ 0, & T < c \end{cases} \tag{3.9}$$

的检验函数, 并且 ϕ 还满足

$$\mathbf{E}_{\theta_0}\phi(X)=\alpha. \tag{3.10}$$

(ii) 由 (i) 中给出的检验函数 ϕ 的功效函数 $\beta_\phi(\theta)$ 是一个非减函数, 并且在集合 $\{\theta:0<\beta_\phi(\theta)<1\}$ 上为严格增的.

(iii) 设 ϕ 是满足 (3.9) 和 (3.10) 的任意检验函数. 若 $\alpha>0$, 且 $\{\theta>\theta_0,\theta\in\Theta\}$ 非空, 则 ϕ 是检验问题 $(\theta\leqslant\theta_0,\theta>\theta_0)$ 的水平 α 的 UMP 检验函数.

(iv) 设 ϕ 是满足 (3.9) 和 (3.10) 的任意检验函数 $(\alpha<1)$, 则 ϕ 是在满足 (3.10) 的检验类中使 $\beta_\phi(\theta')$ 达到极小者, 其中 $\theta'<\theta_0$ 为固定的参数.

证明 (i) 任取一 $\theta_1\in\Theta$, 满足 $\theta_1>\theta_0$. 由于 T 是检验问题 $(\mathbf{P}_{\theta_0},\mathbf{P}_{\theta_1})$ 的 N-P 统计量, 由 N-P 统计量的定义可知, 存在满足 (3.9) 和 (3.10) 的检验 ϕ. 由于 T 是公共的 N-P 统计量, 显然 ϕ 的构造可与 θ_1 无关.

(ii) 先证明函数 $\beta_\phi(\theta)=\mathbf{E}_\theta\phi(X)$ 关于 θ 的单调性. 设 $\theta_1<\theta_2$ 为任意两个点, 若 $\beta_\phi(\theta_1)=0$, 则显然有 $\beta_\phi(\theta_1)\leqslant\beta_\phi(\theta_2)$. 现在不妨设 $\beta_\phi(\theta_1)>0$, 记 $\tilde{\alpha}=\beta_\phi(\theta_1)$, 则 ϕ 满足 (3.9) 和

$$\mathbf{E}_{\theta_1}\phi(X)=\tilde{\alpha}. \tag{3.10$'$}$$

由于 T 相对于检验问题 $(\mathbf{P}_{\theta_1},\mathbf{P}_{\theta_2})$ 是一个 N-P 统计量, 根据 N-P 统计量的定义可知, 检验函数 ϕ 是检验问题 $(\mathbf{P}_{\theta_1},\mathbf{P}_{\theta_2})$ 的一个水平为 $\tilde{\alpha}$ 的 UMP 检验. 因此,

$$\mathbf{E}_{\theta_1}\phi(X)=\tilde{\alpha}\leqslant\mathbf{E}_{\theta_2}\phi(X),$$

即 $\beta_\phi(\theta_1)\leqslant\beta_\phi(\theta_2)$.

现证 $\beta_\phi(\theta)$ 在集合 $\{0<\beta_\phi(\theta)<1\}$ 上严格增. 由于 ϕ 为 $(\mathbf{P}_{\theta_1},\mathbf{P}_{\theta_2})$ 的水平 $\tilde{\alpha}$ 的 UMP 检验, 利用推论 2.1, 可知 $\beta_\phi(\theta_1)=\tilde{\alpha}<\mathbf{E}_{\theta_2}\phi(X)=\beta_\phi(\theta_2)$, 即 $\beta_\phi(\theta)$ 在集合 $\{0<\beta_\phi(\theta)<1\}$ 上严格增.

(iii) 我们只需证明, 对每一个 $\theta_1(\theta_1>\theta_0,\theta_1\in\Theta)$, 满足 (3.9) 和 (3.10) 的 ϕ 是检验问题 $(\theta\leqslant\theta_0,\theta_1)$ 的水平 α 的 UMP 检验. 根据 N-P

统计量的定义可知, 这样构造的 ϕ 是简单假设检验问题 (θ_0,θ_1) 的水平 α 的 UMP 检验. 由 (ii) 知, ϕ 又是检验问题 $(\theta\leqslant\theta_0,\theta_1)$ 的水平为 α 的检验. 由此可知, ϕ 必为检验问题 $(\theta\leqslant\theta_0,\theta_1)$ 的水平 α 的 UMP 检验.

(iv) 设 θ' 满足 $\theta'<\theta_0$, 记 $\tilde{\alpha}=\beta_\phi(\theta')$. 不妨设 $\tilde{\alpha}>0$. 因为若 $\tilde{\alpha}=0$, 则结论自然成立. 由于 T 是 N-P 统计量, 可知 ϕ 是检验问题 (θ',θ_0) 的水平为 $\tilde{\alpha}$ 的 UMP 检验. 现在我们只需指出, 任何检验 $\tilde{\phi}$, 只要满足条件 $\beta_{\tilde{\phi}}(\theta_0)=\beta_\phi(\theta_0)=\alpha$, 必有 $\beta_{\tilde{\phi}}(\theta')\geqslant\beta_\phi(\theta')=\tilde{\alpha}$. 用反证法证明, 若结论不成立, 即 $\beta_{\tilde{\phi}}(\theta')<\tilde{\alpha}$, 不难验证, $\tilde{\phi}$ 也是检验问题 (θ',θ_0) 的水平为 $\tilde{\alpha}$ 的 UMP 检验. 由 N-P 引理 (iii) 知, $\beta_{\tilde{\phi}}(\theta')=\tilde{\alpha}$, 得到了矛盾. □

例 3.4 设 $X\sim B(n,\theta)$, 其分布相对于计数测度的密度函数为

$$\begin{aligned}p(x,\theta)&=\binom{n}{x}\theta^x(1-\theta)^{n-x}\\&=\binom{n}{x}\exp\left\{x\ln\frac{\theta}{1-\theta}+n\ln(1-\theta)\right\},\ x=0,1,\cdots,n,\ \theta\in(0,1).\end{aligned}$$

不难验证, 这个分布族是一个相对于统计量 X 的单调似然比族, 并且对任何 θ_0 和 θ_1 $(\theta_0<\theta_1)$, 统计量 X 是检验问题 $(\mathbf{P}_{\theta_0},\mathbf{P}_{\theta_1})$ 的 N-P 统计量. 故由定理 3.1 知, 检验问题 $(\mathcal{P}_0=\{\mathbf{P}_\theta:\theta\leqslant\theta_0\},\mathcal{P}_1=\{\mathbf{P}_\theta:\theta>\theta_0\})$ 的 UMP 检验具有下列形式:

$$\phi(x)=\begin{cases}1, & x>k,\\ 0, & x<k.\end{cases}$$

例 3.5 设某产品的合格标准是平均寿命大于 6000(单位: 小时), 假定该产品的寿命 X 的分布密度为

$$f(x,\theta)=\frac{1}{\theta}\exp\{-x/\theta\},\quad x>0,\ \theta>0.$$

易知, $\mathbf{E}X=\theta$ 为产品的平均寿命. 对该产品进行观察, 得到 5 个样品的寿命数据, 它们是 395, 4094, 119, 11572, 6133. 现在的问题是: 从这些数据看来, 这批产品是否合格? 是 $\theta\leqslant6000$, 还是 $\theta>6000$?

这是一个单边假设检验问题

$$H_0: \theta \leqslant \theta_0 \longleftrightarrow H_1: \theta > \theta_0, \tag{3.11}$$

其中 $\theta_0 = 6000$. 记 $\boldsymbol{X} = (X_1, \cdots, X_n)(n=5)$ 为刻画数据的随机向量. $\boldsymbol{X}$ 的分布密度为

$$p(\boldsymbol{x}, \theta) = \frac{1}{\theta^n} \exp\left\{ -\frac{1}{\theta} \sum_{i=1}^n x_i \right\}, \quad x_i > 0,\ \theta > 0.$$

不难看出, 这个分布密度是单参数指数族分布密度, 相对于统计量 $T(\boldsymbol{x}) = \sum\limits_{i=1}^n x_i$ 是一个单调似然比族, 并且 T 是公共的 N-P 统计量. 依定理 3.1 的结论, 假设检验问题 (3.11) 的 UMP 检验函数为

$$\phi(x) = \begin{cases} 1, & T(\boldsymbol{x}) > k, \\ 0, & T(\boldsymbol{x}) < k, \end{cases}$$

其中常数 k 满足条件

$$\mathbf{P}_{\theta_0}\{T(\boldsymbol{X}) > k\} = \alpha.$$

实际上, 这个检验函数是一个非随机化检验, 即相应的否定域为 $C = \{\boldsymbol{x} : T(\boldsymbol{x}) > k\}$. 现在需要求出否定域中的常数 k, 为此, 将这个否定域进行化简. 利用指数分布的特性: 在参数为 θ_0 的假定下,

$$\frac{2\sum\limits_{i=1}^n X_i}{\theta_0} \sim \chi^2(2n),$$

即 $2\sum\limits_{i=1}^n X_i/\theta_0$ 是自由度为 $2n$ 的 χ^2 分布. 这样可将否定域改写成 $C = \{\boldsymbol{x} : 2\sum\limits_{i=1}^n x_i/\theta_0 > k\}$ 的形式, 其中常数 k 可通过查 χ^2 分布表得到, k 等于 χ^2 分布的 $1-\alpha$ 下侧分位数 $\chi^2_{1-\alpha}(2n)$. 由于数据的个数为 $n=5$, 并假定 $\alpha = 0.05$, 从 χ^2 分布表查得 $\chi^2_{0.95}(10) = 18.307$. 假设检验问题 (3.11) 的水平 $\alpha = 0.05$ 的 UMP 检验的否定域为 $C = \left\{2\sum\limits_{i=1}^5 x_i/\theta_0 > 18.307\right\}$. 经计算, $2\sum\limits_{i=1}^5 x_i = 44626$, $2\sum\limits_{i=1}^5 x_i/\theta_0 = 7.437 < 18.307$. 因此

我们不能否定 $\theta \leqslant 6000$ 的假设. 在现在的情况之下, 我们还不能有把握地确定产品是否不合格. 因为, 当产品本身不合格时, 我们不否定 H_0 就没有犯判断错误; 而当产品本身合格时, 由于我们没有控制犯第二类错误的概率, 我们不能有把握地判定产品不合格. 因此在本例的情况下, 没有获得很强的统计结论.

§4.4　最不利的分布

现在考虑一个复杂假设检验问题 $(\mathcal{P}_0, \mathcal{P}_1)$, 设 ϕ 是一个水平为 α 的 UMP 检验函数. 容易看出, 对于每一个 $\mathbf{P}_1 \in \mathcal{P}_1$, ϕ 也是检验问题 $(\mathcal{P}_0, \mathbf{P}_1)$ 的水平 α 的 UMP 检验. 反之, 若 ϕ 对每一个 $\mathbf{P}_1 \in \mathcal{P}_1$ 都是检验问题 $(\mathcal{P}_0, \mathbf{P}_1)$ 的水平 α 的 UMP 检验, 则 ϕ 也是检验问题 $(\mathcal{P}_0, \mathcal{P}_1)$ 的水平 α 的 UMP 检验. 因此在讨论 UMP 检验问题时, 我们总是假定 $\mathcal{P}_1$ 是一个单点集.

现在设 $\mathcal{P}_0 = \{\mathbf{P}_\theta : \theta \in \Theta_0\}$, $\mathcal{P}_1 = \{\mathbf{P}_{\theta_1}\}$, 其中 $\mathcal{P}_1$ 是一个单点集. 在此类问题中, 我们希望在 $\mathcal{P}_0$ 中找出一个最不利分布, 即找出最靠近 $\mathbf{P}_{\theta_1}$ 或最难与 $\mathbf{P}_{\theta_1}$ 区别开来的分布. 这个分布在检验理论中起着很重要的作用.

引理 4.1　设$\mathbf{P}_{\theta_0}$ 为 $\mathcal{P}_0 = \{\mathbf{P}_\theta, \theta \in \Theta_0\}$ 中的一个分布, ϕ_{θ_0} 为检验问题$(\mathbf{P}_{\theta_0}, \mathbf{P}_{\theta_1})$ 的水平 α 的 UMP 检验. 若

$$\beta_{\phi_{\theta_0}}(\theta)(= \mathbf{E}_\theta \phi_{\theta_0}(X)) \leqslant \alpha, \quad \forall \theta \in \Theta_0, \tag{4.1}$$

则

(i) ϕ_{θ_0} 为检验问题 $(\mathcal{P}_0, \mathbf{P}_{\theta_1})$ 的水平 α 的 UMP 检验;

(ii) $\mathbf{P}_{\theta_0}$ 是下列意义下的水平为 α 的最不利分布: 对每一个 $\theta \in \Theta_0$, 考虑检验问题 $(\mathbf{P}_\theta, \mathbf{P}_{\theta_1})$, 记它的水平为 α 的 UMP 检验为 ϕ_θ, 其功效值为 $\beta_{\phi_\theta}(\theta_1)$, 则对于 $\theta = \theta_0$, 其相应的功效值达到最小, 即

$$\beta_{\phi_{\theta_0}}(\theta_1) \leqslant \beta_{\phi_\theta}(\theta_1), \quad \forall \theta \in \Theta_0.$$

证明　(i) 由引理之假设, ϕ_{θ_0} 是简单假设检验问题 $(\mathbf{P}_{\theta_0}, \mathbf{P}_{\theta_1})$ 的水平 α 的 UMP 检验, 现在讨论它在复杂假设检验问题 $(\mathcal{P}_0, \mathbf{P}_{\theta_1})$ 中

的作用. 由 (4.1) 可知, ϕ_{θ_0} 是 $(\mathcal{P}_0, \mathbf{P}_{\theta_1})$ 的水平为 α 的检验, 我们要证明 ϕ_{θ_0} 就是 $(\mathcal{P}_0, \mathbf{P}_{\theta_1})$ 的水平 α 的 UMP 检验. 设 ψ 是 $(\mathcal{P}_0, \mathbf{P}_{\theta_1})$ 的任意一水平为 α 的检验. 显然, ψ 也是 $(\mathbf{P}_{\theta_0}, \mathbf{P}_{\theta_1})$ 的一个水平为 α 的检验. 由于 ϕ_{θ_0} 是 $(\mathbf{P}_{\theta_0}, \mathbf{P}_{\theta_1})$ 的一个水平为 α 的 UMP 检验, 故 $\beta_{\phi_{\theta_0}}(\theta_1) \geqslant \beta_\psi(\theta_1)$. 这说明在检验问题 $(\mathcal{P}_0, \mathbf{P}_{\theta_1})$ 中, ϕ_{θ_0} 也是一个水平为 α 的 UMP 检验.

(ii) 对每一个 $\theta \in \Theta_0$, 记 ϕ_θ 为检验问题 $(\mathbf{P}_\theta, \mathbf{P}_{\theta_1})$ 的水平为 α 的 UMP 检验. 依引理之假设, ϕ_{θ_0} 是检验问题 $(\mathbf{P}_{\theta_0}, \mathbf{P}_{\theta_1})$ 的水平为 α 的 UMP 检验. 现考查 ϕ_{θ_0} 在检验问题 $(\mathbf{P}_\theta, \mathbf{P}_{\theta_1})$ 中的地位. 它在检验问题 $(\mathbf{P}_\theta, \mathbf{P}_{\theta_1})$ 中的水平也是 α (见 (4.1) 式). 而 ϕ_θ 在检验问题 $(\mathbf{P}_\theta, \mathbf{P}_{\theta_1})$ 中是一个水平为 α 的 UMP 检验. 由 UMP 检验的定义知,

$$\mathbf{E}_{\theta_1}\phi_{\theta_0} \leqslant \mathbf{E}_{\theta_1}\phi_\theta, \quad \forall \theta \in \Theta_0.$$

上式说明 $\mathbf{P}_{\theta_0}$ 是一个水平为 α 的最不利分布. □

注 在引理 4.1 中, 称 $\mathbf{P}_{\theta_0}$ 为最不利分布, 但相对于参数空间 Θ_0 来说, $\mathbf{P}_{\theta_0}$ 的参数 θ_0 只是 Θ_0 中的一个点. 因此, 我们将最不利分布 $\mathbf{P}_{\theta_0}$ 改称为最不利点. 而以后我们将 "最不利分布" 这个名称用于更广义的概念中.

例 4.1 设 $X \sim B(n, \theta)$, 考虑检验问题 $(\theta \leqslant \theta_0, \theta > \theta_0)$. 这个问题已在 §4.3 中考虑过, 现在我们用最不利点的观点来看这个问题. 首先考虑检验问题 $(\theta \leqslant \theta_0, \theta_1)$, 其中 $\theta_1 (> \theta_0)$ 为对立假设空间中固定的一点. 根据问题的性质, 很自然地想到 θ_0 这个点作为最不利点. 为此先求简单假设检验问题 (θ_0, θ_1) 的水平 α 的 UMP 检验. 利用 N-P 引理可以求得简单假设检验问题 (θ_0, θ_1) 的水平 α 的 UMP 检验, 为

$$\phi_0(x) = \begin{cases} 1, & x > k, \\ r, & x = k, \\ 0, & x < k, \end{cases} \quad \text{且 } \mathbf{E}_{\theta_0}\phi_0(X) = \alpha.$$

直接计算, 不难得到 $\mathbf{E}_\theta(\phi_0(X)) \leqslant \alpha$, $\forall \theta \leqslant \theta_0$. 这说明 ϕ_0 还是检验问题 $(\theta \leqslant \theta_0, \theta_1)$ 的水平为 α 的检验. 由引理 4.1 知, ϕ_0 为检验问题 $(\theta \leqslant \theta_0, \theta_1)$ 的水平为 α 的 UMP 检验, 且 $\mathbf{P}_{\theta_0}$ 是水平为 α 的最不利

点. 由于 ϕ_0 与参数点 θ_1 无关, 因此, ϕ_0 就是检验问题 $(\theta \leqslant \theta_0, \theta > \theta_0)$ 的水平 α 的 UMP 检验.

在实际问题中, 有时候最不利点的参数点并不存在, 此时我们要设法将最不利点的概念加以推广. 现在我们要由分布集 $\mathcal{P}_0 = \{\mathbf{P}_\theta : \theta \in \Theta_0\}$ 导出一个分布的凸集. 设 λ 是 Θ_0 上的一个概率测度, 可将 $\mathbf{P}_\theta$ 看成是由 $\theta \in \Theta_0$ 到 $\mathcal{X}$ 的转移分布. 由 λ 和 $\mathcal{P}_0$ 可导出 $\mathcal{B}_\mathcal{X}$ 上的一个概率测度 $\mathbf{P}_\lambda$, 即

$$\mathbf{P}_\lambda\{A\} = \int_{\Theta_0} \mathbf{P}_\theta\{A\} \mathrm{d}\,\lambda(\theta). \tag{4.2}$$

记

$$\mathcal{P}_\Lambda = \{\mathbf{P}_\lambda : \lambda\text{为}\Theta_0\text{上的任意概率测度}\}. \tag{4.3}$$

分布集 $\mathcal{P}_\Lambda$ 显然比 $\mathcal{P}_0$ 大. 事实上, $\mathcal{P}_\Lambda$ 与 $\mathcal{P}_0$ 具有如下关系:

$$\mathcal{P}_\Lambda \supseteq \mathcal{P}_0.$$

$\mathcal{P}_0$ 中的 $\mathbf{P}_\theta$ 对应于 $\mathcal{P}_\Lambda$ 中特殊的 λ(λ 的质量全部集中于 θ).

定理 4.1 设$\mathcal{P}_\Lambda$ 由 (4.3) 给出, $\mathcal{P}_1 = \{\mathbf{P}_1\}$ 是一个单点分布集. 又设 $\mathbf{P}_{\lambda_0}$ 为 $\mathcal{P}_\Lambda$ 中的任一分布. 记 ϕ_{λ_0} 是简单假设检验问题 $(\mathbf{P}_{\lambda_0}, \mathbf{P}_1)$ 的水平为 α 的 UMP 检验. 若 ϕ_{λ_0} 是检验问题 $(\mathcal{P}_0, \mathbf{P}_1)$ 的水平为 α 的检验, 则

(i) ϕ_{λ_0} 是 $(\mathcal{P}_0, \mathbf{P}_1)$ 的水平为 α 的 UMP 检验;

(ii) 若 ϕ_0 是 $(\mathcal{P}_0, \mathbf{P}_1)$ 的水平为 α 的 UMP 检验, 则 ϕ_0 也是 $(\mathbf{P}_{\lambda_0}, \mathbf{P}_1)$ 的水平为 α 的 UMP 检验;

(iii) $\mathbf{P}_{\lambda_0}$ 是 $(\mathcal{P}_\Lambda, \mathbf{P}_1)$ 的水平为 α 的最不利点.

注 此处最不利点 $\mathbf{P}_{\lambda_0}$ 的定义与引理 4.1 中的最不利点的定义类似. 设对于每一个 λ, 记相应的检验问题 $(\mathrm{P}_\lambda, \mathbf{P}_1)$ 的水平为 α 的 UMP 检验为 ϕ_λ, 则最不利点是使 $\mathbf{E}_{\mathbf{P}_1}\phi_\lambda$ 达到极小的那个 λ 导出的分布.

证明 (i) 与引理 4.1(i) 的证明相同.

(ii) 用反证法证明. 设 ϕ_0 是检验问题 $(\mathcal{P}_0, \mathbf{P}_1)$ 的水平为 α 的 UMP 检验, 但不是检验问题 $(\mathbf{P}_{\lambda_0}, \mathbf{P}_1)$ 的水平为 α 的 UMP 检验. 通过计算易知, ϕ_0 为检验问题 $(\mathbf{P}_{\lambda_0}, \mathbf{P}_1)$ 的水平为 α 的检验, 而 ϕ_{λ_0} 是检验问

题 $(\mathcal{P}_0,\mathbf{P}_1)$ 的水平 α 的 UMP 检验. 比起 ϕ_{λ_0} 来, 应有 $\mathbf{E}_1\phi_0<\mathbf{E}_1\phi_{\lambda_0}$. 另一方面, ϕ_0 和 ϕ_{λ_0} 都是检验问题 $(\mathcal{P}_0,\mathbf{P}_1)$ 的水平为 α 的 UMP 检验, 必有 $\mathbf{E}_1\phi_0=\mathbf{E}_1\phi_{\lambda_0}$, 得到了矛盾. 故 ϕ_0 也应是检验问题 $(\mathbf{P}_{\lambda_0},\mathbf{P}_1)$ 的水平 α 的 UMP 检验.

(iii) 设 ϕ_{λ_0} 如定理所给, 又设 λ 为 Θ_0 上任意分布. 经计算知

$$\begin{aligned}\mathbf{E}_{\mathbf{P}_\lambda}\phi_{\lambda_0}&=\int\phi_{\lambda_0}(x)\mathrm{d}\,\mathbf{P}_\lambda(x)=\int_{\Theta_0}\int_{\mathcal{X}}\phi_{\lambda_0}(x)\mathrm{d}\,\mathbf{P}_\theta(x)\mathrm{d}\,\lambda(\theta)\\&=\int_{\Theta_0}\mathbf{E}_\theta\phi_{\lambda_0}(X)\mathrm{d}\,\lambda(\theta)\leqslant\alpha.\end{aligned}$$

上式说明, ϕ_{λ_0} 也是 $(\mathbf{P}_\lambda,\mathbf{P}_1)$ 的水平为 α 的检验. 令 ϕ_λ 是 $(\mathbf{P}_\lambda,\mathbf{P}_1)$ 的水平为 α 的 UMP 检验, 由 UMP 检验的定义, 应有

$$\mathbf{E}_{\mathbf{P}_1}\phi_{\lambda_0}\leqslant\mathbf{E}_{\mathbf{P}_1}\phi_\lambda.$$

上式说明, $\mathbf{P}_{\lambda_0}$ 是最不利点. (称 λ_0 为最不利分布, 也称为最不利先验分布.) □

例 4.2 设 $X_1,\cdots,X_n\sim\text{iid}\quad N(a,\sigma^2)$. 记

$$\Theta_0=\{(a,\sigma):a\in\mathbb{R},\sigma\leqslant\sigma_0\},\quad\Theta_1=\{(a,\sigma):a\in\mathbb{R},\sigma>\sigma_0\},$$

$$\mathcal{P}=\{\mathbf{P}_\theta:\theta\in\Theta_0\cup\Theta_1\},\quad\mathcal{P}_0=\{\mathbf{P}_\theta:\theta\in\Theta_0\},\quad\mathcal{P}_1=\{\mathbf{P}_\theta:\theta\in\Theta_1\}.$$

我们的目的是求出检验问题 $(\mathcal{P}_0,\mathcal{P}_1)$ 的水平为 α 的 UMP 检验. 由因子分解定理 (第一章定理 2.1) 可知, 下面的统计量

$$\overline{X}=\frac{1}{n}\sum_{i=1}^n X_i,\quad U=\sum_{i=1}^n(X_i-\overline{X})^2$$

是充分统计量. 为求出 UMP 检验, 我们只需求出只依赖于 $(\overline{X},U)$ 的 UMP 检验即可. 为此, 我们先求出 $(\overline{X},U)$ 的联合分布. 对于固定的 $\sigma>0$, 考虑分布族

$$\mathcal{P}_\sigma=\{\mathbf{P}_{(a,\sigma)}:a\in\mathbb{R}\},$$

则 $\overline{X}$ 是 $\mathcal{P}_\sigma$ 的完全充分统计量, 而 U 是辅助统计量. 由巴苏定理 (第一章定理 3.1) 知, $\overline{X}$ 和 U 相互独立, $\overline{X}\sim N(a,\sigma^2/n)$, $U\sim\sigma^2\chi^2(n-1)$,

则 $(\overline{X},U)$ 的联合分布密度为

$$g_{(a,\sigma)}(y,u)=\begin{cases}c_n u^{\frac{1}{2}(n-3)}\exp\left\{-\dfrac{u}{2\sigma^2}\right\}\exp\left\{-\dfrac{n}{2\sigma^2}(y-a)^2\right\}, & u>0,\\ 0, & u\leqslant 0.\end{cases}$$

现在先求检验问题 $(\mathcal{P}_0,\mathbf{P}_{\theta_1})$ 的水平为 α 的 UMP 检验, 其中 $\theta_1=(a_1,\sigma_1)$ 为 Θ_1 中固定的点, $a_1\in\mathbb{R}$, $\sigma_1>\sigma_0$. 我们将在参数空间 Θ_0 上确定一个分布 λ, 这种分布在贝叶斯理论中称为先验分布 (贝叶斯理论将 θ 看成随机变量, λ 可看成 θ 的分布). 现取一先验分布 λ, 使它的质量集中在集合 $\{(a,\sigma_0),a\in\mathbb{R}\}$ 上. 在这个先验分布中, 变量 $\sigma=\sigma_0$ 是固定的, 先验分布 λ 也可以认为是变量 a 的分布, 令 a 的分布是 $N(a_1,\frac{1}{n}(\sigma_1^2-\sigma_0^2))$. 先验分布确定以后, 依公式 (4.2) 可以确定 $(\overline{X},U)$ 的分布密度为

$$\begin{aligned}g_\lambda(y,u)&=\int g_{(a,\sigma_0)}(y,u)\frac{\sqrt{n}}{\sqrt{2\pi}\sqrt{\sigma_1^2-\sigma_0^2}}\exp\left\{-\frac{n(a-a_1)^2}{2(\sigma_1^2-\sigma_0^2)}\right\}\mathrm{d}\,a\\&=c_n(\sigma_0)u^{\frac{1}{2}(n-3)}\exp\left\{-\frac{u}{2\sigma_0^2}\right\}c_n(\sigma_1)\exp\left\{-\frac{n}{2\sigma_1^2}(y-a_1)^2\right\}.\end{aligned}\tag{4.4}$$

上式中 $c_n(\sigma_0)$ 和 $c_n(\sigma_1)$ 分别表示与 σ_0 和 σ_1 有关的常数, 它们在不同的地方可有不同的表达式. (4.4) 可直接通过计算验证, 也可由下面的方法证得. 在 a 为固定常数的条件下, $\overline{X}\sim N(a,\sigma_0^2/n)$. 但此处 a 具有先验分布, 即 $a\sim N(a_1,(\sigma_1^2-\sigma_0^2)/n)$, 因此 $\overline{X}$ 的无条件分布为 $N(a_1,\sigma_1^2/n)$. 同时注意到 $\overline{X}$ 与 U 的独立性即得 (4.4) 式.

利用 N-P 引理, 可知检验问题 $(\mathbf{P}_\lambda,\mathbf{P}_{\theta_1})$ 的水平为 α 的 UMP 检验的否定域具有形式

$$\frac{g_{(a_1,\sigma_1)}(y,u)}{g_\lambda(y,u)}>c,\ \text{或}\ \{u>c\},$$

这里取 $c=\sigma_0^2\chi^2_{1-\alpha}(n-1)$, 其中 $\chi^2_{1-\alpha}(n-1)$ 表示自由度为 $n-1$ 的 χ^2 分布的 $1-\alpha$ 分位点, 则

$$\mathbf{P}_\lambda\{U\geqslant\sigma_0^2\chi^2_{1-\alpha}(n-1)\}=\alpha,$$

即 $\phi(y,u)=I_{\{u\geqslant c\}}$ 是检验问题 $(\mathbf{P}_\lambda,\mathbf{P}_{\theta_1})$ 的水平为 α 的 UMP 检验. 现在任取参数 $a\in\mathbb{R}$ 和 $\sigma\leqslant\sigma_0$, 其对应的统计量 $U\sim\sigma^2\chi^2(n-1)$. U 的分布随着参数 σ^2 的递增而随机地递增, 即

$$\mathbf{P}_{(a,\sigma)}\{U \geqslant \sigma_0^2\chi^2_{1-\alpha}(n-1)\} \leqslant \mathbf{P}_{(a,\sigma_0)}\{U \geqslant \sigma_0^2\chi^2_{1-\alpha}(n-1)\} = \alpha.$$

这说明 $\phi(y,u)$ 是检验问题 $(\mathcal{P}_0, \mathbf{P}_{\theta_1})$ 的一个水平为 α 的检验. 利用定理 4.1 的结论可知, $\phi(y,u) = I_{\{u \geqslant \sigma_0^2\chi^2_{1-\alpha}(n-1)\}}$ 还是 $(\mathcal{P}_0, \mathbf{P}_{\theta_1})$ 的一个水平为 α 的 UMP 检验. 由于 $\phi(y,u)$ 与 $\theta_1 = (a_1, \sigma_1)$ 无关, 故 $\phi(y,u)$ 还是原检验问题 $(\mathcal{P}_0, \mathcal{P}_1)$ 的一个水平为 α 的 UMP 检验.

本例得到的检验是正态总体中关于 σ 的单边检验问题的 χ^2 检验, 结果指出, 这个检验是 UMP 检验.

最不利分布方法中最困难的问题是寻找最不利分布. 引理 4.1 和定理 4.1 都没有告诉我们如何寻找最不利分布. 在存在最不利点或最不利分布的情况下, 只有依靠丰富的统计学知识和经验, 才有可能找到最不利点或最不利分布. 当不知道是否存在最不利点或最不利分布的情况下, 要判别它们的存在性是相当困难的问题.

§4.5 一致最优无偏检验

在实际问题中可以发现, 除了极特殊的情况以外, UMP 检验是不存在的. 进一步研究发现, 在某些统计问题中, 提出 UMP 检验这个要求也是不现实的, 其原因是存在特别偏向于某些参数的检验. 在 §4.3 中我们提出了理想功效函数 $\beta_{I\alpha}(\mathbf{P}), \mathbf{P} \in \mathcal{P}_1$ 的概念 (见 (3.2) 式关于理想功效函数的定义). 现在设想, 对于某一 $\mathbf{P}_1 \in \mathcal{P}_1$, 存在一个 $\phi_{\mathbf{P}_1}$, 它是检验问题 $(\mathcal{P}_0, \mathbf{P}_1)$ 的水平为 α 的 UMP 检验, 因此 $\beta_{\phi_{\mathbf{P}_1}} = \beta_{I,\alpha}(\mathbf{P}_1)$. 但是 $\phi_{\mathbf{P}_1}$ 对于 $\mathcal{P}_1$ 中其他的 $\mathbf{P}$ 的表现极差, 即 $\beta_{\phi_{\mathbf{P}_1}}(\mathbf{P})$ 很小, 有时甚至比 α 的值还小. 这些检验对个别 $\mathbf{P} \in \mathcal{P}_1$ 可以是很好的, 但总体上不是一个好的检验, 因为我们要找的检验 ϕ 总是希望它对每一个 $\mathbf{P} \in \mathcal{P}_1$ 都具有较大的功效值 $\beta_\phi(\mathbf{P})$. 由于存在这些带有偏见的检验, 使理想功效函数 $\beta_{I\alpha}(\mathbf{P})$ 的值提高了, 而使 UMP 检验不可能存在.

例 5.1 设 $X_1, \cdots, X_n \sim \text{iid } N(\theta, 1), \theta \in \mathbb{R}$, 令 $\Theta_0 = \{\theta : \theta = 0\}$, $\Theta_1 = \{\theta : \theta \neq 0\}$. 在这个问题中, 由于统计量 $\overline{X}$ 是一个充分统计量, 我们只需研究依赖于 $\overline{X}$ 的检验即可. 对于 $\theta_1 > 0$, 其似然比具有形式 $c_0 \exp\{n\overline{X}\theta_1\}$ (c_0 为某个常数). 易知, 对于 $\theta_1 > 0$, 检验问题 $(\mathbf{P}_0, \mathbf{P}_{\theta_1})$

的 UMP 检验具有形式

$$\phi(x)=\begin{cases}1, & \bar{x}>c,\\ 0, & \bar{x}<c.\end{cases}$$

为确定 c 的值, 只需利用条件 $\mathbf{E}_0\phi(X)=\alpha$ 或 $\mathbf{P}_0\{\sqrt{n}\overline{X}>\sqrt{n}c\}=\alpha$ 即可, 由此可得 $c=z_{1-\alpha}/\sqrt{n}$, 其中 $z_{1-\alpha}$ 是标准正态分布的 $1-\alpha$ 分位点. 这个检验对应的功效函数为 (见图 4.5.1)

$$\beta_\phi(\theta)=\mathbf{P}_\theta\{\overline{X}>\frac{1}{\sqrt{n}}z_{1-\alpha}\}=1-\Phi(z_{1-\alpha}-\sqrt{n}\theta)=\Phi(\sqrt{n}\theta-z_{1-\alpha}).$$

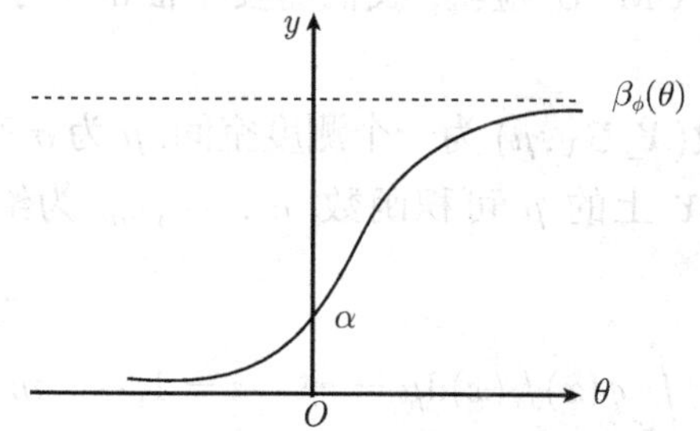

图 4.5.1 检验 ϕ 的功效函数 $\beta_\phi(\theta)$ 的图像

显然, 用这种方法求出的检验函数 ϕ 的使用效果不好. 这是因为, 设 $\theta>0$ 为参数真值, 用 ϕ 进行检验的时候, 犯第二类错误的概率比较小, 它是检验问题 $(0,\theta)$ 的水平为 α 的 UMP 检验. 但是, 当参数真值 $\theta<0$ 的时候, 犯第二类错误的概率大于 $1-\alpha$. 它只照顾了 $\theta>0$ 这一边.

这个例子启发我们对检验提出一个合理的要求.

定义 5.1 (i) 设 ϕ 是检验问题 $(\mathcal{P}_0,\mathcal{P}_1)$ 的一个检验, 若

$$\beta_\phi(\mathbf{P}_0)\leqslant\alpha\leqslant\beta_\phi(\mathbf{P}_1),\quad \forall\mathbf{P}_0\in\mathcal{P}_0,\mathbf{P}_1\in\mathcal{P}_1,\tag{5.1}$$

则称 ϕ 为 $(\mathcal{P}_0,\mathcal{P}_1)$ 的一个水平为 α 的**无偏检验**.

(ii) 设 ϕ 是检验问题 $(\mathcal{P}_0,\mathcal{P}_1)$ 的一个水平为 α 的无偏检验, 若对任何其他的水平为 α 的无偏检验 $\tilde{\phi}$, 均有

$$\beta_{\tilde{\phi}}(\mathbf{P})\leqslant\beta_\phi(\mathbf{P}),\quad \forall\mathbf{P}\in\mathcal{P}_1,$$

则称 ϕ 是水平为 α 的**一致最优无偏**(UMPU)**检验**.

有了这个定义以后, 我们可以排除那些有偏的检验. 现在我们考虑的检验类都是无偏的, 即满足条件 (5.1) 的那些 $\phi(x)$ 的集合. 排除了那些有偏检验以后, 就有可能在无偏检验类内找到一致最优的无偏 (UMPU) 检验. 考虑例 5.1 中由简单假设检验问题 $(0,\theta)$ 构造出来的水平为 α 的 UMP 检验, 利用无偏检验的定义进行验证, 它们都不是复杂假设检验问题 $(\theta=0,\theta\neq 0)$ 的水平为 α 的无偏检验.

现在考虑单参数指数族中的检验问题. 为了找到单参数指数族的一类检验问题的 UMPU 检验, 我们需要下面的关于泛函极值的一个引理.

引理 5.1 设$(\mathcal{X},\mathcal{B}_{\mathcal{X}},\mu)$ 为一个测度空间, μ 为 σ 有限测度. $f_i(x), i=1,\cdots,m+1$ 为 $\mathcal{X}$ 上的 μ 可积函数, $c_1,\cdots,c_m$ 为给定的常数. 记 $\mathcal{F}$ 为一切满足条件

$$\int_{\mathcal{X}}\phi(x)f_i(x)\mathrm{d}\mu=c_i,\quad i=1,\cdots,m$$

的检验函数 ϕ 的非空集合. 若存在 $\phi\in\mathcal{F}$ 以及某些常数 $k_1,\cdots,k_m$, 使

$$\phi(x)=\begin{cases}1, & f_{m+1}(x)>\sum_{i=1}^{m}f_i(x)k_i,\\ 0, & f_{m+1}(x)<\sum_{i=1}^{m}f_i(x)k_i,\end{cases}$$

则

$$\int_{\mathcal{X}}\phi(x)f_{m+1}(x)\mathrm{d}\mu=\sup_{\phi^*\in\mathcal{F}}\int\phi^*(x)f_{m+1}(x)\mathrm{d}\mu. \tag{5.2}$$

又若存在 $\tilde{\phi}\in\mathcal{F}$, 以及某些常数 $\tilde{k}_1,\cdots,\tilde{k}_m$, 使

$$\tilde{\phi}(x)=\begin{cases}1, & f_{m+1}(x)<\sum_{i=1}^{m}f_i(x)\tilde{k}_i,\\ 0, & f_{m+1}(x)>\sum_{i=1}^{m}f_i(x)\tilde{k}_i,\end{cases}$$

则

$$\int_{\mathcal{X}}\tilde{\phi}(x)f_{m+1}(x)\mathrm{d}\mu=\inf_{\phi^*\in\mathcal{F}}\int\phi^*(x)f_{m+1}(x)\mathrm{d}\mu. \tag{5.3}$$

证明 (5.2) 和 (5.3) 的证明是类似的, 我们只证明 (5.2). 设 ϕ^* 为 $\mathcal{F}$ 中任一元, 由 ϕ 的定义可知

$$(\phi(x)-\phi^*(x))(f_{m+1}(x)-\sum_{i=1}^{m}k_if_i(x))\geqslant 0.$$

因此

$$\int_{\mathcal{X}}(\phi(x)-\phi^*(x))(f_{m+1}(x)-\sum_{i=1}^{m}k_if_i(x))\mathrm{d}\mu\geqslant 0.$$

上式说明

$$\begin{aligned}\int_{\mathcal{X}}(\phi(x)-\phi^*(x))f_{m+1}(x)\mathrm{d}\mu &\geqslant\sum_{i=1}^{m}k_i\left(\int_{\mathcal{X}}\phi(x)f_i(x)\mathrm{d}\mu-\int_{\mathcal{X}}\phi^*(x)f_i(x)\mathrm{d}\mu\right)\\ &=\sum_{i=1}^{m}k_i(c_i-c_i)=0,\end{aligned}$$

即 (5.2) 成立. □

现在考虑单参数指数族分布中的有关参数检验问题. 设 X 具有单参数指数族分布

$$\mathrm{d}\mathbf{P}_\theta=\exp\{\theta t(x)-B(\theta)\}\mathrm{d}\mu. \tag{5.4}$$

考虑如下的检验问题:

$$\Theta_0=\{\theta_1\leqslant\theta\leqslant\theta_2\}\longleftrightarrow\Theta_1=\{\theta<\theta_1\}\cup\{\theta>\theta_2\}, \tag{5.5}$$

和

$$\Theta_0=\{\theta=\theta_0\}\longleftrightarrow\Theta_1=\{\theta\neq\theta_0\}, \tag{5.6}$$

在上式中 $\theta_i, i=0,1,2$ 均假定为参数集 $\Theta_0\cup\Theta_1$ 的内点.(5.5) 和 (5.6) 中的记号的意义是明确的, 比如, Θ_0 代表分布集 $\mathcal{P}_0=\{\mathbf{P}_\theta:\theta\in\Theta_0\}$, 而 Θ_1 代表分布集 $\mathcal{P}_1=\{\mathbf{P}_\theta:\theta\in\Theta_1\}$. 今后为记号简便, 在没有歧义时, 我们用参数集代表对应的分布集.

定理 5.1 在单参数指数族分布 (5.4) 的检验问题 (5.5) 中, 若检验 ϕ 具有下列形式:

$$\phi(x)=\begin{cases}1, & t(x)<c_1 \text{ 或 } t(x)>c_2, c_1<c_2,\\ r_i, & t(x)=c_i,\quad i=1,2,\\ 0, & t(x)\in(c_1,c_2),\end{cases} \tag{5.7}$$

且满足

$$\mathbf{E}_{\theta_1}\phi(X) = \mathbf{E}_{\theta_2}\phi(X) = \alpha. \tag{5.8}$$

则 ϕ 是检验问题 (5.5) 的水平为 α 的 UMPU 检验.

证明 在证明定理之前, 我们用平面上的点来形象地表示检验问题 (5.5) 的某些检验. 下面是三类检验的集合:

集合 A: 满足 (5.7), (5.8) 的检验所构成的集合;

集合 B: 水平为 α 的无偏检验所构成的集合;

集合 C: 满足 (5.8) 的检验所构成的集合.

现在我们只需验证下列两个事实:

(i) 集合 A, B 和 C 具有下列包含关系 (见图 4.5.2):

$$A \subseteq B \subseteq C;$$

(ii) A 中的检验 ϕ 具有最大功效值, 即对任何 C 中的检验 ϕ^*, 必有

$$\mathbf{E}_{\theta'}\phi(X) \geqslant \mathbf{E}_{\theta'}\phi^*(X), \quad \theta' \notin [\theta_1, \theta_2], \tag{5.9}$$

同时 ϕ 又在下列意义下具有最小的水平值:

$$\mathbf{E}_{\theta'}\phi(X) \leqslant \mathbf{E}_{\theta'}\phi^*(X), \quad \theta' \in [\theta_1, \theta_2]. \tag{5.10}$$

有了这两个结论, 很容易证明定理的结论.

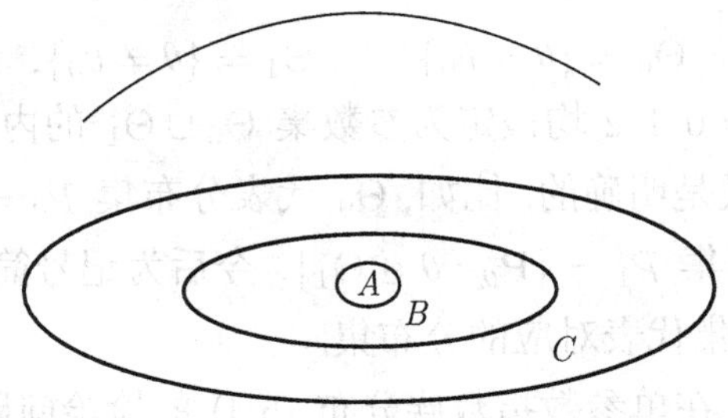

图 4.5.2 集合 A, B 和 C 的包含关系和功效示意图

注 图 4.5.2 中上方还有一条弧线, 实际上是一个曲面, 其高度代表相应检验当 $\theta \notin [\theta_1, \theta_2]$ 时的功效值.

现在分别证明 (i) 和 (ii). 我们分下面三个步骤进行:

(a) $B \subseteq C$. 由第一章定理 4.2 知, 对任何指数族分布和任何检验 ϕ, 其功效函数

$$\beta_\phi(\theta) = \int \phi(x)\exp\{\theta t(x) - B(\theta)\}\mathrm{d}\mu$$

在自然参数空间上是连续的. 由假定, θ_1 和 θ_2 为参数集 $\Theta = \Theta_0 \cup \Theta_1$ 的内点, 故 $\beta_\phi(\theta)$ 在 $\theta = \theta_1$ 和 $\theta = \theta_2$ 处连续. 现在设 $\phi \in B$, 即 ϕ 是检验问题 (5.5) 的一个水平为 α 的无偏检验. 依无偏检验的定义, $\beta_\phi(\theta)$ 在 $\theta \leqslant \theta_1$ 附近大于 α, 在 $\theta \geqslant \theta_1$ 附近小于 α, 故 $\beta_\phi(\theta_1)$ 必定等于 α. 同理, $\beta_\phi(\theta_2) = \alpha$. 即 (5.8) 成立, $\phi \in C$.

(b) 性质 (ii) 成立. 首先验证 (5.9), 其具体含义是: 设 ϕ 是满足 (5.7) 和 (5.8) 的检验函数, ϕ^* 是满足 (5.8) 的任一检验函数, θ' 为区间 $[\theta_1, \theta_2]$ 外的任一点, 则

$$\mathbf{E}_{\theta'}\phi(X) \geqslant \mathbf{E}_{\theta'}\phi^*(X). \tag{5.11}$$

令 $f_1(x) = \exp\{\theta_1 t(x)\}$ 和 $f_2(x) = \exp\{\theta_2 t(x)\}$. 不难验证, 条件 (5.8) 等价于

$$\int_{\mathcal{X}} \phi(x) f_1(x)\mathrm{d}\mu = d_1, \quad \int_{\mathcal{X}} \phi(x) f_2(x)\mathrm{d}\mu = d_2, \tag{5.12}$$

其中 d_1 和 d_2 是由条件 (5.8) 中的 α, θ_1 和 θ_2 所确定的常数. 现在不妨设 $\theta_1 < \theta_2 < \theta'$ (对 $\theta' < \theta_1 < \theta_2$ 的情况, 证明是类似的), 考虑函数

$$r(t) = \begin{vmatrix} \exp\{\theta_1 t\} & \exp\{\theta_2 t\} & \exp\{\theta' t\} \\ \exp\{\theta_1 c_1\} & \exp\{\theta_2 c_1\} & \exp\{\theta' c_1\} \\ \exp\{\theta_1 c_2\} & \exp\{\theta_2 c_2\} & \exp\{\theta' c_2\} \end{vmatrix}$$

$$= \exp\{\theta_2 t\} \begin{vmatrix} \exp\{(\theta_1 - \theta_2)t\} & 1 & \exp\{(\theta' - \theta_2)t\} \\ \exp\{\theta_1 c_1\} & \exp\{\theta_2 c_1\} & \exp\{\theta' c_1\} \\ \exp\{\theta_1 c_2\} & \exp\{\theta_2 c_2\} & \exp\{\theta' c_2\} \end{vmatrix}, \tag{5.13}$$

其中 c_1, c_2 为 ϕ 的表达式 (5.7) 所给出的常数. 将上面第二个等号右端的行列式按第一行展开, 得

$$\exp\{(\theta_1-\theta_2)t\}\begin{vmatrix}\exp\{\theta_2 c_1\}, & \exp\{\theta' c_1\}\\ \exp\{\theta_2 c_2\}, & \exp\{\theta' c_2\}\end{vmatrix} + \exp\{(\theta'-\theta_2)t\}\begin{vmatrix}\exp\{\theta_1 c_1\}, & \exp\{\theta_2 c_1\}\\ \exp\{\theta_1 c_2\}, & \exp\{\theta_2 c_2\}\end{vmatrix} + k, \tag{5.14}$$

其中 k 代表与变量 t 无关的常数项. 由于 (5.14) 中的两个行列式均为正数, 即

$$\begin{vmatrix}\exp\{\theta_2 c_1\}, & \exp\{\theta' c_1\}\\ \exp\{\theta_2 c_2\}, & \exp\{\theta' c_2\}\end{vmatrix} = \exp\{\theta_2 c_1 + \theta' c_2\}\left(1-\exp\{-(c_2-c_1)(\theta'-\theta_2)\}\right) > 0,$$

$$\begin{vmatrix}\exp\{\theta_1 c_1\}, & \exp\{\theta_2 c_1\}\\ \exp\{\theta_1 c_2\}, & \exp\{\theta_2 c_2\}\end{vmatrix} = \exp\{\theta_1 c_1 + \theta_2 c_2\}\left(1-\exp\{-(c_2-c_1)(\theta_2-\theta_1)\}\right) > 0.$$

故 (5.14) 所代表的函数是关于变量 t 的严格凸函数, 并且当 $t=c_1$ 或 $t=c_2$ 时取值为 0(只需看 (5.13) 第一等号右边的行列式, 就可以得到这个结论). 由此可知, 由 (5.13) 所给出的函数 $r(t)$ 具有下列性质:

$$\begin{aligned} r(t) > 0 &\iff t < c_1 \text{ 或 } t > c_2, c_1 < c_2;\\ r(t) < 0 &\iff t \in (c_1, c_2);\\ r(t) = 0 &\iff t = c_1 \text{ 或 } t = c_2. \end{aligned} \tag{5.15}$$

利用 (5.15), 我们可将 ϕ 的表达式 (5.7) 改写成如下形式:

$$\phi(x) = \begin{cases} 1, & r(t(x)) > 0,\\ 0, & r(t(x)) < 0. \end{cases}$$

将 $r(t)$ 的表达式 (5.13) 代入上式, 经过整理, ϕ 又可写成

$$\phi(t) = \begin{cases} 1, & \exp\{\theta' t(x)\} > k_1\exp\{\theta_1 t(x)\} + k_2\exp\{\theta_2 t(x)\},\\ 0, & \exp\{\theta' t(x)\} < k_1\exp\{\theta_1 t(x)\} + k_2\exp\{\theta_2 t(x)\}. \end{cases} \tag{5.16}$$

由 (5.12) 和 (5.16), 再利用引理 5.1 可知, 由 (5.16) 给出的 ϕ, 使积分

$$\int_{\mathcal{X}} \phi(x)\exp\{\theta' t(x)\}\mathrm{d}\mu\exp\{B(\theta')\}$$

在满足 (5.12) 的函数类中达到极大. 这个结论说明, 满足 (5.7) 和 (5.8) 的检验在满足 (5.8) 的检验类中具有最大功效.

(5.10) 的证明是完全类似的. 从而验证了 (ii).

(c) $A\subseteq B$. 设 $\phi(x)\in A$, 取 $\phi^*\equiv\alpha$, 显然, $\phi^*\in C$. 利用已经证明了的性质 (ii) 可知, 对任意 $\theta'\in[\theta_1,\theta_2]$,

$$\mathbf{E}_{\theta'}\phi(X)\leqslant\mathbf{E}_{\theta'}\phi^*(X)=\alpha.$$

对任意 $\theta'\notin[\theta_1,\theta_2]$,

$$\mathbf{E}_{\theta'}\phi(X)\geqslant\mathbf{E}_{\theta'}\phi^*(X)=\alpha.$$

上述两式说明 ϕ 具有无偏性, 即 $A\subseteq B$. □

下面将考虑关于单参数指数族分布的检验问题 (5.6), 其中的 θ_0 是 Θ 的一个内点.

定理 5.2 设在关于单参数指数族分布的检验问题 (5.6) 中, 若检验 ϕ 具有形式 (5.7), 且满足

$$\mathbf{E}_{\theta_0}\phi(X)=\alpha,\quad \mathbf{E}_{\theta_0}(t(X)\phi(X))=\alpha\mathbf{E}_{\theta_0}t(X), \tag{5.17}$$

则 ϕ 是检验问题 (5.6) 的水平为 α 的 UMPU 检验.

证明 类似于定理 5.1 的证明, 为证明定理的结论, 我们只需验证以下三点:

(i) 任何水平为 α 的无偏检验必满足 (5.17);

(ii) 具有形式 (5.7) 并且满足 (5.17) 的检验 ϕ 是在一切满足 (5.17) 的检验类内具有最大功效的检验函数;

(iii) 具有形式 (5.7) 并且满足 (5.17) 的检验 ϕ 是一个水平为 α 的无偏检验.

现在分别验证上述三点.

(i) 设 ϕ 是任一水平为 α 的无偏检验, 考虑其功效函数

$$\beta_\phi(\theta)=\int_{\mathcal{X}}\phi(x)\exp\{\theta t(x)-B(\theta)\}\mathrm{d}\mu. \tag{5.18}$$

由指数族分布的性质知, $\beta_\phi(\theta)$ 为 θ 的可微函数并且可在积分号下求微商. 利用 ϕ 的水平为 α 的无偏性和作为 θ 的函数 $\beta_\phi(\theta)$ 的连续性知, $\beta_\phi(\theta_0)=\alpha$, 并且 $\beta_\phi(\theta)\geqslant\beta_\phi(\theta_0)$ $(\theta\neq\theta_0)$. 这样我们得到 $\beta'_\phi(\theta_0)=0$, 利用这个结果, 对 (5.18) 右边的积分在积分号下对 θ 在 θ_0 处求微商, 经过计算, 得到

$$\int_{\mathcal{X}}\phi(x)(t(x)-B'(\theta_0))\exp\{\theta_0 t(x)-B(\theta_0)\}\mathrm{d}\mu=0. \tag{5.19}$$

在恒等式

$$\int_{\mathcal{X}} \exp\{\theta t(x) - B(\theta)\} \mathrm{d}\mu \equiv 1$$

两边对 θ 在 θ_0 处求微商, 可得到等式 $B'(\theta_0) = \mathbf{E}_{\theta_0} t(X)$. 再结合已经得到的结果

$$\beta_\phi(\theta_0) = \int_{\mathcal{X}} \phi(x) \exp\{\theta_0 t(x) - B(\theta_0)\} \mathrm{d}\mu = \alpha,$$

经过整理, 公式 (5.19) 就是 (5.17) 中的第二个等式. 综合上述论证, 说明任何水平为 α 的无偏检验必满足 (5.17).

(ii) 若令 $f_1(x) = \exp\{\theta_0 t(x)\}$, $f_2(x) = t(x)\exp\{\theta_0 t(x)\}$, $f_3(x) = \exp\{\theta' t(x)\}$, 其中 $\theta' \neq \theta_0$, 则 (5.17) 等价于

$$\int_{\mathcal{X}} \phi(x) f_1(x) \mathrm{d}\mu = d_1, \quad \int_{\mathcal{X}} \phi(x) f_2(x) \mathrm{d}\mu = d_2, \tag{5.20}$$

其中 d_1, d_2 为适当选择的常数. 现在考虑函数

$$r(t) = \frac{\begin{vmatrix} \exp\{\theta' t\} & \exp\{\theta_0 t\} & t\exp\{\theta_0 t\} \\ \exp\{\theta' c_1\} & \exp\{\theta_0 c_1\} & c_1\exp\{\theta_0 c_1\} \\ \exp\{\theta' c_2\} & \exp\{\theta_0 c_2\} & c_2\exp\{\theta_0 c_2\} \end{vmatrix}}{\begin{vmatrix} \exp\{\theta_0 c_1\} & c_1\exp\{\theta_0 c_1\} \\ \exp\{\theta_0 c_2\} & c_2\exp\{\theta_0 c_2\} \end{vmatrix}}.$$

作为 t 的函数 $r(t)$ 具有如下性质:

(a) $r(c_1) = r(c_2) = 0$ (这一点, 直接可从 $r(t)$ 的表达式中的三阶行列式看出);

(b) $r(t)$ 在区间 (c_1, c_2) 上小于 0, 在 (c_1, c_2) 外大于 0(见习题 25);

(c) $r(t(x)) = f_3(x) - k_1 f_1(x) - k_2 f_2(x)$, 其中 k_1, k_2 是确定的常数. (将 $r(t)$ 的表达式中的三阶行列式按第一行展开, 结合 f_1, f_2 和 f_3 的定义, 可得到 $r(t(x))$ 的这种表达式.)

由性质 (a)–(c) 可知,

$$f_3(x) - k_1 f_1(x) - k_2 f_2(x) \begin{cases} > 0, \\ = 0, \\ < 0, \end{cases} \Longleftrightarrow t(x) \begin{cases} \notin (c_1, c_2), \\ = c_1 \text{或} = c_2, \\ \in (c_1, c_2). \end{cases}$$

这样, 由 (5.7) 所给出的 $\phi(x)$ 可改写成下列形式:

$$\phi(x)=\begin{cases}1, & f_3(x)-k_1f_1(x)-k_2f_2(x)>0,\\ 0, & f_3(x)-k_1f_1(x)-k_2f_2(x)<0.\end{cases} \tag{5.21}$$

由 (5.20) 和 (5.21), 再利用引理 5.1 可知, 由 (5.20) 和 (5.21) 所给出的 ϕ, 使积分 $\int_{\mathcal{X}}\phi f_3(x)\mathrm{d}\mu$ 在满足 (5.20) 的函数类内达极大; 或等价地, 满足 (5.21) 的检验 ϕ 使 $\mathbf{E}_{\theta'}\phi$ 在满足 (5.17) 的检验类内达极大.

(iii) 最后, 我们还需验证具有形式 (5.7) 并满足 (5.17) 的检验 ϕ 是一个水平为 α 的无偏检验. 这只要令 $\phi_1\equiv\alpha$, 易知 ϕ_1 满足 (5.17), 再利用 (ii), 即可知 ϕ 是一个水平为 α 的无偏检验. □

定理 5.1 和定理 5.2 避开了一个重要的问题, 即这些检验的存在性. 解决这个问题需要更多的篇幅, 我们将不在这里讨论这个问题. 下面的例子中, 我们直接求出 ϕ 以解决其存在性.

例 5.2 设$X_1,\cdots,X_n\sim \mathrm{iid}\ \ N(\theta,\sigma_0^2)$, σ_0^2 已知. 考虑检验问题

$$\Theta_0=\{\theta=\theta_0\}\longleftrightarrow\Theta_1=\{\theta\neq\theta_0\}.$$

$\boldsymbol{X}=(X_1,\cdots,X_n)$ 的联合分布密度为

$$p(x_1,\cdots,x_n,\theta)=\left(\frac{1}{\sqrt{2\pi}\sigma_0}\right)^n\exp\left\{-\frac{1}{2\sigma_0^2}\sum_{i=1}^n x_i^2+\frac{\theta}{\sigma_0^2}\sum_{i=1}^n x_i-\frac{n}{2\sigma_0^2}\theta^2\right\}.$$

由上式看出, 它是一个指数族分布, 这里 $t(\boldsymbol{x})=\sum\limits_{i=1}^n x_i$. 由定理 5.2, 我们可望找到具有如下形式的水平为 α 的 UMPU 检验:

$$\phi(\boldsymbol{x})=\begin{cases}1, & t(\boldsymbol{x})<c_1 \text{ 或 } t(\boldsymbol{x})>c_2,\\ 0, & t(\boldsymbol{x})\in(c_1,c_2),\end{cases} \tag{5.22}$$

并且 $\phi(\boldsymbol{x})$ 还满足下列条件:

$$\mathbf{E}_{\theta_0}\phi(\boldsymbol{X})=\alpha, \tag{5.23}$$

$$\mathbf{E}_{\theta_0}(t(\boldsymbol{X})\phi(\boldsymbol{X}))=\alpha\mathbf{E}_{\theta_0}(t(\boldsymbol{X})). \tag{5.24}$$

令 $U=(t(\boldsymbol{x})-n\theta_0)/\sqrt{n}\sigma_0$, 易知, 在 $\theta=\theta_0$ 之下, $U\sim N(0,1)$. 而 ϕ 与 t 具有如下的表达式:

$$\phi(\boldsymbol{x})=\begin{cases}1, & U<\dfrac{c_1-n\theta_0}{\sqrt{n}\sigma_0} \text{ 或 } U>\dfrac{c_2-n\theta_0}{\sqrt{n}\sigma_0},\\ 0, & \text{其他};\end{cases}$$

$$t(\boldsymbol{x})=n\theta_0+U\sqrt{n}\sigma_0.$$

将上面两个表达式代入 (5.24), 经过化简, 可知 (5.24) 等价于

$$\int_{\frac{c_1-n\theta_0}{\sqrt{n}\sigma_0}}^{\frac{c_2-n\theta_0}{\sqrt{n}\sigma_0}}\frac{(n\theta_0+\sqrt{n}\sigma_0 y)}{\sqrt{2\pi}}\exp\left\{-\frac{1}{2}y^2\right\}\mathrm{d}\,y=(1-\alpha)n\theta_0. \tag{5.25}$$

类似地,(5.23) 等价于

$$\int_{\frac{c_1-n\theta_0}{\sqrt{n}\sigma_0}}^{\frac{c_2-n\theta_0}{\sqrt{n}\sigma_0}}\frac{1}{\sqrt{2\pi}}\exp\left\{-\frac{1}{2}y^2\right\}\mathrm{d}\,y=1-\alpha. \tag{5.26}$$

容易验证, 当取 $c_2=n\theta_0+\sqrt{n}\sigma_0 z_{(1-\alpha/2)}$ 和 $c_1=n\theta_0-\sqrt{n}\sigma_0 z_{(1-\alpha/2)}$ 时, (5.25) 和 (5.26) 同时成立. 这样, 依定理 5.2, 检验函数

$$\phi(\boldsymbol{x})=\begin{cases}1, & U<\dfrac{c_1-n\theta_0}{\sqrt{n}\sigma_0} \text{ 或 } U>\dfrac{c_2-n\theta_0}{\sqrt{n}\sigma_0}\\ 0, & \text{其他}.\end{cases}=I_{\{|\bar{x}-\theta_0|/\sigma_0>z_{(1-\alpha/2)}/\sqrt{n}\}}$$

是检验问题 (Θ_0,Θ_1) 的水平为 α 的 UMPU 检验.

例 5.3 设$X_1,\cdots,X_n\sim\text{iid } N(\theta,1)$. 考虑检验问题

$$\Theta_0=\{\theta:\theta\in[\theta_1,\theta_2]\}\longleftrightarrow\Theta_1=\{\theta:\theta\notin[\theta_1,\theta_2]\}.$$

我们只需研究依赖于充分统计量 $Y=\sqrt{n}\overline{X}$ 的相应的检验问题, 此处, $Y\sim N(\sqrt{n}\theta,1)$. 作参数变换 $\xi=\sqrt{n}\theta$, 相应的检验问题变为

$$\tilde{\Theta}_0=\{\xi:\xi\in[\xi_1,\xi_2]\}\longleftrightarrow\tilde{\Theta}_1=\{\xi:\xi\notin[\xi_1,\xi_2]\},$$

其中 $\xi=\sqrt{n}\theta$ 为 Y 的期望, $\xi_1=\sqrt{n}\theta_1$, $\xi_2=\sqrt{n}\theta_2$. 显然, Y 的分布族是一个指数族分布. 现在, 我们需要寻找具有如下形式的 UMPU 检验:

$$\phi(y)=\begin{cases}1, & y\notin(c_1,c_2),\\ 0, & y\in(c_1,c_2),\end{cases}$$

并且 $\phi(y)$ 还满足

$$\mathbf{E}_{\xi_1}\phi(Y)=\mathbf{E}_{\xi_2}\phi(Y)=\alpha.$$

将 ϕ 的表达式代入上式, 其关于 c_1 和 c_2 的方程变成

$$\int_{c_1}^{c_2}\frac{1}{\sqrt{2\pi}}\exp\left\{-\frac{1}{2}(y-\xi_1)^2\right\}\mathrm{d}\,y=\int_{c_1}^{c_2}\frac{1}{\sqrt{2\pi}}\exp\left\{-\frac{1}{2}(y-\xi_2)^2\right\}\mathrm{d}\,y=1-\alpha.$$

取 $c_1=(\xi_1+\xi_2)/2-t$ 和 $c_2=(\xi_1+\xi_2)/2+t$, 其中 $t>0$, 则上式变成

$$\begin{aligned}&\int_{-t}^{t}\frac{1}{\sqrt{2\pi}}\exp\left\{-\frac{1}{2}[y+(\xi_2-\xi_1)/2]^2\right\}\mathrm{d}\,y\\&=\int_{-t}^{t}\frac{1}{\sqrt{2\pi}}\exp\left\{-\frac{1}{2}[y-(\xi_2-\xi_1)/2]^2\right\}\mathrm{d}\,y=1-\alpha.\end{aligned}\tag{5.27}$$

显然上面关于变量 t 的方程存在唯一解. 由定理 5.1 知,

$$\phi(x)=I_{\{|\bar{x}-(\theta_1+\theta_2)/2|>t/\sqrt{n}\}}$$

是检验问题 $(\Theta_0\Theta_1)$ 的水平为 α 的 UMPU 检验, 其中 t 是方程 (5.27) 的唯一解, t 的值可用数值解法求得.

例 5.2 和例 5.3 求出的检验都是应用中熟知的检验. 在此, 我们只是从理论上阐明所讨论的检验的优良性, 它们都是水平为 α 的 UMPU 检验.

§4.6 广义似然比检验

在简单假设检验问题中, 最优功效检验由似然比检验给出. 事实上, 似然比方法也可用于复合假设、多参数指数族等一般假设检验问题中构造检验函数. 这种方法适用面广, 常常具有某种优良性. 比如, 当样本容量 n 较大时, 犯第二类错误的概率通常很小. 因此, 似然比方法是假设检验中构造检验函数的一个重要且常用的方法.

一、广义似然比

设 $(\mathbf{P}_{\theta_0},\mathbf{P}_{\theta_1})$ 是一个简单假设检验问题, 其中 $\mathbf{P}_{\theta_i}$ 具有分布密度 $p(x,\theta_i)$, $i=0,1$. 设抽取的样本为 $\boldsymbol{X}=(X_1,\cdots,X_n)$, 基于 N-P 引理,

一个最优功效检验是基于似然比的检验, 其中似然比统计量定义为

$$\lambda(\boldsymbol{X})=\frac{L(\theta_1,\boldsymbol{X})}{L(\theta_0,\boldsymbol{X})}=\frac{\prod_{i=1}^{n}p(X_i,\theta_1)}{\prod_{i=1}^{n}p(X_i,\theta_0)}.$$

现在将 N-P 引理的想法推广到一般的复杂假设检验问题

$$H_0:\theta\in\Theta_0\longleftrightarrow H_1:\theta\in\Theta_1, \tag{6.1}$$

其中 $\Theta_0\subset\Theta$, $\Theta_1=\Theta\setminus\Theta_0$, 仍然可定义似然比, 记

$$\hat{\theta}\triangleq\mathrm{argmax}_{\theta\in\Theta}L(\theta,\boldsymbol{X}),$$

$$\hat{\theta}_0\triangleq\mathrm{argmax}_{\theta\in\Theta_0}L(\theta,\boldsymbol{X}),$$

$$\hat{\theta}_1\triangleq\mathrm{argmax}_{\theta\in\Theta_1}L(\theta,\boldsymbol{X}).$$

定义 6.1 称

$$\lambda(\boldsymbol{X})=\frac{L(\hat{\theta},\boldsymbol{X})}{L(\hat{\theta}_0,\boldsymbol{X})} \tag{6.2}$$

为样本 $\boldsymbol{X}$ 关于检验问题 (6.1) 的**广义似然比**, 简称**似然比**. 任一形如

$$\phi(\boldsymbol{X})=\begin{cases}1, & \text{当 } \lambda(\boldsymbol{X})>\lambda_0,\\ 0, & \text{当 } \lambda(\boldsymbol{X})<\lambda_0\end{cases}$$

的检验称为检验问题 (6.1) 的**广义似然比检验**.

需要说明的是, 检验问题 (6.1) 的广义似然比严格来讲应为

$$\tilde{\lambda}(\boldsymbol{X})=\frac{L(\hat{\theta}_1,\boldsymbol{X})}{L(\hat{\theta}_0,\boldsymbol{X})}.$$

由于一般情况下参数子空间 Θ_1 的结构非常奇特, 它往往是从 Θ 中去掉一小条 Θ_0 而形成的, 这就造成在 Θ_1 上求似然函数的极大值点很困难. 又由于 $\tilde{\lambda}(\boldsymbol{X})$ 的分布性质非常复杂, 且这两种广义似然比形式只在 $\tilde{\lambda}(\boldsymbol{X})\leqslant 1$ 时有差别, 但这种情况非常少 (参看文献 van der Vaart [1988]), 所以通常人们都采用 (6.2) 的形式.

类似简单假设检验问题的情况, 采用

$$C=\{\boldsymbol{X}:\lambda(\boldsymbol{X})>l_0\}$$

作为备择的否定域. 对于固定的 α, 选择 l_0 使得

$$\sup_{\theta\in\Theta_0}\mathbf{P}_\theta\{\boldsymbol{X}\in C\}=\alpha,$$

选中的 C 就作为检验问题 (6.1) 的否定域, 这样的否定域称为**广义似然比否定域**. 许多好的否定域都是广义似然比否定域. 下面通过几个例子来说明广义似然比否定域的求法, 并解释所求得的否定域的优良性.

例 6.1 设总体 $X\sim N(\mu,\sigma^2)$, $\mu,\sigma^2>0$ 未知, $\boldsymbol{x}=(x_1,\cdots,x_n)$ 为样本 $(X_1,\cdots,X_n)$ 的观测值, 求检验问题

$$H_0:\mu\leqslant\mu_0\longleftrightarrow H_1:\mu>\mu_0 \tag{6.3}$$

的广义似然比否定域.

将参数空间写成 $\Theta=\{(\mu,\sigma^2):\mu\in(-\infty,\infty),\sigma^2>0\}=(-\infty,\infty)\times(0,\infty)$. 为求广义似然比否定域, 需分三个步骤.

(i) 分别在 $\Theta=(-\infty,\infty)\times(0,\infty)$ 和 $\Theta_0=(-\infty,\mu_0]\times(0,\infty)$ 的假设之下求出 μ,σ^2 的 ML 估计 $\hat{\mu}$, $\hat{\sigma}^2$ 和 $\tilde{\mu}$, $\tilde{\sigma}^2$.

不难得到, 在 Θ 的假设之下, μ,σ^2 的 ML 估计为

$$\hat{\mu}=\bar{x},\quad \hat{\sigma}^2=\sum_{i=1}^n(x_i-\bar{x})^2/n.$$

将 $\hat{\mu}$ 和 $\hat{\sigma}^2$ 代入似然函数 L 的表达式, 得到

$$\begin{aligned}L(\hat{\mu},\hat{\sigma}^2,\boldsymbol{X})&=\left(\frac{1}{\sqrt{2\pi}\hat{\sigma}}\right)^n\exp\left\{-\frac{1}{2\hat{\sigma}^2}\sum_{i=1}^n(x_i-\hat{\mu})^2\right\}\\&=\left(\frac{1}{\sqrt{2\pi}\hat{\sigma}}\right)^n\exp\left\{-\frac{n}{2}\right\}.\end{aligned}$$

下面按 ML 估计的定义来求 $\tilde{\mu}$ 和 $\tilde{\sigma}^2$. 首先固定 σ^2 的值, 求 μ 的函数 $L(\mu,\sigma^2,\boldsymbol{X})$ 在区间 $(-\infty,\mu_0]$ 上的极大点, 即

$$\tilde{\mu}(\boldsymbol{x})=\begin{cases}\bar{x}, & 当\ \bar{x}\leqslant\mu_0,\\ \mu_0, & 当\ \bar{x}>\mu_0;\end{cases}$$

然后将 $\tilde{\mu}(\boldsymbol{x})$ 代入似然函数 L 的表达式, 再把 L 作为 σ^2 的函数, 求出相应的极大点 $\tilde{\sigma}^2=\frac{1}{n}\sum\limits_{i=1}^{n}(X_i-\tilde{\mu})^2$; 最后将 $\tilde{\sigma}^2$ 代入 L 的表达式, 得到

$$L(\tilde{\mu},\tilde{\sigma}^2,\boldsymbol{X})=\left(\frac{1}{\sqrt{2\pi}\tilde{\sigma}}\right)^n\exp\left\{-\frac{n}{2}\right\}.$$

(ii) 求广义似然比 $\lambda(\boldsymbol{x})$. 按定义,

$$\lambda(\boldsymbol{x})=\frac{L(\hat{\mu},\hat{\sigma}^2,\boldsymbol{x})}{L(\tilde{\mu},\tilde{\sigma}^2,\boldsymbol{x})}=\left(\frac{\sum\limits_{i=1}^{n}(x_i-\tilde{\mu})^2}{\sum\limits_{i=1}^{n}(x_i-\bar{x})^2}\right)^{\frac{n}{2}}.$$

将分解式

$$\sum_{i=1}^{n}(x_i-\tilde{\mu})^2=\sum_{i=1}^{n}(x_i-\bar{x})^2+n(\bar{x}-\tilde{\mu})^2$$

代入 λ 的表达式, 得到

$$\lambda(\boldsymbol{x})=\left(1+\frac{n(\bar{x}-\tilde{\mu})^2}{\sum\limits_{i=1}^{n}(x_i-\bar{x})^2}\right)^{n/2}=\left(1+\frac{T^2}{n-1}I_{\{T>0\}}\right)^{n/2},$$

这里

$$T=\frac{\sqrt{n}(\bar{x}-\mu_0)}{\sqrt{\sum\limits_{i=1}^{n}(x_i-\bar{x})^2/(n-1)}},\quad I_{\{T>0\}}=\begin{cases}1, & T>0,\\ 0, & T\leqslant 0.\end{cases}$$

(iii) 将备择的似然比否定域 $\{\lambda(\boldsymbol{x})>c\}$ 进行变换, 使得待定参数 c 变得容易确定. 由于 $\lambda(\boldsymbol{x})$ 是 $|T|I_{\{T>0\}}$ 的非降函数, 备择否定域 $\{\lambda(\boldsymbol{x})>c\}$ 与 $\{|T|I_{\{T>0\}}>c_0\}$ 是等价的. 当 $\mu=\mu_0$ 时, T 的分布是自由度为 $n-1$ 的 t 分布. 取 $\alpha<\frac{1}{2}$, 令 $t_{1-\alpha}(n-1)$ 是自由度为 $n-1$

的 t 分布的 $1-\alpha$ 下侧分位数, 则

$$\mathbf{P}_{\mu_0}\{|T|I_{\{T>0\}} > t_{1-\alpha}(n-1)\} = \mathbf{P}_{\mu_0}\{T > t_{1-\alpha}(n-1)\} = \alpha.$$

利用 T 的表达式, 不难验证 (见习题 29)

$$\sup_{\mu \leqslant \mu_0} \mathbf{P}_{\mu}\{T > t_{1-\alpha}(n-1)\} = \mathbf{P}_{\mu_0}\{T > t_{1-\alpha}(n-1)\} = \alpha.$$

由此看出, 关于正态分布均值参数 μ 的单边 t 检验是广义似然比检验. 还可以证明单边 t 检验是 UMPU 检验, 不过由于涉及的数学推导太多, 证明从略. 综上所述, 检验问题 (6.3) 的水平为 α 的广义似然比否定域是 $\mathcal{W} = \{T > t_{1-\alpha}(n-1)\}$.

在实际工作中, 关于正态总体方差 σ^2 的单边检验是一个非常重要的问题. 例如, 在质量控制、农业研究、医学实验中, 往往预先给出方差 σ^2 的一个临界值 σ_0^2, 要求判断 $\sigma^2 \leqslant \sigma_0^2$ 或 $\sigma^2 > \sigma_0^2$, 这实际上是正态总体方差的检验问题. 请见下例.

例 6.2 现设某总体 $X \sim N(\mu, \sigma^2)$, 其中均值 $\mu \in (-\infty, \infty)$, 方差 $\sigma^2 \in (0, \infty)$ 未知. 又设 $\boldsymbol{x} = (x_1, \cdots, x_n)$ 为观测值, 相应的检验问题为

$$H_0:\ \sigma^2 \geqslant \sigma_0^2 \longleftrightarrow H_1:\ \sigma^2 < \sigma_0^2. \tag{6.4}$$

下面求这一检验问题的广义似然比否定域.

(i) 易求 μ 和 σ^2 的 ML 估计为

$$\hat{\mu} = \bar{x}, \quad \hat{\sigma}^2 = \frac{1}{n}\sum_{i=1}^{n}(x_i - \bar{x})^2.$$

将它们代入似然函数 L 的表达式, 得

$$L(\hat{\mu}, \hat{\sigma}^2, \boldsymbol{x}) = \left(\frac{1}{2\pi\hat{\sigma}^2}\right)^{\frac{n}{2}} \exp\{-\frac{n}{2}\}.$$

在 H_0 的假定之下, 设 μ 和 σ^2 的 ML 估计分别为 $\tilde{\mu}$ 和 $\tilde{\sigma}^2$. 易知对于固定的 σ^2, $L(\mu, \sigma^2, \boldsymbol{x})$ 作为 μ 的函数, 其极大点为 $\tilde{\mu} = \bar{x}$, 再将 $\tilde{\mu}$ 代入

L, 得

$$L(\tilde{\mu},\sigma^2,\boldsymbol{x})=\left(\frac{1}{\sqrt{2\pi}\sigma}\right)^n\exp\left\{-\frac{1}{2}\frac{\sum_{i=1}^n(x_i-\bar{x})^2}{\sigma^2}\right\}.$$

由于 σ^2 的函数 $L(\tilde{\mu},\sigma^2,\boldsymbol{x})$ 在 $(0,\infty)$ 上为单峰函数, 在 $\sigma^2=\sum\limits_{i=1}^n(x_i-\bar{x})^2/n$ 处达极大. 当 $\sigma_0^2<\sum\limits_{i=1}^n(x_i-\bar{x})^2/n$ 时, L 在 (σ_0^2,∞) 上的极大点为 $\sum\limits_{i=1}^n(x_i-\bar{x})^2/n$; 当 $\sigma_0^2\geqslant\sum\limits_{i=1}^n(x_i-\bar{x})^2/n$ 时, L 在 (σ_0^2,∞) 上的极大点为边界点 σ_0^2. 由此

$$\tilde{\sigma}^2=\begin{cases}\sum_{i=1}^n(x_i-\bar{x})^2/n, & \sigma_0^2<\sum_{i=1}^n(x_i-\bar{x})^2/n,\\ \sigma_0^2, & \sigma_0^2\geqslant\sum_{i=1}^n(x_i-\bar{x})^2/n.\end{cases}$$

将 $\tilde{\sigma}^2$ 代入 $L(\tilde{\mu},\sigma^2,\boldsymbol{x})$ 的表达式, 得

$$L(\tilde{\mu},\tilde{\sigma}^2,\boldsymbol{x})=\begin{cases}\left(\dfrac{n}{2\pi\sigma_0^2v}\right)^{\frac{n}{2}}\exp\left\{-\dfrac{n}{2}\right\}, & n\leqslant v,\\ \left(\dfrac{1}{2\pi\sigma_0^2}\right)^{\frac{n}{2}}\exp\left\{-\dfrac{v}{2}\right\}, & n>v,\end{cases}$$

其中 $v=\sum\limits_{i=1}^n(x_i-\bar{x})^2/\sigma_0^2$.

(ii) 计算广义似然比, 记

$$\varphi(v)=\begin{cases}1, & v\geqslant n,\\ \left(\dfrac{n}{v}\right)^{\frac{n}{2}}\exp\left\{-\dfrac{1}{2}(n-v)\right\}, & v<n.\end{cases}$$

容易验证, 函数 $\varphi(v)$ 是 $(0,\infty)$ 上的连续函数, 在区间 $(0,n)$ 上为严格下降函数, 而在区间 (n,∞) 上取值为 1. 经计算, 广义似然比 $\lambda(x)$ 具有下列表达式:

$$\lambda(x)=\varphi(v(x)),$$

则广义似然比否定域具有形式

$$\{\lambda(x)>c\}=\{\varphi(v(x))>c\}=\{v(x)<\varphi^{-1}(c)\}.$$

考虑自由度为 $n-1$ 的 χ^2 分布, 对于 $\alpha\leqslant 1/2$, 其 α 分位数 $\chi^2_\alpha(n-1)<n-1$. 取 $\varphi^{-1}(c)=\chi^2_\alpha(n-1)$, 则

$$\mathbf{P}\{\lambda(x)>c\}=\mathbf{P}\{v(x)<\varphi^{-1}(c)\}=\mathbf{P}\{v(x)<\chi^2_\alpha(n-1)\}.$$

易知, 当 $\sigma^2=\sigma_0^2$ 时, $v(x)$ 是自由度为 $n-1$ 的χ^2分布; 而当$\sigma^2>\sigma_0^2$, 有

$$\mathbf{P}_{\sigma^2}\{\lambda(x)>c\}=\mathbf{P}_{\sigma^2}\{v(x)<\chi^2_\alpha(n-1)\}\leqslant\alpha.$$

这说明检验问题 (6.4) 的水平为 α 的广义似然比检验的否定域就是通常的 χ^2 检验的否定域

$$\left\{\sum_{i=1}^n(x_i-\bar{x})^2/\sigma_0^2<\chi^2_\alpha(n-1)\right\}.$$

进一步还可以证明, 检验问题 (6.4) 的水平为 α 的广义似然比检验是 UMPU 检验.

二、 广义似然比统计量的极限分布

在很多情况下, 似然比统计量的精确分布并不像上面两例那样容易求得, 因而有必要寻求在样本容量趋于无穷时, 似然比统计量的极限分布.

设 $X\sim p(x,\theta),\theta\in\Theta$, 其中 $\boldsymbol{\Theta}$ 为 k 维空间中的一个开集. 对这个密度族, 假定

(i) 参数 $\boldsymbol{\theta}$ 可识别, 即不同的 $\boldsymbol{\theta}$ 对应的分布不同, 并且相应的密度族具有公共支撑;

(ii) $\displaystyle\int_{\mathcal{X}}\frac{\partial p(x,\boldsymbol{\theta})}{\partial\theta_i}\mathrm{d}\mu(x)=\int_{\mathcal{X}}\frac{\partial^2 p(x,\boldsymbol{\theta})}{\partial\theta_i\partial\theta_j}\mathrm{d}\mu(x)=0,\ i,j=1,\cdots,k;$

(iii) 对任意 $\boldsymbol{\theta}\in\boldsymbol{\Theta}$, 基于单个观测值的 Fisher 信息阵 $I(\boldsymbol{\theta})=(I_{ij}(\boldsymbol{\theta}))_{k\times k}$ 为正定矩阵, 其中 $I_{ij}(\boldsymbol{\theta})=-\mathbf{E}_{\boldsymbol{\theta}}\left(\dfrac{\partial^2\ln p(X,\boldsymbol{\theta})}{\partial\theta_i\partial\theta_j}\right)$, $i,j=1,\cdots,k$;

(iv) 存在 $M(x)$, 使得 $\mathbf{E}_{\boldsymbol{\theta}_0}M(X)<\infty$, 且在 $\boldsymbol{\theta}_0$ 的某个邻域内, 有

$$\left|\frac{\partial^3 \ln p(x,\boldsymbol{\theta})}{\partial\theta_a\partial\theta_b\partial\theta_c}\right| \leqslant M(x), \quad a,b,c=1,\cdots,k.$$

这些条件就是第三章定理 4.3 中的正则参数族的条件. 现在假定, 依赖于观察值 $x_1,\cdots,x_n$ 的参数 $\boldsymbol{\theta}$ 的 ML 估计 $\hat{\boldsymbol{\theta}}$ 存在且唯一, 依第三章定理 4.3 知, $\boldsymbol{\theta}$ 的 ML 估计 $\hat{\boldsymbol{\theta}}$ 是似然方程

$$\frac{\partial l_n(\boldsymbol{\theta})}{\partial \boldsymbol{\theta}}=0 \tag{6.5}$$

的解, 其中

$$l_n(\boldsymbol{\theta})=\sum_{i=1}^{n}\ln p(x_i,\boldsymbol{\theta}),$$

且当 $n\to\infty$ 时, $\hat{\boldsymbol{\theta}}$ 依概率收敛到参数真值 $\boldsymbol{\theta}_0$.

定理 6.1 设 $\boldsymbol{X}=(X_1,\cdots,X_n)\sim p(x,\boldsymbol{\theta}),\boldsymbol{\theta}\in\boldsymbol{\Theta}$, 其中参数空间 $\boldsymbol{\Theta}\subseteq\mathbb{R}^k$, 参数真值 $\boldsymbol{\theta}_0$ 是 $\boldsymbol{\Theta}$ 中的一个内点. 此外, 假定密度函数族 $\{p(x,\boldsymbol{\theta}):\boldsymbol{\theta}\in\boldsymbol{\Theta}\}$ 满足上面的假定 (i)–(iv). 则对于双边检验问题

$$H_0:\ \boldsymbol{\theta}=\boldsymbol{\theta}_0 \longleftrightarrow H_1:\ \boldsymbol{\theta}\neq\boldsymbol{\theta}_0. \tag{6.6}$$

在原假设 H_0 成立时, 基于广义似然比 $\lambda(\boldsymbol{X})$ 的统计量

$$2\ln\lambda(\boldsymbol{X})=2(l_n(\hat{\boldsymbol{\theta}})-l_n(\boldsymbol{\theta}_0)) \tag{6.7}$$

依分布收敛于 $\chi^2(k)$ $(n\to\infty)$.

证明 以下讨论均假设 H_0 成立. 记 $D(\boldsymbol{\theta}_0)=\sqrt{n}(\hat{\boldsymbol{\theta}}-\boldsymbol{\theta}_0)$, 则由 ML 估计的渐近正态性 (第三章定理 4.3) 知, $D(\boldsymbol{\theta}_0)\xrightarrow{\mathcal{L}}N_k(0,I^{-1}(\boldsymbol{\theta}_0))$.

对 $l_n(\boldsymbol{\theta}_0)$ 在 $\hat{\boldsymbol{\theta}}$ 处作 Taylor 展开. 由于 $\hat{\boldsymbol{\theta}}$ 是唯一的 ML 估计, 满足方程组 (6.5), 由此得到

$$l_n(\boldsymbol{\theta}_0)=l_n(\hat{\boldsymbol{\theta}})-\frac{1}{2}D^{\mathrm{T}}(\boldsymbol{\theta}_0)CD(\boldsymbol{\theta}_0), \tag{6.8}$$

其中

$$C=\big(c_{ij}(\boldsymbol{\theta}^*)\big)_{k\times k},\quad c_{ij}(\boldsymbol{\theta}^*)=-\frac{1}{n}\sum_{r=1}^{n}\frac{\partial^2\ln p(X_r,\boldsymbol{\theta}^*)}{\partial\theta_i^*\partial\theta_j^*}, i,j=1,\cdots,k,$$

这里 $\boldsymbol{\theta}^* = \hat{\boldsymbol{\theta}} - \alpha(\hat{\boldsymbol{\theta}} - \boldsymbol{\theta}_0), 0 \leqslant \alpha \leqslant 1$.

根据 $\ln p(x, \boldsymbol{\theta})$ 的三阶偏导数的存在性, 可得

$$c_{ij}(\boldsymbol{\theta}^*) = c_{ij}(\boldsymbol{\theta}_0) + (\boldsymbol{\theta}^* - \boldsymbol{\theta}_0)^{\mathrm{T}} \left[\frac{\partial c_{ij}(\boldsymbol{\theta})}{\partial \boldsymbol{\theta}}\right]\Big|_{\boldsymbol{\theta}=\boldsymbol{\theta}_0 - \nu(\boldsymbol{\theta}_0 - \boldsymbol{\theta}^*)}, \tag{6.9}$$

其中 $0 \leqslant \nu \leqslant 1$, $\boldsymbol{\theta}^* = (\theta_1^*, \cdots, \theta_k^*)^{\mathrm{T}}$, $\boldsymbol{\theta}_0 = (\theta_{01}, \cdots, \theta_{0k})^{\mathrm{T}}$.

现在研究 (6.9) 式右端第二项的渐近特性. 第二项是两个向量的内积, 对于向量 $\boldsymbol{\theta}^* - \boldsymbol{\theta}_0$, 由向量 $\boldsymbol{\theta}^*$ 的定义知 $\boldsymbol{\theta}^* - \boldsymbol{\theta}_0 = (1-\alpha)(\hat{\boldsymbol{\theta}} - \boldsymbol{\theta}_0)$, 由于 $\hat{\boldsymbol{\theta}} \xrightarrow{\mathbf{P}} \boldsymbol{\theta}_0$, 可知, 当 $n \to \infty$ 时, 向量 $\boldsymbol{\theta}^* - \boldsymbol{\theta}_0$ 的每个分量都是 $o_p(1)$; 另一个向量的第 $l(1 \leqslant l \leqslant k)$ 个分量为

$$-\frac{1}{n}\sum_{r=1}^{n} \frac{\partial^3 \ln p(X_r, \boldsymbol{\theta})}{\partial\theta_i \partial\theta_j \partial\theta_l}\Big|_{\boldsymbol{\theta}=\boldsymbol{\theta}_0 - \nu(\boldsymbol{\theta}_0 - \boldsymbol{\theta}^*)},$$

由于 $\boldsymbol{\theta}_0 - \nu(\boldsymbol{\theta}_0 - \boldsymbol{\theta}^*) \xrightarrow{\mathbf{P}} \boldsymbol{\theta}_0$, 而在 $\boldsymbol{\theta}_0$ 的邻域内, 随机变量 $\dfrac{\partial^3 \ln p(X_r, \boldsymbol{\theta})}{\partial\theta_i \partial\theta_j \partial\theta_l}$ 被 $M(X_r)$ 所控制, 这样不难验证, 当 $n \to \infty$ 时,

$$-\frac{1}{n}\sum_{r=1}^{n} \frac{\partial^3 \ln p(X_r, \boldsymbol{\theta})}{\partial\theta_i \partial\theta_j \partial\theta_l}\Big|_{\boldsymbol{\theta}=\boldsymbol{\theta}_0 - \nu(\boldsymbol{\theta}_0 - \boldsymbol{\theta}^*)} = O_p(1).$$

由上述讨论可知,

$$c_{ij}(\boldsymbol{\theta}^*) = c_{ij}(\boldsymbol{\theta}_0) + o_p(1). \tag{6.10}$$

这样, $c_{ij}(\boldsymbol{\theta}^*)$ 与 $c_{ij}(\boldsymbol{\theta}_0)$ 具有相同的极限, 故

$$c_{ij}(\boldsymbol{\theta}^*) \xrightarrow{\mathbf{P}} -\mathbf{E}_{\theta_0}\left(\frac{\partial^2 \ln p(X, \boldsymbol{\theta})}{\partial\theta_i \partial\theta_j}\right) = I_{ij}(\boldsymbol{\theta}_0),$$

从而 $C \xrightarrow{\mathbf{P}} I(\boldsymbol{\theta}_0)$. 这样, (6.8) 式变成

$$2(l_n(\hat{\boldsymbol{\theta}}) - l_n(\boldsymbol{\theta}_0)) = D^{\mathrm{T}}(\boldsymbol{\theta}_0) I(\boldsymbol{\theta}_0) D(\boldsymbol{\theta}_0) + o_p(1).$$

由于 $I^{\frac{1}{2}}(\boldsymbol{\theta}_0) D(\boldsymbol{\theta}_0) \xrightarrow{\mathcal{L}} N_k(0, I_k)$, 故有 $D^{\mathrm{T}}(\boldsymbol{\theta}_0) I(\boldsymbol{\theta}_0) D(\boldsymbol{\theta}_0) \xrightarrow{\mathcal{L}} \chi^2(k)$, 从而, 当 $n \to \infty$ 时, $2\ln\lambda(\boldsymbol{X})$ 依分布收敛到 $\chi^2(k)$. □

例 6.3 假设某个总体被分成 k 类, 对其中任一个体, 属于第 i 类的概率为 $p_i, i=1,\cdots,k$, 且有 $\sum\limits_{i=1}^{k} p_i = 1$. 随机抽取 n 个个体进行观测, 设属于第 i 类的有 n_i 个, $i=1,\cdots,k$, 且有 $\sum\limits_{i=1}^{k} n_i = n$, 显然观测数据 $(n_1,\cdots,n_k)$ 服从多项分布, 概率密度函数为

$$p(n_1,\cdots,n_k) = \frac{n!}{n_1!\cdots n_k!}\prod_{i=1}^{k} p_i^{n_i}.$$

参数空间 $\boldsymbol{\Theta} = \left\{(p_1,\cdots,p_k) : p_i \geqslant 0, i=1,\cdots,k, \sum\limits_{i=1}^{k} p_i = 1\right\}$ 是一个维数为 $k-1$ 的含有内点的集合. 参数 p_i 的 ML 估计为 $\hat{p}_i = n_i/n, i=1,\cdots,k$. 考虑检验问题

$$H_0: p_i=p_{i0},\ i=1,\cdots,k \longleftrightarrow H_1: p_i=p_{i0},\ i=1,\cdots,k \text{ 中不全成立.}$$

相应的广义似然比统计量为

$$\lambda = \frac{\prod\limits_{i=1}^{k}\left(\dfrac{n_i}{n}\right)^{n_i}}{\prod\limits_{i=1}^{k}(p_{i0})^{n_i}}.$$

容易验证, 这个模型符合定理 6.1 前面的假定 (i)–(iv). 由定理 6.1 的结论知, 在 H_0 成立时, $2\ln\lambda$ 依分布收敛于 $\chi^2(k-1)$, 故在 $2\ln\lambda > \chi^2_{1-\alpha}(k-1)$ 时拒绝原假设 (其中 $\chi^2_{1-\alpha}(k-1)$ 是分布 $\chi^2(k-1)$ 的 $1-\alpha$ 下分位点). □

注 例 6.3 中的参数空间为 k 维空间中的子集, 但是这个子集不含内点. 重新参数化以后, 参数集合成为 $k-1$ 维空间中的一个开子集, 这样就可以利用定理 6.1 的结论. 因此, 在例 6.3 的结论中, $2\ln\lambda$ 的极限分布为 $\chi^2(k-1)$, 而不是 $\chi^2(k)$.

定理 6.1 可以推广到更一般的情况, 其结果叙述于下面的定理 6.2, 我们只陈述结论而不给证明, 以供应用. 有兴趣的读者可以参考茆诗松, 王静龙, 濮晓龙 [2006] 中的证明过程.

定理 6.2 考虑检验问题

$$H_0:\boldsymbol{\theta}\in\boldsymbol{\Theta}_0\longleftrightarrow H_1:\boldsymbol{\theta}\in\boldsymbol{\Theta}_1,$$

其中 $\boldsymbol{\Theta}_0\subset\boldsymbol{\Theta}$, $\boldsymbol{\Theta}_1=\boldsymbol{\Theta}\setminus\boldsymbol{\Theta}_0$, 假设样本 $\boldsymbol{X}=(X_1,\cdots,X_n)$ 来自密度函数族 $\{p(x,\boldsymbol{\theta}):\boldsymbol{\theta}\in\boldsymbol{\Theta}\}$, 其中参数空间 $\boldsymbol{\Theta}\subseteq\mathbb{R}^k$, 参数真值 $\boldsymbol{\theta}_0$ 是 $\boldsymbol{\Theta}$ 中的一个内点, $p(x,\boldsymbol{\theta})$ 满足定理 6.1 前面的假定 (i)–(iv).

此外, 假设存在 $r(<k)$ 维欧氏空间 $\mathbb{R}^r$ 中的一个开集 A 及定义在 A 上的 k 个三阶可导的函数 $\boldsymbol{g}=(g_1,\cdots,g_k)$, 使得 A 与 $\boldsymbol{\Theta}_0$ 一一对应:

$$\boldsymbol{\Theta}_0=\{\boldsymbol{\theta}:\boldsymbol{\theta}=\boldsymbol{g}(\boldsymbol{\varphi}),\boldsymbol{\varphi}\in A\},$$

且 $\boldsymbol{\theta}_0=\boldsymbol{g}(\boldsymbol{\varphi}_0)$, $\boldsymbol{\varphi}_0$ 是 A 的内点, 并且偏导数矩阵 $\dfrac{\partial\boldsymbol{g}}{\partial\boldsymbol{\varphi}}$ 在 $\boldsymbol{\varphi}_0$ 处的秩为 r. 假设 $\boldsymbol{\theta}\in\boldsymbol{\Theta}$ 时的 ML 估计 $\hat{\boldsymbol{\theta}}$ 和 $\boldsymbol{\theta}\in\boldsymbol{\Theta}_0$ 时的 ML 估计 $\hat{\boldsymbol{\theta}}_0$ 都存在且唯一,则在原假设 H_0 成立时, 基于广义似然比的统计量

$$2\ln\lambda(\boldsymbol{X})=2\big(l_n(\hat{\boldsymbol{\theta}})-l_n(\hat{\boldsymbol{\theta}}_0)\big)\tag{6.11}$$

依分布收敛于 $\chi^2(k-r)$. □

例 6.4 设 Y,Z 为两个离散型随机变量, 分别表示性别与是否色盲. $Y=1$ 表示男性, $Y=2$ 表示女性; $Z=1$ 表示正常, $Z=2$ 表示色盲. $p_{ij}=\mathbf{P}\{Y=i,Z=j\},i,j=1,2$. $\boldsymbol{\theta}=(p_{11},p_{12},p_{21})$, $0\leqslant p_{11},p_{12},p_{21}\leqslant 1$, 且 $p_{11}+p_{12}+p_{21}\leqslant 1$. 现随机抽查了 n 个人, 记 $(Y=i,Z=j)$ 出现的频数为 n_{ij}, $i,j=1,2$.

设原假设为数据符合遗传学模型, 即

$$H_0:p_{11}=\frac{\beta}{2},\ p_{12}=\frac{1-\beta}{2},\ p_{21}=\frac{\beta^2}{2}+\beta(1-\beta),\ \text{其中 } 0<\beta<1.$$

这时

$$\begin{aligned}\boldsymbol{\Theta}_0=\{(p_{11},p_{12},p_{21}):p_{11}=\beta/2,p_{12}=(1-\beta)/2,\\ p_{21}=\beta^2/2+\beta(1-\beta),\beta\in(0,1)\}.\end{aligned}$$

观测数据 n_{ij} 服从多项分布

$$\frac{n!}{n_{11}!n_{12}!n_{21}!n_{22}!}p_{11}^{n_{11}}p_{12}^{n_{12}}p_{21}^{n_{21}}p_{22}^{n_{22}},$$

其中 $p_{22}=1-p_{11}-p_{12}-p_{21}$. 容易验证此分布族满足定理 6.1 前面的假定 (i)–(iv), 且参数 $\boldsymbol{\theta}$ 的 ML 估计 $\left(\dfrac{n_{11}}{n},\dfrac{n_{12}}{n},\dfrac{n_{21}}{n}\right)$ 是似然方程的解, 且具有相合性.

显然, $\boldsymbol{\Theta}_0$ 与 $\mathbb{R}$ 中的一个开集 (0,1) 之间存在一一对应, 即存在 $\boldsymbol{g}=(g_1,g_2,g_3)$, 使得 $\boldsymbol{\theta}=\boldsymbol{g}(\beta)$, $\beta\in(0,1)$, $\boldsymbol{g}(\beta)$ 相对于 β 的偏导数向量非退化.

利用定理 6.2, 对于似然比统计量

$$\lambda=\frac{\left(\dfrac{n_{11}}{n}\right)^{n_{11}}\left(\dfrac{n_{12}}{n}\right)^{n_{12}}\left(\dfrac{n_{21}}{n}\right)^{n_{21}}\left(\dfrac{n_{22}}{n}\right)^{n_{22}}}{\left(\dfrac{\hat\beta}{2}\right)^{n_{11}}\left(\dfrac{1-\hat\beta}{2}\right)^{n_{12}}\left(\dfrac{\hat\beta^2}{2}+\hat\beta(1-\hat\beta)\right)^{n_{21}}\left(\dfrac{(1-\hat\beta)^2}{2}\right)^{n_{22}}},$$

其中 $\hat\beta$ 是 H_0 成立时 β 的 ML 估计,当原假设成立时, $2\ln\lambda$ 渐近服从 $\chi^2(2)$. 给定显著水平 α, 当 $2\ln\lambda>\chi^2_{1-\alpha}(2)$ 时, 拒绝原假设.

例 6.5 (二维列联表的独立性检验) 设 X,Y 为两个离散型随机变量, 分别取 r, c 个值, 作 n 次观测, 设 $(X=i,Y=j)$ 出现的概率为 p_{ij}, 观测频数为 n_{ij}, $i=1,\cdots,r,j=1,\cdots,c$. 现检验 X,Y 的独立性, 即原假设为 $H_0:\ p_{ij}=p_{i\cdot}p_{\cdot j},i=1,\cdots,r;j=1,\cdots,c$, 此处记号 $p_{i\cdot}=\sum\limits_{j=1}^{r}p_{ij},p_{\cdot j}=\sum\limits_{i=1}^{r}p_{ij}$, 下同.

显然, 观测频数 n_{ij} 服从多项分布

$$\frac{n!}{\prod\limits_{i=1}^{r}\prod\limits_{j=1}^{c}n_{ij}!}\prod_{i=1}^{r}\prod_{j=1}^{c}p_{ij}^{n_{ij}},$$

参数空间 $\Theta=\left\{p_{ij}:p_{ij}\geqslant 0,i=1,\cdots,r;j=1,\cdots,c,\sum\limits_{i=1}^{r}\sum\limits_{j=1}^{c}p_{ij}=1\right\}$ 的维数为 $r\cdot c-1$, p_{ij} 的 ML 估计为 $\hat p_{ij}=n_{ij}/n$.

在原假设 H_0 成立时, Θ_0 与下述集合 A 一一对应:

$$A=\left\{(p_{i\cdot},p_{\cdot j}):p_{i\cdot}\geqslant 0,p_{\cdot j}\geqslant 0,i=1,\cdots,r;j=1,\cdots,c,\sum_{i=1}^{r}p_{i\cdot}=\sum_{j=1}^{c}p_{\cdot j}=1\right\},$$

易知 A 的维数为 $r+c-2$. 该检验问题的似然比统计量为

$$\lambda=\frac{\prod\limits_{i=1}^{r}\prod\limits_{j=1}^{c}\left(\dfrac{n_{ij}}{n}\right)^{n_{ij}}}{\prod\limits_{i=1}^{r}\prod\limits_{j=1}^{c}\left(\dfrac{n_{i\cdot}}{n}\cdot\dfrac{n_{\cdot j}}{n}\right)^{n_{ij}}},$$

式中 $n_{i\cdot}=\sum\limits_{j=1}^{c}n_{ij}, n_{\cdot j}=\sum\limits_{i=1}^{r}n_{ij}$, 而 $r\cdot c-1-(r+c-2)=(r-1)(c-1)$, 依定理 6.2, 在 H_0 成立的条件下, $2\ln\lambda$ 的极限分布为 $\chi^2\big((r-1)(c-1)\big)$.

对给定的显著水平 α, 当 $2\ln\lambda\geqslant\chi^2_{1-\alpha}\big((r-1)(c-1)\big)$ 时, 拒绝原假设.

例 6.6 为考查某大学招生时是否存在性别歧视, 现调查了某年秋季入学的一些数据 (见表 4.6.1), 其中 A,B,C 分别表示是否录取, 性别, 系别. 试判断:

(i) 该高校当年秋季招生是否存在性别歧视, 也即检验假设

$$H_0: A\text{和}B\text{相互独立}.$$

(ii) 从各个系来看, 性别歧视是否存在? 也即检验假设

$$H_0: \text{给定}C\text{之后}, A\text{和}B\text{条件独立}.$$

令

$$p_{11}=\mathbf{P}\{A=\text{是},B=\text{男}\},\quad p_{12}=\mathbf{P}\{A=\text{是},B=\text{女}\},$$
$$p_{21}=\mathbf{P}\{A=\text{否},B=\text{男}\},\quad p_{22}=\mathbf{P}\{A=\text{否},B=\text{女}\}.$$

相应的观测频数为

$$n_{11}=686,\quad n_{12}=468,\quad n_{21}=1180,\quad n_{22}=1259.$$

表 4.6.1 某高校秋季入学招生情况数据

系别 (C)	性别 (B)	是否录取 (A)	
		是	否
C_1	男	353	207
	女	17	8
C_2	男	120	205
	女	202	391

续表

系别 (C)	性别 (B)	是否录取 (A)	
		是	否
C_3	男	138	279
	女	131	244
C_4	男	53	138
	女	94	299
C_5	男	22	351
	女	24	317

则检验 "$H_0: A$ 和 B 相互独立" 就是例 6.5 中的情况. 该检验问题的似然比统计量为

$$\lambda = \frac{\prod_{i=1}^{2}\prod_{j=1}^{2}\left(\frac{n_{ij}}{n}\right)^{n_{ij}}}{\prod_{i=1}^{2}\prod_{j=1}^{2}\left(\frac{n_{i\cdot}}{n}\cdot\frac{n_{\cdot j}}{n}\right)^{n_{ij}}}$$

$$= \frac{\left(\frac{686}{3593}\right)^{686}\left(\frac{468}{3593}\right)^{468}\left(\frac{1180}{3593}\right)^{1180}\left(\frac{1259}{3593}\right)^{1259}}{\left(\frac{1154}{3593}\cdot\frac{1866}{3593}\right)^{686}\left(\frac{1154}{3593}\cdot\frac{1727}{3593}\right)^{468}\left(\frac{2439}{3593}\cdot\frac{1866}{3593}\right)^{1180}\left(\frac{2439}{3593}\cdot\frac{1727}{3593}\right)^{1259}}$$

$$= 2.422 \times 10^8.$$

由于 $2\ln\lambda = 38.61$ 远远大于分位数 $\chi^2_{0.95}(1) = 3.84$, 因此应拒绝原假设, 认为 A 和 B 不是相互独立的. 也就是说, 一个学生是否被录取与性别有关, 这种录取存在性别歧视. 在录取的考生中, 男生的比例高于女生, 而在未录取的考生中, 女生的比例高于男生. 因此, 可以认为, 这种性别歧视是倾向于录取男生.

下面考虑假设 "H_0: 给定 C 之后, A 和 B 条件独立" 的检验问题. 这是一个 $2\times2\times5$ 的三维列联表的条件独立性检验问题. 令

$$p_{11k} = \mathbf{P}\{A=是, B=男, C=C_k\},\quad p_{12k} = \mathbf{P}\{A=是, B=女, C=C_k\},$$
$$p_{21k} = \mathbf{P}\{A=否, B=男, C=C_k\},\quad p_{22k} = \mathbf{P}\{A=否, B=女, C=C_k\},$$

其中 $k=1,\cdots,5$, 相应的观测频数 $n_{ijk}\,(i=1,2;j=1,2;k=1,\cdots,5)$ 如表 4.6.1 所示. 若条件独立性成立, 则有

$$p_{ijk}=\frac{p_{i\cdot k}p_{\cdot jk}}{p_{\cdot\cdot k}}.$$

显然, 观测频数 $n_{ijk}(i=1,2;j=1,2;k=1,\cdots,5)$ 服从参数为 $\{n,p_{ijk}:i=1,2;j=1,2;k=1,\cdots,5\}$ 的多项分布, 其概率密度

$$\frac{n!}{\prod_{i=1}^{2}\prod_{j=1}^{2}\prod_{k=1}^{5}n_{ijk}!}\prod_{i=1}^{2}\prod_{j=1}^{2}\prod_{k=1}^{5}p_{ijk}^{n_{ijk}}$$

满足定理 6.1 前面的关于概率密度函数族的假定 (i)–(iv). 全参数空间

$$\Theta=\left\{p_{ijk}:p_{ijk}\geqslant 0,i=1,2;j=1,2;k=1,\cdots,5,\sum_{i=1}^{2}\sum_{j=1}^{2}\sum_{k=1}^{5}p_{ijk}=1\right\}$$

是维数为 $19(=2\times2\times5-1)$, 且含有内点的集合, p_{ijk} 的 ML 估计为

$$\hat{p}_{ijk}=n_{ijk}/n.$$

在原假设 H_0 成立时, Θ_0 与下述集合 A 一一对应:

$$\begin{aligned}A=\big\{&(p_{i\cdot k},p_{\cdot jk},p_{\cdot\cdot k}):p_{i\cdot k}\geqslant 0,p_{\cdot jk}\geqslant 0,p_{\cdot\cdot k}\geqslant 0,i=1,2;j=1,2;\\&k=1,\cdots,5,\sum_{i=1}^{2}p_{i\cdot|k}=\sum_{j=1}^{2}p_{\cdot j|k}=\sum_{k=1}^{5}p_{\cdot\cdot k}=1\big\}.\end{aligned}$$

易知, A 中独立参数的个数为 $5\times(2+2+1-2)-1=14$. 该检验问题的似然比统计量为

$$\lambda=\frac{\prod_{i=1}^{2}\prod_{j=1}^{2}\prod_{k=1}^{5}\left(\frac{n_{ijk}}{n}\right)^{n_{ijk}}}{\prod_{i=1}^{2}\prod_{j=1}^{2}\prod_{k=1}^{5}\left(\frac{n_{i\cdot k}\cdot n_{\cdot jk}}{n\cdot n_{\cdot\cdot k}}\right)^{n_{ijk}}}.$$

而 $19-14=5$, 故在 H_0 成立的条件下, $2\ln\lambda$ 的极限分布为 $\chi^2(5)$. 拒绝域为 $\{2\ln\lambda\geqslant\chi^2_{1-\alpha}(5)\}$.

将表 4.6.1 中的数据代入计算得:

$$\lambda = 3.820, 2\ln\lambda = 2.681 < \chi^2_{1-0.05}(5) = 11.07.$$

因此不能拒绝原假设, 即认为当给定 C 之后, A 和 B 条件独立, 也就是说, 从各个系来看, 录取学生是没有性别歧视的. 这是独立与条件独立这两个概念不等价的一个例子, 是统计学中一个著名的悖论. 现在的问题是, 这个学校到底有没有性别歧视呢? 仔细分析发现, 学校是没有性别歧视的. 从数据看, 有些热门专业, 女生报考的多, 这样, 有许多女生没有录取, 增加了女生没有录取的比例. 用一个极端的例子来解释: 一个学校有两个系, 甲系招 100 名, 有男女生各 100 名报考, 男女生各录取 50 名; 乙系也招 100 名学生, 男生有 100 人报考, 女生有 9900 名报考, 最后男生录取 1 人, 女生录取 99 人. 这两个系都没有性别歧视, 但全校看来, 女生的录取比例很低, 看起来这是性别歧视, 但实际上不是.

三、 Wald 统计量和得分统计量

Wald 检验与得分 (Score) 检验是实际应用中非常重要的两种参数检验方法, 与似然比检验有着紧密的联系. 对于许多可以用似然比进行检验的问题, 一般情况下也可以用 Wald 检验或者得分检验, 而且在一定的正则条件下, 这三个检验的统计量都渐近服从 χ^2 分布, 具体情况如下.

记 $I_n(\boldsymbol{\theta}) = \big(i_n(\boldsymbol{\theta})_{ab}\big)_{k\times k}$, 其中 $i_n(\boldsymbol{\theta})_{ab} = -\mathbf{E}_{\boldsymbol{\theta}}\Big(\sum\limits_{j=1}^{n} \dfrac{\partial^2 \ln p(X_j, \boldsymbol{\theta})}{\partial\theta_a \partial\theta_b}\Big)$, $I_n(\boldsymbol{\theta})$ 就是 Fisher 信息阵. 由此可以定义 Wald 统计量和得分统计量, 分别为

$$W_w = (\hat{\boldsymbol{\theta}} - \hat{\boldsymbol{\theta}}_0)^{\mathrm{T}} I_n(\hat{\boldsymbol{\theta}})(\hat{\boldsymbol{\theta}} - \hat{\boldsymbol{\theta}}_0),$$

$$W_s = l'_n(\hat{\boldsymbol{\theta}}_0)^{\mathrm{T}} I_n(\hat{\boldsymbol{\theta}}_0)^{-1} l'_n(\hat{\boldsymbol{\theta}}_0),$$

其中 $l'_n(\hat{\boldsymbol{\theta}}_0) = \left.\frac{\partial l_n(\boldsymbol{\theta})}{\partial \boldsymbol{\theta}}\right|_{\boldsymbol{\theta}=\hat{\boldsymbol{\theta}}_0}$ 是得分函数 $\frac{\partial l_n(\boldsymbol{\theta})}{\partial \boldsymbol{\theta}}$ 在 $\hat{\boldsymbol{\theta}}_0$ 处的值, $l_n(\boldsymbol{\theta}) = \sum\limits_{i=1}^{n} \ln(p(x_i, \boldsymbol{\theta}))$ 为数据向量的对数似然函数, $\hat{\boldsymbol{\theta}}$ 和 $\hat{\boldsymbol{\theta}}_0$ 是参数向量 $\boldsymbol{\theta}$ 分别在全参数空间 $\boldsymbol{\Theta}$ 和原假设参数空间 $\boldsymbol{\Theta}_0$ 下的参数向量 $\boldsymbol{\theta}$ 的 ML 估计. 在一定的正则条件下, 可以证明这两个统计量与基于似然比的统计量

$W=2\ln\lambda=-2\big(l_n(\hat{\boldsymbol{\theta}}_0)-l_n(\hat{\boldsymbol{\theta}})\big)$ 具有相同的极限分布. 现在列出证明梗概.

首先, 将统计量 $W=-2\big(l_n(\hat{\boldsymbol{\theta}}_0)-l_n(\hat{\boldsymbol{\theta}})\big)$ 中的 $l_n(\hat{\boldsymbol{\theta}}_0)$ 在 $\hat{\boldsymbol{\theta}}_0=\hat{\boldsymbol{\theta}}$ 处展开, 得

$$W=-2\left[l_n'(\hat{\boldsymbol{\theta}})^{\mathrm{T}}(\hat{\boldsymbol{\theta}}_0-\hat{\boldsymbol{\theta}})+\frac{1}{2}(\hat{\boldsymbol{\theta}}_0-\hat{\boldsymbol{\theta}})^{\mathrm{T}}l_n''(\hat{\boldsymbol{\theta}})(\hat{\boldsymbol{\theta}}_0-\hat{\boldsymbol{\theta}})+O_p(n^{-1/2})\right],$$

其中, l_n' 为列向量, l_n'' 为二阶偏导数矩阵. 由 $l_n'(\hat{\boldsymbol{\theta}})=0$ 与 $-l_n''(\hat{\boldsymbol{\theta}})=I_n(\hat{\boldsymbol{\theta}})+O_p(n^{1/2})$, 即有

$$W=W_w+O_p(n^{-1/2}). \tag{6.12}$$

然后, 类似地可将统计量 $W=-2\big(l_n(\hat{\boldsymbol{\theta}}_0)-l_n(\hat{\boldsymbol{\theta}})\big)$ 中的 $l_n(\hat{\boldsymbol{\theta}})$ 在 $\hat{\boldsymbol{\theta}}=\hat{\boldsymbol{\theta}}_0$ 处展开, 得

$$W=2\,l_n'(\hat{\boldsymbol{\theta}}_0)^{\mathrm{T}}\,(\hat{\boldsymbol{\theta}}-\hat{\boldsymbol{\theta}}_0)+(\hat{\boldsymbol{\theta}}-\hat{\boldsymbol{\theta}}_0)^{\mathrm{T}}\,l_n''(\hat{\boldsymbol{\theta}}_0)(\hat{\boldsymbol{\theta}}-\hat{\boldsymbol{\theta}}_0)+O_p(n^{-1/2}). \tag{6.13}$$

将 $l_n'(\hat{\boldsymbol{\theta}})$ 在 $\hat{\boldsymbol{\theta}}=\hat{\boldsymbol{\theta}}_0$ 处展开, 并注意到 $l_n'(\hat{\boldsymbol{\theta}})=0$, $-l_n''(\hat{\boldsymbol{\theta}})=I_n(\hat{\boldsymbol{\theta}})+O_p(n^{1/2})$, 可得

$$0=l_n'(\hat{\boldsymbol{\theta}}_0)-I_n(\hat{\boldsymbol{\theta}}_0)(\hat{\boldsymbol{\theta}}-\hat{\boldsymbol{\theta}}_0)+o_p(n^{-1/2}).$$

由上式可知 $\hat{\boldsymbol{\theta}}-\hat{\boldsymbol{\theta}}_0=I_n(\hat{\boldsymbol{\theta}}_0)^{-1}\,l_n'(\hat{\boldsymbol{\theta}}_0)+o_p(n^{-1/2})$, 将此式代入 (6.13) 式, 得

$$\begin{aligned}W=&\,2\,l_n'(\hat{\boldsymbol{\theta}}_0)^{\mathrm{T}}\,I_n(\hat{\boldsymbol{\theta}}_0)^{-1}\,l_n'(\hat{\boldsymbol{\theta}}_0)\\&+l_n'(\hat{\boldsymbol{\theta}}_0)^{\mathrm{T}}\,I_n(\hat{\boldsymbol{\theta}}_0)^{-1}l_n''(\hat{\boldsymbol{\theta}}_0)I_n(\hat{\boldsymbol{\theta}}_0)^{-1}\,l_n'(\hat{\boldsymbol{\theta}}_0)+O_p(n^{-1/2}).\end{aligned}$$

又由 $l_n''(\hat{\boldsymbol{\theta}}_0)=-I_n(\hat{\boldsymbol{\theta}}_0)+O_p(n^{1/2})$, 即有

$$W=W_s+O_p(n^{-1/2}). \tag{6.14}$$

最后, 由 (6.12), (6.14) 可知, 在原假设 $H_0:\boldsymbol{\theta}\in\boldsymbol{\Theta}_0$ 成立时, W_w, W_s 的极限分布均为 $\chi^2(k-r)$.

注 广义似然比统计量是一个普遍适用的统计量, 相比之下, 得分统计量 W_s 的优势在于不需要计算 ML 估计 $\hat{\boldsymbol{\theta}}$, 而 $\hat{\boldsymbol{\theta}}_0$ 在许多情况下相

对容易求出或者是已知的 (比如 $\boldsymbol{\Theta}_0$ 为单点集的情况), 这对推断某些不存在 $\hat{\boldsymbol{\theta}}$ 的显式表达式的分布非常有利 (比如下面的例 6.8). 此外, 利用 ML 估计的方差阵与信息阵的关系, Wald 统计量 W_w 也可以近似表示为

$$W_w = (\hat{\boldsymbol{\theta}} - \hat{\boldsymbol{\theta}}_0)^{\mathrm{T}}[\widehat{\mathrm{var}}(\hat{\boldsymbol{\theta}})]^{-1}(\hat{\boldsymbol{\theta}} - \hat{\boldsymbol{\theta}}_0),$$

其中 $\widehat{\mathrm{var}}(\hat{\boldsymbol{\theta}}) = \sum\limits_{i=1}^{n} U_i(\hat{\boldsymbol{\theta}})U_i(\hat{\boldsymbol{\theta}})^{\mathrm{T}}$, 而 $U_i(\boldsymbol{\theta}) = \dfrac{\partial \ln p(X_i, \boldsymbol{\theta})}{\partial \boldsymbol{\theta}}$ 是基于单个观测值 X_i 的得分函数. Wald 统计量的这种近似表示形式在某些信息阵难以直接写出的情况下也很有用.

例 6.7 设样本 $Y_1, \cdots, Y_n$ 来自参数为 θ 的泊松分布总体, 检验问题为

$$H_0: \theta = \theta_0 \longleftrightarrow H_1: \theta \neq \theta_0.$$

对数似然函数为

$$l_n(\theta) = n\bar{y}\ln\theta - n\theta - \sum_{i=1}^{n}\ln(y_i!),$$

其中 $\hat{\theta} = \bar{y}$ 是参数 θ 的 ML 估计.

对于这个模型, 基于似然比的统计量为

$$W = 2n[\hat{\theta}\ln\hat{\theta} - \hat{\theta}\ln\theta_0 - (\hat{\theta} - \theta_0)].$$

对 $\ln\theta_0$ 在 $\theta_0 = \hat{\theta}$ 处展开, 不难看出

$$\begin{aligned} W &= 2n\left[\hat{\theta}\left(\frac{\hat{\theta} - \theta_0}{\hat{\theta}} + \frac{(\hat{\theta} - \theta_0)^2}{2\hat{\theta}^2} + O_p(n^{-3/2})\right) - (\hat{\theta} - \theta_0)\right] \\ &= n(\hat{\theta} - \theta_0)^2/\hat{\theta} + O_p(n^{-1/2}). \end{aligned}$$

而 $I_n(\theta) = n/\theta$, 则 Wald 统计量为

$$W_w = n(\hat{\theta} - \theta_0)^2/\hat{\theta},$$

得分统计量为

$$W_s = n(\hat{\theta} - \theta_0)^2/\theta_0.$$

由中心极限定理知, 当 H_0 成立时, $\sqrt{n}(\hat{\theta} - \theta_0)$ 近似服从正态分布 $N(0, \theta_0)$, 这样就有

$$W = W_w + O_p(n^{-1/2}) = W_s + O_p(n^{-1/2}),$$

且 W, W_w 和 W_s 这三个统计量都是渐近服从自由度为 1 的 χ^2 分布, 由它们导出的检验结果也是一样的.

例 6.8 考虑医学研究中常用的一种 Logistic 回归模型

$$\text{logit}\,\mathbf{P}\{y=1|x\} = \alpha + \beta x, \tag{6.15}$$

其中, y 是二值变量, $y=1$ 表示患有某种疾病; $y=0$ 表示未得该病; $\text{logit}\,\mathbf{P}\{y=1|x\} = \ln\dfrac{\mathbf{P}\{y=1|x\}}{1-\mathbf{P}\{y=1|x\}}$ 是对概率 $\mathbf{P}(y|x)$ 进行的 logit 变换, 把logit 函数的表达式代入 (6.15) 式, 即有

$$\mathbf{P}\{y=1|x\} = \frac{\mathrm{e}^{\alpha+\beta x}}{1+\mathrm{e}^{\alpha+\beta x}}.$$

若要检验患病概率是否与协变量 x 有关, 就是要在如下两个模型中进行选择:

(1) $\text{logit}\,\mathbf{P}\{y=1|x\} = \alpha$;

(2) $\text{logit}\,\mathbf{P}\{y=1|x\} = \alpha + \beta x$.

这也等价于对模型 (6.15) 进行如下假设检验:

$$H_0:\ \beta = 0 \longleftrightarrow H_1:\ \beta \neq 0.$$

假设样本的观测数据为 $\{(x_i, y_i),\ i=1,\cdots,n\}$, 易知模型 (6.15) 的对数似然函数为

$$l_n(\alpha,\beta) = \sum_{i=1}^{n}\left[y_i(\alpha+\beta x_i) - \ln(1+\mathrm{e}^{\alpha+\beta x_i})\right].$$

基于对数似然比的统计量 $W = G_1 - G_2$, 其中

$$G_j = -2\sum_{i=1}^{n}\left[y_i \ln \hat{\mathbf{P}}_j\{y_i=1|x_i\} + (1-y_i)\ln\left(1-\hat{\mathbf{P}}_j\{y_i=1|x_i\}\right)\right],\ \ j=1,2,$$

$\hat{\mathbf{P}}_1$, $\hat{\mathbf{P}}_2$ 分别为概率 $\mathbf{P}\{y|x\}$ 在模型 (1) 与模型 (2) 假设下的 ML 估计.

Wald 统计量为

$$W_w = \frac{\hat{\beta}^2}{\text{var}(\hat{\beta})},$$

其中 $\hat{\beta}$ 是参数 β 在模型 (2) 下的 ML 估计, 不存在显式表达式, 一般需由一些数值通过迭代方法给出.

而得分统计量为

$$W_s = l_n'(\hat{\alpha}, 0)^{\mathrm{T}} I_n^{-1}(\hat{\alpha}, 0) l_n'(\hat{\alpha}, 0),$$

这个式子不要求计算 $\hat{\beta}$, 而 $\hat{\alpha}$ 是参数 α 在模型 (1) 下的 ML 估计, 容易求出

$$\hat{\alpha} = \ln\left(\sum_{i=1}^{n} y_i\right) - \ln\left(n - \sum_{i=1}^{n} y_i\right).$$

根据前面的论述, 不难验证: 在大样本情形下, 当原假设成立时, 基于对数似然比的统计量与 Wald 统计量、得分统计量的渐近分布都是自由度为 1 的 χ^2 分布. 因此, 这三种检验都可以对模型 (1), (2) 进行检验.

§4.7 不变检验

通常的坐标系, 就是把点与数一一对应起来, 其目的是把实际问题化成便于数学处理的形式. 对于每一个点, 对应一个数或一组数, 这就建立了一个坐标系. 从这个意义讲, 我们可以把建立坐标系的这种方法应用到统计问题中去. 设 $\Omega = \{\omega\}$ 为统计试验的基本事件的集合, 对应于每一个基本事件 ω, 有一个数或向量 X 与之对应, 这样统计量 $X(\omega)$ 实际上建立了一个坐标系, 我们的统计模型就是建立在这种坐标系上的. 为数学上方便, 可设 $X(\omega)$ 为 $(\Omega, \mathcal{F})$ 到 $(\mathcal{X}, \mathcal{B}_{\mathcal{X}})$ 的一个可测变换. 显然, 我们可通过不同的统计量建立不同的坐标系. 设 X 和 Y 为 $(\Omega, \mathcal{F})$ 到 $(\mathcal{X}, \mathcal{B}_{\mathcal{X}})$ 的两个可测变换, 若存在一个 $\mathcal{X} \to \mathcal{X}$ 的一一可测变换 g, 使 $Y = g(X)$, 这时我们称 X 与 Y **等价**, 其中 g 就是坐标变换公式. 若我们观察的是 Y 而不是 X, 此时我们可以建立以 Y 为观察值的统计模型. 这两个统计模型虽然不同, 但统计问题是同一个, 只是选取了不同的坐标系.

在统计问题中, 在 $(\mathcal{X}, \mathcal{B}_{\mathcal{X}})$ 上还形成一个分布族 $\mathcal{P} = \{\mathbf{P}_\theta : \theta \in \Theta\}$, 不妨设 $\mathcal{P}$ 是一个可识别的参数分布族. 设 $Y = g(X)$, 其中 g 是一个

一一变换, 则 X 和 Y 可以理解为两个等价的坐标系, 但具有不同的分布. 设 X 的分布为 $\mathbf{P}_\theta$, 经过变换以后, 如果 $Y=g(X)$ 的分布还是属于 $\mathcal{P}$, 这时称 g**使**$\mathcal{P}$**封闭**. 设 g 使 $\mathcal{P}$ 封闭, 则对每一个 θ, 存在一个 $\bar{\theta}=\bar{g}(\theta)$, 使 $g(X)$ 的分布为 $\mathbf{P}_{\bar{\theta}}$, 这里 $\bar{g}$ 是由 g 导出的 Θ 上的变换. 显然, 若 $\theta_1\neq\theta_2$, 由于 $\mathcal{P}=\{\mathbf{P}_\theta,\theta\in\Theta\}$ 对参数可识别, 则 $\bar{g}(\theta_1)$ 必不等于 $\bar{g}(\theta_2)$. 记 $\bar{\Theta}$ 为 $g(X)$ 的分布参数的集合, 若 $\bar{\Theta}=\Theta$, 则称 g**使**$\mathcal{P}$**保持不变**. 设 $Y=g(X)$, 其中 g 使 $\mathcal{P}$ 保持不变, 这时 X 与 Y 的真分布虽然不同, 但由 X 和 Y 所产生的分布族却是相同的.

一般地, 在一个一一变换的集合中, 有两种运算: 乘法运算和它的逆运算. 设 g_1 和 g_2 为两个变换, 它们的乘积 $g_1\cdot g_2$ 定义为变换 $g_1\cdot g_2(x)=g_1(g_2(x)),x\in\mathcal{X}$. 对于变换 g, 它的逆变换 g^{-1} 定义为 $g^{-1}(x)=y$, 其中 y 为方程 $g(y)=x$ 的解. 通常, 对于一个一一变换的集合 G, 若它对乘法以及求逆运算封闭, 则这个变换的集合形成一个群①.

引理 7.1 在空间$\mathcal{X}$ 中, 使 $\mathcal{P}=\{\mathbf{P}_\theta:\theta\in\Theta\}$ 保持不变的一一可测变换的集合形成一个群.

证明 由于 $\mathcal{X}$ 中使 $\mathcal{P}$ 保持不变的一一可测变换的集合对乘法运算和它的逆运算封闭. 显然这个集合形成一个群. □

设 G 是一个使 $\mathcal{P}$ 保持不变的变换群, 则 $\bar{G}=\{\bar{g}:g\in G\}$ 也形成一个群, 其中 $\bar{g}$ 是 Θ 上的变换, 它是由 g 导出的.

定义 7.1 在空间 $\mathcal{X}$ 中, 设G 是一个使 $\mathcal{P}$ 保持不变的变换群. 对于检验问题 (Θ_0,Θ_1), 如果对每一个 $\bar{g}\in\bar{G}$, 有 $\bar{g}(\Theta_0)=\Theta_0,\bar{g}(\Theta_1)=\Theta_1$ 则称变换群 G 使 (Θ_0,Θ_1)**保持不变**.

当变换群 $\bar{G}$ 使 (Θ_0,Θ_1) 保持不变时, 我们对检验提出一个合理的要求, 即对于检验函数 ϕ, 成立 $\phi(X)=\phi(Y)$, 其中 $Y=g(X)$. 这个要求是非常合理的, 因为 X,Y 代表不同的坐标系. $\bar{G}$ 使 (Θ_0,Θ_1) 保持不变意味着依赖于 X 的统计问题和依赖于 Y 的统计问题不仅本质相

① 若在一个集合上定义了一个满足结合律的乘法, 并且方程 $ax=b$ 和 $xa=b$ 总是有解, 则这个集合连同这个乘法运算称为群.

同, 而且形式也相同. 当观察值为 X 时, 其相应的统计问题是判断 X 的分布是否属于 $\{\mathbf{P}_\theta, \theta \in \Theta_0\}$; 而当观察值为 Y 时, 其统计问题也是判断 Y 的分布是否属于 $\{\mathbf{P}_\theta, \theta \in \Theta_0\}$. $\phi(X) = \phi(Y)$ 这个要求说明, 拒绝原假设的概率不受观察值所在的坐标系的影响. 由此, 引入不变检验的概念.

定义 7.2 在 $(\mathcal{X}, \mathcal{B}_\mathcal{X}, \mathcal{P})$ 中, 设变换群 G 使 $\mathcal{P}$ 保持不变, 并且相应的 $\bar{G}$ 使 (Θ_0, Θ_1) 保持不变. 若检验函数 ϕ 使

$$\phi(x) = \phi(g(x)), \quad x \in \mathcal{X},\ g \in G,$$

则称 ϕ 为 (Θ_0, Θ_1) 的**不变检验**.

现在我们要在不变检验类内寻找最优的检验. 为此我们要考查不变检验的特征.

定义 7.3 设 G 为 $(\mathcal{X}, \mathcal{B}_\mathcal{X})$ 中的一个变换群, 统计量 T 称为 G 的**不变统计量**, 如果 T 满足

(i) 对于任意 $x \in \mathcal{X}$, $g \in G$, 均有 $T(x) = T(g(x))$.

又若 T 还满足下列条件:

(ii) 对于任意 $x_1, x_2 \in \mathcal{X}$, 当 $T(x_1) = T(x_2)$ 时, 存在 $g \in G$, 使 $x_2 = g(x_1)$,

则称 T 为 G 的**最大不变统计量**.

通常我们将集合 $\{x : 存在\ g\ 使得\ x = g(x_0)\}$ 称为 x_0 所在的**轨道**. T 的最大不变性说明, 在同一轨道上的点, 其对应的 T 值相同, 在不同轨道上的点, 其对应的 T 值不同. 而不变统计量只要求在同一轨道上的点对应的统计量的值相同. 因此, 最大不变统计量是最复杂的不变统计量. 任何不变统计量均为最大不变统计量的函数.

引理 7.2 设 T 是 G 的最大不变统计量, 则 ϕ 是不变检验的充分必要条件是存在函数 h, 使

$$\phi(x) = h(T(x)).$$

证明 设条件 $\phi(x) = h(T(x))$ 成立, 显然 ϕ 是不变检验. 反之, 设 ϕ 为任意不变检验, 又设 x_1 和 x_2 为任意满足条件 $T(x_1) = T(x_2)$

的两个点. 由 T 的最大不变性知, 存在 $g \in G$, 使 $x_2 = g(x_1)$. 这样, $\phi(x_2) = \phi(g(x_1)) = \phi(x_1)$, 这说明在 T 值相同的 x 的集合上, $\phi(x)$ 的值也相同, 即 ϕ 为 T 的函数. □

现在, 设 $(\mathcal{X}, \mathcal{B}_{\mathcal{X}}, \mathcal{P})$ 中 $\mathcal{P} = \{\mathbf{P}_\theta : \Theta \in \Theta_0 \cup \Theta_1\}$, $\bar{G}$ 为使 (Θ_0, Θ_1) 不变的变换群, 并且 T 为最大不变统计量. 又设在 T 的值域 $(\mathcal{T}, \mathcal{B}_{\mathcal{T}})$ 上, 由 T 导出的分布族为 $\mathcal{P}^T = \{\mathbf{P}_\theta^T : \theta \in \Theta_0 \cup \Theta_1\}$. 现在我们要在不变检验类内寻找最优检验. 关于最优检验的定义是与水平为 α 的 UMP 检验完全类似的, 与之相应的概念是水平为 α 的一致最大功效不变 (UMPI) 检验.

定义 7.4 设 $(\mathcal{X}, \mathcal{B}_{\mathcal{X}}, \mathcal{P})$ 中 $\mathcal{P} = \{\mathbf{P}_\theta : \Theta \in \Theta_0 \cup \Theta_1\}$, $\bar{G}$ 为使 (Θ_0, Θ_1) 不变的变换群. 如果检验函数 ϕ 满足

(i) $\phi(x)$ 是检验问题 (Θ_0, Θ_1) 的水平为 α 的不变检验;

(ii) 对任何检验问题 (Θ_0, Θ_1) 的水平为 α 的不变检验 $\tilde{\phi}$, 均有

$$\beta_\phi(\theta) \geqslant \beta_{\tilde{\phi}}(\theta), \quad \forall \theta \in \Theta_1,$$

其中记号 $\beta_\phi(\theta) = \mathbf{E}_\theta \phi(X)$ 为 ϕ 的功效函数在 θ 处的值, 则称 $\phi(x)$ 为检验问题 (Θ_0, Θ_1) 的水平为 α 的**一致最大功效不变**(UMPI)**检验**.

引理 7.3 在上述假定下, 检验函数 $\phi(x) = h(T(x))$ 为检验问题 (Θ_0, Θ_1) 的 UMPI 检验的充分必要条件为: h 是 $(\mathcal{T}, \mathcal{B}_{\mathcal{T}}, \mathcal{P}^T)$ 中检验问题 (Θ_0, Θ_1) 的一个 UMP 检验, 其中 $\mathcal{P}^T = \{\mathbf{P}_\theta^T : \theta \in \Theta_0 \cup \Theta_1\}$ 是 T 的值域 $(\mathcal{T}, \mathcal{B}_{\mathcal{T}})$ 上由 T 导出的分布族.

证明 利用关系式

$$\beta_\phi(\theta) = \mathbf{E}_\theta \phi(X) = \mathbf{E}_\theta h(T(X)) = \mathbf{E}_\theta h(T) = \beta_{h(T)}(\theta)$$

可知, ϕ 的功效函数与 h 的功效函数建立了一一对应. 由此可导出引理的结论. □

若功效函数已经求得, 我们就可考虑求依赖于最大不变统计量的 UMP 检验问题. 但在实际问题中, 对于最大不变统计量的分布的计算还会遇到不少困难. 为克服这些困难, 我们把目标转向充分统计量. 为了避免引入更多的理论探讨, 我们用实例说明.

例 7.1 设 $X_1,\cdots,X_n\sim \text{iid}\ \ N(a,\sigma^2)$. 我们所提出的检验问题是

$$\Theta_0=\{(a,\sigma):a\leqslant 0\}\longleftrightarrow \Theta_1=\{(a,\sigma):a>0\}.$$

现考虑样本空间中的变换

$$g_c(x_1,\cdots,x_n)=(cx_1,\cdots,cx_n),\quad c>0\ \text{为常数}.$$

显然, 变换的集合 $G=\{g_c:c>0\text{为常数}\}$ 对于变换的乘法形成一个变换群. 而且 G 使检验问题保持不变, 即对任何 $g_c\in G$, $g_c(x_1,\cdots,x_n)$ 使 $\mathcal{P}_0=\{\mathbf{P}_\theta:\theta\in\Theta_0\}$ 和 $\mathcal{P}_1=\{\mathbf{P}_\theta:\theta\in\Theta_1\}$ 保持不变. 易证, 对于这个变换群的最大不变统计量是 $m(\boldsymbol{x})=(x_1/|\boldsymbol{x}|,x_2/|\boldsymbol{x}|,\cdots,x_n/|\boldsymbol{x}|)$, 其中 $|\boldsymbol{x}|$ 表示向量 $\boldsymbol{x}=(x_1,\cdots,x_n)$ 的欧氏模. 要求得 $m(\boldsymbol{x})$ 的分布族是不太容易的事, 它是单位球面上的一个分布族.

现在考虑充分统计量 $(\overline{X},S)$, 其中 $S=\left[\sum\limits_{i=1}^n(X_i-\overline{X})^2\right]^{\frac{1}{2}}$, 我们希望求出依赖于 $(\overline{X},S)$ 的不变检验, 其不变性条件是

$$\phi(c\overline{X},cS)=\phi(\overline{X},S),\quad c>0\ \text{为常数}.$$

由上述条件可知, 不变检验 ϕ 一定可以写成

$$\phi(\overline{X},S)=h(\sqrt{n(n-1)}\overline{X}/S)$$

的形式. 为求出依赖于统计量 $T=\sqrt{n(n-1)}\overline{X}/S$ 的检验, 只需要求出它的分布族. 在这里, 我们将简单介绍非中心 t 分布的概念. 设 $\xi,\xi_1,\cdots,\xi_k\sim\text{iid}\ N(0,1)$, 则随机变量

$$\frac{(\xi+\delta)}{\sqrt{\frac{1}{k}(\xi_1^2+\cdots+\xi_k^2)}}$$

的分布是参数为 δ, 自由度为 k 的非中心 t 分布, 记做 $t_k(\delta)$, 其概率密度为

$$\begin{aligned}f(t;k,\delta)=&\frac{k^{k/2}}{\sqrt{\pi}\Gamma(k/2)}\frac{\mathrm{e}^{-\delta^2/2}}{(k+t^2)^{(k+1)/2}}\\&\times\sum_{i=0}^\infty\Gamma\left(\frac{k+i+1}{2}\right)\frac{(\delta t)^i}{i!}\left(\frac{2}{k+t^2}\right)^{i/2}.\end{aligned}$$

不难验证,T 的分布族是自由度为 $n-1$ 的非中心的 t 分布族, 其非中心参数为 $\delta=\sqrt{n}a/\sigma$. 依赖于 $T=\sqrt{n(n-1)}\overline{X}/S$ 的检验问题变成 $(\delta\leqslant 0,\delta>0)$, 其中 δ 为自由度为 $n-1$ 的 t 分布的非中心参数, 而观察值为 $t=\sqrt{n}\bar{x}\Big/\left(\dfrac{1}{n-1}\sum(x_i-\bar{x})^2\right)^{\frac{1}{2}}$. 容易验证, 对于检验问题 $(\delta\leqslant 0,\delta>0)$, 其水平为 α 的 UMP 检验的否定域为 $\mathcal{C}\triangleq\{t:t\geqslant t_{1-\alpha}(n-1)\}$, 其中 $t_{1-\alpha}(n-1)$ 是自由度为 $n-1$ 的 t 分布的 $1-\alpha$ 分位点. 原因在于以下两点:

(i) 对任何 $\delta_0<0$, 由非中心 t 分布的性质知

$$\mathbf{P}_{\delta=\delta_0}\{T\geqslant t_{1-\alpha}(n-1)\}\leqslant\mathbf{P}_{\delta=0}\{T\geqslant t_{1-\alpha}(n-1)\}\leqslant\alpha,$$

故而此检验的水平为 α;

(ii) 对任何 $\delta_1>0$, 以 $\mathcal{C}$ 为否定域的检验是检验问题 $(\delta=0,\delta=\delta_1)$ 的 UMP 检验. 这是由于, 据 N-P 引理以及非中心 t 分布的概率密度表达式易得

$$\frac{f(t;n-1,\delta_1)}{f(t;n-1,0)}=\mathrm{e}^{-\delta_1^2/2}\sum_{i=0}^{\infty}a(n,i)\delta_1^i\left(\frac{t}{\sqrt{n-1+t^2}}\right)^i,$$

其中 $a(n,i)>0$ 是只与 n,i 有关的常数, 且上式右边是关于 t 的严格单调增的函数.

回到原来的问题, 其相应的否定域为

$$\left\{\frac{\sqrt{n}\overline{X}}{\left(\dfrac{1}{n-1}\displaystyle\sum_{i=1}^{n}(X_i-\overline{X})^2\right)^{\frac{1}{2}}}\geqslant t_{1-\alpha}(n-1)\right\}.$$

这个检验是依赖于充分统计量 $(\overline{X},S)$ 的水平为 α 的 UMPI 检验, 但这并不是说它一定就是依赖于原来样本 $(X_1,\cdots,X_n)$ 的水平为 α 的 UMPI 检验, 在此我们不再深究这个问题了.

§4.8　χ^2 检 验

前面所述的各种检验方法除假定样本是随机样本外, 还假定样本来自某一已知的分布类型 (其中的某些参数可能未知), 对这类模型中的假设检验问题的求解方法属于参数检验方法. 但在很多场合, 人们不知道总体的概率分布类型, 而只能得到非参数统计结构, 因而有必要研究一些非参数检验方法, 这类方法对来自任何未知分布的总体的样本数据都适用.

χ^2 检验就是一种常用的非参数检验方法. 许多不同类型、不同方法的检验问题最终都可归结为 χ^2 检验, 这种检验主要适用于分类数据, 用来评价在各类内所观测到的频数是否显著不同于在一定假设下的期望频数. 这类检验和后面几节将要介绍的基于计数统计量、U 统计量和秩统计量的一些检验方法都属于非参数检验方法.

χ^2 检验中采用的检验统计量为 Pearson**统计量**:

$$\chi^2 = \sum_{i=1}^{k} \frac{(O_i - E_i)^2}{E_i},$$

其中 O_i 是第 i 类内的观测频数, E_i 是原假设为真时, 第 i 类的期望频数, $\sum$ 是对所有的 k 类数据求和. K.Pearson 证明, 当 $k > 2, n \to \infty$ 时, $\chi^2 \xrightarrow{\mathcal{L}} \chi^2_{k-1}$, 故也称这个统计量为 χ^2**统计量**.

本节介绍与拟合优度、变量的独立性、比率的齐性有关的 χ^2 检验.

一、 拟合优度检验

通常的假设检验问题, 总是先假定总体的真分布属于某种类型的分布族, 如正态分布族等, 然后再对未知参数提出相应的假设检验问题. 但拟合优度检验却不同, 用通俗的话说, 拟合优度检验所讨论的问题是对关于这些分布类型的假定进行检验. 例如, 一般情况下, 我们假定总体为正态分布, 这是根据以前的经验作出的. 假如我们没有过去的经验, 或者我们对过去的经验能否适用于目前的总体采取怀疑的态度, 此时, 我们就需要利用数据来验证我们的假定. 这类问题的任务是验证数据与假定是否拟合得很好, 因此, 我们称这类问题为**拟合优度检验问题**.

拟合优度检验问题的第一个特点是, 它可以仅由一个原假设 H_0 所确定, 而 H_1 往往就是 H_0 的对立面, 这是不言自明、不需指定的. 例如, 假设检验问题

$$H_0: \text{总体分布为正态分布} \longleftrightarrow H_1: \text{总体分布不是正态分布} \tag{8.1}$$

就是一个拟合优度检验问题. 因此, (8.1) 也可以写成

$$H_0: \text{总体分布为正态分布}. \tag{8.2}$$

而 H_1 是不言自明的.

拟合优度检验问题的第二个特点是, 当拒绝 H_0 时, 其结论很强. 例如, 在讨论 (8.2) 的假设检验问题时, 若根据得到的数据, 否定了 H_0, 我们不仅有很大的把握说, 这组数据并不来自正态总体, 而且可以明确地说, 这组数据的真分布与正态分布相差甚远. 当检验结果不否定 H_0 时, 我们只好说 H_0 成立. 但这个结论不是很强, 因为实际的总体很可能不是正态总体, 只能说, 这些数据很像来自正态总体的样本, 无法与正态总体区别开来. 当然从统计学的角度来说, 当检验结果不否定 H_0 时, 可以承认总体为正态分布的假设, 因为假定本身也是很脆弱的. 例如伪随机数, 不是均匀分布的样本, 但很像来自均匀分布的样本, 在实际使用中就将它看成均匀分布的样本.

拟合优度检验问题的第三个特点是, 由 H_0 所确定的分布集合总是比较小的, 而 H_1 的范围则比较大. 若分布 F 属于 H_0 所确定的分布集合, 当分布 F 稍加变动后就进入 H_1 的范围, 而 H_1 中的分布则不能, H_1 中的分布离 H_0 可能很远, 因此下面这个假设是不合适的:

$$H_0: \text{总体分布不是正态分布} \longleftrightarrow H_1: \text{总体分布是正态分布}.$$

本节介绍的问题是 H_0 中只含有一个分布的拟合优度检验问题, 例如, H_0 : 总体分布为 $N(0,1)$, 解决的方法是利用 χ^2 检验. 其要点是将观察到的随机变量离散化, 把随机变量的取值归成 k 个类别. 这

样, 把问题转化为判断单个变量的 k 类内的频数 $(n_1,\cdots,n_k)$ 的分布参数 $\boldsymbol{p}=(p_1,\cdots,p_k)$ 是否与所给定的理论分布相适应. 事实上, 这个理论分布总是可以用多项分布 $M(n,k,\boldsymbol{p_0})$ 来近似, 其中 $n=\sum\limits_{i=1}^{k}n_i$, $\boldsymbol{p_0}=(p_{10},\cdots,p_{k0})$. 通常采用的假设检验问题为

$$H_0:\ \boldsymbol{p}=\boldsymbol{p_0}\ \longleftrightarrow\ H_1:\ \boldsymbol{p}\neq\boldsymbol{p_0}. \tag{8.3}$$

当 H_0 成立且样本容量 n 较大时, 频率 $\dfrac{n_i}{n}$ 与概率 $p_{i0}\,(i=1,\cdots k)$ 的差异不应太大, 因此,

$$\left(\frac{n_i}{n}-p_{i0}\right)^2$$

不应太大. 可采用统计量

$$\sum_{i=1}^{k}h_i\left(\frac{n_i}{n}-p_{i0}\right)^2 \tag{8.4}$$

来度量样本与 H_0 中假设的分布的吻合程度, 其中 h_i 是适当选定的系数, 以使统计量 (8.4) 有一个理想的极限分布.

K.Pearson 证明, 当 $h_i=\dfrac{n}{p_{i0}}$ 时, 统计量 (8.4) 即为 χ^2 统计量

$$\chi^2=\sum_{i=1}^{k}\frac{(n_i-np_{i0})^2}{np_{i0}}, \tag{8.5}$$

且当 H_0 成立, n 较大时, χ^2 统计量 (8.5) 近似服从 $\chi^2(k-1)$ 分布 (见习题 33). 由此, 当 χ^2 取较大值时拒绝 H_0.

例 8.1　为了调查某个小型私立大学的四个年级中每个年级的学生数是否构成均匀分布, 从该校随机抽取 4500 个本科生, 查得一年级 1200 人, 二年级 1100 人, 三年级 1150 人, 四年级 1050 人. 记 X_i 为第 i 个学生的类别, 即 $X_i=1,2,3$ 或 4. 每个年级的学生数构成均匀分布的意思是 $\mathbf{P}\{X_i=r\}=1/4, r=1,2,3,4$. 我们将这个问题看成拟合优度检验问题 (8.3), 其中 $k=4$, $p_{i0}=1/4, i=1,2,3,4$. 对于这个问题, 我们采用 χ^2 统计量 (8.5). 在原假设为真的条件下, χ^2 的分布是自由

度为 $k-1=3$ 的 χ^2 分布 (见习题 33 和习题 34). 下面, 给定显著性水平 $\alpha=0.05$, 做 χ^2 检验.

已知观测频数为: 1200, 1100, 1150, 1050, 当原假设为真时, 对应的 4 个期望频数均为 $4500/4=1125$, 统计量 χ^2 的值为

$$\chi^2=\frac{(1200-1125)^2}{1125}+\frac{(1100-1125)^2}{1125}+\frac{(1150-1125)^2}{1125}+\frac{(1050-1125)^2}{1125}$$
$$=11.111>\chi^2_{1-0.05}(3)=7.81.$$

故应拒绝 H_0, 认为四个年级的学生数并不来自均匀分布.

此外, 对于 χ^2 检验的应用, 提出以下三个需要注意的问题:

(i) 对 $k>2$, 这种 χ^2 近似程度一般情况下都不错, 但对 $k=2$, 效果却不理想, 因而对于这种情况, 一般采用 Yates 的连续性修正统计量

$$\chi^2=\sum_{i=1}^{k}\frac{(|O_i-E_i|-0.5)^2}{E_i}.$$

(ii) 在许多实际问题中, 要检验的分布可能不是完全已知的, 其中某些参数未知, 这时我们可以用 ML 估计来代替这些未知参数. 此时的极限分布仍为 χ^2 分布, 但是自由度不再是 $k-1$, 而是 $k-1$ 再减去未知参数的个数.

(iii) 由于当 np_i 较小时, 用 Pearson 统计量检验的结果不好, 于是 Cochran [1952] 提出当某个 $np_i<1$ 时, 把这个第 i 类合并到第 $i-1$ 类或者第 $i+1$ 类中去, 直至合并后相应的 np_i 大于 1.

例 8.2 一个汽车运输队共有 220 名司机, 一年中记录的交通事故发生数如下表 4.8.1 所示:

表 4.8.1 汽车运输队 220 名司机一年中交通事故发生数

事故数	0	1	2	3	4	5	$\geqslant 6$
司机数	181	9	4	10	7	4	5

试问事故发生数是否服从泊松分布 $P(\lambda)$. 此问题中我们感兴趣的原假设为

$$H_0: X\sim P(\lambda),$$

其中 $X=0,1,\cdots$ 为事故发生数. 用 X_i 表示第 i 个司机在该年内发生的事故数, $i=1,\cdots,220$, 则 λ 的 ML 估计为

$$\hat{\lambda}=\frac{1}{220}\sum_{i=1}^{220}X_i=0.568.$$

由泊松分布的分布律可求得这 7 类的期望频数如下:

$$n\hat{p}_{10}=124.7,\ n\hat{p}_{20}=70.8,\ n\hat{p}_{30}=20.1,\ n\hat{p}_{40}=3.8,$$

$$n\hat{p}_{50}=0.5<1,\ n\hat{p}_{60}=0.1<1,\ n\hat{p}_{70}=0.$$

故应把后四类合并为一类, 即此时 $k=4$, 合并后的期望频数为

$$n\hat{p}_{10}=124.7,\ n\hat{p}_{20}=70.8,\ n\hat{p}_{30}=20.1,\ n\hat{p}_{40}=4.4.$$

这样, 算得 χ^2 统计量的值为 198.3, 自由度为 $k-1-1=2$, 查表知

$$\mathbf{P}\{\chi_2^2>198.3\}<0.001.$$

故我们有充分理由拒绝原假设, 认为事故发生数不服从泊松分布.

χ^2 检验对于分类数据和离散型随机变量的拟合优度检验是非常适用的, 对于连续型随机变量的情况, 可将连续型随机变量离散化后使用 χ^2 检验. 比如, 设 $X_1,\cdots,X_n\sim\text{iid}F(x)$, $F(x)$ 为 $(-\infty,\infty)$ 上未知的分布函数, 感兴趣的检验问题为

$$H_0:\ F(x)=F_0(x),\ \ x\in\mathbb{R},$$

其中 $F_0(x)$ 为形式已知但可能带有未知参数的分布函数.

对此问题, 必须首先把整个实数轴分成若干段, 比如, 分成 k 个区间: $(-\infty,a_1),[a_1,a_2),\cdots,[a_{k-1},+\infty)$, 此时, $p_{i0}=F_0(a_i)-F_0(a_{i-1})$, $i=1,\cdots,k$, $a_0=-\infty$, $a_k=+\infty$. 如果用 n_i 表示样本 $X_1,\cdots,X_n$ 落在区间 $[a_{i-1},a_i)$ 中的个数, 则仍可用前面的离散方法来处理这里的连续问题. 但需注意的是, 这种处理方法也存在如下缺陷:

(i) 这样做实际上检验的是

$$H_0':\ F(a_i)-F(a_{i-1})=F_0(a_i)-F_0(a_{i-1}),\quad i=1,\cdots,k,$$

而不是 $H_0: F(x) = F_0(x), \forall x \in \mathbb{R}$;

(ii) 这种处理方法是依赖于区间划分的, 有些区间内可能没有数据. 为尽量克服这一缺点, 在划分区间时, 应保证每一个 $n_i \geqslant 5$ 且样本容量足够大;

(iii) 在某些情况下, 上述方法并不适用, 有关这方面的讨论参见 Kimber [1989].

另需注意的是, 虽然从理论上讲, 不管总体是什么分布类型, 都可以用 χ^2 检验法, 但对于连续型随机变量, 其他一些检验法可能更好, 如: Kolmogorov 检验、Cramer-Von Mises 检验、Smirnov 检验等等 (参见文献吴喜之, 王兆军等 [1996] 和陈家鼎, 郑忠国 [2007]).

二、 变量独立性的 χ^2 检验

设随机变量 X 的可能取值为 $x_1, \cdots, x_s$, Y 的可能取值为 $y_1, \cdots, y_t$, 对向量 (X, Y) 进行了 n 次独立观测, 记 "X 取 x_i, Y 取 y_j" 的次数为 n_{ij}, 概率 $p_{ij} = \mathbf{P}\{X = x_i, Y = y_j\}$, 其中

$$n_{i\cdot} = \sum_{j=1}^{t} n_{ij}, \quad n_{\cdot j} = \sum_{i=1}^{s} n_{ij} \quad i = 1, \cdots, s; j = 1, \cdots, t.$$

这种数据常被排成如下表格, 称为**列联表**:

	y_1	$\cdots$	y_t	$n_{i\cdot}$
x_1	n_{11}	$\cdots$	n_{1t}	$n_{1\cdot}$
$\vdots$	$\vdots$		$\vdots$	$\vdots$
x_s	n_{s1}	$\cdots$	n_{st}	$n_{s\cdot}$
$n_{\cdot j}$	$n_{\cdot 1}$	$\cdots$	$n_{\cdot t}$	n

假设检验问题的原假设为

$$H_0: X\text{与}Y\text{相互独立, 也即}: p_{ij} = p_{i\cdot} p_{\cdot j},\ i = 1, \cdots, s; j = 1, \cdots, t;$$

对立假设为

$$H_1: X\text{与}Y\text{不相互独立}.$$

不难看出, 在 H_0 下, 参数的 ML 估计为

$$\hat{p}_{ij} = \hat{p}_{i\cdot}\hat{p}_{\cdot j} = \frac{n_{i\cdot}}{n}\frac{n_{\cdot j}}{n},$$

则 Pearson 统计量为

$$\chi^2 = \sum_{i=1}^{s}\sum_{j=1}^{t}\frac{(n_{ij}-n\hat{p}_{ij})^2}{n\hat{p}_{ij}} = \sum_{i=1}^{s}\sum_{j=1}^{t}\frac{\left(n_{ij}-\dfrac{n_{i\cdot}n_{\cdot j}}{n}\right)^2}{\dfrac{n_{i\cdot}n_{\cdot j}}{n}}$$

$$= n\left(\sum_{i=1}^{s}\sum_{j=1}^{t}\frac{n_{ij}^2}{n_{i\cdot}n_{\cdot j}} - 1\right).$$

当 $n \to \infty$ 时, 有 $\chi^2 \xrightarrow{\mathcal{L}} \chi^2((s-1)(t-1))$, 故当 χ^2 取较大值时拒绝 H_0.

对于变量独立的 χ^2 检验, 有几点需要注意:

(i) 正如拟合优度检验一样, 当自由度为 $(s-1)(t-1)=1$ 时, 在 2×2 的列联表中, χ^2 统计量往往过高估计两个变量之间的关系, 此时可采用 Yates 的连续性修正统计量, 从而得到一个更保守的估计, 其中每个格子的 O_i 与 E_i 之差的绝对值再减去 0.5.

(ii) 若要检验连续变量列联表数据的独立性, 需要根据实际情况将变量的值域分成若干个互不相容的小区间, 得到各个小区间上的频数, 然后按照上述方法进行检验. 但在应用上面的极限分布时, 应尽可能保证每个区间上的理论频数不要太小. 许多学者建议应使 $\dfrac{n_{i\cdot}n_{j\cdot}}{n} \geqslant 10$. 有关这方面的讨论可参考文献: Cochran [1952], Cochran [1954] 和 Diaconis and Efron [1985].

(iii) 对三个变量 X, Y, Z 的独立性检验, 方法与两个变量的完全相同, 只是相应的 Pearson 统计量变为

$$\chi^2 = \sum_{i=1}^{s}\sum_{j=1}^{t}\sum_{k=1}^{r}\frac{(n_{ijk} - n\frac{n_{i\cdot\cdot}}{n}\frac{n_{\cdot j\cdot}}{n}\frac{n_{\cdot\cdot k}}{n})^2}{n\frac{n_{i\cdot\cdot}}{n}\frac{n_{\cdot j\cdot}}{n}\frac{n_{\cdot\cdot k}}{n}}.$$

当样本量很大时, 其极限分布为 χ^2 分布, 自由度为

$$(r-1)(s-1)(t-1)+(r-1)(s-1)+(r-1)(t-1)+(s-1)(t-1).$$

三、 比率齐性的 χ^2 检验

仍考虑上述 $s\times t$ 列联表, 检验问题为

$$H_0:\ p_{i|1}=\cdots=p_{i|t}=p_i\ (i=1,\cdots,s)\longleftrightarrow H_1:\ \text{等式不全成立},$$

其中 $p_i=\mathbf{P}\{X=x_i\}, \sum\limits_{i=1}^{s}p_i=1$. H_0 成立, 意味着事件 $\{Y=y_j\}$ 发生的概率与 j 无关, 这样一来, 这个列联表数据就可看做 t 个独立的多项分布, 故 n_{ij} 的期望为 $n_{\cdot j}p_i$, 相应的 Pearson 统计量为

$$\chi^2=\sum_{i=1}^{s}\sum_{j=1}^{t}\frac{(n_{ij}-n_{\cdot j}p_i)^2}{n_{\cdot j}p_i}.$$

若在 H_0 下所有的 p_i 都已知, 此时, 分布族中自由参数的个数为 $t(s-1)$, Pearson 统计量的分布可用自由度为 $t(s-1)$ 的 χ^2 分布近似. 但很多情况下, p_i 未知, 我们只能用其估计值 $\hat{p}_i=\dfrac{n_{i\cdot}}{n}$ 来代替. 这样, 被估参数 p_i 的个数为 $s-1$(指自由参数的个数), 此时的 Pearson 统计量为

$$\chi^2=\sum_{i=1}^{s}\sum_{j=1}^{t}\frac{(n_{ij}-n_{\cdot j}\hat{p}_i)^2}{n_{\cdot j}\hat{p}_i}.$$

它在 H_0 下的近似分布是自由度为 $(s-1)(t-1)$ 的 χ^2 分布.

例 8.3 一位海洋生物学家想知道人工养殖的海水鱼的雄性比例是否会受海水池的影响. 他随机选择了四个海水池, 计算每个池中海水鱼的雌雄个数, 结果如下表 4.8.2 所示. 给定 $\alpha=0.05$, 检验问题为

$$H_0:\text{四个海水池中鱼的雄性比例相同}.$$

表 4.8.2 四个海水池中鱼的雌雄分布情况表

	池塘 1	池塘 2	池塘 3	池塘 4	总数
雄性	59	68	47	56	230
雌性	68	60	55	67	250
总数	127	128	102	123	480

对于这个检验问题, 也即

$$H_0:\ p_{i|1}=p_{i|2}=p_{i|3}=p_{i|4},\ i=1,2\longleftrightarrow H_1:\ \text{等式不全相等}.$$

这里 $s=2, t=4$, 计算 χ^2 值:

$$\begin{aligned}\chi^2 =&\frac{(59-60.854)^2}{60.854}+\frac{(68-61.333)^2}{61.333}+\frac{(47-48.875)^2}{48.875}+\frac{(56-58.938)^2}{58.938}\\&+\frac{(68-66.146)^2}{66.146}+\frac{(60-66.667)^2}{66.667}+\frac{(55-53.125)^2}{53.125}+\frac{(67-64.062)^2}{64.062}\\=&1.919.\end{aligned}$$

自由度为 $(2-1)\times(4-1)=3$, 查表得 $\chi^2_{0.05}(3)=7.81$, 由于 $\chi^2<7.81$, 故不能拒绝 H_0.

§4.9 基于计数统计量的检验

定义 9.1 设 X 为随机变量, 对给定的实数 θ_0, 记

$$\Psi=\psi(X-\theta_0),$$

其中 $\psi(t)$ 是符号函数 (即 $\psi(t)=I_{\{t>0\}}$), 则称 Ψ 为 X**按**θ_0**分段的计数统计量**, 即当 $X>\theta_0$ 的时候, Ψ 取 1; 当 $X\leqslant\theta_0$ 的时候, Ψ 取 0.

对于计数统计量, 显然有如下结论.

定理 9.1 设随机变量 $X_1,\cdots,X_n$ 相互独立, 对 $i=1,\cdots,n$, Ψ_i 为 X_i 按 θ_0 分段的计数统计量, X_i 的分布函数为 $F_i(x)$, 且 $F_i(\theta_0)=p_0\in(0,1)$, 则 $\Psi_i(i=1,\cdots,n)$ 相互独立且同服从参数为 $(1-p_0)$ 的两点分布.

设 $X_1,\cdots,X_n$ 是来自某总体 F 的一个简单随机样本, 对 $i=1,\cdots,n$, Ψ_i 为 X_i 按 θ_0 分段的计数统计量, $S(\Psi_1,\cdots,\Psi_n)$ 是任一依赖 $\Psi_1,\Psi_2,\cdots,\Psi_n$ 的统计量, 则由定理 9.1 知, S 相对于任意分布函数 $F\in\mathcal{F}=\{F:F(\theta_0)=p_0\}$ 有固定不变的分布, 这样的统计量 S 统称为**计数统计量**. 最常用的一个计数统计量是 $S=\sum\limits_{i=1}^n\Psi_i=\sum\limits_{i=1}^n\psi(X_i)$. 可以用这样的统计量来对总体分布的分位数进行假设检验和区间估计.

下例中的符号检验即是基于计数统计量的一类重要检验.

例 9.1(符号检验) 设 $X_1,\cdots,X_n$ 是来自连续分布总体的简单随机样本, 分布函数为 $F(x)$, 对于检验问题

$$H_0: F(0)=\frac{1}{2} \longleftrightarrow H_1: F(0)\neq \frac{1}{2}$$

可采用计数统计量

$$S=\sum_{i=1}^{n}\psi(X_i),$$

其中 $\psi(t)$ 是符号函数. 由定理 9.1 不难看出, 计数统计量 S 在 H_0 下的分布是参数为 n 和 $1/2$ 的二项分布. 给定显著水平 α, 即可确定整数 $c_1, c_2\ (c_1<c_2)$, 满足

$$\mathbf{P}\{S\leqslant c_1\}\leqslant\frac{\alpha}{2},\quad \mathbf{P}\{S\geqslant c_2\}\leqslant\frac{\alpha}{2},$$

则该检验的拒绝域为

$$\{S\leqslant c_1\}\cup\{S\geqslant c_2\}.$$

在实际工作中, 符号检验主要用于对照试验. 比如在临床医学研究中, X 是控制组的某项指标的记录, Y 是处理组的某项指标的记录. 若需比较这两组中这种指标是否有处理效应, 可对随机变量 $Z=X-Y$ 进行符号检验. 若没有处理效应, 则 X 与 Y 的地位相同, Z 与 $-Z$ 有相同的分布, 也就是说, Z 的分布 $F(z)$ 是关于原点对称的, 因而 $F(0)=1/2$. 以 $X_1-Y_1,\cdots,X_n-Y_n$ 的观测值为样本, 按照例 9.1 中的方法检验 $H_0: F(0)=1/2$, 若拒绝 H_0, 则认为有处理效应.

同理, 若检验 $H_0: F(\theta_0)=p_0$, 其中 F 为变量 X 的分布函数, 只需取统计量 $S=\sum\limits_{i=1}^{n}\psi(X_i-\theta_0)$, 在 H_0 下它的分布为 $B(n,1-p_0)$. 利用这个分布, 拒绝原假设的拒绝域即可确定.

例 9.2 设 $X_1,\cdots,X_n$ 是来自连续分布总体的简单随机样本, 分布函数为 $F(x)$, 设该分布的中位数为 θ. 若要检验 θ 是否等于某个给定的常数 θ_0, 可提出如下假设:

$$H_0: F(\theta_0)=\frac{1}{2} \longleftrightarrow H_1: F(\theta_0)\neq\frac{1}{2}.$$

对这个问题, 采用的计数统计量为

$$S=\sum_{i=1}^{n}\psi(X_i-\theta_0),$$

其中 $\psi(t)$ 是符号函数. 由定理 9.1 易证, S 在 H_0 下的分布是参数为 n 和 $1/2$ 的二项分布.

给定显著水平 α, 即可确定整数 c_1, c_2 (注意: 这两个整数与例 9.1 中的一样, 只是采用的计数统计量 S 的形式不同), 满足

$$\mathbf{P}\{S\leqslant c_1\}\leqslant\frac{\alpha}{2},\quad \mathbf{P}\{S\geqslant c_2\}\leqslant\frac{\alpha}{2}.$$

因此该检验的拒绝域为

$$\{S\leqslant c_1\}\cup\{S\geqslant c_2\}.$$

此外, 不难看出 θ 的置信度为 $1-\alpha$ 的双侧置信区间为

$$\left\{\theta:\, c_1\leqslant\sum_{i=1}^{n}\psi(X_i-\theta)\leqslant c_2\right\}.$$

对此集合, 可以解出 θ 的显式表示形式为

$$\begin{aligned}
&\left\{c_1\leqslant\sum_{i=1}^{n}\psi(X_i-\theta)\leqslant c_2\right\}\\
&\quad\Leftrightarrow\{X_1-\theta,\cdots,X_n-\theta\text{中正数的个数至少有 }c_1\text{个, 至多有 }c_2\text{ 个}\}\\
&\quad\Leftrightarrow\{X_{(1)}\leqslant\theta,\cdots,X_{(n-c_2)}\leqslant\theta\text{且}X_{(n-c_1+1)}>\theta,\cdots,X_{(n)}>\theta\}\\
&\quad\Leftrightarrow\{\theta: X_{(n-c_2)}\leqslant\theta<X_{(n-c_1+1)}\},
\end{aligned}$$

其中 $X_{(1)},\cdots,X_{(n)}$ 为 $X_1,\cdots,X_n$ 的次序统计量.

§4.10 U 统计量的检验

一、单样本的 U 统计量

设 $\mathcal{F}$ 为一个分布族, 又设 θ 为分布 $F\in\mathcal{F}$ 的参数, 若存在样本容量为 m 的样本 $X_1,\cdots,X_m$ 的统计量 $\phi(X_1,\cdots,X_m)$, 使得对分布族 $\mathcal{F}$ 中的任意分布 F 都成立 $\mathbf{E}_F\phi(X_1,\cdots,X_m)=\theta$, 则称 **$\theta$对$\mathcal{F}$是$m$可估的**. 使得上述关系成立的最小样本容量称为参数 θ 的**自由度**, 并称统计量 $\phi(X_1,\cdots,X_m)$ 为 θ 的**核函数**.

定义 10.1 设 $\boldsymbol{X}=(X_1,\cdots,X_n)$ 是总体 $F(x;\theta)\in\mathcal{F}$ 的样本, 并设自由度为 $m(m\leqslant n)$ 的可估参数 θ 有对称的核函数 $\phi(X_1,\cdots,X_m)$ (对称性是指, 对 $(1,\cdots,m)$ 的任一排列 $(\alpha_1,\cdots,\alpha_m)$ 都有 $\phi(x_{\alpha_1},\cdots,x_{\alpha_m})=\phi(x_1,\cdots,x_m)$), 令

$$U=U(X_1,\cdots,X_n)=\binom{n}{m}^{-1}\sum\phi(X_{i_1},\cdots,X_{i_m}),\tag{10.1}$$

其中 $1\leqslant i_1<\cdots<i_m\leqslant n$, $\sum$ 是对所有组合 $(i_1,\cdots,i_m)$ 求和, 则称 U 为以 $\phi(X_1,\cdots,X_m)$ 为核函数的参数 θ 的 U**统计量**.

U 统计量在非参数检验中占有重要地位, 许多非参数检验都是建立在 U 统计量基础之上的.

例 10.1 设非负随机变量 X 表示某种电子元器件的寿命, 而分布函数 $F(x)$ 的形式未知. 考虑检验问题

$$H_0: \text{元件无老化现象} \longleftrightarrow H_1: \text{元件有老化现象}.\tag{10.2}$$

一般地, 对任意 $s>0, t>0$, 若 $\mathbf{P}\{X>s+t|X>t\}<\mathbf{P}\{X>s\}$, 则称该元件有老化现象; 若 $\mathbf{P}\{X>s+t|X>t\}=\mathbf{P}\{X>s\}$, 则称该元件无老化现象, 元件无老化现象是产品寿命分布的一个特性. 若元件的寿命分布为指数分布, 则这种元件不会老化. 一般情况下, 具有耗损性能的元件, 其寿命都会老化, 只有由于偶然因素造成元件寿终的, 才不会老化, 例如, 玻璃灯罩的寿命可看成是服从指数分布的, 这种灯罩, 只要它不碎, 就跟新的产品一样, 不会老化, 只有遇到外力把它打碎, 寿命才终止. 但是灯泡的情况就不一样了, 随着使用年限的增长, 其继续使用的期望寿命会缩短. 但是, 在工程界, 对于性能稳定的产品, 也认为它们是不会老化的, 这只是一种近似的说法. 一般工程界认为电子元件的寿命服从指数分布.

显然, 成立下式:

$$\begin{aligned}\mathbf{P}\{X>s+t|X>t\}=\mathbf{P}\{X>s\} &\iff S(s+t)=S(s)\cdot S(t),\\ \mathbf{P}\{\boldsymbol{X}>s+t|X>t\}<\mathbf{P}\{X>s\} &\iff S(s+t)<S(s)\cdot S(t),\end{aligned}$$

其中 $S(x)=1-F(x)$, $S(x)$ 在可靠性统计中称为**可靠性函数**, 在生存

分析中称为**生存函数**. 令

$$\omega=\int_0^\infty\int_0^\infty(S(s)\cdot S(t)-S(s+t))\mathrm{d}F(s)\mathrm{d}F(t),$$

则检验问题 (10.2) 可简化为

$$H_0:\omega=0\longleftrightarrow H_1:\omega>0. \tag{10.3}$$

利用下列公式:

$$\int_0^\infty\int_0^\infty S(s)\cdot S(t)\mathrm{d}F(s)\mathrm{d}F(t)=\int_0^1\int_0^1(1-u)\cdot(1-v)\mathrm{d}u\mathrm{d}v=\frac{1}{4},$$

$$\begin{aligned}\int_0^\infty\int_0^\infty S(s+t)\mathrm{d}F(s)\mathrm{d}F(t)&=\int_0^\infty\int_0^\infty\mathbf{P}\{X_1>x_2+x_3\}\mathrm{d}F(x_2)\mathrm{d}F(x_3)\\&=\mathbf{P}\{X_1>X_2+X_3\}\triangleq\theta,\end{aligned}$$

其中 X_1,X_2,X_3 是测试该元件寿命的任意三次记录, 可将检验问题 (10.3) 进一步简化为

$$H_0:\theta=\frac{1}{4}\longleftrightarrow H_1:\theta<\frac{1}{4}. \tag{10.4}$$

下面的关键问题是寻找一个合适的检验统计量. 设 $X=(X_1,\cdots,X_n)$ 是 $F(x)$ 的一个样本, 易知

$$g(X_1,X_2,X_3)=\begin{cases}1, & X_1>X_2+X_3,\\0, & X_1\leqslant X_2+X_3\end{cases}$$

是 θ 的一个无偏估计, 而对称函数

$$\phi(X_1,X_2,X_3)=\frac{\sum g(X_{i_1},X_{i_2},X_{i_3})}{3!}$$

也是 θ 的一个无偏估计, 其中 (i_1,i_2,i_3) 是 $(1,2,3)$ 的一个置换, $\sum$ 是对所有这种置换求和. 进一步可得 U 统计量

$$U=U(X_1,\cdots,X_n)=\binom{n}{3}^{-1}\sum\phi(X_{i_1},X_{i_2},X_{i_3}) \tag{10.5}$$

仍是 θ 的无偏估计, 其中 $1\leqslant i_1<i_2<i_3\leqslant n$, $\sum$ 是对所有的组合 (i_1,i_2,i_3) 求和.

显然, 当 H_1 为真时, θ 值较小, 故需选取合适的临界值 c, 在 $U(X_1,\cdots,X_n)\leqslant c$ 时, 拒绝原假设, 认为元件老化. 但是, 确定 c 需要我们首先了解 U 统计量的分布情况.

为了简化 U 统计量的渐近分布的推导过程, 不妨设 $\mathbf{E}\phi(X_1,\cdots,X_m)=0$, 否则用 $\phi(X_1,\cdots,X_m)-\theta$ 代替 $\phi(X_1,\cdots,X_m)$.

由 (10.1) 知,

$$\begin{aligned}\mathrm{var}(U)&=\binom{n}{m}^{-2}\sum\mathbf{E}[\phi(X_{i_1},\cdots,X_{i_m})\phi(X_{j_1},\cdots,X_{j_m})]\\&=\binom{n}{m}^{-2}\sum_{c=1}^{m}Q(c),\end{aligned}$$

其中 $1\leqslant i_1<\cdots<i_m\leqslant n$, $1\leqslant j_1<\cdots<j_m\leqslant n$, 第一个等式右边中的 $\sum$ 是对所有的组合 $(i_1,\cdots,i_m)$, $(j_1,\cdots,j_m)$ 求和, 第二个等式右边中,

$$Q(c)=\sum\mathbf{E}[\phi(X_{i_1},\cdots,X_{i_m})\phi(X_{j_1},\cdots,X_{j_m})],$$

且 $Q(c)$ 的求和表达式中的 $\sum$ 是对满足条件 "$\{i_1,\cdots,i_m\}$ 和 $\{j_1,\cdots,j_m\}$ 中恰有 c 个元素相同" 的集合 $\{i_1,\cdots,i_m\}$ 与 $\{j_1,\cdots,j_m\}$ 而求和的.

记 $a=\binom{n}{m}\binom{m}{c}\binom{n-m}{m-c}$, 并记

$$\phi_c(x_1,\cdots,x_c)=\mathbf{E}[\phi(X_1,\cdots,X_m)|X_1=x_1,\cdots,X_c=x_c],\tag{10.6}$$

$$\sigma_c^2=\mathrm{var}[\phi_c(X_1,\cdots,X_c)]=\mathbf{E}[\phi_c(X_1,\cdots,X_c)]^2,\tag{10.7}$$

其中 $c=1,\cdots,m$, 则由样本的独立同分布性进一步可知

$$\begin{aligned}Q(c)&=a\mathbf{E}\big[\phi(X_1,\cdots,X_m)\phi(X_1,\cdots,X_c,X_{m+1},\cdots,X_{2m-c})\big]\\&=a\mathbf{E}\Big\{\mathbf{E}\big[\phi(X_1,\cdots,X_m)\phi(X_1,\cdots,X_c,X_{m+1},\cdots,X_{2m-c})\\&\qquad\qquad|X_1=x_1,\cdots,X_c=x_c\big]\Big\}\\&=a\mathbf{E}\Big\{\mathbf{E}\big[\phi(X_1,\cdots,X_m)|X_1=x_1,\cdots,X_c=x_c\big]\\&\qquad\times\mathbf{E}\big[\phi(X_1,\cdots,X_c,X_{m+1},\cdots,X_{2m-c})|X_1=x_1,\cdots,X_c=x_c\big]\Big\}\\&=a\sigma_c^2.\end{aligned}$$

因此有

$$\begin{aligned}
\mathrm{var}(U) &= \binom{n}{m}^{-1}\sum_{c=1}^{m}\binom{m}{c}\binom{n-m}{m-c}\sigma_c^2 \\
&= \sum_{c=1}^{m}\binom{m}{c}\frac{m!}{(m-c)!}\frac{(n-m)(n-m-1)\cdots(n-2m+c+1)}{n(n-1)\cdots(n-m+1)}\sigma_c^2 \\
&= \sum_{c=1}^{m}\binom{m}{c}\frac{m!}{(m-c)!}[n^{-c}+O(n^{-c-1})]\sigma_c^2 \\
&= m^2[n^{-1}+O(n^{-2})]\sigma_1^2+\sum_{c=2}^{m}\binom{m}{c}\frac{m!}{(m-c)!}[n^{-c}+O(n^{-c-1})]\sigma_c^2 \\
&= \frac{m^2}{n}\sigma_1^2+O(n^{-2}).
\end{aligned}$$

下面的 Hoeffding 定理说明 U 统计量是渐近正态分布的.

定理 10.1 (Hoeffding 定理) 设 $U(X_1,\cdots,X_n)$ 为 (10.1) 定义的 U 统计量, 若 U 的表达式中的 $\phi(X_1,\cdots,X_m)$ 满足条件

$$\mathbf{E}\phi(X_1,\cdots,X_m)=\theta,\quad \mathrm{var}[\phi(X_1,\cdots,X_m)]<+\infty,$$

则有

$$\sqrt{n}\cdot(U-\theta)\xrightarrow{\mathcal{L}}N(0,m^2\sigma_1^2)(n\to\infty),$$

其中 σ_1^2 由 (10.7) 确定.

证明 不妨设 $\theta=0$, 否则用 $\phi(X_1,\cdots,X_m)-\theta$ 代替 $\phi(X_1,\cdots,X_m)$. 令 $W=\frac{m}{n}\sum\limits_{i=1}^{n}\phi_1(X_i)$, 其中 ϕ_1 由 (10.6) 给出. 由样本的独立同分布性质知

$$\sqrt{n}\cdot W\xrightarrow{\mathcal{L}}N(0,m^2\sigma_1^2)\,(n\to\infty).$$

欲证 U 的渐近正态性, 只需证明 $\sqrt{n}(U-W)\xrightarrow{\mathbf{P}}0\,(n\to\infty)$. 由于 $\mathbf{E}\phi_1(X_i)=\mathbf{E}U=0$, 故 $\mathbf{E}[\sqrt{n}(U-W)]=0$, 以下只需验证

$$\mathrm{var}[\sqrt{n}(U-W)]\to 0\,(n\to\infty).$$

易知, $\mathrm{var}(\sqrt{n}W)=m^2\sigma_1^2$, $\mathrm{var}(\sqrt{n}U)\longrightarrow m^2\sigma_1^2(n\to\infty)$. 经计算, 可得

$$\begin{aligned}
\mathrm{cov}(\sqrt{n}U, \sqrt{n}W) &= \mathbf{E}(nUW) \\
&= mn\binom{n}{m}^{-1}\sum \mathbf{E}[\phi(X_{i_1},\cdots,X_{i_m})\phi_1(X_1)] \\
&= mn\binom{n}{m}^{-1}\sum \mathbf{E}[\phi(X_1, X_{j_2},\cdots,X_{j_m})\phi_1(X_1)] \\
&= mn\binom{n}{m}^{-1}\binom{n-1}{m-1}\mathbf{E}[\phi(X_1,\cdots,X_m)\phi_1(X_1)] \\
&= mn\binom{n}{m}^{-1}\binom{n-1}{m-1}\cdot\mathbf{E}\Big[\mathbf{E}\big[\phi(X_1,\cdots,X_m)\phi_1(X_1)|X_1=x_1\big]\Big] \\
&= mn\binom{n}{m}^{-1}\binom{n-1}{m-1}\mathbf{E}[\phi_1(X_1)]^2 \\
&= m^2\sigma_1^2,
\end{aligned}$$

其中, $i \leqslant i_1 \leqslant \cdots \leqslant i_m \leqslant n, 2 \leqslant j_2 \leqslant \cdots \leqslant j_m \leqslant n$, 上式中的两个 $\sum$ 是对所有组合 $(i_1,\cdots,i_m)$, $(j_2,\cdots,j_m)$ 求和. 综合上面给出的两个等式和一个极限式, 可知当 $n\to\infty$ 时, $\mathrm{var}[\sqrt{n}(U-W)] \longrightarrow 0$. □

例 10.2 (续例 10.1) 这里 $m=3$, 当原假设成立时, $\theta=\dfrac{1}{4}$, 且

$$\begin{aligned}
\phi_1(x_1) &= \mathbf{E}[\phi(X_1,X_2,X_3)|X_1=x_1] \\
&= \frac{1}{3}\mathbf{P}\{x_1 > X_2+X_3\} + \frac{1}{3}\mathbf{P}\{X_2 > x_1+X_3\} + \frac{1}{3}\mathbf{P}\{X_3 > x_1+X_2\} \\
&= \frac{1}{3}\int_0^{x_1} F(x_1-x_3)\mathrm{d}F(x_3) + \frac{2}{3}\int_0^{\infty} S(x_3+x_1)\mathrm{d}F(x_3) \\
&= \frac{1}{3}\int_0^{x_1}\left[1-\frac{S(x_1)}{S(x_3)}\right]\mathrm{d}F(x_3) + \frac{2}{3}\int_0^{\infty} S(x_3)S(x_1)\mathrm{d}F(x_3) \\
&= \frac{1}{3}\big[F(x_1)+S(x_1)\ln S(x_1)\big] + \frac{1}{3}S(x_1) \\
&= \frac{1}{3}\big[1+S(x_1)\ln S(x_1)\big],
\end{aligned}$$

其中 $S(x)=1-F(x)$ 为 x 的生存函数. 经过简单计算可知,

$$\mathbf{E}\phi_1(X_1) = \frac{1}{4},$$

$$\begin{aligned}\mathbf{E}[\phi_1(X_1)]^2 &= \frac{1}{9}\int_0^{\infty}\left[1+S(x_1)\ln S(x_1)\right]^2 \mathrm{d}F(x_1)\\ &= \frac{1}{9}\int_0^{1}\left[1+(1-u)\ln(1-u)\right]^2 \mathrm{d}u = \frac{31}{486}.\end{aligned}$$

所以, $\sigma_1^2 = \frac{31}{486} - \left(\frac{1}{4}\right)^2 = \frac{5}{3888}$. 由定理 10.1, 在 H_0 成立时,

$$\sqrt{n}\left(U-\frac{1}{4}\right) \xrightarrow{\mathcal{L}} N\left(0, \frac{5}{432}\right)(n\to\infty).$$

故在大样本下, 检验问题 (10.2) 的拒绝域为

$$U \leqslant \frac{1}{4} + \sqrt{\frac{5}{432n}}\cdot z_{1-\alpha},$$

其中 $z_{1-\alpha}$ 表示标准正态分布的 $1-\alpha$ 分位数.

二、两样本的 U 统计量

$X_1,\cdots,X_m$ 和 $Y_1,\cdots,Y_n$ 分别为来自两个相互独立总体 $X\sim F(x)$ 和 $Y\sim G(y)$ 的样本, θ 为分布 (F,G) 的参数, 若存在样本 $X_1,\cdots,X_r\,(r<m)$ 和 $Y_1,\cdots,Y_s\,(s<n)$ 的函数 $\phi(X_1,\cdots,X_r;Y_1,\cdots,Y_s)$, 使得对一切 $(F,G)\in\mathcal{F}$, 都有 $\mathbf{E}_{(F,G)}[\phi(X_1,\cdots,X_r;Y_1,\cdots,Y_s)]=\theta$, 则称参数 θ 关于分布族 $\mathcal{F}$ 是**可估的**. 若使得上述关系成立的最小样本量为 r,s, 则称 (r,s) 为可估参数 θ 的**自由度**, 称 ϕ 为 θ 的**核函数**.

定义 10.2　在上述假设下, 若核函数 $\phi(X_1,\cdots,X_r;Y_1,\cdots,Y_s)$ 在给定 $X_1,\cdots,X_r$ 时为 $Y_1,\cdots,Y_s$ 的对称函数; 在给定 $Y_1,\cdots,Y_s$ 时为 $X_1,\cdots,X_r$ 的对称函数. 令

$$U = U(X_1,\cdots,X_m;Y_1,\cdots,Y_n) = \frac{\sum\phi(X_{i_1},\cdots,X_{i_r};Y_{j_1},\cdots,Y_{j_s})}{\binom{m}{r}\binom{n}{s}}, \tag{10.8}$$

其中 $1\leqslant i_1<\cdots<i_r\leqslant m$, $1\leqslant j_1<\cdots<j_s\leqslant n$, $\sum$ 是对所有组合 $(i_1,\cdots,i_r)$ 和 $(j_1,\cdots,j_s)$ 求和, 则称 U 是可估参数 θ 的 **U统计量**.

易知, $\mathbf{E}U=\theta$, 与单样本的情形类似, 记

$$\begin{aligned}
&\phi_{c_1c_2}(x_1,\cdots,x_{c_1};y_1,\cdots,y_{c_2})\\
&=\mathbf{E}[\phi(X_1,\cdots,X_r;Y_1,\cdots,Y_s)\\
&\qquad|X_1=x_1,\cdots,X_{c_1}=x_{c_1};Y_1=y_1,\cdots,Y_{c_2}=y_{c_2}],
\end{aligned}$$

$$\sigma_{c_1c_2}^2=\mathrm{var}[\phi_{c_1c_2}(X_1,\cdots,X_{c_1};Y_1,\cdots,Y_{c_2})], \tag{10.9}$$

其中 $c_1=0,1,\cdots,r;c_2=0,1,\cdots,s$. 当 $c_1=c_2=0$ 时, 有

$$\phi_{00}=\mathbf{E}[\phi(X_1,\cdots,X_r;Y_1,\cdots,Y_s)]=\theta,\quad \sigma_{00}=0.$$

可以证明

$$\begin{aligned}
\mathrm{var}(U)&=\binom{m}{r}^{-1}\binom{n}{s}^{-1}\sum_{c_1=0}^{r}\sum_{c_2=0}^{s}\binom{r}{c_1}\binom{m-r}{r-c_1}\binom{s}{c_2}\binom{n-s}{s-c_2}\sigma_{c_1c_2}^2\\
&=\frac{r^2}{m}\sigma_{10}^2+\frac{s^2}{n}\sigma_{01}^2+O(m^{-2}+n^{-2}).
\end{aligned}$$

与定理 10.1 的证明类似, 可以得到如下定理.

定理 10.2 (Lehmann-Hoeffding 定理) 对 (10.8) 式定义的两样本 U 统计量, 若

$$\mathbf{E}\phi(X_1,\cdots,X_r;Y_1,\cdots,Y_s)=\theta,\mathrm{var}[\phi(X_1,\cdots,X_r;Y_1,\cdots,Y_s)]<+\infty,$$

则有

$$\frac{U-\theta}{\sqrt{\dfrac{r^2\sigma_{10}^2}{m}+\dfrac{s^2\sigma_{01}^2}{n}}}\xrightarrow{\mathcal{L}}N(0,1)\,(m\to\infty,\ n\to\infty),$$

其中 $\sigma_{10}^2>0,\sigma_{01}^2>0,\sigma_{c_1c_2}^2(c_1=0,1,\cdots,r;c_2=0,1,\cdots,s)$ 由 (10.9) 确定.

例 10.3 (Mann-Whitney 检验) 设样本 $X_1,\cdots,X_m$ 和 $Y_1,\cdots,Y_n$ 分别来自两个相互独立总体 $X\sim F(x)$ 和 $Y\sim G(y)$, 其中 $F(x),G(y)$ 均为连续函数. 考虑检验问题

$$H_0:\ F(x)=G(x)\longleftrightarrow H_1:\ F(x)>G(x),\quad \forall x\in\mathbb{R}.$$

在原假设 H_0 成立时, 对任意 x 都有 $F(x)=G(x)$, 因此

$$\mathbf{P}\{X<Y\}=\int_{-\infty}^{\infty}F(y)\mathrm{d}G(y)=\int_0^1 u\mathrm{d}u=0.5.$$

而在备择假设 H_1 成立时, 对任意 x 都有

$$\mathbf{P}\{X<Y\}=\int_{-\infty}^{\infty}F(y)\mathrm{d}G(y)>\int_{-\infty}^{\infty}G(y)\mathrm{d}G(y)=0.5.$$

若令 $\theta=\mathbf{P}\{X<Y\}$, 上述检验问题可简化为

$$H_0:\ \theta=0.5\longleftrightarrow H_1:\ \theta>0.5.$$

以 $\phi(X_i;Y_j)=I_{\{Y_j-X_i\}}$ 为核函数, 构造 U 统计量

$$U=U(X_1,\cdots,X_m;Y_1,\cdots,Y_n)=\frac{1}{mn}\sum_{i=1}^{m}\sum_{j=1}^{n}\phi(X_i;Y_j).\qquad(10.10)$$

这是 Mann 和 Whitney [1947] 提出的 θ 的一个无偏估计, (10.10) 给出的估计量 U 称为 Mann-Whitney**统计量**. 当 H_1 成立时, U 的值倾向于一个较大值, 所以拒绝域为 $U\geqslant c$.

当 H_0 成立时, $\mathbf{E}U=0.5$, 则

$$\phi_{10}(x_1)=\boldsymbol{E}[\phi(X_1;Y_1)|X_1=x_1]=1-G(x_1)=1-F(x_1),$$

$$\phi_{01}(y_1)=\boldsymbol{E}[\phi(X_1;Y_1)|Y_1=y_1]=F(y_1)=G(y_1),$$

$$\phi_{11}(x_1,y_1)=\phi(x_1,y_1),$$

$$\sigma_{10}^2=\sigma_{01}^2=\frac{1}{12},\quad \sigma_{11}^2=\frac{1}{4},\quad \mathrm{var}(U)=\frac{m+n}{12mn}.$$

由定理 10.2 知, 当 $m\to\infty$, $n\to\infty$ 时,

$$\sqrt{12mn}\cdot\frac{U-0.5}{\sqrt{m+n}}\xrightarrow{\mathcal{L}}N(0,1).$$

因此拒绝域为

$$U\geqslant\frac{1}{2}+\sqrt{\frac{m+n}{12mn}}\cdot z_{1-\alpha},$$

其中 $z_{1-\alpha}$ 为标准正态分布的 $1-\alpha$ 分位数.

§4.11 秩 检 验

设 $X_1, X_2, \cdots, X_N$ 为来自某连续总体的简单随机样本, $X_{(1)} \leqslant X_{(2)} \leqslant \cdots \leqslant X_{(N)}$ 为相应的次序统计量, 若 $X_i = X_{(R_i)}$, 则称 X_i 在 $X_1, X_2, \cdots, X_N$ 中的**秩**为 $R_i(R_i, i=1,2,\cdots,N)$. 通俗地讲, 秩就是样本数据按照升序排列之后, 每个观测值的位置或者次序. 记 $\boldsymbol{R} = (R_1, R_2, \cdots, R_N)$, R 的任意可测函数称为**秩统计量**.

易知, 对于简单随机样本, 无论总体分布如何, $\boldsymbol{R}$ 在集合

$$\mathcal{R} = \{(r_1, r_2, \cdots, r_N) | (r_1, r_2, \cdots, r_N)是(1, \cdots, N)的一个排列\} \quad (11.1)$$

上服从均匀分布, 它取任意一个可能值 $(r_1, r_2, \cdots, r_N)$ 的概率都是 $1/N!$. 由于 X_i 的分布可以是任意的连续分布, 所以, 基于秩与秩统计量的检验方法属于非参数方法.

由于 R 服从均匀分布, 易证以下结论 (留作习题 42).

定理 11.1 对任意的 $1 \leqslant i < j \leqslant N$, 都有

$$\mathbf{P}\{R_i = r\} = 1/N, \quad r = 1, 2, \cdots, N,$$

$$\mathbf{E}R_i = \frac{N+1}{2}, \quad \mathrm{var}(R_i) = \frac{N^2-1}{12};$$

$$\mathbf{P}\{R_i = r_1, R_j = r_2\} = \frac{1}{N(N-1)}, \quad r_1 \neq r_2 = 1, 2, \cdots, N,$$

$$\mathrm{cov}(R_i, R_j) = -\frac{N+1}{12}.$$

秩检验始于 Spearman [1904] 提出的秩相关方法, Wilcoxon [1945] 提出用秩和检验来比较两个总体位置参数. 此后, 秩检验方法越来越受到重视, 其理论和应用都得到了很大发展.

在秩检验方法中, 一个重要的统计量是线性秩统计量, 这个统计量不仅形式直观、计算简单, 而且具有渐近正态性等良好的统计性质, 因而在秩检验中应用最广.

定义 11.1 设 $X_1, X_2, \cdots, X_N$ 为 N 个随机变量, $\boldsymbol{R}=(R_1, R_2, \cdots,$

$R_N)$ 为其对应的秩向量, 称 $S_N = \sum\limits_{i=1}^{N} c_N(i)a_N(R_i)$ 为**线性秩统计量**, 其中 $c_N(1),\cdots,c_N(N)$ 为不依赖于秩 $\boldsymbol{R}$ 的一组常数, 称为**回归系数**, $a_N(r)$, $r=1,2,\cdots,N$ 称为**计分函数**.

注　定义中的符号 $a_N(\cdot), c_N(\cdot), S_N$ 及下标 N 是为了突出它们与样本容量 N 的联系. 一般地, 对 $c_N(1),\cdots,c_N(N)$ 和 $a_N(1),\cdots,a_N(N)$ 这两组常数, 要求每组内的 N 个数不全相等.

定理 11.2　对任意的 $1 \leqslant i < j \leqslant N$, 关于计分函数 $a_N(r)$, 下列结论成立:

$$\mathbf{E}a_N(R_i) = \bar{a}_N,$$

$$\mathrm{var}\big(a_N(R_i)\big) = \frac{1}{N}\sum_{i=1}^{N}\big(a_N(i)-\bar{a}_N\big)^2,$$

$$\mathrm{cov}\big(a_N(R_i), a_N(R_j)\big) = -\frac{1}{N(N-1)}\sum_{i=1}^{N}\big(a_N(i)-\bar{a}_N\big)^2,$$

其中 $\bar{a}_N = \dfrac{1}{N}\sum\limits_{i=1}^{N} a_N(i)$.

定理 11.2 的证明要用到定理 11.1 的结论, 留作习题 43.

定理 11.3　若 $\boldsymbol{R}=(R_1,R_2,\cdots,R_N)$ 为 $\mathcal{R}$ 上均匀分布的秩向量, 则对线性秩统计量 $S_N = \sum\limits_{i=1}^{N} c_N(i)a_N(R_i)$, 有

$$\mathbf{E}S_N = N\bar{c}_N\bar{a}_N,$$

$$\mathrm{var}(S_N) = \frac{1}{N-1}\left[\sum_{i=1}^{N}\big(a_N(i)-\bar{a}_N\big)^2\right]\cdot\left[\sum_{i=1}^{N}\big(c_N(i)-\bar{c}_N\big)^2\right],$$

其中 $\bar{c}_N = \dfrac{1}{N}\sum\limits_{i=1}^{N} c_N(i)$, $\bar{a}_N = \dfrac{1}{N}\sum\limits_{i=1}^{N} a_N(i)$.

证明

$$\mathbf{E}S_N = \sum_{i=1}^{N} c_N(i)\mathbf{E}a_N(R_i) = \sum_{i=1}^{N} c_N(i)\bar{a}_N = N\bar{c}_N\bar{a}_N,$$

$$\mathrm{var}(S_N) = \sum_{i=1}^{N} c_N^2(i)\mathrm{var}\big(a_N(R_i)\big) + \sum_{i\neq j} c_N(i)c_N(j)\mathrm{cov}\big(a_N(R_i), a_N(R_j)\big).$$

由于

$$\sum_{i\neq j} c_N(i)c_N(j) = (N\bar{c}_N)^2 - \sum_{i=1}^{N} c_N^2(i),$$

又由定理 11.2 的结论, 可得

$$\mathrm{var}(S_N) = \frac{1}{N-1}\left[\sum_{i=1}^{N}\left(a_N(i) - \bar{a}_N\right)^2\right]\cdot\left[\sum_{i=1}^{N}\left(c_N(i) - \bar{c}_N\right)^2\right].$$

□

例 11.1 (两样本位置参数的秩和检验) 设样本 $X_1, X_2, \cdots, X_m$ 和 $Y_1, Y_2, \cdots, Y_n$ 分别来自连续总体 X 和 Y, 它们的分布函数分别为 $F(x), G(y)$, 且 $G(y) = F(y-\theta)$, θ 为未知参数. 考虑检验问题

$$H_0:\ \theta = 0 \longleftrightarrow H_1:\ \theta > 0.$$

在非参数统计问题中, 位置参数的检验问题既可用 U 统计量检验方法, 如例 10.3 中的 Mann-Whitney 检验, 也可以用下面的秩和检验.

考虑混合样本 $X_1, X_2, \cdots, X_m, Y_1, Y_2, \cdots, Y_n$ 对应的秩向量 $\boldsymbol{R} = (Q_1, Q_2, \cdots, Q_m,\ T_1, T_2, \cdots, T_n)$, 此处 $(Q_1, Q_2, \cdots, Q_m)$ 对应于样本 $X_1, X_2, \cdots, X_m$ 在混合样本中的秩, $(T_1, T_2, \cdots, T_n)$ 对应于样本 Y_1, $Y_2, \cdots, Y_n$ 在混合样本中的秩. 若取

$$N = m+n, \quad a_N(R_i) = R_i, \quad c_N(i) = \begin{cases} 0, & i = 1, \cdots, m, \\ 1, & i = m+1, \cdots, N, \end{cases}$$

则可得到线性秩统计量

$$S_N = \sum_{i=1}^{m} c_N(i)a_N(Q_i) + \sum_{i=1}^{n} c_N(i+m)a_N(T_i) = \sum_{i=1}^{n} T_i.$$

这个统计量也称为 Wilcoxon **秩和统计量**, 它实际上是样本 $Y_1, Y_2, \cdots$, Y_n 在混合样本中的秩的和.

当 H_1 成立时, S_N 倾向于取较大的值. 因此, 可取 S_N 作为检验统计量, 当 S_N 较大时拒绝原假设, 认为 $\theta > 0$.

令 $\phi(X_j;Y_i)=I_{\{Y_i>X_j\}}$, $j=1,\cdots,m, i=1,\cdots,n$, 则

$$S_N=\sum_{i=1}^{n}\sum_{j=1}^{m}\phi(X_j;Y_i)+\frac{n(n+1)}{2}.$$

容易看出, 这里的统计量 S_N 与例 10.3 中的 U 统计量对检验问题来说是等价的, 和它们相关的检验分别叫做 Wilcoxon 检验和 Mann-Whitney 检验. 由例 10.3 中 U 统计量的分布形式可知, S_N 也具有渐近正态性, 即在 m, n 都趋于无穷大时,

$$\frac{S_N-\mathbf{E}S_N}{\sqrt{\mathrm{var}(S_N)}}=\frac{S_N-n(m+n+1)/2}{\sqrt{mn(m+n+1)/12}}\xrightarrow{\mathcal{L}}N(0,1).$$

例 11.2 (两样本刻度参数的秩和检验) 设样本 $X_1,\cdots,X_m$ 和 $Y_1,\cdots,Y_n$ 分别来自相互独立的连续总体 X, Y, 假设它们的取值范围都是关于原点对称的某个区间, 分布函数分别记为 $F(x)$, $G(y)$, 且 $G(y)=F(y/\sigma)$, $\sigma>0$ 为未知参数. 易知, Y 与 σX 有相同的分布. 考虑刻度参数的检验问题

$$H_0:\ \sigma=1\longleftrightarrow H_1:\ \sigma>1.$$

显然, 在 $\sigma>1$ 时, $Y_1,\cdots,Y_n$ 在联合样本 $(X_1,\cdots,X_m,Y_1,\cdots,Y_n)$ 中倾向于排在左右两边, 则计分函数 $a_N(r)$ 必须为先升后降或者先降后升的单峰或单谷函数. 记 Y_i 在联合样本中的秩为 R_i, $i=1,\cdots,n$, X_i 在联合样本中的秩为 R_i', $i=1,\cdots,m$. 根据 $a_N(r)$ 的定义方式, 通常有以下 5 种检验方法.

(1) Mood**检验**: 定义

$$a_N(r)=\left[r-(N+1)/2\right]^2,$$

则取 $S_N=\sum\limits_{i=1}^{n}a_N(R_i)$ 为检验统计量.

(2) Ansari-Bradley**检验**: 当 $N=2k$ 为偶数时, 定义

$$a_N(r)=\begin{cases}r, & r=1,2,\cdots,k,\\ N-r+1, & r=k+1,k+2,\cdots,N;\end{cases}$$

当 $N=2k+1$ 为奇数时, 定义

$$a_N(r)=\begin{cases}r, & r=1,2,\cdots,k,k+1,\\ N-r+1, & r=k+2,\cdots,N,\end{cases}$$

则取 $S_N=\sum\limits_{i=1}^{m}a_N(R_i')$ 为检验统计量.

(3) Copan**检验**：设 $Z_1,\cdots,Z_N$ 为来自标准正态分布的样本, 其顺序统计量为 $Z_{(1)},\cdots,Z_{(N)}$, 定义 $a_N(r)=\mathbf{E}Z_{(r)}^2$, $r=1,2,\cdots,N$, 则取 $S_N=\sum\limits_{i=1}^{n}a_N(R_i)$ 为检验统计量.

(4) Klotz**检验**：定义 $a_N(r)=[\Phi^{-1}(r/(N+1))]^2$, $r=1,2,\cdots,N$, 则取 $S_N=\sum\limits_{i=1}^{n}a_N(R_i)$, 其中 $\Phi^{-1}(x)$ 为标准正态分布的分布函数的反函数.

(5) Siegel-Turkey **检验**：取

$a_N(1)=N, a_N(N)=N-1, a_N(2)=N-3, a_N(N-1)=N-2,$

$a_N(3)=N-4, a_N(N-2)=N-5, a_N(4)=N-7, a_N(N-3)=N-6,$

$a_N(5)=N-8, a_N(N-4)=N-9, \cdots,$

则取 $S_N=\sum\limits_{i=1}^{n}a_n(R_i)$ 为检验统计量.

这 5 个检验都是在 S_N 取较大值时, 拒绝 H_0.

下面讨论线性秩统计量 $S_N=\sum\limits_{i=1}^{N}c_N(i)a_N(R_i)(N=m+n)$ 的极限分布.

在针对某个检验问题得到的检验统计量 S_N 中, 其回归系数 $c_N(i)$ 中常常蕴涵了问题的结构信息, 因此需要对此常数进行一定的约束. Noether[1949] 提出了如下约束条件：若

$$\frac{\max\limits_{1\leqslant i\leqslant N}(c_N(i)-\bar{c}_N)^2}{\sum\limits_{i=1}^{N}(c_N(i)-\bar{c}_N)^2}\to 0,\quad N\to\infty,$$

则称回归系数 $c_N(i)$ 满足 Noether**条件**, 简称 N**条件**.

这个条件实际上是要求 $\{c_N(i)\}$ 中没有特别显著的离群值.

定理 11.4 设 $X_1, X_2, \cdots, X_N$ 为 N 个随机变量, 秩向量 $\boldsymbol{R} = (R_1, \cdots, R_N)$ 在集合 $\mathcal{R}$ 上服从均匀分布, 线性秩统计量$S_N = \sum_{i=1}^{N} c_N(i)$. $a_N(R_i)$ 的回归系数满足 N 条件, 并且计分函数 $a_N(i)$ 具有形式

$$a_N(i) = b_N \phi\left(\frac{i}{N+1}\right) + d_N,$$

其中 b_N 和 d_N 仅与 N 有关, 函数 $\phi(u)$ 可表示成 $(0,1)$ 上两个非减平方可积函数之差 (称满足这个条件的 $a_N(i)$ 为**平方可积计分函数**), 则当 $N \to \infty$ 时, 有

$$\frac{S_N - \mathbf{E}S_N}{\sqrt{\mathrm{var}(S_N)}} \xrightarrow{\mathcal{L}} N(0,1).$$

证明 证明过程较复杂, 详见孙山泽 [2000]. □

实际上, 通常使用的计分函数很多都是平方可积计分函数. 比如, Wilcoxon 秩和检验统计量中的计分函数 $a_N(i) = i$, 它可表示成

$$a_N(i) = (N+1)\phi\left(\frac{i}{N+1}\right), \quad i = 1, \cdots, N,$$

其中 $\phi(u) = u,\ 0 < u < 1$, 这个 $a_N(i)$ 是平方可积计分函数. 又如, 尺度参数的 Mood 检验中,

$$a_N(i) = \left[i - (N+1)/2\right]^2 = (N+1)^2 \phi(i/(N+1)),$$

其中 $\phi(u) = \left(u - \frac{1}{2}\right)^2$ $(0 < u < 1)$ 可表示成 $(0,1)$ 上两个非减平方可积函数 $\phi_1(u) = u^2 + \frac{1}{4}$ 与 $\phi_2(u) = u$ 的差, 所以这个 $a_N(i)$ 也是平方可积计分函数. 从而由定理 11.4 不难验证这两个统计量的渐近正态性.

除了线性秩统计量外, 还有一类常用的秩统计量没有包括在上面的线性秩统计量中, 比如下面例子中的单样本对称中心的检验问题.

例 11.3 (单样本对称中心的符号秩和检验) 假设样本$X_1, \cdots, X_N$ 来自连续总体 X, 其分布函数关于 θ 对称, 考虑对称中心 θ 的检验问题

$$H_0:\ \theta = 0 \longleftrightarrow H_1:\ \theta < 0.$$

这个问题可以采用 U 统计量的方法, 在这里采用秩检验方法. 一种方法是**符号检验**, 令 $\Psi_i = I_{\{X_i>0\}}$, 得到统计量

$$S^+ = \sum_{i=1}^{N} \Psi_i.$$

显然, 当 H_0 成立时, $S^+ \sim B\left(N, \frac{1}{2}\right)$, 而当 S^+ 较小时, 拒绝 H_0. 这个检验方法操作简单, 仅仅使用了样本是正或负这种符号信息, 但并不能有效解决对称中心 θ 是否为 0 的检验问题. 第二种方法称为 Wilcoxn**符号秩和检验**, 首先, 对样本取绝对值 $|X_1|, |X_2|, \cdots, |X_N|$, 记 $|X_i|$ 在这组绝对值样本中的秩为 R_i^+, $R_i^+ \in \{1, 2, \cdots, N\}$, 则得到符号秩和检验统计量

$$W^+ = \sum_{i=1}^{N} \Psi_i R_i^+.$$

它是对符号检验的改进, 除了用到符号信息外, 还用到了样本数据的大小信息, 但它不属于线性秩统计量, 而属于下面的线性符号秩统计量.

定义 11.2 设 $X_1, X_2, \cdots, X_N$ 为 N 个随机变量, $|X_1|, |X_2|, \cdots, |X_N|$ 对应的秩向量为 $\boldsymbol{R}^+ = (R_1^+, R_2^+, \cdots, R_N^+)$, 计数统计量为 $\Psi_i = I_{\{X_i>0\}}$, 则称 $S^+ = \sum\limits_{i=1}^{N} \Psi_i a(R_i^+)$ 为**线性符号秩统计量**, 其中 $a(1), \cdots, a(N)$ 为一组不全为零的非负常数, 称为**得分值**.

定理 11.5 设随机变量 $X_1, X_2, \cdots, X_N$ 独立同分布, 其分布函数连续且关于原点对称, 则线性符号秩统计量满足下列关系式:

$$S^+ = \sum_{i=1}^{N} \Psi_i a(R_i^+) \stackrel{d}{=} \sum_{i=1}^{N} \Psi_i a(i),$$

其中记号 "$\stackrel{d}{=}$" 表示等式两边的随机变量具有相同的分布.

证明 将统计量 S^+ 中的各项重新排序, 可得

$$S^+ = \sum_{i=1}^{N} \Psi_i a(R_i^+) = \sum_{i=1}^{N} \Psi_{D_i} a(i),$$

其中当 $R_j^+=i$ 时, $D_i=j$, D_i 为 i 在 $R_1^+,R_2^+,\cdots,R_N^+$ 中的位置. 由于 $(R_1^+,\cdots,R_N^+)$ 在集合 $\mathcal{R}$ 上服从均匀分布 (见习题 41, 其中 $\mathcal{R}$ 由 (11.1) 式给出), 且 $(R_1^+,\cdots,R_N^+)$ 与 $(D_1,\cdots,D_N)$ 之间存在一一映射, 所以 $(D_1,\cdots,D_N)$ 也在集合 $\mathcal{R}$ 上服从均匀分布. 又有

$$\begin{aligned}
&\mathbf{P}\{\Psi_{D_1}=\psi_1,\cdots,\Psi_{D_N}=\psi_N\}\\
&\quad=\sum_{(d_1,\cdots,d_N)}\mathbf{P}\{\Psi_{D_1}=\psi_1,\cdots,\Psi_{D_N}=\psi_N,\ D=(d_1,\cdots,d_N)\}\\
&\quad=\sum_{(d_1,\cdots,d_N)}\mathbf{P}\{\Psi_{d_1}=\psi_1,\cdots,\Psi_{d_N}=\psi_N,\ D=(d_1,\cdots,d_N)\}\\
&\quad=\sum_{(d_1,\cdots,d_N)}\mathbf{P}\{\Psi_{d_1}=\psi_1,\cdots,\Psi_{d_N}=\psi_N\}\cdot\mathbf{P}\{D=(d_1,\cdots,d_N)\}\\
&\quad=\frac{1}{N!}\sum_{(d_1,\cdots,d_N)}\mathbf{P}\{\Psi_{d_1}=\psi_1,\cdots,\Psi_{d_N}=\psi_N\}\\
&\quad=\frac{1}{N!}\sum_{(d_1,\cdots,d_N)}\mathbf{P}\{\Psi_1=\psi_1,\cdots,\Psi_N=\psi_N\}\\
&\quad=\mathbf{P}\{\Psi_1=\psi_1,\cdots,\Psi_N=\psi_N\},
\end{aligned}$$

即有

$$(\Psi_{D_1},\cdots,\Psi_{D_N})\stackrel{d}{=}(\Psi_1,\cdots,\Psi_N).$$

所以 $S^+\stackrel{d}{=}\sum\limits_{i=1}^N\Psi_i a(i)$. □

当$X_1,X_2,\cdots,X_N$ 独立同分布, 其分布函数连续且关于原点对称时, 由于 $\Psi_1,\cdots,\Psi_N$ 相互独立且同服从参数为 $\frac{1}{2}$ 的两点分布 $B\left(1,\frac{1}{2}\right)$, 易算得

$$\mathbf{E}S^+=\frac{1}{2}\sum_{i=1}^N a(i)=\frac{N}{2}\bar{a},\quad \mathrm{var}(S^+)=\frac{1}{4}\sum_{i=1}^N a^2(i).$$

又由于

$$S^+-\frac{N}{2}\bar{a}\stackrel{d}{=}\sum_{i=1}^N\Psi_i a(i)-\frac{N}{2}\bar{a}$$

$$\begin{aligned}
&\stackrel{d}{=} \sum_{i=1}^{N}(1-\Psi_i)a(i) - \frac{N}{2}\bar{a} \\
&= \frac{N}{2}\bar{a} - \sum_{i=1}^{N}\Psi_i a(i) \\
&\stackrel{d}{=} \frac{N}{2}\bar{a} - S^+.
\end{aligned}$$

所以, 线性符号秩统计量 S^+ 的分布关于 $\frac{N}{2}\bar{a}$ 对称.

上面这几条结论和定理 11.5 揭示了线性符号秩统计量的精确分布. 同时, 由于 $S^+ \stackrel{d}{=} \sum\limits_{i=1}^{N}\Psi_i a(i)$ 以及 $\Psi_1,\cdots,\Psi_N$ 的独立同分布性, 容易由中心极限定理得到线性符号秩统计量的渐近正态性.

定理 11.6 设随机变量 $X_1,X_2,\cdots,X_N$ 独立同分布, 其分布函数连续且关于原点对称, 线性符号秩统计量 $S^+=\sum\limits_{i=1}^{N}\Psi_i a(R_i^+)$ 中的计分函数 $a(i)$ 满足条件

$$\frac{\max\limits_{1\leqslant i\leqslant N} a^2(i)}{\sum\limits_{i=1}^{N} a^2(i)} \to 0, \quad N\to\infty.$$

则当 $N\to\infty$ 时, 有 $\dfrac{S^+ - \dfrac{N}{2}\bar{a}}{\left(\dfrac{1}{4}\sum\limits_{i=1}^{N}a^2(i)\right)^{\frac{1}{2}}} \xrightarrow{\mathcal{L}} N(0,1).$

证明 据定理 11.5, $S^+ \stackrel{d}{=} \sum\limits_{i=1}^{N}\Psi_i a(i)$, 只需证 $S'=\sum\limits_{i=1}^{N}\Psi_i a(i)$ 有渐近正态分布.

因为 $S'=\sum\limits_{i=1}^{N}\Psi_i a(i)$ 是独立随机变量的和, 且

$$\sum_{i=1}^{N}\mathbf{E}\big(|\Psi_i a(i) - \frac{1}{2}a(i)|^3\big) = \frac{1}{8}\sum_{i=1}^{N}|a(i)|^3.$$

故

$$\frac{\sum_{i=1}^{N}\mathbf{E}\Big(|\Psi_i a(i)-\frac{1}{2}a(i)|^3\Big)}{\Big(\frac{1}{4}\sum_{i=1}^{N}a^2(i)\Big)^{3/2}}=\frac{\sum_{i=1}^{N}|a(i)|^3}{\Big(\sum_{i=1}^{N}a^2(i)\Big)^{3/2}}$$

$$\leqslant\frac{\Big(\max_{1\leqslant i\leqslant N}a^2(i)\Big)^{1/2}\sum_{i=1}^{N}a^2(i)}{\Big(\sum_{i=1}^{N}a^2(i)\Big)^{3/2}}=\left(\frac{\max_{1\leqslant i\leqslant N}a^2(i)}{\sum_{i=1}^{N}a^2(i)}\right)^{1/2}\to 0.$$

由 Liapounov 中心极限定理知

$$\frac{S^+-\mathbf{E}S^+}{\sqrt{\mathrm{var}(S^+)}}\xrightarrow{\mathcal{L}}N(0,1).$$

□

例 11.4 (续例 11.3) 据定理 11.6, 当 $N\to\infty$ 时, 在 Wilcoxn 符号秩和检验统计量 $W^+=\sum_{i=1}^{N}\Psi_i R_i^+$ 中, 计分函数 $a(i)=i$ 满足条件

$$\frac{\max_{1\leqslant i\leqslant N}a^2(i)}{\sum_{i=1}^{N}a^2(i)}\to 0.$$

因此在 H_0 下, 有

$$\frac{W^+-\mathbf{E}W^+}{\sqrt{\mathrm{var}(W^+)}}\xrightarrow{\mathcal{L}}N(0,1),$$

其中 $\mathbf{E}W^+=\dfrac{N(N+1)}{4}$, $\mathrm{var}(W^+)=\dfrac{N(N+1)(2N+1)}{24}$. 容易验证符号统计量 $S^+=\sum_{i=1}^{N}\Psi_i$ 满足定理 11.6 的条件, 也有正态极限分布.

§4.12 非参数检验的功效

与参数检验类似, 对非参数检验, 在同样的检验水平之下, 两个非参数检验的优劣比较一般是看备择假设下的功效大小. 非参数检验问

题提出的基础较广, 且往往是针对一定的备择假设而设计的, 因此, 检验的优劣在很大程度上取决于备择假设的范围. 孙山泽 [2000] 讨论了备择假设的几种提法. 一种常见的方法是将非参数问题形式地参数化, 比如考虑单样本问题: 设随机变量 $X_1, \cdots, X_n$ 是来自总体 $F(x-\theta)$ 的样本, 函数 $F(t)$ 关于原点对称, 检验问题为

$$H_0: \theta = 0 \longleftrightarrow H_1: \theta > 0,$$

则可确定形式参数 $\xi = (\theta, F(t))$, 参数空间为

$$\Omega = \{(\theta, F(t)) | \theta \geqslant 0, F(t)\text{连续且关于原点对称}\}.$$

H_0 所确定的参数空间为

$$\omega = \{(0, F(t)) | F(t) \text{ 连续且关于原点对称}\},$$

则 H_1 确定的参数空间为 $\Omega \setminus \omega$. 此时功效函数的定义与一般数理统计教材中的定义完全相同. 除了这种采用形式化参数的提法外, 还有纯自然的提法和 Lehmann 的提法, 详见孙山泽 [2000].

一般情况下, 备择假设的范围都很宽, 正是由于这个原因, 当样本大小固定时, 功效函数的精确表达式很难甚至不可能求出. 因此, 常采用以下两种近似方法:

一种是在大样本的基础上比较它们的渐近相对效率. 吴喜之, 王兆军等 [1996] 对几种常用的非参数检验的渐近相对效率进行了讨论.

另一种是对各种典型的备择假设作统计模拟. 比如, 对检验问题

$$H_0: \xi \in \omega \longleftrightarrow H_1: \xi \in \Omega \setminus \omega.$$

检验统计量为 S, 否定域为 $\{S \geqslant c\}$, 其功效函数为 $\beta_{\{S \geqslant c\}}(\xi) = \mathbf{P}_\xi\{S \geqslant c\}$. 通常的方法是: 选取若干有代表性的 ξ, 通过计算机编程模拟出 $\beta_{\{S \geqslant c\}}(\xi)$ 的值, 对不同的检验方法, 根据这些模拟出的近似值来评价检验方法.

除了非参数检验之间的比较外, 一个值得注意的问题是比较非参数检验与相应的最优参数检验. 比如, 陈希孺 [1981] 的书中提到的两样本位置参数的非参数检验与两正态总体均值的 t 检验. 对于来自不

同总体的两个样本 $X_1, \cdots, X_n$ 和 $Y_1, \cdots, Y_m$, 二者的位置参数分别为 θ_1, θ_2. 若要比较 θ_1, θ_2 是否相等, 既可以采用非参数检验, 如: 例 10.3 中的 Mann-Whitney 检验或例 11.1 中的秩和检验; 当总体分布不是明显偏离正态分布时, 也可以假设这两个样本都来自正态总体, 此时可采用 t 检验来比较它们的均值. 理论结果表明, 在大样本下, 从渐近相对效率来看, 这种比较往往有利于非参数检验. 但在实际问题中, 由于样本大小常常不足以适用极限理论, 出于方便和习惯性的考虑, 除非总体分布严重偏离正态分布, 人们还是更倾向于使用传统正态理论下导出的那些检验.

§4.13 多重假设检验

一、多重假设检验

前面几节所讲的各种检验方法基本上都是只针对一个判断, 但在许多实际问题中, 常常出现同时需作多个判断的情况, 也就是对多重假设进行检验的问题. 举例如下.

例 13.1 为考查某种抗骨质疏松药对病人的疗效, 医务工作者设计了双盲控制试验, 分别对处理组和对照组病人的 18 项指标进行了观测比对. 研究者关心的是处理组在整个 18 项指标上的表现, 这就需要综合考虑 18 个假设检验问题 $\{H_1, \cdots, H_{18}\}$, 判断这 18 个假设中哪些应该被拒绝, 从而判断处理组在这 18 项指标中的哪些指标显著, 哪些不显著.

例 13.2 设在药物实验中, 欲比较 s 个不同剂量水平的处理组的疗效 $\theta_i\,(i=1,\cdots,s)$ 与控制组的疗效 θ_0 之间的差异. 原假设是所有处理组与控制组相比都无显著差异, 即 $H_0: \theta_0=\theta_1=\cdots=\theta_s$. 如果 H_0 被接受, 所得到的结论就比较明确, 说明这 s 个剂量水平都没有明显疗效; 但如果 H_0 被拒绝, 情况就比较复杂, 此时通常还需检验究竟哪些 θ_i 之间是相等的, 哪些不相等, 而这也是实践中更关心的一个问题.

又如, 在流行病学研究中, 基因表达数据分析以及单核苷酸多态性数据分析这些当今国际前沿的统计热点问题研究中, 涉及的数据规模都很大, 经常需要对大量统计现象进行比较判断, 这些也属于典型的多重假设检验问题. 此外, 在社会科学研究领域同样也存在着大量类似的复杂数据需要进行多重假设检验, 比如, 结构方程模型的检验 (见 Green[1997]) 及其在金融计量分析中的应用等.

大部分多重假设检验问题, 像上述几个例子, 涉及多重比较. 但多重检验的定义范围更广泛, 它包含了多重比较. 从狭义角度讲, 多重假设检验问题与经典统计学中的多重比较问题是有区别的. 多重比较问题, 比如, 方差分析中多组均值之间的比较或多组等级分布的两两比较等, 都是基于同一组样本观测数据进行多个不同的假设检验; 而多重检验问题则是对应每一个单重假设检验, 都可有其相对独立的样本观测数据. 这里研究广义上的多重假设检验, 在涉及的多个假设检验问题中, 每个单独的假设检验问题既可以有单独的数据, 也可以基于共同的数据进行检验.

首先给出多重假设检验中的一些记号和说明.

设 s 重假设检验问题 $\{H_1,\cdots,H_s\}$ 组成一个**检验族** (Family-wise Tests). 需要注意的是, 并非任意 s 个假设放在一起都可以称为一个检验族, 通常要求同一个检验族中的假设检验问题 $H_1,\cdots,H_s$ 在检验内容或检验目的上具有某种相似性, 比如, 例 13.1 中考虑的同种药对同一批受试患者的治疗效果, 检验的这些指标都是与骨质疏松有关的. 例 13.2 中考虑的是同种药品在不同剂量水平下的疗效. 或者是由于实际问题需要对这 s 个假设检验同时进行推断, 这样得到的联合结论更有意义. 显然, 把彼此毫不相干的若干论断放在一起进行多重检验是没有道理也没有必要的.

设单个假设检验 H_i 对应的检验统计量为 T_i, 观测值为 t_i, 当 T_i 较大时, 拒绝原假设 $H_{i,0}$. 单侧 p 值记为 $p_i=\mathbf{P}\{T_i>t_i|H_{i,0}\}$, 也可以用 p 值来描述检验结果. 设检验过程中为判断是否拒绝原假设 $H_{i,0}$ 而设定的临界值 (也即显著水平) 为 $p_i^{(0)}$, 当 $p_i<p_i^{(0)}$ 时, 作出拒绝原假设 $H_{i,0}$ 的判断.

设检验族 $\{H_1, \cdots, H_s\}$ 的原假设 $\{H_{1,0}, \cdots, H_{s,0}\}$ 中正确的有 T 个, 错误的有 $s-T$ 个, 被拒绝的有 R 个, 被接受的有 $s-R$ 个. 原假设正确的 T 个假设中, 检验结果为"接受"的有 A 个, 检验结果为"拒绝"的有 B 个; 原假设错误的 $s-T$ 个假设中, 检验结果为"接受"的有 C 个, 检验结果为"拒绝"的有 D 个. 同时, 称原假设正确但经过检验后被拒绝 (也即犯第一类错误) 为**错误拒绝**或者**错误发现** (False Positive 或 False Discovery), 称原假设错误但经过检验后被接受(也即犯第二类错误) 为**错误接受** (False Negative), 则这 s 个假设检验中被错误拒绝的有 B 个, 被错误接受的有 C 个 (如表 4.13.1 所示). 通常, R 是可观测的, 而 A, B, C, D 都是不可观测的.

表 4.13.1 原假设的检验结果分布情况

	接受原假设	拒绝原假设	
原假设正确	A	B	T
原假设错误	C	D	$s-T$
	$s-R$	R	s

对于单重假设检验问题, 首先需要控制的是犯第一类错误的概率. 而对于多重假设检验问题中的每一个单重假设检验问题, 也就是按照 N-P 引理的思想, 将犯第一类错误概率控制在给定的显著水平 α 之内, 然后寻找使得犯第二类错误概率尽可能小 (检验功效尽可能大) 的检验. 一般地, 当 p 值小于 α 时, 拒绝原假设. 由于 p 值在原假设成立时可视为服从均匀分布, 因此犯第一类错误的概率 $\mathbf{P}\{p_i < \alpha | H_{i,0}\} = \alpha$.

而多重假设检验问题中, 还有一些综合性指标, 也应该在考虑之列. 首先是将多个单重的假设检验作为一个检验族整体, 然后对这个检验族中的每个假设同时进行检验. 对于这个过程, 如果忽视这种多重性和整体性, 只在显著水平 α 下简单地对每个假设作检验, 控制其犯第一类错误概率, 就会造成整个检验族的总体错误失去控制. 如下例所示.

例 13.3 考虑 s 重假设检验 $\{H_1, \cdots, H_s\}$, 假设其中的原假设 $\{H_{1,0}, \cdots, H_{s,0}\}$ 都正确, 且每个假设检验所用的统计量是独立的. 若

对单个假设都要求犯第一类错误概率不超过给定的显著水平 α, 则至少出现一个错误拒绝的概率为

$$p = \mathbf{P}\{\text{至少拒绝一个 } H_{i,0}|H_{1,0},\cdots,H_{s,0}\} = 1-(1-\alpha)^s.$$

下面的表 4.13.2 列出了 $\alpha = 0.05$ 时, p 的若干取值. 图 4.13.1 给出了 $\alpha = 0.01$ 以及 $\alpha = 0.05$ 时, s 与 p 之间的关系. 可以看出, 错误拒绝, 即至少拒绝一个 $H_{i,0}$ 的概率随着重数 s 的增大而增加. 在 $\alpha = 0.05$ 下, 当 s 达到 50 时, 这个概率就已经达到 0.92. 显然, 单纯地控制每一个假设检验问题犯第一类错误的概率 (无论是 α =0.01 或是 α =0.05) 是没有意义的.

表 4.13.2　$\alpha = 0.05$, s 个原假设都正确时错误拒绝的概率

s	1	2	5	10	50
p	0.05	0.10	0.23	0.40	0.92

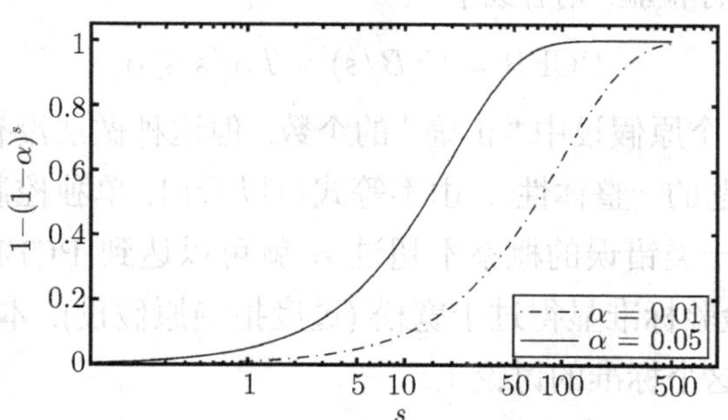

图 4.13.1　错误拒绝概率与检验重数 s 的关系

上述例子是一个特殊情况, 即假定了各个单重假设检验之间是相互独立的, 但是, 即使各单重假设检验之间存在相依性, 也会出现类似的情况, 随着重数 s 的增大, 当 $\{H_{1,0},\cdots,H_{s,0}\}$ 中正确的个数很多时, 出现错误拒绝的概率也会迅速增加. 因此, 再用控制每个单重假设检验犯第一类错误的概率不超过给定的 α, 来对多重假设检验的总体错误进行度量是不可取的, 必须采用新的标准和方法对多重假设检验中的错误进行控制.

二、多重假设检验中的错误度量方法

与单重假设检验的思想类似, 多重假设检验也需考虑犯两类错误的概率. 不同的是, s 重假设检验关注的是将 s 个单重假设检验看做一个整体, 考虑整体的错误率.

多重假设检验中常用的度量整体错误的标准有以下四种: 平均比较错误率 (PCER)、族错误率 (FWER)、错误发现率 (FDR)、正错误发现率 (pFDR). 下面分别进行详细讨论.

1. 平均比较错误率 (PCER)

定义 13.1 设 s 重假设检验族 $\{H_1, \cdots, H_s\}$ 中错误拒绝的个数为 B, 称比值 B/s 的数学期望值 $\mathbf{E}(B/s)$ 为这个检验族的**平均比较错误率** (Per Comparison Error Rate, PCER).

从定义可以看出, 平均比较错误率描述的是错误拒绝 (犯第一类错误) 的次数在所有检验中所占的比例. 若对每个单重假设都在显著水平 α 下进行检验, 则容易看出

$$\mathrm{PCER} = \mathbf{E}(B/s) \leqslant T\alpha/s \leqslant \alpha,$$

其中 T 是 s 个原假设中"正确"的个数. 但这种做法没有考虑到多重假设检验问题的"整体性". 由不等式可以看出, 单独控制了每一个假设检验犯第一类错误的概率不超过 α 就可以达到 PCER$\leqslant \alpha$ 这个标准, 从而使检验标准显得过于宽松 (过度拒绝原假设). 本书中, 我们不把重点放在这个标准的讨论上.

2. 族错误率 (FWER)

为了克服平均比较错误率的不足, 下面提出一种新的标准 —— 族错误率.

定义 13.2 设 s 重假设检验族 $\{H_1, \cdots, H_s\}$ 中错误拒绝的个数为 B, 称错误拒绝的概率 $\mathbf{P}\{B > 0\}$ 为这个检验族的**族错误率**(Family-Wise Error Rate, FWER).

族错误率与平均比较错误率不同, 它是一个概率值, 关注的是在 s 重假设检验中, 至少犯一次第一类错误的概率. 通过控制族错误率来控制整体检验错误, 也就是要求

$$\text{FWER} \leqslant \alpha. \tag{13.1}$$

控制族错误率的方法常用的有两种: 一是以 Bonferroni 校正为代表的 "单步" 算法; 另一种是以 Holm 算法 (见 Holm[1979]) 为代表的 "逐步" 算法.

Bonferroni 校正是最简单的一种控制族错误率的方法, 它将每个单重假设检验的显著性水平都设定为 α/s, 若单重检验 H_i 的 p 值不超过 α/s, 则拒绝该原假设. 下面的定理说明 Bonferroni 校正能够控制族错误率.

定理 13.1 (Bonferroni 校正) 对 s 重假设检验族 $\{H_1, \cdots, H_s\}$ 中的每个单重假设检验问题 H_i $(i = 1, \cdots, s)$, 如果当单重检验 H_i 的 p 值 $p_i \leqslant \alpha/s$ 时, 拒绝 $H_{i,0}$, 同时检验假设 $H_1, \cdots, H_s$ 的族错误率满足公式 (13.1).

证明 设 I 表示那些实际正确的原假设的下标的集合, $|I|$ 表示集合 I 中元素的个数, 则

$$\begin{aligned}\text{FWER} &= \mathbf{P}\{\text{拒绝任意 } H_{i,0}, \text{其中 } i \in I\}\\ &\leqslant \sum_{i\in I} \mathbf{P}\{\text{拒绝 } H_{i,0}\}\\ &\leqslant \sum_{i\in I} \frac{\alpha}{s} = |I|\frac{\alpha}{s}.\end{aligned}$$

□

Bonferroni 方法是一种 "单步" 算法, 其中, 对每个假设, 当其 p 值小于一个共同的临界值 $p^{(0)}$ (这里 $p^{(0)} = \alpha/s$) 时, 就拒绝原假设. 虽然 Bonferroni 方法能控制族错误率, 但是这种方法过于保守 (很难拒绝原假设). 这是因为, 当 s 很大时, 在显著水平 α/s 下检验 H_i, α/s 比习惯上的 α 要小很多, 特别是在基因表达数据分析中, 通常要检验的基因个数 s 成千上万, 这样就造成 α/s 非常小, 甚至比 α 小几个数量级. 这种过于保守的算法, 虽然可以减少犯第一类错误的概率, 但犯第二类错误的概率通常却增大了.

基于此原因, 需要稍微宽松一些的方法使单个假设检验的水平在

大于 α/s 的同时却不增加族错误率. 与 Bonferroni 这种 "单步" 算法相比, 一些 "逐步" 算法符合此要求, 是对 Bonferroni 校正的改进.

一般的逐步 "向下" 算法可简单概述为: 设 s 个单重假设检验的 p 值分别为 $p_1, \cdots, p_s$, 排序后的结果为 $p_{(1)} \leqslant \cdots \leqslant p_{(s)}$, 对应的假设检验问题分别为 $H_{(1)}, \cdots, H_{(s)}$, 这些假设检验的原假设分别记为 $H_{(1,0)}, \cdots, H_{(s,0)}$, 取一系列临界值

$$p_1^{(0)} \leqslant p_2^{(0)} \leqslant \cdots \leqslant p_s^{(0)}.$$

若 $p_{(1)} > p_1^{(0)}$, 则接受所有的原假设, 否则, 拒绝 $H_{(1,0)}$, 并依第一步的方法对还未作出判断的 $s-1$ 个原假设进行检验. 现在假定在第 r 步, 尚未对剩余的 $s-r+1$ 个检验问题作出回答, 即前 $r-1$ 步的数据是

$$p_{(1)} \leqslant p_1^{(0)}, \ \cdots, \ p_{(r-1)} \leqslant p_{r-1}^{(0)}, \tag{13.2}$$

而相应原假设 $H_{(r-1,0)}$ 已经被拒绝. 若 $p_r > p_r^0$, 则接受所有的尚未作出判断的 $s-r+1$ 个原假设 $H_{(r,0)}, \cdots H_{(s,0)}$. 若 $p_r \leqslant p_r^{(0)}$, 则拒绝 $H_{(r,0)}$, 并进入下一步对剩余的 $s-r$ 个原假设作出判断. 需要注意的是, 也可以通过判断检验统计量是否大于或小于某个临界值来决定是否拒绝原假设, 具体做法与采用 p 值类似.

基于这种思想, Holm [1979] 提出了一种特殊的逐步 "向下" 算法, 其中使用的临界值为 $p_i^{(0)} = \alpha/(s-i+1)$, 它随着检验步骤的继续而改变. 该算法首先判断 p 值最小的那个假设是否应该被拒绝, 如果不能拒绝, 则接受所有原假设; 否则拒绝该假设, 并继续对其次显著的那个假设进行检验, 依次类推. 为了便于应用, 我们将这种特殊的**逐步"向下"算法** (Holm**算法**) 的具体步骤叙述如下:

步骤 1 若 $p_{(1)} \geqslant \alpha/s$, 则接受所有原假设 $H_{(1,0)}, \cdots, H_{(s,0)}$, 检验结束; 若 $p_{(1)} < \alpha/s$, 则拒绝 $H_{(1,0)}$, 并在显著水平 $\alpha/(s-1)$ 下检验其余 $s-1$ 个假设;

步骤 2 若 $p_{(1)} < \alpha/s$, 但 $p_{(2)} \geqslant \alpha(s-1)$, 则接受 $H_{(2,0)}, \cdots, H_{(s,0)}$, 检验结束; 若 $p_{(1)} < \alpha/s$ 且 $p_{(2)} < \alpha/(s-1)$, 则拒绝 $H_{(1,0)}, H_{(2,0)}$, 并在显著水平 $\alpha/(s-2)$ 下检验其余 $s-2$ 个假设;

步骤 3 依次类推, 直至对所有假设都做出检验为止.

定理 13.2 Holm 算法能够控制族错误率, 即该算法得出的族错误率满足公式 (13.1).

证明 令 I 表示那些实际正确的原假设的下标的集合, 假定对每一个假设检验问题 H_i, 相应的 p 值为 $p_i, i=1,\cdots,s$. 在利用 Holm 算法的时候, 将 p 值 $p_i, i=1,\cdots,s$ 排成次序统计量 $p_{(1)}\leqslant p_{(2)}\leqslant\cdots\leqslant p_{(s)}$. 设原假设正确的那些检验 H_i 的 p 值为 $p_{(j_1)},\cdots,p_{(j_{|I|})}(j_1<\cdots<j_{|I|})$, 则有 $p_{(j_1)}=\min\limits_{i\in I}p_i$. 现在我们要证明下面的事件关系式:

$$\{\text{出现错误拒绝}\}\subset\left\{p_{(j_1)}<\frac{\alpha}{s-j_1+1}\right\}. \tag{13.3}$$

若事件出现错误拒绝, 按 Holm 算法中检验的次序, 与 $p_{(1)},p_{(2)},\cdots,p_{(j_1)}$ 相对应的诸假设检验问题的原假设依次被拒绝, 因此必有

$$p_{(j_1)}<\frac{\alpha}{s-j_1+1}.$$

这样, (13.3) 式必定成立, 由此可得

$$\mathbf{P}\{\text{出现错误拒绝}\}\leqslant\mathbf{P}\left\{p_{(j_1)}<p_{(j_1)}^{(0)}=\frac{\alpha}{s-j_1+1}\right\}.$$

注意到, 在 $p_{(j_1)},p_{(j_1+1)},\cdots,p_{(s)}$ 中, 包含了 $|I|$ 个正确的原假设的 p 值, 因此有

$$s-j_1+1\geqslant|I|.$$

这样,

$$\mathbf{P}\{\text{出现错误拒绝}\}\leqslant\mathbf{P}\left\{p_{(j_1)}<\alpha/|I|\right\}.$$

但是, $p_{(j_1)}=\min\limits_{i\in I}p_i$, 故

$$\begin{aligned}\mathbf{P}\{\text{出现错误拒绝}\}&\leqslant\mathbf{P}\{\min_{i\in I}p_i\leqslant\alpha/|I|\}\\&\leqslant\sum_{i\in I}\mathbf{P}\{p_i\leqslant\alpha/|I|\}\\&\leqslant|I|\frac{\alpha}{|I|}=\alpha.\end{aligned}$$

□

虽然 Holm 算法在一定程度上克服了 Bonferroni 校正过于保守的局限性, 但我们在进行多重检验时, 希望综合考虑两类错误. 也就是说, 除了控制犯第一类错误的概率外, 还要考虑检验的功效问题. Holm 算法的检验功效较低, 下面将要讨论一般的逐步"向下"算法. 通过考虑单个检验之间的相依结构来改进 Holm 算法 (见 Lehmann 和 Romano [2007]).

设样本容量为 n, 产生数据的真实分布为 $\mathbf{P}$. 设单个检验 $H_i(i=1,\cdots,s)$ 所用的统计量为 $T_{n,i}$, 且 $T_{n,i}$(以下为符号简单省略下标 n, 而简记为 T_i) 越大越倾向于拒绝原假设 $H_{i,0}$. $I=I(\mathbf{P})\subset\{1,\cdots,s\}$ 表示那些正确的原假设的下标的集合. 事实上, 每个原假设 $H_{i,0}$ 都可以看做分布空间 Ω 的一个子集 Ω_i, 对于 $K\subset\{1,\cdots,s\}$, 用 H_K 表示那些正确的原假设的交集, 即 H_K 等价于 $\mathbf{P}\bigcap\limits_{i\in K}\Omega_i$.

为改进 Holm 算法, 提高检验的功效, 一个基本的想法是: 当检验 H_K 时, 采用更精确逼近 $\max\limits_{j\in K}T_j$ 的值作为临界值. 令

$$T_{(1)}\geqslant T_{(2)}\geqslant\cdots\geqslant T_{(s)}$$

表示检验统计量 $\{T_i,i=1,\cdots,s\}$ 的顺序统计量, $H_{(1,0)},\cdots,H_{(s,0)}$ 为相应的原假设 (诸 $H_{(i,0)}$ 之间的排序按 $T_{(1)}\geqslant T_{(2)}\geqslant\cdots\geqslant T_{(s)}$ 的次序而定).

一般的逐步 "向下" 算法从最显著的那个检验统计量 (即 $T_{(1)}$) 出发, 如果它不够大, 则接受所有原假设 $H_{(1,0)},\cdots,H_{(s,0)}$, 否则拒绝 $H_{(1,0)}$. 一旦一个原假设被拒绝, 在后面的检验过程中就可以把它排除, 不再予以考虑了, 这样依次类推. 一般的逐步 "向下" 算法的具体步骤如下:

步骤 1 令 $K_1=\{1,\cdots,s\}$. 如果 $T_{(1)}\leqslant c_{n,K_1}(1-\alpha)$, 则接受所有原假设 $H_{(1,0)},\cdots,H_{(s,0)}$, 检验结束; 否则, 拒绝 $H_{(1,0)}$ 并继续下面步骤.

步骤 2 令 K_2 表示前面步骤尚未拒绝的原假设的下标的集合. 如果 $T_{(2)}\leqslant c_{n,K_2}(1-\alpha)$, 则接受其余原假设, 检验结束; 否则, 拒绝 $H_{(2,0)}$ 并继续下面步骤.

……

步骤 j 令 K_j 表示前面步骤尚未拒绝的假设的下标的集合. 如果 $T_{(j)} \leqslant c_{n,K_j}(1-\alpha)$, 则接受其余假设, 检验结束; 否则, 拒绝 $H_{(j,0)}$ 并继续下面步骤.

……

步骤 s 如果 $T_{(s)} \leqslant c_{n,K_s}(1-\alpha)$, 则接受 $H_{(s)}$, 检验结束; 否则, 拒绝 $H_{(s)}$, 检验结束.

下面的定理将多重假设检验问题中控制族错误率的问题简化为单个假设检验问题中控制犯第一类错误的问题.

定理 13.3 设产生数据的真实分布为 $\mathbf{P}$, 考虑上述一般的逐步"向下"算法, 若其中的临界值满足如下单调性条件: 对任意 $K \supseteq I(\mathbf{P})$, 都有

$$c_{n,K}(1-\alpha) \geqslant c_{n,I(\mathbf{P})}(1-\alpha), \tag{13.4}$$

则必有

$$\text{FWER} \leqslant \mathbf{P}\{\max\{T_j : j \in I(\mathbf{P})\} > c_{n,I(\mathbf{P})}(1-\alpha)\}.$$

此外, 若有

$$\mathbf{P}\{\max\{T_j : j \in I(\mathbf{P})\} > c_{n,I(\mathbf{P})}(1-\alpha)\} \leqslant \alpha, \tag{13.5}$$

则必有 FWER $\leqslant \alpha$.

证明 设事件 A 表示算法中存在错误拒绝现象, 则 FWER $=$ $\mathbf{P}\{A\}$. 假设 $A \neq \phi$, 且在序列 $\{T_{(j)}\}$ 中, 子序列 $\{T_{(j_l)} : j_1 < \cdots < j_{|I|}\}$ 所对应的原假设为真. 对于这组指标, 我们有

$$T_{(j_1)} = \max\{T_{(j_l)} : l = 1, \cdots, |I|\} = \max\{T_i : i \in I(\mathbf{P})\}.$$

现在证明下列事件的包含关系成立:

$$A \subset \{T_{(j_1)} > c_{n,K_{j_1}}(1-\alpha)\}.$$

事实上, 我们只需证明事件 $\{T_{(j_1)} \leqslant c_{n,K_{j_1}}(1-\alpha)\}$ 中不含 A 中元素即可. 若事件 $\{T_{(j_1)} \leqslant c_{n,K_{j_1}}(1-\alpha)\}$ 发生, 依一般的逐步"向下"算法的规则, 应接受原假设 $H_{(j_1,0)}, \cdots, H_{(s,0)}$. 但是, 集合 $\{H_{i,0}, i \in I(\mathbf{P})\}$

中的原假设是在这些接受的原假设之中, 故不可能存在错误拒绝现象. 注意到, 集合 K_{j_1} 和集合 $I(\mathbf{P})$ 具有关系 $I(\mathbf{P})\subset K_{j_1}$, 由定理的假设, $c_{n,K_{j_1}}(1-\alpha)\geqslant c_{n,I(\mathbf{P})}(1-\alpha)$, 故进一步有

$$A\subset\{T_{(j_1)}>c_{n,I(\mathbf{P})}(1-\alpha)\},$$

或等价地

$$A\subset\{\max\{T_{n,i}:i\in I(\mathbf{P})\}>c_{n,I(\mathbf{P})}(1-\alpha)\}.$$

再结合 (13.5) 式就得到定理的结论. □

现在的问题是, 如何构造 $c_{n,K}(1-\alpha)$ 才能更好地控制族错误率. 我们只要按定理 13.3 的要求构造即可, 其方法如下: 将集合 $\{1,2,\cdots,s\}$ 的子集 K 分成三类,

(i) 存在 $\mathbf{P}$, 使得 $K=I(\mathbf{P})$. 对于这些 K, 我们只需找 $c_{n,K}(1-\alpha)$, 使得

$$\mathbf{P}\{\max_{i\in K}T_i\geqslant c_{n,K}(1-\alpha)\}\leqslant\alpha,\ \ \forall\,\mathbf{P}\text{ 使得 }K=I(\mathbf{P}).$$

若存在多个满足条件的 $c_{n,K}(1-\alpha)$ 的值, 应取最大者.

(ii) 不存在 $\mathbf{P}$, 使得 $K=I(\mathbf{P})$, 但是存在 $\mathbf{P}$, 使得 $K\supset I(\mathbf{P})$, 则取

$$c_{n,K}(1-\alpha)=\max\{c_{n,I(\mathbf{P})}(1-\alpha):\text{存在 }\mathbf{P},\text{使得 }I(\mathbf{P})\subset K\}.$$

(iii) 对于任何 $\mathbf{P}$, 关系式 $K\supseteq I(\mathbf{P})$ 均不成立. 此时, $c_{n,K}(1-\alpha)$ 的值不起作用, 可取 $c_{n,K}(1-\alpha)=0$.

例 13.4 设 $(X_1,\cdots,X_s)$ 服从多元正态分布, 均值 $\mu=(\mu_1,\cdots,\mu_s)$ 未知, 协方差阵 $\Sigma=(\sigma_{i,j})_{s\times s}$ 已知. 考虑 s 重假设检验问题

$$H_j:\mu_j\leqslant 0\longleftrightarrow\mu_j>0,\quad j=1,\cdots,s.$$

由于对单个假设 H_j, 基于统计量 $X_j/\sqrt{\sigma_{j,j}}$ 的检验是一致最优功效检验, 因此在采用一般的逐步 "向下" 算法对这个多重假设进行检验时, 可以取

$$T_j=X_j/\sqrt{\sigma_{j,j}},$$

当 T_j 较大时, 拒绝 $H_j,j=1,\cdots,s$. 现在的关键问题是找到临界值 $c_{n,K}(1-\alpha)$. 对于每一个非空子集 K, 都存在 $\mathbf{P}$, 使得 $K=I(\mathbf{P})$, 此

时, 我们可以利用统计量 $\max\{T_j : j \in K\}$ 来确定 $c_{n,K}(1-\alpha)$. 设 $c_{n,K}(1-\alpha)$ 为 $\max\{T_j : j \in K\}$ 在 $\mu = 0$ 时的分布的 $1-\alpha$ 分位数. 由于当 $I \subseteq K$ 时, $\max\{T_j : j \in I\} \leqslant \max\{T_j : j \in K\}$, 满足了定理 13.3 中的单调性条件 (13.4), 且由临界值 $c_{n,K}(1-\alpha)$ 的取法可知条件 (13.5) 也满足. 因此由定理 13.3 知, 用一般的逐步"向下"算法对这个问题进行多重假设检验可以控制族错误率. 此外, 这里的临界值 $c_{n,K}(1-\alpha)$ 可由随机模拟方法来近似得到.

在一定条件下, 这个一般的逐步"向下"算法通过选取合适的临界值 $c_{n,K}(1-\alpha)$ 可以得到比 Holm 算法功效更高的检验, 具体情况感兴趣的读者请参看文献 Lehmann 和 Romano [2007] 中的第 9.2 节.

与一般的逐步"向下"算法类似, 但出发点方向相反的还有一类逐步"向上"的算法. 这类算法首先判断最不显著的 (也即 p 值最大或者统计量值最小) 那个原假设是否应该拒绝, 若这个原假设被拒绝, 那么其他的原假设也应被拒绝, 则检验过程结束. 若这个原假设被接受, 那么下一步就是对还没有得出结论的假设检验问题进行检验, 依次下去, 直到每一个假设检验问题都得到结论为止.

除了上述两种方法外, 还有一种基于重抽样思想的方法 ——Westfall 与 Young 提出的置换方法 (Westfall and Young [1993]), 也可以实现族错误率的控制. 这种置换方法充分考虑到各个单重假设检验统计量之间的相依结构, 将一般的逐步"向下"算法过程与 Boostrap 抽样方法结合起来, 不断产生新的伪数据集, 基于新数据集来产生新的 p 值. 在这个方法的实现过程中涉及大量的重抽样和置换, 造成计算速度很慢. 该方法对族错误率的控制效果与 Bonferroni 校正和 Holm 算法相似, 仍然比较保守. 但这种置换方法的优势在于考虑了各个假设检验之间的相依性, 在产生某个单重假设检验的 p 值时, 要依赖其他 $s-1$ 个假设检验中的 p 值, 这在某些应用背景中可能更符合实际问题. 而 Bonferroni 校正和 Holm 算法都是对每个单重假设检验的 p 值独立进行校正, 没有考虑各个假设检验之间可能存在的相依性.

在基因表达数据分析中, 需要同时检验的假设个数常常多至成千上万, 前面所谈到的方法在常规水平下控制族错误率就显得过于保守, 以至于犯第二类错误的概率较高, 检验功效较低, 难以检测出错误的假设. 此外, 在基因微阵列数据研究中, 人们更关心的是在基因比对过程中, 错误识别的比例. 或者说在发现的显著性假设中, 属于错误发现的那部分假设所占的比例. 因此, 有必要针对错误发现率这样一个比值 B/R 来制定一个总体错误的度量标准. 但是需要注意, 当拒绝原假设的个数 $R=0$ 时, 必有错误拒绝的个数 $B=0$, 比值 B/R 没有意义. 于是, 为了解决这些问题, 人们提出了几种不同的错误发现率来衡量检验的效果, 其中最受重视的两种是: Benjamini 和 Hochberg [1995] 提出的错误发现率 (False Discovery Rate, FDR), 以及 Storey [2003] 建议的正错误发现率 (positive False Discovery Rate, pFDR).

3. 错误发现率 FDR

定义 13.3 对于一个多重假设检验, 记 R 表示拒绝原假设的总个数, B 表示错误拒绝的个数, 则定义**错误发现率**为

$$\mathrm{FDR} = \mathbf{E}\left(\frac{B}{R}\bigg| R>0\right)\mathbf{P}\{R>0\}.$$

错误发现率控制是多重假设检验中常用的一种控制错误的方法, 它度量的是多重假设检验中错误拒绝在所有被拒绝的原假设中所占的比例.

由定义可以看出:

(i) 当所有假设都正确, 即 $T=s$ 时, FDR=FWER;

(ii) 一般地, 当 $T<s$ 时, FDR $\leqslant$ FWER, 且大多数情况下不等号严格成立.

这样一来, 任何控制族错误率的过程同样也可以控制错误发现率, FDR 标准比 FWER 标准允许拒绝更多假设. 与族错误率控制方法相比, 采用错误发现率控制方法不仅能提高检验功效, 而且克服了传统的多重假设检验过程过于保守的缺陷. 关于 FDR 性质的研究已成为近年来统计学, 尤其是生物统计学研究中的一个热点.

Benjamini 和 Hochberg [1995] 文中证明了, 当 s 重假设检验的统

计量相互独立时, 下列程序 (简称 B-H**过程**) 能够在显著水平 $\frac{T}{s}\alpha \leqslant \alpha$ 下控制错误发现率:

B-H 过程 令 $p_{(1)} \leqslant p_{(2)} \leqslant \cdots \leqslant p_{(s)}$ 为 s 个单重假设检验中的 p 值的次序统计量, 相应的原假设记为 $H_{(1,0)}, H_{(2,0)}, \cdots, H_{(s,0)}$. 定义

$$k = \max\left\{i : p_{(i)} \leqslant \frac{i}{s}\alpha,\ i = 1, \cdots, s\right\},$$

在检验过程中拒绝 $H_{(1,0)}, \cdots, H_{(k,0)}$. 若不存在这样的 k, 则不拒绝任何假设.

实际上, B-H 过程又可以写成如下步骤:

步骤 1 将每个 p 值按从小到大的顺序排列: $p_{(1)} \leqslant p_{(2)} \leqslant \cdots \leqslant p_{(s)}$, 相应的原假设记为 $H_{(1,0)}, H_{(2,0)}, \cdots, H_{(s,0)}$.

步骤 2 若 $p_{(s)} < \alpha$, 则认为原假设 $H_{(s,0)}$ 是显著的, 拒绝所有原假设; 否则不拒绝 $H_{(s,0)}$, 并继续下面步骤.

步骤 3 若 $p_{(s-1)} < \dfrac{s-1}{s}\alpha$, 则拒绝 $H_{(1,0)}, \cdots, H_{(s-1,0)}$; 否则不拒绝 $H_{(s-1,0)}$, 并继续下面步骤.

步骤 4 依次类推, 对 $i = 2, \cdots, s-1$, 若 $p_{(s-i)} < \dfrac{s-i}{s}\alpha$, 则拒绝 $H_{(1,0)}, \cdots, H_{(s-i,0)}$; 否则不拒绝 $H_{(s-i,0)}$.

等价地, 上述程序也可以看做是通过判断调整后的 p 值是否小于给定的显著水平 α 来决定是否拒绝原假设, 其中调整后的 p 值为

$$\begin{aligned}
\tilde{p}_{(s)} &= p_{(s)}, \\
\tilde{p}_{(s-1)} &= \min\left\{\tilde{p}_{(s)}, \frac{s}{s-1}p_{(s-1)}\right\}, \\
&\cdots\cdots\cdots \\
\tilde{p}_{(1)} &= \min\{\tilde{p}_{(2)}, sp_{(1)}\}.
\end{aligned}$$

Benjamini 与 Hochberg 的错误发现率控制算法是一种逐步“向上”的控制方法, 这种算法从 p 值最大的假设出发, 逐步对 p 值依次减小的假设进行检验, 采用的临界值从 α 逐步减小到 α/s, 也就是说, 随着检验过程的继续, 拒绝原假设的标准越来越严格. 但是, 相比较前面

所讲的几种控制方法而言, 错误发现率控制是最宽松的, 它能够容忍更多的错误拒绝, 而且错误接受 (犯第二类错误) 的情况更少.

在 B-H 过程的基础上, Benjamini 和其他学者对错误发现率控制过程进行了进一步的改进, 见参考文献 Benjamini 和 Hochberg [2000], Benjamini 和 Yekutieli [2001]. 其中 Benjamini 和 Yekutieli [2001] 在检验统计量存在各种相依性和检验统计量是离散的这些更一般的情形下, 对错误发现率控制过程进行了推广.

4. 正错误发现率 pFDR

Storey[2002] 在针对比值 B/R 制定控制总体错误的标准时, 假设了 $R>0$ 这样一个前提条件, 提出了如下的正错误发现率.

定义 13.4　设 $\{H_1,\cdots,H_s\}$ 为一个 s 重假设检验族, 被拒绝的原假设共有 R 个, 其中错误拒绝的有 B 个, 称条件期望

$$\mathbf{E}\left(\frac{B}{R}\middle|R>0\right)$$

为这个多重假设检验族的**正错误发现率**(positive False Discovery Rate, pFDR).

Benjamini 和 Hochberg [1995] 在给出错误发现率的定义时, 考虑了正错误发现率无效的情形. 他们认为, 当所有原假设都正确 (即 $T=s$) 时, 有 $B=R$, 则 $\text{pFDR}=1$. 在这种情况下, 无法选择显著水平 α, 使得 $\text{pFDR}<\alpha$. Storey [2002] 在解释这个现象时认为, 在实际问题中, s 个原假设都正确的情况非常少. 人们更关心的是在原假设中存在错误的情况下, 如何发现这个错误, 即如何拒绝原假设, 所以在绝大多数实际问题中, $s>T$, 此时, 正错误发现率的定义就具有广泛应用价值了.

假设检验传统上被认为是一种频率学派的方法. 在下面的定理中, Storey [2003] 赋予正错误发现率一种贝叶斯解释, 即把正错误发现率看成一个简单的 Bayes 后验概率. 在某种程度上, 这种解释在频率学派和 Bayes 学派之间建立起了联系.

定理 13.4　设 s 重假设检验 $H_1,\cdots,H_s$ 都相同, 相应的检验统计量为 $T_1,\cdots,T_s$, 拒绝域均为 Γ. 把每个 H_i 看做一个服从两点分布

的随机变量, $H_i=0$ 表示 H_i 的原假设正确, $H_i=1$ 表示 H_i 的原假设错误. 令 $\mathbf{P}\{H_i=0\}=\pi_0$, 且 $(T_i,H_i),i=1,\cdots,s$ 独立同分布, 把正错误发现率看做依赖于拒绝域 Γ 的函数, 即

$$\mathrm{pFDR}(\Gamma)=\mathbf{E}\left(\frac{B(\Gamma)}{R(\Gamma)}|R(\Gamma)>0\right),$$

其中的 B, R 都依赖具体的拒绝域 Γ, 则有

$$\mathrm{pFDR}(\Gamma)=\mathbf{P}\{H_1=0|T_1\in\Gamma\}=\frac{\pi_0\cdot\mathbf{P}\{T_1\in\Gamma|H_1=0\}}{\mathbf{P}\{T_1\in\Gamma\}}. \tag{13.6}$$

证明

$$\begin{aligned}\mathrm{pFDR}(\Gamma)&=\mathbf{E}\left(\frac{B(\Gamma)}{R(\Gamma)}|R(\Gamma)>0\right)\\&=\sum_{k=1}^{s}\mathbf{E}\left(\frac{B(\Gamma)}{R(\Gamma)}|R(\Gamma)=k\right)\mathbf{P}\{R(\Gamma)=k|R(\Gamma)>0\}\\&=\sum_{k=1}^{s}\mathbf{E}\left(\frac{B(\Gamma)}{k}|R(\Gamma)=k\right)\mathbf{P}\{R(\Gamma)=k|R(\Gamma)>0\}.\end{aligned}$$

由 $(T_i,H_i),i=1,\cdots,s$ 的独立同分布性可以很直观地看出, $B(\Gamma)|R(\Gamma)=k$ 服从二项分布 $\mathrm{B}\big(k,\mathbf{P}\{H_i=0|T_i\in\Gamma\}\big)$, 这样就有

$$\mathbf{E}\big(B(\Gamma)|R(\Gamma)=k\big)=k\mathbf{P}\{H_i=0|T_i\in\Gamma\}.$$

下面给出更精确的论证.

由于 $(T_i,H_i),i=1,\cdots,s$ 独立同分布, 容易得到

$$\begin{aligned}&\mathbf{E}(B(\Gamma)|R(\Gamma)=k)\\&\quad=\mathbf{E}\left(\sum_{i=1}^{s}I_{\{T_i\in\Gamma\}}I_{\{H_i=0\}}|T_1,\cdots,T_k\in\Gamma,T_{k+1},\cdots,T_s\notin\Gamma\right)\\&\quad=\mathbf{E}\left(\sum_{i=1}^{k}I_{\{H_i=0\}}|T_1,\cdots,T_k\in\Gamma,T_{k+1},\cdots,T_s\notin\Gamma\right)\\&\quad=\sum_{i=1}^{k}\mathbf{E}(I_{\{H_i=0\}}|T_i\in\Gamma)\\&\quad=k\cdot\mathbf{P}\{H_1=0|T_1\in\Gamma\}.\end{aligned}$$

因此有

$$\begin{aligned}\text{pFDR}(\Gamma) &= \sum_{k=1}^{s} \frac{k \cdot \mathbf{P}\{H_1 = 0|T_1 \in \Gamma\}}{k} \mathbf{P}\big\{R(\Gamma) = k|R(\Gamma) > 0\big\} \\ &= \mathbf{P}\{H_1 = 0|T_1 \in \Gamma\} \\ &= \frac{\pi_0 \cdot \mathbf{P}\{T_1 \in \Gamma|H_1 = 0\}}{\mathbf{P}\{T_1 \in \Gamma\}}.\end{aligned}$$

□

定理 13.4 给出了正错误发现率的一个非常简单的形式, 而且 (13.6) 式中的后验概率不依赖于 s. 我们可以将 (13.6) 式改写为

$$\begin{aligned}\text{pFDR} &= \mathbf{P}\{H_1 = 0|T_1 \in \Gamma\} \\ &= \frac{\pi_0 \cdot \{\Gamma \text{ 导致的第一类错误概率}\}}{\pi_0 \cdot \{\Gamma \text{ 导致的第一类错误概率}\} + \pi_1 \cdot \{\Gamma \text{ 的功效}\}}.\end{aligned}$$

这说明了, 正错误发现率随着犯第一类错误的概率的增加而增大, 随着功效的增加而减小.

同时, 定理 13.4 又提供了一种估计正错误发现率的方法. 由于拒绝域 $\{T_i \in \Gamma\}$ 可以写成用 p 值表示的等价形式 $\{p_i < \gamma\}$, 且

$$\mathbf{P}\{T_i \in \Gamma|H_i = 0\} = \mathbf{P}\{p_i < \gamma|H_i = 0\} = \gamma,$$

而 $\mathbf{P}\{T_i \in \Gamma\}$ 可以用比值 R/s 来估计, 被拒绝的假设的个数 $R(\gamma)$ 也直接取决于临界值 γ, 设 π_0 的估计值为 $\hat{\pi}_0$, 则

$$\widehat{\text{pFDR}}(\gamma) = \frac{s\hat{\pi}_0\gamma}{R(\gamma)}. \tag{13.7}$$

接下来的问题就是如何来求 π_0 的估计值 $\hat{\pi}_0$.

Storey [2002] 给出了一种估计 $\pi_0 = T/s$ 的方法. Storey 首先引入一个调整参数 λ, $0 < \lambda < 1$. 在这 s 重假设检验的样本数据中, 超过 λ 的那部分 p 值所占的比例包含了 π_0 的信息, 利用

$$\mathbf{P}\{p_i > \lambda|H_i = 0\} = 1 - \lambda,$$

这样就得到估计方程

$$\mathbf{E}\Big(\frac{\sharp\{p_i > \lambda\}}{s}\Big) \approx (1 - \lambda)\pi_0,$$

其中 $\sharp\{p_i > \lambda\}$ 表示事件 $\{p_i > \lambda\}$ 发生的个数. 解这个方程得到估计

$$\hat{\pi}_0(\lambda) = \frac{\sharp\{p_i > \lambda\}}{s(1-\lambda)}.$$

从这个表达式可以看出, 不同的 λ 对应不同的 $\hat{\pi}_0$. Storey [2002] 建议对序列 $\{\hat{\pi}_0(\lambda):\ \lambda = 0.5, 0.55, 0.6, 0.65, \cdots, 0.9\}$ 用光滑样条的方法拟合一条光滑曲线, 然后用这条曲线在 $\lambda = 0.9$ 处的值作为 π_0 的估计值. SAS 软件中的 PROC TPSPLINE 和 PROC NLMIXED 过程以及 R 语言都有相关的程序可以实现 π_0 的估计.

将估计值 $\hat{\pi}_0(\lambda)$ 代入式子 (13.7), 可得

$$\widehat{\text{pFDR}}_\lambda(\gamma) = \frac{\sharp\{p_i > \lambda\} \cdot \gamma}{(1-\lambda)R(\gamma)}.$$

但是对于有限样本容量的情形, 当 $R(\gamma) = 0$ 时, 上述式子无意义. 于是, Storey[2002] 又提出了一个校正的估计

$$\widetilde{\text{pFDR}}_\lambda(\gamma) = \frac{\sharp\{p_i > \lambda\} \cdot \gamma}{(1-\lambda)\{R(\gamma) \vee 1\}[1-(1-\gamma)^s]}, \tag{13.8}$$

其中记号 $x \vee y$ 表示 x 和 y 的大者, 即 $x \vee y = \max\{x, y\}$

仍采用上述记号, Storey 提出了如下算法来求得正错误发现率的点估计和区间估计:

(i) 对 s 个单重假设检验, 计算其 p 值 $p_1, p_2, \cdots, p_s$;

(ii) 给定用 p 值表示的拒绝域中的临界值 γ, 按照公式 (13.8) 对 pFDR(γ) 进行估计;

(iii) 对样本数据进行 M 次 boostrap 抽样, 对每次抽得的样本数据都按照步骤 (i),(ii) 计算 pFDR(γ) 的 boostrap 估计值 $\widetilde{\text{pFDR}}_\lambda^{\,b}(\gamma)$, $b = 1, \cdots, M$;

(iv) 取 M 个 boostrap 估计值 $\widetilde{\text{pFDR}}_\lambda^{\,b}(\gamma)$ 的 $1-\alpha$ 分位数, 作为 pFDR(γ) 的置信水平为 $1-\alpha$ 的置信上限.

三、 错误发现率与正错误发现率的区别与联系

Benjamini 和 Hochberg 提出的错误发现率概念及其算法是多重假设检验中的一个里程碑, 是这一领域的一个开创性工作, Storey 的正错

误发现率控制方法是对前者的一个改进. 从二者的定义来看, 正错误发现率也可视为错误发现率的一种特殊情况.

Benjamini 和 Hochberg 提出的错误发现率控制算法是首先固定水平值 α, 然后对 $k=\max\left\{i: p_{(i)} \leqslant \frac{i}{s}\alpha, i=1,\cdots,s\right\}$ 进行估计, 这也相当于估计检验的拒绝域. 在实际应用中, 估计量 $\hat{k}$ 的波动性越大, 错误发现率检验程序的效果就越差. 而且该算法的一个缺陷是: 针对原假设中正确的个数 T 的所有值同时来控制错误率, 而没有用到数据中所包含的 T 的信息.

而 Storey 提出的正错误发现率控制算法是先固定拒绝域, 然后再估计控制的水平值 α, 这种做法和多重假设检验传统中的直观认识相违背, 但在错误发现率框架下却是有意义的. 该算法用数据来估计 π_0, 也即对 $T=s\pi_0$ 进行估计, 利用了数据中所包含的 T 的信息, 从而获得正错误发现率的置信区间, 这样在定义错误度量时具有更大的灵活性.

若要在水平 α 下来控制错误发现率, 按照 B-H 过程则需估计

$$k=\max\left\{i: p_{(i)} \leqslant \frac{i}{s}\alpha, i=1,\cdots,s\right\}.$$

从而拒绝原假设 $H_{(1,0)},\cdots,H_{(k,0)}$, 此时拒绝的原假设的个数为 $R=k$. 而按照 Storey 的正错误发现率控制算法, 若要在水平 α 下来控制正错误发现率, 也即要使得 $\widehat{\mathrm{pFDR}}(\gamma) \leqslant \alpha$, 则需通过估计 $\hat{\pi}_0$ 来寻找一个 l, 拒绝原假设 $H_{(1,0)},\cdots,H_{(l,0)}$, 这样拒绝原假设的个数为 $R(\gamma)=l$, 而这个 l 需满足

$$l=\max\{i: \widehat{\mathrm{pFDR}}(p_{(i)}) \leqslant \alpha, i=1,\cdots,s\}.$$

但由 (13.7) 式知, $\widehat{\mathrm{pFDR}}(p_{(i)})=\dfrac{s\hat{\pi}_0 p_{(i)}}{i}$, 这等价于

$$l=\max\left\{i: p_{(i)} \leqslant \frac{i\alpha}{s\hat{\pi}_0}, i=1,\cdots,s\right\}.$$

当对 $\hat{\pi}_0$ 取最保守的估计值 $\hat{\pi}_0=1$ 时, $l=k$, 即两种方法拒绝原假设的个数相同. 但绝大数情况下有 $\hat{\pi}_0<1$, 此时, $l>k$. 也就是说, 若

要在相同水平下控制正错误发现率与错误发现率, 则 Storey 的方法比 Benjamini 和 Hochberg 的方法倾向于拒绝更多的原假设, 因而检验的功效更高.

除了前面谈到的错误发现率、正错误发现率以外, 当前文献中基于比值 B/R 来度量总体错误的标准还有如下这些 (参看 Tsai et al. [2003]):

(i) 条件错误发现率 (conditional FDR): $\mathrm{cFDR} = \mathbf{E}(B/R|R=r)$;

(ii) 边缘错误发现率 (marginal FDR): $\mathrm{mFDR} = \mathbf{E}B/\mathbf{E}R$;

(iii) 经验错误发现率 (empirical FDR): $\mathrm{eFDR} = \mathbf{E}B/r$.

由定理 13.4 的证明过程, 并注意到

$$\mathbf{E}[B(\Gamma)] = s\cdot\pi_0\cdot\mathbf{P}\{T\in\Gamma|H=0\},\quad \mathbf{E}R(\Gamma) = s\cdot\mathbf{P}\{T\in\Gamma\},$$

容易证明, cFDR, mFDR 都和 pFDR 是相互等价的. 此外, Tsai et al. [2003] 中还对 cFDR, mFDR 给出了具体的估计方法.

基于错误发现率的控制方法主要适用于大规模的多重比较和多重假设检验问题, 其已成为基因表达数据分析中用得最多的控制总体错误的方法. 相比较而言, 这类方法不太保守, 能够较好地实现犯第一类错误概率与犯第二类错误概率之间的平衡.

最后需要说明的是, 多重假设检验的错误控制依赖于检验的个数, 不论上述哪种控制方法, 需要同时检验的个数越多, 单个假设检验中需要的 p 值就越小, 检验就越保守、越严格.

四、 多重假设检验的功效

在本章第一节中, 我们针对单重假设检验问题定义了功效函数, 而对于多重假设检验问题, 除了考虑对犯第一类错误的概率的控制外, 检验的功效及检验算法的最优性也是值得关注的重要问题. 但是, 由于多重假设检验中备择假设所包含的内容往往非常复杂, 这使得功效函数以及最优检验的定义和推断都很困难. 目前的文献对这方面的结果鲜有提及.

考虑 s 重假设检验问题 $\{H_1,\cdots,H_s\}$, 其中

$$H_i : \theta_i \in \Theta_{i0} \longleftrightarrow \theta_i \in \Theta_{i1}, \quad i = 1, \cdots, s.$$

记 $\theta = (\theta_1, \cdots, \theta_s)$, 不妨定义功效函数为

$$\beta_i(\theta) = \mathbf{P}_\theta\{\text{至少拒绝 } i \text{ 个原假设}\}, \quad i = 1, \cdots, s.$$

令 A_i 表示参数空间中使得至少 i 个原假设不真的子集, 如果一个多重假设检验程序在某种条件下最优, 那么它很自然地应该能够最大化

$$\inf_{\theta \in A_i} \beta_i(\theta), \quad i = 1, \cdots, s. \tag{13.9}$$

或者与单重假设检验类似, 使得拒绝错误原假设的概率最大, 也就是要最大化

$$\inf_{\theta \in A_i} \mathbf{P}\{\text{至少拒绝 } i \text{ 个错误的原假设}\}, \quad i = 1, \cdots, s. \tag{13.10}$$

文献 Lehmann[2007]9.2 节以控制 FWER$\leqslant \alpha$ 为例, 指出在一定条件下, 通过适当选择检验统计量的临界值, 逐步 "向下" 算法与逐步 "向上" 算法都可以达到在最大化 (13.9) 式或 (13.10) 式的意义下的最优. 限于篇幅不再详述, 感兴趣的读者请参阅文献 Lehmann [2007] 9.2 节中的讨论.

§4.14 习 题

1. 考虑定理 2.1 的结论 (i) 中 $\alpha = 0$ 的情况.

(i) 所找到的检验函数 $\phi(x)$ 的表达式中, 常数 k 是否必为 ∞?

(ii) 证明: 若找到的检验函数 $\phi(x)$ 中的 $k < \infty$, 则 $\phi(x)$ 必定是水平 $\alpha = 0$ 的 UMP 检验.

(iii) 用反例说明, 若找到的检验函数 $\phi(x)$ 中的 $k = \infty$, 则 $\phi(x)$ 可以不是水平 $\alpha = 0$ 的 UMP 检验.

2. 用例子说明, 若定理 2.1(iii) 中满足 (i)(a) 的 UMP 检验 $\tilde{\phi}$, 又满足 $\mathbf{E}_1\tilde{\phi}(X) = 1$, 则它不必满足 (i)(b).

3. 举例说明, 在定理 2.1(ii) 中, 若 $k = \infty$, 则满足 (i)(a) 和 (i)(b) 的检验函数 ϕ 不必为水平 α 的 UMP 检验.

4. 设$X \sim \mathcal{P}$ 是一个统计模型, $(\mathcal{P}_1, \mathcal{P}_2)$ 是一个假设检验问题, 其中 $\mathcal{P}_2$ 不是一个单点集. 设 ϕ 为满足: (i) $\alpha_\phi \leqslant \alpha$; (ii) $\beta_\phi(\mathbf{P}_1) = \beta_{I,\alpha}(\mathbf{P}_1)$, 其中 $\mathbf{P}_1 \in \mathcal{P}_1$, 但是存在一个 $\mathbf{P}_2 \in \mathcal{P}_1$, 使得 $\beta_\phi(\mathbf{P}_2) \neq \beta_{I,\alpha}(\mathbf{P}_2)$. 指出 ϕ 不是 $(\mathcal{P}_1, \mathcal{P}_2)$ 的水平 α 的 UMP 检验, 并且 $(\mathcal{P}_1, \mathcal{P}_2)$ 也不会存在水平 α 的 UMP 检验 $(\alpha \in (0,1))$.

5. 设 $X_1, \cdots, X_n \sim \text{iid } f(x,\theta)$. 当 $\theta = 0$ 时, $f(x) = I_{(0,1)}(x)$, 即 X_i 的公共分布为 $(0,1)$ 上的均匀分布; 当 $\theta = 1$ 时, $f(x,\theta) = 2xI_{(0,1)}(x)$. 求假设检验问题

$$H_0 : \theta = 0 \longleftrightarrow H_1 : \theta = 1.$$

的 UMP 检验的否定域.

6. 设 $X \sim \mathbf{P}_\theta \in \mathcal{P} = \{\mathbf{P}_\theta, \theta \in \Theta\}$. 又设 T 是一个充分统计量, $\phi(x)$ 是相对于任何假设检验问题的检验函数. 记 $\psi(t) = \mathbf{E}(\phi(X)|t)$, 指出 $\psi(T)$ 与 $\phi(X)$ 具有相同的功效函数.

7. 设 $\boldsymbol{X} \sim \mathbf{P}_\theta \in \mathcal{P} = \{\mathbf{P}_0, \mathbf{P}_1\}$. 又设所讨论的假设检验问题为 $(\mathbf{P}_0, \mathbf{P}_1)$. 证明: 若检验函数 $\phi(\boldsymbol{x})$ 满足 (i) $\mathbf{E}_0\phi(\boldsymbol{X}) = \alpha$, (ii) $\mathbf{E}_1\phi(\boldsymbol{X}) = 1$. 则 $\phi(\boldsymbol{x})$ 是假设检验问题 $(\mathbf{P}_0, \mathbf{P}_1)$ 的水平 α 的 UMP 检验.

8. 设$X_1, \cdots, X_n \sim \text{iid } \ U(0,\theta)$, $\theta > 0$, $U(0,\theta)$ 为 $(0,\theta)$ 上的均匀分布. 所考虑的检验问题为 $(\theta = \theta_0, \theta > \theta_0)$. 指出任何检验函数 $\phi(\boldsymbol{x})$ 只需满足条件 (i) $\mathbf{E}_{\theta_0}\phi(\boldsymbol{X}) = \alpha$, (ii) 在集合 $\{\boldsymbol{x} = (x_1, \cdots, x_n) : \max\{x_1, \cdots, x_n\} \geqslant \theta_0\}$ 上 $\phi(\boldsymbol{x}) = 1$. 则 $\phi(\boldsymbol{x})$ 就是检验问题 $(\theta = \theta_0, \theta > \theta_0)$ 的水平 α 的 UMP 检验.

9. 设$\boldsymbol{X} = (X_1, \cdots, X_n)$ 为习题 8 中的样本. 所考虑的检验问题为 $(\theta = \theta_0, \theta < \theta_0)$. 指出任何检验函数 $\phi(\boldsymbol{x})$ 只需满足条件: (i) $\mathbf{E}_{\theta_0}\phi(\boldsymbol{X}) = \alpha$, (ii) 在集合 $\{\mathbf{x} = (x_1, \cdots, x_n) : \max\{x_1, \cdots, x_n\} \leqslant \theta_0 \sqrt[n]{\alpha}\}$ 上 $\phi(\boldsymbol{x}) = 1$. 则 $\phi(\boldsymbol{x})$ 就是检验问题 $(\theta = \theta_0, \theta < \theta_0)$ 的水平 α 的 UMP 检验.

10. 设习题 8 中所考虑的检验问题为 $(\theta = \theta_0, \theta \neq \theta_0)$. 指出若检验函数 $\phi(\boldsymbol{x})$ 在集合 $\{\boldsymbol{x} = (x_1, \cdots, x_n) : \max\{x_1, \cdots, x_n\} \leqslant \theta_0 \sqrt[n]{\alpha}$, 或者 $\max\{x_1, \cdots, x_n\} \geqslant \theta_0\}$ 上, $\phi(\boldsymbol{x}) = 1$, 在其余集上 $\phi(\boldsymbol{x}) = 0$. 则 $\phi(\boldsymbol{x})$ 就是检验问题 $(\theta = \theta_0, \theta \neq \theta_0)$ 的水平 α 的 UMP 检验.

11. 设 $p(x,\theta)$ 相对于统计量 T 具有单调似然比, 则 T 的分布族也具有单调似然比.

12. 设 $X \sim p(x,\theta)$, 且 $p(x,\theta)$ 相对于 $T(x) = x$ 具有单调似然比. 证明: $\mathbf{E}_\theta X$ 为 θ 的非减函数.

13. 设 $p(x,\theta)$ 相对于统计量 T 具有单调似然比, 则 $\mathbf{P}_\theta\{T > c\}$ 为 θ 的非

减函数.

14. 设 $X \sim p(x,\theta)$, 其中 $p(x,\theta)$ 为一维指数族分布密度 ($T(x)=x$). 证明: $\mathbf{E}_\theta X$ 为 θ 的非减函数.

15. 设 $\mathbf{X}=(X_1,\cdots,X_n)$ 为 $U(0,\theta)$ 的样本, 其中 $\theta\in(0,\infty)$. 指出这个分布族相对于 $T=\max\{X_1,\cdots,X_n\}$ 具有单调似然比. 根据这个结果, 求出假设检验问题 $(\theta\leqslant\theta_0,\theta>\theta_0)$ 的水平 α 的 UMP 检验.

16. 设 $X\sim f_\theta(x),\theta\in\Theta$. 又设 X 的取值空间 $\mathcal{X}$ 到空间 $\mathcal{Y}$ 的一个一一变换为 $y=T(x)$. 由这个变换导出一个以 Y 为观察值的统计模型 $Y\sim g_\xi(y),\xi\in\Xi$. 参数 ξ 与 θ 之间也建立了一个一一对应. 现设在原来的模型中有一个假设检验问题 (Θ_0,Θ_1). 通过变换 $y=T(x)$ 导出新的模型中的一个假设检验问题 (Ξ_0,Ξ_1). 证明: 若在变换了的模型中的假设检验问题 (Ξ_0,Ξ_1) 有一个水平 α 的 UMP 检验 $\phi(y)$, 则 $\psi(x)=\phi(T(x))$ 是原来问题中的水平 α 的 UMP 检验.

17. 设 $X_1,\cdots,X_n$ 为指数分布 $E(a,b)$ 的一个样本, 即 X_i 的密度函数为

$$f_{a,b}(x)=\begin{cases}\mathrm{e}^{(x-a)/b}, & x\geqslant a,\\ 0, & x<a.\end{cases} \tag{14.1}$$

假定 $b>0$ 为已知, 考虑假设检验问题 $(a=a_0,a\neq a_0)$. 求出它的一个水平 α 的 UMP 检验.

18. 设 X 具有分布密度

$$p_{c,\tau}(x)=\begin{cases}c\tau^c/x^{c+1}, & 0<\tau<x,c>0,\\ 0, & \text{其他}.\end{cases}$$

称为**帕雷托分布**. 考虑下列问题:

(i) 设 X 具有帕雷托分布, 参数为 (c,τ). 指出 $Y=\ln X$ 具有指数分布, 其密度函数由 (14.1) 给出, 其中 $a=\ln\tau,b=1/c$.

(ii) 设 $X_1,\cdots,X_n$ 是来自帕雷托分布的一个样本, 在 c 已知的假定下考虑假设检验问题 $(\tau=\tau_0,\tau\neq\tau_0)$. 求出它的一个水平 α 的 UMP 检验.

19. 设 $X_1\cdots,X_n$ 来自伽玛分布的样本, 伽玛分布的密度函数为

$$\frac{1}{\Gamma(a)b^a}x^{a-1}\mathrm{e}^{-x/b},x>0,a,b>0.$$

在下列情况下, 求出相应检验问题的 UMP 检验的否定域.

(i) $(b\leqslant b_0,b>b_0)$ (a 已知);

(ii) $(a\leqslant a_0,a>a_0)$ (b 已知).

20. 设$X \sim p(x,\theta)\mathrm{d}\mu$, $\theta \in \mathbb{R}$, $p(x,\theta)$ 对于统计量 T 具有单调似然比. 则在假设检验问题 $(\theta \leqslant \theta_0, \theta_1)$ 中, $\mathbf{P}_{\theta_0}$ 是水平 α 的最不利点, 其中 $\theta_1(>\theta_0)$ 为参数空间中的一个固定的点.

21. 设$X_1, \cdots, X_n$ 来自均匀分布 $U(0,\theta)$ 的一个样本, 其中参数 $\theta \in (0,\infty)$. 记 $\mathbf{P}_\theta$ 为 $X_1, \cdots, X_n$ 的联合分布. 证明: $\mathbf{P}_{\theta_0}$ 是假设检验问题 $(\theta \leqslant \theta_0, \theta_1)$ 中的最不利点, 其中 $\theta_1 > \theta_0$.

22. 设$X_1 \sim P(\lambda_1)$, $X_2 \sim P(\lambda_2)$, X_1, X_2 相互独立, $P(\lambda)$ 代表泊松分布, 即

$$P_\lambda\{X=i\} = \frac{\lambda^i}{i!}\exp\{-\lambda\}, \quad i=0,1,2,\cdots.$$

利用求最不利点方法求出检验问题 (Θ_0, Θ_1) 的水平 α 的 UMP 检验, 其中 $\Theta_0 = \{(\lambda_1,\lambda_2): \lambda_1+\lambda_2 \leqslant A\}$, $\Theta_0 = \{(\lambda_1,\lambda_2): \lambda_1+\lambda_2 > A\}$.

23. 设$X_1, \cdots, X_n$ 来自指数分布 $E(0,b)$, 即 X_i 的分布密度函数为

$$\frac{1}{b}\exp\left\{-\frac{x}{b}\right\}, \quad x>0, b>0.$$

但观察值为 $X_{(1)}\cdots, X_{(r)}$, 即 $X_1, \cdots, X_n$ 的前 r 个次序统计量.

(i) 写出 $X_{(1)}\cdots, X_{(r)}$ 的联合分布密度函数.

(ii) 在可靠性工程理论中, 把 X_i 看做寿命, 将 $S_r = \sum\limits_{i=1}^{r-1} X_{(i)} + (n-r+1)X_{(r)}$ 称为定数截尾试验的总试验时间. 证明: $S_r \sim b/2\chi^2(2r)$.

(iii) 证明: $X_{(1)}\cdots, X_{(r)}$ 的分布族相对于 S_r 具有单调似然比, 从而, 对于假设检验问题 $(b \leqslant b_0, b > b_0)$ 具有 UMP 检验.

(iv) 指出假设检验问题 $(b \leqslant b_0, b > b_0)$ 的水平 α 的 UMP 否定域具有 $\{S_r \geqslant c\}$ 的形式, 并求出 c 的值.

(v) 指出假设检验问题 $(b \leqslant b_0, b = b_1)$ 中, b_0 所对应的分布是最不利点.

24. 记$\mathcal{P}_0 = \{U(-0.5, 0.5)\}$, $\mathcal{P}_1 = \{U(0,1), U(-1,0)\}$. 指出对检验问题 $(\mathcal{P}_0, \mathcal{P}_1)$ 不存在水平 α 的 UMPU 检验 $(0<\alpha<0.5)$.

25. 设 θ' 和 θ_0 为两个不同的一维的参数值, 记

$$\tilde{r}(t) = \begin{vmatrix} \exp\{\theta' t\} & \exp\{\theta_0 t\} & t\exp\{\theta_0 t\} \\ \exp\{\theta' c_1\} & \exp\{\theta_0 c_1\} & c_1\exp\{\theta_0 c_1\} \\ \exp\{\theta' c_2\} & \exp\{\theta_0 c_2\} & c_2\exp\{\theta_0 c_2\} \end{vmatrix},$$

其中 $c_1 < c_2$ 为两个常数. 指出 $\tilde{r}(t)$ 在 (c_1, c_2) 上小于 0, 在 (c_1, c_2) 外大于 0.

26. 设$X_1,\cdots,X_n\sim \text{iid } N(\mu,\sigma^2)$, 其参数空间 $\Theta=\{\theta=(\mu,\sigma^2):\mu\in(-\infty,\infty),\sigma^2>0\}$. 记 $S_0(\boldsymbol{x})=\sum\limits_{i=1}^{n}(x_i-\bar{x})^2/\sigma_0^2$. 证明: $\mathbf{P}_{\sigma^2}\{S_0(X)>c\}$ 为 σ^2 的单调上升函数, 其中 $\mathbf{P}_{\sigma^2}$ 表示 X 的概率分布, 其分布参数为 (μ,σ^2).

27. 设$X_1,\cdots,X_n\sim \text{iid } N(\mu,\sigma^2)$, 其参数空间 $\Theta=\{\theta=(\mu,\sigma^2):\mu\in(-\infty,\infty),\sigma^2>0\}$. 求出下列假设检验问题的广义似然比检验的否定域:

(i) $H_0:\mu=\mu_0 \longleftrightarrow H_1:\mu\neq\mu_0$ (另一个参数 σ^2 为未知);

(ii) $H_0:\sigma^2=\sigma_0^2 \longleftrightarrow H_1:\sigma^2\neq\sigma_0^2$ (另一个参数 μ 为未知).

28. 设$X_1,\cdots,X_m\sim \text{iid } N(\mu,\sigma^2)$, $Y_1,\cdots,Y_n\sim \text{iid } N(\nu,\sigma^2)$, X 和 Y 来自相互独立的正态总体, 其参数空间 $\Theta=\{\theta=(\mu,\nu,\sigma^2):\mu\in(-\infty,\infty),\nu\in(-\infty,\infty),\sigma>0\}$. 求出下列假设检验问题的广义似然比检验的否定域:

(i) $H_0:\mu\leqslant\nu \longleftrightarrow H_1:\mu>\nu$;

(ii) $H_0:\mu=\nu \longleftrightarrow H_1:\mu\neq\nu$.

29. 设$X_1,\cdots,X_n\sim \text{iid } N(\mu,\sigma^2)$, 统计量 T 具有表达式

$$T=\frac{\sqrt{n}\overline{X}}{\sqrt{\sum\limits_{i=1}^{n}(X_i-\overline{X})^2/(n-1)}}.$$

指出: 对于固定的参数 c, $\mathbf{P}_\mu\{T\geqslant c\}$ 为 μ 的单调上升函数.

30. 设X 的分布密度族为单参数密度函数族, 即

$$p(x,\theta)=\exp\{\theta T(x)-A(\theta)\}h(x).$$

又设 $X_1,\cdots,X_n$ 为来自 X 的总体的一个样本. 指出假设检验问题 $(\theta\leqslant\theta_0,\theta>\theta_0)$ 的广义似然比检验的否定域必为 UMP 否定域.

31. 设$X\sim B(n,p)$. 考虑下列问题:

(i) 求假设检验问题 $(p\leqslant p_0,p>p_0)$ 的广义似然比否定域.

(ii) 可将模型写成 $X_1,\cdots,X_n\sim \text{iid } B(1,p)$, 其中 n 成为样本量. 此时, 定理 6.1 的条件是否成立?

(iii) 利用求极限分布的方法直接求出广义似然比否定域的水平 α 的近似临界值.

32. 设$X\sim M(1,k,\boldsymbol{p})$, 即 X 取值于 $\{1,\cdots,k\}$ 的分类变量, $\mathbf{P}\{X=i\}=p_i$, $i=1,\cdots,k$, $\boldsymbol{p}=(p_1,\cdots,p_k)$. 将 X 的分布重新参数化, 即 $\boldsymbol{\theta}=(p_1,\cdots,p_{k-1})$. 这样, 新的参数空间 $\boldsymbol{\Theta}=\{\boldsymbol{\theta}=(p_1,\cdots,p_{k-1}):\sum\limits_{i=1}^{k-1}p_i<$

$1, p_i > 0\}$ 为具有内点的 $k-1$ 维空间中的集合. 考虑双边检验问题

$$H_0: \boldsymbol{\theta} = \boldsymbol{\theta}_0 \longleftrightarrow H_1: \boldsymbol{\theta} \neq \boldsymbol{\theta}_0, \tag{14.2}$$

其中 $\boldsymbol{\theta}_0 = (p_{0,1}, \cdots, p_{0,k-1})$ 为 $\boldsymbol{\Theta}$ 的内点. 现在设 $X_1, \cdots, X_n$ 为 X 的一个样本. 考虑下列问题:

(i) 就这个模型验证定理 6.1 的条件.

(ii) 写出定理 6.1 中的统计量 $2\ln\lambda(\boldsymbol{X})$ 的表达式 (注意, 本题极限分布的自由度为 $k-1$, 非 k).

33. 设在习题 32 中, 考虑以 $\boldsymbol{p}$ 为参数的模型.

(i) 指出假设检验问题

$$H_0: \boldsymbol{p} = \boldsymbol{p}_0 \longleftrightarrow H_1: \boldsymbol{p} \neq \boldsymbol{p}_0 \tag{14.3}$$

与以参数 $\boldsymbol{\theta}$ 表达的假设检验问题 (14.2) 是等价的.

(ii) 指出假设检验问题 (14.3) 的基于广义似然比的统计量 $2\ln\lambda(X)$ 与统计量

$$\chi^2 = \sum_{i=1}^{k} \frac{(n_i - np_{i0})^2}{np_{i0}}$$

在 H_0 成立的条件下是等价的, 即它们具有相同的极限分布. 由此可导, 出在 H_0 之下 χ^2 统计量的极限分布.

34. 在例 6.5 中, 为证明在原假设之下统计量 $2\ln\lambda$ 具有 χ^2 极限分布, 请验证定理 6.2 的条件.

35. 设$X \sim B(m,p)$ 和 $Y \sim B(n,q)$ 为两个总体. 求假设检验问题 (H_0 : $p = q$, $H_1 : p > q$) 的广义似然比否定域.

36. 下面两个表 (表 4.14.1 和表 4.14.2) 是 1976–1977 年美国佛罗里达州的凶杀案件中, 326 个被告的肤色和死刑判决情况的分类表, 见 AlanAgresti[2002]. 根据这些数据分析该州的刑法是否存在种族歧视问题. 具体来说, 就是检验如下两个问题:

(i) H_0 : 被告人的肤色与死刑判决相互独立;

(ii) H_0 : 给定被害人的肤色后, 被告的肤色与死刑判决条件独立.

37. 设随机变量 $X_1, \cdots, X_n$ 相互独立且同服从参数为 λ 的泊松分布, 考虑有关构造 λ 的置信区间的如下问题:

(i) 计算 Wald 统计量 W_w 和得分统计量 W_s, 并基于这些统计量的渐近分布构造相应的 95% 置信区间.

(ii) 假设模型参数改用指数族的自然参数 η 表示, 对 η 重复进行 (i) 中的计算, 把相应的置信区间转化为 λ 的置信区间, 并和 (i) 中的结果进行比较.

表 4.14.1 被告的肤色与死刑判决情况的分类表

被告	死刑		合计
	是	否	
白人	19	141	160
黑人	17	149	166
合计	36	290	326

表 4.14.2 被告与被害人的肤色以及死刑判决情况的分类表

被告	被害人	死刑		死刑判决的比例
		是	否	
白人	白人	19	132	0.126
	黑人	0	9	0.000
黑人	白人	11	52	0.175
	黑人	6	97	0.058

38. 设某种型号的压力容器在正常大气压下的使用寿命服从参数为 θ 的指数分布, 现从中随机抽取 20 台, 测得它们在一定大气压下的失效时间 (单位: 小时) 数据为:

274, 28.5, 1.7, 20.8, 871, 363, 1311, 1661, 236, 828,

458, 290, 54.9, 175, 1787, 970, 0.75, 1278, 776, 126.

(i) 计算用于检验 θ 的 Wald 统计量 W_w 和得分统计量 W_s, 并基于这些统计量的渐近分布构造相应的 95% 置信区间.

(ii) 用广义似然比检验假设 $H_0: \theta \leqslant 575.5$.

39. 设 $X_1, \cdots, X_n \sim \text{iid } N(\mu, \sigma^2)$. 记 $X_1, \cdots, X_n$ 的概率分布族为

$$\mathcal{P} = \{\mathbf{P}_\theta : \theta = (\mu, \sigma^2), \mu \in \mathbb{R}, \sigma^2 > 0\}.$$

(i) 令 $g_c(\boldsymbol{x}) = (x_1 + c, \cdots, x_n + c), c \in \mathbb{R}$. 指出 $G = \{g_c, c \in \mathbb{R}\}$ 形成 $\mathbb{R}^n$ 中的一个变换群.

(ii) 指出 G 使 $\mathcal{P}$ 保持不变, 并找出相应的 $\overline{G}$.

(iii) 设 (Θ_0, Θ_1) 为假设检验问题, 其中参数空间

$$\Theta_0 = \{\theta = (\mu, \sigma^2) : \sigma^2 \leqslant \sigma_0^2\}, \ \ \Theta_1 = \{\theta = (\mu, \sigma^2) : \sigma^2 < \sigma_0^2\}.$$

指出 G 使假设检验问题 (Θ_0, Θ_1) 保持不变.

(iv) 求出 G 的最大不变统计量.

(v) 求出假设检验问题 (Θ_0, Θ_1) 的依赖于完全充分统计量的 UMPI 检验.

40. 设 $X_1, \cdots, X_n$ 为 $(0,1)$ 上独立同分布的一个样本. 下面是假设检验问题:

$H_0 : X_i$ 的公共分布为 $(0,1)$ 上的均匀分布.

$H_1 : X_i$ 的公共分布密度为 $(0,1)$ 上的函数 $2x$ 或 $2(1-x)$.

记 $\mathcal{P} = \{\mathbf{P}_0, \mathbf{P}_1, \mathbf{P}_2\}$, 其中 $\mathbf{P}_0$ 相应于 X_i 的公共分布为 $(0,1)$ 上的均匀分布, $\mathbf{P}_1$ 和 $\mathbf{P}_2$ 分别对应于区间 $(0,1)$ 上的密度 $2x$ 和 $2(1-x)$.

(i) 令 $g_1(\boldsymbol{x}):\ x_i' = 1 - x_i,\ \ g_0(\boldsymbol{x}) \equiv \boldsymbol{x}$. 指出 $G = \{g_0, g_1\}$ 形成样本空间中的一个变换群.

(ii) 指出 G 使 $\mathcal{P}$ 保持不变, 并找出相应的 $\overline{G}$.

(iii) 设 $(\mathcal{P}_0, \mathcal{P}_1)$ 为假设检验问题, 其中 $\mathcal{P}_0 = \{\mathbf{P}_0\}$, $\mathcal{P}_1 = \{\mathbf{P}_1, \mathbf{P}_2\}$. 指出 G 使假设检验问题 $(\mathcal{P}_0, \mathcal{P}_1)$ 保持不变.

(iv) 求出 G 的最大不变统计量.

(v) 求出假设检验问题 $(\mathcal{P}_0, \mathcal{P}_1)$ 的 UMPI 检验.

41. 定义 11.2 给出了 $\boldsymbol{R}^+ = (R_1^+, R_2^+, \cdots, R_N^+)$ 的定义. 指出若连续随机变量序列 $X_1, X_2, \cdots, X_N$ 独立同分布, 则 $\boldsymbol{R}^+ = (R_1^+, R_2^+, \cdots, R_N^+)$ 在 $\mathcal{R}$ 上服从均匀分布, 其中 $\boldsymbol{R}$ 表示整数集合 $\{1, \cdots, N\}$ 的全体排列组成的空间.

42. 证明定理 11.1.

43. 证明定理 11.2.

44. 考虑线性秩统计量 $S_N = \sum\limits_{i=1}^{N} c_N(i) a_N(R_i)$, 其中秩向量 $\boldsymbol{R} = (R_1, \cdots, R_N)$ 在集合 $\mathcal{R}$ 上均匀分布, 回归常数 $c_N(i) = i$, $i = 1, \cdots, N$; 分值 $a_N(i) = \Phi^{-1}\left(\dfrac{i}{N+1}\right)$, $i = 1, \cdots, N$, 其中 $\Phi(x)$ 是标准正态分布的分布函数. 求 S_N 的极限分布.

45. 某高校校长想知道该校文科教师和理科教师工作十年后年薪 (单位: 千元人民币) 是否相同, 随机调查 10 位文科教师, 结果如下:

$$35,\ 30,\ 45,\ 42,\ 50,\ 52,\ 29.5,\ 38,\ 40.5,\ 41.$$

又随机抽取 13 位理科教师, 调查结果为:

$$35.5,\ 40,\ 48,\ 53,\ 58,\ 57,\ 54,\ 49,\ 49.5,\ 51,\ 51.5,\ 57.5,\ 52.5.$$

给定 $\alpha = 0.5$, 对零假设 H_0 : 两种年薪的分布相同, 做相应的假设检验.

46. 对 s 重假设检验, 试根据 $(p_1, \cdots, p_s)$ 的联合分布说明: 尽管 Bonferroni 校正比较保守, 但若 p 值满足 $\mathbf{P}\{p_i \leqslant u\} \leqslant u,\ 0 < u < 1$, 且使得 $\mathbf{P}\{\min\limits_{1\leqslant i\leqslant s} p_i \leqslant \alpha/s\} = \alpha$, 则仍有 $\text{FWER} = \alpha$ 成立.

47. 证明: 在定理 13.2 的条件下, 若要在 Holm 算法 (13.2) 中, 既保证控制 FWER, 又增加临界值 $\alpha_i = \alpha/(s-i-1)$ 是不可能实现的.

48. 假设在医学临床试验中, 用 t 检验来判断两个不同组试验人群 (癌症组和对照组) 的 10 个基因的表达是否有显著差异. 计算出的 10 个 p 值分别为:

$$0.001,\ 0.002,\ 0.007,\ 0.009,\ 0.040,\ 0.065,\ 0.067,\ 0.124,\ 0.171,\ 0.453.$$

(i) 在 0.05 显著水平下, 推测两组人群在这 10 个基因上有多少个表达存在显著差异?

(ii) 若采用 Bonferroni 校正, 两组人群有多少基因的表达存在显著差异?

(iii) 若采用错误发现率方法, 两组人群有多少基因的表达存在显著差异?

第五章 统计决策和贝叶斯分析简介

§5.1 统计决策问题概述

一、 统计决策问题的描述

首先介绍决策问题. 按 J.O.Berger 的说法 (Berger [1985]), 决策问题处理这样的实际问题: 根据问题中的实际情况 (或状态), 提出某种合适的措施或行动. 下面用例子说明.

例 1.1 工厂的工人对某种机器进行检修. 如果他发现某零件损坏, 就采取措施, 换上新的零件; 如果零件没有损坏, 就让机器继续运行. 这说明工人对如何检修机器有一个决策. 工人在进行检修时, 对机器的各种"状态"(零件已坏或机器正常) 都采取相应的处置措施 ("行动"). 工人的这一检修方案称为一个"决策". 工人在检修机器的时候有好多决策, 例如, 不管零件是否损坏, 他都换一个新的零件, 这也是一种决策. 若工人在检修的时候有 3 种措施 (行动): 不换零件, 换一个新的零件或对零件进行检修, 而零件有两种可能的状态: 好的或已经坏了. 此时, 该工人有 2^3 种不同的决策可供选择. 所谓决策问题就是如何从这 2^3 种不同的决策中选择一个合适的决策.

从这个例子看出, 工人根据机器的状态确定相应的行动. 这种"状态"与"行动"的对应关系形成一个工人检修机器的决策. 而决策问题的重点是如何根据机器的状态确定一个合适的行动, 即找到合适的决策. 由上述例子可以抽象出一个决策问题的定义. 用 θ 表示"状态", Θ 表示所有状态的集合, Θ 又称为**状态空间**; 用 a 表示"行动", 用 A 表示所有行动的集合, 称为**行动空间**.

定义 1.1 设 Θ 表示状态的集合, A 是相应的行动空间, 由 Θ 到 A 的一个映射 $\delta(\theta), \theta \in \Theta$ 称为一个**决策**. δ 是定义在集合 Θ 上而取值于 A 的函数, 因此 δ 也称为**决策函数**. 从诸多的决策函数中寻找合适的决策函数的问题称为**决策问题**.

上面介绍了决策问题的概念. 决策问题中, "状态"是直接的信息源. 在例 1.1 中, 检修工人根据机器的状态, 再按照事先给定的决策, 确定相应的行动. 但实际问题中往往得不到关于"状态"的直接信息, 而只能观察到含有"状态"信息的随机变量. 在例 1.1 中, 若检修工人只能用手摸零件的表面, 获知零件发烫与否, 此时, 检修工人只能根据零件发烫与否的信息决定他的行动, 是修理、换零件或保持原状. 若"行动"是依据与"状态"有关的随机量的观察而作出的, 则相应的决策问题称为统计决策问题. 在统计决策问题中, 观察值是一个随机量, 例如, 在例 1.1 中, 令 $X=1$ 表示机器发烫, $X=0$ 表示机器不发烫, 发烫的概率 $P\{X=1\}$ 与机器的状态 (即零件的好与坏) 有关, 同时也可能与某些干扰因子有关, 例如, 生产这个零件时的工艺水平. 我们将影响 X 的分布的因子统称为**状态**, 用参数 θ 表示, 在决策理论中, θ 也称为"自然界"的状态 (State of Nature). 观察值 X 的分布与参数有关, 这样 X 与它的分布族 $\mathbf{P}_\theta, \theta\in\Theta$ 形成了一个统计模型. 所谓统计决策就是根据观察值 $X=x$ 确定相应的行动.

定义 1.2 设 $\{\boldsymbol{X}\sim\mathbf{P}_\theta, \theta\in\Theta\}$ 是一个统计模型, $\boldsymbol{X}$ 取值于样本空间 $\mathcal{X}$, A 是一个行动空间. 定义在 $\mathcal{X}$ 上取值于行动空间 A 的映射 $\delta(\boldsymbol{x})$ 称为**统计决策函数**, 简称**统计决策**. 寻找合理的统计决策的问题称为**统计决策问题**.

不难看出, 定义 1.1 是定义 1.2 的特殊情况, 而且本书中主要研究统计决策问题. 本书以后将统计决策问题、统计决策分别简称为决策问题、决策.

在第二、四章中讨论了参数的估计和检验问题. 实际上它们都是统计决策问题, 只是在这两章中没有明确地提出就是了. 在这两章中, 主要研究对象是**统计模型**$\boldsymbol{X}\sim\mathbf{P}_\theta, \theta\in\Theta$, 其中 θ 为分布参数, 代表未知的总体, 这是统计学家十分关心的. 参数 θ 也称为"自然界"的状态. 在估计问题中所问的问题是: θ 是什么? 对这个问题, 可能的回答是 θ 等于 θ_0. θ_0 就是一个行动. 若把行动空间定义为 $A=\Theta$, 则第二章中定义的估计 $T(\boldsymbol{x})$ 或 $\delta(\boldsymbol{x})$ 就是本章定义 1.2 中的 (统计) 决策函数. 在假设检验问题中的问题可以是: $\theta \in \Theta_0$? 要求回答是或不是. 用抽象的语言来说, 有一个行动空间A, 对于检验问题, 其行动空间为 $A=\{0,1\}$. $a=0$ 表示接受 H_0; $a=1$ 表示拒绝 H_0. 设 $\mathcal{W}$ 为假设检验问题 (H_0,H_1) 的否定域, 则按本章定义 1.2, $\delta(\boldsymbol{x})=I_{\mathcal{W}}(\boldsymbol{x})$ 就是一个统计决策函数.

二、 损失函数

为了选择合适的决策函数, 除了样本信息外, 还需要了解采取行动以后的后果. 设“自然界”的状态为 θ, 所采取的行动是 a, 相应的后果是什么? 这种后果通常用数量来刻画. 经济界人士倾向于用赢利来刻画, 而统计界习惯于用损失表示. 两种表示方法趋向相反, 但是这两种表示方法是等价的.

定义 1.3 设 Θ 是自然界的状态空间, A 是行动空间. 设自然界状态为 θ, 所采取的行动为 a, 对于所造成的后果的严重性的一个数量刻画, 称为**损失函数**, 用记号 $L(\theta,a)$ 表示. (θ,a) 的后果越严重, $L(\theta,a)$ 的值就越大.

确定损失是一个十分复杂的问题. 有一类问题十分具体, 当 (θ,a) 确定以后, 就可以用数量来刻画相应的损失. 特别涉及经济问题, 这些损失可用金钱来刻画. 下面来看一个例子.

例 1.2 (续例 1.1) 在本例中, 工人对机器检修的策略中, 行动有: a_1(保留), a_2(更换), a_3(修理); 状态有: θ_1(零件完好), θ_2(零件已坏). 为了叙述简便, 将状态和行动的组合 (θ,a), 即对状态 θ 采取行动 a 的决策称为“措施”. 对每一种“措施” $(\theta_i,a_j), i=1,2, j=1,2,3$ 均有相应的后果, 这种后果就用一个数 $L(\theta_i,a_j)$ 来刻画, 由于后果依赖于“措施” (θ_i,a_j), $L(\theta_i,a_j)$ 称为损失函数. 怎样确定这些值? 我们指出, 损失可以按它们的性质分成若干类.

其中一类损失最容易计算, 即金钱的损失. 在工程、经济等问题中, 它包括各种费用: 材料费、设备费、劳务费等.

另一类是由判断失误造成的损失. 本例中, 设机器的状态为 θ_2(坏), 但行动为 a_1(保留), 此时费用上没有损失 (工人没有采取措施, 就没有费用), 但是这是一个错误的判断, 会有损失. 为了避免这类错误判断, 必须确定损失的值. 有时候, 判断错误会带来金钱损失, 但确定这部分损失的时候, 不一定就是相应的金钱损失. 正好像某企业的一个员工犯了一个判断的错误, 给企业造成了重大的经济损失, 但企业领导给员工的惩罚只是扣除该员工的奖金, 其目的是为了惩戒员工, 不让他再犯此类错误. 因此错误判断所引起的损失不一定是经济上的损失.

除了判断错误引起损失, 还有一类损失是无法用金钱来衡量的, 例如, 人员的伤亡、机器的毁坏等, 我们称这一类损失为潜在危险所造成的损失. 但是在考虑 (θ, a) 的后果的时候, 必须把它数量化.

由于费用损失是用金钱来衡量的, 在确定 (θ, a) 的损失的时候必须将后两类的损失货币化. 在计算 $L(\theta, a)$ 的时候可将各种不同的损失加在一起, 成为总的损失. 将损失进行分解, 有一个好处是将复杂的损失化成相对简单的损失进行计算. 同时化成简单的各项损失来计算以后, 各种不同"措施"之间的损失也容易比较. 表 5.1.1 列出了各种措施的损失的分解. 表中第一部分是费用损失 (表中前三列的数据). "措施" (θ_1, a_1) 与 (θ_2, a_1) 的费用是相同的, 因为采用的行动相同, 即保留原来的零件, 其相应的费用都等于 0. 但是这两个措施是很不同的, 不同之处是, 前者是在正确判断的基础上的措施, 而后者是在错误判断的基础上的措施. 判断错误的损失应如何确定? (θ_1, a_1) 是正确的措施, 当然其损失为 0. 而 (θ_2, a_1) 是一个重大的判断错误, 机器有毛病, 诊断不出来, 损失应该怎么算? 将这个损失与费用损失比较. 更换零件的费用为 6 个单位, 判断错误的损失比更换零件还大, 在表中定为 8 个单位. 8 个单位的损失是如何定的? 这必须设定一个参照物. 比如潜在的经济损失, 为了避免这种错误所支出的费用等. 情况不一样, 其损失的值也不一样. 在判断错误的损失一栏中, (θ_1, a_2) 与 (θ_2, a_1) 的损失也是不一样的. (θ_2, a_1) 是由于把"坏"的零件判断成"好"的零件所形成的措施. 而 (θ_1, a_2) 是由于把"好"的零件判断成"坏"的零件所形成的措施. 显然把"坏"的判断成"好"的所造成的损失比把"好"的判断成"坏"的所造成的损失大, 因此把"好"判断成"坏"的失误判断所造成的损失定成 4 个单位, 而 (θ_2, a_1) 的判断错误损失是 8 个单位.

最后一类损失, 称为潜在危害的损失, 只有 (θ_2, a_1) 会造成很危险的后果, 这个损失应该很大, 我们定为 10 个单位. 最后将各种损失叠加, 得到总损失, 表 5.1.1 中最右边三列的数据. 若一开始就定总损失, 将各种原因造成的损失混在一起, 不容易定准确. 将损失分解成各种类型以后就比较容易定. 不过在定损失的时候要注意两点: 第一, 由于不同类型的损失要相互叠加, 各种损失应该用相同的量纲, 即相同的单位, 例如, 统一用金钱单位; 第二, 由于有些损失比较难于量化, 所定下的损失不是很准确, 但是要求相互之间适应, 具有相对的准确度, 即后果严重的“措施”的损失不能小于后果不太严重的“措施”的损失.

表 5.1.1 损失的分解表

	费用损失			判断损失			危害损失			总损失		
	a_1	a_2	a_3	a_1	a_2	a_3	a_1	a_2	a_3	a_1	a_2	a_3
θ_1	0	6	3	0	4	4	0	0	0	0	10	7
θ_2	0	6	4	8	0	3	10	0	0	18	6	7

在例 1.1 中, 费用的损失很好计算, 其他损失都以费用损失为参考系定下来. 但在有些实际问题中, 很难找到合适的参照系, 此时只能给出相对的损失. 有下面几条原则可供参考:

(i) 对于不同“措施” $(\theta_i, a_i)(i=1,2)$ 的后果, 必定有可比较性. 我们用 $(\theta_1, a_1) \preceq (\theta_2, a_2)$ 表示 (θ_1, a_1) 的后果不比 (θ_2, a_2) 的后果严重, 关系 $\preceq$ 具有通常的“序”的性质. 例如, $(\theta_1, a_1) \preceq (\theta_2, a_2)$ 和 $(\theta_2, a_2) \preceq (\theta_3, a_3)$ 可推知 $(\theta_1, a_1) \preceq (\theta_3, a_3)$ 成立; 若 $(\theta_1, a_1) \preceq (\theta_2, a_2)$ 和 $(\theta_2, a_2) \preceq (\theta_1, a_1)$ 同时成立, 则意味两者是等价的, 用记号 $(\theta_1, a_1) \simeq (\theta_2, a_2)$ 表示; 若 $(\theta_1, a_1) \preceq (\theta_2, a_2)$ 但 $(\theta_1, a_1) \not\simeq (\theta_2, a_2)$, 则用记号 $(\theta_1, a_1) \prec (\theta_2, a_2)$ 表示, 意味着 (θ_2, a_2) 的后果比 (θ_1, a_1) 严重. 当然记号 $(\theta_1, a_1) \succ (\theta_2, a_2)$ 的意义也是明确的. 我们进一步假定统计工作者能够准确无误的建立各种“措施”之间的“序”关系. 当然不同的统计工作者可以建立不同的“序”关系, 那是由于不同的观点而造成“序”关系的不同. 这样, 任意两个 (θ_i, a_i) 与 $(\theta_j, a_j)\,(i \neq j)$ 必定具有下列三个关系之一: $(\theta_i, a_i) \prec (\theta_j, a_j)$ 或 $(\theta_i, a_i) \succ (\theta_j, a_j)$ 或 $(\theta_i, a_i) \simeq (\theta_j, a_j)$.

为各“措施”之间建立“序”关系是统计工作者必备的判断能力, 若没有这种判断能力, 则无法进行统计分析.

(ii) 损失函数是对所有的“措施”都有定义的实值函数, 并且与各措施之间的“序”关系相适应, 即若 $(\theta_1,a_1)\prec(\theta_2,a_2)$, 则 $L(\theta_1,a_1)<L(\theta_2,a_2)$; 若 $(\theta_1,a_1)\simeq(\theta_2,a_2)$, 则 $L(\theta_1,a_1)=L(\theta_2,a_2)$.

(iii) 损失函数的值只有相对的意义. 若一个问题的损失函数被确定为 $L(\theta,a)$, 那么 L 的线性函数 $cL(\theta,a)+d(c>0,d\in\mathbb{R})$ 与 $L(\theta,a)$ 是相互等价的. 因此在确定损失函数的时候, 可以取定两个互不等价的“措施”(θ_1,a_1) 与 (θ_2,a_2), 设 $(\theta_1,a_1)\prec(\theta_2,a_2)$, 就可以取定两个实数 $c_1,c_2(c_1<c_2)$, 将 $L(\theta_1,a_1)$ 定为 c_1; $L(\theta_2,a_2)$ 定为 c_2.

(iv) 此外还需建立随机化的“措施”的概念. 设 $(\theta_1,a_1)\prec(\theta_2,a_2)$ 为两个“措施”, 若以概率 α 采取 (θ_1,a_1), 以概率 $1-\alpha$ 采取 (θ_2,a_2), 则形成一个随机化的“措施”. 若 (θ_1,a_1) 和 (θ_2,a_2) 的损失已经给定, 则这个随机化的“措施”的损失就定义为 $\alpha L(\theta_1,a_1)+(1-\alpha)L(\theta_2,a_2)$.

(v) 现在希望确定损失函数 $L(\theta,a)$. 不妨假定任何两个“措施”之间不会等价. 根据 (i), 各“措施”之间排了“序”. 现在任意取定一对“措施”(θ_1,a_1) 与 (θ_2,a_2), 不妨设 $(\theta_1,a_1)\prec(\theta_2,a_2)$. 由 (iii), 任意选定 $c_1,c_2(c_1<c_2)$, 令 $L(\theta_1,a_1)=c_1,L(\theta_2,a_2)=c_2$. 现在再取定一个“措施”$(\theta_3,a_3)$, 不妨假定 $(\theta_1,a_1)\prec(\theta_3,a_3)\prec(\theta_2,a_2)$. 不难证明一定存在一个 α, 使得 $L(\theta_3,a_3)=\alpha L(\theta_1,a_1)+(1-\alpha)L(\theta_2,a_2)$. 但是, 如何确定 α 的值? 只得靠统计学家的判断. 对于 $\alpha\in(0,1)$, 考虑随机化的“措施”: 以概率 α 采取“措施”(θ_1,a_1), 以概率 $1-\alpha$ 采取“措施”(θ_2,a_2). 然后将 (θ_3,a_3) 与随机化的“措施”做比较, 不断调整 α 的值, 总能找到一个值, 使得两个“措施”相互等价, 从而确定 $L(\theta_3,a_3)=\alpha L(\theta_1,a_1)+(1-\alpha)L(\theta_2,a_2)$. 用这种方法可以把所有的 $L(\theta,a)$ 的值都确定下来. 当然, 若 (θ_3,a_3) 不在 (θ_1,a_1) 与 (θ_2,a_2) 之间, 例如, 它们有如下的关系: $(\theta_3,a_3)\prec(\theta_1,a_1)\prec(\theta_2,a_2)$, 也可以用类似的办法确定 $L(\theta_3,a_3)$ 的值.

(vi) 现在假定, 用前面的方法已经确定了 $L(\theta_1,a_1),\cdots,L(\theta_k,a_k)$ 的值. 但是在确定 $L(\theta_{k+1},a_{k+1})$ 的过程中发现, 利用任意两个已经确定

损失的“措施”都可以确定 $L(\theta_{k+1}, a_{k+1})$ 的值. 由于确定 $L(\theta_{k+1}, a_{k+1})$ 的值的时候, 带有主观性, 选择不同的组合, 可能得到不同的值. 这种情况下, 要适当调整 $L(\theta_{k+1}, a_{k+1})$ 的值, 使得各种组合之间的关系得到协调.

上述方法的基本要点要求统计学家具有比较各种不同“措施”的能力. 若没有比较的能力, 就不可能得到损失函数.

例 1.3 某人在安排明天上午的活动的时候, 有三种不同的“措施”:“晴天去香山”、“雨天去香山”或“在家看电视节目(无论天气情况)”. 这个问题的实质是确定明天上午的活动给予人们的享受程度. 损失只是从相反的方向来刻画享受程度: 越充分地享受这个上午, 损失越小. 显然晴天去香山是最好的享受 (香山是北京郊区的旅游名胜地!); 雨天去香山是最扫兴的事情; 在家看电视节目处于两者之间. 现在令 L(晴天去香山) $= 0$, L(雨天去香山) $= 1$, 那么 L(在家看电视节目) $=?$ 考虑随机化的“措施”: 以概率 p 采取“措施”“晴天去香山”, 以概率 $1-p$ 采取“措施”“雨天去香山”. 显然这个活动受天气的影响, 其享受的程度界于“晴天去香山”和“雨天去香山”之间. 现在将这个随机化的“措施”与“在家看电视节目”进行比较: 当 p 近于 1 的时候, 他肯定选择随机化的“措施”明天去香山, 原因是明天去香山的乐趣比在家看电视强. 但是, 随着 p 的减小, 他明天去香山的欲望慢慢减弱, 直到一个 p_0 值, 在这个 p_0 值之下, 很难区分明天去香山与在家看电视的差别. 这时候我们就确定在家看电视的损失为 p_0L(晴天去香山) $+ (1-p_0)L$(雨天去香山) $= (1-p_0)$. 在这个问题中, 可将状态空间设成 $\Theta = [0,1]$. $\theta = p$ 表示明天天晴的概率, $A =$ {去香山, 在家看电视} 是具有两个行动的行动空间. $L(p,$ 去香山$) = 1-p, p \in [0,1]$, 而 $L(p,$ 在家看电视$) = 1-p_0, p \in [0,1]$.

刚才的那位先生是以第二天上午获得最大的享受休闲为目标而确定损失函数(寻找最大享受与寻找最小损失是等价的), 而“在家看电视”带来的享受与天气是无关的, 损失 $L(p,$ 在家看电视$) \equiv 1-p_0$, 我们称这种人为乐观主义者. 另外还有一种人, 他的看法不一样, 第二天上午在家看电视的损失与当时的天气有关. 如果看电视的时候, 天气晴好, 他就认为没有去香山是一个遗憾; 天气下雨, 在家看电视就没有这份遗憾. 我们称这种人为悲观主义者, 他们除了考虑享受以外, 还要考虑有没有遗憾. 不考虑遗憾的这些人称为乐观主义者. 现在要考虑悲观主义者的损失函数. 我们将悲观主义者的损失分成两部分. 一部分是单纯享受形成的损失, 这部分与乐观主义者的损失相同, 记为 $L_1(p,a)$,

$$L_1(p,a)=\begin{cases}1-p, & a=\text{去香山},\\ 1-p_0, & a=\text{在家看电视}.\end{cases}$$

另一部分是由遗憾所产生的损失, 记为 $L_2(p,a)$, 当"$a=$ 去香山"时, 没有遗憾的情绪, 当"$a=$ 在家看电视"的时候, 在天气晴的情况下, 产生遗憾情绪, 因此 L_2 可定为

$$L_2(p,a)=\begin{cases}0, & p\in[0,1],\ a=\text{去香山},\\ p, & p\in[0,1],\ a=\text{在家看电视}.\end{cases}$$

将这两部分相加的时候, 不能简单相加, 这是具有不同量纲的量, 可使用如下的损失函数:

$$L_1+kL_2=\begin{cases}1-p, & a=\text{去香山},\\ (1-p_0)+kp, & a=\text{在家看电视},\end{cases}$$

其中 k 是一个参数, 反映这个人的情绪稳健性. 当 k 取 0 时, 这个人就是前面所说的乐观主义者. 参数 k 也有取值范围. 若取 $k=p_0$, 此时, 当 $p=1$, 即天晴时, 在家看电视的损失为 1, 与雨天去香山的损失相同. 有些不合情理. 若 $k>p_0$, 变得更不合情理了, 晴天在家看电视比雨天去香山损失更大.

今后, 若遇到实际的决策问题, 通常用例 1.2 或例 1.3 中的办法确定损失函数. 但有些统计问题, 代表了一类广泛的实际问题, 例如, 统计中的估计问题. 它没有一个具体的实际问题做依据, 因此无法像例 1.2 或例 1.3 那样确定一个具体的损失函数. 在统计中, 有一些常用的损失函数, 这些损失函数只反映了估计误差: 估计误差大, 损失就大, 而与实际问题中的损失有差异. 现在用例子来解释这些常用的损失函数.

例 1.4 设 $X \sim \text{iid}\ p(x,\theta), \theta \in \Theta$, Θ 是一个一维区间, $A = \Theta$, 这是一个估计问题. 一般地, $L(\theta,a)$ 随实际问题的变化而变化, 因此确定损失函数 $L(\theta,a)$ 是一件十分困难的事. 估计问题的一个共同的特性是, 其损失函数 $L(\theta,a)$ 随着 a 远离 θ 而增加, 而当 $a=\theta$ 的时候达到最小值. 当损失函数为 $\theta-a$ 的对称函数的时候, 损失函数具有形式 $L(\theta,a)=g(|\theta-a|)$, 其中 g 是一个非降函数. 统计学家习惯地将损失函数定为 $L(\theta,a)=(\theta-a)^2$, 即平方误差. 平方误差与前面提到的依据实际问题确立的损失函数有很大的区别, 而采用平方误差损失, 主要是由于计算方便和传统的缘故.

三、风险函数

有了损失函数的定义, 就可以以损失最小的原则寻找相应的“行动”. 在例 1.2 中, 给出了损失函数 (见表 5.1.1). 损失函数为确定理想的“行动”提供了准则. 现在假设“自然界”的状态为 θ_1, 即机器是好的, 这时候理想的“行动”是 a_1, 即保持原状, 机器继续运转, 这个“行动”的损失为 0; 当“自然界”的状态为 θ_2, 即机器的零件已经损坏, 这时候理想的“行动”是 a_2, 即更换零件. 但是现实中, 统计学家一般不知道“自然界”的状态, 它所释放的信息是与状态 θ 有关的随机变量 $\boldsymbol{X}$. 因此, 人们只能用统计决策函数 $\delta(\boldsymbol{x})$ 来决定“行动”. 对于固定的 θ, 相应的损失成为随机变量 $L(\theta,\delta(\boldsymbol{x}))$. 对于随机的损失, 只有用它的期望值进行评价.

定义 1.4 设 $\boldsymbol{X} \sim \mathbf{P}_\theta, \theta \in \Theta$ 是一个统计模型, $\boldsymbol{X}$ 取值于样本空间 $\mathcal{X}$, 参数空间 Θ 代表“自然界”的状态空间, $A=\{a\}$ 代表行动空间, $L(\theta,a)$ 为损失函数. 则称决策函数 $\delta(\boldsymbol{x})$ 的平均损失

$$R(\theta,\delta)=\mathbf{E}_\theta L(\theta,\delta(\boldsymbol{X})) \tag{1.1}$$

为 δ 的**风险函数**.

例 1.5 设 $X_1,\cdots,X_n \sim \text{iid}\ p(x,\theta), \theta \in \Theta$, $\Theta=\{\theta_0,\theta_1\}$. 不妨设 θ_0 代表某批产品为合格品; θ_1 代表该批产品为不合格品. 考虑如下的假设检验问题:

$$H_0:\theta=\theta_0 \longleftrightarrow H_1:\theta=\theta_1.$$

作为假设检验问题的解, 可用 $\boldsymbol{X}=(X_1,\cdots,X_n)$ 的取值空间 $\mathcal{X}$ 中的集合 $\mathcal{W}$ 表示: 当 $\boldsymbol{x}\in\mathcal{W}$ 时, 表示拒绝零假设 H_0($\mathcal{W}$ 称为拒绝域). 现在可将假设检验问题看成一个决策问题. 令 $A=\{0,1\}$ 为行动空间, 其中 1 表示拒绝 H_0, 0 表示接受 H_0. 则对于拒绝域 $\mathcal{W}$, $\delta(\boldsymbol{x})=I_{\mathcal{W}}(\boldsymbol{x})$ 形成一个统计决策, 其中 $I_{\mathcal{W}}(\boldsymbol{x})$ 是集合 $\mathcal{W}$ 的示性函数. 为了确定决策函数, 我们必须给定损失函数. 在没有具体的损失的情况下, 通常利用下面的损失函数:

$$L(\theta,a)=\begin{cases}1, & \text{当}\theta=\theta_0,a=1\text{或 }\theta=\theta_1,a=0\text{时},\\ 0, & \text{其他}.\end{cases}$$

这个损失函数表示: 在假设检验中犯错误就有损失, 不犯错误就没有损失. 经计算, 决策函数 $\delta(\boldsymbol{x})=I_{\mathcal{W}}(\boldsymbol{x})$ 的风险函数为

$$R(\theta,\delta)=\mathbf{E}_\theta L(\theta,\delta(\boldsymbol{X}))=\begin{cases}\mathbf{P}_{\theta_0}\{\boldsymbol{X}\in\mathcal{W}\}, & \text{当}\theta=\theta_0\text{时},\\ 1-\mathbf{P}_{\theta_1}\{\boldsymbol{X}\in\mathcal{W}\}, & \text{当}\theta=\theta_1\text{时}.\end{cases}$$

风险函数刚好是犯两类错误的概率, 当 $\theta=\theta_0$ 的时候, $R(\theta_0,\delta)$ 就是犯第一类错误的概率; 当 $\theta=\theta_1$ 的时候, $R(\theta_1,\delta)$ 就是犯第二类错误的概率. 现在假定我们能够准确给出错误判断所造成的损失, 例如, 损失函数由下式给出:

$$L(\theta,a)=\begin{cases}l_0, & \text{当}\theta=\theta_0,a=1\text{时},\\ l_1, & \text{当}\theta=\theta_1,a=0\text{时},\\ 0, & \text{其他},\end{cases}$$

其中 l_0 表示原假设成立的条件下否定原假设所造成的损失值, l_1 表示原假设不成立的条件下接受原假设所造成的损失值. 经计算可知, 风险函数由下式给出:

$$R(\theta,\delta)=\mathbf{E}_\theta L(\theta,\delta(\boldsymbol{X}))=\begin{cases}l_0\mathbf{P}_{\theta_0}\{\boldsymbol{X}\in\mathcal{W}\}, & \text{当}\theta=\theta_0\text{时},\\ l_1(1-\mathbf{P}_{\theta_1}\{\boldsymbol{X}\in\mathcal{W}\}), & \text{当}\theta=\theta_1\text{时}.\end{cases}$$

它表示利用决策函数 $I_{\mathcal{W}}(\boldsymbol{x})$ 所造成的平均损失, 这个损失依赖于 θ 的取值.

例 1.6 (续例 1.2) 我们将工厂机器检修的决策问题的模型总结一下. 参数空间 $\Theta=\{\theta_1,\theta_2\}$, 其中 θ_1 表示机器是好的, θ_2 表示机器的零件已经损坏. 行动空间 $A=\{a_1,a_2,a_3\}$, 其中 a_1 表示保持原状, a_2 表示更换零件, a_3 表示修理. 观察的随机变量为 X, X 只取两个值：$X=1$ 代表工人用手摸机器时表面温度正常; $X=0$ 代表工人用手摸机器表面时温度高. X 的分布与参数 θ 有关, 其分布列见表 5.1.2.

表 5.1.2 X 的分布列 $p(x,\theta)$

x	0	1
$\theta=\theta_1$	0.3	0.7
$\theta=\theta_2$	0.6	0.4

在本问题中决策函数只有 9 个, 现把所有的决策函数列于表 5.1.3. 对于每一个决策函数 $\delta_i(i=1,\cdots,9)$ 都应该按 (1.1) 式计算它的风险函数, 计算公式如下：

$$\begin{aligned}R(\theta,\delta)&=\mathbf{E}_\theta L(\theta,\delta(X))\\&=L(\theta,a_1)\mathbf{P}_\theta\{\delta(X)=a_1\}+L(\theta,a_2)\mathbf{P}_\theta\{\delta(X)=a_2\}\\&\quad+L(\theta,a_3)\mathbf{P}_\theta\{\delta(X)=a_3\}.\end{aligned}$$

表 5.1.3 9 个决策函数的列表

δ	δ_1	δ_2	δ_3	δ_4	δ_5	δ_6	δ_7	δ_8	δ_9
$\delta(0)$	a_1	a_1	a_1	a_2	a_2	a_2	a_3	a_3	a_3
$\delta(1)$	a_1	a_2	a_3	a_1	a_2	a_3	a_1	a_2	a_3

例如,

$$R(\theta_1,\delta_2)=0\times0.3+10\times0.7+7\times0=7,$$

$$R(\theta_2,\delta_2)=18\times0.6+6\times0.4+7\times0=13.2,$$

其中损失函数由表 5.1.1 中的总损失给出. 按照这个算法, 将表 5.1.3 中列出的 9 个决策函数的风险函数的计算结果列于表 5.1.4.

表 5.1.4 决策函数的风险函数列表

δ	δ_1	δ_2	δ_3	δ_4	δ_5	δ_6	δ_7	δ_8	δ_9
$R(\theta_1,\delta)$	0	7	4.9	3	10	7.9	2.1	9.1	7
$R(\theta_2,\delta)$	18	13.2	13.6	10.8	6	6.4	11.4	6.6	7

四、决策函数的性质

本节中, 为了选择决策函数, 建立了决策模型. 它由下列概念组成: 反映样本信息的统计模型, $X \sim \mathbf{P}_\theta, \theta \in \Theta$, 行动空间 A, 损失函数 $L(\theta, a)$ 以及风险函数 $R(\theta, \delta)$. 建立决策模型最主要的目的是讨论决策函数的性质并选择优良的决策函数. 决策函数最主要的性质就是决策函数所造成的后果. 为了说清楚决策函数的性质, 我们将有关的概念再强调一遍: 参数空间是参数 θ 的集合, 其中只有一个值 (有时用 θ_0 表示) 称为参数真值. 真值代表数据来自的总体. 从这种意义上看来, 真值以外的参数值是不存在的, 是虚拟的. 但是, 参数空间的参数值还有另外的解释. 由于人们并不知道参数的真值是哪一个, 人们还得把每一个参数看成可能的真值. 现在解释 $L(\theta, \delta(x))$ 的意义. 若 θ 是参数的真值, $L(\theta, \delta(x))$ 就是采用决策函数 $\delta(x)$ 所造成的后果, 它是一个随机变量. $R(\theta, \delta)$ 代表决策函数 $\delta(X)$ 的平均后果, 因此, $L(\theta, \delta(X))$ 和 $R(\theta, \delta)$ 都是决策函数 $\delta(X)$ 的重要性质. 下面例子中, 决策函数 $\delta(X)$ 的属性也是一种性质.

例 1.7 设 $X_1, \cdots, X_n \sim \text{iid } N(\mu, \sigma_0^2)$, 其中 σ_0^2 已知, μ 是参数. 令 $A = (-\infty, \infty)$ 为行动空间, 这是一个估计问题. 我们称 $\delta(\boldsymbol{X})$ 是 μ 的无偏估计, 即 $\mathbf{E}\delta(\boldsymbol{X}) = \mu$ 对一切 μ 成立. 一个估计 $\delta(\boldsymbol{X})$ 可以具有无偏性, 也可以不具有无偏性. 要证明这个性质的时候, 必须对每一个真实参数 μ 的值, 验证公式 $\mathbf{E}\delta(\boldsymbol{X}) = \mu$. 为了得到优良的决策函数, 在方差有限的无偏估计类内找到具有最小方差的无偏估计.

例 1.7 中介绍的无偏估计在第二章 §2.2 节中已有详述. 此处再次引入无偏估计这个概念的目的是在统计决策函数的观点之下, 介绍无偏估计这个概念的特点. 为此, 我们首先介绍统计决策函数的局部性质这一概念. 统计决策函数的某一特征称为局部性质, 如果对每一参

数值 θ, 均具备该特征, 并且验证或计算该特征时, 只与该参数有关, 与参数的其他值无关. 这个概念比较抽象, 用例子来解释, $L(\theta,\delta(x))$ 对每个 θ 值, 刻画了实施决策函数的后果, 显然 $L(\theta,\delta(x))$ 的计算与 θ 的其他值无关. 风险函数 $R(\theta,\delta)=\mathbf{E}L(\theta,\delta)$ 刻画了实施统计决策函数的平均后果. $R(\theta,\delta)$ 显然符合决策函数局部性质的定义. 现在来考察估计的无偏性, 例 1.7 中, 估计的无偏性是指对每一个 μ 的值, 估计满足条件 $\mathbf{E}\mu(\delta(x))=\mu$. 在验证这个等式时, 一切计算只与 μ 值有关, 与其他参数值无关. 因此, 估计的无偏性是局部性质. 现在讨论最小方差无偏估计的性质, 如果把问题限制在具有有限方差的无偏估计类内, 显然, 最小方差无偏估计也是一个局部性质.

有了风险函数的概念, 我们就可以利用风险函数选出优良的决策函数. 一种理想的情况是找出一致最优的决策函数, 即找到决策函数 $\delta(\boldsymbol{X})$ 使得风险函数达到最小, 也即对于任何其他决策函数 $\widetilde{\delta}(\boldsymbol{X})$, 均有 $R(\theta,\delta)\leqslant R(\theta,\widetilde{\delta}),\forall\theta\in\Theta$. 但这样的最优决策函数是不存在的, 这里特别指出: 和 UMVU 估计的性质一样, 最优决策函数也是一种局部性质.

在此, 我们要介绍决策函数的另一种性质: 整体性质. 它不能仅仅根据决策函数在当前模型参数下的表现确定该决策函数是否具有这种性质, 而要经过考查决策函数在其他模型参数下的综合表现, 才能确定该决策函数是否具有这种性质. 因此称这种性质为**整体性质**. 本书中讨论的整体性质主要有三类: 决策函数的可容许性、极大极小性、贝叶斯性. 现在分别叙述这三种特性.

§5.2 贝叶斯决策函数

一般情况下, 我们希望决策函数的风险 $R(\theta,\delta)$ 越小越好, 但通常不存在一致最好的决策函数. 现在我们提出一些较弱的优良性准则, 在这种准则之下, 每一个决策函数都参加竞争, 从中选出最优的决策函数. 其中一个准则是相对于对某个权函数求其平均风险, 然后求决策函数使平均风险达最小. 这种性质是一种整体性质.

设 Λ 是参数空间 Θ 上的一个分布 (这种分布在统计学上称为**先**

验分布, 将在后面详细介绍), $\lambda(\theta)$ 是 Λ 在参数空间 Θ 上相对于某 σ 有限测度 ν 的密度函数, 也称为**权函数**. 决策函数 $\delta(\boldsymbol{X})$ 相对于 Λ 的平均风险定义为

$$R(\Lambda,\delta)=\int_{\Theta}R(\theta,\delta)\lambda(\theta)\mathrm{d}\nu. \tag{2.1}$$

定义 2.1　若决策函数 δ_Λ 使平均风险 $R(\Lambda,\delta)$ 在一切决策函数类中达到极小值, 则称决策函数 δ_Λ 为相对于 Λ 的**贝叶斯决策函数**. 当决策问题是一个估计问题的时候, 贝叶斯决策也称**贝叶斯估计**. 贝叶斯决策函数 δ_Λ 的平均风险 $R(\Lambda,\delta_\Lambda)$ 称为**贝叶斯风险**.

关于局部性质与整体性质, 我们在此作一说明. 设 X 的参数真值为 θ_0, $R(\theta_0,\delta)$ 是可以根据 X 的真分布计算得到的, 这样 $R(\theta,\delta)$ 就是 δ 的局部性质. 但是, $R(\Lambda,\delta)$ 的计算不仅与 X 的真分布有关, 而且与 X 的其他分布有关. 因此, $R(\Lambda,\delta)$ 就是一种整体性质. 按照两种准则的定义, θ 的 UMVU 估计是一种局部性质, 而贝叶斯估计是一种整体性质.

例 2.1 (续例 1.6)　在工厂机器检修的决策问题的模型中, 参数空间 $\Theta=\{\theta_1,\theta_2\}$, 其中 θ_1 表示机器是好的, θ_2 表示机器的零件已经损坏; 行动空间 $A=\{a_1,a_2,a_3\}$, 其中 a_1 表示保持原状, a_2 表示更换零件, a_3 表示修理. 观察的随机变量为 X, X 只取两个值, $X=1$ 代表工人用手摸机器表面时温度正常, $X=0$ 代表工人用手摸机器表面时温度高, X 的分布与参数 θ 有关. 现在假定在参数空间上有一个分布 Λ (先验分布), $\Lambda(\theta_1)=0.7$, $\Lambda(\theta_2)=0.3$. 定义了参数的分布以后, 就可以根据定义 2.1 求出相应的贝叶斯决策函数. 在例 1.6 中已经给出了 9 个决策函数的风险函数 (见表 5.1.4), 现在只需依照公式

$$R(\Lambda,\delta)=\Lambda(\theta_1)R(\theta_1,\delta)+\Lambda(\theta_2)R(\theta_2,\delta),$$

计算各个决策函数的平均风险, 计算结果列于表 5.2.1. 由数据显示, δ_7 是贝叶斯决策函数, 即工人用手摸, 若温度正常, 不用做任何处理; 若感到发烫, 就修理机器.

表 5.2.1　决策函数的平均风险列表

δ	δ_1	δ_2	δ_3	δ_4	δ_5	δ_6	δ_7	δ_8	δ_9
$R(\Lambda,\delta)$	5.4	8.86	7.51	5.34	8.8	7.45	4.89	8.35	7

在例 2.1 中, 为了找出贝叶斯决策函数, 对每一个决策函数 δ, 均需计算相应的平均风险 $R(\Lambda,\delta)$. 当样本空间 $\mathcal{X}$ 和行动空间 A 比较大的时候, 计算量变得很大. 为了解决计算量大的问题, 我们要采用另一种办法. 现在假定在决策问题的模型中, 观察值 X 的分布相对于某 σ 有限测度 μ 具有密度函数 $p(x,\theta)$, 并将 $R(\theta,\delta)$ 的表达式 (1.1) 代入平均风险的计算公式 (2.1), 变成

$$R(\Lambda,\delta)=\int_{\Theta}\int_{\mathcal{X}}L(\theta,\delta(x))p(x,\theta)\mathrm{d}\mu\lambda(\theta)\mathrm{d}\nu. \tag{2.2}$$

若将 X 的分布密度 $p(x,\theta)$ 看成 θ 固定之下的条件分布密度 (当样本空间 $\mathcal{X}$ 为离散集合的时候, $p(x,\theta)$ 是条件分布列), 则可将 (X,θ) 看成联合的随机向量; 将 $R(\Lambda,\delta)$ 看成损失 $L(\theta,\delta(X))$ 的期望值.

现在用记号 ϑ 表示 θ 是一个随机变量. 记随机变量 ϑ 的边缘分布密度为 $\lambda(\theta)$, 则原统计模型中 X 的分布密度就是 X 关于 ϑ 的条件分布密度. (X,ϑ) 的相对于 $\mathrm{d}\mu\mathrm{d}\nu$ 的联合分布密度为 $p(x,\theta)\lambda(\theta)$. 对于固定的 x, 我们可求得 ϑ 的条件分布密度为

$$\lambda(\theta|x)=p(x,\theta)\lambda(\theta)\Big/\int_{\Theta}p(x,\theta)\lambda(\theta)\mathrm{d}\nu.$$

X 的边缘分布密度为 $q(x)=\int_{\Theta}p(x,\theta)\lambda(\theta)\mathrm{d}\nu$. 将公式 (2.2) 中的积分次序交换, 得到

$$R(\Lambda,\delta)=\int_{\mathcal{X}}\int_{\Theta}L(\theta,\delta(x))\lambda(\theta|x)\mathrm{d}\nu q(x)\mathrm{d}\mu. \tag{2.3}$$

由公式 (2.2) 导出公式 (2.3) 是数学上非常平凡的一步, 只是把重积分的次序交换一下而已. 但是公式 (2.3) 的实际意义非凡, 它大大简化了贝叶斯决策函数的计算.

定理 2.1 设在决策问题中, 代表“自然界”的参数空间上的分布为 Λ, 其相对于某 σ 有限测度 ν 的密度为 $\lambda(\theta)$. $L(\theta,a)$ 为损失函数, 观察随机变量 X 的分布密度为 $p(x,\theta)$(相对于某 σ 有限测度 μ). 若这个模型还满足下列条件:

(i) 存在决策函数 δ_0, 使平均风险 $R(\Lambda,\delta_0)<\infty$;

(ii) 记 $q(x)$ 为随机变量 X 的相对于某 σ 有限测度 μ 的边缘分布密度，相应的边缘分布为 $\mathbf{Q}$. 设对几乎所有的 $x(\mathbf{Q})$, 存在 $\delta_\Lambda(x)$, 使下式在 $a=\delta_\Lambda(x)$ 时达到最小：

$$\int_\Theta L(\theta,a)\lambda(\theta|x)\mathrm{d}\nu. \tag{2.4}$$

则 δ_Λ 就是贝叶斯决策函数, (2.4) 给出的值称为行动 a 的**后验平均损失**.

证明 设 δ 是任一具有有限平均风险的决策函数, 由 $\delta_\Lambda(x)$ 的性质可知, δ 和 δ_Λ 的后验平均损失之间具有下列关系：

$$\int L(\theta,\delta(x))\lambda(\theta|x)\mathrm{d}\nu \geqslant \int L(\theta,\delta_\Lambda(x))\lambda(\theta|x)\mathrm{d}\nu \quad \text{a.s. } \mathbf{Q}.$$

对上式两边相对于 X 的边缘概率测度 $\mathbf{Q}$ 求积分, 再利用 (2.3) 式便得

$$R(\Lambda,\delta) \geqslant R(\Lambda,\delta_\Lambda),$$

上式说明 δ_Λ 是一个贝叶斯估计. □

这个定理使得贝叶斯决策函数的计算变得可行. 在定义 2.1 中, δ_Λ 是泛函 $R(\Lambda,\delta)$ 在一切决策函数类中的极小值点, 这样, 求 Λ 的贝叶斯决策问题就是一个求泛函极值问题. 定理 2.1 把这个问题转化为一个求函数的极小值点的问题, 所求得的极小值点就是 $\delta_\Lambda(X)$ 的值.

推论 2.1 设在定理 2.1 中, 行动空间 $A=\Theta$, 损失函数 $L(\theta,a)=(a-g(\theta))^2$, 这是一个待估量为 $g(\theta)$ 的估计问题. 假定存在一个估计 $\delta_0(x)$, 使对应的 $R(\Lambda,\delta_0)<\infty$, 则

$$\delta_\Lambda(x)=\int g(\theta)\lambda(\theta|x)\mathrm{d}\nu$$

是一个贝叶斯估计.

证明 条件 $R(\Lambda,\delta_0)<\infty$, 即

$$\begin{aligned}R(\Lambda,\delta_0)&=\int\int(\delta_0(x)-g(\theta))^2p(x,\theta)\mathrm{d}\mu\lambda(\theta)\mathrm{d}\nu\\&=\int\int(\delta_0(x)-g(\theta))^2\lambda(\theta|x)\mathrm{d}\nu q(x)\mathrm{d}\mu<\infty,\end{aligned}$$

其中 $q(x)$ 为 X 的边缘分布密度. 记 $\mathbf{Q}$ 为相应的边缘分布, 可知对几乎所有的 $x(\mathbf{Q})$, 积分 $\int g(\theta)\lambda(\theta|x)\mathrm{d}\nu$ 存在且有限. 现设 $\delta(x)$ 是任一估计, 不难证明对几乎所有的 $x(\mathbf{Q})$, 成立

$$\int(\delta(x)-g(\theta))^2\lambda(\theta|x)\mathrm{d}\nu \geqslant \int\Big(\int g(\theta)\lambda(\theta|x)\mathrm{d}\nu-g(\theta)\Big)^2\lambda(\theta|x)\mathrm{d}\nu.$$

对上式两边相对于 X 的边缘概率测度 $\mathbf{Q}$ 求积分, 可得

$$R(\lambda,\delta)\geqslant R(\lambda,\delta_\Lambda).$$

由此可知, δ_Λ 是一个贝叶斯估计. □

例 2.2 设某工厂每生产一批产品 (100 件为一批), 都需要进行抽样检查. 按供需双方协商, 若 100 件产品中有 4 件或 4 件以下不合格品, 则该批为合格. 对于不合格的一批产品, 若需求方接受了, 工厂会有损失, 其损失为 1 万元; 若检验不通过, 工厂也有损失, 其损失为 0.5 万元. 对于合格的一批产品, 若检验时被拒绝, 工厂也会有损失, 其损失为 0.7 万元; 若通过了检验, 则工厂不会损失, 而且会盈利, 因此其损失为 -1 万元. 将这个问题看成一个统计决策问题. 记 $A=\{0,1\}$, $a=0$ 表示判定该批产品合格, $a=1$ 表示判定该批产品不合格, 将损失函数列成表 5.2.2. 在此, 需对损失做一点解释: 当产品不合格, 需求方接受后, 工厂赚了钱, 为什么有损失? 损失并不完全指金钱的损失, 从唯利是图的角度, 无论需求方接受的产品是合格的还是不合格的, 工厂的利润是一样的. 但是, 从长远的利益看来, 制造不合格品, 对工厂来说是不利的 (无论这批产品是否被需求方接受). 因此尽管工厂获得利润, 但还有损失, 损失不仅仅是金钱上的损失. 从这个例子也看出, 确定损失函数的难度.

表 5.2.2 损失函数 $L(\theta,a)$ 的列表

θ	$a=0$	$a=1$
$\theta\leqslant 4$	-1	0.7
$\theta>4$	1	0.5

对于每一批产品, 检验方法是从中随机地抽取 10 个产品进行检

查. 设样品中不合格品的个数为 X, $\delta(X)$ 是一个取值于 A 的一个决策函数, 其风险函数为 $R(\theta,\delta)$. 从过去的记录看来, 100 个产品中不合格品的个数 θ 最多不会超过 6, 并且凭经验, 出现 θ 个不合格产品的概率如表 5.2.3 所示.

表 5.2.3 θ 的出现概率表

θ	0	1	2	3	4	5	6
概率 $\Lambda(\theta)$	4/14	3/14	2/14	2/14	1/14	1/14	1/14

现在希望找到决策函数 $\delta(X)$ 使得工厂的损失最小. 在计算工厂损失的时候, 我们必须将观察值 X 看成随机变量, 将不合格品的个数 θ 也看成随机变量, 这样决策函数 $\delta(X)$ 引起工厂的平均损失为

$$\sum_{\theta=0}^{6} R(\theta,\delta)\Lambda(\theta). \tag{2.5}$$

事实上, 设工厂一共生产 n 批产品, 每批产品中不合格品的个数为 θ_i, 每批样品中不合格品的个数为 x_i, 这 n 批产品的平均损失为

$$\sum_{i=1}^{n} L(\theta_i,\delta(x_i))/n.$$

当 n 比较大的时候, 这个平均损失接近于 (2.5) 式给出的值, 而当 n 趋于无穷时, 其极限就是 (2.5). 因此使得 (2.5) 式达到最小的贝叶斯决策函数具有实际意义, 它使工厂的平均损失接近最小. 若按定义 2.1 计算贝叶斯决策函数, 必须对每一个决策函数计算相应的平均风险的值, 而决策函数的个数很多, 计算量很大. 现在我们按定理 2.1 中的方法求贝叶斯决策函数. 为此, 我们首先验算定理 2.1 中的条件 (i). 取 $\delta_0\equiv 0$, 即不管样品中不合格品数 x 是多少, 都判定该批产品为合格, 相应的平均风险为 $R(\Lambda,\delta_0)=\sum\limits_{\theta=0}^{6} R(\theta,\delta_0)\Lambda(\theta)$, 其中

$$R(\theta,\delta_0)=\mathbf{E}_\theta L(\theta,\delta_0(X))=\mathbf{E}_\theta L(\theta,0)=\begin{cases}-1, & 当\theta\leqslant 4时,\\ 1, & 当\theta>4时.\end{cases} \tag{2.6}$$

由此可得 $R(\Lambda,\delta_0)=-(1-2/14)+2/14=-10/14<+\infty$, 即定理 2.1 中的条件 (i) 满足. 现在需将 (2.4) 式作为行动 a 的函数, 求其极小值点, 为此, 需计算后验分布 $\lambda(\theta|x)$, 可利用下列条件概率公式:

$$\lambda(\theta|x)=\frac{\mathbf{P}\{x|\theta\}\lambda(\theta)}{\sum\limits_{\theta}\mathbf{P}\{x|\theta\}\lambda(\theta)}, \tag{2.7}$$

其中$\mathbf{P}\{x|\theta\}$ 是超几何分布的概率. 在 100 个产品中, 有 θ 个产品为不合格品, 从中随机地抽取 10 个产品, $\mathbf{P}\{x|\theta\}$ 就是在 10 个产品中含 x 个不合格品的概率. 以 $x=0$ 为例, 计算后验概率 $\lambda(\theta|0)$. 后验概率 $\lambda(\theta|0)$ 的计算结果列于表 5.2.4 中的第一行. 利用表 5.2.4 的数据, 进一步计算可得到行动 $a=0$ 的后验平均损失为

$$\int L(\theta,0)\lambda(\theta|0)\mathrm{d}\nu=\sum_{i=0}^{6}L(i,0)\lambda(i|0)=-0.80812;$$

相应地计算, 可得到行动 $a=1$ 的后验平均损失 $\int L(\theta,1)\lambda(\theta|0)\mathrm{d}\nu=0.68081$. 按定理 2.1, 为求贝叶斯决策函数 $\delta_\Lambda(0)$ 的值, 只需比较行动 $a=0$ 和行动 $a=1$ 的后验平均损失. $a=0$ 的后验平均损失为 -0.80812; $a=1$ 的后验平均损失为 0.68081. 由于 $-0.80812<0.68081$, 比较结果, 得到 $\delta_\Lambda(0)=0$, 即当样本中不合格品数 $x=0$ 的时候, 判定这批产品为合格. 这是非常合理的决策.

现在把所有观察值 x 和各行动的后验期望损失列于表 5.2.5 中, 从表中的数据看出, 当 $x\leqslant 2$ 的时候, 行动 $a=0$ 的后验平均损失比较小, 应该将这一批产品判为合格; 当 $x>2$ 的时候, 应该判定这一批产品不合格. 这个决策函数使得每一个 x 值, 对应的后验平均损失达到最小. 同时使平均风险也达到最小, 也就是贝叶斯决策函数.

表 5.2.4 后验损失的计算表格

θ	0	1	2	3	4	5	6
$\lambda(\theta\|0)$	0.34695	0.23419	0.14036	0.12604	0.056521	0.050634	0.045304
$L(\theta,0)$	−1	−1	−1	−1	−1	1	1
$L(\theta,1)$	0.7	0.7	0.7	0.7	0.7	0.5	0.5

表 5.2.5　后验期望损失表

x	0	1	2	3	4	5	6
$\int L(\theta,0)\lambda(\theta\|x)\mathrm{d}\nu$	-0.80812	-0.34639	0.18668	0.62238	0.89397	1	1
$\int L(\theta,1)\lambda(\theta\|x)\mathrm{d}\nu$	0.68081	0.63464	0.58133	0.53776	0.5106	0.5	0.5

□

例 2.3　设$X \sim B(n,p), 0<p<1$. 行动空间 $A=(0,1)$, 这是一个参数估计问题. 设损失函数为 $L(p,d)=(p-d)^2$, p 的先验密度 $\lambda(p)$ 为贝塔分布 $\mathrm{Beta}(a,b)$ 的密度函数, 其密度函数为

$$\frac{\Gamma(a+b)}{\Gamma(a)\Gamma(b)}p^{a-1}(1-p)^{b-1}, \quad p\in(0,1), a,b>0,$$

式中 $\Gamma(\cdot)$ 为通常的伽玛函数. 现在求 p 的贝叶斯估计. 首先需要验证定理 2.1 的条件 (i), 考虑估计 $\delta_0(X)=X/n$, 经计算可知

$$R(p,\delta_0)=\mathbf{E}(X/n-p)^2=p(1-p)/n<\infty.$$

δ_0 的平均风险是

$$R(\Lambda,\delta_0)=\frac{\Gamma(a+b)}{\Gamma(a)\Gamma(b)}\int_0^1\frac{1}{n}p^a(1-p)^b\mathrm{d}p=\frac{ab}{(a+b)(a+b+1)n}<\infty.$$

由于本例中, 行动空间 $A=\Theta=(0,1)$, 损失函数又是平方误差, 利用推论 2.1 的结论知, p 的贝叶斯估计是

$$\delta_\Lambda(x)=\int_0^1 p\,\lambda(p|x)\mathrm{d}p.$$

为求出贝叶斯估计 δ_Λ, 先求 p 的条件密度或后验密度. 记 $\mathcal{X}=\{0,1,\cdots,n\}$, $\Theta=(0,1)$, 在 $\Theta\times\mathcal{X}$ 上确定一测度 μ, 它是 Θ 上 Lebesgue 测度与 $\mathcal{X}$ 上计数测度的乘积测度. (p,X) 作为随机向量, 其相对于这个 σ 有限测度 μ 的密度函数是

$$\binom{n}{x}\frac{\Gamma(a+b)}{\Gamma(a)\Gamma(b)}p^{x+a-1}(1-p)^{n-x+b-1}.$$

在 x 给定之下, p 的条件密度函数是

$$\frac{\Gamma(x+a+n-x+b)}{\Gamma(x+a)\Gamma(n-x+b)}p^{x+a-1}(1-p)^{n-x+b-1}=c(x)p^{x+a-1}(1-p)^{n-x+b-1}.$$

不难看出, 它是一个贝塔分布的密度函数. 故 p 的贝叶斯估计是

$$\begin{aligned}\delta_\Lambda(x)=\mathbf{E}(p|X=x)&=\frac{\Gamma(n+a+b)}{\Gamma(x+a)\Gamma(n-x+b)}\int_0^1 p^{x+a}(1-p)^{n-x+b-1}\mathrm{d}p\\&=\frac{a+x}{a+b+n}=\frac{a}{a+b}\cdot\frac{a+b}{a+b+n}+\frac{x}{n}\cdot\frac{n}{a+b+n}.\end{aligned}$$

它是 $a/(a+b)$ 与 X/n 的线性组合. $a/(a+b)$ 是 p 的先验分布的期望, 代表从先验分布得到的信息; X/n 是 p 的无偏估计, 代表从数据得到的信息. 而贝叶斯估计综合了这两部分信息.

从估计理论看, 贝叶斯估计丰富了估计的内容. 在例 2.3 中, 设想 p 的先验密度为 $(0,1)$ 上的均匀分布的密度函数, 即贝塔分布 Beta$(1,1)$. 此时, 相应的贝叶斯估计为 $\delta_\Lambda(x)=(x+1)/(n+2)$, 而 p 的 ML 估计为 x/n. 设想这个估计问题的实际背景是估计产品的不合格品率 p. 若 $x=0$, 即 n 个被检验的产品中不合格品的个数为 0, 此时 p 的 ML 估计值为 0, 而贝叶斯估计为 $\delta_\Lambda(0)=1/(n+2)$. 显然 $1/(n+2)$ 比较合理, 当样本量 n 增大的时候, 产品质量优良的证据就越充分, 估计值越靠近 0. 若进一步还有对产品不合格品率 p 的先验信息, 例如, 知道不合格品率不会超过 3%, 利用这些信息, 可望得到 p 的更加精确的估计. 不过贝叶斯估计也有缺点, 就是很难确定先验分布. 因此在应用贝叶斯估计的时候, 一定要花大力气论证所用先验分布的合理性. 否则, 就失去了应用贝叶斯估计的基础, 所得到的贝叶斯估计只能是空中楼阁. 而且先验信息不会是以某种分布或分布族的形式出现, 而存在于实际工作者的经验中. 例如, 实际工作者研制一个新的仪器. 他对新仪器试验成功的把握是很大的, 因此要全力以赴找出成功的把握. 这个把握不会是一个常数, 而是一个分布. 统计工作者的任务就是协助实际工作者找到令人信服的先验信息, 然后求出相应的贝叶斯估计.

例 2.4　设 $X_1, \cdots, X_n \sim \text{iid } N(\theta, \sigma^2)$, 其中 σ^2 已知. $\Theta = A = \mathbb{R}$, $L(\theta, a) = (\theta - a)^2$. 这是一个估计问题, 待估量为 θ. 现在设 θ 的先验分布 Λ 为 $N(\mu, b^2)$, 为了求出 θ 的贝叶斯估计, 我们利用推论 2.1. 取 $\delta_0(\boldsymbol{X}) = \delta_0(X_1, \cdots, X_n) = \overline{X}$, δ_0 的风险函数 $R(\theta, \delta) = \mathbf{E}(\overline{X} - \theta)^2 = \sigma^2/n < +\infty$, 根据推论 2.1, θ 的贝叶斯估计为 $\delta_\Lambda(\boldsymbol{X}) = \mathbf{E}(\vartheta|\boldsymbol{x})$. 为计算 $\delta_\Lambda(\boldsymbol{X})$, 需要计算 ϑ 的条件分布. $(\vartheta, \boldsymbol{X}) = (\vartheta, X_1, \cdots, X_n)$ 的联合密度为

$$f(\boldsymbol{x}, \theta) = c \exp\left\{-\frac{1}{2\sigma^2}\sum_{i=1}^{n}(x_i - \theta)^2\right\} \exp\left\{-\frac{1}{2b^2}(\theta - \mu)^2\right\}.$$

ϑ 在 $\boldsymbol{X} = \boldsymbol{x}$ 之下的分布密度为

$$\begin{aligned}\lambda(\theta|\boldsymbol{x}) = c(x) \exp\Bigg\{&-\frac{1}{2}\left(\frac{n}{\sigma^2} + \frac{1}{b^2}\right) \\ &\cdot \left[\theta^2 - 2\theta\left(\frac{n\overline{x}}{\sigma^2} + \frac{\mu}{b^2}\right)\Big/\left(\frac{n}{\sigma^2} + \frac{1}{b^2}\right)\right]\Bigg\},\end{aligned} \tag{2.8}$$

此处的 $c(x)$ 是一个常数因子, 它保证等式右边作为 θ 的函数是一个密度函数. 从这个密度函数的形式看出, 它是一个正态分布的密度函数, 故 ϑ 的条件期望为

$$\mathbf{E}(\vartheta|\boldsymbol{x}) = \left(\frac{n\overline{x}}{\sigma^2} + \frac{\mu}{b^2}\right)\Big/\left(\frac{n}{\sigma^2} + \frac{1}{b^2}\right).$$

由推论 2.1 可知, 在平方损失之下, 参数 θ 的贝叶斯估计由 $\delta_\Lambda(\boldsymbol{x}) = \mathbf{E}(\vartheta|X)$ 给出, 它是均值 $\overline{X}$ 与 μ 的线性组合.

现在讨论贝叶斯决策函数的唯一性问题. 为此, 观察公式 (2.2), 由贝叶斯决策函数的定义可知, 若 $\delta_\Lambda(\boldsymbol{x})$ 是一个贝叶斯决策函数, 则对于任何决策函数 $\delta(\boldsymbol{x})$, 只要满足对任何 $\theta \in \Theta$, $\mathbf{P}_\theta\{\delta(\boldsymbol{x}) \neq \delta_\Lambda(\boldsymbol{x})\} = 0$, $\delta(\boldsymbol{x})$ 也是一个贝叶斯决策函数. 若用记号 $\mathcal{P} = \{\mathbf{P}_\theta, \theta \in \Theta\}$ 表示所有的概率测度 $\mathbf{P}_\theta$ 的集合, 由贝叶斯决策函数的定义可知, 贝叶斯决策函数是几乎处处 $\mathcal{P}$ 确定的. 即只要某一个 $\delta_\Lambda(\boldsymbol{x})$ 是一个贝叶斯决策函数, 则与 $\delta_\Lambda(\boldsymbol{x})$ 几乎处处相等 $(\mathcal{P})$ 的 $\delta(\boldsymbol{x})$ 都合乎贝叶斯决策函数的定义. 现在我们就将贝叶斯决策函数的这一性质作为贝叶斯决策函数唯一性的定义.

定义 2.2 设 $\boldsymbol{X} \sim \mathbf{P}_\theta, \theta \in \Theta$ 为统计模型, 行动空间为 A, 损失函数为 $L(\theta, d)$, Λ 为 Θ 上的一个概率测度. 我们称这个模型中**相对于 Λ 的贝叶斯决策函数是唯一确定的**, 是指

(i) 存在一个贝叶斯决策函数 δ_Λ;

(ii) 这个模型的任何其他的相对于 Λ 的贝叶斯决策函数必定与 δ_Λ 几乎处处相等 (a.s. $\mathbf{P}_\theta$, $\forall \theta \in \Theta$).

定理 2.2 设定理 2.1 中的损失函数 $L(\theta, d)$ 是一个严格凸的损失函数①, 则

(i) Λ 的所有贝叶斯决策函数是几乎处处 ($\mathbf{Q}$) 相等的;

(ii) 记 $\mathcal{P}$ 为 $\boldsymbol{X}$ 的分布族, 即 $\mathcal{P} = \{\mathbf{P}_\theta, \theta \in \Theta\}$. 若 $\mathcal{P}$ 被概率测度 $\mathbf{Q}$ 所控制, 即 $\mathcal{P} \ll \mathbf{Q}$, 其中 $\mathbf{Q}$ 为 $\boldsymbol{X}$ 的边缘分布,

$$\mathbf{Q}(B) = \int_B \int_\Theta p(\boldsymbol{x}, \theta) \lambda(\theta) \mathrm{d}\nu \mathrm{d}\mu,$$

则定理 2.1 中确定的贝叶斯决策函数 δ_Λ 存在且是唯一确定的.

证明 注意到, δ 为贝叶斯估计的充要条件是对 a.s. $\boldsymbol{x}$ (Q) 积分

$$\int L(\theta, d) \lambda(\theta | \boldsymbol{x}) \mathrm{d}\nu,$$

在 $d = \delta(\boldsymbol{x})$ 时达到极小值. 但上述积分作为其中参变量 d 的函数是一个严格凸的函数, 并且当 $d \to \infty$ 时, 相应的积分值趋于无穷 (注意关于凸损失函数的定义). 这说明了贝叶斯估计 δ_Λ 是存在且唯一的 (在 a.e. Q 意义下), 即结论 (i) 成立. 若 $\mathcal{P} \ll Q$, 则 δ_Λ 显然是 a.s. $\mathcal{P}$ 唯一确定的, 即结论 (ii) 成立. □

推论 2.2 设定理 2.1 中, 进一步假定

(i) 损失函数 $L(\theta, d)$ 是一个严格凸的损失函数;

(ii) 记 $\mathcal{P}$ 为 $\boldsymbol{X}$ 的分布族, 且 $\mathcal{P}$ 是一个指数族分布族.

则定理 2.1 中确定的贝叶斯决策函数 δ_Λ 存在且唯一确定的.

① 损失函数 $L(\theta, d)$ 若满足: (i) 对任一 θ, $L(\theta, d)$ 是 d 的凸函数; (ii) 当 $d \to \pm\infty$ 时, $L(\theta, d) \to +\infty$, 则称 $L(\theta, d)$ 为凸损失函数, 若所涉及的凸函数是严格凸的, 则称 $L(\theta, d)$ 为严格凸的损失函数.

证明 由于指数族分布族中的分布具有共同的支撑，而 Q 的分布的支撑与指数族的支撑是相同的．这样 $\mathcal{P} \ll Q$ 成立，再利用定理 2.2，可得到本推论的结论．□

在例 2.3 中，X 的分布为指数族分布，损失函数是一个严格凸的函数，由推论 2.2 知，相对于贝塔分布的贝叶斯估计是唯一确定的．

例 2.5 设$\boldsymbol{X} = (X_1, \cdots, X_n)$ 为来自泊松总体的一个样本，$\mathbf{P}_\theta\{X = x\} = \theta^x \exp\{-\theta\}/x!, x = 0, 1, 2, \cdots, \theta > 0$．设损失函数为 $L(\theta, a) = (\theta - a)^2$，$\theta$ 的先验密度 $\lambda(\theta)$ 为 Γ 分布的密度函数，这个分布相对于 Lebesgue 测度的密度函数为

$$\frac{\theta^{\alpha-1}\exp\{-\theta/\beta\}}{\Gamma(\alpha)\beta^\alpha}, \quad \theta > 0, \alpha > 0, \beta > 0.$$

将 $(\boldsymbol{X}, \vartheta)$ 看成联合随机变量，它们的联合密度为

$$\frac{\theta^{\sum\limits_{i=1}^n x_i}\exp\{-n\theta\}}{\prod\limits_{i=1}^n (x_i!)} \cdot \frac{\theta^{\alpha-1}\exp\{-\theta/\beta\}}{\Gamma(\alpha)\beta^\alpha},$$

其中变量 x_i 取非负整数．由上式知，θ 在 $\boldsymbol{X} = \boldsymbol{x}$ 之下的条件分布密度为 Γ 分布的密度函数

$$\lambda(\theta|\boldsymbol{x}) = \frac{\theta^{\widetilde{\alpha}-1}\exp\{-\theta/\widetilde{\beta}\}}{\Gamma(\widetilde{\alpha})\widetilde{\beta}^{\widetilde{\alpha}}},$$

其中 $\widetilde{\beta} = \dfrac{\beta}{n\beta + 1}$ 为新的刻度参数，$\widetilde{\alpha} = \sum\limits_{i=1}^n x_i + \alpha$ 为新的形状参数．不难验证，对于 $\delta(\boldsymbol{X}) = \overline{X}$，$R(\theta, \delta) = \theta/n$，因此，对于 Γ 分布，δ 的平均风险是有限的．利用推论 2.1 的结论，可知

$$\delta_\Lambda(\boldsymbol{x}) = \int_0^\infty \theta\lambda(\theta|\boldsymbol{x})\mathrm{d}\theta = \frac{\overline{x}n\beta}{n\beta + 1} + \frac{\alpha\beta}{n\beta + 1}$$

是 θ 的相对于先验密度 $\lambda(\theta)$ 的贝叶斯决策函数 (估计)．由于 $\boldsymbol{X}$ 的分布族是指数族分布族，损失函数又是平方损失，依推论 2.2 知，δ_Λ 是对应于 Λ 的唯一的贝叶斯决策函数 (估计)．

由于贝叶斯估计具有十分重要的统计意义, 它可以使平均损失达到最小, 因此人们对贝叶斯估计的性质作了大量研究. 此处指出几个性质.

在统计决策问题中对于给定参数 θ 的分布 Λ, 并不一定存在相应的贝叶斯估计. 请看下面例子.

例 2.6 设 $X \sim p(x,\theta)$, 而 θ 的分布密度为 $\lambda(\theta), \theta \in (-\infty, \infty)$. X 与 θ 的联合分布密度由下式给出:

$$p(x,\theta)\lambda(\theta) = \frac{1}{\pi(1+(\theta-x)^2)} I_{(0,1)}(x).$$

由此解得

$$p(x,\theta) = \frac{1}{[1+(\theta-x)^2][\arctan(\theta)-\arctan(\theta-1)]} \quad (0<x<1),$$

$$\lambda(\theta) = \frac{\arctan(\theta)-\arctan(\theta-1)}{\pi}.$$

对于 $x \in (0,1)$, $\lambda(\theta|x) = 1/[\pi(1+(\theta-x)^2)]$ 是柯西分布, 其期望不存在. 现在设 $L(\theta,a) = (\theta-a)^2$ 为平方损失. 若这个问题中 Λ 的贝叶斯估计存在, 则它必须是 $\int_{-\infty}^{\infty} \theta\lambda(\theta|x)\mathrm{d}\theta$. 因此, 在这个统计问题中, Λ 的贝叶斯估计是不存在的. 事实上, 在这个模型中, θ 的任何估计 $\delta(X)$ 的风险函数 $R(\theta,\delta) \equiv +\infty$.

在统计决策问题中对于不同的 Λ, 不一定对应于不同的贝叶斯估计. 下面是一个例子.

例 2.7 设 $X \sim p(x,\theta), x \in \{0,1\}$, 其中 $p(1,\theta) = 1-p(0,\theta) = \theta$. 而 θ 的分布密度为 $\lambda(\theta), \theta \in (0,1)$. 现在设 $A=(0,1)$, $L(\theta,a) = (\theta-a)^2$. 这个决策问题符合推论 2.2 的条件, 因此它的贝叶斯决策函数是唯一确定的, 并且由下式给出:

$$\delta_\Lambda(x) = \int_0^1 \theta\lambda(\theta|x)\mathrm{d}\theta.$$

为计算 $\delta_\Lambda(x)$, 首先计算 $\lambda(\theta|x)$. 注意到, (X,ϑ) 的联合概率密度为

$\theta^x\lambda(\theta)$, ϑ 在 $X=x$ 之下的条件密度为

$$\frac{\theta^x\lambda(\theta)}{\int_0^1\theta^x\lambda(\theta)\mathrm{d}\theta}.$$

这样 $\delta_\Lambda(x)=\nu(x+1)/\nu(x)$, 其中 $\nu(x)$ 为分布 Λ 的 x 阶矩. 由此可知, δ_Λ 由 Λ 的 1, 2 阶矩所确定. 而在区间 $(0,1)$ 上具有相同的 1, 2 阶矩的分布是很多的, 这些分布所对应的贝叶斯决策函数是相同的.

现在的问题是, 当损失函数为平方误差时, 参数的无偏估计可不可以是参数的某个分布的贝叶斯估计? 下面的定理回答了这个问题.

定理 2.3 设 $X\sim\mathbf{P}_\theta$, $\theta\in\Theta$, 参数 θ 的分布为 Λ. 考虑 $g(\theta)$ 在平方损失之下的估计问题, 即 $A=\Theta$ 并且 $L(\theta,a)=(a-g(\theta))^2$ 之下的统计决策问题. 设 $\int_\Theta g^2(\theta)\mathrm{d}\Lambda(\theta)<\infty$, 则任何 $g(\theta)$ 的无偏估计 $\delta(X)$ 都不可能是贝叶斯估计, 除非 $\int_\Theta\int_{\mathcal{X}}(\delta(X)-g(\theta))^2\mathrm{d}\mathbf{P}_\theta\mathrm{d}\Lambda(\theta)=0$.

证明 设 $\delta(X)$ 是 $g(\theta)$ 的无偏估计, 同时又是相对于 Λ 的贝叶斯估计. 由于 $\delta(X)$ 是贝叶斯估计, 利用推论 2.1 和 2.2 的结论可知,

$$\delta(X)=\mathbf{E}(g(\vartheta)|X)\quad \text{a.s.}Q.$$

于是

$$\mathbf{E}(g(\vartheta)\delta(X))=\mathbf{E}[\delta(X)\mathbf{E}(g(\vartheta)|X)]=\mathbf{E}\delta^2(X).\tag{2.9}$$

又由于 $\delta(X)$ 为 $g(\theta)$ 的无偏估计, 即 $g(\theta)=\mathbf{E}(\delta(X)|\theta)$, 由此可得

$$\mathbf{E}(g(\vartheta)\delta(X))=\mathbf{E}[g(\vartheta)\mathbf{E}(\delta(X)|\vartheta)]=\mathbf{E}g^2(\vartheta).\tag{2.10}$$

利用 (2.9) 和 (2.10) 可知,

$$\mathbf{E}(\delta(X)-g(\vartheta))^2=\mathbf{E}\delta^2(X)+\mathbf{E}g^2(\vartheta)-2\mathbf{E}(g(\vartheta)\delta(X))=0.$$

□

现在我们来看两个例子.

例 2.8 设 $X_1,\cdots,X_n\sim\text{iid } N(\theta,1)$, θ 是待估参数. 考虑在 $L(\theta,d)=(\theta-d)^2$ 之下 θ 的贝叶斯估计问题. 设 Λ 使 $\mathbf{E}\vartheta^2<\infty$, 令 $\delta(\boldsymbol{X})=\overline{X}$, $\delta(\boldsymbol{X})$ 是 θ 的无偏估计. 由于

$$\mathbf{E}(\overline{X}-\vartheta)^2=\int\mathbf{E}_\theta(\overline{X}-\theta)^2\mathrm{d}\Lambda(\theta)=1/n\neq0.$$

再由定理 2.3 知, 对任何 Λ, 只要 $\mathbf{E}\vartheta^2 < \infty$, $\overline{X}$ 就不是一个贝叶斯估计.

例 2.9 设 $X \sim B(n,p)$, $p \in (0,1)$. $\overline{X} = X/n$ 是 p 的无偏估计. 在平方误差损失之下, 考虑 p 的贝叶斯估计问题. 经计算知,

$$\mathbf{E}_p\left(X/n-p\right)^2 = \frac{p(1-p)}{n}.$$

故

$$\mathbf{E}\left(X/n-p\right)^2 = \frac{1}{n}\int_0^1 p(1-p)\,\mathrm{d}\,\Lambda(p).$$

欲使 $\mathbf{E}\left(X/n-p\right)^2 = 0$, 只需 Λ 集中在 0 和 1 两个点上. 这时候, 不难验证 X/n 的确是贝叶斯估计. 从这个例子可以看出, 只有 Λ 为非常特殊的分布时, X/n 才是 p 的贝叶斯估计.

§5.3 决策函数的可容许性

设 $\boldsymbol{X} \sim \mathbf{P}_\theta, \theta \in \Theta$ 是一个统计模型, $\boldsymbol{X}$ 取值于样本空间 $\mathcal{X}$, 参数空间 Θ 代表“自然界”的状态空间, $A = \{a\}$ 代表行动空间, $L(\theta, a)$ 为损失函数, 决策函数 $\delta(\boldsymbol{X})$ 的风险函数为 $R(\theta,\delta) = \mathbf{E}_\theta L(\theta, \delta(\boldsymbol{X}))$. 有了风险函数 $R(\theta,\delta)$ 的概念以后, 就可以讨论决策函数的可容许性问题. 利用 $R(\theta,\delta)$ 可对不同的决策函数进行比较, 设 $\widetilde{\delta}$ 和 δ 为两个决策函数, 它们之间可以有下列关系：对任意的 $\theta \in \Theta$,

(i) $\widetilde{\delta}$ 不次于 δ: $R(\theta,\widetilde{\delta}) \leqslant R(\theta,\delta)$;

(ii) $\widetilde{\delta}$ 等价于 δ: $R(\theta,\widetilde{\delta}) \equiv R(\theta,\delta)$;

(iii) $\widetilde{\delta}$ 好于 (控制) δ: $\widetilde{\delta}$ 不次于 δ, 且 $\widetilde{\delta}$ 不等价于 δ.

定义 3.1 若决策函数 δ 不被任何其他决策函数 δ' 所控制, 则称 δ 为**可容许的**, 否则称为**不可容许的**.

这个定义中的决策函数的可容许性涉及参数的每一个点, 是一个整体性质, 因为不可能在参数空间中的每一个参数点处讨论 $\delta(\boldsymbol{X})$ 的可容许性. 现在来检查具体模型中决策函数的可容许性.

例 3.1 (续例 1.1) 在例 1.1, 例 1.2 和例 1.6 中已经陆续给出了“工人检修机器”的统计决策模型, 包括损失函数和风险函数. 表 5.1.4

列出了所有 9 个决策函数的风险函数, 其中 $\delta_2, \delta_3, \delta_8$ 是不可容许的, 其余的决策函数是可容许的. 由 δ_2 的定义可知 (见表 5.1.3), 工人手摸机器发烫, 则保持原状; 手摸机器温度正常, 则置换零件, 显然这是一种颠倒的决策. 由风险函数表 5.1.4 可以看出, $R(\theta_i, \delta_4) < R(\theta_i, \delta_2), i = 1, 2$, 即 δ_2 被 δ_4 控制, 故 δ_2 是不可容许的. 同理, δ_3 也被 δ_4 控制, 它的不可容许性也很容易解释. 由 δ_8 的定义可知, 工人手摸机器发烫, 则置换零件; 手摸机器温度正常, 则进行修理. 这个措施也不合乎常理, 通常零件坏了, 无法修理, 才置换零件, 而决策函数 δ_8 的措施有些颠倒. 手摸机器发烫比手摸机器温度正常的情况严重, 而工人采取的措施与 δ_6 的措施相比, 恰恰相反. 计算他们的风险函数, δ_6 的风险函数全面地比 δ_8 的小, 因此决策函数 δ_8 也是不可容许的. 其余各个决策函数, 互不控制, 因此是可容许的. 由这个例子看出, 可容许性是一个全局性质, 因为从一个参数点不能判断一个决策函数的可容许性, 因此也不存在决策函数在一个参数点处的可容许性的概念.

上例中, 我们可以采用枚举法, 证明一个决策函数的可容许性或不可容许性. 证明一个决策函数的可容许性的时候, 要将这个决策函数与所有的决策函数进行比较, 当所有的其他的决策函数都不能控制这个决策函数的时候, 这个决策函数就是可容许的. 要证明一个决策函数的不可容许性, 只需找出一个控制它的决策函数, 就可以证明这个决策函数的不可容许性. 当决策函数的个数很少的时候, 可以利用枚举法证明决策函数的可容许性或不可容许性. 当决策函数的总数很多或无限的时候, 不可能用枚举法证明一个决策函数的可容许性. 要证明一个决策函数的不可容许性, 也具有相当的难度. 如上例所见, 可容许性的主要思想是去劣, 将所有的不可容许的决策函数剔除, 剩下的决策函数就是可容许的了. 但不可容许性也有另外的用途, 那就是找出有用的决策函数. 下面就某些估计中的问题, 利用容许性理论找出比常用估计更好的估计来.

例 3.2　设 $X_1, \cdots, X_n \sim \text{iid } N(\mu, \sigma^2)$. 这是一个通常的正态模型, 参数为 $\theta = (\mu, \sigma^2)$, 考虑 σ^2 的估计问题, 损失函数 $L(\theta, a) = (a - \sigma^2)^2$ 是通常的平方损失函数. 令 $S^2 = \sum\limits_{i=1}^n (X_i - \overline{X})^2$. 这个估计

问题的 UMVU 估计为 $S^2/(n-1)$, 而 ML 估计为 S^2/n. 不难验证 $S^2 \sim \sigma^2\chi^2(n-1)$, 即 S^2/σ^2 的分布密度为

$$\begin{cases} \dfrac{1}{2^{(n-1)/2}\Gamma((n-1)/2)} y^{(n-1)/2-1} \exp\{-y/2\}, & \text{当} y > 0 \text{时}, \\ 0, & \text{当} y \leqslant 0 \text{时}, \end{cases}$$

其中 $\Gamma(\alpha) = \int_0^\infty y^{\alpha-1} \exp\{-y\} \mathrm{d}y$. 现在考虑一般的决策函数 (估计) cS^2, 其中 $c > 0$. cS^2 的风险函数为

$$\begin{aligned} \mathbf{E}(cS^2-\sigma^2)^2 &= \sigma^4 \mathbf{E}\left(cS^2/\sigma^2-1\right)^2 \\ &= \sigma^4 \int_0^{+\infty} (cy-1)^2 \frac{1}{2^{(n-1)/2}\Gamma((n-1)/2)} \\ &\quad \cdot y^{(n-1)/2-1} \exp\{-y/2\} \mathrm{d}y \\ &= \sigma^4[c^2(n-1)(n+1) - 2c(n-1) + 1]. \end{aligned} \tag{3.1}$$

由此看出, 风险函数 $\mathbf{E}(cS^2-\sigma^2)^2$ 是一个关于 c 的二次多项式, 对于不同的常数 c, 各风险函数之间的关系是或者不相交的, 或者相互重合的, 因此, 对于不同的常数 c, 各估计之间的关系是一个估计控制另一个估计的关系, 或者是相互等价的. cS^2 的风险函数在 $c = 1/(n+1)$ 的时候达到极小值. 因此 σ^2 的 UMVU 估计和 ML 估计都不是可容许的估计. 从风险函数的角度看, ML 估计比 UMVU 估计好, 尽管 ML 估计不是无偏估计.

例 3.3 设 $X_1, \cdots, X_n$ 是来自指数分布的一个简单随机样本, 其分布密度为

$$\begin{cases} \lambda \exp\{-\lambda x\}, & \text{当} x > 0 \text{时}, \\ 0, & \text{当} x \leqslant 0 \text{时}, \end{cases}$$

其中 $\lambda > 0$ 为分布的参数. 考虑参数 λ 的估计问题, 损失函数为 $L(\lambda, a) = (a-\lambda)^2$. 不难验证, λ 的 ML 估计为 $n/\sum\limits_{i=1}^n x_i$, 而 UMVU 估计为 $(n-1)/\sum\limits_{i=1}^n x_i$. 现在讨论这两个估计的可容许性. 令 $T = \sum\limits_{i=1}^n X_i$,

不难验证 T 的分布为 Γ 分布, 其分布密度为

$$\begin{cases} \dfrac{\lambda^n}{\Gamma(n)} x^{n-1} \exp\{-\lambda x\}, & \text{当} x > 0 \text{时}, \\ 0, & \text{当} x \leqslant 0 \text{时}. \end{cases}$$

现在考虑一般的决策函数 (估计)cT^{-1}, $c > 0$. cT^{-1} 的风险函数为

$$\begin{aligned} \mathbf{E}(cT^{-1} - \lambda)^2 = & c^2 \int_0^{+\infty} \frac{\lambda^n}{x^2\Gamma(n)} x^{n-1} \exp\{-\lambda x\} \mathrm{d}x \\ & -2c\lambda \int_0^{+\infty} \frac{\lambda^n}{x\Gamma(n)} x^{n-1} \exp\{-\lambda x\} \mathrm{d}x \\ & +\lambda^2 \int_0^{+\infty} \frac{\lambda^n}{\Gamma(n)} x^{n-1} \exp\{-\lambda x\} \mathrm{d}x \\ = & \frac{\lambda^2}{(n-1)(n-2)} [c^2 - 2(n-2)c + (n-1)(n-2)]. \end{aligned}$$

由这个表达式看出, 风险函数 $\mathbf{E}(cT^{-1} - \lambda)^2$ 是一个关于 c 的二次多项式, 对于不同的常数 c, 各风险函数之间的关系是: 不是相交的, 便是重合的, 它们之间不是一个风险函数控制另一个风险函数的关系, 便是具有相同的风险函数. 风险函数在 $c = (n-2)$ 的时候达到极小值, 因此 λ 的 UMVU 估计和 ML 估计都不是可容许的估计. 但从风险函数的角度看, UMVU 估计比 ML 估计好.

现在来讨论一个较一般的问题. 设 $X_1, \cdots, X_n \sim \text{iid } \mathbf{P}_\theta, \theta \in \Theta$, 其中 Θ 是一个区间, 又设 $T(\boldsymbol{X}) = T(X_1, \cdots, X_n)$ 为这个统计模型的一个充分统计量. 损失函数 $L(\theta, a)$ 为 a 的一个严格凸函数, 其中行动空间 $A = \Theta$, 这是一个估计问题, 此时可容许估计只可能具有形式 $g(T)$. 下面是关于这方面的一个定理.

定理 3.1　设 $X_1, \cdots, X_n \sim \text{iid } \mathbf{P}_\theta, \theta \in \Theta$ 为某统计模型, 其中 Θ 是一个区间. 又设损失函数 $L(\theta, a)$ 为 a 的一个严格凸函数, 其中行动空间 $A = \Theta$, $T(\boldsymbol{X}) = T(X_1, \cdots, X_n)$ 为某充分统计量, $\delta(\boldsymbol{X})$ 为某统计量, 满足对于任意 $\theta \in \Theta$, $\mathbf{E}_\theta|\delta(\boldsymbol{X})| < \infty$. 若 $\delta(\boldsymbol{X})$ 不可能写成 $T(\boldsymbol{X})$ 的函数, 即任意 T 的函数 $h(T)$, 必存在某一 $\theta \in \Theta$ 使得 $\mathbf{P}_\theta\{\delta(\boldsymbol{X}) \neq h(T(\boldsymbol{X}))\} > 0$, 则 $\delta(\boldsymbol{X})$ 为不可容许的.

证明 由于 $\mathbf{E}_\theta|\delta(\boldsymbol{X})|<\infty$, 又由于 T 是一个充分统计量, 可知 $\delta(\boldsymbol{X})$ 的条件期望 $\mathbf{E}(\delta(\boldsymbol{X})|T)$ 存在, 且与 θ 无关, 记这个条件期望为 $h(T)$. 由于 $L(\theta,a)$ 为 a 的严格凸函数, 利用凸函数的性质可知,

$$\begin{aligned}R(\theta,\delta)&=\mathbf{E}_\theta L(\theta,\delta(\boldsymbol{X}))=\mathbf{E}_\theta[\mathbf{E}(L(\theta,\delta(\boldsymbol{X}))|T)]\\&\geqslant\mathbf{E}_\theta L(\theta,\mathbf{E}(\delta(\boldsymbol{X})|T))=\mathbf{E}_\theta L(\theta,h(T))=R(\theta,h).\end{aligned}\tag{3.2}$$

由于统计量 $\delta(\boldsymbol{X})$ 不能写成 $h(T)$ 的形式, 即存在一个 $\theta_0\in\Theta$, 使得 $\mathbf{P}_{\theta_0}\{\delta(\boldsymbol{X})\neq h(T)\}>0$, 则 (3.2) 式中的不等号在 $\theta=\theta_0$ 时变成严格不等号, 即 $R(\theta_0,\delta)>R(\theta_0,h)$. 这样, $h(T)=\mathbf{E}(\delta(\boldsymbol{X})|T)$ 控制了 $\delta(\boldsymbol{X})$, 即 δ 为不可容许的. □

注 在引用定理 3.1 的时候, 通常可取模型的完全充分统计量.

例 3.4 设 $X_1,\cdots,X_n\sim\text{iid }N(\theta,1),\theta\in\mathbb{R}$. 待估量为

$$\mathbf{P}_\theta\{X\geqslant x_0\}=\frac{1}{\sqrt{2\pi}}\int_{x_0}^{\infty}\exp\left\{-\frac{1}{2}(x-\theta)^2\right\}\mathrm{d}x.$$

若 X 代表学生的高考总分, x_0 代表录取分数线, 则 $\mathbf{P}\{X\geqslant x_0\}$ 就是录取概率. (本例中假定 X 的方差 $\sigma^2=1$, 作此假定的目的是为了简化陈述.) 通常用 $\sum\limits_{i=1}^n I_{\{X_i\geqslant x_0\}}/n$, 即样本的录取率作为录取概率的估计. 现在假定损失函数为平方误差 $L(\theta,a)=(a-\mathbf{P}_\theta\{X\geqslant x_0\})^2$, 由于 $\overline{X}$ 为这个模型的完全充分统计量, 而统计量 $\sum\limits_{i=1}^n I_{\{X_i\geqslant x_0\}}/n$ 不能写成 $\overline{X}$ 的函数. 由定理 3.1 可知, $\sum\limits_{i=1}^n I_{\{X_i\geqslant x_0\}}/n$ 不是一个可容许的估计. 尽管它是最常用的, 并且是非常直观的估计.

定理 3.2 设$X\sim\mathbf{P}_\theta,\theta\in\Theta$ 为某统计模型. Λ 为 Θ 上的分布, A 为行动空间, $L(\theta,a)$ 为损失函数. 若与 Λ 相应的所有的贝叶斯决策函数均相互等价, 即 Λ 的所有贝叶斯决策函数的风险函数相同, 则与 Λ 相应的任何贝叶斯决策函数都是可容许的.

证明 设 δ 是相对于分布 Λ 的一个贝叶斯决策函数, 并且与 Λ 相应的所有贝叶斯决策函数等价. 现证 δ 的可容许性. 用反证法, 若 δ 不是一个可容许的决策函数, 则存在 δ', 使 δ' 比 δ 好, 即

$$R(\theta,\delta') \leqslant R(\theta,\delta), \quad \forall\theta\in\Theta,$$

并且 δ 与 δ' 不等价. 由上式知,

$$\int R(\theta,\delta')\mathrm{d}\Lambda(\theta) \leqslant \int R(\theta,\delta)\mathrm{d}\Lambda(\theta),$$

即 δ' 也是一个贝叶斯决策函数. 这与定理中的假定, 即 Λ 的所有贝叶斯决策函数相互等价相矛盾. 故 δ 必为可容许的. □

例 3.5 设 $X_1,\cdots,X_n \sim \text{iid } N(\theta,\sigma^2)$, $\theta\in\mathbb{R}$, σ^2 为已知正常数. 设 ϑ 具有先验分布 $N(\mu,b^2)$, 损失函数为平方误差. 由例 2.4 知, θ 的贝叶斯估计为

$$\mathbf{E}(\vartheta|\boldsymbol{X}) = \frac{nb^2}{\sigma^2+nb^2}\overline{X} + \frac{\mu\sigma^2}{\sigma^2+nb^2},$$

其中 $\boldsymbol{X}=(X_1,\cdots,X_n)$. 不难验证, 它是由先验分布唯一确定的 (见习题 3), 由此可知, $\Lambda=N(\mu,b^2)$ 的所有贝叶斯估计都是等价的. 由定理 3.2 知, 参数 θ 的贝叶斯估计 $\overline{X}(nb^2)/(\sigma^2+nb^2)+(\mu\sigma^2)/(\sigma^2+nb^2)$ 是可容许的.

在例 3.5 中, 当 μ, b^2 在参数变化范围内变化时, 可得结论: 在平方误差之下, 对一切 $c\in(0,1)$ 和 $d\in\mathbb{R}$, θ 的线性估计 $c\overline{X}+d$ 是一个可容许估计. 现在我们的任务是找出 θ 的线性估计 $c\overline{X}+d$ 的可容许性范围.

定理 3.3 设 X 是一个随机变量, 其均值为 θ, 方差为 σ^2 ($\sigma^2>0$ 可为已知或未知). 则在平方误差损失之下, θ 的估计 $cX+d$ 在下列情形下是不可容许的:

(i) $c>1$;

(ii) $c<0$;

(iii) $c=1$, $d\neq 0$.

证明 我们将利用公式

$$\mathbf{E}(cX+d-\theta)^2 = c^2\sigma^2 + [(c-1)\theta+d]^2$$

证明定理的结论.

(i) 当 $c>1$ 时,

$$\mathbf{E}(cX+d-\theta)^2=c^2\sigma^2+[(c-1)\theta+d]^2>\sigma^2=\mathbf{E}(X-\theta)^2,$$

上式说明 $cX+d$ 被 X 所控制.

(ii) 当 $c<0$ 时,

$$\begin{aligned}\mathbf{E}(cX+d-\theta)^2&=c^2\sigma^2+[(c-1)\theta+d]^2\\&\geqslant(c-1)^2\left(\theta+\frac{d}{c-1}\right)^2>\left(\theta+\frac{d}{c-1}\right)^2\\&=\mathbf{E}\left(\frac{-d}{c-1}-\theta\right)^2,\end{aligned}$$

这说明 $cX+d$ 被 $\delta(x)=-d/(c-1)$ 所控制.

(iii) 当 $c=1,\ d\neq0$ 时,

$$\mathbf{E}(cX+d-\theta)^2=\mathbf{E}(X+d-\theta)^2>\mathbf{E}(X-\theta)^2,$$

即 $X+d$ 被 X 所控制. □

例 3.6 (续例 3.5) 将定理 3.3 的结论用于随机变量 $\overline{X}$, 可得到 $c\overline{X}+d$ 在下列情况下的不可容许性: (i) $c>1$; (ii) $c<0$; (iii) $c=1$, $d\neq0$. 现在讨论剩下的几种尚未确定可容许性的情况, 先讨论 $c\overline{X}+d$ 在 $c=0$ 的情况下的可容许性. 我们指出 $\delta(\boldsymbol{X})=d$ 是一个可容许估计, 用反证法证明此结论. 若 $\delta(\boldsymbol{X})=d$ 不是一个可容许估计, 则存在一个估计 $\widetilde{\delta}(\boldsymbol{X})$, 使得 $\widetilde{\delta}(\boldsymbol{X})$ 控制 $\delta(\boldsymbol{X})$, 即

$$\mathbf{E}_\theta(\widetilde{\delta}(\boldsymbol{X})-\theta)^2\leqslant\mathbf{E}_\theta(d-\theta)^2=(d-\theta)^2.$$

由此可知 $\mathbf{E}_d(\widetilde{\delta}(\boldsymbol{X})-d)=0$, 即 $\mathbf{P}_d\{\widetilde{\delta}(\boldsymbol{X})\neq d\}=0$. 由于 $X_1,\cdots,X_n$ 来自正态总体, 对于任何一对不同的值 θ_1,θ_2, 概率测度 $\mathbf{P}_{\theta_1}$ 和 $\mathbf{P}_{\theta_2}$ 之间是相互绝对连续的. 由于 $\{\widetilde{\delta}(x)\neq d\}$ 对 $\mathbf{P}_d$ 是零概率事件, 可推知, 对于任意 $\theta\in(-\infty,+\infty)$, $\mathbf{P}_\theta\{\widetilde{\delta}(\boldsymbol{X})\neq d\}=0$, 即 $\widetilde{\delta}$ 与 $\delta(x)\equiv d$ 具有相同的风险函数. 这个结论与 $\widetilde{\delta}$ 控制 δ 是相矛盾的.

现在可将正态总体中参数 θ 的估计量 $c\overline{X}+d$ 的可容许性结果综合成下表 5.3.1:

表 5.3.1 正态总体中参数 θ 的估计量 $c\overline{X}+d$ 的可容许性

系数	$c<0$	$c=0$	$0<c<1$	$c=1,d\neq 0$	$c=1,d=0$	$c>1$
可容许性	不可容许	可容许	可容许	不可容许	?	不可容许

在表 5.3.1 中未解决的问题是：估计 $\overline{X}$ 的可容许性问题. 现在考虑这个问题, 我们用反证法来证明 $\overline{X}$ 的可容许性. 设 $\overline{X}$ 不是可容许的, 不失一般性, 可以认为 $\sigma^2=1$. 这时存在另一个估计 δ^*, 使

$$R(\theta,\delta^*)\leqslant R(\theta,\overline{X})=\frac{1}{n}$$

对一切 θ 成立, 并且严格不等号在某处成立. 由于 $R(\theta,\delta^*)=\mathbf{E}_\theta(\delta^*-\theta)^2$ 是参数 θ 的一个连续函数 (见 Fergusion [1967]), 存在一个正数 ε 以及参数的一个区间 (θ_0,θ_1), 使

$$R(\theta,\delta^*)<\frac{1}{n}-\varepsilon,\quad \theta\in(\theta_0,\theta_1).$$

记 $\Lambda_\tau=N(0,\tau^2)$ 是 ϑ 的一个先验分布, $r_\tau^*=\int R(\theta,\delta^*)\mathrm{d}\Lambda_\tau(\theta)$, 用 r_τ 表示 Λ_τ 的贝叶斯风险. 由例 2.4 中的公式 (2.8) 知, ϑ 在 $\boldsymbol{X}=\boldsymbol{x}$ 之下的条件分布为正态分布, 这个正态分布的期望为 $n\overline{x}/(n+1/\tau^2)$, 方差为 $1/(n+1/\tau^2)$, 相应的贝叶斯估计为 $\delta_{\Lambda_\tau}=n\overline{X}/(n+1/\tau^2)$. 由贝叶斯风险的定义可知, $r_\tau=R(\Lambda_\tau,\delta_{\Lambda_\tau})=\mathbf{E}(\vartheta-\delta_{\Lambda_\tau})^2$. 利用条件期望的性质可知,

$$r_\tau=\mathbf{E}[\mathbf{E}((\vartheta-\delta_{\Lambda_\tau})^2|\boldsymbol{X})]=\mathbf{E}\mathrm{var}(\vartheta|\boldsymbol{X})=1/(n+1/\tau^2).$$

利用 r_τ 和 r_τ^* 的表达式得到

$$\begin{aligned}\frac{\frac{1}{n}-r_\tau^*}{\frac{1}{n}-r_\tau}&=\frac{1}{\sqrt{2\pi}\tau}\int_{-\infty}^{\infty}[1/n-R(\theta,\delta^*)]\\&\quad\cdot\exp\{-\theta^2/(2\tau^2)\}\mathrm{d}\theta\Big/\left(\frac{1}{n}-\frac{\tau^2}{1+n\tau^2}\right)\\&\geqslant\frac{n(1+n\tau^2)\varepsilon}{\sqrt{2\pi}\tau}\int_{\theta_0}^{\theta_1}\exp\{-\theta^2/(2\tau^2)\}\mathrm{d}\,\theta.\end{aligned}$$

上不等式右端当 $\tau\to\infty$ 时, 其值趋于 ∞, 故

$$\lim_{\tau\to\infty}\frac{\frac{1}{n}-r_\tau^*}{\frac{1}{n}-r_\tau}=\infty.$$

但由 $0 < r_\tau \leqslant r_\tau^* < \dfrac{1}{n}$ 可知, 上式是不可能成立的, 故 $\overline{X}$ 必为可容许估计.

现在讨论一个一般的问题, 设 X 的分布是指数族分布, 相对于某 σ 有限测度 μ 的密度函数为

$$p(x,\theta) = \beta(\theta)\exp\{\theta T(x)\},$$

其中 θ 是一个实参数, T 是一个实值函数, θ 的自然参数空间为 $(\underline{\theta},\overline{\theta})$ $(-\infty \leqslant \underline{\theta} < \overline{\theta} \leqslant \infty)$. 设待估量是 $g(\theta) = \mathbf{E}_\theta T(X)$, 考虑在平方损失 $L(\theta,a) = (g(\theta)-a)^2$ 之下, 估计量 $cT(X)+d$ 的可容许性问题. 利用定理 3.3 的结论知, 当 $c<0$ 或 $c>1$ 的时候, 估计量 $cT(X)+d$ 是不可容许的. 当 $c=0$ 的时候, 估计量退化成常数 d, 依例 3.6 的讨论, 作为常数的估计量 d 是可容许的. 现在讨论估计量 $cT(X)+d$ $(0<c\leqslant 1)$ 的可容许性问题. 为了叙述方便, 将 $cT(X)+d$ $(0<c\leqslant 1)$ 写成下列形式:

$$\delta_{\lambda,\gamma}(X) = \frac{1}{1+\lambda}T(X) + \frac{\gamma\lambda}{1+\lambda}, \tag{3.3}$$

其中 $0 \leqslant \lambda < +\infty$ 相应于 T 的系数 $c \in (0,1]$, 而 γ 是自由变化的一维常数.

定理 3.4 (Karlin 定理) 在上述假设和记号下, 取平方误差损失函数 $L(\theta,a) = (g(\theta)-a)^2$, 参数 $g(\theta) = \mathbf{E}_\theta T$ 的估计 $\delta_{\lambda,\gamma}$ 是可容许的一个充分条件是: $\mathrm{e}^{-\gamma\lambda\theta}[\beta(\theta)]^{-\lambda}$ 的积分在 $\underline{\theta}$ 和 $\overline{\theta}$ 处发散, 即对于任意 $\theta_0 \in (\underline{\theta},\overline{\theta})$, 当 θ^* 分别趋于 $\overline{\theta}$ 和 $\underline{\theta}$ 时, 积分

$$\int_{\theta_0}^{\theta^*} \frac{\mathrm{e}^{-\gamma\lambda\theta}}{\beta(\theta)^\lambda}\mathrm{d}\theta \quad 和 \quad \int_{\theta^*}^{\theta_0} \frac{\mathrm{e}^{-\gamma\lambda\theta}}{\beta(\theta)^\lambda}\mathrm{d}\theta \tag{3.4}$$

都趋于无穷.

证明 利用恒等式

$$\int_{\mathcal{X}} \beta(\theta)\exp\{\theta T(x)\}\mathrm{d}\mu \equiv 1, \tag{3.5}$$

此处 $\mathcal{X}$ 是 X 的取值空间, 将两边对变量 θ 求导数, 得到

$$\beta'(\theta)\int_{\mathcal{X}} \exp\{\theta T(x)\}\mathrm{d}\mu + \int_{\mathcal{X}} \beta(\theta)T(x)\exp\{\theta T(x)\}\mathrm{d}\mu \equiv 0.$$

利用这个公式, 可以得到

$$g(\theta)=\mathbf{E}_\theta T=-\frac{\beta'(\theta)}{\beta(\theta)}. \tag{3.6}$$

再对两边求导数, 得到

$$g'(\theta)=-\frac{\beta''(\theta)\beta(\theta)-(\beta'(\theta))^2}{\beta^2(\theta)}. \tag{3.7}$$

对 (3.5) 两边求两次导数, 得到

$$\beta''(\theta)\beta^{-1}(\theta)+2\beta'\beta^{-1}(\theta)\mathbf{E}_\theta T+\mathbf{E}_\theta T^2=0.$$

利用关系式 $\mathbf{E}_\theta T=-\beta'(\theta)/\beta(\theta)$, 经过适当变换, 上式意味下式成立

$$-\frac{\beta''(\theta)\beta(\theta)-(\beta'(\theta))^2}{\beta^2(\theta)}=\mathrm{var}_\theta(T).$$

再利用关系式 (3.7) 可知,

$$g'(\theta)=\mathrm{var}_\theta(T)=I(\theta). \tag{3.8}$$

上式中的第二个等式是单参数自然参数指数族的 Fisher 信息量的公式 (见习题 7).

现在设 $\delta(X)$ 是 $g(\theta)$ 的任意一个估计, 下列不等式成立:

$$\begin{aligned}\mathbf{E}_\theta(\delta(X)-g(\theta))^2&=\mathrm{var}_\theta(\delta(X))+b^2(\theta)\\&\geqslant\frac{[g'(\theta)+b'(\theta)]^2}{I(\theta)}+b^2(\theta)\quad(\text{信息不等式})\\&=\frac{[I(\theta)+b'(\theta)]^2}{I(\theta)}+b^2(\theta),\end{aligned} \tag{3.9}$$

其中 $b(\theta)=\mathbf{E}_\theta(\delta(X)-g(\theta))$ 是 $\delta(X)$ 的偏倚. 如果 $\delta=\delta_{\lambda,\gamma}$, 则其偏倚是 $b_{\lambda,\gamma}(\theta)=\dfrac{\lambda}{1+\lambda}[\gamma-g(\theta)]$, 且 $b'_{\lambda,\gamma}(\theta)=-\dfrac{\lambda}{1+\lambda}g'(\theta)$,

$$\begin{aligned}\mathbf{E}_\theta(\delta_{\lambda,\gamma}(X)-g(\theta))^2&=\mathbf{E}_\theta\left(\frac{T+\gamma\lambda}{1+\lambda}-g(\theta)\right)^2\\&=\frac{I(\theta)}{(1+\lambda)^2}+\frac{\lambda^2[g(\theta)-\gamma]^2}{(1+\lambda)^2}\\&=\frac{[I(\theta)+b'_{\lambda,\gamma}(\theta)]^2}{I(\theta)}+b^2_{\lambda,\gamma}(\theta).\end{aligned} \tag{3.10}$$

因此, 对于由 (3.3) 给出的估计 $\delta_{\lambda,\gamma}$, 其均方误差达到相应的下界. 现在证明, 当充分性条件成立的时候, 估计 $\delta_{\lambda,\gamma}$ 是一个可容许的估计. 我们用反证法证明, 若 $\delta_{\lambda,\gamma}$ 不是可容许的, 则必定存在一个估计 δ_0, 使得 δ_0 控制 $\delta_{\lambda,\gamma}$, 满足

$$\mathbf{E}_\theta(\delta_{\lambda,\gamma}(X)-g(\theta))^2 \geqslant \mathbf{E}_\theta(\delta_0(X)-g(\theta))^2, \quad \forall\theta\in(\underline{\theta}\ ,\ \overline{\theta}), \tag{3.11}$$

并且严格不等号必定在某处成立. 记 δ_0 的偏倚为 $b_0(\theta)$, 将 (3.9) 和 (3.10) 应用于 (3.11) 的两端, 可得

$$b_{\lambda,\gamma}^2(\theta)+\frac{[I(\theta)+b_{\lambda,\gamma}'(\theta)]^2}{I(\theta)} \geqslant b_0^2(\theta)+\frac{[I(\theta)+b_0'(\theta)]^2}{I(\theta)}, \quad \forall\theta\in(\underline{\theta}\ ,\ \overline{\theta}). \tag{3.12}$$

如果令 $h(\theta)=b_0(\theta)-b_{\lambda,\gamma}(\theta)$, 将 $b_0(\theta)=h(\theta)+b_{\lambda,\gamma}(\theta)=h(\theta)+\dfrac{\lambda}{1+\lambda}[\gamma-g(\theta)]$ 和 $b_0'(\theta)=h'(\theta)+b_{\lambda,\gamma}'(\theta)=h'(\theta)-\dfrac{\lambda}{1+\lambda}g'(\theta)$ 代入 (3.12) 式, 则不等式变为

$$h^2(\theta)-\frac{2\lambda}{1+\lambda}h(\theta)[g(\theta)-\gamma]+\frac{2}{1+\lambda}h'(\theta)+\frac{[h'(\theta)]^2}{I(\theta)}\leqslant 0, \quad \forall\theta\in(\underline{\theta}\ ,\ \overline{\theta}),$$

上式蕴涵

$$h^2(\theta)-\frac{2\lambda}{1+\lambda}h(\theta)[g(\theta)-\gamma]+\frac{2}{1+\lambda}h'(\theta)\leqslant 0, \quad \forall\theta\in(\underline{\theta}\ ,\ \overline{\theta}). \tag{3.13}$$

最后, 令 $\kappa(\theta)=h(\theta)\beta^{\lambda}(\theta)\mathrm{e}^{\gamma\lambda\theta}$. 利用 (3.7) 及 $\kappa(\theta)$ 的微分公式, 可将 (3.13) 化为 (见习题 8)

$$\kappa^2(\theta)\beta^{-\lambda}(\theta)\mathrm{e}^{-\gamma\lambda\theta}+\frac{2}{1+\lambda}\kappa'(\theta)\leqslant 0, \quad \forall\theta\in(\underline{\theta}\ ,\ \overline{\theta}). \tag{3.14}$$

我们将证明：当 $\lambda\geqslant 0$ 时, 由公式 (3.14) 可推导出, 对于任意 $\theta\in(\underline{\theta}\ ,\ \overline{\theta})$, $\kappa(\theta)\geqslant 0$; 否则, 存在 θ_0 使 $\kappa(\theta_0)<0$. 由公式 (3.14) 可看出 $\kappa'(\theta)<0$, 故对于任意 $\theta\geqslant\theta_0$, $\kappa(\theta)<0$, 并且对 $\theta>\theta_0$, (3.14) 可写成

$$\frac{\mathrm{d}}{\mathrm{d}\theta}\left(\frac{1}{\kappa(\theta)}\right)\geqslant\frac{1+\lambda}{2}\beta^{-\lambda}(\theta)\mathrm{e}^{-\gamma\lambda\theta}.$$

将上式两边从 θ_0 到 θ^* 积分, 可得

$$\frac{1}{\kappa(\theta^*)}-\frac{1}{\kappa(\theta_0)}\geqslant\frac{1+\lambda}{2}\int_{\theta_0}^{\theta^*}\beta^{-\lambda}(\theta)\mathrm{e}^{-\gamma\lambda\theta}\mathrm{d}\theta,$$

当 $\theta^*\to\overline{\theta}$ 时, 不等式右边趋于 ∞, 这与左边小于 $\dfrac{-1}{\kappa(\theta_0)}$ 矛盾.

类似地可以证明, 对任意 $\theta\in(\underline{\theta},\overline{\theta})$, 不等式 $\kappa(\theta)\leqslant 0$ 成立. 由此可知 $\kappa(\theta)\equiv 0$, 从而 $h(\theta)\equiv 0$. 这样证明了在 (3.12) 中等式对任意 θ 成立, 这与 δ_0 控制 $\delta_{\lambda,\gamma}$ 的假定是矛盾的. 所以 $\delta_{\lambda,\gamma}$ 必定为可容许的. □

Karlin [1958] 推测: 定理 3.4 中的条件 (积分 (3.4) 发散) 也是估计可容许的必要条件. 尽管文献上有关于这一问题的进一步工作, 但是该推测还没有得到证实. 现在来看 Karlin 定理的一个应用.

例 3.7 (二项分布) 设 X 服从二项分布 $B(n,p)$, 即

$$\mathbf{P}\{X=x\}=\binom{n}{x}(1-p)^n\mathrm{e}^{(x/n)n\ln(p/(1-p))}. \tag{3.15}$$

令 $\theta=n\ln(p/(1-p)), T(x)=x/n$, 并且在集合 $\{0,1,\cdots,n\}$ 上构造测度 $\mu(x)=\dbinom{n}{x}$. 此时 X 的相对于 μ 的密度具有形式

$$\beta(\theta)\mathrm{e}^{T(x)\theta}, \tag{3.16}$$

其中

$$\beta(\theta)=(1-p)^n=(1+\mathrm{e}^{\theta/n})^{-n},$$

且

$$g(\theta)=\mathbf{E}_\theta T(X)=p=\frac{\mathrm{e}^{\theta/n}}{1+\mathrm{e}^{\theta/n}}.$$

当 p 从 0 变化到 1 时, θ 从 $\underline{\theta}=-\infty$ 变化到 $\overline{\theta}=+\infty$.

Karlin 定理中关键的积分项是

$$\int\mathrm{e}^{-\gamma\lambda\theta}(1+\mathrm{e}^{\theta/n})^{\lambda n}\mathrm{d}\theta. \tag{3.17}$$

如果该积分在 $-\infty$ 和 $+\infty$ 处发散, 则根据 Karlin 定理可知, 估计量 $X/[n(1+\lambda)]+\gamma\lambda/(1+\lambda)$ 是可容许的. 我们只考查 $\lambda\geqslant 0$ 的情况, 对

$\lambda=0$, (3.17) 中的被积函数为 1, 显然积分在两端发散; 假若 $\lambda>0$, 则在正无穷远附近的主要项 (也是一个下界) 是

$$\int \mathrm{e}^{-\gamma\lambda\theta+\lambda\theta}\mathrm{d}\theta,$$

假定 $\gamma\leqslant 1$, 则上式发散, 而在负无穷远处, 有

$$\int_{-\infty}^{c}\mathrm{e}^{-\gamma\lambda\theta}(1+\mathrm{e}^{\theta/n})^{\lambda n}\mathrm{d}\theta=\int_{-c}^{+\infty}\mathrm{e}^{\gamma\lambda\theta}(1+1/\mathrm{e}^{\theta/n})^{\lambda n}\mathrm{d}\theta.$$

括号内的因子并不影响积分的收敛或发散性, 因而, 当且仅当 $\gamma\lambda\geqslant 0$ 时, 积分发散. 这样我们鉴定出来的, 满足 Karlin 定理的充分性条件的范围为

$$\lambda>0 \text{ 且 } 0\leqslant\gamma\leqslant 1,\quad \text{或}\quad \lambda=0. \tag{3.18}$$

取 $a=1/(1+\lambda)$, $b=\gamma\lambda/(1+\lambda)$, 上述条件等价于 (见习题 9)

$$0<a\leqslant 1,\quad b\geqslant 0,\quad a+b\leqslant 1. \tag{3.19}$$

当然, 当 $a=0$ 且 $0\leqslant b\leqslant 1$ 时, 估计也是可容许的 (见习题 10). 易见, 对其他 a, b 的值, 估计是不可容许的 (见习题 11). 从而, 在二项分布情形下, 参数 p 的线性估计 $aX/n+b$ 在平方损失下的可容许性区域是封闭的三角形 $\{(a,b):a\geqslant 0,b\geqslant 0,a+b\leqslant 1\}$.

例 3.8 设 $X_1,\cdots,X_n$ 是来自指数分布的一个简单随机样本. 其公共的分布密度为

$$\begin{cases}\dfrac{1}{\eta}\exp\{-x/\eta\}, & x>0,\\ 0, & x\leqslant 0,\end{cases}$$

其中 $\eta>0$ 为分布的参数. 这个分布族在寿命可靠性统计中是十分重要的分布族. 令 X_i 代表仪器的寿命, 参数 $\eta=\mathbf{E}_\eta X_i$ 代表仪器的期望寿命, 现在考虑参数 η 的估计问题. 令 $S=\sum\limits_{i=1}^{n}X_i$, S 是模型的完全充分统计量, S 的分布密度为

$$\begin{cases}\dfrac{s^{n-1}}{\Gamma(n)\eta^n}\exp\{-s/\eta\}, & s>0,\\ 0, & s\leqslant 0.\end{cases}$$

S/n 是样本均值, 它是 η 的 UMVU 估计, 同时又是 η 的 ML 估计. 现在设损失函数为 $L(\eta,a)=(\eta-a)^2$, 进一步讨论估计 S/n 的优良性能. 考虑 η 的一般估计 cS, 计算它的均方误差

$$\mathbf{E}_\eta(cS-\eta)^2=[c^2n(n+1)-2cn+1]\eta^2.$$

它是一个关于 c 的二次三项式, 当 $c=1/(n+1)$ 的时候, $\mathbf{E}_\eta(cS-\eta)^2$ 达到极小值. 由于 $S/(n+1)$ 的均方误差比 S/n 的均方误差小, 所以 S/n 不是一个可容许的估计. 现在问, 控制 S/n 的估计 $S/(n+1)$ 是不是可容许的? 将 S 的密度函数改写成

$$\begin{cases}\dfrac{\left(-\frac{\theta}{n}\right)^n}{\Gamma(n)}s^{n-1}\exp\{(s/n)\theta\}, & s>0,\\ 0, & s\leqslant 0,\end{cases}$$

其中 $\theta=-n/\eta\in(-\infty,0)$. S 的分布相对于某 σ 有限测度 μ 的密度具有形式

$$\beta(\theta)\exp\{T(s)\theta\},$$

其中 $\beta(\theta)=(-\theta)^n, T(s)=s/n$. 考虑 $g(\theta)=\mathbf{E}_\theta T$ 的估计问题, 损失函数为 $L(\theta,a)=(a-g(\theta))^2$. 利用 Karling 定理, 作为 $g(\theta)=\mathbf{E}_\theta T$ 的线性估计,

$$\delta_{\lambda,\gamma}(S)=\frac{1}{1+\lambda}T(S)+\frac{\gamma\lambda}{1+\lambda},\quad \lambda>0 \tag{3.20}$$

为可容许估计的充分条件是, 当 θ^* 分别趋于 0 和 $-\infty$ 时,

$$\int_{\theta_0}^{\theta^*}\frac{\mathrm{e}^{-\gamma\lambda\theta}}{\beta(\theta)^\lambda}\mathrm{d}\theta \quad 和 \int_{\theta^*}^{\theta_0}\frac{\mathrm{e}^{-\gamma\lambda\theta}}{\beta(\theta)^\lambda}\mathrm{d}\theta$$

都趋于无穷. 估计 $S/(n+1)$ 就等于公式 (3.20) 中的 $\delta_{\lambda,\gamma}(S)$, 其中 $\lambda=1/n,\gamma=0$. 而 Karling 定理的充分条件变成积分

$$\int_{-\infty}^0\frac{-1}{\theta}\mathrm{d}\theta,$$

对于这个积分, 显然在 0 和 $-\infty$ 处发散. 这样, 我们利用 Karling 定理证明了估计 $S/(n+1)$ 的可容许性. 需要说明一点：我们证明了以 S 为观察值的情况下, $S/(n+1)$ 的可容许性. 那么, 在原始观察值

$X_1, \cdots, X_n$ 的模型下, $S/(n+1) = \sum\limits_{i=1}^{n} X_i/(n+1)$ 是否为可容许估计? 由于 S 是一个充分统计量, $S/(n+1)$ 在原始观察数据的模型中仍然是可容许的估计 (见习题 12).

§5.4 决策函数的极小极大性

设 $\boldsymbol{X} \sim \mathbf{P}_\theta, \theta \in \Theta$ 是一个统计模型, $\boldsymbol{X}$ 取值于样本空间 $\mathcal{X}$, 参数空间为 Θ, $A = \{a\}$ 代表行动空间, $L(\theta, a)$ 为损失函数. 决策函数 $\delta(\boldsymbol{X})$ 的风险函数为 $R(\theta, \delta) = \mathbf{E}_\theta L(\theta, \delta(\boldsymbol{X}))$. 评价决策函数的另一个全局性质就是决策函数的极小极大性.

定义 4.1 设$\delta(\boldsymbol{X})$ 为决策问题的一个决策函数. 决策函数 $\delta(\boldsymbol{X})$ 称为**极小极大的**, 如果它的风险函数满足下面的条件:

$$\max_{\theta \in \Theta} R(\theta, \delta) = \min_{\delta'} \max_{\theta \in \Theta} R(\theta, \delta'), \tag{4.1}$$

其中 min 是对一切决策函数 δ' 而求的.

例 4.1 (续例 1.6) 在工厂检修机器的问题中, 工人的检修决策一共有 9 个 (见表 5.1.3), 当损失函数给定后 (见表 5.1.1 中的总损失), 相应的风险函数由表 5.1.4 给出, 由表中的数据可看出 δ_9 是一个极小极大决策函数. δ_9 是这样的决策, 无论机器摸上去发烫或正常, 都采取检修的措施. 这个决策是比较保守的决策, 但是能保证最大的损失达到极小.

由于例 4.1 中所涉及的决策函数很少, 可以用直接计算的方法找出极小极大决策函数. 若涉及的决策函数很多, 寻找极小极大决策函数的问题就是一个十分困难的问题. 为了讨论方便, 先假定统计决策模型是一个估计模型, 此时, 极小极大决策函数就是**极小极大估计**. 我们希望极小极大估计是这样的估计: 它是某个先验分布的贝叶斯估计. 我们先来介绍一些关于先验分布及其相应的贝叶斯估计的有关参数性质的直观描述. 设在某个估计问题中, 损失函数 $L(\theta, a)$ 已经确定. 假定 Λ 是一个先验分布, 与它相对应的贝叶斯估计存在, 用 $\delta_\Lambda(x)$ 表示 Λ 的贝叶斯估计. 记 $R(\theta, \delta_\Lambda)$ 为 $\delta_\Lambda(x)$ 的风险函数, $R(\Lambda, \delta_\Lambda)$ 为相应的

贝叶斯风险 (贝叶斯估计相对于 Λ 的平均风险). 一般情况下, 先验分布 Λ 越集中 (例如, 其分布质量集中于 θ_0), 其对应的贝叶斯估计就越照顾这些值而对另一些参数值却照顾不到, 这样导致风险函数值的大小不匀和最大风险值的增大. 另一方面, Λ 越集中于某些 θ 值, 其贝叶斯风险 $R(\Lambda,\delta_\Lambda)$ 就越小. Λ, δ_Λ, $R(\theta,\delta_\Lambda)$ 和 $R(\Lambda,\delta_\Lambda)$ 之间的关系如表 5.4.1 所列.

表 5.4.1 先验分布及其相关量之间的关系

Λ	δ_Λ	$R(\theta,\delta_\Lambda)$	$R(\Lambda,\delta_\Lambda)$
集中于某 θ_0	其分布比较集中	在 θ_0 附近较小, 在其他地方较大	小
比较分散	其分布也分散	比较平缓	大

由上表 5.4.1 中的数据可知, 为求得极小极大估计, 我们不把注意力集中于贝叶斯风险小的那些先验分布. 我们希望分布 Λ 十分分散, 其相应的贝叶斯风险达到极大, 这些与 Λ 对应的贝叶斯估计就可能成为极小极大估计的竞争者. 记

$$r_\Lambda = R(\Lambda,\delta_\Lambda) = \int R(\theta,\delta_\Lambda)\mathrm{d}\Lambda(\theta),$$

其中 δ_Λ 是与 Λ 对应的贝叶斯估计, r_Λ 就是与先验分布 Λ 对应的贝叶斯风险.

定义 4.2 若先验分布 Λ 使 $r_\Lambda \geqslant r_{\Lambda'}$ 对一切 Λ' 成立, 则称 Λ 为**最不利分布**.

由这个定义可以看出, 最不利分布就是使贝叶斯风险达到极大的先验分布.

定理 4.1 设 $\boldsymbol{X} \sim \mathbf{P}_\theta, \theta \in \Theta$ 是一个统计模型, $\boldsymbol{X}$ 取值于样本空间 $\mathcal{X}$, 参数空间为 Θ , $A=\{a\}$ 代表行动空间, $L(\theta,a)$ 为损失函数. 决策函数 $\delta(\boldsymbol{X})$ 的风险函数为 $R(\theta,\delta)=\mathbf{E}_\theta L(\theta,\delta(\boldsymbol{X}))$. 设 Λ 是一个先验分布, 与之相应的一个贝叶斯估计为 δ_Λ. 若它满足

$$r_\Lambda = \sup_\theta R(\theta,\delta_\Lambda), \tag{4.2}$$

则

(i) δ_Λ 是极小极大估计;

(ii) 若 δ 不是关于先验分布 Λ 的贝叶斯估计, 则 δ 也不是极小极大估计;

(iii) Λ 是最不利分布.

证明 (i) 设 δ 是任一估计, 由定理中关于 δ_Λ 的假设 (4.2) 以及贝叶斯估计的性质知,

$$\sup_\theta R(\theta,\delta) \geqslant \int R(\theta,\delta)\mathrm{d}\Lambda(\theta) \geqslant \int R(\theta,\delta_\Lambda)\mathrm{d}\,\Lambda(\theta) = r_\Lambda = \sup_\theta R(\theta,\delta_\Lambda),$$

上式说明 δ_Λ 的确是一个极小极大估计.

(ii) 设 δ 不是与先验分布 Λ 对应的贝叶斯估计, 则

$$\int R(\theta,\delta)\mathrm{d}\,\Lambda(\theta) > \int R(\theta,\delta_\Lambda)\mathrm{d}\,\Lambda(\theta).$$

这时,

$$\sup_\theta R(\theta,\delta) \geqslant \int R(\theta,\delta)\mathrm{d}\,\Lambda(\theta) > \int R(\theta,\delta_\Lambda)\mathrm{d}\,\Lambda(\theta) = r_\Lambda = \sup_\theta R(\theta,\delta_\Lambda),$$

上式说明 δ 不会是极小极大估计.

(iii) 设 Λ' 是 θ 的任一先验分布, 由 $r_{\Lambda'}$ 的定义、贝叶斯估计的性质以及定理的假设可知,

$$r_{\Lambda'} = \int R(\theta,\delta_{\Lambda'})\mathrm{d}\,\Lambda'(\theta) \leqslant \int R(\theta,\delta_\Lambda)\mathrm{d}\,\Lambda'(\theta) \leqslant \sup_\theta R(\theta,\delta_\Lambda) = r_\Lambda,$$

上式说明 Λ 的确是最不利分布. □

由证明过程看出, 这个定理对于一般的统计决策模型都是成立的. 我们之所以限制于估计模型的情况下讨论, 是为了更直观地理解表 5.4.1 中所涉及的内容.

推论 4.1 若关于先验分布 Λ 的贝叶斯估计 δ_Λ 的风险函数是一个常数, 则 (4.2) 式自然成立, 由定理 4.1 知, δ_Λ 是一个极小极大估计.

推论 4.2 若 $\Lambda\{\theta : R(\theta,\delta_\Lambda) = \max_\theta R(\theta,\delta_\Lambda)\} = 1$, 则 δ_Λ 是一个极小极大估计.

证明 由

$$r_\Lambda = \int R(\theta, \delta_\Lambda)\mathrm{d}\Lambda = \int_{\Theta_0} R(\theta, \delta_\Lambda)\mathrm{d}\Lambda = \sup_\theta R(\theta, \delta_\Lambda),$$

其中 $\Theta_0 = \{\theta : R(\theta, \delta_\Lambda) = \sup_\theta R(\theta, \delta_\Lambda)\}$, 知 (4.2) 成立, 即 δ_Λ 为极小极大估计. □

例 4.2 设$X \sim B(n,p)$, $p \in (0,1)$. 考虑损失为平方误差之下, 参数 p 的估计 X/n 的性质. 经计算知,

$$R\left(p, X/n\right) = \mathbf{E}\left(X/n - p\right)^2 = \frac{1}{n}pq,$$

其中 $q = 1-p$, $R\left(p, X/n\right)$ 在 $p = 1/2$ 时取到极大值. 在现在的情况下, 显然不能应用推论 4.2 来证明 X/n 的极小极大性. 但是我们也不能就此得出结论: X/n 不是极小极大估计. 为证明 X/n 不具有极小极大性, 我们只有找出参数 p 的一个极小极大估计.

现在考虑先验分布 Λ, 其密度函数为

$$\frac{\Gamma(a+b)}{\Gamma(a)\Gamma(b)}p^{a-1}q^{b-1}, \quad a, b > 0.$$

其对应的贝叶斯估计 (见例 2.3) 为

$$\delta_\Lambda(x) = \frac{a+x}{a+b+n}.$$

$\delta_\Lambda(x)$ 的风险函数为

$$\mathbf{E}(\delta_\Lambda(x) - p)^2 = \frac{1}{(a+b+n)^2}[np(1-p) + (a(1-p) - bp)^2].$$

现在确定上式中的 a, b, 使上式作为参数 p 的函数是一个常数, 为此将上式展成 p 的二次三项式. 然后确定 a 和 b 的值, 使 p 的一次项和二次项系数为 0, 由此得到方程

$$(a+b)^2 = n, \quad 2a(a+b) = n.$$

解之得 $a = b = \frac{1}{2}\sqrt{n}$. 故当 $a = b = \frac{1}{2}\sqrt{n}$ 时, 其对应的贝叶斯估计为

$$\delta_\Lambda = \frac{X + \frac{1}{2}\sqrt{n}}{n + \sqrt{n}},$$

其相应的风险函数为

$$R(p,\delta_\Lambda)=\frac{1}{4(1+\sqrt{n})^2}.$$

由推论 4.1 知, δ_Λ 是一个极小极大估计. 现在再来比较 X/n 与 $\delta_\Lambda=\left(X+\frac{1}{2}\sqrt{n}\right)/(n+\sqrt{n})$, 得

$$\sup_p R\left(p,\frac{X}{n}\right)=\frac{1}{4n}>\frac{1}{4(1+\sqrt{n})^2}=\sup_p R(p,\delta_\Lambda(X)),$$

上式说明 X/n 不是一个极小极大估计.

由于 $\delta_\Lambda(x)$ 是唯一的贝叶斯估计, 由定理 4.1(ii) 知, $\delta_\Lambda(X)=\Big(X+\frac{1}{2}\sqrt{n}\Big)/(n+\sqrt{n})$ 是唯一的极小极大估计.

估计的极小极大性依赖于损失函数的取法. 一个估计, 在平方损失之下是极小极大估计, 在另一损失函数之下可以不是极小极大估计. 通常我们用平方误差作为损失函数, 但在某些场合不尽合理. 例如, 在二项分布参数 p 的估计问题中, 当真值 p 靠近 0 或 1 时, 估计值的误差将造成严重的后果. 为解决这个困难, 我们采用损失函数

$$L(p,d)=(d-p)^2/(pq).$$

这时,

$$R\left(p,\frac{X}{n}\right)=\frac{1}{pq}\mathbf{E}\left(\frac{X}{n}-p\right)^2=\frac{1}{n}.$$

不难验证, X/n 是相对于 $(0,1)$ 上均匀分布的唯一的贝叶斯估计. 若将 Λ 取成 (0,1) 上的均匀分布, 上式说明 $R(p,\delta_\Lambda)\equiv 1/n$. 由推论 4.2 知, X/n 是极小极大估计. 现在考虑估计 $\delta(X)=\left(X+\frac{1}{2}\sqrt{n}\right)/(n+\sqrt{n})$, 易证, 在 $L(p,d)=(d-p)^2/(pq)$ 之下, 下式成立:

$$R(p,\delta(X))=\frac{1}{4(1+\sqrt{n})^2}\frac{1}{pq}.$$

这时候, $\delta(X)$ 具有无界的风险函数. 上述分析说明, 极小极大估计强烈地依赖于损失函数的选择.

现在设 $\boldsymbol{X}=(X_1,\cdots,X_n)\sim\mathbf{P}_\theta,\theta\in\Theta$ 为一个统计模型, 又设 $T=T(X_1,\cdots,X_n)$ 是一个充分统计量. 由统计量 T 可以产生一个以 T 为观察值的模型, 我们记为 $\{\mathbf{P}_\theta^T,\theta\in\Theta\}$. 现在设 $L(\theta,a)$ 是一个凸损失函数. 为了求出极小极大决策函数, 我们可以在以充分统计量为观察值的模型中求出极小极大决策函数, 然后将充分统计量代入, 就可以得到原模型下的极小极大决策函数. 下面的定理解决了这个问题.

定理 4.2 设 $\boldsymbol{X}\sim\mathbf{P}_\theta,\theta\in\Theta$ 是一个统计模型, $\boldsymbol{X}$ 取值于样本空间 $\mathcal{X}$, 参数空间为 Θ , $A=\{a\}$ 代表行动空间, $L(\theta,a)$ 为凸损失函数. 又设 $T=T(\boldsymbol{X})$ 是一个充分统计量, $\{\mathbf{P}_\theta^T,\theta\in\Theta\}$ 为由统计量 T 导出的统计模型. 若 $\delta(T)$ 是模型 $\{\mathbf{P}_\theta^T,\theta\in\Theta\}$ 中的极小极大决策函数, 则 $\delta(T(\boldsymbol{X}))$ 是在原模型 $\boldsymbol{X}\sim\mathbf{P}_\theta,\theta\in\Theta$ 中的极小极大决策函数.

证明 为证明 $\delta(T(\boldsymbol{X}))$ 是一个极小极大决策函数, 只需证明对任何一个决策函数 $\tilde{\delta}(\boldsymbol{X})$, 下式成立:

$$\sup_{\theta\in\Theta}\mathbf{E}_\theta L(\theta,\delta(T(\boldsymbol{X})))\leqslant\sup_{\theta\in\Theta}\mathbf{E}_\theta L(\theta,\tilde{\delta}(\boldsymbol{X})). \tag{4.3}$$

下列的一系列 (不) 等式说明 (4.3) 是成立的:

$$\begin{aligned}\sup_{\theta\in\Theta}\mathbf{E}_\theta L(\theta,\tilde{\delta}(\boldsymbol{X}))&=\sup_{\theta\in\Theta}\mathbf{E}_\theta[\mathbf{E}(L(\theta,\tilde{\delta}(\boldsymbol{X}))|T)]\\&\geqslant\sup_{\theta\in\Theta}\mathbf{E}_\theta L(\theta,\mathbf{E}(\tilde{\delta}(\boldsymbol{X})|T))\\&=\sup_{\theta\in\Theta}\mathbf{E}_\theta^T L(\theta,\mathbf{E}(\tilde{\delta}(\boldsymbol{X})|T))\\&\geqslant\sup_{\theta\in\Theta}\mathbf{E}_\theta^T L(\theta,\delta(T))\\&=\sup_{\theta\in\Theta}\mathbf{E}_\theta L(\theta,\delta(T(\boldsymbol{X}))),\end{aligned}$$

上式中第一个不等式是利用 Jensen 的关于凸函数积分的不等式, 第二个不等式是利用 $\delta(T)$ 的极小极大性, 记号 $\mathbf{E}_\theta^T$ 表示在 T 产生的概率空间中的期望运算. □

例 4.3 设 $X_1,\cdots,X_n\sim\text{iid }F$, 其中 F 的质量集中在区间 $[0,1]$ 上. 在平方损失之下, 求 $\theta=\mathbf{E}X_1$ 的极小极大估计.

记

$$\mathcal{L}=\{F: \text{分布}F\text{的质量集中在 0 和 1 这两个点上}\}. \tag{4.4}$$

当分布 F 限制在 $\mathcal{L}$ 中时, $X_1,\cdots,X_n\sim \text{iid}\ \ B(1,\theta),\ \theta\in[0,1]$. 此时 $\theta=\mathbf{E}X_1$ 是这个分布族的参数, 我们首先考虑在子分布族 (4.4) 的条件下, 求出 $\theta=\mathbf{E}X_1$ 的极小极大估计. 由于 $T(X_1,\cdots,X_n)=n\overline{X}$ 是一个充分统计量, 利用定理 4.2, 只需考虑以统计量 T 为观察值的模型中, 参数 θ 的极小极大估计问题. 而 $T\sim B(n,\theta),\theta\in[0,1]$. 由例 4.2 的结果知, 当 F 限制在 $\mathcal{L}$ 中时,

$$\delta(T)=\frac{T}{n+\sqrt{n}}+\frac{\sqrt{n}/2}{n+\sqrt{n}}$$

或

$$\delta(X_1,\cdots,X_n)=\frac{n\overline{X}}{n+\sqrt{n}}+\frac{\sqrt{n}/2}{n+\sqrt{n}} \tag{4.5}$$

是 θ 的一个极小极大估计. 细心的读者会注意到, 在例 4.2 中参数 θ 的范围是 $(0,1)$, 而本例中 θ 的变化范围是 $[0,1]$, 参数的范围不同, 但是结论是相同的 (见习题 14).

现在我们要证明由 (4.5) 给出的估计 $\delta(X_1,\cdots,X_n)$ 在 $F\in\mathcal{F}$ 的条件下, 也是极小极大估计, 其中

$$\mathcal{F}=\{F: \text{分布}F\text{的质量集中在区间 [0,1] 上}\}.$$

为证明 δ 的极小极大性, 我们首先证明

$$\sup_{F\in\mathcal{F}}R(F,\delta)\leqslant\sup_{F\in\mathcal{L}}R(F,\delta). \tag{4.6}$$

经计算

$$\begin{aligned}R(F,\delta)&=\mathbf{E}\left(\frac{\sqrt{n}}{1+\sqrt{n}}\overline{X}+\frac{1}{2(1+\sqrt{n})}-\theta\right)^2\\&=\text{var}_F\left(\frac{\sqrt{n}}{1+\sqrt{n}}\overline{X}\right)+\left(\frac{\sqrt{n}}{1+\sqrt{n}}\theta+\frac{1}{2(1+\sqrt{n})}-\theta\right)^2\\&=\frac{1}{(1+\sqrt{n})^2}\text{var}_F(X_1)+\frac{1}{(1+\sqrt{n})^2}\left(\theta-\frac{1}{2}\right)^2.\end{aligned}$$

利用不等式

$$\mathrm{var}_F(X_1) = \mathbf{E}X_1^2 - \theta^2 \leqslant \mathbf{E}X_1 - \theta^2 = \theta(1-\theta),$$

得

$$R(F,\delta) \leqslant \frac{1}{(1+\sqrt{n})^2}\theta(1-\theta) + \frac{1}{(1+\sqrt{n})^2}\left(\frac{1}{2}-\theta\right)^2 = \frac{1}{4(1+\sqrt{n})^2}.$$

但当 $F \in \mathcal{L}$ 时, $R(F,\delta) = 1/4(1+\sqrt{n})^2$, 故 (4.6) 成立. 现设 δ' 为任意估计, 利用 (4.6) 以及 δ 当 $F \in \mathcal{L}$ 时的极小极大性, 可得

$$\sup_{F\in\mathcal{F}} R(F,\delta) \leqslant \sup_{F\in\mathcal{L}} R(F,\delta) \leqslant \sup_{F\in\mathcal{L}} R(F,\delta') \leqslant \sup_{F\in\mathcal{F}} R(F,\delta').$$

上式说明, 当 $F \in \mathcal{F}$ 时, δ 为极小极大估计.

在某些场合, 定义 4.2 意义下的最不利分布不存在. 为此我们需要把最不利分布的概念加以推广.

定义 4.3 设 Λ_n 为一列先验分布, δ_n 为对应于 Λ_n 的贝叶斯估计序列, 其贝叶斯风险为

$$r_n = \int R(\theta,\delta_n)\mathrm{d}\Lambda_n(\theta).$$

又设当 $n \to \infty$ 时,

$$r_n \to r,$$

并且对一切 Λ, 其对应的贝叶斯风险 r_Λ 均有

$$r_\Lambda \leqslant r,$$

则称 Λ_n 为**最不利先验分布序列**.

由定义可以看出, 所谓最不利分布序列就是其贝叶斯风险趋向于其上确界的先验分布序列.

定理 4.3 设 Λ_n 是一个先验分布序列, δ_n 为对应于 Λ_n 的贝叶斯估计序列, 其贝叶斯风险 r_n 满足, 当 $n \to \infty$ 时, $r_n \to r$, 即 r_n 趋于某个常数. 又设 δ 是一个估计, 满足

$$\sup_\theta R(\theta,\delta) = r,$$

则

(i) δ 是极小极大估计;

(ii) $\{\Lambda_n\}$ 是最不利序列.

证明 (i) 设 δ' 是任一估计, 则

$$\sup_\theta R(\theta,\delta') \geqslant \int R(\theta,\delta')\mathrm{d}\,\Lambda_n(\theta) \geqslant r_n.$$

由于上式对一切 n 成立, 故

$$\sup_\theta R(\theta,\delta') \geqslant r = \sup_\theta R(\theta,\delta),$$

即 δ 为极小极大估计.

(ii) 设 Λ 是任意先验分布, 其对应的贝叶斯风险有

$$r_\Lambda = \int R(\theta,\delta_\Lambda)\mathrm{d}\Lambda \leqslant \int R(\theta,\delta)\mathrm{d}\Lambda(\theta) \leqslant \sup_\theta R(\theta,\delta) = r.$$

上式说明, $\{\Lambda_n\}$ 为最不利先验分布序列. □

引理 4.1 设存在 $\delta(X)$, 使 $\mathbf{E}(g(\vartheta)-\delta(X))^2 \leqslant \infty$, 此处 ϑ 为随机变量, ϑ 的先验分布为 Λ. 记 r_Λ 为平方损失之下贝叶斯估计的贝叶斯风险, 即

$$r_\Lambda = \mathbf{E}(\delta_\Lambda(X) - g(\vartheta))^2,$$

则 r_Λ 可由下式给出

$$r_\Lambda = \int \mathrm{var}[g(\vartheta)|x]\mathrm{d}\mathbf{Q}(x),$$

其中 $\mathbf{Q}$ 为 X 的边缘概率测度.

证明 由推论 2.1 知, $\delta_\Lambda = \mathbf{E}(g(\vartheta)|x)$, 这样, 由 r_Λ 的定义,

$$r_\Lambda = \mathbf{E}\{\mathbf{E}[(g(\vartheta)-\mathbf{E}(g(\vartheta)|X))^2|X]\} = \int \mathrm{var}(g(\vartheta)|x)\mathrm{d}\mathbf{Q}(x).$$

□

例 4.4 设$X_1,\cdots,X_n \sim \mathrm{iid}\ N(\theta,\sigma^2)$, $\sigma^2 \leqslant M$, 此处 M 为确定的常数. 求 θ 的极小极大估计 (损失为平方误差).

首先注意, $\overline{X}$ 的最大风险为

$$\sup \mathbf{E}(\overline{X}-\theta)^2 = \frac{1}{n}M,$$

上式中上确界是相对于一切参数 $\theta \in \mathbb{R}$ 和 $\sigma^2 \leqslant M$ 而求的. 现在我们要证明 $\overline{X}$ 是极小极大估计. 考虑参数 (θ,σ^2) 的先验分布 Λ, 其质量集

中在 $\sigma^2 = M$ 上, 并且 ϑ 的分布是 $N(\mu, b^2)$. 对于这样的先验分布, 其对应的贝叶斯估计的求法与 $\sigma^2 = M$ 为已知时贝叶斯估计的求法相同 (见例 2.4 关于贝叶斯估计的求法). 计算的结果是

$$\delta_\Lambda(x) = \Big(\frac{n\overline{X}}{M} + \frac{\mu}{b^2}\Big)\Big/\Big(\frac{n}{M} + \frac{1}{b^2}\Big),$$

其贝叶斯风险为

$$r_\Lambda = 1\Big/\Big(\frac{n}{M} + \frac{1}{b^2}\Big).$$

当 $b \to \infty$ 时, $r_\Lambda \to M/n$. 再利用定理 4.3 的结论, 可得 $\overline{X}$ 的极小极大性. 类似地, 当 $X_1, \cdots, X_n \sim \text{iid } N(\theta, 1)$ 时, 也可证明在平方损失之下, $\overline{X}$ 是 θ 的极小极大估计.

§5.5 关于多个参数的同时估计问题

本节的多个参数的同时估计问题, 不单是指模型中的参数 θ 是多维参数, 主要是指实际中多个指标的同时估计的问题. 例如, 在环保问题中, 我们要估计一个单位排放的废物中各种成分的量, 考察学生能力的各个方面的数量指标等等. 这些待估的量就不是用一个数量刻画的, 而必须用几个指标刻画. 对于这些量的估计问题就是多参数的**同时估计问题**, 现在将这样的问题纳入到统计决策问题中. 设 $X \sim \mathbf{P}_\theta, \theta \in \Theta$ 是一个统计模型. 我们所关心的参数为 $(g_1(\theta), \cdots, g_r(\theta))$, 行动空间 A 就是 $\{\boldsymbol{a}|\boldsymbol{a} = (a_1, \cdots, a_r) = (g_1(\theta), \cdots, g_r(\theta)), \theta \in \Theta\}$. 损失函数可以取数量值, 也可以取矩阵值. 在取矩阵值的时候, 称损失函数为损失矩阵. 本节讨论一些具体的模型中的估计问题并且所涉及的损失函数是取数量值的, 称为**平方误差和**, 即下式:

$$L(\theta, \boldsymbol{a}) = \sum_{i=1}^{r} (a_i - g_i(\theta))^2 / r. \tag{5.1}$$

注意, 在平方误差和的定义中, 有时候在公式 (5.1) 中除以 r(向量的维数), 有时候不除以维数. 这不重要, 我们都称为平方误差和.

现在我们讨论 $(X_1, \cdots, X_r)^{\mathrm{T}}$ 的位置参数 $\boldsymbol{\theta} = (\theta_1, \cdots, \theta_r)^{\mathrm{T}}$ 的估计问题, 其中 $X_1, \cdots, X_r$ 相互独立, $X_i \sim N(\theta_i, 1), i = 1, \cdots, r$. 估计

的损失函数为 (5.1), 式中的 $g_i(\boldsymbol{\theta}) = \theta_i, i = 1, \cdots, r$. $\boldsymbol{\theta}$ 的最自然的估计是 $\boldsymbol{\delta}(\boldsymbol{X}) = \boldsymbol{X} = (X_1, \cdots, X_n)^{\mathrm{T}}$, 其对应的风险函数为

$$R(\boldsymbol{\theta}, \boldsymbol{X}) = \frac{1}{r}\sum_{i=1}^{r} \mathbf{E}_{\boldsymbol{\theta}}(X_i - \theta_i)^2 = 1. \tag{5.2}$$

定理 5.1 设在上述参数向量 $\boldsymbol{\theta}$ 的估计问题中, 损失函数为平方误差和 (5.1), (5.1) 中的 $g_i(\boldsymbol{\theta}) = \theta_i$, 则 $\boldsymbol{\theta}$ 的估计量 $\boldsymbol{\delta}(\boldsymbol{X}) = \boldsymbol{X}$ 是 $\boldsymbol{\theta}$ 的极小极大估计.

证明 有两种方法可以证明一个估计的极小极大性, 一种方法是利用定理 4.1, 但是应用定理 4.1 有很大的困难. 为应用该定理, 首先要找到一个先验分布, 使得 $\boldsymbol{X}$ 是这一个先验分布的贝叶斯估计. 例 2.8 的结论指出, 当 $r = 1$ 时, X_1 不可能是一个贝叶斯估计. 这样, 在 $r = 1$ 的情况下, 就不能用定理 4.1 的方法. 既然不能用定理 4.1 的方法, 试一试用定理 4.3 的方法.

在这个问题中, 参数 $\boldsymbol{\theta} = (\theta_1, \cdots, \theta_r)^{\mathrm{T}}$ 是一个向量. 今后, 当给予参数 $\boldsymbol{\theta}$ 以分布, 并且看做随机变量进行运算的时候, 我们采用记号 $\boldsymbol{\vartheta}$ 表示该参数. 现在先给出 $\boldsymbol{\vartheta}$ 的一个先验分布, 假定 $\boldsymbol{\vartheta}$ 的各个分量为相互独立同分布的随机变量, 其公共分布为 $N(0, \tau^2) = N(0, A)$. 以 $\boldsymbol{\vartheta}$ 的这个分布为先验分布, 求出相应的 $\boldsymbol{\theta}$ 的贝叶斯估计. 由于 $\boldsymbol{X}$ 的各个分量相互独立, 且 $\boldsymbol{\vartheta}$ 的各个分量也独立同分布, 则 $(\boldsymbol{X}, \boldsymbol{\vartheta})$ 的联合分布密度具有形式

$$\prod_{i=1}^{r} p(x_i, \theta_i),$$

即 $(\boldsymbol{X}, \boldsymbol{\vartheta})$ 的各分量 (X_i, ϑ_i) 独立同分布. 为求 $\boldsymbol{\theta}$ 的贝叶斯估计, 先计算其后验平均损失为

$$\int L(\boldsymbol{\theta}, \boldsymbol{a}) \prod_{i=1}^{r} p(\theta_i, |x_i) \mathrm{d}\theta_i = \frac{1}{r}\sum_{i=1}^{r} \int (a_i - \theta_i)^2 p(\theta_i|x_i) \mathrm{d}\theta_i.$$

现在求上式中的 $\boldsymbol{a} = (a_1, \cdots, a_r)$, 使相应的后验平均损失达到极小. 但从上式看出, 求 $\boldsymbol{\theta}$ 的贝叶斯估计问题可化成对每一分量 (x_i, θ_i), 在损失函数 $L_i(a_i, \theta_i) = (a_i - \theta_i)^2$ 之下求相应的 θ_i 的贝叶斯估计问题,

ϑ_i 的先验分布为 $N(0,A)$. 利用例 2.4 关于正态均值参数的贝叶斯估计的结果, 可知 θ_i 的贝叶斯估计为

$$\delta_{A,i}=X_i\left(1+\frac{1}{A}\right)^{-1},\quad i=1,\cdots,r.$$

相应的贝叶斯风险为

$$R(A,\delta_{A,i})=(1+1/A)^{-1},\quad i=1,\cdots,r,$$

此处贝叶斯风险 $R(A,\delta_{A,i})$ 中的 A 代表与 $N(0,A)$ 相对应的先验分布. 于是作为向量 $\boldsymbol{\theta}$, 其相应的贝叶斯估计为

$$\boldsymbol{\delta}_A(\boldsymbol{X})=\boldsymbol{X}/(1+1/A),$$

贝叶斯风险为

$$R(A,\boldsymbol{\delta}_A)=(1+1/A)^{-1}.$$

令 $A\to\infty$ 可知, 其贝叶斯风险的极限值为 1. 由 (5.2), 再利用定理 4.3 可知, $\boldsymbol{X}$ 是一个极小极大估计. □

上面的证明中已经指出, 若 $\boldsymbol{\vartheta}$ 的 r 个分量独立且同分布于 $N(0,A)$, 则其相应的贝叶斯估计为

$$\delta(\boldsymbol{X})=(1-B)\boldsymbol{X},$$

其中 $B=(1+A)^{-1}$. 但在实际问题中, 由于 A 是先验分布中的参数, 很难确定 A 的值. 因此, 在实际问题中往往把 A 看成未知的参数, 这样, $\delta(\boldsymbol{X})=(1-B)\boldsymbol{X}$ 就不再是一个估计. 这时, 为了求得估计, 参数 B 必须从观察资料中得到. 为估计 B, 先求出 $\boldsymbol{X}=(X_1,\cdots,X_r)^{\mathrm{T}}$ 的边缘分布. $(\boldsymbol{X},\boldsymbol{\vartheta})$ 的联合分布密度为

$$\prod_{i=1}^r\frac{1}{\sqrt{2\pi}}\exp\left\{-\frac{1}{2}(x_i-\theta_i)^2\right\}\frac{1}{\sqrt{2\pi A}}\exp\left\{-\frac{1}{2}\theta_i^2/A\right\}.$$

$\boldsymbol{X}$ 的边缘密度为

$$\begin{aligned}&\prod_{i=1}^r\frac{1}{2\pi\sqrt{A}}\int_{-\infty}^{\infty}\exp\left\{-\frac{1}{2}(x_i-\theta_i)^2\right\}\exp\left\{-\frac{\theta_i^2}{2A}\right\}\mathrm{d}\theta_i\\&=c\prod_{i=1}^r\exp\left\{-\frac{x_i^2}{2(1+A)}\right\}.\end{aligned}$$

由上述 $\boldsymbol{X}$ 的边缘密度表达式可以看出, $X_i \sim \text{iid}\, N(0, 1/B), i = 1, \cdots, r$, 其中 $B = (1+A)^{-1}$. 令 $S = \sum\limits_{i=1}^{r} X_i^2$, 则 $S \sim \dfrac{1}{B}\chi^2(r)$. B 的一个自然的估计是 $\hat{B} = d/S$, 其中 d 为常数. 将 $\hat{B}$ 代替 B, $\delta(\boldsymbol{X})$ 就成了

$$\delta(\boldsymbol{X}) = (1 - d/S)\boldsymbol{X}.$$

它是一个估计量, 这种估计称为**经验贝叶斯估计**.

定理 5.2 设$X_1, \cdots, X_r$ 相互独立, $X_i \sim N(\theta_i, 1), i = 1, \cdots, r$. 又设 $\boldsymbol{\delta}_c(\boldsymbol{X}) = (\delta_{1,c}, \cdots, \delta_{r,c})$ 是 $\boldsymbol{\theta}$ 的估计, 其中

$$\delta_{i,c} = \left(1 - c\frac{r-2}{S}\right) X_i, \quad S = \sum_{i=1}^{r} X_i^2, \quad i = 1, \cdots, r, \tag{5.3}$$

则 $\boldsymbol{\delta}_c$ 的风险函数为

$$R(\boldsymbol{\theta}, \boldsymbol{\delta}_c) = \mathbf{E}_{\boldsymbol{\theta}} L(\boldsymbol{\theta}, \boldsymbol{\delta}_c) = 1 - \frac{(r-2)^2}{r} \mathbf{E}_{\boldsymbol{\theta}} \left(\frac{2c - c^2}{S}\right), \tag{5.4}$$

式中损失函数为

$$L(\boldsymbol{\theta}, \boldsymbol{a}) = \frac{1}{r} \sum_{i=1}^{r} (\theta_i - a_i)^2 .$$

证明 我们用

$$f(\boldsymbol{\theta}) = \frac{1}{r} \sum_{i=1}^{r} \mathbf{E}_{\boldsymbol{\theta}} (\delta_{i,c}(\boldsymbol{X}) - \theta_i)^2$$

表示 (5.4) 式中第 2 个等号的左边, $g(\boldsymbol{\theta})$ 表示 (5.4) 的右边. 为证明定理, 我们只需证明 $f(\boldsymbol{\theta}) = g(\boldsymbol{\theta})$ 对任何 $\boldsymbol{\theta}$ 都成立. 为此, 我们分下列三步证明:

(i) 证明: $f(\boldsymbol{\theta}), g(\boldsymbol{\theta})$ 只依赖于 $\sum\limits_{i=1}^{r} \theta_i^2$.

将 $f(\boldsymbol{\theta})$ 作适当的计算,

$$\begin{aligned} f(\boldsymbol{\theta}) &= \frac{1}{r} \sum_{i=1}^{r} \mathbf{E}_{\boldsymbol{\theta}} \left(X_i - \frac{(r-2)cX_i}{S} - \theta_i\right)^2 \\ &= \frac{1}{r} \sum_{i=1}^{r} \mathbf{E}_{\boldsymbol{\theta}} (X_i - \theta_i)^2 + \frac{1}{r} \sum_{i=1}^{r} \mathbf{E}_{\boldsymbol{\theta}} \frac{(r-2)^2 c^2 X_i^2}{S^2} \end{aligned}$$

$$
\begin{aligned}
&-\frac{2}{r}\sum_{i=1}^{r}\mathbf{E}_{\boldsymbol{\theta}}\left\{\frac{(r-2)cX_i(X_i-\theta_i)}{S}\right\}\\
=&\frac{1}{r}\sum_{i=1}^{r}\mathbf{E}_{\boldsymbol{\theta}}(X_i-\theta_i)^2+\frac{(r-2)^2c^2}{r}\mathbf{E}_{\boldsymbol{\theta}}\frac{1}{S}\\
&-\frac{2(r-2)c}{r}\mathbf{E}_{\boldsymbol{\theta}}\left\{\sum_{i=1}^{r}X_i(X_i-\theta_i)\Big/ S\right\},
\end{aligned}
$$

显然上式右边的前两项只与 $\|\boldsymbol{\theta}\|^2=\sum\limits_{i=1}^{r}\theta_i^2$ 有关. 现在研究其第 3 项中的因子

$$
\mathbf{E}_{\boldsymbol{\theta}}\left\{\sum_{i=1}^{r}X_i(X_i-\theta_i)\Big/ S\right\}.
$$

记 $\boldsymbol{Z}=(Z_1,\cdots,Z_r)^{\mathrm{T}}$, 其中 $Z_i=X_i-\theta_i$. 显然 Z_i 的分布与 $\boldsymbol{\theta}$ 无关, 并且在 $\mathbb{R}^r$ 中正交变换之下, $\boldsymbol{Z}$ 的分布不变. 现在将上式写成下列形式:

$$
\begin{aligned}
\mathbf{E}_{\boldsymbol{\theta}}\left\{\sum_{i=1}^{r}X_i(X_i-\theta_i)\Big/ S\right\}&=\mathbf{E}\left\{\frac{(\boldsymbol{Z}+\boldsymbol{\theta})^{\mathrm{T}}\boldsymbol{Z}}{(\boldsymbol{Z}+\boldsymbol{\theta})^{\mathrm{T}}(\boldsymbol{Z}+\boldsymbol{\theta})}\right\}\\
&=\mathbf{E}\left\{\frac{\boldsymbol{Z}^{\mathrm{T}}\boldsymbol{Z}+\boldsymbol{\theta}^{\mathrm{T}}\boldsymbol{Z}}{\boldsymbol{Z}^{\mathrm{T}}\boldsymbol{Z}+2\boldsymbol{\theta}^{\mathrm{T}}\boldsymbol{Z}+\|\boldsymbol{\theta}\|^2}\right\}.
\end{aligned}
$$

记 $\boldsymbol{U}$ 为任意 $r\times r$ 正交阵, 不难验证, 将上式右端期望号下的表达式中的 $\boldsymbol{\theta}$ 换成 $\boldsymbol{U\theta}$ 以后, 其分布不变. 这说明

$$
\mathbf{E}_{\boldsymbol{\theta}}\left\{\frac{(\boldsymbol{X}-\boldsymbol{\theta})^{\mathrm{T}}\boldsymbol{X}}{S}\right\}=\mathbf{E}_{\boldsymbol{U\theta}}\left\{\frac{(\boldsymbol{X}-\boldsymbol{U\theta})^{\mathrm{T}}\boldsymbol{X}}{S}\right\},
$$

即 $\mathbf{E}_{\boldsymbol{\theta}}[(\boldsymbol{X}-\boldsymbol{\theta})^{\mathrm{T}}\boldsymbol{X}/S]$ 只与 $\|\boldsymbol{\theta}\|^2=\sum\limits_{i=1}^{r}\theta_i^2$ 有关. 至于 $g(\boldsymbol{\theta})$, 由 (5.4) 看出, $g(\boldsymbol{\theta})$ 显然可以写成 $\|\boldsymbol{\theta}\|^2$ 的函数.

(ii) 证明: $f(\boldsymbol{\theta})$ 和 $g(\boldsymbol{\theta})$ 相对于权函数

$$
w_A(\boldsymbol{\theta})=\frac{1}{(\sqrt{2\pi A})^r}\exp\left\{-\frac{1}{2A}\sum_{i=1}^{r}\theta_i^2\right\}
$$

的均值相等, 其中 $A>0$.

记 $K=(r-2)(2c-c^2)$, 将 $w_A(\boldsymbol{\theta})$ 看成 $\boldsymbol{\theta}$ 的先验密度, 这样

$$\int g(\boldsymbol{\theta})w_A(\boldsymbol{\theta})\mathrm{d}\boldsymbol{\theta}=\mathbf{E}g(\boldsymbol{\vartheta})=1-\frac{r-2}{r}\mathbf{E}(K/S),$$

此处 $S=\boldsymbol{X}^{\mathrm{T}}\boldsymbol{X}$, 而 $\boldsymbol{X}$ 的分布是边缘分布, $X_1,\cdots,X_r\sim \text{iid } N(0,1/B)$, 其中 $B=(1+A)^{-1}$. 故 $BS\sim\chi^2(r)$, $\mathbf{E}(1/S)=B/(r-2)$. 由此可得

$$\int g(\boldsymbol{\theta})w_A(\boldsymbol{\theta})\mathrm{d}\boldsymbol{\theta}=1-\frac{KB}{r}. \tag{5.5}$$

现在计算

$$\int f(\boldsymbol{\theta})w_A(\boldsymbol{\theta})\mathrm{d}\boldsymbol{\theta}=\mathbf{E}f(\boldsymbol{\vartheta})=\mathbf{E}\left\{\frac{1}{r}\sum_{i=1}^{r}[(1-\hat{B})X_i-\vartheta_i]^2\right\}\triangleq\mathbf{E}\xi,$$

此处第二个等号右边中的 X_i,ϑ_i 均为随机变量, 因此 $\boldsymbol{X}$ 的分布为边缘分布, 而记号 $\hat{B}=c(r-2)/S$. 现在, 先计算

$$\mathbf{E}(\xi|\boldsymbol{X})=\frac{1}{r}\sum_{i=1}^{r}\mathbf{E}\{[(1-\hat{B})X_i-\vartheta_i]^2|\boldsymbol{X}\}.$$

将上式进一步推导, 可得

$$\mathbf{E}(\xi|\boldsymbol{X})=\frac{1}{r}\sum_{i=1}^{r}\Big\{\mathbf{E}\{[\vartheta_i-\mathbf{E}(\vartheta_i|\boldsymbol{X})]^2|\boldsymbol{X}\}+[\mathbf{E}(\vartheta_i|\boldsymbol{X})-(1-\hat{B})X_i]^2\Big\}.$$

利用

$$\begin{aligned}\mathbf{E}\{[\vartheta_i-\mathbf{E}(\vartheta_i|\boldsymbol{X})]^2|\boldsymbol{X}\}&=\mathrm{var}(\vartheta_i|\boldsymbol{X})=1-B,\\ \mathbf{E}(\vartheta_i|\boldsymbol{X})&=(1-B)X_i,\end{aligned}$$

可得

$$\begin{aligned}\mathbf{E}(\xi|X)&=\frac{1}{r}\sum_{i=1}^{r}[(1-B)+(\hat{B}-B)^2X_i^2]\\&=1-B+\frac{1}{r}(\hat{B}-B)^2S.\end{aligned}$$

将 $\hat{B}=c(r-2)/S$ 代入上式, 并求期望, 可得

$$\mathbf{E}f(\theta)=1-B+\frac{(r-2)^2}{r}c^2\mathbf{E}(1/S)-\frac{2(r-2)c}{r}B+\frac{B^2}{r}\mathbf{E}S,$$

其中 $\mathbf{E}S=r/B$, $\mathbf{E}(1/S)=B/(r-2)$. 经过化简, 最后得到

$$\mathbf{E}f(\boldsymbol{\theta})=1-\frac{KB}{r}. \tag{5.6}$$

比较 (5.6),(5.5), 可得结论.

(iii) 证明: $f(\boldsymbol{\theta})=g(\boldsymbol{\theta})$.

由结论 (i), 我们可将 f 和 g 写成

$$f(\boldsymbol{\theta})=f^*\left(\sum_{i=1}^r\theta_i^2\right) \text{ 和 } g(\boldsymbol{\theta})=g^*\left(\sum_{i=1}^r\theta_i^2\right)$$

的形式. 若把 $\boldsymbol{\vartheta}$ 看成随机变量, 则由 (ii) 可知,

$$\mathbf{E}f^*\left(\sum_{i=1}^r\vartheta_i^2\right)=\mathbf{E}g^*\left(\sum_{i=1}^r\vartheta_i^2\right). \tag{5.7}$$

注意, 上式中关于 ϑ 的分布中有一个参数 $A(>0)$, 对任意参数 A, 等式均成立. $\sum\limits_{i=1}^r\vartheta_i^2$ 是一个完全充分统计量, (5.7) 说明 $f^*\left(\sum\limits_{i=1}^r\theta_i^2\right)=g^*\left(\sum\limits_{i=1}^r\theta_i^2\right)$ a.s. 成立. 由直接计算可以证明 $f(\boldsymbol{\theta})$ 和 $g(\boldsymbol{\theta})$ 均为 $\boldsymbol{\theta}$ 的连续函数, 因此, f^* 和 g^* 也是连续函数. 这样, 我们得到

$$f^*\left(\sum_{i=1}^r\theta_i^2\right)\equiv g^*\left(\sum_{i=1}^r\theta_i^2\right), \quad \text{或 } f(\boldsymbol{\theta})\equiv g(\boldsymbol{\theta}).$$

恒等式 $f(\boldsymbol{\theta})\equiv g(\boldsymbol{\theta})$ 说明 (5.4) 式成立, 即定理的结论成立. □

推论 5.1　在定理 5.2 中, 当 $r\geqslant 3$ 时, $\boldsymbol{\delta}_c, c\in(0,2)$ 控制 $\boldsymbol{\delta}_0=\boldsymbol{X}$.

由上面推论 5.1 知, 极小极大估计 $\boldsymbol{X}$ 不是可容许估计 $(r\geqslant 3)$.

推论 5.2　在定理 5.2 中, 当 $r\geqslant 3$ 时, $\boldsymbol{\delta}_1$ 控制其他的 $\boldsymbol{\delta}_c$, $c\in(0,1)\cup(1,2)$. $\boldsymbol{\delta}_1$ 称为 James-Stein **估计**.

定理 5.3 设 $\hat{\boldsymbol{\delta}}$ 是任何形如 $(1-\hat{B})\boldsymbol{X}$ 的估计, 其中 $\hat{B}$ 是任何 S 的严格的递减函数, 又设

$$\mathbf{P}_{\boldsymbol{\theta}}\{\hat{B}>1\}>0, \tag{5.8}$$

则

$$R(\boldsymbol{\theta},\tilde{\boldsymbol{\delta}})<R(\boldsymbol{\theta},\hat{\boldsymbol{\delta}}),$$

其中

$$\tilde{\boldsymbol{\delta}}=\max\{(1-\hat{B}),0\}\boldsymbol{X}. \tag{5.9}$$

证明 经简单计算可知,

$$\begin{aligned}R(\boldsymbol{\theta},\hat{\boldsymbol{\delta}})-R(\boldsymbol{\theta},\tilde{\boldsymbol{\delta}})&=\frac{1}{r}\sum_{i=1}^{r}\Big(\mathbf{E}(\hat{\delta}_i-\theta_i)^2-\mathbf{E}(\tilde{\delta}_i-\theta_i)^2\Big)\\&=\frac{1}{r}\sum_{i=1}^{r}\Big[\mathbf{E}(\hat{\delta}_i^2-\tilde{\delta}_i^2)-2\theta_i\mathbf{E}(\hat{\delta}_i-\tilde{\delta}_i)\Big].\end{aligned}$$

我们只需证明上式方括弧内的表达式大于 0 即可. 由于方括弧内的数是一个随机变量的期望值, 我们只需证明这个随机变量对 $\hat{B}$ 的条件期望为非负, 并且在一个正测集上大于 0 即可. 当 $\hat{B}\leqslant 1$ 时, $\hat{\delta}_i=\tilde{\delta}_i$, 因此我们只需证明当 $\hat{B}>1$ 时, 这个随机变量对应的条件期望大于 0. 当 $\hat{B}=b>1$ 时, $\tilde{\delta}_i=0$, 因此我们只需证明当 $b>1$ 时,

$$\theta_i\mathbf{E}(\hat{\delta}_i|\hat{B}=b)=\theta_i(1-b)\mathbf{E}(X_i|\hat{B}=b)\leqslant 0,$$

或等价地 $\theta_i\mathbf{E}(X_i|\hat{B}=b)\geqslant 0$ 即可. 由定理的条件知, $\hat{B}=b$ 等价于 S 等于某一常数 c, 或等价于 $X_1^2=c-(X_2^2+\cdots+X_r^2)$. 进一步对 $X_2,\cdots,X_r$ 求条件期望, 可得

$$\mathbf{E}(\theta_1X_1|S=c,X_2=x_2,\cdots,X_r=x_r)=\frac{\theta_1y(\exp\{\theta_1y\}-\exp\{-\theta_1y\})}{\exp\{\theta_1y\}+\exp\{-\theta_1y\}},$$

其中 $y=\sqrt{c-(x_2^2+\cdots+x_r^2)}$. 上式右边是 $|\theta_1y|$ 的上升函数, 并且只有在 $\theta_1y=0$ 时取值为 0. 这就证明了当 $b>1$ 时, $\theta_i\mathbf{E}(X_i|\hat{B}=b)>0$. 结论成立. □

在定理 5.3 中, 若取 $\hat{\boldsymbol{\delta}}$ 为 James-Stein 估计 $\boldsymbol{\delta}_1=[1-(r-2)/S]\boldsymbol{X}$, 则对应的估计 $\tilde{\boldsymbol{\delta}}=[1-(r-2)/S]_+\boldsymbol{X}$ 控制了 $\boldsymbol{\delta}_1$, 此处, $[1-(r-2)/S]_+$ 为 $[1-(r-2)/S]$ 的正部.

定理 5.4 当$r \geqslant 3$ 时, 估计

$$\boldsymbol{\delta}(\boldsymbol{X}) = \left[1 - c(S)\frac{r-2}{S}\right]\boldsymbol{X}$$

是 $\boldsymbol{\theta}$ 的极小极大估计, 其中

(i) $0 \leqslant c(S) \leqslant 2$;

(ii) $c(S)$ 非减.

证明 首先假定 $c(S)$ 绝对连续并且具有有界导数. 令

$$\begin{aligned}\Delta(\boldsymbol{\theta}) &= \mathbf{E}\|\boldsymbol{\delta}(\boldsymbol{X}) - \boldsymbol{\theta}\|^2 - \mathbf{E}\|\boldsymbol{X} - \boldsymbol{\theta}\|^2 \\ &= \mathbf{E}\left\|\boldsymbol{X} - \boldsymbol{\theta} - c(S)\frac{r-2}{S}\right\|^2 - \mathbf{E}\|\boldsymbol{X} - \boldsymbol{\theta}\|^2 \\ &= \mathbf{E}\left(c^2(S)\frac{(r-2)^2}{S}\right) - 2\mathbf{E}\left(\frac{(r-2)}{S}c(S)\boldsymbol{X}^{\mathrm{T}}(\boldsymbol{X} - \boldsymbol{\theta})\right). \end{aligned} \tag{5.10}$$

将上式第三个等号右边第二式的期望写成下列形式:

$$\mathbf{E}\left(\frac{r-2}{S}c(S)\boldsymbol{X}^{\mathrm{T}}(\boldsymbol{X} - \boldsymbol{\theta})\right) = (r-2)\sum_{i=1}^{r}\mathbf{E}\left(\frac{c(S)}{S}X_i(X_i - \theta_i)\right),$$

其中

$$\begin{aligned}&\mathbf{E}\left(\frac{c(S)}{S}X_i(X_i - \theta_i)\right) \\ &\quad= \int\cdots\int\frac{c(S)}{S}x_i\mathrm{d}\left(\frac{-1}{\sqrt{2\pi}}\exp\left\{-\frac{1}{2}(x_i - \theta_i)^2\right\}\right) \\ &\quad\cdot\left(\prod_{j\neq i}\frac{1}{\sqrt{2\pi}}\exp\left\{-\frac{1}{2}(x_j - \theta_j)^2\right\}\mathrm{d}x_j\right) \\ &\quad= \int\cdots\int\left(\frac{c(S)}{S}x_i\right)'_{x_i}\left(\prod_{j=1}^{r}\frac{1}{\sqrt{2\pi}}\exp\left\{-\frac{1}{2}(x_j - \theta_j)^2\right\}\mathrm{d}x_j\right) \\ &\quad= \mathbf{E}\left(\frac{c(S)}{S} + \frac{2c'(S)}{S}X_i^2 - \frac{2c(S)}{S^2}X_i^2\right). \end{aligned} \tag{5.11}$$

将上式代入 (5.10), 便得

$$\Delta(\boldsymbol{\theta}) = (r-2)^2\mathbf{E}[(c(S) - 2)c(S)/S] - 4(r-2)\mathbf{E}c'(S) \leqslant 0.$$

这说明, 当 $c(S)$ 绝对连续并且有有界导数时, $\boldsymbol{\delta}(\boldsymbol{X}) = (1 - c(S))\boldsymbol{X}$ 是一个极小极大估计.

现在设 $c(s)$ 是一个一般的上升函数, 这时存在一个绝对连续, 且具有有界导数的上升函数列 $c_n(s)$, 使 $c_n(s) \to c(s)$a.s. . 记 $\boldsymbol{\delta}_n(\boldsymbol{X}) = (1 - c_n(S)\frac{r-2}{S})\boldsymbol{X}$, 显然 $\delta_n(\boldsymbol{X}) \to \delta(\boldsymbol{X})$a.s. . 利用收敛定理可得, 对任何 $\boldsymbol{\theta}$,

$$\mathbf{E}\|\boldsymbol{\delta}_n(\boldsymbol{X}) - \boldsymbol{\theta}\|^2 \to \mathbf{E}\|\boldsymbol{\delta}(\boldsymbol{X}) - \boldsymbol{\theta}\|^2, \quad n \to \infty,$$

即 $R(\boldsymbol{\theta}, \boldsymbol{\delta}_n) \to R(\boldsymbol{\theta}, \boldsymbol{\delta})$. 但 $R(\boldsymbol{\theta}, \boldsymbol{\delta}_n) \leqslant 1$, 可知 $R(\boldsymbol{\theta}, \boldsymbol{\delta}) \leqslant 1$, 则 $\boldsymbol{\delta}$ 本身也是极小极大估计. □

推论 5.3 设$\boldsymbol{\delta}_1(\boldsymbol{X}) = [1 - (r-2)/S]\boldsymbol{X}$, 则 $\boldsymbol{\delta}_1^+(\boldsymbol{X}) \triangleq [1 - (r-2)/S]_+\boldsymbol{X}$ 也是极小极大估计.

证明 令

$$c(S) = \begin{cases} \dfrac{S}{r-2}, & \dfrac{r-2}{S} \geqslant 1, \\ 1, & \dfrac{r-2}{S} < 1. \end{cases}$$

此时

$$c(S)\frac{r-2}{S} = \begin{cases} 1, & \dfrac{r-2}{S} \geqslant 1, \\ \dfrac{r-2}{S}, & \dfrac{r-2}{S} < 1, \end{cases}$$

由此可知 $[1 - c(S)(r-2)/S]\boldsymbol{X} = [1 - (r-2)/S]_+\boldsymbol{X} = \boldsymbol{\delta}_1^+(\boldsymbol{X})$, 然后利用定理 5.4 即可得 $\boldsymbol{\delta}_1^+(X)$ 的极小极大性. □

在多元正态分布 $\boldsymbol{X} \sim N(\boldsymbol{\theta}, \boldsymbol{I}_r)$ 的情况下, $\boldsymbol{X}$ 作为其均值向量 $\boldsymbol{\theta}$ 的估计, 当维数 $r \geqslant 3$ 的时候是不可容许的, 控制 $\boldsymbol{X}$ 的估计 $\boldsymbol{\delta}_1 = \boldsymbol{\delta}_1(\boldsymbol{X})$ (见推论 5.2) 称为 James-Stein **估计**, 也称为**压缩估计**. 这种多元参数的自然估计的不可容许性的现象称为 Stein **现象**. 现在的问题是: 在 $\boldsymbol{X}$ 的分量不是正态分布的情况下, 是否还有 Stein 现象? 许多统计学家对这个问题进行研究, 并获得许多有意义的结果. 在 X_i 的分布为泊松分布或负二项分布的情况下, 可以发现 Stein 现象, 进一步的细节, 读者可参见 Lehmann 等的书 (Lehmann et al [1998]). 但是, 有些模型中并没有 Stein 现象, 例如, 当 $\boldsymbol{X}$ 的各个分量为相互独立的二项分布的时候, 就没有 Stein 现象. 设 $\boldsymbol{X}$ 的各个分量 X_i 相互独立, 其分布为 $X_i \sim B(n, \theta_i)$, $\boldsymbol{\theta} = (\theta_1, \cdots, \theta_r)^{\mathrm{T}}$ 的 UMVU 估计为 $\boldsymbol{X}/n$. 在损失为平方误差和的情况下, $\boldsymbol{X}/n$ 是可容许的估计.

下面给出一个多项分布的例子, 找到了参数 $\boldsymbol{\theta}$ 的极小极大估计.

例 5.1 设 $\boldsymbol{X} = (X_0, \cdots, X_s)$ 服从多项分布 $M(n, s+1, \boldsymbol{\theta})$, 其中 $\boldsymbol{\theta} = (\theta_0, \cdots, \theta_s)$ 为多项分布的参数向量. $\boldsymbol{X}$ 的取值概率由下式给出:

$$\mathbf{P}_{\boldsymbol{\theta}}\{\boldsymbol{X} = (x_0, \cdots, x_s)\} = \frac{n!}{x_0! \cdots x_s!} \theta_0^{x_0} \cdots \theta_s^{x_s}, \quad \sum_{i=0}^{s} x_i = n, 0 \leqslant x_i \leqslant n,$$

其中 $\boldsymbol{\theta}$ 的分量满足条件 $\sum\limits_{i=0}^{s} \theta_i = 1$, $0 \leqslant \theta_i \leqslant 1$. 注意此处 $\boldsymbol{\theta}$ 的各个分量不是独立变化的, 它们受到约束 $\sum\limits_{i=0}^{s} \theta_i = 1$. 现在设损失函数是平方误差和, 即

$$L(\boldsymbol{\theta}, \boldsymbol{a}) = \sum_{i=0}^{s} (a_i - \theta_i)^2. \tag{5.12}$$

希望在平方和损失之下求出 $\boldsymbol{\theta}$ 的极小极大估计. 现在假定 $\boldsymbol{\theta}$ 的先验分布为 Dirichlet 分布 Λ, 其密度函数为

$$\frac{\Gamma(\alpha_0 + \cdots + \alpha_s)}{\Gamma(\alpha_0) \cdots \Gamma(\alpha_s)} \theta_0^{\alpha_0 - 1} \cdots \theta_s^{\alpha_s - 1}, \tag{5.13}$$

其中 $\alpha_i > 0$, $0 \leqslant \theta_i \leqslant 1$, $i = 0, \cdots, s$, 且 $\sum\limits_{i=0}^{s} \theta_i = 1$. 为求出相对于先验分布 Λ 的贝叶斯估计 $\boldsymbol{\delta}(\boldsymbol{X})$, 利用定理 2.1 的结论, 可化解为求后验平均损失

$$\int_{\boldsymbol{\Theta}} L(\boldsymbol{\theta}, \boldsymbol{a}) \lambda(\boldsymbol{\theta} | \boldsymbol{x}) \mathrm{d}\boldsymbol{\theta} \tag{5.14}$$

的极小值问题, 式中 $\lambda(\boldsymbol{\theta}|\boldsymbol{x})$ 是 Λ 的后验分布密度函数. 将 (5.12) 代入 (5.14) 中, 得到

$$\int_{\boldsymbol{\Theta}} L(\boldsymbol{\theta}, \boldsymbol{a}) \lambda(\boldsymbol{\theta}|\boldsymbol{x}) \mathrm{d}\boldsymbol{\theta} = \sum_{i=0}^{s} \int_{\boldsymbol{\Theta}} (a_i - \theta_i)^2 \lambda(\boldsymbol{\theta}|\boldsymbol{x}) \mathrm{d}\boldsymbol{\theta}.$$

由上式看出, 欲求 $\boldsymbol{a}$ 使上式达到最小, 只需对每个 a_i, 使积分

$$\int_{\boldsymbol{\Theta}}(a_i-\theta_i)^2\lambda(\boldsymbol{\theta}|\boldsymbol{x})\mathrm{d}\boldsymbol{\theta}$$

达到最小. 利用推论 2.1 可知, 与 Λ 相应的贝叶斯估计 $\boldsymbol{\delta}(\boldsymbol{x})$ 的各个分量 $\delta_i(\boldsymbol{x})$ 可由下式给出:

$$\delta_i(\boldsymbol{x})=\int_{\boldsymbol{\Theta}}\theta_i\lambda(\boldsymbol{\theta}|\boldsymbol{x})\mathrm{d}\boldsymbol{\theta}.$$

为计算上述积分, 我们首先计算 Λ 的条件分布密度 $\lambda(\boldsymbol{\theta}|\boldsymbol{x})$. $\boldsymbol{X},\boldsymbol{\vartheta}$ 的联合分布密度为

$$c\frac{n!}{x_0!\cdots x_s!}\theta_0^{x_0+\alpha_0-1}\cdots\theta_s^{x_s+\alpha_s-1},$$

由上式看出 Λ 的条件分布密度 $\lambda(\boldsymbol{\theta}|\boldsymbol{x})$ 仍然是 Dirichlet 分布, 但是分布的参数变成 $(x_0+\alpha_0,\cdots,x_s+\alpha_s)$. 利用 Dirichlet 分布的矩的知识可知,

$$\delta_i(\boldsymbol{x})=\int_{\boldsymbol{\Theta}}\theta_i\lambda(\boldsymbol{\theta}|\boldsymbol{x})\mathrm{d}\boldsymbol{\theta}=\frac{x_i+\alpha_i}{n+\sum\limits_{j=0}^{s}\alpha_j}.$$

现在我们的目标是找到一个 Λ, 使得对应的贝叶斯估计的风险函数为常数, 这样, 根据推论 4.1 就可以判定相应的贝叶斯估计就是极小极大估计. 为了使贝叶斯估计的风险函数为常数, 我们选择 $\alpha_0=\cdots=\alpha_s=\alpha$, 计算相应的风险函数,

$$\begin{aligned}R(\boldsymbol{\theta},\boldsymbol{\delta})&=\mathbf{E}L(\boldsymbol{\theta},\boldsymbol{\delta}(\boldsymbol{X}))\\&=\sum_{j=0}^{s}\mathbf{E}\left(\frac{X_j+\alpha}{n+(s+1)\alpha}-\theta_j\right)^2\\&=\sum_{j=0}^{s}\left\{n(\theta_j-\theta_j^2)+[\alpha(1-(s+1)\theta_j)]^2\right\}/[n+(s+1)\alpha]^2,\end{aligned}$$

上式是一个关于参数 $\theta_0,\cdots,\theta_s$ 的二次多项式, 具有形式 $c_0+c_1\sum\limits_{j=0}^{s}\theta_j+c_2\sum\limits_{j=0}^{s}\theta_j^2$. 由于参数之间有约束条件 $\sum\limits_{j=0}^{s}\theta_j=1$, 为了使风险函数与参数

无关, 只需取 α 的适当值, 使得这个二次多项式的二次项的系数 c_2 为 0. 由此解得 $\alpha=\sqrt{n}/(s+1)$. 这样, $\boldsymbol{\theta}$ 的极小极大估计为

$$\boldsymbol{\delta}(\boldsymbol{X})=\frac{\boldsymbol{X}+\sqrt{n}/(s+1)}{n+\sqrt{n}}.$$

§5.6 贝叶斯统计

贝叶斯学派起源于英国学者贝叶斯, 他在 Bayes [1763] 中对于统计问题提出了一个看法: 将统计模型中的参数 θ 看成一个随机变量, 这个看法与传统的频率学派中将 θ 看成一个固定的参数不同. 这种方法被 20 世纪中叶以后的一些学者加以系统化, 持这种观点的学者被称为贝叶斯学派. 用这种观点来解释和处理统计问题的方法称为**贝叶斯统计**.

现在介绍贝叶斯统计中的几个问题.

一、 先验分布

在频率学派看来, 一个事件的概率只有在重复试验之下才能得到体现, 例如, 一个工人生产某产品的不合格品率等于 0.02, 其意义在于, 在他生产的 100 个产品中大约有 2 件不合格品. 凡说到概率, 总是与频率相联系的. 有些"事件", 无法在重复试验中体现, 但可以在想象的重复试验中体现出来. 但是, 有一些"事件", 原本不是一个通常意义下的事件, 或它不是一个随机事件, 很少或者没有频率解释的基础, 却也可以赋予概率. 在这样的观点之下, 原本有争议的事件的概率就具有合法的地位. 可以这么认为, 把没有频率解释基础的事件的概率称为**主观概率**, 而把具有频率解释基础的事件的概率称为**客观概率**.

设 X 具有分布密度 (或分布列)$p(x,\theta)$, 其中 θ 是一个未知参数, 但 θ 的变化范围是 Θ. 经典的方法是把 θ 看成未知的常数, 通过简单随机样本 $\boldsymbol{X}=(X_1,\cdots,X_n)$, 对它所带来的关于未知参数 θ 的信息进行研究. 在贝叶斯学派的观点之下, θ 必须是一个随机变量 (将 θ 看成随机变量的时候, 用记号 ϑ 表示, 以示区别), ϑ 的分布称为先验分布,

它代表关于 θ 的先验信息. 我们用 Λ 表示 θ 的分布 (先验分布), 并假定 Λ 相对于某 σ 有限测度具有密度 $\lambda(\theta)$, $\lambda(\theta)$ 称为先验密度. 若 ϑ 的先验分布所刻画的事件没有频率背景的解释, 这些先验概率就是主观概率. X 的分布密度 (或分布列)$p(x,\theta)$ 就是 $\vartheta=\theta$ 之下的条件分布密度, 用记号 $p(x|\theta)$ 表示. 贝叶斯学派将先验信息和样本带来的信息加以综合, 得到关于 θ 的信息, 它以**后验分布**的形式表达出来. 现在设从总体 X 得到一个简单随机样本 $\boldsymbol{X}=(X_1,\cdots,X_n)$, 将 $X_1,\cdots,X_n$ 的联合分布密度看成 ϑ 固定之下的条件分布密度, 即

$$p(x_1,\ldots,x_n|\vartheta=\theta)=\prod_{i=1}^{n}p(x_i|\theta).$$

这样, ϑ 在 $\boldsymbol{X}=\boldsymbol{x}=(x_1,\ldots,x_n)$ 之下的条件密度 $\lambda(\theta|\boldsymbol{x})$ 由

$$\lambda(\theta|\boldsymbol{x})=\frac{\prod\limits_{i=1}^{n}p(x_i|\theta)\lambda(\theta)}{\displaystyle\int_{\Theta}\prod_{i=1}^{n}p(x_i|\theta)\lambda(\theta)\mathrm{d}\nu} \tag{6.1}$$

给出, 此处 $\lambda(\theta)$ 就是先验密度. 找到了后验分布以后, 全部的问题就归结为对后验分布的处理.

在第 5.2 节中也讨论了参数 θ 的先验分布问题, 但是在那里并不特别强调参数 θ 是一个随机变量. 频率学派可以将 θ 的先验分布解释为一种权函数, 他们认为 θ 本质上是一个未知的参数, 而先验分布和后验分布只是方法上的应用. 但是贝叶斯学派认为 θ 是一个随机变量, 而样本分布中的参数的值就是这个随机变量的取值, 数据的以外信息都包含在这个先验分布中. 与此同时, 观察数据 $\boldsymbol{X}$ 也包含若干 θ 的值的信息. 将先验信息和数据信息进行加工, 得到后验分布. 后验分布就是这两种信息的综合.

例 6.1 设 $X\sim N(\theta,\sigma^2)$, 其中 σ^2 为已知, 而参数 θ 是一个随机变量 ϑ, $\vartheta\sim N(\mu,\tau^2)$, 其中 μ 和 τ^2 为已知. 现计算 ϑ 的后验分布密度 $\lambda(\theta|x)$. X,ϑ 的联合密度为

$$h(x,\theta)=\lambda(\theta)p(x|\theta)=(2\pi\sigma\tau)^{-1}\exp\left\{-\frac{1}{2}\left[\frac{(\theta-\mu)^2}{\tau^2}+\frac{(x-\theta)^2}{\sigma^2}\right]\right\}.$$

将上式方括弧中的表达式展成 θ 的二次三项式, 再配成完全平方, 则联合密度变形为

$$h(x,\theta)=(2\pi\sigma\tau)^{-1}\exp\left\{-\frac{1}{2}\rho\left[\theta-\frac{1}{\rho}\left(\frac{\mu}{\tau^2}+\frac{x}{\sigma^2}\right)\right]^2\right\}$$
$$\cdot\exp\left\{-\frac{(\mu-x)^2}{2(\sigma^2+\tau^2)}\right\},$$

上式中的常数 ρ 由下式给出:

$$\rho=\tau^{-2}+\sigma^{-2}=\frac{\tau^2+\sigma^2}{\tau^2\sigma^2}.$$

将联合密度 $h(x,\theta)$ 对 θ 积分, 得到 X 的边缘密度

$$m(x)=\int_{-\infty}^{\infty}h(x,\theta)\mathrm{d}\theta=[2\pi(\sigma^2+\tau^2)]^{-1/2}\exp\left\{-\frac{(\mu-x)^2}{2(\sigma^2+\tau^2)}\right\}.$$

利用 $h(x,\theta)$ 和 $m(x)$ 可以得到 ϑ 的后验密度

$$\lambda(\theta|x)=\frac{h(x,\theta)}{m(x)}=\left(\frac{\rho}{2\pi}\right)^{1/2}\exp\left\{-\frac{1}{2}\rho\left[\theta-\frac{1}{\rho}\left(\frac{\mu}{\tau^2}+\frac{x}{\sigma^2}\right)\right]^2\right\}.\qquad(6.2)$$

现设 $\boldsymbol{X}=(X_1,\cdots,X_n)$ 为来自 $N(\theta,\sigma^2)$ 的一个样本, 其中 σ^2 为已知, $\vartheta\sim N(\mu,\tau^2)$, $\overline{X}$ 是这个模型的充分统计量. 不难验证 θ 的后验分布密度 $\lambda(\theta|\boldsymbol{x})=\lambda(\theta|\overline{x})$(见习题 1), 而 $\overline{X}\sim N(\theta,\sigma^2/n)$, 依 (6.2), 有

$$\lambda(\theta|\boldsymbol{x})=\lambda(\theta|\overline{x})=\left(\frac{\tilde{\rho}}{2\pi}\right)^{1/2}\exp\left\{-\frac{1}{2}\tilde{\rho}\left[\theta-\frac{1}{\tilde{\rho}}\left(\frac{\mu}{\tau^2}+\frac{\overline{x}}{\sigma^2/n}\right)\right]^2\right\},$$

式中 $\tilde{\rho}=(n\tau^2+\sigma^2)/(\tau^2\sigma^2)$, 则

$$\vartheta|\boldsymbol{x}\sim N(\mu(\boldsymbol{x}),\tilde{\rho}^{-1}),\qquad(6.3)$$

其中

$$\mu(\boldsymbol{x})=\frac{1}{\tilde{\rho}}\left(\frac{\mu}{\tau^2}+\frac{\overline{x}}{\sigma^2/n}\right)=\frac{\sigma^2/n}{\tau^2+\sigma^2/n}\mu+\frac{\tau^2}{\tau^2+\sigma^2/n}\overline{x}.\qquad(6.4)$$

贝叶斯学派认为得到了 ϑ 的后验分布密度以后, 所有关于 θ 的信息都包含在 ϑ 的后验分布中.

在综合先验信息和数据所提供的信息的过程中发现, 刻画先验信息的量并不一定是一个分布. 例如, 设 $\lambda(\theta)$ 是一个先验分布密度, 数据 X 的分布密度为 $p(x|\theta)$, 得到数据 x 以后, 后验密度由 $c\lambda(\theta)p(x|\theta)$ 确定. 在确定后验密度的过程中, 若将先验密度 $\lambda(\theta)$ 换成 $k\lambda(\theta)$, 其中 k 是一个常数, 其结果是一样的. 在贝叶斯分析中, 先验分布的似然程度起到了主要的作用, 即两个参数值之间的似然程度的比值. 现在假设反映参数似然程度的 (非负) 函数 (也称权函数)为 $\lambda(\theta), \theta \in \Theta$, 其中 Θ 是欧氏空间中的集合. 只要 $\int_\Theta \lambda(\theta)\mathrm{d}\theta < \infty$, 就可以将 λ 归一化成为一个分布密度. 更有甚者, 有些反映参数似然程度的权函数 $\lambda(\theta), \theta \in \Theta$, 并不满足条件 $\int_\Theta \lambda(\theta)\mathrm{d}\theta < \infty$, 此时, 一样可以求得相应的后验分布, 只要满足条件 $\int_\Theta p(x|\theta)\lambda(\theta)\mathrm{d}\nu < \infty$. 但是, 这样的权函数不能归一化成相应的先验分布, 我们称这样的权函数为**广义先验密度**.

例 6.2 设 $X \sim N(\theta, \sigma^2)$, 其中 σ^2 为已知. 由于对 θ 没有先验的知识, 统计学家采用对参数同等无知的假定, 取权函数为 $\lambda(\theta) \equiv 1$, 这是一个**广义先验分布**. 此时后验密度为

$$\frac{1}{\sqrt{2\pi}\sigma} \exp\left\{-\frac{1}{2\sigma}(x-\theta)^2\right\}\lambda(\theta) = \frac{1}{\sqrt{2\pi}\sigma} \exp\left\{-\frac{1}{2\sigma}(x-\theta)^2\right\},$$

即

$$\vartheta | x \sim N(x, \sigma^2).$$

二、 贝叶斯决策函数

在定义 2.1 中, 已经给出了贝叶斯决策函数的定义. 在给出定义 2.1 的时候, 我们还没有引进贝叶斯学派的观点. 在第 5.2 节中, 我们以相对于先验分布 Λ 的平均风险达到最小的统计决策函数作为贝叶斯决策函数的定义, 这时的先验分布可理解为一个权函数, 平均风险就是风险函数相对于这个权函数的积分. 贝叶斯学派的观点是以后验信息作为统计推断的基础, 现在我们用这个观点来讨论最优决策函数问

题. 对于固定的行动 a 和参数 θ, 设相应的损失函数的值为 $L(\theta,a)$, 其中 θ 是随机变量 ϑ 的取值, ϑ 的后验密度为 $\lambda(\theta|x)$. 下面给出后验平均损失和贝叶斯决策函数的定义.

定义 6.1 设 $X\sim \mathbf{P}_\theta,\theta\in\Theta$ 为统计模型, Λ 为 ϑ 的先验分布, $L(\theta,a)$ 为损失函数. 当 ϑ 的后验密度为 $\lambda(\theta|x)$ 时, 行动 a 的**后验平均损失**定义为

$$\rho(\lambda(\cdot|x),a)=\int_\Theta L(\theta,a)\lambda(\theta|x)\mathrm{d}\theta. \tag{6.5}$$

若在 (6.5) 中, 当 $a=\delta^{\lambda(\cdot|x)}(x)$ 时, $\rho(\lambda(\cdot|x),a)$ 达到最小值, 则称决策函数 $\delta^{\lambda(\cdot|x)}(x)$ 为(**后验**) **贝叶斯决策**.

在上述定义中, 函数 $\rho(\lambda(\cdot|x),a)$ 可代之以

$$\int_\Theta L(\theta,a)p(x|\theta)\lambda(\theta)\mathrm{d}\theta, \tag{6.6}$$

其中 $p(\boldsymbol{x}|\theta)$ 是 X 的分布密度. 实际上, (6.6) 的表达式与 (6.5) 中的 $\rho(\lambda(\cdot|x),a)$ 只差一个与 a 无关的常数因子, 而这个常数因子不会影响求 $\rho(\lambda(\cdot|x),a)$ 关于变量 a 的极值点.

现在我们遇到这样的问题, 定义 2.1 给出了一个贝叶斯决策函数 $\delta_\lambda(x)$ 的定义, 在介绍了贝叶斯学派的观点以后又引进了一个贝叶斯决策函数 $\delta^{\lambda(\cdot|x)}(x)$ 的定义. 两个贝叶斯决策函数之间有什么关系? 我们先引入下面的定理.

定理 6.1 设 $X\sim p(x|\theta),\theta\in\Theta$ 为统计模型, 其中 $p(x|\theta)$ 为 X 在 $\vartheta=\theta$ 的条件下的概率密度 (相对于测度 μ). 又假定 ϑ 具有先验密度 $\lambda(\theta)$(相对于测度 ν), 损失函数为 $L(\theta,a)$, $\delta(x)$ 是一个决策函数, 则

$$\int_\Theta R(\theta,\delta)\lambda(\theta)\mathrm{d}\nu=\int_{\mathcal{X}}\rho(\lambda(\cdot|x),\delta(x))m(x)\mathrm{d}\mu. \tag{6.7}$$

上式中, 等式左边的积分是统计决策函数 $\delta(X)$ 的平均风险 (见 (2.1) 式关于平均风险的定义), 等式右边中的 $m(x)$ 是 X 的边缘分布密度, $\rho(\lambda(\cdot|x),\delta(x))$ 是行动 $a=\delta(x)$ 的后验平均损失.

证明 考虑随机向量 (ϑ, X) 并计算期望 $\mathbf{E}L(\vartheta,\delta(X))$ 的值. 若利用条件期望公式 $\mathbf{E}L(\vartheta,\delta(X))=\mathbf{E}\{\mathbf{E}[L(\vartheta,\delta(X))|\boldsymbol{\theta}]\}$, 便可以得到 (6.7) 左边的量. 若利用条件期望公式 $\mathbf{E}L(\boldsymbol{\theta},\delta(X)) = \mathbf{E}\{\mathbf{E}[L(\boldsymbol{\theta},\delta(X))|X]\}$, 便可以得到 (6.7) 右边的量. □

利用 (6.7) 可以证明:

定理 6.2 设 $X \sim p(x|\theta), \theta \in \Theta$ 为统计模型, 其中 $p(x|\theta)$ 为 X 在 $\vartheta=\theta$ 的条件下的概率密度 (相对于测度 μ). 又假定 ϑ 具有先验密度 $\lambda(\theta)$(相对于测度 ν), 损失函数为 $L(\theta,a)$, $\delta(x)$ 是一个决策函数, 则 $\delta(x)$ 为定义 2.1 之下的贝叶斯决策函数的充要条件是对几乎所有的 x, $\delta(x)$ 为定义 6.1 所给出的贝叶斯决策函数, 此处所谓几乎所有的 x, 是相对于 X 的边缘概率而言 (证明见陈希孺 [1999]①).

定理 6.2 提供了计算贝叶斯决策函数的一个可行的方法. 若按照定义 2.1 计算贝叶斯决策函数, 必须求解一个泛函极值问题, 而按定义 6.1 进行计算, 只需求解一个普通的函数极值问题. 定理 6.2 指出两种解法是一致的, 显然, 由定义 6.1 提供的方法简单得多.

三、 估计问题

设待估的参数为 θ, θ 是什么? θ 是总体 X 的分布中的参数, 它是随机变量 ϑ 的实现, 但是我们不可能观察到它的值. 按传统的说法, 对于随机变量取值的估计称为预测, 但是在贝叶斯统计中, 对 ϑ 取值的预测还是称为估计. 在频率学派对于估计的定义中, 估计量是样本的函数, 是一个定义在 $\mathcal{X}$ 上的函数. 从贝叶斯分析的观点来看, 推断的唯一根据是 ϑ 的后验分布 $\Lambda(\theta|\boldsymbol{x})$. 现在的情况是利用一个随机变量的分布去进行加工, 得到一些量去估计 (或预测) 这个随机变量的值. 常用的估计有以下三种: 一种估计是后验分布的均值, 称为**后验均值**; 另一种估计是后验分布的众数, 即后验分布密度的最大值点, 这个估计类似于通常的 ML 估计, Berger [1985] 称之为**广义ML估计**; 最后一种是后

① 陈希孺 [1999] 的证明中没有讨论所涉及的函数的可测性, 但是, 通常所涉及的函数都是可测的.

验分布的中位数, 称为**后验中位数**.

在例 6.1 中, $\boldsymbol{X}=(X_1,\cdots,X_n)$ 为来自 $N(\theta,\sigma^2)$ 的一个简单随机样本, ϑ 的后验密度由 (6.2) 给出, 这个分布的众数、均值和中位数都是同一个数, 即由 (6.4) 给出的 $\mu(\boldsymbol{x})$.

下面的定理指出, 在平方损失之下的后验期望估计就是一种贝叶斯估计.

定理 6.3　设 $X\sim p(x|\theta),\theta\in\Theta$ 为统计模型, 其中 $p(x|\theta)$ 为 X 在 $\vartheta=\theta$ 的条件下的概率密度 (相对于测度 μ). 又假定 ϑ 具有先验密度 $\lambda(\theta)$(相对于测度 ν), 损失函数为 $L(\theta,a)=(a-g(\theta))^2$, 则在 $g(\theta)$ 的估计问题中, 后验均值

$$\int_\Theta g(\theta)\lambda(\theta|x)\mathrm{d}\nu$$

是 $g(\theta)$ 的唯一的贝叶斯估计.

证明　利用定理 6.2 的结论, 为求贝叶斯估计, 只需对 a 求极小化问题

$$\int_\Theta (a-g(\theta))^2\lambda(\theta|x)\mathrm{d}\mu$$

的解. 显然 $a=\displaystyle\int_\Theta g(\theta)\lambda(\theta|x)\mathrm{d}\nu$ 是这个问题的解, 而这个解就是 $g(\theta)$ 关于后验分布的均值. 由证明的过程可以看出, $\displaystyle\int_\Theta g(\theta)\lambda(\theta|x)\mathrm{d}\nu$ 还是唯一的贝叶斯估计, 不过这个唯一性是在 X 的边缘概率测度意义下的唯一性, 即几乎所有的 x, $g(\theta)$ 的后验均值是唯一的贝叶斯估计. □

例 6.3　设 $\boldsymbol{X}=(X_1,\cdots,X_n)$ 为来自正态总体 $N(\theta,\sigma^2)$ 的一个简单随机样本, 其中 σ^2 为已知, $\vartheta\sim N(\mu,\tau^2)$, 其中 μ 和 τ^2 为已知, 损失函数为 $L(\theta,a)=(\theta-a)^2$. 依例 6.1 的结果, ϑ 的后验分布为

$$\vartheta|\boldsymbol{x}\sim N(\mu(\boldsymbol{x}),\tilde\rho^{-1}),$$

其中 $\tilde\rho=\dfrac{n\tau^2+\sigma^2}{\tau^2\sigma^2}$, $\mu(\boldsymbol{x})$ 由 (6.4) 式给出. 利用定理 6.3 的结论可知, 后验均值 $\mu(\boldsymbol{x})$ 是平方损失之下的贝叶斯估计.

例 6.4 设 $\boldsymbol{X}=(X_1,\cdots,X_n)$ 为来自指数分布的一个简单随机样本, X_i 具有分布密度 $\varphi\exp\{-\varphi x\},\varphi>0,x>0$, 在可靠性统计中, X_i 代表某元件的寿命. 可以把指数分布写成 $\Gamma(1,\varphi)$ 的形式, 此处的参数 φ 与传统的 Γ 分布中的参数有一些区别. 在传统的 Γ 分布中, 有一个参数是刻度参数, 相当于此处的 $1/\varphi$. 现在希望求出 $g(\varphi)=\exp\{-\varphi x_0\}$ 的一个估计, 在可靠性统计中, $g(\varphi)=\mathbf{P}_\varphi\{X>x_0\}$ 是元件的寿命超过 x_0 的概率. 现在设参数 φ 的先验分布密度为

$$\lambda(\varphi)=\frac{\varphi^{m-1}\beta^m}{\Gamma(m)}\exp\{-\varphi\beta\},\varphi>0,\beta>0,$$

我们用 $\Gamma(m,\beta)$ 表示这个分布. 利用后验分布的计算公式可知, 样本 $\boldsymbol{x}$ 的后验分布为 $\Gamma(n+m,T+\beta)$, 其中 $T=\sum\limits_{i=1}^n x_i$ 为样本寿命的总和. 这样, $g(\varphi)$ 的后验期望为

$$\int_0^\infty g(\varphi)\frac{\varphi^{n+m-1}}{\Gamma(m+n)}(T+\beta)^{n+m}\exp\{-(T+\beta)\varphi\}\mathrm{d}\varphi.$$

通过直接积分, 这个积分值为

$$\hat{g}(\varphi)=\left(1+\frac{x_0}{T+\beta}\right)^{-(n+m)}. \tag{6.8}$$

这样, $g(\varphi)$ 的后验期望估计由 (6.8) 给出. 由定理 6.3 可知, $\hat{g}(\varphi)$ 是 $g(\varphi)$ 的平方损失之下的贝叶斯估计. 此处我们再一次强调, 由于后验均值估计综合了样本信息和先验信息, 其估计精度应该比通常的只应用样本信息得到的估计高. 但是精度的提高是建立在附加的先验信息的基础之上的, 在使用的时候一定要注意先验信息的正确性. 有些应用工作者, 不对先验信息进行调查和研究, 就直接使用贝叶斯估计而声称提高了精度, 是不负责任的做法.

现在讨论后验中位数估计的性质, 它也是一种贝叶斯估计.

定理 6.4 设 $X\sim p(x|\theta),\theta\in\Theta$ 为统计模型, 其中 $p(x|\theta)$ 为 X 在 $\vartheta=\theta$ 的条件下的概率密度 (相对于测度 μ). 又假定 ϑ 具有先验密

度 $\lambda(\theta)$(相对于测度 ν), 损失函数为 $L(\theta,a)=|a-g(\theta)|$, 则在 $g(\theta)$ 的估计问题中, $g(\vartheta)$ 的后验中位数

$$M(g(\vartheta)|x)$$

是 $g(\theta)$ 的贝叶斯估计. 所谓 $g(\vartheta)$ 的后验中位数是指 $g(\vartheta)$ 的后验分布的中位数.

证明　我们的证明方法是计算 $g(\theta)$ 的贝叶斯估计, 而求出来的估计就是 $g(\vartheta)$ 的后验中位数, 这就证明了定理的结论. 利用定理 6.2, 求行动 a 使得下列的后验平均损失

$$\int_{\Theta}|a-g(\theta)|\lambda(\theta|x)\mathrm{d}\nu$$

达到极小值. 记 $F_g(u|x)=\mathbf{P}\{g(\vartheta)\leqslant u|x\}$, 通过积分变换, 由上式可得下列等式:

$$\int_{\Theta}|a-g(\theta)|\lambda(\theta|\boldsymbol{x})\mathrm{d}\nu=\int_{-\infty}^{\infty}|a-u|\mathrm{d}F_g(u|x).$$

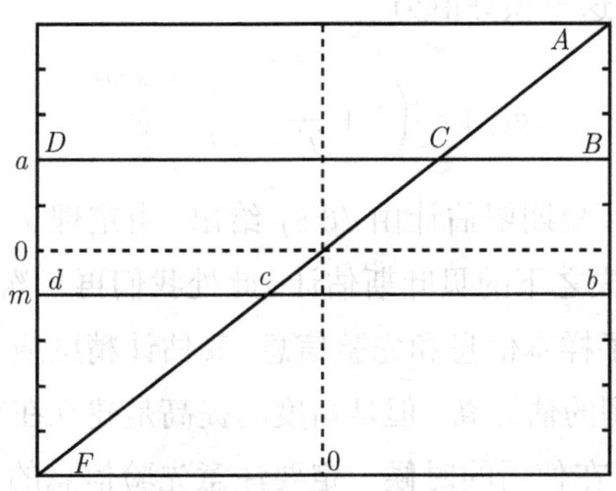

图 5.6.1　定理 6.4 证明的图示

现在我们用图示方法来表示积分的值. 在图 5.6.1 中两条互相垂直的虚线表示坐标系的两个轴, 图上还有三条直线: 一条是 $l_A: y=x$, 另外两条是平行于横轴的直线, $l_a: y=a$ 和 $l_m: y=m$, m 等于 $M(g(\vartheta)|x)$ 或分布 $F_g(u|x)$ 的中位数. 现在, 在横轴上给出测度 $F_g(u|x)$,

在纵轴上给出 Lebesgue 测度, 这样在坐标平面上的集合就给出了乘积测度 (此处假定 $a > m$). 积分 $\int_{-\infty}^{\infty} |a-u| \mathrm{d}F_g(u|x)$ 就是由直线 l_A 与 l_a 之间 (夹角为锐角的那一部分) 的集合的乘积测度. 积分 $\int_{-\infty}^{\infty} |m-u| \mathrm{d}F_g(u|\boldsymbol{x})$ 就是由直线 l_A 与 l_m 之间 (夹角为锐角的那一部分)的集合的乘积测度. $\int_{-\infty}^{\infty} |a-u| \mathrm{d}F_g(u|x) - \int_{-\infty}^{\infty} |m-u| \mathrm{d}F_g(u|x)$是两个集合的乘积测度之差 $S_1 - S_2$, 其中 S_1 是线段 cC 与两条平行的射线 CD 和 cd 所围区域的乘积测度, S_2 是线段 cC 与两条平行的射线 CB 和 cb 所围区域的乘积测度. 由于 m 是 $F_g(u|\boldsymbol{x})$ 的中位数, 不难证明 $S_1 \geqslant \frac{1}{2}(C-c), S_2 \leqslant \frac{1}{2}(C-c)$, 故 $S_1 - S_2 \geqslant 0$, 从而

$$\int_{-\infty}^{\infty} |a-u| \mathrm{d}F_g(u|x) \geqslant \int_{-\infty}^{\infty} |m-u| \mathrm{d}F_g(u|x).$$

在 $a < m$ 的情况下, 得到相同的结论. □

在贝叶斯分析中, 还有一类估计是广义 ML 估计. 这种估计反映了贝叶斯学派对后验信息的一种处理思想. 现在用一些例子说明这种方法.

例 6.5 设 X 为来自二项分布, $\mathbf{P}\{X=x\} = \binom{n}{x} \theta^x (1-\theta)^{n-x}$, $x = 0, 1, \cdots, n$. 设 ϑ 的先验分布为贝塔分布, 其分布密度为

$$\lambda(\theta) = \frac{\Gamma(p+q)}{\Gamma(p)\Gamma(q)} \theta^{p-1} (1-\theta)^{q-1}, \quad \theta \in (0,1),$$

其中 p 和 q 为两个固定的正数. 其后验密度为

$$\lambda(\theta|x) = c(x) \theta^{p+x-1} (1-\theta)^{n+q-x-1}.$$

对于上述的密度函数, 求其极大值, 可得极大值点为

$$\hat{\theta} = \frac{p+x-1}{n+p+q-2}.$$

这样, θ 的广义 ML 估计为 $(p+x+1)/(n+p+q-2)$, 而后验均值估计为 $(p+x)/(n+p+q)$.

现在讨论一下在传统意义下和贝叶斯学派的观点之下估计的异同. 首先, 它们都是样本的函数. 在传统意义下, 任何样本的函数 (即统计量)$\delta(x)$ 都可以称为估计. 但是在贝叶斯学派的观点下, 估计必须经由后验分布 $\lambda(\theta|x)$ 加工而成, 用数学的语言来说, 它必须是一个分布的泛函, 在这种意义下, 估计的范围比传统意义下的范围窄. 但是, 贝叶斯学派并不强调这种差异, 有时候也将 x 的任意函数 (即统计量)$\delta(x)$ 作为估计量的定义.

其次, 对于估计 $\delta(x)$, 我们必须考虑误差 $\delta(x)-\theta$. 传统意义下, 可将 $\delta(X)-\theta$ 看成一个定义在样本空间上的随机变量, 在考查一个估计的优良性的时候, 可计算它的均方误差 $\mathbf{E}_\theta(\delta(X)-\theta)^2$, 这个均方误差是 θ 的函数, 也称风险函数. 若以均方误差作为标准, 选择好的估计, 在贝叶斯学派意义下的估计当然可以参与竞争, 计算相应的风险函数. 但是在贝叶斯学派的观点之下, 误差 $\delta(x)-\theta$ 另有意义. 在传统意义下, 我们将注意力集中在 $\delta(x)$ 与参数 θ 的靠近程度; 在贝叶斯学派的观点之下, ϑ 是一个随机变量, $\delta(x)$ 与 θ 的接近程度可用后验均方误差来刻画.

定义 6.2 设 θ 是一个实参数, $\lambda(\theta|x)$ 是后验分布密度, $\delta(x)$ 是 θ 的估计. 则

$$V_\delta^\lambda(x) \equiv \mathbf{E}^{\lambda(\theta|\boldsymbol{x})}(\vartheta-\delta)^2 \tag{6.9}$$

称为**后验均方误差**②. 在后验均方误差的计算公式中, 期望是对后验分布而求的. 当 δ 为**后验均值**

$$\mu^\lambda(x) = \mathbf{E}^{\lambda(\theta|x)}(\vartheta) \tag{6.10}$$

的时候, δ 的后验均方误差就是 ϑ 的**后验方差**. 今后用 $V^\lambda(x)$ 表示 ϑ 的后验方差.

由于贝叶斯学派将参数 θ 看成随机变量 ϑ, 比较估计的优良性能的时候, 采用后验均方误差. 我们有

②Berger [1985] 称之为 δ 的后验方差.

定理 6.5 设 θ 是一个一维参数, 则对于任何决策函数 $\delta(x)$, 其后验均方误差由下式给出:

$$V_\delta^\lambda(x) = V^\lambda(x) + (\mu^\lambda(x) - \delta(x))^2, \tag{6.11}$$

其中 $\mu^\lambda(x)$ 是由 (6.10) 给出的后验均值, $V^\lambda(x)$ 是定义 6.2 中给出的后验方差.

证明

$$\begin{aligned} V_\delta^\lambda(x) &= \mathbf{E}^{\lambda(\theta|x)}(\vartheta - \delta(x))^2 \\ &= \mathbf{E}^{\lambda(\theta|x)}\{[\vartheta - \mu^\lambda(x) + \mu^\lambda(x) - \delta(x)]^2\} \\ &= \mathbf{E}^{\lambda(\theta|x)}\{(\vartheta - \mu^\lambda(x))^2 + (\mu^\lambda(x) - \delta(x))^2 \\ &\quad +2(\vartheta - \mu^\lambda(x))(\mu^\lambda(\boldsymbol{x}) - \delta(x))\} \\ &= \mathbf{E}^{\lambda(\theta|x)}(\vartheta - \mu^\lambda(x))^2 + (\mu^\lambda(x) - \delta(x))^2 + 0. \end{aligned} \tag{6.12}$$

□

由定理 6.5 知, 在后验均方误差的标准之下, 后验均值是 θ 的最优估计. 在此, 我们要强调一下传统观点与贝叶斯观点的不同之处. 我们把 θ 称为待估量, $\delta(x)$ 称为估计量. 传统上, 将估计量离开待估量的“平均距离”作为估计的优良性能的度量. 在贝叶斯观点之下, 待估量 θ 是一个随机变量的取值, 而当 x 给定以后, 估计量 $\delta(x)$ 是一个常数, 估计的精度变成待估量离开估计量的“平均距离”.

四、检验问题

在古典的假设检验理论中, 用两类错误的概率对一个检验进行评价. 在贝叶斯统计中, 假设检验问题变得更加直观. 设 Θ_0 和 Θ_1 为两个对立假设的集合, 即参数空间 Θ 的一个分割. $\theta \in \Theta_0$ 表示零假设, $\theta \in \Theta_1$ 表示对立假设. 在贝叶斯统计中, ϑ 是随机变量, 后验概率 $\alpha_0 = \mathbf{P}\{\vartheta \in \Theta_0|x\}$ 和 $\alpha_1 = \mathbf{P}\{\vartheta \in \Theta_1|x\}$ 刻画了得到样本以后 Θ_0 和 Θ_1 发生的可能性.

定义 6.3 比值 α_0/α_1 称为 H_0 相对于 H_1 的**后验优势**, 而比值 Λ_0/Λ_1 称为**先验优势**, 其中 $\Lambda_i = \mathbf{P}\{\vartheta \in \Theta_i\}$ 为 Θ_i 的先验概率, $i = 0, 1$.

优势比

$$B=\frac{\text{后验优势}}{\text{先验优势}}=\frac{\alpha_0\Lambda_1}{\alpha_1\Lambda_0}$$

称为有利于 Θ_0 的**贝叶斯因子**.

这一套指标或许比传统意义下对假设检验问题的解释更加直观. 设后验优势 $\alpha_0/\alpha_1=10$, 则说明 H_0 为真的可能性 10 倍于 H_1 为真的可能性, 这样就很容易做出合理的决策. 而贝叶斯因子 B 则表示由数据信息提供的贡献. 对于简单假设检验问题 $\Theta_0=\{\theta_0\}$, $\Theta_1=\{\theta_1\}$,

$$\alpha_0=\frac{\Lambda_0 f(x|\theta_0)}{\Lambda_0 f(x|\theta_0)+\Lambda_1 f(x|\theta_1)},$$
$$\alpha_1=\frac{\Lambda_1 f(x|\theta_1)}{\Lambda_0 f(x|\theta_0)+\Lambda_1 f(x|\theta_1)},$$
$$B=\frac{\alpha_0\Lambda_1}{\alpha_1\Lambda_0}=\frac{f(x|\theta_0)}{f(x|\theta_1)}.$$

由上式看出, 在简单假设检验问题中, 贝叶斯因子 B 就是似然比 (在古典的假设检验问题中似然比为 $f(x|\theta_1)/f(x|\theta_0)$, 刚好为 $1/B$), 这正好说明 B 就是数据提供的信息.

例 6.6 设 $X\sim N(\theta,\sigma^2)$, 其中 $\sigma^2=100$ 为已知, X 为对某一儿童的智商的测试值, θ 为该儿童智商的真值. 假定同龄儿童的智商 ϑ 为一个随机变量, $\vartheta\sim N(\mu,\tau^2)=N(100,225)$. 现在设儿童智商的测量值为 $x=115$. 由例 6.1 的计算结果可得, ϑ 在 $X=x$ 之下的后验分布为正态分布, 其后验期望为

$$\mu(x)=\frac{\sigma^2}{\tau^2+\sigma^2}\mu+\frac{\tau^2}{\tau^2+\sigma^2}x=110.39.$$

后验方差为

$$\tilde{\sigma}^2=\frac{\tau^2\sigma^2}{\tau^2+\sigma^2}=69.23.$$

现在要检验

$$H_0:\theta\leqslant 100\longleftrightarrow H_1:\theta>100,$$

即确定这个被测试儿童的智商是高于同龄儿童的平均智商还是低于平均智商. 经计算 $\alpha_0 = \mathbf{P}\{\vartheta \leqslant 100\} = 0.106$, 而 $\alpha_1 = \mathbf{P}\{\vartheta > 100\} = 0.894$, H_0 相对于 H_1 的优势为 0.118. 由此可判断该儿童的智商高于同龄儿童的平均智商.

五、 其他应用

贝叶斯分析的本质是利用先验信息, 并且将数据提供的信息和先验信息进行加工, 变成后验信息. 下面的例子有些另类.

例 6.7 工业上有一些精密设备, 如火箭发动机, 这是一种一次性使用的设备. 使用以后, 若试验成功, 则发动机完成了使命, 若在使用中出故障, 则试验失败. 在不使用的时候, 处于储存状态. 现在希望了解发动机的储存寿命的信息. 记 X 为发动机的储存寿命, 显然, X 是一个随机变量. 设 t 为储存时间 (储存期), $\mathbf{P}\{X > t\}$ 称为储存期 t 的储存可靠度. 若 $X > t$, 则在 t 时刻使用的时候, 试验就成功; 若 $X \leqslant t$, 由于寿命已经到期, 试验不会成功. 这样, $\mathbf{P}\{X > t\}$ 就是在储存期为 t 的时刻进行试验时, 试验成功的概率. 现在设试验者进行了试验, 其数据的结构如下:

$$Z_1 = \begin{pmatrix} t_1 \\ \delta_1 \end{pmatrix}, \tag{6.13}$$

其中 t_1 表示一台发动机进行试验时的储存时间, δ_1 表示试验的结果, $\delta_1 = 1$ 表示试验成功, $\delta_1 = 0$ 表示试验失败. 具体的试验结果为

$$Z_1 = \begin{pmatrix} 1 \\ 1 \end{pmatrix},$$

即储存期为一年的发动机, 经过试验取得成功, 而完成任务. 我们希望得到 $\mathbf{P}\{X > 2\}$ 的信息. 由于没有关于 X 的直接观察值, 我们可以相当自由地给出 X 的分布族, 最简单的一类寿命分布族是指数分布族, 因此假定 X 的生存函数为

$$\mathbf{P}_\theta\{X > t\} = \exp\{-t/\theta\}, \quad t > 0,\ \theta > 0.$$

在本例中, 我们希望求出 $\mathbf{P}_\theta\{X>t\}$ 的置信下限 (这里 $t=2$). 由于 $\mathbf{P}_\theta\{X>t\}$ 是参数 θ 的一个单调上升函数, 我们只需花大力气求出 θ 的置信下限. 为此, 我们利用样本空间排序法 (见陈家鼎 [2005]). 代表数据信息的样本空间只有两个值: $\delta=1$ 和 $\delta=0$. $\delta=1$ 代表储存期为一年的设备进行试验的时候, 试验成功. $\delta=0$ 代表储存期为一年的设备进行试验的时候, 试验失败. 依陈家鼎 [2005] 的方法, 在我们的情况下, θ 的置信度为 $1-\alpha$ 的置信下限为下列方程的解:

$$\mathbf{P}_\theta\{\delta=1\}=\alpha.$$

解之得 $\underline{\theta}=1/\ln(1/\alpha)$. 这样, $\mathbf{P}_\theta\{X>t\}$ 的置信度为 $1-\alpha$ 的置信下限为 $\exp\{-t/\underline{\theta}\}$. 取 $t=2, \alpha=0.05$, 可得 $\exp\{-t/\underline{\theta}\}=\alpha^2=1/400$. 这个结果是实际工作者无法接受的, 究其原因是没有利用先验信息, 或者没有利用人类的经验. 当我国把第一个宇航员送上天以后, 再把第二个宇航员送上天的把握很大. 因此在送第二个宇航员上天以前, 有两种信息: 一种是我们已经成功了一次; 另一种是我们已经有丰富的经验, 有充分的把握.

现在回到发动机的例子, 将 $\exp\{-t/\underline{\theta}\}$ 作为 $\mathbf{P}_\theta\{X>t\}$ 的置信下限显然太保守且不合理. 考虑 θ 的随机置信下限, 令 Z_1, U 为随机变量, 其中 Z_1 为 (6.13) 式给出的观察数据, U 为 $[0,1]$ 上的随机数, 且 U 与 δ 相互独立. 我们还是利用样本空间排序法, 求出 θ 的随机置信下限. 实际上, 样本空间中的点可以用 (δ,u) 表示, 其中 δ 取两个值, $\delta=1$ 和 $\delta=0$, 而 $u\in[0,1]$. 将样本点 (δ,u) 进行排序, 设 (δ_1,u_1) 和 (δ_2,u_2) 是样本空间的两个点, 若 $\delta_1=1$ 但 $\delta_2=0$, 则称 (δ_1,u_1) 好于 (δ_2,u_2), 记做 $(\delta_1,u_1)\succ(\delta_2,u_2)$. 依陈家鼎 [2005] 的方法, 令

$$G((i,u),\theta)=\mathbf{P}_\theta\{(\delta,U)\succeq(i,u)\},$$

其中关系 "$\succeq$" 指: 关系 "$\succ$" 成立, 或关系 "$=$" 成立对于给定的 $\alpha\in(0,1)$.

$$\underline{\theta}(Z_1,U)=\inf\{\theta: G((\delta_1,U),\theta)>\alpha\}$$

就是 θ 的置信度为 $1-\alpha$ 的置信下限. 本例中, $Z_1 = \begin{pmatrix}1\\1\end{pmatrix}$, 经计算, $\underline{\theta}(Z_1,u) = 1/\ln((1-u)/\alpha)$. 而 $\mathbf{P}_\theta\{X>t\} = \exp\{-t/\theta\}$ 的相应的置信下限为 $\left(\dfrac{\alpha}{1-u}\right)^t$, 这个数比 α^t 大. 但是 u 是随机地取值, 使用起来很不方便, 为确定 u 的值, 可利用先验信息. 我们指出, 在储存期为 1 年的发动机进行试验之前, 工程人员对试验成功是有一定把握的. 例如, 试验成功的把握不低于 80%, 根据这个先验信息, 可以给出 $\exp\{-1/\vartheta\}$ 的一个先验分布, 这个分布的 α 分位点为 0.8. 发动机经过试验后, 已知试验是成功的, 这样计算出相应的后验分布. 在贝叶斯分析中, 通常用后验 α 分位点作为参数的置信下限. 不难验证, 这个后验分布的 α 分位点比 0.8 大, 为保守起见可设这个分位点还是 0.8. 这说明, 在贝叶斯分析的意义下找到 θ 的置信度为 $1-\alpha$ 的置信下限近似地等于 0.8. 现在希望确定 $\mathbf{P}_\theta\{X>t\} = \exp\{-t/\theta\}$ 的随机置信下限 $\left(\dfrac{\alpha}{1-u}\right)^t$ 中的 u 的值. 从贝叶斯分析的角度, $\mathbf{P}_\theta\{X>1\}$ 的置信下限为 0.8. 为使两者配合, 取 $\left(\dfrac{\alpha}{1-u}\right)^1 = 0.8$, 得 $u = 1-\alpha/0.8 = 0.75/0.8 = 0.9375$. 现在设 $t=2$, 得 $\mathbf{P}_\theta\{X>2\}$ 的置信度为 $1-\alpha = 0.95$ 的置信下限为 $0.8^2 = 0.64$, 即储存期为两年的发动机试验成功的概率, 在置信度为 0.95 下的置信下限为 0.64. 若只用数据信息, 得到 $\mathbf{P}_\theta\{X>2\}$ 的置信度为 $1-\alpha = 0.95$ 的置信下限为 0.0025. 显然取置信下限的值为 0.64 合理得多.

贝叶斯方法是一种比较完整的统计方法, 但应用的时候要根据实际情况. 下面的例子说明, 尽管有先验信息, 但是还不能利用先验信息.

例 6.8 在医疗诊断中, 医生通常要观察受检者的某些数据, 设这些数据为 $\boldsymbol{x}$. 现在假定受检者分成两类: 一类为正常人, 记为 $\theta=0$; 另一类为病人, 记为 $\theta=1$. 由大量数据可知, $X \sim p(x,\theta)$. 实际问题是当得到受检者的数据以后需要做出判定: 这个受检者是有病还是没有病. 这是一个判别问题. 现在假定 ϑ 有一个先验分布, 即 $\Lambda\{\vartheta=1\}=p, \Lambda\{\vartheta=0\}=1-p$, 对于这种先验信息, 使用起来会造成争论. 设想有两个地区, 地区甲和地区乙. 地区甲的发病率高, 而地区乙的发病率低 (即甲地的 p 的值大, 而乙地的 p 的值小). 若利用了发病率这个信息, 地区甲和乙的判别标准会不一样. 设想有一个医院, 来了一位受检者, 他的测量数据为 $\boldsymbol{x}$, 他有没有病呢? 若利用了先验信息, 就可能会造成这样的尴尬局面: 若他来自甲地, 就会判定有病; 若他来自乙地, 就会判定健康. 作为医生, 可能认为这种判别方法近于荒谬.

§5.7　先验分布的确定

上一节介绍了贝叶斯统计方法, 其核心思想是: 先将统计模型的参数看成一个随机变量 ϑ, 这个随机变量有一个先验分布, 先验分布代表对于 θ 的先验信息; 再通过数据对先验信息进行修正, 得到后验分布; 得到后验分布以后, 所进行的统计分析就比较明确. 由于 ϑ 没有确定的观察值, 对于它的分布的确定, 造成很多困难.

实际中, 可利用所谓协调性假设确定一类所谓共轭分布族. 设 X 的分布族为 $p(x,\theta), \theta\in\Theta$, 则 ϑ 的先验分布和相应的后验分布应该属于同一个族, 这个分布族就称为分布族 $\{p(x,\theta), \theta\in\Theta\}$ 的**共轭分布族**. 设想我们事先假定 ϑ 的先验分布族为 $\mathcal{L}$, 即 ϑ 的先验分布 $\Lambda\in\mathcal{L}$. 现在假定我们得到了一些历史数据 $z_1,\cdots,z_m$, 此时我们丰富了先验信息, 将原有的先验分布修正为后验分布 (在我们的统计问题中成为新的先验分布), 但若修正以后的分布不属于 $\mathcal{L}$, 这个分布族就很不理想, 很不协调. 因此共轭分布族的这种协调性是很重要的特性. 另外, 这个分布族也应该包含相当广的一类分布, 它应该包含具有很多信息的分布. 例如, 它应该包含非常集中于某个参数点 θ_0 的分布 (这些分布包含的信息较多), 同时也应该包含很少信息的分布. 以下我们要对一些常用的分布族找出相应的共轭分布族.

定理 7.1　设 $X_1,\cdots,X_n$ 来自贝努利分布, 参数为 $\theta\in(0,1)$, 即

X_i 的分布为 $\mathbf{P}\{X_i=1\}=\theta, \mathbf{P}\{X_i=0\}=1-\theta$. 若 ϑ 的分布为贝塔分布, 其参数为 α, β. 则 ϑ 在 $\boldsymbol{X}=\boldsymbol{x}=(x_1, \cdots, x_n)$ 之下的后验分布为贝塔分布, 其参数为 $\alpha+y, \beta+n-y, y=x_1+\cdots+x_n$.

证明 $X_1, \cdots, X_n$ 的联合分布密度 (联合分布列) 为

$$p_n(\boldsymbol{x}, \theta)=\begin{pmatrix} n \\ \sum\limits_{i=1}^{n} x_i \end{pmatrix} \theta^{\sum\limits_{i=1}^{n} x_i}(1-\theta)^{n-\sum\limits_{i=1}^{n} x_i}, \quad \theta \in(0,1).$$

ϑ 的分布密度为

$$\lambda(\theta)=\frac{\Gamma(\alpha+\beta)}{\Gamma(\alpha) \Gamma(\beta)} \theta^{\alpha-1}(1-\theta)^{\beta-1}, \quad \theta \in(0,1).$$

由后验分布密度的公式 (6.1) 可知, ϑ 的后验分布密度为

$$\begin{aligned} \lambda(\theta \mid \boldsymbol{x}) &=\frac{p(\boldsymbol{x}, \theta) \lambda(\theta)}{\displaystyle\int_0^1 p(\boldsymbol{x}, \theta) \lambda(\theta) \mathrm{d} \theta} \\ &=c \theta^{\alpha+\sum\limits_{i=1}^{n} x_i-1}(1-\theta)^{\beta+n-\sum\limits_{i=1}^{n} x_i-1}, \quad \theta \in(0,1). \end{aligned}$$

上式说明, ϑ 的后验分布是参数为 $\alpha+\sum\limits_{i=1}^{n} x_i$ 和 $\beta+n-\sum\limits_{i=1}^{n} x_i$ 的贝塔分布. □

由定理 7.1 的结论可知, 贝努利分布族的共轭分布族是贝塔分布族. 贝塔分布的期望和方差分别为

$$\mathbf{E} \vartheta=\frac{\Gamma(\alpha+\beta)}{\Gamma(\alpha) \Gamma(\beta)} \int_0^1 \theta^\alpha(1-\theta)^{\beta-1} \mathrm{d}\, \theta=\frac{\alpha}{\alpha+\beta},$$

$$\operatorname{var}(\vartheta)=\frac{\alpha \beta}{(\alpha+\beta)^2(\alpha+\beta+1)},$$

其中 α, β 为贝塔分布的参数. 当 $\alpha /(\alpha+\beta) \rightarrow \theta_0 \in(0,1)$ 并且 $\alpha \rightarrow \infty$ 时, $\mathbf{E} \vartheta \rightarrow \theta_0, \operatorname{var}(\vartheta) \rightarrow 0$, 这说明随机变量 ϑ 的分布依概率收敛到 θ_0. 在这个过程中, ϑ 包含了很多信息. 同时, 当 $\alpha \rightarrow 0$ 和 $\beta \rightarrow 0$ 的时候, ϑ 包含了很少信息 (本节的后面部分将对这一结论提供某些看法). 这

样, 对于贝努利分布族, 贝塔分布族是一个好的共轭分布族. 这里或许有人会问, Beta(1,1), 即参数为 $\alpha=\beta=1$ 的贝塔分布为 (0,1) 区间上的均匀分布, 应该具有最少的信息. 怎么将 Beta(0,0) 作为具有最小信息的先验分布? 此处 Beta(0,0) 也不是一个真正的分布. 实际上, Beta(0,0) 是 Beta(α,β) 当 α 和 β 趋于 0 的极限, 可以用 $c/[\theta(1-\theta)]$ 这样一个函数来表达, 这种先验分布称为广义先验分布. 对于具有最少信息的先验分布, 各家有不同的看法.

定理 7.2 设 $X_1,\cdots,X_n$ 来自正态分布, 参数分布为 θ,σ^2, 其中 σ^2 为已知常数, $\theta\in(-\infty,\infty)$ 为参数. 若 $\vartheta\sim N(\mu,\tau^2)$, 其中 μ,τ^2 为已知, 则 ϑ 的后验分布为正态分布, 即

$$\vartheta|\boldsymbol{x}\sim N(\mu(\boldsymbol{x}),1/\tilde{\rho}^{-1}),$$

其中

$$\tilde{\rho}=(n\tau^2+\sigma^2)/(\tau^2\sigma^2),$$
$$\mu(\boldsymbol{x})=\frac{1}{\tilde{\rho}}\left(\frac{\mu}{\tau^2}+\frac{\overline{x}}{\sigma^2/n}\right)=\frac{\sigma^2/n}{\tau^2+\sigma^2/n}\mu+\frac{\tau^2}{\tau^2+\sigma^2/n}\overline{x}.$$

证明 这是例 6.1 的结果, 见公式 (6.3). □

由定理 7.2 知, 正态总体当 σ^2 已知的时候, 期望参数 ϑ 的先验分布族 $\{N(\mu,\tau^2),\mu\in(-\infty,\infty),\tau^2>0\}$ 是共轭分布族. 不难验证这个分布族也是很广泛的. 当 $\mu\to\theta_0$ 和 $\tau^2\to0$ 的时候, 先验分布所含的信息量很大; 而当 $\tau^2\to\infty$ 的时候, 先验分布所含的信息量很小.

以上我们只介绍了两个分布族的共轭分布族, 事实上, 许多分布族都可以找到相应的共轭分布族. 有兴趣的读者可以参考陈家鼎等 [1993]. 但是贝叶斯统计的基础是有一个先验分布, 而不是一个分布族. 因此我们还需从共轭分布族中选定一个分布作为先验分布. 怎样选定, 许多统计学家提出许多方法, 这些理论问题已经超出本书的范围. 现在我们介绍三个方法:

方法 1 若有经验资料尽量利用这些资料. 设 $X\sim p(x,\theta)$, ϑ 的共轭分布族为 $\lambda(\theta,\mu),\mu\in\boldsymbol{\mu}$, 此处 $\lambda(\theta,\mu)$ 为 ϑ 的密度函数, 而 μ 为参数, 通常也称 μ 为超参数. 若按过去的经验, 我们有 ϑ 的若干值

$\theta_1,\cdots,\theta_k$. 现在可以将 $\theta_1,\cdots,\theta_k$ 作为观察值, 找出超参数 μ 的估计值 $\hat{\mu}$, 将 $\lambda(\theta,\hat{\mu})$ 作为先验分布.

方法 2 设 $\boldsymbol{X}=(X_1,\cdots,X_n)$ 为一组数据, 其分布密度为 $p(\boldsymbol{x},\theta),\theta\in\Theta$, 共轭分布族为 $\lambda(\theta,\mu),\mu\in\boldsymbol{\mu}$. 可知, $(\boldsymbol{X},\vartheta)$ 的联合分布为 $p(\boldsymbol{x},\theta)\cdot\lambda(\theta,\mu)$, 对于这个分布求出 $\boldsymbol{X}$ 的边缘分布密度. 记这个密度为

$$f(\boldsymbol{x},\mu)=\int_{\Theta}p(\boldsymbol{x},\theta)\lambda(\theta,\mu)\mathrm{d}\theta,$$

由这个分布族再求出超参数 μ 的估计 $\hat{\mu}$, 例如, 可由下式给出:

$$f(\boldsymbol{x},\hat{\mu})=\sup_{\mu\in\boldsymbol{\mu}}f(\boldsymbol{x},\mu),$$

其中 $\hat{\mu}$ 为超参数 μ 的 ML 估计. 这样 $\pi(\theta,\hat{\mu})$ 就选为先验分布, 由这个方法导出经验贝叶斯决策函数的理论.

例 7.1 设 $X\sim B(1,\theta)$, 即 $\mathbf{P}\{X=1\}=1-\mathbf{P}\{X=0\}=\theta,\theta\in(0,1)$. 现在假定 ϑ 的先验密度为 $a\theta^{a-1}$, 其中未知参数 $a\in[-1/2,1/2]$. 设 $\boldsymbol{X}=(X_1,\cdots,X_n)$ 是一个样本, 先求 $\boldsymbol{X}$ 的边缘分布

$$\mathbf{P}\{\boldsymbol{X}=(x_1,\cdots,x_n)\}=\int_0^1\theta^T(1-\theta)^{n-T}a\theta^{a-1}\mathrm{d}\theta,$$

其中 $T=\sum\limits_{i=1}^{n}x_i$. 若考虑统计量 T, 则 T 的分布为

$$\mathbf{P}\{T=t\}=\frac{an!}{t!(a+n)\times\cdots\times(a+t)},\quad t=0,1,\cdots,n.$$

利用 T 的分布族, 可求出未知参数 a 的估计, 得到 a 的估计以后, 就可以确定 ϑ 的先验分布, 再求出相应的后验分布, 然后做出相应的决策. 本例中我们采用了经验贝叶斯估计方法, 对于这个模型, 我们提出两点注意事项:

(i) 在这个模型中, $X_1,\cdots,X_n\sim$iid $B(1,\theta)$. 由 $\boldsymbol{X}$ 可以直接估计参数 θ 的值. 为利用经验贝叶斯估计, 必须找出 ϑ 的先验分布或先验分布的范围. 若先验分布的范围很小, 可直接利用这个近似的先验分布进行贝叶斯分析; 若先验分布的范围很广, 用经验贝叶斯估计的效率值

得怀疑. 因此在这个具体的模型下, 能否用经验贝叶斯估计, 是一个值得怀疑的问题.

(ii) 有些同学, 先求出 X_1 的边缘分布, 再假定 $X_1, \cdots, X_n$ 是来自 X_1 的边缘分布的一个样本, 然后求出参数 a 的估计以确定 ϑ 的先验分布. 这是用错了模型, 在边缘的情况下, $X_1, \cdots, X_n$ 不再是独立同分布的随机变量序列.

例 7.2 考虑智商测试问题. 设某儿童在 7 次智商测试时的测试值为 $x_i, i = 1, \cdots, k$, 其中 $k = 7$. 假定儿童在被测试时的智商值为 $\theta_i, i = 1, \cdots, k$. 现在希望对最近一次测试时的智商真值 θ_k 进行估计. 在解决这个问题之前, 我们必须利用有关智商测试的背景知识, 建立一个合适的模型. 用 θ_i 代表儿童不同时间的智商值, 由于随机波动, 可以认为它们是随机变量, 并且在不同时刻的智商值是来自正态总体的一个简单随机样本 (但是这个样本只是想象中的样本, 是没有观察值的), 即 $\vartheta_i \sim \text{iid } N(\mu, \sigma^2)$, 其中 μ, σ^2 均为未知参数. 对于测试值 $X_1, \cdots, X_k$, 可以认为 X_i 是相互独立的测量值, $X_i|\theta_i \sim N(\theta_i, \sigma_f^2)$, 其中 σ_f^2 是已知的. 显然, 测量误差的分布与 $\boldsymbol{\vartheta}$ 的分布是相互独立的. 这样, 我们建立了一个贝叶斯统计模型,

$$\boldsymbol{X}|\boldsymbol{\theta} \sim N(\boldsymbol{\theta}, \sigma_f^2 \boldsymbol{I}_k),$$

$$\boldsymbol{\vartheta} \sim N(\mu \boldsymbol{1}_k, \sigma^2 \boldsymbol{I}_k),$$

其中 μ 和 σ^2 是先验分布中的未知参数, 这种参数称为**超参数**. 这个模型说明, 参数 ϑ 的先验分布属于某一个分布集合(这种模型在通常的统计中也存在, 通常称没有观察值的随机变量为**隐变量**). 在贝叶斯分析中, 我们首要的任务是求出 $(\boldsymbol{X}, \boldsymbol{\vartheta})^{\mathrm{T}}$ 的联合分布. 不难验证, $(\boldsymbol{X}, \boldsymbol{\vartheta})^{\mathrm{T}}$ 的联合分布是联合正态分布 (习题 18). 为求出它们的联合分布, 我们列出 $\boldsymbol{X}$ 和 $\boldsymbol{\vartheta}$ 的表达式

$$\boldsymbol{X} = \boldsymbol{\vartheta} + \boldsymbol{e},$$

$$\boldsymbol{\vartheta} = \mu \boldsymbol{1} + \boldsymbol{\varepsilon},$$

其中 $\boldsymbol{e}$ 和 $\boldsymbol{\varepsilon}$ 为相互独立的随机向量, $\boldsymbol{e}$ 的分量为独立同分布的误差变量, 其公共分布为 $N(0,\sigma_f^2)$, $\boldsymbol{\varepsilon}$ 的分量也是独立同分布正态的, 其公共分布为 $N(0,\sigma^2)$. 利用上述表达式, 立即可得

$$\mathbf{E}\begin{pmatrix}\boldsymbol{X}\\ \boldsymbol{\vartheta}\end{pmatrix}=\begin{pmatrix}\mu\mathbf{1}_k\\ \mu\mathbf{1}_k\end{pmatrix},$$

$$\mathrm{var}\begin{pmatrix}\boldsymbol{X}\\ \boldsymbol{\vartheta}\end{pmatrix}=\begin{pmatrix}(\sigma_f^2+\sigma^2)\boldsymbol{I}_k, & \sigma^2\boldsymbol{I}_k\\ \sigma^2\boldsymbol{I}_k, & \sigma^2\boldsymbol{I}_k\end{pmatrix}.$$

再利用条件概率公式, 可得 ϑ 的后验分布为

$$\boldsymbol{\vartheta}|\boldsymbol{x}\sim N(\boldsymbol{\mu}_{\boldsymbol{x}|\boldsymbol{\theta}},\Sigma_{\boldsymbol{x}|\boldsymbol{\theta}}),\tag{7.1}$$

其中

$$\boldsymbol{\mu}_{\boldsymbol{x}|\boldsymbol{\theta}}=\mu\mathbf{1}_k+\frac{\sigma^2}{\sigma^2+\sigma_f^2}(\boldsymbol{x}-\mu\mathbf{1}_k),$$

$$\Sigma_{\boldsymbol{x}|\boldsymbol{\theta}}=\frac{\sigma^2\sigma_f^2}{\sigma^2+\sigma_f^2}\boldsymbol{I}_k.$$

在 $\boldsymbol{\vartheta}$ 的后验分布的公式 (7.1) 中含有未知参数 μ 和 σ^2, 这些参数必须从数据中估计得到. 为此 $\boldsymbol{X}$ 的边缘分布为

$$\boldsymbol{X}\sim N(\mu\mathbf{1}_k,(\sigma^2+\sigma_f^2)\boldsymbol{I}_k),$$

由此可求得参数 μ 和 σ^2 的 ML 估计为

$$\hat{\mu}=\overline{\boldsymbol{x}},$$

$$\hat{\sigma}^2=\begin{cases}\dfrac{1}{k}\displaystyle\sum_{i=1}^k(x_i-\overline{x})^2-\sigma_f^2, & \dfrac{1}{k}\displaystyle\sum_{i=1}^k(x_i-\overline{x})^2>\sigma_f^2,\\ 0, & \dfrac{1}{k}\displaystyle\sum_{i=1}^k(x_i-\overline{x})^2\leqslant\sigma_f^2.\end{cases}$$

将 $\hat{\mu}$ 和 $\hat{\sigma}^2$ 代替 $\boldsymbol{\vartheta}|\boldsymbol{x}$ 的密度表达式 (7.1) 中相应的量, 可得到近似的密度表达式

$$\boldsymbol{\vartheta}|\boldsymbol{x}\sim N(\hat{\boldsymbol{\mu}}_{\boldsymbol{\theta}|\boldsymbol{x}},\hat{\Sigma}_{\boldsymbol{\theta}|\boldsymbol{x}}),$$

其中

$$\hat{\boldsymbol{\mu}}_{\boldsymbol{\theta}|\boldsymbol{x}} = \overline{x}\mathbf{1}_k + \frac{\hat{\sigma}^2}{\hat{\sigma}^2+\sigma_f^2}(\boldsymbol{x}-\overline{x}\mathbf{1}_k),$$

$$\hat{\Sigma}_{\boldsymbol{\theta}|\boldsymbol{x}} = \frac{\hat{\sigma}^2\sigma_f^2}{\hat{\sigma}^2+\sigma_f^2}\boldsymbol{I}_k.$$

我们的目标是估计 θ_k, 从上式可知,

$$\vartheta_k \sim N\left(\overline{x}+\frac{\hat{\sigma}^2}{\hat{\sigma}^2+\sigma_f^2}(x_k-\overline{x}), \frac{\hat{\sigma}^2\sigma_f^2}{\hat{\sigma}^2+\sigma_f^2}\right).$$

利用这个后验分布, 可以进行估计. 例如, θ_k 的点估计为 $\overline{x}+\frac{\hat{\sigma}^2}{\hat{\sigma}^2+\sigma_f^2}(x_k-\overline{x})$. 由于在估计中, 超参数 μ 和 σ^2 用它们的估计代替, 当 k 比较小的时候, 其引起的误差是不可忽略的. 统计学家于是寻找别的途径解决这一类问题, 其中一个方法是所谓的**多层贝叶斯估计**. 我们在此介绍一个梗概. 在本例的先验分布中含有两个超参数 μ 和 σ^2, 若给出 μ 和 σ^2 的一个分布, 则这个模型中 ϑ 的先验分布就完全确定. 若用 $f(\theta,\mu,\sigma)$ 记 (7.1) 中 ϑ 的密度函数, 可将这个密度函数看成 μ 和 σ^2 在给定的条件下的密度函数. 若记 μ 和 σ^2 的密度为 $g(\mu,\sigma^2)$, 这样 ϑ 的先验密度就是

$$\int f(\theta,\mu,\sigma^2)g(\mu,\sigma^2)\mathrm{d}\mu\mathrm{d}\sigma^2.$$

得到先验密度以后, 可以用通常的贝叶斯分析方法, 求出相应的后验分布, 进行贝叶斯推断. 现在的问题是, 超参数 μ 和 σ^2 的密度是如何定下来的? 这是一个很复杂的问题. 关于先验分布的确定, 需要使用者的主观判断和这些参数的背景知识的了解. 而对于超参数的分布, 更是十分困难的问题, 若没有关于超参数的结构和背景的知识, 是很难确定的. 当然在没有背景知识的情况下, 可以试一试用无信息的分布. 在本例中可以试一试用 $\mathrm{d}\mu\mathrm{d}\sigma^2$ 这样的广义密度.

方法 3 在确定一个统计模型的时候, 若没有关于未知参数的任何信息, 如何进行贝叶斯分析? 一些统计学家提出了无信息先验分布

的概念, 所谓“无信息”是什么意思? 统计学家提出了不同的准则. 现在简单介绍如下: 一种观点是“同等无知”的概念. 既然对参数 θ 没有任何信息, 那么参数的每一个点出现的机会应该相同. 在这样认识的基础上, 给出了无信息先验分布的一个定义.

定义 7.1 设 $\boldsymbol{x} \sim \mathbf{P}_\theta, \theta \in \Theta$ 是一个统计模型, 其中 Θ 是欧氏空间中的一个集合 (可测集合), 则把 Θ 上的一个均匀分布称为**无信息先验分布**.

这个定义中的“无信息”不依赖于分布族, 即任何统计模型 $\mathbf{P}_\theta, \theta \in \Theta$, 其无信息先验分布都是 Θ 上的均匀分布.

例 7.3 乒乓球队 A 与乒乓球队 B 进行比赛, 一共比 n 场. 记 X 为 A 得胜的场数, 每一场 A 得胜的概率为 θ, 试估计 A 得胜的概率 θ. 由于 A 对 B 的能力和打法完全不知情, 因此 A 胜算的概率 θ 的先验分布定为 $[0,1]$ 上的均匀分布. 经计算, 这个无信息先验分布的后验分布为贝塔分布 $\mathrm{Beta}(x+1, n-x+1)$. 若用后验平均数作为 θ 的估计, 则这个估计为 $(x+1)/(n+2)$, 而后验 ML 估计为 x/n.

但有人对“同等无知”的原则之下的无信息先验分布的合理性提出质疑. 下面请看例子.

例 7.4 设 X 来自指数分布, 其分布密度为

$$\frac{1}{\theta}\exp\{-x/\theta\}, \quad x>0,\ \theta \in [1/2, 2],$$

这是在可靠性和寿命统计中常见的分布. 若对寿命的均值参数在 $[1/2, 2]$ 内没有任何先验知识, 那么 ϑ 的先验分布的密度应为

$$\lambda(\theta) \equiv 1/1.5, \quad \theta \in [0.5, 2],$$

ϑ 的后验密度为

$$c(x)\frac{1}{\theta}\exp\{-x/\theta\}, \quad \theta \in [1/2, 2],$$

其中 $c(x) = \left(\int_{1/2}^{2} \theta \exp\{-x/\theta\}\mathrm{d}\theta\right)^{-1}$. 现在令 $\tau = 1/\theta$, 由 ϑ 的后验分

布可导出 τ 的后验分布为

$$c(x)\frac{1}{\tau}\exp\{-x\tau\}, \quad \tau \in [1/2, 2]. \tag{7.2}$$

另一方面, 对于固定的 τ, X 的分布密度为

$$\tau\exp\{-\tau x\}, x>0, \quad \tau \in [1/2, 2],$$

这个分布族与以 θ 为参数的分布族是一样的. 按“同等无知”原则, τ 的无信息先验分布的密度函数为 $\lambda(\tau) \equiv 1/1.5, \tau \in [0.5, 2]$. τ 的后验密度为

$$\tilde{c}(x)\tau\exp\{-x\tau\}, \quad \tau \in [1/2, 2], \tag{7.3}$$

其中 $\tilde{c}(x) = \left(\int_{1/2}^{2}\tau\exp\{-x\tau\}\mathrm{d}\tau\right)^{-1}$. 对于同一个问题, 利用“同等无知”原则得到 τ 的两个不同的后验分布 (见 (7.2) 和 (7.3)), 显然是不合适的. 究其原因是, “同等无知”原则没有照顾到不同的参数化会导致参数的先验分布的变化. 为解决出现的这种问题, 统计学家提出另外的确定无信息先验分布的原则.

为克服这一个困难, 有些统计学家提出一个在参数变换之下不变的原则. 设 $\boldsymbol{X} \sim \mathbf{P}_{\boldsymbol{\theta}}, \boldsymbol{\theta} \in \boldsymbol{\Theta}$ 为一个统计模型. 首先无信息先验分布密度 $\lambda(\boldsymbol{\theta})$ 必须与统计模型有关, 而不是简单地确定为 $\boldsymbol{\Theta}$ 上的均匀分布. 对于不同的分布族, 其无信息先验分布密度可能不相同. 那么对于确定的分布族 $\mathbf{P}_{\boldsymbol{\theta}}, \boldsymbol{\theta} \in \boldsymbol{\Theta}$, 怎样确定其无信息先验分布? 我们用条件来确定它. 设 $\lambda(\boldsymbol{\theta})$ 是一个无信息先验分布密度, 在 $\boldsymbol{\Theta}$ 上考虑一个由 $\boldsymbol{\Theta}$ 到 $\boldsymbol{\Theta}$ 的一一变换 $\boldsymbol{\eta}(\boldsymbol{\theta})$, 假定 $\boldsymbol{\Theta}$ 是欧氏空间中的一个开集, $\boldsymbol{\eta}(\boldsymbol{\theta})$ 是一个很光滑的变换. $\boldsymbol{\eta}(\boldsymbol{\theta})$ 是原分布族的一个新的参数化. 对于 $\boldsymbol{\eta}(\boldsymbol{\theta})$, 相应的分布 $\mathbf{P}_{\boldsymbol{\eta}}$ 就定义为 $\mathbf{P}_{\boldsymbol{\eta}(\boldsymbol{\theta})}$. 这样, $\mathbf{P}_{\boldsymbol{\eta}}, \boldsymbol{\eta} \in \boldsymbol{\Theta}$ 就是原分布族的一个新的参数化. 由于分布族 $\{\mathbf{P}_{\boldsymbol{\theta}}, \boldsymbol{\theta} \in \boldsymbol{\Theta}\}$ 与 $\{\mathbf{P}_{\boldsymbol{\eta}}, \boldsymbol{\eta} \in \boldsymbol{\Theta}\}$ 是同一个分布族的两个不同的参数化, 它们的无信息先验分布应该是相同的, 即 $\lambda(\boldsymbol{\eta})$ 也是分布族 $\{\mathbf{P}_{\boldsymbol{\eta}}, \boldsymbol{\eta} \in \boldsymbol{\Theta}\}$ 的无信息先验分布密度. 另一方面, $\boldsymbol{\eta}$ 和 $\boldsymbol{\theta}$ 之间是通过一一变换 $\boldsymbol{\eta} = \boldsymbol{\eta}(\boldsymbol{\theta})$ 联系起来的, 两个密度之间应该具有下面的

关系:

$$\lambda(\boldsymbol{\theta}) = \lambda(\boldsymbol{\eta}(\boldsymbol{\theta}))\left|\frac{\partial \boldsymbol{\eta}}{\partial \boldsymbol{\theta}^{\mathrm{T}}}\right|. \tag{7.4}$$

什么样的函数满足 (7.4)? 直接验算可知, $c|I(\boldsymbol{\theta})|^{1/2}$, 其中 $I(\boldsymbol{\theta})$ 为模型中 $\boldsymbol{X}$ 的 Fisher 信息阵, 就满足这个条件.

定义 7.2 设 $p(\boldsymbol{x},\boldsymbol{\theta}),\boldsymbol{\theta}\in\boldsymbol{\Theta}$ 是一个分布族, 则 $c|I(\boldsymbol{\theta})|^{1/2}$ 称为这个分布族的 Jeffereys **无信息先验分布密度**($c|I(\boldsymbol{\theta})|^{1/2}$ 也可以是广义密度函数), 其中 $I(\boldsymbol{\theta})$ 为分布族 $p(\boldsymbol{x},\boldsymbol{\theta}),\boldsymbol{\theta}\in\boldsymbol{\Theta}$ 的 Fisher 信息阵.

例 7.5 设 $X_1,\cdots,X_n$ 来自正态总体, 其总体分布密度为

$$f(x,\theta) = \frac{1}{\sqrt{2\pi}\sigma}\exp\left\{-\frac{1}{2\sigma^2}(x-\theta)^2\right\},$$

其中 σ^2 为已知. 按"同等无知"原则, 这个模型的无信息先验分布为 $\lambda(\theta)\propto 1$. 现在求 Jeffereys 无信息先验分布密度. 为此, 计算这个模型的 Fisher 信息量. 先计算 X_1 所含的信息量, 按信息量的定义,

$$I(\theta) = -\mathbf{E}_\theta\left\{\frac{\mathrm{d}^2\ln f(X,\theta)}{\mathrm{d}\theta^2}\right\} = \frac{1}{\sigma^2}\propto 1.$$

由信息量的性质可知, $X_1,\cdots,X_n$ 的 Fisher 信息量为 $I_n(\theta)=nI(\theta)\propto 1$. 由此可知, Jeffereys 无信息先验分布与"同等无知"原则之下的无信息先验分布是一样的. 利用这个广义的无信息先验分布, 得到后验分布密度为 $N(\overline{x},\sigma^2/n)$. 再利用这个后验分布, 可以进行贝叶斯分析, 例如, θ 的后验 ML 估计为 $\overline{x}$.

例 7.6 设 $X_1,\cdots,X_n$ 来自一个刻度分布族, 其总体分布密度为

$$\frac{1}{\theta}f(x/\theta),\quad \theta>0,$$

其中 f 为已知的密度函数. 按"同等无知"原则, 这个模型的无信息先验分布为 $\lambda(\theta)\propto 1$. 现在求 Jeffereys 无信息先验分布密度, 先计算 X_1 所含的信息量. 按信息量的定义,

$$I(\theta) = \frac{1}{\theta^2}\mathbf{E}\left(1+\frac{f'(X)X}{f(X)}\right)^2.$$

由信息量的性质可知, $X_1,\cdots,X_n$ 的 Fisher 信息量为 $I_n(\theta)=nI(\theta)\propto\frac{1}{\theta^2}$. 由此可知, Jeffereys 无信息先验分布与“同等无知”原则之下的无信息先验分布是不一样的. Jeffereys 无信息先验分布 $\propto 1/\theta$.

另外, 还有人提出一种观点是信息比较原则. 设 $\lambda_1(\theta)$ 和 $\lambda_2(\theta)$ 是两个先验分布密度, $\lambda_1(\theta)$ 称为比 $\lambda_2(\theta)$ 含有较少的信息, 如果它们满足这样的条件: 设 $\boldsymbol{X}=(X_1,\cdots,X_n)$ 是一个样本, 若 $\lambda_1(\theta)$ 为先验分布密度, 相应的后验分布密度为 $\lambda_2(\theta)$. $\lambda_2(\theta)$ 综合了先验信息 $\lambda_1(\theta)$ 和样本带来的信息, 显然 $\lambda_2(\theta)$ 比 $\lambda_1(\theta)$ 多包含一些信息. 有了信息比较的原则, 人们希望找到含信息最少的先验分布作为无信息先验分布的定义. 现设 $X_1,\cdots,X_n$ 来自两点分布, $\mathbf{P}\{X=1\}=1-\mathbf{P}\{X=0\}=\theta$, 贝塔分布 $\mathrm{Beta}(2,1)$ 和 $\mathrm{Beta}(1,1)$ 为两个先验分布密度. 对于观察值 $x_1=1$, 先验分布 $\mathrm{Beta}(1,1)$ 所对应的后验分布就是 $\mathrm{Beta}(2,1)$. 对于观察值 $x_1=1,x_2=0$, 先验分布 $\mathrm{Beta}(0,0)$ 所对应的后验分布就是 $\mathrm{Beta}(1,1)$. 按照这种直观的看法, 可将 $\mathrm{Beta}(0,0)$ 看成具有最少信息的先验分布 (此处, $\mathrm{Beta}(0,0)$ 还不是严格意义下的分布密度, 是一个广义的先验分布). 有些作者将 Beta(0,0) 看成无信息先验分布的密度.

例 7.7　设 $\boldsymbol{X}=(X_1,\cdots,X_n)$ 来自贝努利总体, 即 X_i 的分布为两点分布 $\mathbf{P}\{X_i=1\}=1-\mathbf{P}\{X_i=0\}=\theta$, 其参数为 $\theta\in(0,1)$. 由定理 7.1 知, 其共轭分布族为贝塔分布族. 现在假定根据过去记录, 得到 $\boldsymbol{\theta}$ 的若干个值 $\theta_1,\cdots,\theta_k$, 此时可利用这些值, 将贝塔分布族 $\mathrm{Beta}(\alpha,\beta)$ 中的 α 和 β 作为未知参数进行估计. 记 $\overline{\theta}=\sum\limits_{i=1}^{k}\theta_i/k$, $s^2=\sum\limits_{i=1}^{k}(\theta_i-\overline{\theta})^2/k$, 通过方程组

$$\begin{aligned}\overline{\theta}&=\frac{\alpha}{\alpha+\beta},\\ s^2&=\frac{\alpha\beta}{(\alpha+\beta)^2(\alpha+\beta+1)},\end{aligned}$$

解得 α 和 β 的矩估计为

$$\hat{\alpha}=\overline{\theta}\left(\frac{\overline{\theta}(1-\overline{\theta})}{s^2}-1\right),$$

$$\hat{\beta}=(1-\overline{\theta})\left(\frac{\overline{\theta}(1-\overline{\theta})}{s^2}-1\right).$$

利用方法 1, 可将 $\mathrm{Beta}(\hat{\alpha},\hat{\beta})$ 作为先验分布.

现在假定我们没有关于 $\boldsymbol{\theta}$ 的经验资料, 因此, 我们只知道 $\boldsymbol{\theta}$ 的先验分布是贝塔分布族. 此时我们应该找出含最少信息的分布作为先验分布, 这个分布就是 Beta(0,0), 其密度正比于 $1/[\theta(1-\theta)]$(其实, Beta(0,0) 只能算是一个权函数). 令 $y=\sum\limits_{i=1}^{n}x_i$, 不难验证以 Beta(0,0) 为先验分布, 其相应的后验分布为 $\mathrm{Beta}(y,n-y)$. 现在取损失函数 $L(\theta,a)=(\theta-a)^2$, 其相应的贝叶斯决策函数为 $\delta=y/n$.

最后计算 Jeffereys 无信息先验分布密度, 首先计算 Fisher 信息量.由于 X_1 的密度 (或分布列) 为 $\theta^x(1-\theta)^{1-x}, x=0,1$, 得

$$\begin{aligned}I(\theta)&=-\mathbf{E}_\theta\left(\frac{\partial^2\ln[\theta^X(1-\theta)^{1-X}]}{(\partial\theta)^2}\right)\\&=\mathbf{E}_\theta\left[\frac{X}{\theta^2}+\frac{1-X}{(1-\theta)^2}\right]=\frac{1}{\theta(1-\theta)}.\end{aligned}$$

因此, Jeffereys 无信息先验分布密度为

$$\pi(\theta)\sim c\frac{1}{\sqrt{\theta(1-\theta)}},$$

即 $\boldsymbol{\theta}$ 的 Jeffereys 无信息先验分布为 Beta(1/2, 1/2). 它与前面求得的 Beta(0,0) 不同.

关于无信息先验分布的确定, 可以说仁者见仁, 智者见智, 还有人主张用 Beta(1,1), 即用 (0,1) 区间上的均匀分布作为无信息先验分布. 在实际中用什么分布作为无信息先验分布, 全凭应用者的经验.

§5.8 习 题

1. 设 $\boldsymbol{X}=(X_1,\cdots,X_n)$ 为来自正态总体 $N(\theta,\sigma^2)$ 的一个样本, 其中 σ^2 已知, $\vartheta\sim N(\mu,\tau^2)$. 证明: $\lambda(\theta|\boldsymbol{x})=\lambda(\theta|\overline{\boldsymbol{x}})$, 其中 $\lambda(\theta|\boldsymbol{x})$ 表示 ϑ 的后验分布密度.

2. 设 $\vartheta \sim \text{Beta}(\alpha,\beta), \alpha>0, \beta>0$. 证明：当 $\alpha/(\alpha+\beta) \to \theta_0 \in (0,1)$, 并且 $\alpha \to \infty$ 时, 随机变量 ϑ 的分布依概率收敛到 θ_0.

3. 证明：在例 2.3 和例 2.4 中, 所得到的贝叶斯估计是由它们的先验分布所唯一确定的.

4. 设 $\boldsymbol{X}=(X_1,\cdots,X_n)$ 是来自泊松分布的一个样本, 即

$$\mathbf{P}\{X_i=k\}=\frac{\lambda^k}{k!}\exp\{-\lambda\}, \quad \lambda>0,\ k=1,2,\cdots.$$

其中参数 λ 的先验分布为参数 α,β 的 Γ 分布, 即

$$\pi(\lambda)=\frac{\beta^\alpha}{\Gamma(\alpha)}\lambda^{\alpha-1}\exp\{-\beta\lambda\}, \quad \lambda>0.$$

损失函数是 $L(\lambda,a)=(\lambda-a)^2$. 考虑下列问题:

(i) 求出相应的贝叶斯决策 $\delta_\pi(\boldsymbol{X})$(贝叶斯估计).

(ii) 计算 $\delta_\pi(\boldsymbol{X})$ 的风险函数 $R(\delta_\pi,\lambda)=\mathbf{E}_\lambda(\delta_\pi(\boldsymbol{x})-\lambda)^2$.

(iii) 计算 $\delta_\pi(\boldsymbol{X})$ 的贝叶斯风险.

5. 设 $X \sim \mu\exp\{-\mu x\}, x>0, \mu>0$, 又设参数 μ 的先验分布密度为

$$\lambda(\mu)=\frac{b^a}{\Gamma(a)}\mu^{a-1}\exp\{-b\mu\}, \quad \mu>0, a>0, b>0.$$

现在假定, 观察数据为 $I_{\{X\geqslant x\}}=1$. 证明: μ 在 $I_{\{X\geqslant x\}}=1$ 的条件之下的后验密度为

$$\lambda(\mu|I=1)=\frac{(b+x)^a}{\Gamma(a)}\mu^{a-1}\exp\{-(b+x)\mu\}, \quad \mu>0,$$

即 μ 的后验分布仍然是 Γ 分布.

6. 设 $X \sim f(x,\theta)$, 其中 $\theta \in \Theta$. 令 (Θ_0,Θ_1) 是参数集合 Θ 的一个分割, 代表一个假设检验问题. 现在设 Λ 是 Θ 上的一个概率分布, 记 $\Lambda|x$ 为 $X=x$ 之下的后验分布. 令

$$\delta(x)=\begin{cases}1, & \text{当 } \dfrac{\Lambda(\Theta_1|x)}{\Lambda(\Theta_0|x)}>1 \text{ 时},\\[2ex] 0, & \text{当 } \dfrac{\Lambda(\Theta_1|x)}{\Lambda(\Theta_0|x)}\leqslant 1 \text{ 时}.\end{cases}$$

式中 $\delta(x)=1$ 表示拒绝 Θ_0, $\delta(x)=0$ 表示接受 Θ_0. 令

$$L(\theta,a)=\begin{cases}1, & \theta\in\Theta_0, a=1, \text{ 或 } \theta\in\Theta_1, a=0,\\ 0, & \text{其他}.\end{cases}$$

指出本题给出的决策函数 $\delta(x)$ 是一个贝叶斯决策函数. 若损失函数换成

$$\tilde{L}(\theta,a)=\begin{cases}l_1, & \theta\in\Theta_0, a=1, \text{ 或 } \theta\in\Theta_1, a=0,\\ l_0, & \text{其他},\end{cases}$$

其中 l_0 和 l_1 均为正数 $(l_1>l_0)$, 则相应的贝叶斯决策函数是什么?

7. 证明: 公式 (3.8) 中的第二个等式.

8. 完成由公式 (3.13) 到公式 (3.14) 的推导步骤.

9. 证明: 由公式 (3.18) 与公式 (3.19) 所确定的估计的范围是相同的.

10. 证明: 在例 3.7 中, p 的估计 b 在 $0\leqslant b\leqslant 1$ 的情况下的可容许性.

11. 证明: 在例 3.7 中, 当 a 和 b 在闭三角形 $\{(a,b): a\geqslant 0, b\geqslant 0, a+b\leqslant 1\}$ 外的时候, p 的估计 $aX/n+b$ 是不可容许的.

12. 设 $X_1,\cdots,X_n\sim \mathbf{P}_\theta, \theta\in\Theta$ 是一个统计模型, 设 $T(X_1,\cdots,X_n)$ 是一个充分统计量. 记由 T 形成的统计模型为 $\{\mathbf{P}_\theta^T, \theta\in\Theta\}$. 考虑在平方损失下的 $g(\theta)$ 的估计问题. 设 $\delta(T)$ 是一个统计量, 满足条件 $\mathbf{E}_\theta\delta^2<\infty, \forall\theta\in\Theta$. 证明: 若 $\delta(T)$ 在模型 $\{\mathbf{P}_\theta^T\in\theta\in\Theta\}$ 中是一个可容许的估计, 则 $\delta(T(X_1,\cdots,X_n))$ 在原来的模型中也是一个可容许的估计.

13. 在例 3.8 中, 利用 Karling 定理的充分条件, 进一步找出均值参数 η 的全部形如 $a\overline{X}+b$ 的可容许估计.

14. 证明: 在例 4.2 中, 当参数 p 的变化范围由 $(0,1)$ 改成 $[0,1]$ 的时候, p 的极小极大估计的公式保持不变.

15. 设 $X\sim\begin{pmatrix} n\\ x_1,x_2,x_3\end{pmatrix}p_1^{x_1}p_2^{x_2}p_3^{x_3}$, 其中 p_1,p_2 和 p_3 为多项分布的参数, $x_3=n-x_1-x_2, p_1+p_2+p_3=1, p_i\in(0,1)$. 损失函数 $L(p_1,p_2;a)=(p_1-a)^2$. 求 p_1 的极小极大估计.

16. 设$X\sim f_\mu(x)$, $Y\sim f_\nu(y)$. X 和 Y 相互独立. 又设 $\phi(X)$ 是 μ 的依赖于样本 X, 且在平方损失意义下的极小极大估计. 则 $\phi(X)$ 也是依赖于样本 (X,Y) 的, 且在平方损失意义下的极小极大估计.

17. 设 $X_1,\cdots,X_m\sim \text{iid } N(\mu,1)$, $Y_1,\cdots,Y_n\sim\text{iid } N(\nu,1)$. $X_1,\cdots,X_m$ 和 $Y_1,\cdots,Y_n$ 相互独立. 求 $\mu-\nu$ 的极小极大估计.

18. 证明: 在例 7.2 中, $(\boldsymbol{X},\boldsymbol{\vartheta})^{\mathrm{T}}$ 是联合正态的随机向量.

19. 在习题 4 中证明 Γ 分布族是泊松分布族的共轭分布族.

20. 在习题 4 中计算泊松分布族的 Fisher 信息量 $I(\lambda)$.

21. 在习题 4 指出共轭分布 Γ 分布中参数 α,β 当 $\alpha/\beta\to\lambda_0$ 和 $\beta\to\infty$ 时, 随机变量 $\boldsymbol{\lambda}$ 依概率趋向 λ_0.

22. 在习题 4 中, 设广义先验分布密度函数为 $\pi(\lambda)=1/\sqrt{\lambda},\lambda>0$, 风险函数为 $L(\lambda,a)=(\lambda-a)^2$. 求出相应的贝叶斯决策函数.

23. 设 $\boldsymbol{X}=(X_1,\cdots,X_n)$ 为来自 $[0,\theta]$ 上的均匀分布的一个样本. 设 ϑ 的先验分布为 Pareto 分布, Pareto 分布的参数为 θ_0,α, 即 ϑ 的分布密度函数为

$$\lambda(\theta;\theta_0,\alpha)=\begin{cases}0, & \theta<\theta_0,\\ \alpha\theta_0^{\alpha}\theta^{-(\alpha+1)}, & \theta\geqslant\theta_0.\end{cases}\tag{8.1}$$

$\theta_0(>0)$ 和 $\alpha(>0)$ 称为先验分布的超参数. 证明: 先验分布族 $\{\lambda(\theta;\theta_0,\alpha):\theta_0>0,\alpha>0\}$ 为均匀分布的共轭分布族.

24. 设 $X\sim\mu\exp\{-\mu x\},x>0,\mu>0$, 又设参数 μ 的先验分布密度为

$$\lambda(\mu)=\frac{b^a}{\Gamma(a)}\mu^{a-1}\exp\{-b\mu\},\quad \mu>0,a>0,b>0.$$

现在假定, 观察数据为 $I_{\{X\geqslant x\}}$. 通常 X 在实际应用中代表机器的寿命, $g(\mu,x_0)=\mathbf{P}\{X>x_0\}=\exp\{-\mu x_0\}$ 代表机器的可靠性 (x_0 是机器的任务时间), 在平方损失之下求出 $g(\mu,x_0)$ 的贝叶斯估计. 若观察值不是 $I_{\{X\geqslant x\}}$, 而是准确的寿命值 X, 相应的贝叶斯估计是什么?

25. 设 $\boldsymbol{X}=(X_1,\cdots,X_n)$ 为来自 $[0,\theta]$ 上的均匀分布的一个样本. 设 ϑ 的先验分布 $\propto 1$.

(i) 计算 ϑ 的后验分布.

(ii) 设损失函数为 $L(\theta,a)=(\theta-a)^2$, 求出 θ 的贝叶斯估计.

26. 求出指数分布族 $F(x)=1-\exp\{-\lambda x\}$ 的共轭分布族.

27. 设 $X_1,\cdots,X_n$ 为来自贝努利分布的样本

$$\mathbf{P}\{X_i=1\}=\theta=1-\mathbf{P}\{X_i=0\},\qquad \theta\in(0,1)$$

设 θ 的先验分布是 $(0,1)$ 上的均匀分布, 损失函数为

$$L(\theta,a)=\frac{(\theta-a)^2}{(\theta(1-\theta))^2}.$$

求 θ 的贝叶斯估计 (即求出相应的贝叶斯决策函数).

习题答案与提示

第一章

1. 参数 N, 样本空间 $\{1, 2, \cdots, n\}$.

2. **提示**: 例 1.7 已经对乙的观察数据进行了分析. 观察者丙观察到的数据为 $X_i^{(n)}, i = 1, \cdots, n_1$, 其中 $X_i^{(n)}$ 为 $X_i, i = 1, \cdots, n$ 的次序统计量, $n_1 = \max\{i : X_i^{(n)} \leqslant 10\}$, 当 $X_1^{(n)} > 10$ 的时候, n_1 定义为 0, 表示丙没有观察实际寿命的数据. 在求 $X_i^{(n)}, i = 1, \cdots, n_1$ 的分布的时候, 分别对 $n_1 = k$ 的情况下, 求出 $X_i^{(n)}, i = 1, \cdots, k$ 的取值范围和相应的概率密度.

3. **提示**: 只需取 $\mu =$ 直线上的 Lebesgue 测度.

4. **提示**: 只需利用引理 2.1 的结论.

5.

$$\mathbf{P}\{X \leqslant c|t\} = \begin{cases} 1, & t \leqslant c, \\ \dfrac{c}{t}, & c < t \leqslant 1, \\ \dfrac{1+c-t}{2t-1}, & 1 < t \leqslant 1+c, \\ 0, & 1+c < t. \end{cases}$$

6. 样本空间为 $\{\boldsymbol{x} = \{i_1, \cdots, i_n\} : i_1, \cdots, i_n$ 为 n 个不同的自然数$\}$, 参数空间为 $\{N : N \geqslant n\}$, 则

$$\mathbf{P}_N\{\boldsymbol{x}\} = \begin{cases} 0, & \max\limits_{1 \leqslant k \leqslant n} i_k > N, \\ 1 \Big/ \dbinom{N}{n}, & \text{其他}. \end{cases}$$

7. $X_1, \cdots, X_n \sim \text{iid } N(\mu, \sigma^2), \mu \in \mathbb{R}, \sigma > 0, n = 8$.

8. $\mathbf{P}\{X = 2\} = p(1+q), \mathbf{P}\{X = k\} = pq^{k-1}, k = 3, \cdots$, 其中 $q = 1 - p$.

9. 首先利用归纳法证明

$$\mathbf{P}\{T = t\} = \frac{(n\lambda)^t}{t!} \exp\{-n\lambda\}, \quad t = 0, 1, \cdots.$$

然后计算条件概率

$$\mathbf{P}\{X_1=x_1,\cdots,X_n=x_n|T=t\}=\begin{cases}\dbinom{t}{x_1,\cdots,x_n}n^{-t}, & \text{如 } x_1+\cdots+x_n=t,\\ 0, & \text{其他}.\end{cases}$$

10. X 的联合分布密度为

$$p(y_{(1)},y_{(2)},\theta)=\frac{3!}{\theta^2}\exp\{-(y_{(1)}+2y_{(2)})/\theta\},\quad 0<y_{(1)}<y_{(2)},\theta>0.$$

11. (i) $\left(\overline{X},\sum\limits_{i=1}^n(X_i-\overline{X})^2\right)$; (ii) $\sum\limits_{i=1}^n X_i$; (iii) $\sum\limits_{i=1}^n X_i$; (iv) $\sum\limits_{i=1}^n X_i$.

13. (i) 对于固定的 b, 考虑关于参数 a 的分布族, 再利用巴苏定理. (ii) 考虑两参数 (a,b) 的分布族, 利用巴苏定理.

14. **提示**: 证明不等式

$$\frac{\displaystyle\int_t^b\exp\{(\theta+\Delta)x\}\mathrm{d}\mu}{\displaystyle\int_a^b\exp\{(\theta+\Delta)x\}\mathrm{d}\mu}\geqslant\frac{\displaystyle\int_t^b\exp\{\theta x\}\mathrm{d}\mu}{\displaystyle\int_a^b\exp\{\theta x\}\mathrm{d}\mu},\quad \Delta>0,\quad t>a.$$

15. **提示**: 利用公式

$$\mathbf{E}_\theta X=-\int_{-\infty}^0F_\theta(x)\mathrm{d}x+\int_0^\infty(1-F_\theta(x))\mathrm{d}x.$$

16.

$$\mathrm{cov}(X_i,X_j)=\begin{cases}np_i(1-p_j), & i=j,\\ -np_ip_j, & i\neq j.\end{cases}$$

17. (i)

$$\frac{n!}{(n-r)!}\left(\frac{1}{\beta}\right)^r\exp\left\{-\frac{\sum\limits_{i=1}^r(x_{(i)}-\alpha)+(n-r)(x_{(r)}-\alpha)}{\beta}\right\}.$$

(ii) 将因子分解定理应用于 $X_{(1)},\cdots,X_{(r)}$ 的联合分布密度.

18. (i) 利用完全充分统计量的定义证明.

(ii) 利用巴苏定理.

20. (i) $\max\limits_{1\leqslant i\leqslant n}X_i$. (ii) $\min\limits_{1\leqslant i\leqslant n}X_i$. (iii) $\sum\limits_{i=1}^n|X_i|$.

21. 由于 W 只取 0 和 1 两个值, 我们只需给出概率 $\mathbf{P}\{W=1,Z\leqslant x\}$ 和 $\mathbf{P}\{W=0,Z\leqslant x\}$ 即可. 对于 $x\geqslant 0$, 经计算,

$$\mathbf{P}\{W=1,Z\leqslant x\}=\frac{1}{\lambda}\int_0^x \exp\Big\{-\Big(\frac{1}{\lambda}+\frac{1}{\mu}\Big)u\Big\}\mathrm{d}u,$$
$$\mathbf{P}\{W=0,Z\leqslant x\}=\frac{1}{\mu}\int_0^x \exp\Big\{-\Big(\frac{1}{\lambda}+\frac{1}{\mu}\Big)u\Big\}\mathrm{d}u.$$

进一步计算可知,

$$\mathbf{P}\{Z\leqslant x|W=1\}=\mathbf{P}\{Z\leqslant x|W=0\}=1-\exp\left\{-\Big(\frac{1}{\lambda}+\frac{1}{\mu}\Big)x\right\},\quad x>0.$$

这说明 W 和 Z 的相互独立性.

23. 作变换 $Z_i=\dfrac{X_i-a}{b}$, 不难验证, $Z_i\sim \text{iid } F(z)$, $i=1,\cdots,n$. 在 (i), (ii), (iii) 题中只需把相应的统计量表成 $Z_i, i=1,\cdots,n$ 的函数, 再计算其分布就可以证明相应的统计量是辅助统计量.

24. (i) 固定 β 的值, 指出 $X_{(1)}$ 是相应的分布族的完全充分统计量, 辅助统计量为 $\sum\limits_{i=1}^n(|X_i-x_{(1)}|)$, 再利用巴苏定理. (ii) 指出 $X_{(1)}, \sum\limits_{i=1}^n(|X_i-x_{(1)}|)$ 是两参数族的完全充分统计量, 而 $Z_i=(X_{(n)}-X_{(i)})/(X_{(n)}-X_{(n-1)})$, $i=1,\cdots,n-2$ 是辅助统计量, 再利用巴苏定理.

第二章

1. 根据相关系数的定义 $\rho=[\mathbf{E}(XY)-\mathbf{E}(X)\mathbf{E}(Y)]/\sqrt{\mathrm{var}(X)\mathrm{var}(Y)}$, 从而利用矩估计的方法, 分别给出相应项 $\mathbf{E}(XY),\mathbf{E}X,\mathbf{E}Y,\mathrm{var}(X),\mathrm{var}(Y)$ 的矩估计, 代入公式即可得到 ρ 的矩估计.

2. $\alpha_1=\mathbf{E}X=(\theta_1+\theta_2)/2$, $\alpha_2=\mathbf{E}X^2=\dfrac{1}{3}(\theta_2^3-\theta_1^3)/(\theta_2-\theta_1)=\dfrac{1}{3}(\theta_1^2+\theta_1\theta_2+\theta_2^2)$. 解方程可得, $\theta_1=-\sqrt{3(\alpha_2-\alpha_1^2)}+\alpha_1$ 以及 $\theta_2=\sqrt{3(\alpha_2-\alpha_1^2)}+\alpha_1$. 从而可以给出 θ_1 和 θ_2 的矩估计.

写出 θ_1 和 θ_2 的似然函数为 $L(\theta_1,\theta_2)=(\theta_2-\theta_1)^{-n}I_{\{\theta_1\leqslant X_{(1)}\leqslant X_{(n)}\leqslant\theta_2\}}$. 所以要使似然函数最大, 只要 $\theta_2-\theta_1$ 取最小, 且满足条件 $\theta_1\leqslant X_{(1)}\leqslant X_{(n)}\leqslant\theta_2$, 所以 (θ_1,θ_2) 的 ML 估计是 $\hat{\theta}_1=X_{(1)},\hat{\theta}_2=X_{(n)}$.

3. $\overline{x}$, 即样本均值.

4. (i) $p^{\sum\limits_{i=1}^n X_i}(1-p)^{n-\sum\limits_{i=1}^n X_i}$. (ii) 和 (iii) $1/\overline{x}$.

5. (i) $\hat{\sigma}^2=\dfrac{1}{n}\sum\limits_{i=1}^n(X_i-\mu_0)^2$. (ii) $\overline{x}$.

6. $\overline{x}$.

7. **提示：** 对于对称矩阵 $X>0$, $\dfrac{\partial \mathrm{tr}(AX)}{\partial X}=A+A'-\mathrm{diag}(A)$, 以及 $\dfrac{\partial \ln|X|}{\partial X}=2X^{-1}-\mathrm{diag}(X^{-1})$.

8. (i) $p(1-p)$. (ii) $T=\overline{x}(1-\overline{x})$. (iii) $\mathbf{E}T=\Big(1-\dfrac{1}{n}\Big)p(1-p)$.

9. **提示：** 利用 EM 算法进行计算.

10. **提示：** 根据问题的顺序依次证明和计算即可.

11. **提示：** 利用习题 10.

12. **提示：** 利用矩估计和 ML 估计的定义.

13. **提示：** 利用矩估计和 ML 估计的定义.

14. **提示：** ξ^2 的分布为 χ^2 分布, 自由度为 1, 记 ξ^2 的分布密度为 $\chi_1^2(x)$. 由于 ξ 和 η 相互独立, 利用求随机变量函数的分布的方法, 先求出 $\xi^2/(\eta/n)$ 的分布函数和分布密度. 再利用关系式 $\mathbf{P}\{\xi/\sqrt{\eta/n}\leqslant u\}=\mathbf{P}\{\xi^2/(\eta/n)\leqslant u^2\}/2$ 导出 $\xi/\sqrt{\eta/n}$ 的密度公式.

15. **提示：** 分别计算 μ 和 σ 的 ML 估计, 然后相除可以得到变异系数的 ML 估计.

16. (i) $\sum\limits_{i=1}^n X_i^2/n$. (ii), (iii) $\sum\limits_{i=1}^n X_i^2$ 是完全充分统计量来给出 UMVU 估计.

17. **提示：** $(X_{(1)},X_{(n)})$ 是完全充分统计量.

18. **提示：** $\sum\limits_{i=1}^n X_i$ 是完全充分统计量.

19. **提示：** $\sum\limits_{i=1}^n X_i$ 是完全充分统计量.

20. **提示：** 首先证明 $\overline{X}$ 为完全充分统计量. 然后利用 $\overline{X}=Y+\mu$, 其中 $Y\sim N(0,1/n)$. 为了求 μ^3 的依赖于 $\overline{X}$ 的无偏估计, 只需寻找常系数 a,b,c,d, 使得 $\mathbf{E}(a\overline{X}^3+b\overline{X}^2+c\overline{X}+d)=\mu^3$.

21. 首先证明 $(\overline{X},S^2)$ 是完全充分统计量, 然后证明 $\mathbf{E}T=\mu^2$.

22. 根据期望的定义和密度函数可以证明期望是 λ.

23. **提示**：利用巴苏定理可以证明.

24. **提示**：写出联合分布密度，直接证明.

25. **提示**：写出联合分布密度，直接证明.

26. **提示**：利用完全充分统计量的定义，由 S 的完全充分性推出 T 的完全充分性，反之亦然.

27. (i) **提示**：利用归纳法. (ii) $1/\overline{x}$. (iii) $\sum\limits_{i=1}^{n} X_i$. (iv) 利用 (i) 的结论，先求 $\mathbf{E}\Big(\sum\limits_{i=1}^{n} X_i\Big)^{-1}$，然后可以求出 UMVU 估计.

28. **提示**：$\Big(X_1, \sum\limits_{j=2}^{n-1} X_j^2, X_n\Big)$ 是完全充分统计量.

29. **提示**：利用 Jensen 不等式.

30. **提示**：利用信息量的定义以及复合函数求导的公式来证明.

31. **提示**：利用习题 30.

32. **提示**：利用信息量的定义来证明.

33. **提示**：直接计算 $I(\alpha, \beta)$ 的信息量，然后利用习题 30 的结论计算.

34. **提示**：直接计算即可.

36. **提示**：(i) $\overline{X}$. (ii) $X_{(1)} - b/n$.

37. **提示**：我们只需证明 $\mathbf{E}_0(X_{(1)}|\mathbf{y})$ 是只依赖于 $X_{(i)} - X_{(1)}, i = 2, \cdots, n$ 的函数即可，关于 $\mathbf{E}_0(X_{(n)}|\mathbf{y})$ 的性质的证明是完全类似的. 为证明 $\mathbf{E}_0(X_{(1)}|\mathbf{y})$ 只依赖于 $X_{(i)} - X_{(1)}, i = 2, \cdots, n$，我们只需证明 $\mathbf{P}_0\{X_{(i)} \in A|\mathbf{y}\}$ 只依赖于 $X_{(i)} - X_{(1)}, i = 2, \cdots, n$ 即可. 利用 $X_1, \cdots, X_n$ 为独立同分布随机变量的性质：概率测度 $\mathbf{P}_0\{(X_1, \cdots, X_n) \in A\}$ 中的 n 个变量做任何变量置换以后，概率值保持不变，即 $\mathbf{P}_0\{(X_1, \cdots, X_n) \in A\} = \mathbf{P}_0\{(X_{i_1}, \cdots, X_{i_n}) \in A\}$，其中 $i_1, \cdots, i_n$ 是角标 $1, 2, \cdots, n$ 的任意一个置换. 现在考虑两个测度 $\mathbf{P}_0\{X_{(0)} \in B, (X_1 - X_n, \cdots, X_{n-1} - X_n) \in C\}$ 和 $\mathbf{P}_0\{(X_1 - X_n, \cdots, X_{n-1} - X_n) \in C\}$，由它们可以产生条件概率 $\mathbf{P}_0\{X_0 \in B|x_1 - x_n, \cdots, x_{n-1} - x_n\}$. 由于两个测度中，$X_1, \cdots, X_n$ 的位置可以任意置换，相应的条件概率中的 $x_1, \cdots, x_n$ 的位置经过任意置换后条件概率的值保持不变. 这意味 $\mathbf{P}_0\{X_0 \in A|x_1 - x_n, \cdots, x_{n-1} - x_n\}$ 是只依赖于 $x_{(i)} - x_{(1)}, i = 2, \cdots, n$ 的函数. 既然 $\mathbf{P}_0\{X_0 \in A|x_1 -$

$x_n, \cdots, x_{n-1}-x_n\}$ 只依赖于 $x_{(i)}-x_{(1)}, i=2,\cdots,n$, 相应的条件期望 $\mathbf{E}_0(X_0|x_1 - x_n, \cdots, x_{n-1}-x_n)$ 也只依赖于 $x_{(i)}-x_{(1)}, i=2,\cdots,n$.

38. **提示:** 首先求出 $X_{(0)}$ 和 $X_{(n)}$ 的联合分布, 然后求相应的条件分布, 再证明其相对于 0 的对称性.

39. 直接验证: $L(b\tau, b^r d)=\gamma(b^r d/(b\tau)^r)=\gamma(d/\tau^r)=L(\tau,d)$, 满足 (4.26).

43. **提示:** $X_1^2+\cdots+X_n^2\sim\chi^2(n)$, 利用 χ^2 的期望和方差公式可以证明. 也可以直接证明, 利用 $\mathbf{E}X_1^2=1, \mathbf{E}X_1^4=3$. 则 $\mathbf{E}(X_1^2+\cdots+X_n^2)^2=n\mathbf{E}X_1^4+n(n-1)\mathbf{E}(X_1^2X_2^2)=n^2+2n$.

44. 利用公式直接计算.

45. 直接验证.

46. 令 $Y_n=X_n$, 则可以得到 $(Y_1,\cdots,Y_{n-1},Y_n)$ 的联合分布密度, 然后计算 $\mathbf{Y}$ 的边缘密度.

47. **提示:** 关键是计算 $\mathbf{E}_1\left[\sum\limits_{i=1}^n (X_i-\overline{X})^2\right]^2$.

48. **提示:** 由于 ξ 的 MRE 估计的表达式很繁琐, 只需证明所求得的估计与参数 τ 有关即可.

49. **提示:** 证明 (δ_0,δ_1) 是完全充分统计量, 而 Z 是辅助统计量, 从而利用巴苏定理可以证明它们的独立性.

50. 利用公式直接计算.

51. $T=\dfrac{1}{1-2\alpha}\displaystyle\int_\alpha^{1-\alpha}F^{-1}(t)\mathrm{d}t$. 然后利用分位数的影响函数来计算 T 的影响函数. 则 T 的影响函数是

$$IF(x;T,F)=\frac{1}{1-2\alpha}\int_\alpha^{1-\alpha} IF(x;F^{-1}(t),F)\mathrm{d}t.$$

计算可得

$$IF(x;T,F)=\begin{cases}\dfrac{1}{1-2\alpha}[F^{-1}(\alpha)-W(F)], & x<F^{-1}(\alpha),\\ \dfrac{1}{1-2\alpha}[x-W(F)], & F^{-1}(\alpha)\leqslant x\leqslant F^{-1}(1-\alpha),\\ \dfrac{1}{1-2\alpha}[F^{-1}(1-\alpha)-W(F)], & x>F^{-1}(1-\alpha),\end{cases}$$

其中 $W(F)=\displaystyle\int_\alpha^{1-\alpha}F^{-1}(t)\mathrm{d}t+\alpha F^{-1}(\alpha)+\alpha F^{-1}(1-\alpha)$.

52. $T=W(F)$, 其中 $W(F)$ 定义见习题 51, 其他也同习题 51. 影响函数为

$$IF(x;T,F)=\begin{cases} F^{-1}(\alpha)-\dfrac{\alpha}{f(F^{-1}(\alpha))}-C(F), & x<F^{-1}(\alpha), \\ x-C(F), & F^{-1}(\alpha)\leqslant x\leqslant F^{-1}(1-\alpha), \\ F^{-1}(1-\alpha)+\dfrac{\alpha}{f(F^{-1}(\alpha))}-C(F), & x>F^{-1}(1-\alpha), \end{cases}$$

其中

$$C(F)=W(F)-\frac{\alpha^2}{f(F^{-1}(\alpha))}-\frac{\alpha^2}{f(F^{-1}(1-\alpha))}.$$

53. 运用数据进行运算.

54. 运用数据进行运算.

55. p 的 ML 估计是 $\overline{X}$, 估计序列的泛函是

$$T(F_p)=\sum_{k=0}^{n}k\binom{n}{k}p^k(1-p)^{n-k}=p.$$

利用例 5.3 的方法可以计算对任意的 $x=0,1,\cdots,n$, 影响函数是 $x-p$.

56. n 是偶数时, 都是 1/2; 奇数时, 为 $(n-1)/(2n)$.

57. (i) 首先可以验证 θ 是方程 $\lambda(a)=\int\psi(x,a)f(x,\theta)\mathrm{d}x=0$ 的解. 同时根据 ψ 的条件, 则 $\lambda(a)$ 是 a 的严格递增 (或递减) 函数, 可知方程的解必唯一.

(ii) 估计方程是 $\lambda(\theta)=\sum\limits_{i=1}^{n}\psi(x_i,\theta)$. 则 $\lambda(\theta)$ 是 θ 的严格递增 (或递减) 函数, 可知方程的解必唯一.

(iii) 当 $X\sim N(\theta,1)$, $\psi(x,\theta)=x-\theta$, 是 θ 的递减函数, 且 $\int(\partial/\partial\theta)f_\theta(x)\mathrm{d}x=-\int\psi(x,\theta)f_\theta(x)\mathrm{d}x=\int(x-\theta)f_\theta(x)\mathrm{d}x=\mathbf{E}X-\theta=0$. 当 $X\sim N(0,\theta)$, $\psi(x,\theta)=-\dfrac{1}{2}\left(\dfrac{x^2}{\theta^2}-\dfrac{1}{\theta}\right)$. 在 x 固定的情况下, $\psi(x,\theta)$ 既不是 θ 的递减函数, 也不是递增函数.

(iv) 满足.

58. 根据 Huber 估计的定义进行计算.

第三章

1. 利用 Chebyshev 不等式.

2. **提示**：利用 Borel-Cantelli 定理.

3. 对任意的 $\varepsilon > 0$ 以及 $\xi > 0$,

$$\begin{aligned}&\mathbf{P}\{|g(\delta_n) - g(\theta)| \geqslant \varepsilon\} \\ \leqslant\, &\mathbf{P}\{|g(\delta_n) - g(\theta)| \geqslant \varepsilon, |\delta_n - \theta| \leqslant \xi\} + \mathbf{P}\{|\delta_n - \theta| \geqslant \xi\},\end{aligned}$$

其中，第一项由 $g(\cdot)$ 在 θ 处的连续性可证明趋于 0; 第二项趋于 0, 是由于 δ_n 的相合性.

4. **提示**：利用习题 1 的结论.

5. **提示**：利用习题 1 的结论和 Slutsky 定理.

6. **提示**：利用习题 2 的结论.

7. **提示**：首先可以记 $S_n = \sum\limits_{i=1}^{n} Y_i^2$, 其中 $Y_1, \cdots, Y_n \sim \text{iid } N(0,1)$. 则由中心极限定理可得 $\dfrac{1}{\sqrt{n}}(S_n - n) \xrightarrow{\mathcal{L}} N(0,2)$. 再利用定理 2.2 可得

$$\frac{1}{\sqrt{n}}(S_n^{1/2} - n^{1/2}) \xrightarrow{\mathcal{L}} N\left(0, \frac{1}{2}\right).$$

8. (i) 假设 $g(\theta)$ 的无偏估计是 $\delta_n(\boldsymbol{X})$, 则 $\mathbf{E}\delta_n(\boldsymbol{X}) = g(\theta)$. 又 $\mathbf{E}\delta_n(\boldsymbol{X}) = (2\pi)^{-n/2}\int\cdots\int \delta_n(\boldsymbol{X})\exp\left\{-\dfrac{1}{n}\sum\limits_i (X_i - \theta)^2\right\}\mathrm{d}X_1\cdots\mathrm{d}X_n$, 显然这个作为 θ 的函数是连续函数. 而 $g(\theta)$ 是不连续函数, 所以 $g(\theta)$ 不存在无偏估计.

(ii) θ 的矩估计和 ML 估计都是 $\overline{X}$, 则 $g(\theta)$ 的矩估计和 ML 估计都是 $g(\overline{X})$. 当 $\theta = 0$ 时, 对任意的 $\varepsilon > 0$, $\mathbf{P}\{|g(\overline{X}) - g(\theta)| \geqslant \varepsilon\} = \mathbf{P}\{\overline{X} \neq 0\} = 1$.

(iii)

$$\delta_n(\boldsymbol{X}) = \begin{cases} 1, & |\sqrt{n}\,\overline{X}| > n^{1/4}, \\ 0, & |\sqrt{n}\,\overline{X}| \leqslant n^{1/4}. \end{cases}$$

由于 $X \sim N(\theta, 1)$, 故 $\sqrt{n}\,\overline{X} \sim N(\sqrt{n}\theta, 1)$. 则当 $\theta = 0$ 时, 对任意的 $\varepsilon < 1$,

$$\mathbf{P}\{|g(\overline{X}) - g(\theta)| \geqslant \varepsilon\} = \mathbf{P}\{\delta_n(\boldsymbol{X}) = 1\} = \mathbf{P}\{\sqrt{n}\,\overline{X} > n^{1/4}\} \to 0.$$

则当 $\theta \neq 0$ 时, 对任意的 $\varepsilon < 1$,

$$\mathbf{P}\{|g(\overline{X}) - g(\theta)| \geqslant \varepsilon\} = \mathbf{P}\{\delta_n(\boldsymbol{X}) = 0\} = \mathbf{P}\{|\sqrt{n}\,\overline{X}| \leqslant n^{1/4}\} \to 0.$$

故 $\delta_n(\boldsymbol{X})$ 是 $g(\theta)$ 的相合估计.

9. (i) $k=\sqrt{2\pi}/2$. (ii) $\delta_{2,n}=\delta_{3,n}=S_n=\left(\frac{1}{n}\sum_{i=1}^{n}X_i^2\right)^{1/2}$.
(iii) $k^2\sigma^2, \frac{1}{2}\sigma^2$.

10. 首先证明 $\frac{1}{n}T_n$ 是 λ 的相合估计. (i) 而函数 exp 是连续函数, 利用习题 3 很容易证明. 再利用定理 2.2, 可得到渐近方差. (ii) 注意到, $n\ln\left(1-\frac{1}{n}\right)=-1+O(n^{-1})$, 所以 $T_n\ln\left(1-\frac{1}{n}\right)=-\frac{1}{n}T_n(1+o(1))$, 由此可知, $T_n\ln\left(1-\frac{1}{n}\right)$ 是 $-\lambda$ 的相合估计. 而函数 exp 是连续函数, 利用习题 3 很容易证明. 再利用定理 2.2, 可得到渐近方差.

11. **提示:** 证明估计的方差趋于 0. 首先, 证明 Pitman 估计 δ_n 是无偏估计, 其次, $\overline{X}$ 也是 θ 的无偏同变估计. 所以 $\mathrm{var}(\delta_n)\leqslant\mathrm{var}(\overline{X})=\sigma^2/n\to 0$, 利用习题 1 的结论可以证明 Pitman 估计的相合性.

12. pq 的 ML 估计是 $\delta_n=\overline{X}(1-\overline{X})$. 则 $\mathbf{E}\delta_n\to pq$, 且 $\sqrt{n}(\overline{X}-p)\xrightarrow{\mathcal{L}}N(0,pq)$, 再利用定理 2.2, 令 $f(p)=p-p^2$, $\sqrt{n}(\delta_n-pq)$ 具有渐近正态性.

13. 显然 $\sum\limits_{i=1}^{n}X_i^2$ 是完全充分统计量, 同时注意到 $\sum\limits_{i=1}^{n}X_i^2/\sigma^2\sim\chi^2(n)$, 由于 $\lambda_n=\mathbf{E}\sqrt{\chi^2(n)}=\sqrt{2}\Gamma\left(\frac{n+1}{2}\right)/\Gamma\left(\frac{n}{2}\right)$, 故 $\mathbf{E}\left(\sum\limits_{i=1}^{n}X_i^2\right)^{1/2}=\lambda_n\sigma$, 所以 $\delta_{4,n}=\lambda_n^{-1}\left(\sum\limits_{i=1}^{n}X_i^2\right)^{1/2}$ 是 σ 的 UMVU 估计.

14. (i)

$$\hat{\theta}_{1,n}(\boldsymbol{X})=\begin{cases}\overline{X}_n, & \overline{X}_n\geqslant 0,\\ 0, & \overline{X}_n<0.\end{cases}$$

15. 利用 $(X_1-\overline{X})/S$ 是辅助统计量, 且 $(\overline{X},S^2)$ 是完全充分统计量, 只需计算概率 $\mathbf{P}\{X_1<a|\overline{X}=\overline{x},S^2=s^2\}=\mathbf{P}\left\{\frac{(X_1-\overline{X})/\sqrt{(n-1)/n}}{\sqrt{S^2/(n-1)}}\leqslant\frac{(a-\overline{x})/\sqrt{(n-1)/n}}{\sqrt{s^2/(n-1)}}\right\}$. 而 $\frac{(X_1-\overline{X})/\sqrt{(n-1)/n}}{\sqrt{S^2/(n-1)}}\sim t_{n-1}$. 其他的类似例 3.1 的结论.

16. (i) $\mathbf{P}\{X_1<a|\overline{X}\}=\mathbf{P}\{X_1-\overline{X}<a-\overline{X}|\overline{X}\}$. 再利用例 3.1 的结论, 以及定理 2.2, 来得到 $\delta_{1,n}$ 的渐近方差. (ii) $\mathrm{var}(\sqrt{n}\delta_{2n})\to pq$.

17. (i) $\sqrt{n}(2\overline{X}-\theta) \xrightarrow{\mathcal{L}} N\Big(0, \dfrac{1}{3}\theta^2\Big)$. (ii) $n[X_{(n)}(n+1)/n-\theta] \xrightarrow{\mathcal{L}} N(0,\theta^2)$, $n[X_{(n)}(n+2)/(n+1)-\theta] \xrightarrow{\mathcal{L}} N(0,\theta^2)$.

18. $\hat{p}_1 = \hat{p}_2 = 5/8$.

20. 利用定义 3.1 进行证明.

21. (i) $\hat{p}_n = \overline{X}_n$. (ii) $\sqrt{n}(\hat{p}_n - p) \xrightarrow{\mathcal{L}} N(0,pq)$. (iii) 同 (ii).

22. 运用定理 2.2 和 $\sqrt{n}(\overline{X}-p) \xrightarrow{\mathcal{L}} N(0,pq)$, 可得渐近方差是 1/4.

27. **提示:** 利用公式 $\mathbf{E}\exp\{itX\} = \exp\{-|t|\}$.

28. 利用 29 题的结论.

29. **提示:** 利用 M-估计的影响函数的性质, 可以得到

$$\sqrt{n}(F_n^{-1}(\gamma) - \theta - F^{-1}(\gamma)) = \frac{1}{\sqrt{n}}\sum_{i=1}^{n} IF(X_i; T(F), F) + o_p(1).$$

所以 $\sqrt{n}(F_n^{-1}(\gamma)-\theta-F^{-1}(\gamma)) \xrightarrow{\mathcal{L}} N(0,\sigma^2)$, 其中

$$\begin{aligned}\sigma^2 &= \int_{-\infty}^{\infty} IF^2(x; F^{-1}(\gamma), F)\mathrm{d}F(x)\\ &= \int_{-\infty}^{F^{-1}(\gamma)} \frac{(\gamma-1)^2}{f^2(F^{-1}(\gamma))}\mathrm{d}F(x) + \int_{F^{-1}(\gamma)}^{\infty} \frac{\gamma^2}{f^2(F^{-1}(\gamma))}\mathrm{d}F(x)\\ &= \gamma(1-\gamma)/f^2(F^{-1}(\gamma)).\end{aligned}$$

30. **提示:** $F^{-1}(t) = G^{-1}(t) + \theta$, 且 $\int_\alpha^{1-\alpha} G^{-1}(t)\mathrm{d}t = 0$.

31. 方程的解显然具有唯一性.

第四章

1. **提示:** 设 $X \sim f_i(x), i = 0,1$, 其中 $f_0(x) = I_{(0,1)}(x), f_1(x) = I_{(1,2)}(x)$, $f_i(x)$ 为均匀分布的密度函数. 考虑假设检验问题

$$H_0 : f_0(x) \longleftrightarrow H_1 : f_1(x).$$

用这个例子说明 (i) 中的 k 不必为 ∞. 也可用这个例子找到 (iii) 中的反例. 至于问题 (ii), 已经包含在定理的结论中.

2. **提示:** 与习题 1 类似, 设 $X \sim f_i(x), i = 0,1$, 其中 $f_0(x) = I_{(0,1)}(x)$, $f_1(x) = I_{(1,2)}(x)$, $f_i(x)$ 为均匀分布的密度函数. 设检验函数

$$\tilde{\phi}(x)=\begin{cases}1, & f_1(x)/f_0(x)>k,\\ 0, & f_1(x)/f_0(x)<k,\end{cases}$$

其中 k 可取任意有限非负实数. 则 $\tilde{\phi}(x)$ 满足定理 2.1(i) 中的 (a), 又满足 $\mathbf{E}_1\tilde{\phi}(X)=1$, 但对任意 $\alpha>0$ 都有 $\mathbf{E}_0\tilde{\phi}(X)=0<\alpha$, 不满足 (i)(b).

3. **提示:** 取 $\mathbf{P}_0$ 为区间 (0, 1) 上的均匀分布, $\mathbf{P}_1$ 为有限集 $\{1/(n+1),\cdots,n/(n+1)\}$ 上的均匀分布.

4. 由 UMP 检验的定义可直接看出, ϕ 不是 $(\mathcal{P}_0,\mathcal{P}_1)$ 的水平 α 的 UMP 检验, 假若 $(\mathcal{P}_0,\mathcal{P}_1)$ 存在水平 α 的 UMP 检验 $\tilde{\phi}$, 由定理 2.1 知, 它必有定理 2.1(i)(a) 的形式, 记 $S=\{x:\phi(x)\neq\tilde{\phi}(x),p_2(x)/p_1(x)\neq k\}$, 可证 $\mathbf{P}\{S\}=0$, $\forall\mathbf{P}\in\mathcal{P}_0\cup\mathcal{P}_1$. 又因 $\tilde{\phi}$ 是水平 α 的 UMP 检验, ϕ 与 $\tilde{\phi}$ 几乎处处相等, 故也有 $\beta_\phi(\mathbf{P}_2)=\beta_{I,\alpha}(\mathbf{P}_2)$, 这与已知条件形成矛盾.

5. **提示:** 按照定理 2.1, 当 $2x>k$ 时, $\phi(x)=1$; 当 $2x<k$ 时, $\phi(x)=0$, $x\in[0,1]$; 由 $\mathbf{E}_0\phi(x)=\mathbf{P}_0\{2x>k\}=\alpha$, 解得 $k=2(1-\alpha)$, 拒绝域为 $\{1-\alpha<x<1\}$.

6. **提示:** 即证, 对任意 $\mathbf{P}\in\mathcal{P}$, 都有 $\mathbf{E}_\mathbf{P}\psi(T)=\mathbf{E}_\mathbf{P}\phi(X)$.

7. **提示:** 条件 (i) 说明 $\phi(x)$ 的真实水平为 α, 又因为对任意水平为 α 的检验函数 ψ, 都有 $\psi(x)\leqslant 1$, 所以 $\beta_\psi(\mathbf{P}_1)=\mathbf{E}_1\psi(X)\leqslant 1=\mathbf{E}_1\phi(X)=\beta_\phi(\mathbf{P}_1)$, 故 ϕ 是水平为 α 的 UMP 检验.

8. **提示:** 考虑简单假设检验问题 (θ_0,θ_1), 其中 $\theta_1>\theta_0$. 利用习题 7 的结论证明, $\phi(\boldsymbol{x})$ 为检验问题 $(\theta=\theta_0,\theta=\theta_1)$ 的水平 α 的 UMP 检验, 而 $\phi(\boldsymbol{x})$ 与 θ_1 无关.

9. **提示:** 考虑简单假设检验问题 (θ_0,θ_1), 其中 $\theta_1\leqslant\theta_0$. 当 $\theta_1<\theta_0\sqrt[n]{\alpha}$ 时, 利用习题 7 的结论证明, $\phi(\boldsymbol{x})$ 为检验问题 $(\theta=\theta_0,\theta=\theta_1)$ 的水平 α 的 UMP 检验. 当 $\theta_0>\theta_1>\theta_0\sqrt[n]{\alpha}$ 时, 直接利用 NP 引理证明, $\phi(\boldsymbol{x})$ 为检验问题 $(\theta=\theta_0,\theta=\theta_1)$ 的水平 α 的 UMP 检验.

10. **提示:** 综合习题 8 和 9 的结论.

11. **提示:** 可将单调似然比之定义稍加推广: 设 $\mathcal{P}=\{\mathbf{P}_\theta:\theta\in\Theta\}$ 为可识别分布族,Θ 为直线上的开区间. 若 $\mathcal{P}$ 满足条件: 存在统计量 T, 使得对任意一对参数值 $\theta<\theta'$, 存在常数 c, 使 $\mathbf{P}_\theta$ 和 $\mathbf{P}_{\theta'}$ 在 $\{T\geqslant c\}$ 上奇异, 在 $\{T<c\}$ 上

$\mathbf{P}_{\theta'} \ll \mathbf{P}_\theta$, 并且在 $\{T < c\}$ 上 $\mathrm{d}\mathbf{P}_{\theta'}/\mathrm{d}\mathbf{P}_\theta = f(T)\mathrm{a.s.}\mathbf{P}_\theta$, 其中 f 为 T 的单调函数. 现令 $\mathbf{P}_\theta^T$ 为 T 的分布族. 按上述定义指出 $\{\mathbf{P}_\theta^T, \theta \in \Theta\}$ 相对于 t 具有单调似然比.

12. **提示**: 利用定理 3.1.

13. **提示**: 利用定理 3.1, $\mathbf{P}_\theta\{T > c\}$ 即为 $\beta_\theta(\phi)$.

14. **提示**: 首先验证 $p(x,\theta)$ 为相对于统计量 T 的单调似然比族, 再利用第 12 题的结论.

15. **提示**: 对于任意 $\theta < \theta'$, $\dfrac{f(x,\theta')}{f(x,\theta)} = \dfrac{\theta I(T < \theta')}{\theta' I(T < \theta)}$, 显然这个比值关于 T 单调递增, 即这个分布族是关于统计量 T 的单调似然比族. 令

$$\phi(x) = \begin{cases} 1, & T > c, \\ 0, & T < c, \end{cases}$$

其中 c 由 $\mathbf{E}_{\theta_0}\phi(X) = 1 - \left(\dfrac{c}{\theta_0}\right)^n = \alpha$ 确定.

16. **提示**: 设 θ 与 ξ 之间的一一对应为 $\xi = h(\theta)$, 则可知对 $\theta \in \Theta_i$, 必有 $\xi = h(\theta) \in \Xi_i$. 注意到, $\mathbf{E}_\theta\psi(x) = \mathbf{E}_\xi\phi(y)$, 其中 $\xi = h(\theta)$, 按照 UMP 检验的定义进行验证.

17. **提示**: 利用习题 16 的方法将本题变换到习题 15 的模型, 然后得到本题的解.

18. **提示**: 利用习题 17 的结果.

19. **提示**: 利用单调似然比族的性质.

20. **提示**: 易知, 若函数 $\phi_0(x)$ 满足: 当 $T > c$ 时, $\phi_0(x) = 1$; 当 $T < c$ 时, $\phi_0(x) = 0$, 其中 c 由 $\mathbf{E}_{\theta_0}\phi_0(x) = \alpha$ 确定, 则 $\phi_0(x)$ 是简单假设检验问题 (θ_0, θ_1) 的 UMP 检验, 利用引理 4.1 只需再证, 对 $\forall\theta < \theta_0$, $\mathbf{E}_\theta\phi_0(x) \leqslant \alpha$ 即可.

21. **提示**: 由习题 15 知, 分布族 $\{\mathbf{P}_\theta : \theta \in (0,\infty)$ 具有单调似然比. 再利用习题 20 的结论.

22. **提示**: 取定一个参数点 $\theta_1 = (\lambda_1^{(1)}, \lambda_2^{(2)})$, 满足条件 $\lambda_1^{(1)} + \lambda_2^{(2)} > A$. 在零假设的空间中找一个点 $\theta_0 = (A\lambda_1^{(1)}/(\lambda_1^{(1)} + \lambda_2^{(2)}), A\lambda_2^{(2)}/(\lambda_1^{(1)} + \lambda_2^{(2)}))$. 指出 θ_0 是假设检验问题 (Θ_0, θ_1) 的最不利点, 利用最不利点的方法求出 (Θ_0, θ_1) 的水平 α 的 UMP 检验. 经过验证, 求得的检验函数与 θ_1 无关, 即可求得问题的解. 也可以利用习题 6 的结论求解.

23. **提示**: 在解 (iv) 的时候, 利用 (ii) 的结论.

25. **提示**: 首先指出, $\tilde{r}(t)$ 只可能在 c_1 和 c_2 处取值为 0. 其次利用关系式

$$\tilde{r}(t) = \lim_{\Delta\to 0} \tilde{r}_\Delta(t),$$

其中 $\Delta > 0$,

$$\tilde{r}_\Delta(t) = \begin{vmatrix} \exp\{\theta' t\} & \exp\{\theta_0 t\} & \dfrac{\exp\{(\theta_0+\Delta)t\} - \exp\{\theta_0 t\}}{\Delta} \\ \exp\{\theta' c_1\} & \exp\{\theta_0 c_1\} & \dfrac{\exp\{(\theta_0+\Delta)c_1\} - \exp\{\theta_0 c_1\}}{\Delta} \\ \exp\{\theta' c_2\} & \exp\{\theta_0 c_2\} & \dfrac{\exp\{(\theta_0+\Delta)c_2\} - \exp\{\theta_0 c_2\}}{\Delta} \end{vmatrix}.$$

再利用定理 5.1 的证明, 可得本问题的结论.

26. **提示**: 考虑检验问题 $H_0: \sigma^2 \leqslant \sigma_0^2$; $H_1: \sigma^2 > \sigma_0^2$, 用广义似然比检验法导出的否定域即为 $\{S_0(x) > c\}$, 也即检验函数为: 当 $S_0(x) > c$ 时, $\phi(x) = 1$; 当 $S_0(x) < c$ 时, $\phi(x) = 0$. 可以验证该检验为一致最大功效检验, 利用定理 3.1 知, 功效函数 $\beta_\phi(\sigma^2) = \mathbf{P}_{\sigma^2}\{S_0(X) > c\}$ 是参数 σ^2 的单调上升函数.

27. (i) 广义似然比为

$$\lambda = \left[\frac{\sum\limits_{i=1}^n (x_i - \mu_0)^2}{\sum\limits_{i=1}^n (x_i - \overline{x})^2}\right]^{\frac{n}{2}} = \left(1 + \frac{T^2}{n-1}\right)^{\frac{n}{2}},$$

其中 $T = \dfrac{\sqrt{n(n-1)}(\overline{x} - \mu_0)}{\sqrt{\sum\limits_{i=1}^n (x_i - \overline{x})^2}}$, 因此拒绝域为 $\{|T| > c\}$, 其中 $c = t_{1-\alpha/2}(n-1)$.

(ii) 拒绝域为 $\{u > c_1或u < c_2\}$, 其中 $u = \dfrac{\sum\limits_{i=1}^n (x_i - \overline{x})^2}{\sigma_0^2}$, $c_1 = \chi^2_{1-\alpha/2}(n-1)$ 与 $c_2 = \chi^2_{\alpha/2}(n-1)$.

28. (i) 拒绝域为 $\{T > c\}$, 其中

$$T = \frac{\overline{x} - \overline{y}}{\sqrt{\sum\limits_{i=1}^n (x_i - \overline{x})^2 + \sum\limits_{i=1}^n (y_i - \overline{y})^2}} \sqrt{\frac{mn(m+n-2)}{m+n}},$$

$$c = t_{1-\alpha}(m+n-2).$$

(ii) 拒绝域为 $\{|T| > c\}$, 其中 T 同 (i), 而 $c = t_{1-\alpha/2}(m+n-2)$.

29. **提示**: 考虑检验问题 $H_0:\mu=0;H_1:\mu\neq 0$. T 是公共的 N-P 统计量, 且在 H_0 成立时服从自由度为 $n-1$ 的 t 分布. 取检验函数 ϕ: 当 $T>c$ 时, $\phi(x)=1$; 当 $T<c$ 时, $\phi(x)=0$, 其中的常数 c 由 t 分布与显著水平 α 确定. $\mathbf{P}_\mu\{T\geqslant c\}$ 可看做 ϕ 的功效函数. 由定理 3.1(ii) 可证结论成立.

30. **提示**: 先证此检验问题的广义似然比统计量是关于 $T(x)$ 的单调递增函数, 否定域等价于 $\{T(x)>c\}$. 同时容易验证此分布族是关于 $T(x)$ 的单调似然比族, $T(x)$ 是公共的 N-P 统计量, 由定理 3.1 知, 以 $\{T(x)>c\}$ 作为否定域所确定的检验函数 ϕ 是 UMP 检验, 故结论成立.

31. **提示**: (i) 设样本为 $X_1,\cdots,X_m$, 广义似然比为

$$\lambda=\exp\left\{\left(\ln\frac{\hat p}{1-\hat p}-\ln\frac{\hat p_0}{1-\hat p_0}\right)m\overline{X}+mn\ln\frac{1-\hat p}{1-\hat p_0}\right\},$$

其中

$$\hat p=\overline{X}/n,\quad \hat p_0=\begin{cases}\overline{X}/n, & \overline{X}/n\leqslant p_0,\\ p_0, & \overline{X}/n>p_0.\end{cases}$$

可验证 λ 是 $\overline{X}$ 的单调递增函数, 故否定域可取为 $\{m\overline{X}>c\}$, 其中 c 由二项分布 $B(mn,p_0)$ 和给定的显著水平确定.

(iii) 利用 $m\overline{X}$ 标准化后的极限分布为 $N(0,1)$.

32. **提示**: (ii) $2\ln\lambda(\boldsymbol{X})=2\sum\limits_{i=1}^{k}(n_i\ln\frac{n_i}{n}-\ln p_{i0})$, 其中 n_i 为样本中属于第 i 类的个体数, $p_{k0}=1-\sum\limits_{i=1}^{k-1}p_{i0}$.

33. **提示**: 将统计量 $2\ln\lambda(\boldsymbol{X})$ 写成

$$2\sum_{i=1}^{k}(n_i-np_i)\left(\ln\frac{n_i}{n}-\ln p_i\right)+2n\sum_{i=1}^{k}p_i\left(\ln\frac{n_i}{n}-\ln p_i\right)$$

的形式, 在这两个和号中的每一项分别在 p_i 处 Taylor 展开, 经过计算, 其主要项为 χ^2. 极限分布为 $\chi^2(k-1)$.

34. 略.

35. **提示**: 从二维总体 (X,Y) 中抽取样本 $(x_1,y_1),\cdots,(x_s,y_s)$. 广义似然比为

$$\lambda=\frac{\hat p^{s\overline{x}}(1-\hat p)^{sm-s\overline{x}}\hat q^{s\overline{y}}(1-\hat q)^{sn-s\overline{y}}}{\hat p_0^{s\overline{x}+s\overline{y}}(1-\hat p_0)^{sm+sn-s\overline{x}-s\overline{y}}},$$

其中 $\hat{p}=\dfrac{\overline{x}}{m}$, $\hat{q}=\dfrac{\overline{y}}{n}$, $\hat{p}_0=\dfrac{\overline{x}+\overline{y}}{m+n}$. 由 $2\ln\lambda\to\chi^2(1)$ 得到否定域为 $\{2\ln\lambda>\chi^2_{1-\alpha}(1)\}$.

36. (i) 算得广义似然比统计量的值为 $2\ln\lambda(\boldsymbol{X})=0.2214$, 小于 $\chi^2_{0.5}(1)=0.455$, 因此不能拒绝 H_0.

(ii) 算得广义似然比统计量的值为 $2\ln\lambda(\boldsymbol{X})=1.88$, 小于 $\chi^2_{0.9}(2)=4.67$, 因此不能拒绝 H_0.

37. (i) λ 的 ML 估计为 $\hat{\lambda}=\overline{X}$, 考虑检验问题 $H_0:\lambda=\lambda_0$; $H_1:\lambda\neq\lambda_0$. 当原假设成立时, Wald 统计量 $W_w=n(\overline{X}-\lambda)^2/\overline{X}$ 和得分统计量 $W_s=n(\overline{X}-\lambda)^2/\lambda$ 的渐近分布均为自由度为 1 的 χ^2 分布. 所以, 基于这两个统计量的置信区间分别为

$$\left\{\overline{X}-\sqrt{\frac{\chi^2_{1-\alpha}(1)\overline{X}}{n}}<\lambda<\overline{X}+\sqrt{\frac{\chi^2_{1-\alpha}(1)\overline{X}}{n}}\right\},$$

$$\left\{\overline{X}+\frac{\chi^2_{1-\alpha}(1)}{2n}-\frac{\sqrt{\chi^2_{1-\alpha}(1)(\chi^2_{1-\alpha}(1)+4n\overline{X})}}{2n}\right.$$
$$\left.<\lambda<\overline{X}+\frac{\chi^2_{1-\alpha}(1)}{2n}+\frac{\sqrt{\chi^2_{1-\alpha}(1)(\chi^2_{1-\alpha}(1)+4n\overline{X})}}{2n}\right\}.$$

(ii) $\eta=\ln\lambda$, 在 $H_0:\eta=\eta_0$ 成立时, $W_w=n\overline{X}(\ln\overline{X}-\eta)^2$, $W_s=\dfrac{n(\overline{X}-\mathrm{e}^\eta)^2}{\mathrm{e}^\eta}$ 的渐近分布均为自由度为 1 的 χ^2 分布, 基于这两个统计量的置信区间分别为

$$\left\{\ln\overline{X}-\sqrt{\frac{\chi^2_{1-\alpha}(1)}{n\overline{X}}}<\eta<\ln\overline{X}+\sqrt{\frac{\chi^2_{1-\alpha}(1)}{n\overline{X}}}\right\},$$

$$\left\{\overline{X}+\frac{\chi^2_{1-\alpha}(1)}{2n}-\frac{\sqrt{\chi^2_{1-\alpha}(1)(\chi^2_{1-\alpha}(1)+4n\overline{X})}}{2n}\right.$$
$$\left.<\mathrm{e}^\eta<\overline{X}+\frac{\chi^2_{1-\alpha}(1)}{2n}+\frac{\sqrt{\chi^2_{1-\alpha}(1)(\chi^2_{1-\alpha}(1)+4n\overline{X})}}{2n}\right\}.$$

38. (i) $\overline{x}=575.5325$, $\chi^2_{1-\alpha}(1)=3.841$.

Wald 统计量为 $W_w = n(\overline{X}-\theta)^2/\overline{X}^2$, 95% 置信区间为 (323, 828).

得分统计量为 $W_s = n(\overline{X}-\theta)^2/\theta^2$, 95% 置信区间为 (400, 1024).

(ii) 广义似然比为 $2\ln\lambda(\boldsymbol{X}) = 2n\Big[\ln\dfrac{\hat{\theta}_0}{\hat{\theta}} + \overline{X}\Big(\dfrac{1}{\hat{\theta}_0} - \dfrac{1}{\hat{\theta}}\Big)\Big]$, 其中 $\hat{\theta} = \overline{X} = 575.5325$, $\hat{\theta}_0 = 575.5$. $2\ln\lambda(\boldsymbol{X}) < \chi^2_{1-\alpha}(1)$, 不能拒绝原假设.

39. (i) 不难验证 G 关于乘法与求逆运算封闭, 所以 G 形成 $\mathbb{R}^n$ 上的一个变换群.

(ii) 对任意 $g_c \in G$, 易知 $g_c(X)$ 的分布族为 $\{\mathbf{P}_\theta : \theta = (\mu + c, \sigma^2), \mu \in \mathbb{R}, \sigma^2 > 0\} = \mathcal{P}$, 即 g_c 使 $\mathcal{P}$ 封闭, 取 $\overline{G} = \{\overline{g}_c : c \in \mathbb{R}, \overline{g}_c(\theta) = \overline{g}_c(\mu, \sigma^2) = (\mu + c, \sigma^2)\}$, 易知 $\overline{\Theta} = \Theta$, 所以 g 使 $\mathcal{P}$ 保持不变.

(iii) 对于由 G 导出的群 $\overline{G}$ 以及对任意 $\overline{g}_c \in \overline{G}$, 都有 $\overline{g}_c(\Theta_0) = \Theta_0$, $\overline{g}_c(\Theta_1) = \Theta_1$, 所以 G 使检验问题 (Θ_0, Θ_1) 保持不变.

(iv) 取 $T(x) = (x_1 - \overline{x}, x_2 - \overline{x}, \cdots, x_n - \overline{x})$, 则对任意 $x \in \mathcal{X}$, $g_c \in G$, 都有 $T(g_c(x)) = T(x)$, 且对于任意 $x, y \in \mathcal{X}$, 若 $T(x) = T(y)$, 则必有 $x_1 - y_1 = x_2 - y_2 = \cdots = x_n - y_n = \overline{x} - \overline{y}$, 即存在 $c = \overline{x} - \overline{y}$, 使得 $x = g_c(y)$. 所以这个统计量 $T(x)$ 即为 G 的最大不变统计量.

(v) 完全充分统计量 $(\overline{X}, S^2)$, 其中 $S^2 = \dfrac{1}{n}\sum\limits_{i=1}^{n}(X_i - \overline{X})^2$. 取统计量 $\phi(X) = \dfrac{nS^2}{\sigma_0^2}$, 当 H_1 成立时, $\phi(X)$ 相对于分布 $\chi^2(n-1)$ 有增大的趋势, 所以在水平 α 下, 依赖于完全充分统计量的 UMPI 检验的拒绝域为 $\{\phi(X) \geqslant \chi^2_{1-\alpha}(n-1)\}$.

40. (i) 容易验证, $G = \{g_0, g_1\}$ 关于乘法运算和求逆运算封闭, 因此形成样本空间中的一个变换群.

(ii) 取 $\overline{G} = G$ 即可.

(iii) 容易验证 $g_0\mathcal{P}_i = \mathcal{P}_i$, $i = 0, 1$. 且若 $X \sim U(0,1)$, 则 $1 - X \sim U(0,1)$; 若 X 在 (0,1) 上密度为 $2x$, 则 $1 - X$ 在 (0,1) 上密度为 $2(1-x)$. 因此有 $g_1(\mathcal{P}_i) = \mathcal{P}_i$, $i = 0, 1$.

(iv) 取 $T(x) = \left(\left|x_1 - \dfrac{1}{2}\right|, \left|x_2 - \dfrac{1}{2}\right|, \cdots, \left|x_n - \dfrac{1}{2}\right|\right)$, 则对 $i = 0, 1$, 都有 $T(g_i(x)) = T(x)$; 又若 $T(x) = T(y)$, $x, y \in \mathcal{X}$, 则有 $\left|x_i - \dfrac{1}{2}\right| = \left|y_i - \dfrac{1}{2}\right|$, 因此

$x_i = y_i$ 或者 $x_i = 1 - y_i$, 即 $x = g_0(y)$ 或 $x = g_1(y)$. 这说明 $T(x)$ 是 G 的最大不变统计量.

(v) 令 $\left(\left|x_1 - \frac{1}{2}\right|, \left|x_2 - \frac{1}{2}\right|, \cdots, \left|x_n - \frac{1}{2}\right|\right)$ 对应的秩向量为 $(R_1^+, R_2^+, \cdots, R_n^+)$, 令 $\Psi_i = I_{\{X_i \geqslant \frac{1}{2}\}}$, 采用 Wilcoxon 符号秩检验统计量 $W^+ = \sum\limits_{i=1}^{n} \Psi_i R_i^+$, 拒绝域为 $\{W^+ < w_1\} \cup \{W^+ > w_2\}$, 其中 w_1, w_2 由式子 $\mathbf{P}\{w_1 \leqslant W^+ \leqslant w_2\} = 1 - \alpha$ 通过查 W^+ 分布的临界值表可得.

41. **提示:** $\boldsymbol{R}^+$ 服从 $\mathcal{R} = \{(r_1, r_2, \cdots, r_N) | (r_1, r_2, \cdots, r_N)$ 是$(1, \cdots, N)$ 的一个排列$\}$ 上的离散分布, 它有 $N!$ 个取值. 由于 $X_1, \cdots, X_N$ 独立同分布, 故 $\boldsymbol{R}^+$ 取 $\mathcal{R}$ 上任意一组值的概率都是 $\frac{1}{N!}$, 这说明 $\boldsymbol{R}^+$ 在 $\mathcal{R}$ 上均匀分布.

42. 由于 $X_1, \cdots, X_N$ 独立同分布, 故 R_i 在 $\mathcal{R} = \{1, 2, \cdots, N\}$ 上均匀分布, 对任意 $r \in \mathcal{R}$, 都有 $\mathbf{P}\{R_i = r\} = \frac{1}{N}$, 故 $\mathbf{E}R_i = \sum\limits_{j=1}^{N} j \cdot \frac{1}{N} = \frac{N+1}{2}$, $\mathbf{E}R_i^2 = \sum\limits_{j=1}^{N} j^2 \cdot \frac{1}{N} = \frac{(N+1)(2N+1)}{6}$, 所以

$$\mathbf{D}(R_i) = \mathbf{E}R_i^2 - \big(\mathbf{E}R_i\big)^2 = \frac{N^2-1}{12}.$$

二维随机向量 (R_i, R_j) 的取值共有 $N(N-1)$ 个, 且取每个值的概率都相同, 故

$$\mathbf{P}\{R_i = r_1, R_j = r_2\} = \frac{1}{N(N-1)},$$

$$\operatorname{cov}(R_i, R_j) = \frac{1}{N(N-1)}\left[\left(\sum_{s=1}^{N} s\right)^2 - \sum_{s=1}^{N} s^2\right] - \big(\mathbf{E}R_i\big)^2 = -\frac{N+1}{12}.$$

43. R_i 在 $\mathcal{R} = \{1, 2, \cdots, N\}$ 上均匀分布, 对任意 $r \in \mathcal{R}$, $\mathbf{P}\{R_i = r\} = \frac{1}{N}$, 因此, $\mathbf{E}a_N(R_i) = \sum\limits_{r=1}^{N} a_N(r) \cdot \frac{1}{N} = \overline{a}_N$, $D(a_N(R_i))$ 按方差定义即可求得.

$$\begin{aligned}\operatorname{cov}(a_N(R_i), a_N(R_j)) &= \frac{1}{N(N-1)} \sum_{r,s=1,r\neq s}^{N} (a_N(r) - \overline{a}_N)(a_N(s) - \overline{a}_N) \\ &= \frac{1}{N(N-1)}\left[\left(\sum_{r=1}^{N}(a_N(r) - \overline{a}_N)\right)^2 - \sum_{r=1}^{N}(a_N(r) - \overline{a}_N)^2\right] \\ &= -\sum_{r=1}^{N}(a_N(r) - \overline{a}_N)^2 / \big(N(N-1)\big).\end{aligned}$$

44. 容易验证 $c_N(i)$ 满足 Noether 条件. 令 $\phi(u)=\Phi^{-1}(u)$, 则 $\phi(u)$ 为 $(0,1)$ 上的单调不减函数, 且 $\int_0^1\phi(u)\mathrm{d}u=0$, $\int_0^1\phi^2(u)\mathrm{d}u=1$, 因此 $a_N(i)$ 为平方可积函数, 且 $\overline{a}_N=0$. 由定理 11.4 知, S_N 的极限分布为正态分布, 其中 $\mathbf{E}S_N=0, \mathbf{D}(S_N)=\dfrac{N(N+1)}{12}\sum\limits_{i=1}^N[\Phi^{-1}(\dfrac{i}{N+1})]^2$.

45. **提示**: 对原假设 H_0 : 两种年薪的分布相同, 采用例 10.3 中的 U 统计量进行检验, 拒绝域为 $\left\{U\geqslant\dfrac{1}{2}+\sqrt{\dfrac{m+n}{12mn}}z_{1-\alpha}\right\}$. 在 $\alpha=0.05$ 水平下, 拒绝域为 $\{U\geqslant 0.7003\}$, 计算得 U 统计量的值为 0.8385. 因此拒绝原假设, 认为两种年薪的分布不同.

48. (i) 5 个. (ii) 2 个. (iii) 4 个.

第五章

1. 利用 $X_1,\cdots,X_n$ 和 ϑ 的联合密度或利用 $\overline{X}$ 和 ϑ 的联合密度计算得到, ϑ 的条件分布都是

$$N\left(\left(\frac{n\overline{x}}{\sigma^2}+\frac{\mu}{\tau^2}\right)\Big/\left(\frac{n}{\sigma^2}+\frac{1}{\tau^2}\right),1\Big/\left(\frac{n}{\sigma^2}+\frac{1}{\tau^2}\right)\right).$$

2. 利用贝塔分布, 得到 $\mathbf{E}\vartheta=\alpha/(\alpha+\beta), \mathrm{var}(\vartheta)=\alpha\beta/[(\alpha+\beta)^2(\alpha+\beta+1)]$. 再利用不等式 $\mathbf{P}\{|\vartheta-\theta_0|\geqslant\varepsilon\}\leqslant\mathbf{E}[(\vartheta-\theta_0)^2]/\varepsilon^2$ 就可以得到所需的结果.

3. **提示**: 利用推论 2.2.

4. (i) $\sum\limits_{i=1}^n(X_i+\alpha)/(n+\beta)$. (ii) $((n-\beta)\lambda+\alpha)^2/(n+\beta)^2$. (iii) $[\alpha(n-\beta)^2/\beta^2+(n/\beta-2\alpha)^2]/(n+\beta)^2$.

5. **提示**: (μ,I) 的联合密度为

$$\begin{cases}\dfrac{b^a}{\Gamma(a)}\mu^{a-1}\mathrm{e}^{-(x+b)\mu}, & I=1,\mu>0,\\ \dfrac{b^a}{\Gamma(a)}\mu^{a-1}\mathrm{e}^{-b\mu}-\dfrac{b^a}{\Gamma(a)}\mu^{a-1}\mathrm{e}^{-(x+b)\mu}, & I=0,\mu>0.\end{cases}$$

利用这个密度可求出条件密度 $\lambda(\mu|I=1)$.

6. **提示**: 只需证明 $\delta(x)$, 使

$$\int_\Theta L(\theta,\delta(x))\mathrm{d}\Lambda(\theta|x)=\min\left\{\int_\Theta L(\theta,1)\mathrm{d}\Lambda(\theta|x),\int_\Theta L(\theta,0)\mathrm{d}\Lambda(\theta|x)\right\}.$$

对于损失函数 $\tilde{L}$, 相应的贝叶斯决策函数 $\tilde{\delta}(x)$ 与 $\delta(x)$ 是相同的.

7. 按 Fisher 信息量的定义

$$I(\theta)=\int_{\mathcal{X}}\frac{\left(\frac{\partial p(x,\theta)}{\partial\theta}\right)^2}{p(x,\theta)}\mathrm{d}\mu.$$

将 $p(x,\theta)=\beta(\theta)\exp\{\theta T(x)\}$ 代入上式, 经过化简, 得到

$$I(\theta)=\int_{\mathcal{X}}\left(\frac{\beta'}{\beta}+T(x)\right)^2\beta(\theta)\exp\{\theta t(x)\}\mathrm{d}\mu=\mathrm{var}_\theta(T).$$

8. 将 $g(\theta)=-\beta'(\theta)/\beta(\theta)$ 代入公式 (3.13), 并将不等式乘以正的因子 $\beta^\lambda(\theta)\exp\{\gamma\lambda\theta\}$, 得到

$$h^2(\theta)\exp\{\gamma\lambda\theta\}\beta^\lambda(\theta)+\frac{2}{1+\lambda}[h(\theta)\beta^\lambda(\theta)\exp\{\gamma\lambda\theta\}]'_\theta\leqslant 0.$$

注意到 κ 的定义, 此不等式即 (3.14).

9. 将 a,b 的公式代入公式 (3.19) 中, 经过化简后就得到公式 (3.18).

10. 由于 $\delta(X)\equiv b$ 是相对于某先验分布的唯一的贝叶斯估计, 利用定理 3.2, 可以证明 $\delta(X)\equiv b$ 的可容许性.

11. 可将题中三角形以外的区域分为 4 个部分: (i) $a<0$; (ii) $a\geqslant 1$, 但排除 $a=1,b=0$ 这一点; (iii) $0\leqslant a<1,b<0$; (iv) $0\leqslant a<1,b>1-a>0$. 对于 (i) 和 (ii) 中的点, 可利用定理 3.3 的结论. 对于 (iii) 中的估计, 可以被估计 aX/n 所控制.(iv) 中的估计可被 $aX/n+(1-a)$ 所控制.

12. **提示**: 用反证法. 设 $\delta(T(X_1,\cdots,X_n))$ 在原模型中是不可容许的, 即存在 $\tilde{\delta}(X_1,\cdots,X_n)$ 控制了 $\delta(T(X_1,\cdots,X_n))$. 取 $h(T)=\mathbf{E}(\tilde{\delta}|T)$, 证明: 在模型 $\{\mathbf{P}_\theta^T,\theta\in\Theta\}$ 中, h 控制 $\delta(T)$.

13. $a=\dfrac{1}{n+1},b\geqslant 0$, 或 $a>\dfrac{1}{n+1},b>0$.

14. 经计算, 当参数空间由 $(0,1)$ 扩大成 $[0,1]$ 以后, 原来的极小极大估计的风险函数仍然为常数 $1/4(1+\sqrt{n})^2$. 由于其他估计的风险函数在 $(0,1)$ 这个开区间上的最大值不小于这个常数, 显然, 在扩大了的区间 $[0,1]$ 上, 这个函数的最大值也不小于这个常数. 这说明, 在扩大参数区间后, 原来的极小极大估计仍然是极小极大估计.

15. **提示**:

(1) 记参数空间 $\Theta=\{(p_1,p_2),p_i\in(0,1),p_1+p_2\leqslant 1\}$, 在 Θ 上给定 Dirichlet 先验分布, 其密度函数为

$$\frac{\Gamma(a+b+c)}{\Gamma(a)\Gamma(b)\Gamma(c)}p_1^{a-1}p_2^{b-1}(1-p_1-p_2)^{c-1},$$

其中 a,b,c 为先验分布的超参数, 取正值. 求出其后验分布密度, 仍然为 Dirichlet 分布, 其参数为 $a+x_1,b+x_2,c+x_3$.

(2) 利用推论 2.1, 求得相应的贝叶斯估计和贝叶斯风险.

(3) 求 a,b,c 的值, 使得贝叶斯估计的风险函数为常数, 再利用推论 4.1 知, 相应的贝叶斯估计是极大极小估计.

16. 设 $\psi(X,Y)$ 为依赖于样本 (X,Y) 的一个一般的估计. 下面的一串不等式说明, 依赖于样本 X 的极小极大估计 $\phi(X)$ 也是依赖于样本 (X,Y) 的极小极大估计, 即

$$\begin{aligned}&\sup_{\mu,\nu}\int\int(\psi(x,y)-\mu)^2f_\mu(x)f_\nu(y)\mathrm{d}x\mathrm{d}y\\ \geqslant&\sup_{\mu,\nu}\int f_\mu(x)\Big(\int\psi(x,y)f_\nu(y)dy-\mu\Big)^2\mathrm{d}x\\ \geqslant&\sup_{\mu}\int f_\mu(x)(\phi(x)-\mu)^2\mathrm{d}x.\end{aligned}$$

17. **提示**: 首先考虑充分统计量 $\overline{X}$ 和 $\overline{Y}$. 再作线性变换, 变成 (ξ_1,ξ_2), 使得分量 ξ_1 和 ξ_2 相互独立, 但 ξ_1 具有期望 $\mu-\nu$. 然后利用习题 16.

18. 将 $\boldsymbol{X}$ 的条件分布密度和 ϑ 的分布密度相乘就得到 $\boldsymbol{X}$ 和 ϑ 的联合分布密度, 经过整理, 是一个正态分布密度, 各分量的公共期望值为 μ, 协方差阵为

$$\begin{pmatrix}\sigma_f^2 & \sigma^2\\ \sigma^2 & \sigma^2\end{pmatrix}.$$

19. **提示**: 只需证明对于泊松分布, 以伽玛分布为先验分布的后验分布仍然是伽玛分布, 只是分布的参数有所改变.

20. $1/\lambda$.

21. **提示**: 利用关系式

$$\mathbf{P}\{|\lambda-\lambda_0|\geqslant\varepsilon\}\leqslant\frac{1}{\varepsilon^2}\mathbf{E}(|\lambda-\lambda_0|^2)=\frac{1}{\varepsilon^2}\left[\frac{1}{\beta}\cdot\frac{\alpha}{\beta}+\left(\frac{\alpha}{\beta}-\lambda_0\right)^2\right]\to 0.$$

22. $\left(\sum\limits_{i=1}^{n} x_i + \dfrac{1}{2}\right)/n$.

23. **提示**: $\lambda(\theta|\boldsymbol{x}) = \tilde{\alpha}\tilde{\theta}_0^{\tilde{\alpha}}\theta^{-(\tilde{\alpha}+1)}I_{(\tilde{\theta}_0,\infty)}(\theta)$, 其中 $\tilde{\theta}_0 = \max\{x_i, i=1,\dots,n, \theta_0\}$, $\tilde{\alpha} = \alpha + n$.

24. 当观察值为 $I_{\{x>x_0\}}$ 时, 贝叶斯估计为

$$\hat{g} = \begin{cases} \dfrac{(b+x)^a}{(b+x+x_0)^a}, & I_{\{x>x_0\}} = 1, \\[2ex] \dfrac{(b+x_0)^{-a} - (b+x_0+x)^{-a}}{b^{-a} - (x+b)^{-a}}, & I_{\{x>x_0\}} = 0. \end{cases}$$

当观察值为 x 时, 贝叶斯估计为

$$\hat{g} = \frac{(b+x)^{a+1}}{(b+x+x_0)^{a+1}}.$$

25. (i) 后验密度为

$$\lambda(\theta|\boldsymbol{x}) = \begin{cases} \dfrac{1}{\theta}I_{\{\theta>x\}}, & n=1(\text{广义}), \\[2ex] \dfrac{1}{(n-1)(\max\limits_{1\leqslant i\leqslant n} x_i)^{n-1}} \cdot \theta^{-n} I_{[\max\limits_{1\leqslant i\leqslant n} x_i,\infty)}(\theta), & n>1. \end{cases}$$

(ii) 贝叶斯估计为

$$\hat{\theta} = \frac{n-1}{n-2}\max_{1\leqslant i\leqslant n} x_i,$$

其中 $n \geqslant 3$. 当 $n=1,2$ 时, 贝叶斯估计不存在.

26. 伽玛分布族.

27. $\dfrac{\sum\limits_{i=1}^{n} x_i - 1}{n-2}$.

参 考 文 献

吴喜之, 王兆军. 非参数统计方法. 北京：高等教育出版社, 1996.

陈家鼎, 郑忠国. 概率与统计. 北京：北京大学版社, 2007.

陈希孺. 数理统计引论. 北京：科学出版社, 1981.

孙山泽. 非参数统计讲义. 北京：北京大学出版社, 2000.

陈家鼎等. 数理统计学讲义. 北京：高等教育出版社, 1993.

陈家鼎. 生存分析与可靠性. 北京：北京大学出版社, 2005.

陈希孺. 高等数理统计学. 合肥：中国科技大学出版社, 1999.

茆诗松, 王静龙, 濮晓龙. 高等数理统计. 第 2 版. 北京：高等教育出版社, 2006.

Alan Agresti. Categorical Data Analysis. New York: John Weily & Sons Press, 2002.

T. W. Anderson. An Introduction to Multivariate Statistical Analysis. New York: John Wiley & Sons Press, 1958.

T. Bayes. An Essay Towards Solving a Problem in the Doctrine of Chances. Phil. Trans. Roy. Soc., 1763, 53: 370–418.

Y. Benjamini and Y. Hochberg. Controlling the False Discovery Rate: a Practical and Powerful Approach to Multiple Testing. Journal of the royal statistical society B, 1995, 57: statistical society B, 1995, 57: 289–300.

Y. Benjamini and Y. Hochberg. On the adaptive control of the false discovery rate in multiple testing statistics. Journal of Educational and Behavioral Statistics, 2000, 25(1): 60–83.

Y. Benjamini and D. Yekutieli. The Control of the False Discovery Rate in Multiple Testing Under Dependency. The Annals of Statistics, 2001, 29(4): 1165–1188.

James O. Berger. Statistical Decision Theory and Bayesian Analyses. Springer-Verlag, New York Berlin Heidelberg Tokyo, second edition, 1985.

P. J. Bickel et al. Mathematical Statistics: Basic Ideas and Selected Topics, Vol I. HOLDEN-DAY, INC, San Francisco, second edition, 2000.

R. A. Boyles. On the Convergence of the EM Algorithm. J. Roy. Statist. Soc. Ser B., 1983, 45: 47–50.

R. A. Boyles, A. W. Marshall and F. Proschan. Inconsistency of the Maximum Likelihood Estimator of a Distribution Having Increasing Failure Rate Average. Ann. Statist., 1985, 13: 413–417.

W. G. Cochran. The χ^2 test of goodness of fit. Annals of Mathematical Statistics, 1952, 23: 315–345.

W. G. Cochran. Some Methods of Strengthening the Common χ^2 Test. Biometrics, 1954, 10: 417–451.

A. R. Cushny and Peebles. The Action of Optical Isomers. II Hyoscines. J. Physiol., 1905, 32: 501–510.

P. Diaconis and B. Efron, Testing for Independence in a Two-way Table: New Interpretations of the Chi-Square statistic. Ann. Statist., 1985, 13: 845–874.

D. L. Donoho and P. J. Huber. The Notion of Break Down Point. In P. J. Bickel et al, editor, A Festchrift for Erich L. Lehmann, 1983: 157–184.

Ferguson. Mathematical Statistics: A Decision Theoretic Approach. New York: Academic Press, 1967.

Thomas S. Ferguson. A Course in Large Sample Theory,. Chapman & Hall, 1996: 39.

R. A. Fisher. Statistical Methods for Research Workers. Oliver & Boyd, 1925.

M. A. Green, S. B. and Babyak. Control of Type I Errors With Multiple Tests of Constraints in Structural Modeling. Multivariate Behavioral Research, 1997, 1: 39–51.

F. R. Hampel. Contributions to the Theory of Robust Estimation(Ph.D. thesis). Technical report, University of California, Berkeley, 1968.

F. R. Hampel. The Influence Curve and Its Role in Robust Estimation. J. Am. Statist. Assoc., 1974, 69: 383–393.

F. R. Hampel, E. M. Ronchetti, P. J. Rousseeuw and W.A. Stahel. Robust Statistics, New York: John Wiley & Sons Press, 1986.

R. Helmers. Edgeworth Expansions for Linear Combinations of Order Statistics. Rijksuniversuteit Leiden, The Netherlands, 1978.

J. L. Jr. Hodges and E. L. Lehmann. Estimates of Location Based on Rank Tests. Ann. Math. Statist., 1963, 34: 598–611.

S. Holm. A Simple Sequentially Rejective Multiple Test Procedure. Scandinavian Journal of Statistics, 1979, 6: 65–70.

P. J. Huber. Robust Estimation of a Local Parameter. Ann. Math. Statist., 1964, 35: 73–101.

P. J. Huber. Robust Statistical Procedures. SIAM, Philadelphia, 1977.

P. J. Huber. Robust Statistics, New York: Wiley, 1981.

M. V. Johns. Robust Pitman-like Estimators. In R. L. Launer and G. N. Wilkinson, editors, Robustness in Statistics, 40–60. New York: Academic Press, 1979.

S. Karlin. Admissibility for Estimation with Quadratic Loss. Ann. Math. Statist., 1958, 29: 406–436.

A. C. Kimber. When is a χ^2 not a χ^2? Teaching Statistics, 1987, 9(3): 74–77.

D. A. Lax. An Interim report of a Monte Carlo Study of Robust Estimations of Width. In Technical Report 93, Series 2. Department of Statistics, Princeton University, 1975.

L. Le Cam and G. L. Yang. Asymptotics in Statistics. New York: Springer-Verlag, 1990.

E. L. Lehmann and J. P. Romano. Testing Statistical Hypotheses. Springer-Verlag, New York Berlin Heidelberg, third edition, 2007.

E. L. Lehmann et al. Theory of Point Estimation. Springer-Verlag, New York Berlin Heidelberg, second edition, 1998.

C. L. Mallows. On Some Topics in Robustness. Technical report, Bell Telephone Laboratories, Murray, Hill, N. J.

H. B. Mann and D. R. Whitney. On a Test of Whether One of Two Random Variables is Stochastically Larger Than the Other. Annals of Mathematical Statistics, 1947, 18: 50–60.

A. G. Mckendrik. Applications of Mathematics to Medical Problems. In Proc. Edin. Math. Soc., 1926, 44: 98–130.

J. Pfanzagl. Allgemeine Methodenleehre der Statistik. De Gruyter, Berlin, ii edition, 1968.

P. J. Rousseeuw and V. Yohai. Robust Regression by Means of S-estimators. In J. Franke, W. Hardle and R. D. Martin, editors, Robust and Nonlinear Time Series Analysis, Lecture Notes in Statistics 26. Springer-Verlag, 1984: 256–272.

C. Spearman. "General Intelligence" Objectively Determined and Measured. American Journal of Psychology, 1904, 15: 201–293.

J. D. Storey. A Direct Approach to False Discovery Rates. Journal of the Royal Statistical Society B, 2002, 64: 479–498.

J. D. Storey. The Positive False Discovery Rate: A Bayesian Interpretation and the q-value. Annals of Statistics, 2003, 31: 2013–2035.

Student. The Probable Error of a Mean. Biometrika, 1908, 6: 1–25.

CA. Tsai, HM. Hsueh, and JJ Chen. Estimation of False Discovery Rates in Multiple Testing: Application to Gene Microarray Data. Biometrics, 2003, 59(4): 1071–1081.

J. W. Tukey. Exploratory Data Analysis. Addison-Wesley, Reading, Mass, (1970-1971): preliminary edition, 1977.

A. W. van der Vaart. Asymptotic Statistics. Cambridge University Press, 1988.

P. H. Westfall and S. S. Young. Resampling-based multiple testing. New York: John Wiley & Sons Press, 1993.

F. Wilcoxon. Individual Comparisons by Ranking Methods. Biometrics Bulletin, 1945, 1(6): 80–83.

J. Wolfowitz. The Minimum Distance Method. Ann. Math. Statist., 1957, 28: 75–88.

C. F. J. Wu. On the Convergence of the EM Algorithm. Ann. Statist., 1983, 11: 95–103.

索 引